KB231063

조직개발 앤더슨 6판

조직개발 앤더슨 6판
Organization Development 6th Edition

발행일   초판 1쇄 발행 2026년 2월 10일

지은이   Donald L. Anderson
옮긴이   구기욱 · 남서진

펴낸이   구기욱
발행처   쿠퍼북스
출판신고   제2016-000119호
주소   서울시 강남구 테헤란로 22길 9, 아름다운빌딩 9층
전화   02-562-8220
팩스   02-562-0810
이메일   koofa@koofa.kr
홈페이지   www.koofa.kr
편집·디자인·제작   마인북스

정가 **33,000원**
ISBN 979-11-957290-8-1

* 쿠퍼북스는 (주)쿠퍼실리테이션그룹의 출판브랜드입니다.

조직개발 앤더슨

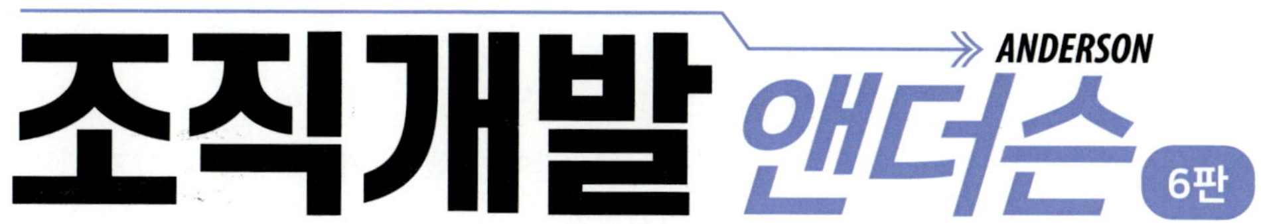

6판

Donald L. Anderson 지음
구기욱·남서진 옮김

KOOFA BOOKs   Ⓢ Sage

지난 몇 년 동안 일(work)의 세계는 극적으로 변화했다. COVID-19 팬데믹은 많은 사무직 근로자를 재택근무로 내몰았고, 의료 현장의 일선 직원들에게는 큰 스트레스를 안겨주었으며, 식당과 극장 같은 사업체들은 문을 닫아야 했다. 가정, 재정, 건강과 관련된 스트레스가 누적되면서 웰빙, 일–삶 통합, 정신건강은 직원 경험을 논의하는 데에 있어 핵심 요소로 자리 잡았다. COVID는 전략적 조직 변화를 한층 가속시켰다. 일례로, 일부 제조기업은 인공호흡기 생산으로 전환했고 증류소는 손 소독제를 만들기 시작했다. 조지 플로이드(George Floyd)*를 비롯한 많은 희생자의 사망은 사회적·인종적 정의에 관한 그동안 미뤄져 왔던 논의를 강하게 환기시켰으며, 많은 직원과 고객들은 조직이 직장에서의 다양성, 형평성, 포용성(DEI)의 실천에 대해 명확하게 다루기를 요구했다. 또한 2021~2022년에 나타난 이른바 '대퇴사(Great Resignation)' 현상은 직원들이 더 나은 근무 환경을 찾겠다는 의지를 몸소 보여준 사례이기도 하다. 더 충만함을 느끼고, 성장하며 기여할 수 있고, 개인의 가치와 부합하는 일을 할 수 있는 직장을 찾기 위해 이동한 것이다.

이러한 모든 흐름은 조직개발(OD)이 그 어느 때보다 더욱 중요한 역할을 수행하게 되었음을 보여준다. 팬데믹 이전인 2018년, 세계경제포럼(World Economic Forum, WEF)은 「일의 미래 보고서(Future of Jobs Report)」를 발표했다. 예상할 수 있듯, 이 보고서는 로봇공학과 자동화, 빅데이터, 인공지능, 데이터 과학 등을 중심으로 한 일자리는 증가할 것이라 예측한 반면, 데이터 입력과 공장 노동과 같은 직무는 감소할 가능성이 높다고 지적했다. 그러나 이러한 기술 중심의 흐름 속에서도 보고서 작성자들은 OD 분야의 영향력이 점차 확대되고 있다는 점을 특별히 언급했다. 보고서는 다음과 같이 결론지었다.

> "훈련 및 개발, 사람과 문화, 그리고 조직개발 전문가와 같이 독특하게 '인간적인' 역량을 활용하는 역할 또한 성장할 것으로 예상된다."
>
> —세계경제포럼(2018, p. viii)

몇 년마다 한 번씩, 조직개발 분야는 스스로 갈림길에 서 있는 것처럼 보인다. 일부는 이 분야가 민주성, 다양성, 자율성, 협력, 선택이라는 창립 당시의 인본주의적 가치로부터 너무 멀어졌다고 느낀다. 이들은 OD가 HR 역할, 리더십 개발, 그리고 인재 관리 안에 희석되

---

* 2020년 미국 미네소타주에서 단순한 혐의로 경찰에 의해 체포되던 중 목숨을 잃게 된 흑인 희생자.

거나 흡수될 위험에 처해 있다고 주장한다. 반면 다른 이들은 '감성적이고 인간 중심적인 (touchy-feely)' 옛 가치가 새롭게 재조명될 필요가 있다고 본다. 또한 OD 실무자는 조직과 개인 모두에게 도움이 되는 방식으로 조직의 효율성, 효과성, 그리고 성과 향상에 크게 기여할 수 있다고 믿는다. 그들은 OD 실무자의 역할을 인본주의적 가치를 위선 없이 통합해낼 수 있는 비즈니스 조언자(business adviser)로 바라본다.

나는 이 책을 집필했고(그리고 계속 업데이트하고 있으며), 세계경제포럼과 마찬가지로 오늘날 조직에서 엄청난 변화 속에서 씨름하고 있는 사람들에게 연구 및 실천 영역으로서 OD가 많은 도움을 줄 수 있다고 확신한다. 기존의 관리 방식은 오늘날의 일터와 구성원들의 요구를 더 이상 충족시키지 못한다. 변화 가속화, 세계화, 디지털화 및 최신 기술, 경제적 압력, 그리고 현대적 노동자의 기대에 대응하기 위해 새로운 조직 형태가 등장하고 있다. 구성원들은 조직이 DEI에 대해 공언하는 바는 들을 수 있지만, 실질적이고 체계적인 변화는 보지 못하고 있다. 관리자는 상시적인 구조조정과 아웃소싱의 위협 속에서 구성원을 몰입시키는 데 어려움을 겪고 있다. 이러한 환경에서 많은 구성원들은 예전보다 일에서 개인적 만족을 느끼기 어려워지고 있다.

숙련된 OD 실무자는 인간 시스템의 역동을 이해하며, 건강하고 몰입적이며 생산적인 환경을 촉진하기 위해 개입할 수 있다. 그러나 안타깝게도 많은 학습자들이 이러한 역량을 개발하는 데 어려움을 겪고 있다. 이들은 OD 부서에 진입하거나, 숙련된 멘토를 만나거나, 학술 과정이나 자기 발견을 통해 최대한 많이 배우는 과정을 필요로 한다. 관리자와 임원 역시 실제 업무에서 지속적으로 도전 받지만, 변화관리자로서의 역량을 개발할 기회를 찾기란 쉽지 않다. 프로젝트 매니저, IT 전문가, 교육자, 의료 행정가들은 모두 OD 역량이 자신의 업무에 적용 가능하다고 보고한다.

나는 이 책이 OD에 관한 이론적·실천적 배경을 제공함으로써, 조직개발과 변화의 기본 프로세스를 소개할 수 있기를 바란다. 또한 여러분이 자신의 역량을 개발할 수 있도록, 안전한 환경에서 연습해 볼 기회도 제공하고자 한다. 이 책이 읽기 쉽지만 엄밀하고, 실용적이고 관련성이 있으면서도 탄탄한 학문적 기반을 갖춘, 그리고 지치지 않을 만큼 충분히 포괄적인 책이 되기를 바란다.

이번 여섯 번째 판에서는, 최신 연구와 실천의 발전을 반영하기 위해 책의 많은 부분을 업데이트했으며, 동시에 대부분의 실무자가 익숙해져야 할 고전적 접근과 기초 이론은 유지했다. 주요 특징은 다음과 같다.

- OD 개념과 역량을 적용해 볼 수 있도록 7개의 새로운 사례연구(각 장마다 사례 제공)
- 각 장의 핵심 내용을 미리 살펴볼 수 있는 학습 목표 제시
- OD 실무자 프로필과 추가 읽기 자료를 온라인 리소스로 옮겨, 각 장의 내용을 간결하게 재구성함
- OD 네트워크의 역량 모델, 그리고 DEI 에 관한 새로운 섹션 추가

덴버대학교(University of Denver)의 학생들, 그리고 일터에서 변화를 이루기 위해 고군분투하는 경험을 함께 나누어 준 고객과 동료들에게도 감사의 마음을 전하고 싶다. 이전 판의 리뷰어와 독자들은 이 책을 개선하기 위한 아이디어를 지속적으로 공유해 주었다. 항상 그렇듯이 인내와 지지, 격려를 아끼지 않은 가족과 친구들에게, 특히 아내 제니퍼에게 깊은 감사의 마음을 전한다.

조직개발의 전체 틀을 이해하고 실무에 활용할 종합판 책이 부족한 것이 늘 아쉬웠다. 그 결핍의 한 구석을 메우고자 하는 염원이 이 책의 번역으로 연결되었다.

이 책은 조직개발을 처음 접하는 독자에게는 이 분야의 정통적인 지형도를 제공하고, 이미 조직 변화와 사람의 문제를 다루어온 실무자에게는 자신의 경험을 다시 성찰하게 하는 기준점을 제시하는 책이다.

역자는 조직개발에 오랜 시간 종사해오며 수많은 변화 현장을 경험해왔고, 그 과정에서 이 책을 단순한 참고서가 아니라 실무와 성찰을 함께 이끄는 기준서로 반복해서 활용해왔다. 이러한 경험을 바탕으로, 이 책이 조직개발을 단순한 변화 관리 기법이나 컨설팅 도구의 모음으로 오해하는 흐름 속에서, 조직개발이 무엇이며 무엇이 아닌지를 가장 정직하고 체계적으로 설명하는 교과서적 저작이라고 판단하여 번역을 결심했다.

한국 사회에서 조직개발이라는 용어는 오래전부터 사용되어 왔지만, 실제 현장에서는 종종 제도 도입, 교육 프로그램, 설문조사, 혹은 유행하는 경영 기법과 혼용되어 왔다. 팀제, MBO, BSC, OKR, 애자일, 디자인씽킹 등 수많은 변화 시도가 있었지만, 그 과정에서 조직개발이 지닌 가치와 철학, 그리고 인간 시스템을 다루는 고유한 관점이 충분히 성찰되지 못한 경우도 적지 않았다.

역자 역시 공공 조직과 민간 조직, 대기업과 중소 조직, 그리고 다양한 글로벌 프로젝트 현장에서 이러한 장면을 반복해서 목격해왔다. 그 결과 조직 변화는 여러 차례 시도되었지만, 조직과 사람 모두에게 진정으로 남는 학습과 변화의 누적은 제한적이라는 상황을 알게 되었다.

이 책의 저자는 이러한 혼란을 정면으로 다룬다. 조직개발을 역사적 맥락 속에서 설명하고, 조직개발이 의존해온 인간관, 가치, 윤리, 그리고 과학적 기반을 차분히 풀어낸다. 특히 조직개발을 '무엇을 바꿀 것인가?'의 문제가 아니라 '어떻게 변화가 일어나도록 도울 것인가?'라는 문제로 재정의하며, 변화의 주체가 관리자나 컨설턴트가 아니라 조직 구성원 자신임을 일관되게 강조한다. 역자는 이러한 관점이야말로 성과와 속도를 중시해온 한국의 조직문화 속에서 가장 자주 놓쳐온 핵심이라고 느껴왔다. 그렇기에 이 책의 문제의식은 이론적 설명을 넘어, 실제 현장에서 끊임없이 되돌아가 확인해야 할 기준으로 읽혀야 한다.

역자는 이 책을 '쿠퍼 글로벌 오디' 프로그램의 주교재로 삼아 수년간 함께 읽고 토론하며 활용해왔다. 다양한 국가와 산업, 직무 배경을 가진 참가자들과 이 책을 바탕으로 대화를 나누는 과정에서 조직개발이 특정 문화나 제도에 한정된 접근이 아니라, 인간과 조직이 반복적으로 마주하는 보편적 문제를 다루는 언어라는 점을 더욱 분명히 확인할 수 있었다. 이 책은 서구 조직의 사례를 다루고 있지만, 한국 조직이 반복적으로 겪어온 갈등, 저항, 무기력, 그리고 변화의 피로를 이해하는 데도 매우 유용한 개념적 틀과 질문을 제공한다.

역자는 이 책이 대학에서 조직개발과 조직행동, 인사·조직 관련 교재로 활용되기를 기대한다. 이 책은 이론, 역사, 가치, 윤리, 그리고 실제 개입 프로세스를 균형 있게 담고 있어 조직개발을 처음 체계적으로 학습하는 학생들에게 튼튼한 기초를 제공할 수 있을 것이다.

동시에 날로 늘어나고 있는 기업 내 조직개발 및 조직문화 담당자들에게도, 현장에서 마주하는 복합적인 문제를 즉각적인 해법이나 유행하는 프레임으로 처리하기에 앞서 스스로의 관점과 판단 기준을 점검하게 하는 기본서로 자리 잡기를 바란다.

번역 과정에서는 조직개발 분야에서 오랫동안 축적되어온 개념과 용어를 가능한 한 정확하고 일관되게 전달하는 데 주안점을 두었다. 동시에 이 책이 실제 교육과 실무 현장에서 살아 있는 텍스트로 활용되어 온 경험을 바탕으로, 한국어 독자가 문장을 따라가는 데 불필요한 장벽이 되지 않도록 직역과 의역 사이에서 신중한 균형을 유지하고자 했다.

조직개발은 개념 자체가 이미 복합적인 분야이기에, 번역 과정에서는 의미의 정확성뿐 아니라 개념 간의 연결과 흐름이 자연스럽게 드러나도록 학술적 엄밀성과 가독성을 함께 고려했다.

이 책은 단기간에 필요한 곳을 읽고 참고하는 실용서이기도 하지만, 조직과 사람을 다루는 일을 업으로 삼은 이들이 곁에 두고 반복해서 참고할 수 있는 기준서에 가깝다. 조직개발 실무자뿐만 아니라 관리자, 리더, HR 담당자, 퍼실리테이터, 코치, 그리고 조직에서 변화를 고민하는 모든 독자가 이 책을 통해 조직을 바라보는 자신의 관점을 점검하고 확장할 수 있기를 바란다.

이 책이 한국 조직 사회에서 조직개발을 보다 깊이 있고 책임 있는 실천으로 이어가는 데, 그리고 변화의 속도보다 변화의 질을 고민하는 데 작은 디딤돌이 되기를 기대한다.

역자 구기욱, 남서진

세부 목차

세부 목차

세부 목차

세부 목차

01 조직개발의 정의

학습 목표

이 장에서는 다음과 같은 내용을 학습한다.

– 조직개발 정의하기
– 오늘날 조직개발이 중요한 이유
– 조직개발이 취할 수 있는 다양한 형태와 실천 방법
– 조직개발이 아닌 것과 조직개발의 고유한 특징

잠시 시간을 내어 우리가 속해 있는 조직을 생각해보자. 아마도 직장, 학교, 봉사단체, 독서 모임 같은 여러 조직을 떠올릴 수 있을 것이다. 또한, 병원이나 의원 같은 의료기관, 교회 모임, 자녀의 학교, 은행, 시·군 의회나 지방 정부 같은 많은 다양한 조직으로부터 영향을 받고 있을 것이다. 조직을 넓은 정의로 본다면, 가족이나 친구 모임도 포함된다. 따라서 조금만 생각해보아도 우리가 속해 있거나 영향을 받고 있는 조직을 수십 개는 떠올릴 수 있게 된다.

현재 속하지는 않지만 과거 어느 시점에 불만족을 느꼈던 조직을 떠올려보자. 그 조직에서 어떤 점이 당신에게 불만족스러운 경험을 만들었는가? 자신이 원하는 방식으로 기여할 기회를 얻지 못해 직장을 떠났을 수도 있다. 혹은 팀 분위기가 불만족스러웠거나 자신이 투입한 시간과 에너지가 인정받지 못했을 수도 있을 것이다. 책임, 팀 구성, 또는 조직의 프로세스 변화가 원인이었을 수도 있다. 자신이 포용되지 못했다고 느꼈거나, 존중받지 못했거나, 정체성의 어떤 측면 때문에 소외감을 느꼈을 가능성도 있다. 어떤 사람들은 직장에서 더 큰 목적 의식을 느끼지 못하거나, 업무에 대한 통제력 또는 자율성이 없거나, 성장과 경력 개발을 위한 적절한 길을 찾지 못한 것을 이유로 든다. 어쩌면 어떤 이유로든 실패한 조직을 직접 경험했거나 목격했을 것이다. 그 조직이 목표를 더 이상 달성할 수 없어 문을 닫았거나 해체된 사례를 경험했을 수도 있다.

한편, 조직에서 훌륭한 경험을 한 적도 있을 것이다. 특히 보람을 느끼거나 많은 것을 배운 직장이 있었을 수도 있고, 동료들이 좋은 친구가 되었을 수도 있다. 지역 봉사단체를 통해 기금 마련 행사나 기타 사회복지 활동을 통해 많은 사람들을 도운 경험이 있을지도 모른다. 혹은 지역사회 모임에 참여하거나 직접 조직을 만들어 시의회나 학교 운영위원회의 결정에 반대하는 캠페인을 성공적으로 진행했을 수도 있다.

이 모든 예시는 우리가 직감적으로 이미 알고 있는 사실을 보여준다. 우리의 삶은 조직 안에서, 조직과 연결되어, 그리고 조직으로부터 영향을 받으며 많은 시간을 보내고 있음을 알 수 있다. 어떤 조직은 매우 잘 운영되는 반면, 어떤 조직은 어려움을 겪는다. 어떤 조직은 일하거나 참여하기에 매우 보람 있는 환경을 제공하지만, 다른 조직에서는 구성원들이 좌절하거나 방치되고, 몰입하지 못하는 경우도 있다.

이 책의 목적은 조직개발(Organization Development, OD)이라는 학문적 연구 및 전문 실천 분야를 소개하는 것이다. 조직개발은 조직을 더 나은 곳으로 만드는 데 초점을 맞춘 분야로, 더 효과적이고 생산적인 동시에 일하거나 참여하기에 더 보람 있고 만족스러우며 몰입할 수 있는 환경을 조성하는 데 중점을 둔다. 조직개발 분야와 그 과정을 배우면, 우리가 속한 조직에서 더 효과적인 변화관리자가 될 수 있을 것이다.

조직개발의 정의

조직개발은 비즈니스, 산업·조직심리학, 인적자원 관리, 커뮤니케이션, 사회학 등 여러 학문이 융합된 다학제적 분야다. 이처럼 다양한 지적 뿌리를 가진 분야에서는 많은 정의가 존재하며, 이는 당연한 일이다. 정의는 특정 방향을 제시하고 상호 논의를 거친 공통된 맥락을 제공한다는 점에서 유익할 수 있지만, 동시에 특정 개념을 배제하거나 활동의 경계를 설정함으로써 제한을 줄 수도 있다. 따라서 OD[1]로 간주되는 활동은 실천하는 실무자와 정의에 따라 달라지며, 이러한 정의는 시간에 따라 변화해왔다. 1969년 이후 발표된 OD 정의 27개를 연구한 에건(Egan, 2002)은 이러한 정의에 60개에 달하는 다양한 변수가 포함되어 있음을 발견했다. 그럼에도 OD 정의들 사이에서 공통적으로 수렴되는 몇 가지 핵심 요소가 있다.

OD에 대해 가장 자주 인용되는 정의 중 하나는 이 분야의 초기 선구자인 리처드 벡하드(Richard Beckhard, 1969)의 정의다.

> "조직개발은 (1) 계획적이고, (2) 조직 전체에 걸쳐, (3) 최고경영진에 의해 관리되고, (4) 조직의 효과성과 건강을 증진시키기 위해 (5) 행동과학 지식을 활용하여 조직 '프로세스'에 계획적으로 개입하는 노력이다."(p. 9)

벡하드의 정의는 오랜 시간 동안 검증받아왔으며, 유효한 요소들을 포함하고 있어 여전히 지지받고 있다. 예를 들어, 조직의 효과성 강조, 행동과학 지식의 활용, 조직 기능에 대한 계

---

1 이 책에서는 '조직개발'의 영어식 줄임표현 'OD'를 문맥에 따라 읽기 쉽도록 서로 교차하여 사용하였다. (역자주)

획적 개입 등이 그것이다. 그러나 이 정의는 일부 비판도 받고 있다. 특히 계획적 변화에 중점을 둔 점과 최고경영진을 통해 조직변화를 추진해야 한다고 강조한 점이 논란이 되고 있다. 많은 실제 조직변화와 그에 따른 OD 활동은 치밀하게 계획되지 않은 환경적 위협에 대한 반응으로 발생하는 경우도 많기 때문이다. 또한, 오늘날 조직들은 점점 덜 위계적인 구조로 발전하고 있으며, OD 활동이 반드시 최고경영진 수준에서만 이루어지는 것은 아니라고 볼 수 있다.

버크와 브래드포드(Burke & Bradford, 2005)는 최근에 다음과 같은 정의를 제시했다.

> "조직개발은 (1) 주로 인간 중심적 가치에 기반하고, (2) 행동과학 적용과 (3) 개방 시스템 이론에 기반하며, 외부 환경, 미션, 전략, 리더십, 문화, 구조, 정보 및 보상 시스템, 그리고 업무 정책 및 절차 같은 주요 조직 차원의 적합성을 강화함으로써 전체적인 조직 효과성을 개선하는 것을 목표로 한 조직 전체의 계획적 변화 과정이다."(p. 12)

마지막으로, 저자는 다음과 같은 세 번째 정의를 제시한다.

> "조직개발은 사회과학 및 행동과학 지식에 기반한 개입을 통해 조직의 효과성을 높이고 개인 및 조직의 변화를 촉진(facilitation)하는 과정이다."

이러한 정의들은 OD의 본질을 이루는 여러 일관된 주제를 포함하고 있다. 이들은 OD 활동의 결과가 조직의 효과성 증진임을 제시하며, 사회과학 및 행동과학(예: 사회학, 경영학, 심리학 등)을 통해 얻은 지식이 조직 환경에서 유용하게 적용될 수 있음을 강조하고 있다.

조직개발을 위한 사례 만들기

대부분의 정의가 동의하는 한 가지 핵심은 조직개발의 배경과 목적이 '변화'라는 점이다. 여러분도 경험했겠지만, 대규모 조직변화는 간단하지 않으며 종종 회의적으로 받아들여진다. 피터 센게 외(Peter Senge et al., 1999)는 이렇게 말했다. "대부분 사람들은 변화 프로그램이 실패한다는 것을 직접 경험으로 알고 있다. 우리는 경영진이 내놓은 '이달의 유행 프로그램'이 평생 기억에 남을 만큼 충분히 많았던 것을 보아왔다."(p. 6) 조직문화에 미치는 영향과 조직 성공에 잠재적으로 중요한 점 때문에 조직변화는 학계와 대중 경영 사상가들에게 지속적으로 관심의 대상이 되어왔다.

변화가 OD 업무의 주요 맥락으로 자리 잡으면서 OD 실무자들은 변화가 조직의 기능에 통합될 수 있는 개입(intervention) 방법들을 개발한다. 오늘날 조직, 팀, 그리고 개별 구성원들은 중요한 변화를 맞이하고 있다.

조직이 효과적이고 생산적이며 구성원들에게 만족을 주는 환경이 되기 위해서는 변화가 필요하다. 오늘날 조직을 관찰하는 사람들에게 변화가 조직 생활의 중요한 부분이라는 것이 놀라운 일은 아니다. 고객은 더 많은 것을 요구하고, 기술은 빠르게 변화하며(특히 첨단 기술 제품), 투자자는 수익을 요구한다. 리타 맥그라스(Rita McGrath, 2013)는 다음과 같이 말했다. "음악, 첨단 기술, 여행, 통신, 가전제품, 자동차 산업, 심지어 교육도 빠르게 장점을 복제하고 있고, 끊임없이 기술이 변화하며, 고객은 항상 다른 대안을 찾고 상황이 수시로 바뀌는 환경에 직면하고 있다."(p. 7) 이는 조직이 전략, 경제적 구조, 기술, 조직 구조, 프로세스를 늘 새롭게 개발해야 함을 요구한다.

팀원들에게도 변화가 요구된다. 오늘날 팀원들은 글로벌로 협력하며 가상으로 일하는 경우가 많다. 문화적 차이, 커뮤니케이션 기술의 변화, 다양성이 증가하는 인력은 팀원이 함께 일하는 방식을 복잡하게 만든다. 서로 한 번도 함께 일해본 적이 없는 구성원끼리 즉흥적으로 구성된 팀에서 빠른 변화와 혁신의 책임을 맡을 때, 역할 충돌과 의사결정 과정 및 권한의 혼란이 자주 발생한다.

개인들에게도 변화가 요구된다. 구성원들은 직무가 변화하거나 사라짐에 따라 새로운 기술을 배워야 한다. 조직 구성원은 새로운 방향에 빠르고 유연하게 적응할 것을 요구받는다. 베스트셀러인 스펜서 존슨(Spencer Johnson)의 『누가 내 치즈를 옮겼을까?(*Who Moved My Cheese?*)』는 기술을 최신 상태로 유지하고, 변화를 꺼리고 안주하는 태도가 치명적인 약점이 될 수 있음을 가르친다. 오늘날 리더는 기존의 위계적 패턴과 명령-통제식 리더십이 아닌, 매트릭스 조직 구조와 참여적 리더십 스타일에 적응해야 한다(Holbeche, 2015).[2] 조직 구성원에게 변화는 계몽적이고 흥미로울 수 있지만, 동시에 고통스럽고 스트레스를 주며 좌절감을 줄 수도 있다.

'변화가 상수'라는 가치에 동의하지 않더라도 이는 오늘날 조직의 시대상을 정의하는 특징이 되었다. 조직변화 역량을 갖추는 것은 성공적인 조직의 필수적이고 구별되는 특징이다(Lawler & Worley, 2006).

하지만 변화관리에는 더 효과적이거나 덜 효과적인 방식이 있다. 더 높은 성과를 내는 조직을 만들고, 개인이 성장하고 발전할 수 있는 환경을 조성하기 위해 변화를 창출하고 관리하는 것은 OD 분야의 중심 주제다. 우리가 조직개발을 이야기할 때는 특정 유형의 변화를 관리하는 것, 특히 사람들이 변화를 구현하고 그에 영향을 받는 방식을 관리하는 것을 의미한다.

---

2   린다 홀비치, 『애자일 조직』, 구기욱·박연수 역, 서울: 쿠퍼북스, 2020. (역자주)

조직개발의 실제 사례

조직개발(OD)을 이해하는 가장 쉬운 방법은 그 형태와 실행 방식을 살펴보는 것이다. 아래는 OD가 실제로 적용된 다섯 가지 사례 중 첫 번째 예시다.

| 사례 1: 공공 분야에서의 구성원 참여도 높이기

아일랜드공화국에서는 공공 분야의 관료주의를 줄이고 효율성을 높이며 고객 서비스를 개선하고 부서 간 조정을 강화하기 위한 특별한 시책이 시도되었다(O'Brien, 2002). 이와 유사한 프로그램은 종종 고위 경영진의 하향식 명령으로 시작되어 구성원들의 불만과 저항을 불러오고 자발적인 헌신을 이끌어내지 못했다.

그러나 한 부서는 이를 다른 방식으로 접근하고자 했다. 이 사례는 사회복지서비스부(Social Welfare Services) 내 4천 명의 구성원이 근무하는 지역사회 복지 조직의 더블린 사무소 두 곳(각각 약 50명의 구성원)에서 일어난 이야기다. 이 사무소는 구성원들이 업무 환경을 개선하고 변화관리 역량을 키우기 위한 방안 개발에 직접 참여하도록 했다. 먼저 프로젝트 운영팀이 구성되었고, 구성원 관계, 경력 개발, 교육, 기술, 관리에 대한 구성원 설문조사를 실시했다. 이후 포커스 그룹과 개인 인터뷰를 통해 추가 데이터를 수집했다. 설문조사에서 90% 이상의 높은 응답률은 운영팀에게 긍정적인 신호를 주었지만, 설문 결과는 여기저기 개선이 필요한 곳이 많다는 것을 보여주었다. 많은 구성원들은 자신이 인정받지 못하고 신뢰받지 못하며 주요 결정이나 변화에 포함되지 않았다고 느꼈다고 응답했다. 또한, 리더와의 관계는 단조롭고 지루하며, 의사소통 기회가 부족한 것이 문제인 것으로 지적되었다.

운영팀은 자원봉사자(구성원 및 관리자)를 초대하여 주요 문제해결에 참여하도록 했다. 한 팀은 의사소통 문제를 해결하기 위해 노력했는데, 이는 구성원들 간의 이동과 접촉을 개선하기 위해 사무실 레이아웃을 재설계하는 등 여러 변화를 제안하고 실행하는 것으로 이어졌다. 토론이 계속되면서 팀은 표준 관행과 비효율성을 재검토하고 개선점을 제안하기 시작했다. 마침내 약 30가지의 실행 가능한 행동 목록을 만들어냈다. 관리자는 구성원들의 제안을 경청하는 동안 그들의 통찰력에 깊은 인상을 받았다. 한 관리자는 이렇게 말했다. "약간의 격려가 큰 효과를 낼 수 있으며, 사람들은 평소 일상적인 업무에서 인정받는 것보다 훨씬 더 많은 능력을 가지고 있다는 것을 배웠다."(O'Brien, 2002, p. 450)

관리자-구성원 업무팀은 두 그룹 간의 협력과 상호작용을 증진시켰고, 서로에 대해 새로운 통찰을 얻는 계기가 되었다. 이처럼 참여도가 높아진 결과, "변화 과정에 대한 수용이 높아진 것처럼 보였으며, 더 나은 의사소통, 의사결정 과정에서의 참여 증가, 관리자와의 관계 변화, 교

육 및 개발 기회에 대한 접근성 개선에 대한 요구가 뒤따랐다."(O'Brien, 2002, p. 451)

| 사례 2: 보다폰의 임원 코칭

보다폰(Vodaphone)은 영국에 본사를 둔 수십억 달러 규모의 글로벌 통신기술회사로, 모바일 전화 시장의 초기 선도 기업이었다(Eaton & Brown, 2002). 그러나 치열한 경쟁에 직면하자, 회사는 혁신을 유지하고 엄혹한 시장에서 선도적인 위치를 유지하려면 조직문화가 적절히 변화해야 한다는 것을 깨달았다. 특히, 최고경영진은 현재의 '명령과 통제(command and control)' 문화, 비난과 정치적 게임이 협업과 상호 책임감을 저해하여 경쟁 환경에서 성공하는 데 필요한 요소들을 방해한다는 점을 인식했다. 그 대신, 회사는 팀이 스스로 결정을 내리고 학습과 개발을 공유하며, 신속성과 책임감을 강화하는 문화를 장려하고자 했다.

이를 위해 보다폰은 여러 가지 조직문화 개선을 위한 방안을 실행했다. 여기에는 공유 가치 개발, 주요 부문 간 정보 공유와 교환을 방해하던 IT 시스템 도입, 팀 및 팀빌딩 프로그램 구축 등이 포함되었다.

또한 보다폰은 이러한 과제를 지원하고 새로운 협력적 관리 스타일을 장려하기 위해 리더십 코칭 프로그램을 도입했다. 최고 관리자들은 이 프로그램에 참여하여 성과 리뷰를 진행하고, 구성원들 스스로 목표를 설정하며, 팀을 코칭하는 기술을 배웠다. 프로그램 이후, 관리자들은 전문 코치와의 1:1 코칭 세션에 참여하여 자신만의 코칭 목표를 설정하고 프로그램에서 배운 기술을 얼마나 성공적으로 적용했는지 성찰할 수 있었다.

프로그램의 결과로 관리자들은 팀이 스스로 문제를 해결하기 시작하면서 더 많은 업무를 위임하게 되었다. 관리자들이 팀을 신뢰함에 따라 팀은 의사결정에 대한 자신감을 가지기 시작했다. 이튼과 브라운(Eaton & Brown, 2002)은 회사의 몇 가지 성공 사례를 이 프로그램 덕분이라고 평가하며, 코칭 프로그램이 지원하던 다른 문화 개선 과제들과 통합된 것이 중요했다고 강조했다. 그들은 다음과 같이 언급했다. "문화적 변화에는 시간이 걸린다. 전통적인 관리 태도가 하루아침에 사라지지는 않는다."(p. 287) 그러나 점진적인 변화가 이루어졌으며, 새로운 문화적 가치는 이제 표준으로 자리 잡았다고 강조했다.

| 사례 3: 암센터의 팀 개발

코로나19 팬데믹 기간 동안 우리가 생생하게 알게 되었듯이, 중증 환자를 돌봐야 하는 의료 종사자들은 다른 분야의 근로자들에 비해 높은 수준의 스트레스, 감정적 소진, 그리고 번아웃을 경험한다. 친구나 동료로부터의 사회적 지원이 없다면, 많은 의료 종사자들은 이러한 과도한 업무로 인한 감정적 소진을 견디지 못해 사표를 내거나 근무 시간을 줄이는 경향을 보인다. 따라서 연구자들은 의료 종사자들의 번아웃과 이직률을 줄이기 위해 명확한 역할, 전문적 자율성, 그리고 사회적 지원이 필요하다고 강조한다.

블랙과 웨스트우드(Black & Westwood, 2004)의 연구에 따르면, 캐나다의 어느 암센터에서는 한 고위 관리자가 이러한 문제를 해결하기 위해 다학제적 팀 환경에서 자체적으로 업무를 관리할 수 있는 리더십 팀을 구성하고자 했다. 팀원들이 전문적 자율성을 가지며, 서로에게 사회적 지원을 제공할 수 있도록 팀을 설계했다. 리더는 종양내과, 외과, 간호과 등 센터의 주요 분야에서 자원하거나 선출되었다. 이 팀을 위해 조직개발 컨설턴트를 초청하여 응집력 있는 신뢰 관계를 구축하고, 분야 간 갈등을 줄이는 근무 조건에 대해 합의하도록 하는 워크숍을 실시했다.

워크숍 과정

이 팀은 3개월 동안 이틀씩 진행되는 3회의 워크숍에 참여했으며, 주요 활동은 다음과 같았다.

1. **역할극 및 드라마 연습**: 팀원들이 서로의 역할을 맡아 다른 사람들이 자신을 어떻게 보는지 이해했다.
2. **개인 업무 스타일 설문조사**: 자신의 커뮤니케이션 및 행동 패턴을 이해하기 위한 설문조사를 수행했다.
3. **문제해결 기술 학습**: 문제해결 기술을 배우고, 역할을 명확히 하며, 그룹 목표를 설정했다.

최종 워크숍이 끝난 지 3개월 후, 퍼실리테이터들은 그룹의 발전 상황을 평가하기 위해 인터뷰를 진행했다. 모든 참여자는 소속감, 팀에 대한 신뢰와 안전감이 높아졌으며, 자신과 함께 일하는 동료들에 대해 더 깊이 이해하게 된 것으로 나타났다. 한 참여자는 동료에 대해 이렇게 말했다. "워크숍을 통해 일상적인 업무 환경에서는 결코 경험할 수 없었던 방식으로 동료와 소통할 수 있음을 느꼈다."(Black & Westwood, 2004, p. 584) 컨설턴트들은 참여자들이 지속적인 그룹 개발을 원하고 있다고 기록했다.

| 사례 4: 장기적인 전략적 변화 참여

독일의 무역회사인 ABA는 1만 5천 명의 구성원이 있는 대규모 조직으로, 치열한 경쟁에 대응하기 위해 대대적인 전략적 변화에 착수하게 되었다(Sackmann, Eggenhofer-Rehart & Friesl, 2009). 회사는 글로벌 확장을 계기로 조직을 3개의 사업 부문으로 재편했고, 내부 부서를 지원할 관리 부서를 위해 14개의 새로운 그룹으로 구성된 분산형 공유 서비스 모델을 도입했다. 이 과정에서 경영진은 새로운 조직문화를 정착시키기 위해 회사의 가치관을 담은 미션과 비전 선언문을 수립했고, 관리자를 통해 이를 구성원들에게 전달하도록 했다. 이러한 변화는 조직의 최고위층 주도로 시작되어 관리되었다.

하지만 새롭게 조직된 공유서비스센터의 책임자는 구성원들에게 단순히 메시지를 전달하는 것만으로는 필요한 행동 변화가 일어나지 않을 것이라고 판단하여 외부 컨설턴트의 도움을 요청했다. 새로운 관리 그룹들은 업무 방식에 큰 변화를 겪게 될 것이며, 14개의 새로운 각 그룹의 책임 관리자들은 새로운 가치와 신념을 실천하는 데 어려움을 겪을 가능성이 컸기 때문이다. 이에 컨설턴트들은 구성원들의 신념과 감정을 파악하고 상향식 소통이 가능하도록 구성원 설문조사를 제안했다. 설문조사 결과는 각 센터의 관리자들에게 제공되었으며, 외부 컨설턴트는 결과를 해석하여 관리자들이 자기성찰과 개인적 성장을 이루도록 코칭했다. 또한 내부 컨설턴트는 각 센터 관리자들과 함께 설문조사 결과를 구성원들과 공유하고, 각 그룹의 필요에 맞춘 해결책을 마련했다.

컨설턴트들은 관리자를 대상으로 워크숍도 열었으며, 설문조사를 통해 공통적으로 개선이 필요한 것으로 확인된 리더십과 커뮤니케이션 스킬을 개발하는 데 중점을 두었다. 이 과정은 4년 동안 반복되었으며, 설문조사 질문은 매번 수정 보완되었고, 피드백 과정과 새로운 주제를 다루는 리더십 개발 워크숍도 포함되었다.

변화 과정 후반부에 진행된 인터뷰와 설문조사에서는 구성원들이 변화 자체에 대해 긍정적인 감정을 갖고 있는 것으로 나타났다. 리더들은 구성원들과 관리자 간의 신뢰가 높아지고, 더 활발한 열린 소통이 이루어지고 있다고 느꼈다. 센터 관리자들은 각 부서를 꾸준히 개선하려는 주도적인 태도를 보였다. 새크만 외(Sackmann et al., 2009)는 이런 대규모 변화에는 다양한 요소에 대한 접근이 필요하다고 언급했다. 이 조직은 "전략, 구조, 관리 도구, 리더십, 구성원 지향, 조직의 문화적 맥락"에서 변화를 경험했으며, 이를 지원하기 위해 광범위한 설문조사, 코칭, 워크숍이 필수였다고 말했다. 또한 "이러한 지원 활동은 변화를 지속 가능하게 정착시키는 데 큰 도움을 주었다"(p. 537)고 결론지었다.

| 사례 5: 코로나19 팬데믹 기간 중 글로벌 및 가상 협업

2020년 5월, 미국의 한 대학에서 OD 프로그램에 참여한 학생들은 졸업 요건의 하나로 국제 컨설팅 실습 과제를 수행하기 위해 해외로 떠날 예정이었다. 그러나 코로나19로 인해 컨설팅 현장으로 이동할 수 없는 상황이 발생하면서, 이 프로젝트는 취소될 수밖에 없었다. 이에 대한 대안으로 미국 대학과 남아프리카공화국의 협력 대학 간에 새로운 컨설팅 프로젝트가 마련되었다.

협력 대학은 미국 학생들에게 남아프리카공화국에 있는 6개의 클라이언트 기업을 소개했으며, 이 기업들은 모두 새로운 방식인 글로벌 가상 컨설팅 프로젝트에 참여할 의사를 보였다. 이와 같은 형태의 프로젝트는 이전에 어느 쪽도 경험해보지 못한 방식이었다. 학생들과 교수진은 주로 대면 관계에서 컨설팅을 진행해왔기 때문에 새로운 상황에 적응해야 했다. 교수진은 후에 "실습 준비 과정과 실행 과정에서 문화, 시간대, 그룹, 조직 간의 신뢰를 개발하는 과정을 연구할 기회를 얻었다"고 회고했다(Worley, Loftis, Scheepers, Nichols & Parcells, 2022, pp. 718-719).

- **신뢰의 중요성**. 이번 컨설팅 작업이 성공한 데는 신뢰가 매우 중요한 요소로 작용했다. 이번처럼 여러 조직이 관여하고 새로운 상황에서 진행된 독특한 초조직적 시스템에서는 참여자들이 행동함과 동시에 학습하고 성찰하는 액션 러닝(action learning)이 중요한 역할을 했다. 클라이언트들은 학생들에게 조직의 기밀 데이터를 맡기는 데 있어 신뢰할 수 있을지 고민했다. 학생들과 컨설팅 파트너들 또한 불확실한 환경 속에서 서로에게 취약성을 드러냈고, 신뢰를 테스트하기 위해 작은 위험을 감수하며 신뢰를 형성해야 했다. 가상 환경에서 신뢰를 쌓는 일은 비언어적 단서를 관찰하기가 어렵다거나 실제 현장을 방문했을 때처럼 긴 상호작용 시간이 부족하다는 점에서 쉽지 않은 일이었다. 하지만 각 그룹은 자기공개와 개인적인 이야기를 공유하며 서로 약속을 지키는 과정을 통해 매번 만남에서 점차 신뢰를 강화해나갔다.

- **사회적 변화와 신뢰의 형성**. 노숙 문제, 기후변화, 인종 불평등 같은 광범위한 글로벌 사회 문제들은 다수의 이해관계자와 조직이 관여하는데, 이 과정에서 액션 러닝과 신뢰 형성 방식은 사회 변화를 이끄는 중요한 연결고리가 된다. 연구자들은 "신뢰가 약화되고 있는 세상에서 액션 러닝은 정부, 조직, 시민이 직면한 주요 문제를 해결할 가능성을 제공할 뿐만 아니라, 깨진 관계를 회복하고 존중과 신뢰의 사회적 기반을 다시 세우는 데 도움을 준다"고 결론지었다(Worley et al., 2022, p. 747).

- **OD의 다양성과 적용 사례**. 이와 같은 사례를 통해 알 수 있듯이 OD는 조직, 팀, 개인이 겪는 다양한 문제를 해결하기 위해 다방면에서 접근한다. OD는 연방, 주, 지방 정부(미국노동통계국에 따르면 미국에서 가장 큰 고용주 중 하나), 전 세계의

공공 부문 조직, 의료 기관, 교육 환경, 비영리단체 및 민간 기업을 포함해 다양한
조직에서 실행된다.

OD 개입은 한 개인에서부터 소규모 팀(예: 앞서 언급된 암센터 팀), 여러 팀, 심지어 전체 조직에 이르기까지 다양할 수 있다. 또한 대규모 문화 변화뿐만 아니라 팀 구성 및 개인 코칭 도입 같은 다중 변화를 포함할 수 있다. 예를 들어, 앞서 언급된 두 대학과 클라이언트들 간의 협력처럼 여러 조직이 관여하거나, 심지어 다수의 국가 정부를 포함할 수도 있다. 변화의 대상은 구성원 참여를 높이거나 동료 관계를 개발하는 것처럼 단순해 보이는 것일 수도 있고, 전체 조직이나 글로벌 가상 컨설팅 프로젝트의 비전 또는 전략을 수립하는 것처럼 복잡한 일일 수도 있다.

조직개발이 아닌 것

조직개발이 무엇인지와 어떤 문제를 다루는지를 설명하는 정의는 매우 포괄적으로 보이지만, OD에는 몇 가지 분명한 한계가 있다. 다음은 OD가 아닌 것들이다.

| 경영 컨설팅

OD는 재무, 마케팅, 기업 전략, 공급망 관리 같은 특정 기능적 영역에서의 경영 컨설팅과 구분된다. 또한 정보기술 응용 분야와도 구별된다. 그러나 OD는 이러한 영역 모두에 적용 가능하다. 예를 들어, 조직이 새로운 IT 시스템을 도입하거나, 전략·목표·방향을 변경하거나, 새로운 팀 리더에 적응하려고 할 때, OD는 이러한 변화가 효과적으로 작동하도록 돕는 프로세스와 기술을 제공한다. OD 실무자는 특정 콘텐츠 영역(예: 공급업체 관계에서의 재무 구조 모범 사례나 최신 마케팅 분석)에 대한 전문 지식을 사용해 조직의 활동 방식을 권장하지 않는다. 그 대신 OD 실무자는 경영 컨설틴트가 제안한 변경 사항을 조직이 구현하도록 돕는 역할을 한다. 이로 인해 OD는 클라이언트와 협력할 때 콘텐츠 조언을 제공하는 방식과 프로세스 조언을 제공하는 방식을 구별한다. 콘텐츠 조언을 제공하는 컨설팅은 경영 컨설팅에 해당하지만, OD는 원하는 목표를 달성하는 데 필요한 프로세스에 대한 조언을 제공한다. 또한 대부분의 경영 컨설팅은 OD의 기본적인 가치 세트에 기반을 두고 있지 않다(이는 3장에서 자세히 다룰 주제다). 5장에서는 특히 OD 컨설팅에 대해 알아보고, 여러분이 익히 알고 있는 경영 컨설팅 활동과의 차이점을 명확히 설명할 것이다.

| 교육 및 개발

개인과 조직학습은 OD의 일부이며 중요한 가치이지만, OD는 단순히 교육 활동에 국한되지 않는다. OD는 새로운 기술, 시스템, 절차를 배우는 것처럼 학습 자체가 유일한 목표인 상황과는 일반적으로 관련이 없다. OD는 조직변화에 대한 노력을 다루며, 이 과정에서 구성원이 새로운 기술이나 시스템을 배워야 할 수도 있고 그렇지 않을 수도 있다. 교육 및 개발 전문가 중 다수는 자신들의 기술을 향상시키기 위해 OD로 방향을 바꾸고 있으며, 이는 교육과 새로운 기술이 효과적으로 자리 잡기 위해 조직의 구조적 요소를 파악하고 변화시키는 데 도움이 된다. 그러나 교육 및 개발 분야의 다른 측면(예: 요구 평가, 과정 개발, 기술 사용, 직장 내 교육 등)은 OD 실무자의 주요 역할에 포함되지 않는다.

또한 대부분 교육 프로그램은 특정 조직에서의 적용 방식과 무관하게 대규모 청중을 대상으로 개발된다. 반면 일부 OD 개입은 교육 프로그램과 기술 구축을 포함하기도 하지만, OD는 교육 프로그램의 성공을 뒷받침할 관리 지원, 직무 역할 명확화, 프로세스 설계 같은 시스템적 맥락에 더 중점을 둔다. 버크(Burke, 2008)는 "개인 개발은 OD와 분리될 수 없지만, 전체 시스템의 변화를 지원하거나 이를 위한 수단이 되어야만 OD로 간주될 수 있다"고 설명했다(p. 23).

| 단기

OD는 장기적인 변화를 목표로 한다. 앞서 언급된 암센터에서 며칠 동안 진행된 워크숍 같은 짧은 기간의 개입일지라도 변화는 장기적이거나 영구적인 것을 목표로 한다. OD 노력은 지속가능한 시스템적 변화를 개발하는 것을 지향하며, 이는 오늘날과 같이 끊임없는 변화가 일어나는 환경에서 특히 도전적인 과제다.

| 툴킷 적용

많은 OD 실무자들은 OD '툴킷(toolkit)'에 대해 이야기한다. OD가 가끔 표준 모델이나 도구를 적용하는 경우가 있지만, 단순히 도구 세트로만 OD를 정의하는 것은 OD의 본질을 간과하는 것이다. OD는 과학을 보완하는 가치와 각 OD 활동의 고유한 적용 방식을 포함한다. 이에 대해 파이어헴과 월리(Feyerherm & Worley, 2008)는 이렇게 설명했다.

> "많은 클라이언트가 '어떻게 x를 해야 하나요?' 혹은 'y를 바꾸기 위해 어떤 도구가 있나요?'라고 묻는다. 그리고 많은 OD 실무자들이 클라이언트가 원하는 것을 주기 위해 노력하면서도 클라이언트가 실제로 필요로 하는 것을 놓치고 있다. 도구 중심

의 접근은 평가와 위험을 무시하고, 조직의 핵심 문제를 해결하지 못한 채 임시방편
적인 해결책만 제공한다."(p. 4)

OD를 학습하는 사람들이 OD 프로세스나 도구의 사용 이유에 대한 지식 없이 도구만을 추
구한다면, 그들은 망치질만 배우고 모든 문제를 못으로 간주하게 될 가능성이 높다. 샤인
(Schein, 1999)은 다음과 같이 말했다.

> "다양한 종류의 개입을 아는 것은 '지금 당장 무엇이 필요한지'를 감지하는 능력을
> 대신하지 못한다. … 사실, 미리 만들어진 OD 스킬셋을 가지는 것은 현실에서 벗어
> 나기 어렵게 만든다. 사람은 항상 자신이 잘한다고 믿는 것을 사용할 편한 기회를
> 찾으려 하기 때문이다."(p. 245)

OD는 조직, 팀, 개인을 단순히 A 지점에서 B 지점으로 이동시키는 경직된 절차를 뛰어넘는
다. OD는 클라이언트 조직의 사회적·개인적 역학에 민감하게 반응하며, 이는 표준화된 절
차나 도구보다 문제해결에서의 유연성을 요구한다. 3장에서는 OD의 기본 가치를 논의하며
OD 실무자들이 선택을 내리는 방식과 그 이유를 더 잘 이해할 수 있게 될 것이다.

추천 독자

이 책은 조직개발의 가치와 실천을 바탕으로 조직변화를 이해하려는 학생, 실무자, 관
리자들을 위해 집필되었다. 이 책에서는 학계에서 선호하는 '조직개발(organization
development)'이라는 용어를 사용하며, 실무자들이 구어체 및 문어체에서 더 자주 사용하
는 '조직적 개발(organizational development)'이라는 표현을 대체하여 사용할 것이다.
또한, 이 책에서 사용하는 OD 실무자(practitioner), 컨설턴트(consultant), 변화관리자
(change agent)라는 용어는 모두 단일 일반 대상 그룹을 지칭하는 것으로 문맥에 따라 상호
교환적으로 사용하게 된다. 이는 OD가 내부 및 외부의 유급 OD 컨설턴트뿐만 아니라 더 넓
은 커뮤니티에 의해 실천될 수 있음을 반영하고 강조하기 위한 것이다.

OD는 역할의 일부로 조직변화를 이끌어야 하는 모든 사람을 포함하며, 이 책은 이러한 사
람들을 대상으로 기술하였다. 오늘날 조직변화의 빈도와 규모가 커짐에 따라 OD는 다양한
역할을 포괄하며, 점점 더 다양하게 성장하는 커뮤니티를 형성하고 있다. OD 실무자에는 내
부 또는 외부 조직개발 컨설턴트뿐만 아니라 관리자 및 임원, 인적자원 및 교육 전문가, 품질
관리자, 프로젝트 관리자 및 정보기술 전문가, 교육자, 의료 기관 관리자, 비영리단체 관리
자, 지방 및 연방 정부 기관의 리더 등 다양한 사람이 포함될 수 있다.

또한, 이 책에서는 '직원(employees)'이라는 표현 대신 '조직 구성원(organizational members)'이라는 표현을 더 자주 사용할 것이다. '조직 구성원' 또는 '구성원'은 비영리단체의 자원봉사자나 조직과 고용 관계가 없는 사람들을 포함하는 더 포괄적인 용어다. 이 용어는 리더, 임원, 관리자뿐만 아니라 모든 수준의 구성원들을 포함하기 위한 의도도 담고 있다.

책 개요

이 책은 조직개발의 이론과 모델, 그리고 변화관리자와 OD 실무자들이 사용하는 프로세스를 다룬다. 이 책의 목적은 독자들에게 OD 분야와 OD 컨설팅 프로세스를 익히게 하여 실제 상황에서 OD 개념을 적용할 수 있도록 분석, 컨설팅, 실무 능력을 개발하기 위함이다. 각 장에서는 사례연구를 통해 배운 내용과 관련하여 연습문제를 제시함으로써 컨설팅 상황을 직접 시뮬레이션할 수 있도록 했다.

[2장에서 5장까지: OD의 기초]

- **2장**: OD의 역사, 가치, 주요 개념 및 조직변화 연구를 다룬다. OD가 어떻게 시작되었고, 수십 년 동안 어떻게 발전해왔으며, 현재 대부분의 실무자들이 OD를 어떻게 인식하고 있는지를 설명한다.
- **3장**: 실무자들이 클라이언트와 작업할 때 내리는 선택에 영향을 미치는 기본 가치와 윤리적 신념을 논의한다.
- **4장**: 조직변화를 시스템 관점에서 연구하고, 조직 시스템 및 변화를 다루는 모델들을 소개한다.
- **5장**: OD 컨설턴트의 역할을 정의하고, 다른 유형의 컨설턴트와의 차이를 명확히 한다. 또한, 내부 및 외부 컨설턴트의 장단점을 설명한다.

[6장에서 8장까지: 액션 리서치와 컨설팅 모델]

이 책은 액션 리서치와 컨설팅 모델(진입, 계약, 데이터 수집, 데이터 분석/진단, 피드백, 개입, 평가)을 기반으로 하여 진행된다.

- **6장**: 컨설팅 초기 단계(진입과 계약)를 다룬다.
  - 클라이언트와 계약을 체결하고, 클라이언트가 겪는 문제를 탐구하며, 문제를 (재)정의하는 방법을 배운다.
- **7장**: 데이터를 수집하는 방법과 다양한 데이터 수집 방법의 장단점을 평가한다.

- **8장**: 수집된 데이터를 사용하는 방법, 피드백 및 공동 진단 과정의 역학을 탐구한다.
  - 이 단계는 클라이언트와 컨설턴트가 문제를 해결할 최적의 개입 방법을 정의하는 중요한 과정이다.

[9장에서 13장까지: 개입과 전통적인 OD 관행]

- **9장**: OD 작업에서 가장 눈에 띄는 요소인 개입을 다룬다.
  - 개입의 구성 요소를 설명하고, 효과적으로 설계하기 위한 의사결정 과정을 다룬다.
- **10~13장**: 조직 설계, 전략 계획, 품질 개선, 팀빌딩, 서베이 피드백, 개인 도구, 코칭 및 멘토링 같은 전통적인 OD 개입을 다룬다.
  - 긍정 탐구(appreciative inquiry), 미래 탐색(future search), 식스 시그마(six sigma) 등의 개입도 포함된다.
  - 개입은 전체 조직, 여러 그룹, 단일 그룹, 개인 등 대상에 따라 조직된다.

[14장에서 16장까지: OD의 마무리와 글로벌 및 미래적 관점]

- **14장**: OD 실무자가 클라이언트와의 관계를 종료하고 노력의 결과를 평가하는 과정을 다룬다.
- **15장**: 다양한 문화와 지역에서의 OD 실천과 글로벌화가 조직개발에 미치는 영향을 탐구한다.
- **16장**: OD의 미래를 논의하며, 구성원 기대치, 변화하는 업무 환경, 조직 환경의 변화에 따라 OD가 현대 조직에 어떻게 적용될 수 있는지를 설명한다.

[윤리적 문제와 사례연구]

- 윤리적 문제는 3장에서 주로 다루지만, 책 전반에 걸쳐 OD 프로세스의 각 단계와 관련된 윤리적 문제를 적절히 논의한다.
- 각 장은 사례연구와 함께 시작되며, 성공적이거나 실패한 OD 사례를 소개한다.
  - 독자들은 사례를 통해 성공 또는 실패 요인을 분석하고, 실무자가 경험에서 배운 교훈을 파악할 수 있다.
- 각 장의 끝에는 토론을 위한 질문, 연습문제, 활동, 역할극 시뮬레이션 등이 포함되어 있어 안전한 환경에서 현실적인 시나리오를 통해 OD 기술을 연습할 수 있다.

이 책은 OD의 복잡성과 중요성을 깊이 이해하고, 다른 실무자들이 경험한 성공과 실패 사례를 통해 교훈을 얻을 기회를 제공한다.

사례연구 분석

이 책에 포함된 사례연구는 OD 컨설턴트 또는 변화관리자(change agent)의 역할과 사고 과정을 현실적인 예제를 통해 학습하도록 돕기 위해 설계되었다. 사례연구를 읽고 분석함으로써 OD의 이론과 개념을 복잡한 현실 상황에 적용하는 데 능동적으로 참여할 수 있다. 이러한 사례들은 실제 실무자들의 경험을 바탕으로 하며, 클라이언트[3]와 실무자의 익명을 보장하기 위해 이름과 일부 세부 사항을 변경하여 실었다. 사례에서 특정 조직의 이름을 언급하지 않는 이유는 특정 기업(예: Amazon 또는 Google)에 대한 정보로 인해 주의를 분산시키기보다 제시된 상황에 개념을 적용하는 능력을 키우는 데 초점을 맞추려고 했기 때문이다.

실무자의 입장이 되어 사례를 분석하면서, 관리자와 컨설턴트가 직면하는 상충관계(trade-off)에서의 선택을 체험하게 된다. 이러한 사례는 문제해결 및 비판적 사고 능력을 개발하는 데 도움을 주며, 이는 실무자가 클라이언트에게 제공하는 핵심적인 가치다. 가능하다면, 이러한 사례를 분석한 다른 사람들과 함께 논의하면서 사례의 핵심 문제를 파악하고 가장 적절한 대응 방안을 논의해보기를 권장한다. 이를 통해 조직, 변화, 인간 역학, 그리고 OD 개념과 이론에 대한 지식을 통합적으로 습득할 수 있게 될 것이다. 또한, 관리자와 실무자가 선택하는 논리적 이유를 이해하고, 자신의 사고 과정을 명확히 표현하는 연습을 할 수 있다. 이 책의 사례는 점차 복잡성을 더해가며 이전 장에서 배운 내용을 통합하여 분석하도록 설계되었다.

이 책의 사례는 일반적으로 짧은 문단으로 요약된 것과 달리, 풍부한 세부사항을 제공하는 짧은 역할극이나 장면 형태로 작성되었다. OD와 변화관리에서 중요한 부분은 과제 및 내용 문제뿐만 아니라 인간적이고 관계적인 역학을 인지하고 이에 대응하는 것이므로 이 책의 사례는 이러한 양측을 모두 포함하여 조직변화 과정에서 사람들을 관찰하는 연습을 제공한다. 또한, 교육 환경, 의료 및 비영리 조직, 영리 기업 등 다양한 조직에서 발생한 OD 사례로 구성되어 있어 OD 실무자가 직면하는 독특한 어려움과 상황을 경험할 수 있다.

각 사례는 조직 생활의 단면을 묘사하며, 독자에게 특정 역할을 상상하게 하지만, 동시에 의식적인 사고와 성찰이 요구된다. 사례는 여러 옵션을 제시하며, 엘렛(Ellet, 2007)의 말처럼 "사례는 자신을 설명하지 않는 텍스트다"(p. 19). 독자가 사례를 해석하고 그 의미를 발견하도록 능동적인 역할을 요구한다. 다행히 사례에서는 현실과 달리 시간이 잠시 멈춰 있어 대응 방안을 신중히 고려할 시간을 제공한다.

---

3 일반적인 고객과 구분하기 위하여 조직개발 계약관계 당사자로서 고객이자 의뢰자는 '클라이언트'로 표기하였다. (역자주)

사례 분석을 시작하는 데 도움이 되는 팁

1. 사례를 처음 읽을 때는 결론을 내리지 말고 전체 내용을 읽으라. 상황에 대한 모든 관련 데이터를 수집하기 전에 해결책이나 판단을 내리지 말아야 한다.

2. 각 장에서 제시된 도구와 방법을 사용하여 사례의 문제를 분석하라. 워크시트, 모델, 원칙, 개요 등을 활용해 문제를 식별하고 분류하며, 개입 방법을 선택하고 우선순위를 정하며, 아이디어를 체계적으로 정리하라. 조직 구조를 차트와 다이어그램으로 그려보고, 중요한 문구와 문제를 발견하면 밑줄을 치며, 떠오르는 질문을 여백에 기록하라.

3. 사례의 많은 세부사항 중에서 중요한 정보를 식별하라. 사례에는 필요하지 않은 세부사항도 포함되어 있을 수 있다. 클라이언트가 무엇을 달성하려고 하는지, 무엇을 요청했는지, 핵심 문제는 무엇인지 자문하라.

4. 모든 세부사항에 대해 언급하려는 유혹을 참으라. OD 실무자는 가장 중요한 문제를 우선적으로 다루고, 클라이언트가 직면한 복잡성을 정리하도록 돕는 역할을 한다.

5. 분석을 작성할 때 사례에서 제시된 주요 질문에 답했는지 확인하라. 분석이 전문적이고 잘 조직되어 있으며, 클라이언트에게 명확하게 전달될 수 있는지 자문하라.

6. 사실이나 해석을 충분히 뒷받침할 수 있도록 데이터를 활용하라. 주장을 뒷받침할 증거를 제시하며, 과감한 결론을 내릴 때는 그 근거를 명확히 설명하라.

7. 자신의 사고와 작성이 끝난 후, 경험에서 얻은 교훈과 적용 가능한 원칙을 기록하라. 이를 통해 사례 분석이 단순히 학습을 넘어 실질적이고 미래 지향적인 교훈을 제공할 것이다.

요약

오늘날의 조직들은 엄청난 변화를 경험하고 있다. 조직개발은 사회과학 및 행동과학 지식을 활용하여 조직과 개인이 성공적으로 변화할 수 있도록 돕는 개입 방법을 개발하는 학문적 연구와 전문적 실천 분야이다. OD는 교육, 의료, 정부, 소규모 및 대규모 비즈니스 등 상상할 수 있는 거의 모든 종류의 조직에서 실천되고 있다. OD 실무자들이 다루는 변화도 매우 다양하며, 조직 구조와 전략, 팀 효율성, 리더십 코칭 등 다양한 영역을 포함한다. OD는 단순한 경영 컨설팅이나 교육·훈련이 아니며, 단기적인 활동이나 표준 절차 또는 도구 키트를 적용하는 데 그치는 것도 아니다. OD 실무자는 조직변화를 우선시하는 다양한 사람으로 구성될 수 있으며, 여기에는 관리자와 경영진, 프로젝트 관리자, 그리고 다양한 역할을 맡은 조직 구성원들이 포함될 수 있다.

토론을 위한 질문

1. 당신이 경험했던 직업을 떠올려보자. 현재 직업일 수도 있고, 과거에 몸담았던 직업일 수도 있다. 잠시 시간을 내어 그 직업이나 작업 환경이 긍정적이고 보람 있는 경험이었다고 생각했던 이유를 몇 가지 적어보거나, 반대로 부정적이고 보람없는 경험이었다고 생각했던 이유를 몇 가지 적어보자. 그런 다음, 당신의 아이디어를 동료와 공유한다. 서로의 의견에서 어떤 유사점과 차이점이 있는지 살펴보자. 1장에서 논의된 OD 개입 중 어떤 것이 이 조직에 유용했을 것이라 생각하는가?

2. 이 장의 정의를 다시 살펴보지 않고, 친구, 동료, 또는 잠재적 고객에게 OD를 어떻게 설명할 것인지 적어보자. 그런 다음, 자신의 설명을 이 장의 정의와 비교해보자. 자신의 정의는 어떻게 다른가?

3. 조직개발 프로젝트나 개입에 참여해본 적이 있는지 떠올려본다. 경험한 바 있다면, 그 경험은 어땠는가?

사례연구 1: 모든 동전에는 양면이 있다

1. 이 팀에서 갈등의 원천은 무엇인가? 어떤 문제가 개인적이거나 대인관계적인가? 더 큰 시스템적 또는 조직적 문제가 보이는가?

2. 이 팀이 갈등을 해결할 수 있다고 생각하는가, 아니면 이미 회복할 수 없는 지점에 도달했는가?

3. OD 실무자가 토마스(Tomas) 이사와 이 팀을 돕기 위해 무엇을 할 수 있을지 생각해보라.

토마스의 사무실에서

"조금 이상한 상황이 발생하고 있는데, 왜 이런 일이 일어나는지 잘 모르겠습니다. 제가 나름대로 조사해봤지만, 다음에 무엇을 해야 할지 혼란스럽습니다. 그래서 연락드렸습니다." 토마스가 말을 꺼냈다.

"좀 더 자세히 말씀해보시겠어요?" 폴(Paul)이 제안했다. 폴은 토마스의 내부 조직개발 컨설턴트로, 이런 복잡한 상황에 익숙했고, 이야기를 듣는 데 관심이 많았다.

"제 팀장 중 한 명인 제러드(Jared)는 최근에 합류한 사람입니다. 제 팀에는 경력이 훨씬 오래된 네 명의 다른 팀장이 있지만, 제러드는 우리 그룹에 합류한 지 약 7개월밖에 되지 않았습니다. 그런데 약 3개월 전부터 그의 팀원들로부터 불만이 접수되기 시작했습니다." 토마스가 설명했다.

"제러드 팀이 하는 일에 대해 다시 한번 설명해주시겠어요, 토마스?" 폴이 물었다.

"제러드 팀은 협력업체와의 관계를 관리하는 역할을 합니다. 우리는 부품을 구매할 때, 협력업체와의 계약서를 통해 서비스 수준, 가격, 품질 기준, 배송 시간 등 다양한 항목을 규정합니다. 제러드의 팀원들은 협력업체와 긴밀히 협력하며, 제품의 품질과 협력업체가 계약 조건을 충족하는지를 모니터링합니다." 토마스가 설명했다.

"제러드 팀에서 어떤 종류의 불만이 나왔나요?" 폴이 물었다.

"처음에는 '팀장이 팀원들의 말에 귀 기울이지 않는다' 같은 일반적인 불만이었습니다. 솔직히 말하면, 작년에 많은 변화를 도입했기 때문에 그런 불만을 자주 듣습니다. 변화는 누구에게나 불편하니까요. 그래서 우리가 무슨 말을 하든, 또는 구성원들이 좋아하지 않는 결정을 내리면 듣지 않는다고 느끼는 경우가 많습니다. 약 1년 전, 우리 회사는 협력업체 수를 줄였고, 협력업체 검토팀을 국내 네 곳(동부, 서부, 남부, 북부)으로 집중화하며 구성원 수를 약 20% 줄였습니다. 집중화와 우리의 계획을 알리기 위해 여러 차례 타운홀 미팅을 열었지만, 구성원들에게 이 변화가 인기 있지는 않았던 것 같습니다. 그래도 인내심을 가지고 노력한 결과 전반적으로 사기가 올라가고 있다고 생각합니다." 토마스가 덧붙였다.

"다시 제러드 팀 이야기를 해볼까요?" 폴이 토마스를 다시 대화의 주제로 이끌었다.

"네, 그렇습니다. 처음에는 한두 명 정도가 불만을 제기했지만, 점차 다른 구성원들도 같은 이야기를 하기 시작했습니다. 제러드 팀은 10명 정도인데, 제가 각 팀원과 일대일로 만나는 '직속 상급자 면담'을 진행했습니다. 구성원들은 제러드 팀장에 대한 피드백을 아주 솔직하게 전달했습니다. 과장하거나 미화하지 않았습니다. 피드백의 주요 내용은 몇 가지로 요약됩니다. 가장 많이 언급된 것은 '귀 기울여 듣지 않는다'는 것이었고, 그 외에도 '의견이 진지하게 받아들여지지 않는다', '무능력하다는 취급을 받는다', '아이디어가 무시된다', 그리고 '가르치듯이 얕보는 태도를 보인다'는 불만이었습니다." 토마스가 설명했다.

"정직하고도 까다로운 피드백이네요. 그 내용을 제러드에게 전달하셨나요?" 폴이 물었다.

"단순히 일반적인 피드백만 전달한 것이 아니라, 매우 구체적인 내용을 공유했습니다. 제가 팀원들과 면담했고, 그들이 팀장의 관리 방식에 대해 우려를 표했다는 점을 알렸습니다. 앞서 말씀드린 것처럼 듣는 태도, 사람을 진지하게 대하지 않는 것, 구성원들을 능력 없는 사람으로 대우하는 것 등 모든 내용을 전달했습니다." 토마스가 말했다.

"그는 어떻게 반응했나요?" 폴이 물었다.

"제러드는 그런 면담 내용을 듣게 된 것이 부끄럽다고 했고, 이 문제를 해결하기 위해 뭔가를 하고 싶다고 했습니다. 그런데 혼란스러운 점은 제러드는 팀원들이 그렇게 느끼고 있다는 것을 전혀 몰랐다고 하더군요. 그는 팀원들과 정기적으로 일대일 미팅을 진행하며 직접 피드백을 자주 요청한다고 말했습니다. 그리고 팀원들로부터 받은 긍정적인 코멘트들로 가득 찬 설문조사 결과도 보여줬습니다. 제가 전달한 우려 사항들은 그가 받은 피드백에서는 전혀 나타나지 않았습니다. 팀원들은 그의 행동에 대해 지속적으로 부정적인 피드백을 주지만, 정작 제러드는 왜 그런 말들이 나오는지 전혀 이해하지 못하고 있는 것 같습니다." 토마스가 말했다.

"다른 팀장들에 대해서도 비슷한 피드백을 들은 적이 있나요? 이런 피드백이 조직 전체적으로 흔한 문제인가요?" 폴이 토마스에게 물었다.

"아니요. 다른 팀장들에게는 이런 피드백을 들어본 적이 없습니다. 우리 부서는 전반적으로 매우 친근한 분위기입니다. 점심시간에 구성원들이 서로 공을 주고받으며 농담을 나누고, 가족끼리 여름 휴가도 가는 그런 분위기예요. 그런데 제러드와는 다른 분위기가 형성된 것 같아요. 팀원들이 제러드 팀장 앞에서는 친절하게 대하지만, 그가 없을 때는 서로 불만을 쏟아내는 일종의 군중 심리가 작용하는 것 같습니다. 처음에는 아마도 전임 팀장인 데이온(Deion) 팀장과 제러드 팀장의 스타일이 너무 다르기 때문에 생기는 성장 통이라고 생각했습니다." 토마스가 말했다.

"전임 팀장에 대해 말씀해주세요." 폴이 요청했다.

"데이온 팀장은 승진하면서 팀을 떠났지만, 여전히 회사 안에 있습니다. 사실, 제가 처음 불만을 들은 것도 데이온 팀장을 통해서였습니다. 팀원들이 데이온 팀장에게 가서 불만을 털어놓았고, 데이온 팀장이 그 내용을 제게 전달했죠. 그래서 제가 데이온 팀장에게 이제는 팀에서 손을 떼고 제게 맡기라고 말했습니다. 그건 건강하지 않은 방식이라고 생각했거든요. 하지만 데이온 팀장은 팀원들에게 매우 인기 있었고, 느긋하면서도 고품질의 작업을 요구하는 사람이었습니다. 팀원들이 그를 존중했기 때문에 그에게 도움을 요청한 것도 이해가 됩니다." 토마스가 말했다.

"데이온 팀장의 스타일은 어땠나요?" 폴이 물었다.

"데이온 팀장은 사람들을 평등하게 대합니다. 자신이 항상 정답을 가지고 있다고 생각하지 않고, 팀원들이 좋은 제안이나 혁신을 제시하면 이를 열려 있는 자세로 받아들입니다. 그는 개방적이고 따뜻하며 친근한 사람입니다. 아마도 그 덕분에 우리 팀에 이렇게 친근한 동료 관계 분위기가 형성된 것 같습니다. 하지만 그렇다고 해서 느슨하게 일하거나 품질 문제를 일으켜도 용납되는 것은 아닙니다. 데이온 팀장은 모든 팀원이 함께 목표를 이루기 위해 협력하는 팀 정신을 강조합니다. 팀원이 문제를 겪으면 데이온 팀장은 문제를 스스로 해결하려고 하지 않고, 보통 팀 전체에 도움을 요청하는 문화를 만들어왔습니다. 그는 자주 소통하며, 긍정적이고, 팀 지향적입니다." 토마스가 설명했다.

"혹시 제러드 팀장이 무언가 잘못되고 있다는 느낌이나 직감을 받은 적이 있나요? 그리고 팀원들이 자신이 진지하게 받아들여지지 못한다고 느끼거나 의견이 반영되지 않았다고 생각한 구체적인 사례를 제시할 수 있을까요?" 폴이 질문했다.

"그건 생각해보지 못했네요." 토마스가 인정했다.

"구성원들에게 더 구체적인 사례를 공유해달라고 요청할 수도 있겠네요. 그것은 제러드 팀장에게도 유익할 것 같습니다."

"제러드 팀장이나 그의 팀에 성과와 관련된 다른 우려사항이 있었나요?" 폴이 물었다.

"제러드 팀장은 정말 뛰어난 인재라는 점을 강조하고 싶습니다. 그는 항상 제 사무실에 와서 팀의 업무 진행 상황을 공유하고, 업무 내용을 정말 잘 파악하고 있습니다. 어떤 질문에도 항상 답변을 가지고 있어요. 그의 지식과 전문성을 매우 존중하기 때문에 그를 채용한 겁니다. 하지만 이야기를 나누다 보니 조금 특이한 상황이 하나 떠오르네요. 성과 문제는 아니지만, 다른 이슈가 있었습니다. 협력업체 세 곳에서 큰 문제가 발생해 팀 전체가 나서야 했던 일이 있었는데, 그 문제가 해결되고 품질 문제가 줄어든 후, 제러드 팀장이 해당 협력업체를 담당했던 구성원 세 명만 점심에 초대해 성공을 축하했습니다. 그런데 팀 전체가 프로젝트에 참여했다는 점이 명백했기 때문에 다른 팀원들에게는 마음의 상처를 남겼습니다. 또 제러드 팀장은 나중에 저에게 그 세 명을 공급업체와 협력할 때 모범 사례로 삼고 싶었다고 말했습니다. 또 선물도 받았죠." 토마스가 말했다.

"선물이요?" 폴이 의아한 표정으로 물었다.

"연말 즈음, 제러드의 팀원들이 팀장에게 선물을 주기 시작했어요. 처음에는 펜 세트나 탁상용 시계 같은 작은 선물이었죠." 토마스가 말했다.

"그러다가 누군가는 상당히 비싼 상품권을 주었고, 다른 사람은 서류 가방을, 또 다른 사람은 고급 와인 한

병을 선물했습니다. 이게 마치 경쟁처럼 변해버렸습니다. 제러드 팀장은 이를 팀과의 좋은 관계를 보여주는 사례라고 했지만, 결국 우리는 구성원들에게 선물을 그만하라고 요청해야 했습니다. 우리 조직에서는 보통 이런 식의 선물을 주고받지 않거든요. 이전에는 한 번도 없던 일이었습니다." 토마스가 말했다.

"정말 이상한 상황이네요. 팀원들이 싫어하는 팀장에게 왜 그렇게 과한 선물을 주었을까요?" 폴이 궁금해했다.

"제가 구성원들에게 물었을 때, 그들은 의무감이 들어서 그렇게 했다고 했고, 심지어 그 점에 대해 불만을 토로하기도 했습니다. 하지만 다른 팀에서는 이런 일이 전혀 일어나지 않는데, 왜 그렇게 느꼈는지 도저히 이해가 안 됩니다. 구성원들과 다시 이 선물 문제를 꺼내고 싶지는 않지만, 참고로 말씀드리는 겁니다. 상황이 얼마나 혼란스러운지 아시겠죠?" 토마스가 한숨을 내쉬며 말했다.

"제 직감으로는 양쪽 모두의 이야기에 어느 정도 진실이 섞여 있거나, 깊은 오해가 있는 것 같습니다. 이 문제를 파악하고 해결 방법을 찾는 데 도움을 주셨으면 합니다. 그럼 제러드 팀장부터 만나보죠." 폴이 말했다.

제러드 팀장과의 대화

"안녕하세요, 제러드 팀장님. 저는 폴입니다." 폴이 제러드의 사무실을 찾아가 자신을 소개하며 자리에 앉았다.

"이번 프로젝트에 시간 내주셔서 정말 감사합니다. 제 팀과의 관계를 개선하고 관리 역량을 키울 방법을 찾는 데 큰 도움을 받을 수 있길 바랍니다." 제러드가 말했다.

"도와드리게 되어 기쁩니다. 팀장님께서 이 팀을 맡게 된 과정과 그동안 어떻게 진행되었는지 팀장님의 관점에서 조금 더 듣고 싶습니다." 폴이 말했다.

"물론입니다. 저는 이 회사에서 5년 동안 근무했는데, 이 팀에서는 지난 6개월 동안 일했습니다. 동부 사무소에서 이 팀으로 이동해 승진한 데이온 팀장님의 자리를 맡게 되었습니다." 제러드 팀장이 설명했다.

"제가 팀을 맡자마자 가장 먼저 한 일은 팀의 생산성을 높이는 것이었습니다. 저는 구성원별 프로젝트와 협력업체와의 주당 업무 시간을 분석했습니다. 제 경험을 기준으로 볼 때 두 지표 모두 예상보다 약 20% 낮았습니다. 첫 몇 주 동안 팀 회의를 열어 우리 지표를 개선할 수 있는 방안을 찾아보자고 요청했습니다. 팀과 함께 네 가지 주요 과제를 선정했고, 각 과제에 프로젝트팀과 팀 리더를 배정했습니다. 구성원들이 자발적으로 참여했으며, 저는 항상 이 과제들이 팀 전체의 소유라고 강조했습니다."

"그 과제들은 어떻게 진행되고 있나요?" 폴이 물었다.

"저는 팀원들에게 권한을 부여하고, 그들이 결정을 내릴 수 있도록 하는 것이 중요하다고 생각합니다." 제러드가 설명했다.

"팀원들에게 일정, 주요 단계, 결과물을 정하도록 요청했고, 각 프로젝트에 대해 저와 팀이 함께 주간 검토를 진행합니다. 솔직히 말해 제가 일정에 대해 조금 압박을 넣은 적도 있지만, 전체적으로 팀은 훌륭한 작업을 하고 있습니다. 초기 기준치와 비교했을 때 이미 우리의 지표가 향상되고 있습니다."

"현재 팀의 사기는 어떻게 보시나요?" 폴이 물었다.

"제가 원하는 수준에 도달하지는 않았지만, 전환기라면 예상 가능한 수준이라고 봅니다. 그래서 주요 성과를 달성한 구성원들을 격려하기 위해 이미 인정 프로그램을 시작했습니다. 품질이 공표한 수준에 도달하면 협력업체를 담당하는 팀 리더들을 점심에 초대해 축하하고 있습니다. 제 관리 스타일은 팀의 목표를 달성하기 위해 강하게 밀어붙이지만, 성과를 낸 경우에는 반드시 인정하는 것입니다. 너무 많은 팀장들이 일을 끝내는 데만 초점을 맞추고 고마움을 전하는 것을 잊습니다. 변화를 촉진할 때는 작은 성공을 축하하는 것이 중요하다고 생각합니다." 제러드가 말했다.

"폴, 당신이 제게 오해가 생길 수 있는 구체적인 사례를 생각해보라고 하셨죠. 제가 처음 인정 프로그램을 시작했을 때 몇몇 구성원에게 잘못 전달되었을 수도 있다고 생각합니다. 하지만 다른 팀원들이 성과를 내면 그들도 인정할 것입니다. 변화를 받아들이는 데는 시간이 걸릴 것입니다."

"팀 회의와 팀원들과의 상호작용은 어떤 방식으로 이루어지나요?" 폴이 물었다.

"우리 팀 회의는 매우 생산적이라고 생각합니다. 분위기는 가볍고 농담도 나누지만, 일을 끝내는 데 있어서는 철저합니다. 저는 팀원들과 매주 정기적으로 일대일 미팅을 진행하는데, 그 시간은 그들의 개인적인 고민을 나누거나, 경력 조언이나 피드백을 받을 수 있는 시간입니다. 저는 건설적인 피드백과 코칭을 매우 중요하게 생각합니다. 관리자는 공개적으로 칭찬하고, 사적으로 비판해야 한다고 믿습니다. 그래서 팀원 중 누군가 개선이 필요한 부분이 있다면, 이를 개인적으로 전달하기 위해 따로 시간을 갖습니다." 제러드가 설명했다.

"또한, 구성원들을 최대한 코칭하려고 노력합니다. 저는 구성원들이 자신의 경력을 스스로 책임져야 한다고 생각하며, 그들이 자신의 기술과 경험을 성장시킬 수 있도록 돕고 싶습니다. 그렇게 해서 그들이 다음 경력 도전을 준비할 때 자신을 돋보이게 만들 수 있기를 바랍니다."

"팀이 제공한 피드백에 대해 토마스 팀장에게 들었는데, 팀장님 관점에서 들은 내용과 앞으로 무엇을 해야 한다고 생각하는지 말씀해주시겠어요?" 폴이 물었다.

"몇몇 불만은 업무량과 시간에 쫓기는 구성원들에 관한 것입니다. 그 점은 이해합니다. 제가 팀에게 조금 무리한 일을 시킨 것에 대해 전적으로 사과할 생각은 없지만, 저도 가능한 한 추가 인력을 확보하려고 노력하고 있습니다. 그래서 누군가 프로젝트에서 어려움을 겪을 때, 사람들이 서로 돕고 싶어 하는 환경을 만들려고 합니다. 최근 회의에서 베스(Beth)의 사례가 좋은 예입니다. 그녀가 업무량 때문에 힘들어하기에 다른 팀원들에게 그녀를 돕도록 요청했습니다. 팀 내 협업은 팀 성공의 가장 중요한 요소 중 하나라고 생각하며, 우리는 팀으로서 성공하거나 팀으로서 실패한다고 믿습니다." 제러드가 말했다.

"지금까지 어떤 조치를 취했나요?" 폴이 물었다.

"그런데 토마스 이사님께 들은 의견 중 하나는 사람들이 자신이 숙련된 전문가라는 사실을 제가 인정하지 않는 것 같다는 것이었습니다. 최근에 제가 팀의 진정한 슈퍼스타 중 한 명인 나디아(Nadia)를 칭찬하고 싶었습니다. 그녀는 협력업체에 대한 탁월한 검토를 통해 고객에게 큰 실망감을 줄 수 있는 몇 가지 오류를 발견했습니다. 그래서 저는 그녀의 작업을 팀에 알리는 메모를 보내 고품질 검토의 중요성과 그녀가 얼마나 철저했는지 모두가 알 수 있도록 했습니다." 제러드가 설명했다.

"팀장님 생각에는 무엇이 필요할까요?" 폴이 물었다.

"솔직히 잘 모르겠습니다. 하지만 필요한 모든 피드백을 듣고 필요한 일을 하겠다고 약속합니다." 제러드가 단호하게 말했다.

"저는 우리 모두가 조치를 취해야 한다는 데 의심의 여지가 없으며, 모든 사람이 저에게 직접 피드백을 줄 수 있음을 알아주셨으면 합니다. 지금까지 저에게 직접 이야기한 사람은 토마스 이사님밖에 없었으니, 당신이 도움을 주셨으면 합니다."

"다음으로 팀원들과 대화를 나누고, 그 후에 다음 단계에 대한 구체적인 생각을 팀장님께 공유할 수 있도록 하겠습니다." 폴이 말했다.

제러드 팀원들과의 면담에서 발췌

"구체적인 사례를 원하셨죠? 흔히 일어나는 시나리오를 보여주는 사례를 찾았습니다." 베스(Beth)가 설명했다. "아마 제러드 팀장은 우리에게 부여한 과제에 대해 말씀하셨을 겁니다. 우리는 각 과제에 대한 진척 상황을 공유하기 위해 매주 프로젝트 리뷰를 합니다. 저는 공급업체 품질 담당 팀장 중 한 명인데, 그 과제 외에도 제 담당인 여섯 개의 공급업체를 정기적으로 관리해야 합니다. 지난주에는 한 공급업체에서 큰 문제가 발생했는데, 그들이 고객 배송 기한을 맞추기 위해 필요한 제품을 우리에게 제때 제공할 수 없는 이유를 파악하느라 일주일 내내 시간을 보냈습니다. 고객이 최우선이니까요. 그래서 그 문제를 우선 해결하느라 과제에 많은 시간을 쏟을 수 없었습니다. 이번 주 리뷰에서 제가 원하는 만큼 진척이 없었다고 제러드 팀장에게 말했습니다. 그의 첫 반응은 '일주일 동안 대체 뭘 했나요? 저도 그렇게 여유로운 시간이 있으면 좋겠네요'라는 것이었고, 곧바로 팀 전체에게 이메일을 보내 '베스가 이번 주에 진척을 못 냈으니 프로젝트를 도와줄 사람은 즉시 자원해주길 바랍니다'라고 했습니다. 제가 중요한 다른 업무를 하고 있었다는 점은 전혀 고려되지 않았고, 동료들 앞에서 그런 식으로 지적받은 것이 매우 불쾌했습니다."

***

"제러드와의 첫 구성원 회의에서 있었던 일을 들으셨을 겁니다." 루크(Luke)가 지적했다. "팀장은 구성원 성과를 어떻게 평가하는지에 대해 이야기하면서, '이 업계에서 성공하고 싶다면 다른 사람들과 차별화해야 한다'고 말했습니다. 이건 직접 인용한 말이에요. 그런 다음, 그는 우리가 모두 협력해서 성과를 낸 상황에서 몇몇 구성원만 데리고 점심을 먹으러 갔으며, 우리는 동료들을 돕는 것이 의미 없다는 것을 금방 깨달았습니다. 이 회사에서 승진이나 연봉이 오르는 것은 쉽지 않으니까요. 그래서 모든 사람들이 조금씩 서로 경쟁하기 시작했습니다. 제러드 팀장의 신임을 얻는 것이 중요하다는 것을 모두가 깨달았죠. 그의 신임을 얻으면 확실히 더 좋은 대우를 받을 수 있습니다."

***

"제러드 팀장에게 직접 피드백을 준 적이 있냐고 물으셨죠?" 미아(Mia)가 말했다. "네, 있습니다. 어떻게 진행됐는지 말씀드릴게요. 저는 모든 사람에게 매주 정확한 데이터를 제공하기 위해 표준 공급업체 보고서를 구성하는 과제를 맡고 있습니다. 어느 회의에서 제러드 팀장이 대시보드에 우리가 계획한 데이터와 다른 데이터를 표시하고 싶다고 말했습니다. 사실, 그는 우리가 수년간 사용해온 표준 계산 방식을 변경하겠다고 제안했어요. 그의 제안은 말이 되지 않았지만, 아무도 이에 대해 말하지 않았습니다. 그 후 제가 그와 일대일 면담을 할 때, 그 프로젝트가 어떻게 진행되고 있는지 피드백을 요청했기에 솔직히 말씀드렸습니다. 팀장의 계산 방식은 큰 문제를 일으킬 수 있다고 말했더니, 그는 즉시 방어적인 태도를 보이며 '여기선 내가 책임자입니다. 마음에 안 들면 다른 곳에서 일자리를 찾으세요'라고 말했습니다. 저는 제러드 팀장이 말하는 것이 항상 정답이라는 것을 배웠습니다. 그와 논쟁하는 것은 아무 의미가 없습니다."

***

"우리 팀 회의요? 저는 그걸 마치 교장실에 불려가는 것 같다고 표현하겠습니다." 닉(Nick)이 말했다. "처음에는 데이온 팀장님과 함께하던 대로 행동했습니다. 모두가 자유롭게 발언하고 편안하게 논의했죠. 하지만 제러드 팀장이 점점 진지한 태도를 보이기 시작했어요. 그는 팀의 성과가 얼마나 나쁜지 보여주는 차트를 가져오더니, 자신의 기대에 미치지 못한다고 생각한 특정 사람들의 이름을 지목하기 시작했습니다. 아이러니한 것은 우리 팀이 어느 때보다 생산성이 높아졌다고 많은 사람들이 생각하고 있다는 점입니다. 하지만 분위기는 매우 부정적으로 변했고, 이제는 우리가 아무것도 제대로 해낼 수 없는 패배자 집단처럼 느껴집니다. 지금은 모두가 고개를 숙이고 노트에 적기만 합니다."

***

"제가 자원을 활용하거나 혁신을 시도했을 때 무슨 일이 벌어졌는지 말씀드릴게요." 올리비아(Olivia)가 말했다. "저는 새로운 제품의 협력업체 프로세스를 재설계하는 팀에 속해 있습니다. 기본적으로, 새로운 제품에 대해 협력업체와의 작업을 시작하는 방법을 개선하는 일입니다. 우리 팀은 마케팅 제품 회의에 참여하기 시작했는데, 우리 그룹에 새롭게 들어오는 작업을 미리 알게 되면 좋겠다는 아이디어를 냈습니다. 한 사람이 새 제품을 모니터링하는 역할을 맡으면 작업을 더 정확히 계획할 수 있을 것 같았어요. 그래서 마케팅 팀장에게 가서 말씀드려 다음 회의에 초대받았습니다. 회의에서는 모두가 이 협업을 매우 긍정적으로 받아들였고, 모두에게 큰 시간 절약이 될 것이라는 데 동의했습니다. 저는 우리가 한 일이 매우 자랑스러웠고, 그 성공적인 마케팅 회의에 대해 제러드 팀장에게 이야기하는 실수를 했습니다. 그의 첫 반응은 '누가 그렇게 하라고 했나요?'라는 매우 화난 말투였습니다. 저는 이게 우리 과제의 일부라고 말했지만, 그는 제 말을 잘라버리며 우리 그룹 외부에서의 모든 회의는 먼저 자신의 승인을 받아야 한다고 말했습니다."

***

"그가 우리를 어떻게 깎아내렸는지 보여주는 사례를 말씀드릴게요." 나디아(Nadia)가 컴퓨터에서 이메일을 열며 말했다. "지난주에 저는 정말 힘든 공급업체 검토를 마쳤습니다. 그런데 어떻게 된 일인지 제러드 팀장이 그것에 대해 알게 되었어요. 월요일에 그는 팀 전체를 참조로 이메일을 보냈는데, 짧으니까 읽어드릴게요. '모두들, 나디아가 마침내 공급업체 검토를 완료했고 주요 오류를 발견하는 데 뛰어난 성과를 냈습니다. 그래서 제가 정확한 매트릭스를 고집하는 것입니다.' 누가 이런 식으로 메시지를 보낼까요? 먼저, '마침내 완료했다'는 게 무슨 뜻인가요? 제가 너무 오래 걸렸다는 뜻인가요? 그러고 나서 매트릭스에 대한 자신의 의견을 덧붙였는데, 이는 지난달 회의에서 제 실수를 언급한 것이 분명합니다. 그는 제 이름을 언급하지 않았지만, 모두가 알고 있을 거예요. 이런 종류의 코멘트는 정말 사기를 꺾습니다. 그의 말을 신뢰할 수 없어요."

***

토마스의 사무실로 돌아와서

"이 정도입니다." 폴이 결론지었다.

"구성원들과의 대화에서 이런 일들이 일부 발생하고 있다는 느낌을 받았어요. 하지만 당신이 찾은 세부 사항들은 놀랍습니다." 토마스가 인정했다.

"이제 문제는 다음에 무엇을 해야 할지에 대한 아이디어가 있냐는 것입니다."

02 조직개발의 역사

학습 목표

이 장에서는 다음과 같은 내용을 학습한다.

- 실험실 훈련, 액션 리서치, 관리 실무 및 품질 프로그램 같은 OD에 대한 초기 접근 방식의 중요성
- 1세대와 2세대 OD 실무의 차이점
- 조직문화, 변화관리, 조직학습, 조직 효율성 및 민첩성을 포함한 2세대 OD 실무
- 조직개발의 역사적 발전이 오늘날 실무에 끼친 영향

만약 최근에 처음으로 조직개발(OD)이라는 용어를 들었다면, 조직개발 실천이 이미 90년의 역사를 가지고 있다는 사실에 놀랄 수 있다. 비록 '조직개발'이라는 용어 자체는 1960년대에 처음 사용되기 시작했지만(Sashkin & Burke, 1987), 비즈니스 및 조직이 처한 환경과 함께 시도되면서 OD는 크게 성장하고 변화해왔다. 이 장에서는 OD의 다양한 연구와 실무 전통을 다루며, 이러한 전통이 오늘날 OD가 실천되는 방식에 어떻게 명시적 혹은 암묵적으로 반영되어 있는지를 보여준다. 이 장에서는 아홉 가지 주요 OD 연구 및 실무 전통을 설명하며, 이 전통들은 서로 교차하고 혼합되면서 발전했고, 이후 장에서도 이 아홉 가지 전통적인 주제들이 지속적으로 다루어진다. 이러한 경향들은 대체로 역사적 흐름을 따라 이어지지만, 각 전통 간에는 상당한 중첩과 상호 영향을 주고받는 면이 있음을 염두에 두자.

OD의 역사를 이해하면 OD가 어떻게 정의되어왔는지, 그리고 역사적 뿌리에서 현재에 이르기까지 어떻게 변화해왔는지 잘 알 수 있다. 또한, 오늘날의 OD 실무가 수십 년간의 연구와 실무를 통해 현재의 상태에 다다르게 되었음을 더 깊이 이해할 수 있게 된다.

OD의 역사: 초창기

이 장에서 설명하는 아홉 가지 OD 연구 및 실무는 다음과 같다.

1. 실험실 훈련 및 T-그룹
2. 액션 리서치, 서베이 피드백, 사회기술 시스템
3. 관리 실무
4. 품질과 구성원 참여

5. 조직문화

6. 변화관리, 전략적 변화, 리엔지니어링

7. 조직학습

8. 조직 효과성과 구성원 몰입

9. 민첩성 및 협업

| 실험실 훈련 및 T-그룹

많은 기록에 따르면, 오늘날 조직개발로 알려진 개념은 1946년에서 1947년 사이 메인주 베델에서 시작된 국립훈련연구소(National Training Laboratory, NTL)의 집단 개발 훈련 실험에서 비롯되었다. 이 연구소의 창립자인 케네스 베네(Kenneth Benne), 릴랜드 브래드포드(Leland Bradford), 로널드 리핏(Ronald Lippitt)은 이들의 선구자였던 커트 르윈(Kurt Lewin)의 헌신적인 연구에 영감을 받아 NTL을 설립하게 되었다. 1945년, 르윈은 매사추세츠공과대학(MIT)에 집단역동연구소(Research Center for Group Dynamics)를 설립했으며, 이 용어는 르윈이 직접 만들어낸 것이다(참조: L. P. Bradford, 1974).

1946년 여름, T-그룹(T-group)으로 알려지게 된 실천 방식이 르윈과 그의 학생들에 의해 발견되었다. 당시 코네티컷 인종간위원회(CIC)는 르윈에게 지역사회 리더들을 위한 워크숍을 개발해줄 것을 요청했다. 이 워크숍의 목적은 지역사회 리더들이 자신들이 직면한 문제, 특히 공정 고용 관행법(Fair Employment Practices Act) 시행과 관련된 문제를 해결할 수 있도록 돕는 것이었다. 참여자들에는 지역사회 리더뿐만 아니라 기업인, 사회복지사, 교사, 그리고 그 밖의 관심 있는 시민이 포함되었다. 이 워크숍은 참여자들이 긴 강연, 연설, 전문가들의 발표를 수동적으로 듣기를 기대했던 것과 달리 참여형 그룹 토론, 역할극, 팀워크가 주요 활동이 되도록 설계되었다(Hirsch, 1987).

매일 저녁, 연구자들은 토론이 끝난 후 그날의 활동을 기록하고 관찰 내용을 분석하며 그룹 행동을 해석하기 위해 모였다. 그러던 중 몇몇 참여자가 연구자들의 모임에 대해 알게 되었고, 이 모임에 참관할 수 있는지 문의했다. 연구자들은 참여자들이 토론에 참석해 연구자들의 관찰과 해석을 듣도록 허용했다.

어느 날 저녁, 연구자 중 한 명은 낮 동안 역할극에서 리더 역할을 맡았던 한 여성이 처음에는 조심스럽고 소극적이었지만, 훨씬 활발하게 참여하는 것을 관찰했다고 말했다. 연구자는 이 관찰을 그냥 지나치지 않고, 그날 저녁 그 여성을 토론에 초대하여 가설에 대해 토론하고 자신의 해석을 공유하도록 했다. 그녀는 리더 역할을 맡으면서 참여가 훨씬 더 즐거워졌다는 점에 동의하며, 처음에는 참여가 불편했지만 토론이 끝날 때는 아쉬울 정도로 몰입되었다고 이야기했다(Lippitt, 1949). 이러한 교류는 연구자들이 관찰한 내용을 보고하고, 참여자들이 이를 듣고 반영하며, 자신의 행동에 대한 해석을 공유하는 새로운 패턴으로 이어졌다. 이는 이후 T-그룹 훈련의 기초가 되었으며, OD의 실무에 큰 영향을 미친 중요한 전환점이었다.

저녁 세션의 참석률은 이후 며칠 동안 급격히 증가했으며, 거의 모든 참여자가 참석하게 되었다. 이는 연구자들에게 다음과 같은 결론을 내리게 했다.

> "그룹 구성원들이 자신의 행동과 결과에 대한 데이터를 어느 정도 객관적으로 접하고, 방어적이지 않은 태도로 이 데이터를 검토하는 데 참여하게 된다면, 자신에 대한 통찰, 다른 사람들이 자신에게 보이는 반응, 그리고 그룹 행동 및 그룹 발전에 대해 매우 의미 있는 통찰을 얻을 수 있다."(Benne, 1964, p. 83)

커트 르윈은 본능적으로 이것이 잠재적으로 강력한 발견임을 직감하며, "우리가 여기서 그룹 작업에 널리 적용될 수 있는 원칙을 발견했을지도 모릅니다"라고 말했다(Lippitt, 1949, p. 116). 이로써 훈련 그룹(T-group)이 탄생했다.

1947년, 메인주 베델에 있는 국립훈련연구소(NTL)에서 첫 번째 T-그룹 세션이 열렸다. 이 세션은 약 3주 동안 진행되었으며, 1,015명의 참여자와 12명의 트레이너로 구성되었다. 세션은 개방적이고 솔직한 분위기에서 이루어졌으며, 진정성과 정직한 소통이 강조되었다. 참여자들은 자신과 다른 사람들의 기여도, 그리고 그룹의 프로세스를 분석하는 시간을 가졌다. 그룹이 어떤 과정을 따르든 T-그룹의 공통된 목표는 개인이 자신과 타인의 행동에 대해 배우고, 이를 통해 참여자들이 자신의 조직으로 돌아갔을 때 더 효과적인 행동으로 전환할 수 있도록 돕는 것이었다. T-그룹의 효과가 입증되면서 소문이 퍼졌고, 관리자와 리더들이 자기 조직에서의 효과성을 높이기 위해 워크숍에 참석하기 시작했다. 특히, 1955년 『비즈니스위크(*Business Week*)』에서 "소그룹이 어떻게 작동하는가"라는 기사를 통해 구성원과 팀의 잠재력을 열어주는 방법으로 T-그룹이 홍보되며 참가율이 더욱 높아졌다. 1960년대 중반까지 2만 명이 넘는 비즈니스 전문가들이 이 워크숍(2주간의 세션으로 축소됨)에 참석했으며, 이는 경영관리 분야에서 가장 초기의 유행 중 하나로 간주될 수 있다(Kleiner, 1996).

르윈이 시작한 연구는 조직개발, 리더십, 그리고 관리 연구에 상당한 영향을 미쳤다. 르윈의 리더십 스타일(권위적, 민주적, 자유방임적)에 대한 연구는 그룹과 리더에 대한 학계와 실무자들의 사고에 깊은 영향을 미쳤다. 소그룹 연구와 리더십 개발 분야는 르윈의 선구적인 연구에 큰 빚을 지고 있다. T-그룹은 더 이상 OD 실천의 주류는 아니지만, 오늘날 팀빌딩 활동(11장에서 자세히 다룸)에서 그 흔적을 찾아볼 수 있다. 또한, 르윈의 연구는 조직개발 역사에서 또 다른 전통인 액션 리서치, 서베이 피드백(Survey Feedback)에 영향을 미쳤다.

| 액션 리서치, 서베이 피드백, 사회기술 시스템

르윈의 목표는 MIT에서 연구 결과를 발전시켜 이를 실천 가능한 지식으로 전환함으로써 실무자들이 그룹을 개선하고 문제를 해결하는 데 사용할 수 있도록 하는 것이었다. 르윈은 이러한 모델을 '액션 리서치(action research)'라고 불렀는데, 이는 연구 프로젝트가 항상 실용적이고 이론적인 요소를 동시에 포함하며, 엄격한 과학적 방법을 사용해 그룹에 대한 데이터를 수집하고 그들의 프로세스에 개입할 수 있음을 보여주기 위해서였다(Cunningham, 1993). 이 시기의 두 가지 중요한 발전은 서베이 피드백 프로세스(Survey Feedback Process)와 사회기술 시스템(Sociotechnical Systems) 분야였다.

| 서베이 피드백

커트 르윈과 그의 동료들이 T-그룹 방법론을 개발하는 동안, 미시간 대학교에서는 1946년 렌시스 리커트(Rensis Likert)의 지휘 아래 설립된 설문조사연구소(Survey Research Center)에서 새로운 노력이 진행되고 있었다. 이 연구소의 목표는 설문조사 전문 지식을 바탕으로 사회과학 연구의 중심지가 되는 것이었다. 몇몇 조직은 이를 기회로 삼아 운영 개선, 경제적 성공, 경쟁 우위 확보를 목적으로 설문조사 프로젝트를 제안했으나, 초점이 지나치게 좁다는 이유로 거절되었다. 연구소는 단일 조직을 넘어선 중요한 문제에 집중하고, 결과를 공개적으로 공유하는 것을 목표로 했다. 이러한 두 가지 기준, 즉 더 중요한 질문을 다루고 그 결과를 연구자와 실무자에게 알리는 것이 액션 리서치 과정의 핵심이 되었다. 이러한 기준을 충족한 프로젝트 중 하나가 디트로이트 에디슨(Detroit Edison)에서 수행된 서베이 피드백 프로젝트였다.

1948년부터 1950년까지 2년 동안 설문조사연구소의 연구진은 디트로이트 에디슨에서 8천 명의 구성원과 관리자들을 대상으로 설문조사를 했다. 이 설문조사는 경력 발전 및 승진 기회, 관리자와 동료들에 대한 의견, 업무 내용 및 근무 환경에 대한 인식을 이해하기 위한 것이었다. 또한, 관리자는 회사 내 관리에 대한 질문을 받았고, 고위 경영진과 임원들은 최고경영진의 관점에서 바라본 추가적인 인식을 제공하도록 요청받았다. 이 연구는 디트로이트 에디슨의 구성원들이 조직에 대해 어떻게 느끼는지 이해하는 것뿐 아니라, 이 프로젝트의 결과를 다른 조직에서 변화를 이해하고 유도하며 이끌기 위해 어떻게 활용할 수 있을지 탐구하려는 목적도 있었다.

초기 데이터 수집 후, 설문조사 결과에 대한 피드백이 리더와 조직 구성원들에게 전달되었다. 맨(Mann, 1957)은 이러한 피드백 과정을 연쇄적인 회의 체인(interlocking chain of conferences)으로 묘사했다. 처음에는 연구팀의 한 구성원이 참여해 최고경영진과 함께 결과를 공유하고, 이를 바탕으로 논의와 실행 계획, 그리고 다음 조직 단계에 결과를 어떻게 공유할지 계획했다. 이후 각 경영진은 자신의 팀과 설문 결과에 대한 피드백 논의를 주도하며 실행 계획을 세우고, 다음 단계의 공유 방식을 논의했다. 이러한 패턴은 조직 전체에 걸쳐 반복되었다. 각 단계에서는 해당 그룹에 관련된 데이터를 논의했다. 이후 추가적인 설문조사와 실행계획을 통해, 관리자들은 부서별로 크게 다른 실행계획 프로그램을 개발했다. 일부 프로그램은 최대 33주가 걸렸으며, 다른 프로그램은 13주가 소요되었다. 어떤 부서는 65회의 회의를 거친 반면, 다른 부서는 9회만 진행했다. 어떤 부서의 실행계획은 모든 구성원을 포함했지만, 다른 부서는 관리팀으로 제한되었다.

연구자들은 설문 결과를 기반으로 조치를 취한 그룹에서 구성원들이 직무(직무의 중요성 및 관심도), 관리자(감독 능력 및 칭찬 능력 등), 근무 환경(승진 기회 또는 그룹 생산성)에 대해 긍정적인 변화를 보인다는 것을 발견했다. 반면, 아무런 조치를 취하지 않은 그룹에서는 이런 변화가 나타나지 않았다. 맨(Mann, 1957)에 따르면, 실험 부서의 구성원들은 다음과 같은 측면에서 변화를 느꼈다.

(1) 부서 내 관리자들이 잘 어울리는 정도

(2) 관리자가 회의를 자주 여는 정도

(3) 회의의 효과성

(4) 관리자가 구성원들이 사물을 바라보는 방식과 느끼는 것에 대해 이해하는 정도
    (p. 161)

맨(Mann)은 모든 직급의 구성원들이 실행계획 과정에 참여한 그룹에서 이러한 변화가 더욱 뚜렷하게 나타났다고 덧붙였다. 연구자들은 자신들이 개발한 회의 기반 피드백 모델이 효과적이라는 결론을 내렸다. 이 모델은 데이터를 수집하여 이를 조직 구성원에게 피드백하고, 데이터를 기반으로 변화를 시작하도록 하는 방식이었다.

오늘날, 디트로이트 에디슨에서 실행된 방식과 유사한 액션 리서치는 대부분의 조직개발 작업의 기초이자 기본 철학으로 자리 잡았다. 특히, 서베이 피드백 방법론에서 이 모델이 중요한 기반을 형성하고 있다. 이 모델은 OD 프로세스의 토대를 이루는데, 이는 5장에서 좀 더

자세히 논의할 것이다. 구성원 설문조사는 이제 거의 모든 대규모 조직에서 공통적으로 사용되는 전략이며, 액션 리서치 기반 피드백 프로그램은 가장 널리 퍼진 OD 개입 중 하나가 되었다(Church, Burke, & Van Eynde, 1994). 설문 방법론을 데이터 수집 전략으로 활용하는 방법은 7장에서 구체적으로 다룰 것이다.

| 사회기술 시스템(Sociotechnical Systems, STS)

사회기술 시스템(STS) 개념은 일반적으로 트리스트와 뱀포스(Trist & Bamforth, 1951)가 보고한 영국 탄광 작업 그룹에 대한 연구에서 유래하며, 런던 타비스톡 인간관계연구소(Tavistock Institute of Human Relations)에서 프레드 에머리(Fred Emery, 1959)에 의해 더욱 발전했다. 트리스트와 뱀포스의 연구는 석탄 채굴 과정에서 수작업 방식에서 기계화된 방식으로 전환되는 동안 작업 그룹 내에서 발생한 사회적·심리적 변화를 다루고 있다. 이들은 탄광 노동자 연구를 통해 조직 내에 기술적 시스템(기계와 작업 방식)과 사회적 시스템(작업 그룹 내 관계)이 존재하며, 이 두 요소가 개별 노동자에게 영향을 미친다고 밝혔다. 또한, 시스템의 건강성을 유지하려면 이 두 가지 요소를 모두 고려해야 한다고 강조했다. 기술적 시스템은 오늘날 우리가 생각하는 정보기술뿐만 아니라 구성원들이 업무를 수행하기 위해 사용하는 기술, 지식, 절차, 도구를 포함한다. 사회적 시스템은 동료 및 상사 간의 관계, 의사소통과 정보 흐름, 가치와 태도, 동기부여를 포함한다. STS에서 조직개발(OD) 개입은 단순히 사회적 시스템만을 다루는 것이 아니라, "사람과 기술의 배치를 조직의 목표와 생존 요구에 부합하도록 상호 조율하기 위해 각각의 시스템을 재설계하는 방법"을 탐구한다(Pasmore, Francis, Haldeman, & Shani, 1982, p. 1182).

기술적 시스템과 사회적 시스템은 분명히 상호작용한다. 따라서 STS의 중요한 원칙 중 하나는 '공동 최적화(joint optimization)'다. 이는 "조직이 최적으로 기능하기 위해서는 조직의 사회적 시스템과 기술적 시스템이 서로의 요구와 환경에 맞게 설계되어야 한다"는 원칙을 설명한다(Pasmore et al., 1982, p. 1182). 공동 최적화를 달성하는 한 가지 방법은 자율적 또는 반(半)자율적 작업 그룹을 통해 이루어질 수 있다. 이러한 그룹에서는 구성원들이 작업 수행에 있어 일정 수준의 주인의식, 통제, 책임을 가지게 된다.

진단 단계가 완료되어 조직의 사회적 및 기술적 시스템에 대한 철저한 이해가 이루어진 후, 조직개발 실무자는 다음과 같은 개입을 제안할 수 있다(Pasmore & Sherwood, 1978, p. 3).

- 작업 방법의 재구성
- 기술의 재배치

- 조직의 사회적 구조 재설계

다음 섹션에서 다룰 연구 결과에 따르면, 사회적 및 기술적 시스템 모두에 대한 참여는 구성원들의 동기부여와 생산성에 기여한다는 실증적 증거가 제시되었다.

오늘날에도 OD 실무자들은 사회기술 시스템 이론과 실천을 따르고 있다. 북미, 스칸디나비아, 호주, 네덜란드 등에서 각각 글로벌 버전의 STS가 발전해왔으며, 기본적으로 유사하지만 각기 독특한 접근 방식과 철학을 가지고 있다(van Eijnatten, Shani, & Leary, 2008). 초기 STS 연구는 제조업 또는 물리적 생산 환경에 초점을 맞춘 경우가 많았으나, 오늘날에는 정보기술과 자동화가 사회적 협력 관행과 결합해 작업 환경에 미치는 영향을 이해하는 데 STS 개념이 중요한 역할을 한다는 인식이 점점 더 커지고 있다.

| 관리 실무(Management Practices)

서베이 피드백과 사회기술 시스템(STS) 프로젝트에서 얻은 결과를 일부 기반으로, 1960년대에 여러 연구 프로그램이 연구자와 실무자들에게 경영 실천에 대한 새로운 사고 방식을 채택하도록 촉진했다. 이러한 연구 프로그램의 목표는 당시 지배적이었던 경영 방식에 대한 대안적인 관리 방법을 제안하는 것이었다. 주목할 만한 네 가지 연구 프로그램은 다음과 같다.

1. 맥그리거(MacGregor)의 X이론과 Y이론
2. 리커트(Likert)의 네 가지 경영 시스템
3. 블레이크와 머튼(Blake and Mouton)의 관리 격자
4. 허즈버그(Herzberg)의 구성원 동기 연구

더글러스 맥그리거(Douglas MacGregor)는 MIT에서 활동하던 학자로, 커트 르윈의 동료이기도 했다. 그는 1960년 출간한 저서 『기업의 인간적 측면(*The Human Side of Enterprise*)』을 통해 경영 실천에 대한 사고에 큰 영향을 미쳤다. 맥그리거는 관리자들이 인적 자원, 그들의 행동, 그리고 업무의 성격에 대해 암묵적 혹은 명시적인 가정(또는 '표방된 이론')을 가지고 있다고 주장했으며, 이러한 가정이 관리자의 행동에 어떻게 영향을 미치는지를 쉽게 파악할 수 있다고 설명했다. 그는 독자에게 다음과 같은 과제를 제시했다.

다음에 정책 문제를 논의하는 경영진 회의에 참석할 때, 참여자들이 토론 중 인간 행동에 대해 내리는 가정(신념, 의견, 확신, 일반화)을 기록해보십시오. 인간 행동에 대한 가정을 귀 기울여 들어보세요. 이는 특정 개인, 특정 그룹, 또는 전반적인 사

람들에 대한 것일 수 있습니다. 아마도 작성된 목록의 길이와 다양성에 매우 놀라게 될 것입니다.(MacGregor, 1960, pp. 6-7)

맥그리거는 관리자들이 자신들에게 영향을 미치는 이론을 종종 의식하지 못하며, 많은 경우 이러한 이론이 상호 모순적이라고 지적했다. 그는 사람들이나 업무에 대해 가장 일반적으로 표방된 가정의 요소를 분류하여 이를 X이론과 Y이론으로 명명했다. X이론을 요약하면 다음과 같다.

1. 인간은 본질적으로 일을 싫어하며, 가능하다면 일을 피하려고 한다.

2. 이와 같이 일을 싫어하는 인간적 특성 때문에 대부분 사람은 조직 목표 달성을 위해 충분한 노력을 하도록 강압, 통제, 지시, 처벌의 위협을 받아야 한다.

3. 일반적인 인간은 지시받기를 선호하며, 책임을 회피하고, 야망이 거의 없으며, 무엇보다 안정성을 원한다.(MacGregor, 1960, pp. 33-34)

맥그리거는 이러한 X이론이 전통적인 경영 방식에서 암묵적으로 채택된 가정을 반영하며, 이것이 관리자와 조직이 구성원들을 바라보는 방식에 큰 영향을 미친다고 주장했다. X이론에 내재된 개인 동기에 대한 가정과는 대조적으로, Y이론은 사람과 일에 대해 더 낙관적인 관점을 제시한다.

1. 업무에 신체적·정신적 노력을 들이는 것은 놀이나 휴식만큼 자연스러운 일이다.

2. 외부의 통제와 처벌의 위협만이 조직 목표 달성을 위한 노력을 이끌어내는 유일한 수단은 아니다. 사람들은 자신이 헌신한 목표를 위해 스스로 방향을 잡고 통제할 것이다.

3. 목표에 대한 헌신은 그 목표 달성과 연관된 보상에 의해 결정된다.

4. 적절한 조건에서, 일반적인 사람은 책임을 수용하는 것뿐만 아니라 책임을 추구하는 법을 배운다.

5. 조직 문제를 해결하는 데 필요한 상상력, 독창성, 창의성을 발휘할 능력은 인구 전반에 널리 분포되어 있다.

6. 현대 산업사회에서는 일반적인 사람의 지적 잠재력이 부분적으로만 활용되고 있다.(MacGregor, 1960, pp. 47-48)

맥그리거는 Y이론의 신념을 채택하는 것이 제품, 기술, 기존 문제에 대한 혁신적 발전을 가져오는 데 필수라고 썼다. 그는 관리자가 사람을 통제하려는 기존의 가정을 버리고, 조직 내 인간 행동에 대한 더 폭넓고 인간 중심적인 관점을 받아들여야 한다고 주장했다. 그의 연구는 Y이론의 가정을 실천으로 옮기는 몇 가지 방법을 제안했다. 여기에는 직무 기술서 문서화, 성과 평가 프로세스 재구성, 그리고 급여 인상과 승진의 효과적인 관리가 포함되었다.

맥그리거가 경영에 대한 새로운 가정을 주장하던 시기에 리커트(Likert, 1961, 1967)는 네 가지 대안적 경영 방식을 연구했으며, 이는 맥그리거의 이론과 강한 연관성을 가진다. 리커트는 관리자들에게 조직 내에서 가장 생산적인 부서와 가장 비생산적인 부서를 생각해보고, 이들을 자신의 관리 방식에 따라 연속선상에 배치하도록 요청했다. 그는 이를 System 1부터 System 4까지로 명명했다.

- **System 1: 착취적 권위주의(Exploitative authoritative)**
  관리자들은 두려움, 위협, 협박을 동원해 구성원들에게 행동하도록 강요한다. 정보 흐름은 하향식이며, 구성원들에게 명령을 전달하는 형태를 취한다. 처벌에 대한 두려움으로 인해 상향식 소통은 왜곡된다. 의사결정은 조직 상층부에서 이루어지며, 팀워크는 존재하지 않는다.

- **System 2: 자애적 권위주의(Benevolent authoritative)**
  관리자는 가끔 보상을 사용하지만 처벌도 병행한다. 정보 흐름은 대부분 하향식이다. 주요 의사결정은 조직 상층부에서 이루어지지만, 하위 단계에서도 제한된 지침 내에서 일부 의사결정이 이루어진다. 팀워크는 제한적으로 존재한다.

- **System 3: 협의적(Consultative)**
  관리자는 보상과 함께 때때로 처벌을 사용한다. 정보 흐름은 하향식과 상향식으로 이루어진다. 대부분 의사결정이 상층부에서 이루어지지만, 하위 단계에서도 의사결정을 내릴 여지가 있다. 팀워크는 자주 나타난다. 목표는 문제와 잠재적 해결책을 논의한 후 설정된다.

- **System 4: 참여적 그룹(Participative group)**
  관리자는 목표 설정과 측정 과정에 그룹을 참여시킨다. 정보 흐름은 하향식, 상향식, 수평적으로 이루어진다. 의사결정은 조직 전체에서 이루어지며, 참여와 관여가 특징이다. 팀워크가 상당히 활발하며, 구성원들은 엄격한 목표와 과제를 설정하는 데 중요한 책임을 맡는다.

리커트(Likert, 1961, 1967)는 가장 생산성이 높은 부서는 관리자들이 참여적 그룹 관리 스타일을 사용하여 운영되며, 가장 생산성이 낮은 부서는 착취적 권위주의 스타일로 운영한다고 보고했다. 그럼에도 대부분 관리자는 전자를 채택하지 않고 후자를 채택했다고 리커트는 밝혔다. 리커트는 이를 더욱 강조하기 위해 이러한 인식을 기반으로 한 데이터를 보완하여 System 4의 참여적 관리 행동을 점진적으로 채택하기 시작한 후 생산성이 증가한 것을 보여주는 정량적 데이터를 발표했다.

세 번째 연구 프로그램으로, 블레이크(Blake)와 머튼(Mouton)은 경영 가치와 실천에 대한 새로운 접근 방식을 제시했다. 그들의 저서 『관리 격자(*The Managerial Grid*)』(1964)에서, 관리 실천은 관리자가 '생산에 대한 관심(concern for production)'과 '사람에 대한 관심(concern for people)'을 얼마나 보이는지를 기반으로 차트에 나타낼 수 있다고 주장했다. 이 두 가지 관심은 각각 1(낮음)에서 9(높음)까지의 점수로 나타낼 수 있다. 예를 들어, 9.1 스타일은 생산에 대한 관심이 높고 사람에 대한 관심이 낮은 경우를 나타낸다. 이 스타일을 채택한 관리자는 구성원들을 감시하고 실수를 교정하며, 정책과 절차를 명확히 하고 기한을 설정하지만, 동기부여나 구성원 개발에는 거의 시간을 할애하지 않는다. 블레이크와 머튼은 9.9 스타일을 권장하는데, 이는 생산과 사람 모두에 대해 높은 관심을 보이는 관리 스타일이다. 그들은 이 스타일이 조직 목표를 달성하는 것과 사람에 대한 관심을 동시에 나타내는 데 본질적인 갈등이 없다고 주장했다. 9.9 스타일은 신뢰와 상호 지원이 있는 환경에서 팀이나 개인이 문제를 더 잘 해결하고 생산 목표를 달성할 수 있기 때문에 더 건강한 환경을 조성한다고 보았다(Blake & Mouton, 1964, pp. 158-159). 블레이크와 머튼의 격자 OD 프로그램은 후속 저서(Blake & Mouton, 1968, 1978)에서 다섯 단계의 개입 프로그램으로 자세히 설명되었다. 이 프로그램은 관리자가 격자 개념에 대한 교육을 받고, 팀빌딩 활동을 수행하며, 그룹 간 조정을 개선하고, 이상적인 조직을 설계 및 실행하는 단계를 포함한다.

네 번째 예로, 1950년대 후반에 시작된 연구에서 프레드릭 허즈버그(Frederick Herzberg)는 사람들이 자신의 직업에 대해 가지는 태도를 탐구하여 직장에서 사람들에게 동기부여하는 요인을 더 잘 이해하고자 했다. 이전 수십 년 동안 여러 연구가 "구성원들이 직장에서 무엇을 원하는가?"라는 질문에 대한 답을 찾으려 했으나, 상반된 결과가 도출되었다. 허즈버그는 직무 만족(job satisfaction)과 직무 불만족(job dissatisfaction)이 단순히 반대 개념이 아니라고 의심했다. 다시 말해, 구성원들이 직무에 만족한다고 느낄 때 작용하는 요인과 불만족을 보고할 때 작용하는 요인이 서로 다를 수 있다고 보았다.

허즈버그와 그의 연구팀은 심층 인터뷰를 통해 연구를 진행했다. 그들은 참여자들에게 직장에서 겪었던 중요한 사건, 즉 긍정적이든 부정적이든 그 사건이 자신에게 직업적으로 특히 좋은 느낌이나 나쁜 느낌을 주었던 이유를 설명하도록 요청했다. 결과는 다음과 같았다.

"사람들은 나쁜 작업 환경, 즉 직무의 외적 요인으로 인해 불만족을 느낀다. 하지만 좋은 작업 환경(내가 '위생 요소'라고 부르는 것)으로 인해 만족감을 느끼는 경우도 드물다. 사람들은 자신이 하는 일의 내적 요인(내가 '동기 요소'라고 부르는 것) 때문에 만족감을 느낀다."(Herzberg, 1993, pp. xiii-xiv)

허즈버그는 1959년 첫 발표와 이후의 연구를 통해 직무충실화에 기여하는 주요 동기 요인을 설명하며, 이를 '동기-위생 이론(Motivation-Hygiene Theory)'이라 명명했다. 동기 요인은 다음과 같다.

- 성취 및 높은 품질의 성과
- 성취에 대한 인정 및 성과에 대한 피드백
- 일 자체와 고객 관계
- 책임감
- 승진, 성장, 학습

한편, 허즈버그, 마우스너, 그리고 스나이더만(Herzberg, Mausner, & Snyderman, 1959)은 위생 요소가 직무 만족에 기여하지 않을 수 있지만, 직무 불만족을 초래할 수 있다고 지적했다. "불만족스러운 감정이 보고될 때, 이는 직무 자체와 연관되지 않고 직무를 수행하는 데 관련된 조건들과 연관되었다."(p. 113) 위생 요소는 다음을 포함한다.

- 감독
- 대인관계
- 물리적 작업 환경
- 급여
- 회사 정책 및 행정 관행
- 복리후생
- 직업 안정성

허즈버그와 그의 동료들은 1959년 연구에서 왜 당대 관리자들이 구성원들에게 효과적으로 동기를 부여하지 못했는지를 흥미롭게 설명했다. 당시 유행하던 감독자 교육 프로그램이나 임금 인센티브 제도는 주로 감독 방식과 금전적 보상 같은 위생 요소에만 초점을 맞추고 있었다. 그러나 정작 구성원들이 일을 통해 성취감을 느끼고 진정한 동기를 얻는 동기 요소, 즉 성취나 일 자체 같은 요소는 거의 다루지 않았다.

맥그리거, 리커트, 블레이크와 머튼, 그리고 허즈버그의 연구는 관리와 인간 행동에 대한 기존의 통념을 재정립하려는 시도였다. 특히, 맥그리거의 Y이론은 인간 본성과 동기에 대해 낙관적인 시각을 제시하며, X이론에서 강조된 통제 중심의 관리 방식과 대조를 이룬다. 흥미로운 점은 이 연구들이 60년이 넘은 지금까지도 현대 경영과 조직개발에서 여전히 중요한 논의의 중심에 있다는 것이다. 당시 조직개발은 아직 조직 내에서 큰 입지를 다지지 못한 상태였다. 관리자들은 인간 행동에 대한 부정적인 가정을 담고 있는 맥그리거의 X이론이나 리커트의 착취적 권위주의 스타일을 고수했다. 반면, 대안적인 관리 스타일이 더 효과적이라는 증거가 이미 존재하고 있었음에도 경영진은 OD의 효과에 대한 확실한 증명을 계속 요구했다(Mirvis, 1988). 이런 맥락에서, 당시 연구자들은 실무자들에게 더 낙관적이고 인간 중심적인 관리 방식을 제안하여 설득하려고 했다.

이 시기의 연구에서 제시된 몇 가지 기본적인 가정들은 OD의 핵심 가치로 자리 잡았다. 리커트의 참여적 관리 스타일과 블레이크와 머튼의 9.9 스타일은 인간 중심적 접근 방식의 중요성을 강조하며, OD의 방향성을 크게 바꿔놓았다. 이러한 가치는 오늘날에도 OD 실천의 상징으로 남아 있으며, 다음 장에서 더 자세히 살펴볼 예정이다.

| 품질과 구성원 참여

OD 분야의 발전에서 네 번째 역사적 전통은 조직이 이전 섹션에서 설명한 관리 실무 방식을 점차 채택하며 구성원들을 조직의 관리와 운영에 적극적으로 참여시키기 시작한 데서 비롯된다. 이러한 변화는 특히 제조 및 산업 환경에서 두드러졌으며, 1970년대 후반과 1980년대 미국 제조업이 일본의 발전으로 인한 경쟁 압박을 실감하면서 더욱 강화되었다(G. S. Benson & Lawler, 2003). 기업들은 제품 품질이 조직의 수익성과 경쟁력에 중대한 영향을 미친다는 사실을 인식하며, 구성원의 품질 개선 능력과 동기를 높이는 관리 스타일에 관심을 두기 시작했다. 이에 따라 구성원이 부족한 부분을 발견하고 이를 예방하거나 수정하는 과정에 적극적으로 참여하도록 유도하게 되었다.

제2차 세계대전 이후, 일본은 제조 능력과 품질 관리 프로그램에 대한 투자를 확대하기 시작했다(Cole, 1999). 일본의 품질 관리 실천이 발전하게 된 데는 에드워즈 데밍(Edwards Deming)과 조셉 주란(Joseph Juran)의 공헌이 컸다. 이들의 연구는 일본 제조업체들에 깊은 영향을 미쳤으며, 1950년대와 1960년대에는 품질 개선을 위해 '품질분임조(quality circle)'라는 방식을 도입했다. 톰슨(P. C. Thompson, 1982)은 이를 다음과 같이 설명하고 있다.

"품질분임조는 같은 작업 영역의 구성원들과 그들의 감독자로 구성된 작은 그룹으로, 자발적으로 정기적으로 모여 품질 관리와 생산성 개선 기법을 학습하고 이를 적용해 작업과 관련된 문제를 식별하고 해결하며, 해결 방안을 경영진에게 제안하고, 이 방안이 제대로 작동하는지 모니터링하는 활동이다."(p. 3)

이 접근 방식은 구성원이 자신이 맡은 분야의 업무를 가장 잘 이해하고 있으며, 이를 개선할 방법에 대해 가장 많은 지식을 가지고 있다는 가정에 기반하고 있다. 품질분임조는 구성원들이 업무 환경과 산출물의 품질을 개선하기 위해 상위 경영진에게 제안하도록 장려하며, 경영진은 이러한 제안을 수락하거나 거절할 수 있는 절차로 운영된다. 미국 기업에서 이 품질분임조를 도입한 것은 품질, 동기부여, 구성원 참여도 향상에 대한 관심을 반영한 것이다(Manchus, 1983).

또한 1981년 윌리엄 오우치(William Ouchi)는 일본의 성공에서 영감을 받아 일본식 관리 스타일을 연구하고 관찰한 후 Z이론을 제안했다. 이는 맥그리거의 X이론과 Y이론을 기반으로 만들어졌으며, "참여하는 근로자가 생산성을 높이는 열쇠"라고 주장했다(Ouchi, 1981, p. 4). 그의 저서는 일본식 관리 방식에 대해 설명하며, 장기적 또는 평생 고용, 오랜 기간의 관찰 후에 이루어지는 성과 평가와 승진, 그리고 공유된 의사결정과 책임감을 특징으로 들었다.

품질분임조는 구성원 참여 실무(employee involvement practices)로 알려진 접근 방식의 하나다. 구성원 참여(employee involvement)는 구성원들이 의사결정 권한을 부여받고, 조직의 목표나 재정 같은 정보를 제공받으며, 인센티브를 통해 더 높은 몰입도, 생산성, 품질을 달성하려는 모든 시도를 포괄한다(Cotton, 1993).

품질 중심의 전통은 1980년대와 1990년대를 거치며 ISO 9000, 전사적 품질 관리(Total Quality Management; TQM), 그리고 1990년대 말에서 2000년대 초의 식스 시그마(Six Sigma) 같은 품질 프로그램으로 이어졌다. 이러한 품질 프로그램들은 항상 OD 프로그램으로 분류되는 것은 아니지만, 개인과 조직의 문화적 변화를 거의 필연적으로 수반하며, 이러한 변화를 촉진하기 위해 OD 실무자나 변화관리자가 관여하는 경우가 많다. 오늘날 이러한 경향은 자율적으로 작업을 관리하며 팀의 기능과 운영에 대한 책임을 맡는 자율관리팀(self-managed work teams)의 광범위한 사용을 통해 확인할 수 있다. 이러한 프로그램은 11장과 12장에서 더 자세히 논의될 것이다.

| 조직개발의 역사: 2세대 접근법

조직개발의 초기 역사에서는 조직 내의 문제해결에 초점이 맞춰져 있었으며, 변화의 중심은 무엇보다 개인 수준에서 이루어졌다. 학자들은 이 시기를 1세대 OD로 정의하며, 이를 조직의 환경과 조직이 환경에 얼마나 잘 맞춰져 있는지에 명시적으로 주의를 기울인 2세대 OD와 비교했다(Seo, Putnam, & Bartunek, 2004, p. 85). 1980년대에 접어들면서, 세계는 점점 더 글로벌화되고 빠르게 변화하는 환경과 기술 발전에 따라 조직은 새로운 시장 조건에 신속히 적응해야 하는 압박을 받게 되었다. 그 결과, OD 개입은 개인보다는 시스템 전체의 문제에 훨씬 더 초점을 맞추게 되었다. 1세대 OD 접근법은 T-그룹, 서베이 피드백 메커니즘, 관리자의 가정이나 행동 변화, 팀 내 구성원 참여 증대 등을 통해 개인을 변화시킴으로써 점진적으로 시스템 수준의 변화를 만들어낼 수 있다고 가정했다.

그러나 1970년대에 이르러 일부 학자들은 T-그룹 모델이라는 '부드러운' 접근법이 OD 작업의 기초로 사용되는 것을 비판하기 시작했다. 이에 따라 OD는 점차 비즈니스 환경에서 비즈니스 목표를 달성하기 위한 응용 분야로 발전했다(Mirvis, 1988). 1980년대의 새로운 환경이 가져온 도전에 대응하여 2세대 OD는 조직 전체 시스템 수준에서 변화를 목표로 하기 시작했다. OD 실무자는 점점 외부로 눈을 돌려 조직과 환경 간의 연결성을 살피고, 구조적 및 시스템 수준에서 변혁적 변화를 실행하기 시작했다. 이러한 OD 노력을 통해 전략적 변화와 생산성 향상을 이루려는 경향은 1980년대 초반에 특히 두드러졌는데, 이는 조직문화 또는 기업문화라는 인기 있는 연구로 이어졌다.

| 조직문화

1980년 『비즈니스위크』 기사에서 '기업문화(corporate culture)'라는 개념이 처음으로 대중적인 관심을 받았다. 이 기사는 AT&T, IBM, PepsiCo 같은 유명 기업들을 다루며, 이들의 성공을 이끄는 기업 가치를 조명하고, 조직이 성공하기 위해서는 전략과 문화가 일치해야 한다는 점을 강조했다. 나아가 조직의 성과와 문화 간의 직접적인 연관성을 제시하며, 전략과 문화가 맞지 않을 경우 둘 중 하나를 변경해야 한다고 결론지었다("Corporate Culture," 1980).

'문화'라는 개념은 주로 인류학 분야에서 유래했으며, 사회과학자들이 먼 국가와 사회집단을 관찰하는 이미지를 떠올리게 한다. 이에 따라, OD 실천가들과 기업 또는 조직문화를 연구하는 사람들은 종종 '조직 인류학자'(Smircich, 1985, p. 65)로 불렸다. 그들의 역할은 단순히 "여기서는 일이 이렇게 진행된다"라는 문화의 정의를 넘어, 조직 구성원들이 일어나는 일을 어떻게 해석하고 이해하는지를 나타내는 숨겨진 의미와 가정을 밝혀내는 것이다. 즉, "여기서는 이렇게 생각한다"라는 방식이다.

문화는 다양한 방식으로 정의되지만, 대부분 학자들은 문화를 "사회 단위나 조직의 구성원이 공유하는 태도, 가치, 신념, 관습"이라고 간단히 정의한다(Walter, 1985, p. 301). 샤인(Schein, 2004)은 이를 더욱 자세히 정의했다.

> "외부 적응과 내부 통합 문제를 해결하는 과정에서 집단이 학습한 기본적인 공유 가정의 패턴으로, 충분히 효과적이라 평가되어 새로운 구성원들에게 어떤 문제와 관련하여 인지하고, 생각하고, 느끼는 올바른 방법이라고 가르쳐지는 것."(p. 17)

문화는 상징과 공유된 규칙, 규범으로 구성되어 조직 내에서 집단적인 사고방식을 형성한다. 예를 들어, 수석 부사장이 회사를 떠나면서 "다른 기회를 추구하기 위해"라는 말로 표면적 이유가 발표되었을 때, 이는 조직 구성원들에게 회사의 미래에 대한 의문을 불러일으키거나, 해당 부서가 목표를 달성하지 못하고 있다는 신호로 받아들여질 수 있다. 이와 달리, 이러한 발표가 리더들에게 책임감을 부여하고 있다는 신뢰를 심어줌으로써 부서의 사기를 높일 수도 있다. 이러한 해석은 외부인의 관점에서는 이상하게 보일 수 있지만, 조직 내부의 문화적 규범과 해석 패턴에 익숙한 사람들에게는 전적으로 논리적이며 잘 이해된다. 이러한 문화적 패턴은 조직에서 더 오랜 시간을 보낼수록 더 쉽게 파악되고 이해된다. 문화는 특히 새로운 구성원이 문화적 규범을 위반했을 때 질책을 받거나, 동화 과정에서 보상을 받는 사회화 과정을 통해 스스로 유지된다(Schein, 2004).

조직생활을 문화적 관점으로 바라보는 접근은 1980년대에 실무자와 학계에서 지배적인 시각이 되었다. 관리자와 컨설턴트는 조직문화에 개입하고 변화시키기 위한 전략에 관심을 가지기 시작했으며, 관리자들은 성공의 열쇠가 되는 '올바른' 문화를 찾으려 노력했다. 학문적으로는 이러한 문화적 관점이 기존의 정량적이고 실험적인 방법에 불만을 느껴 조직을 이해하는 대안적인 방식에 관심을 가진 연구자들 사이에서 빠르게 확산되었다(Eisenberg & Riley, 2001; Ott, 1989). 일부 비평가는 조직을 하나의 단일하고 거대한 문화로 보는 것이 조직 내 하위문화(subcultures)의 존재와 그들만의 공유된 의미를 무시한다고 주장했다.

그럼에도 OD 컨설턴트에게 상징적이고 문화적인 관찰은 여전히 강력한 데이터 출처다. OD 컨설턴트가 조직문화를 관찰하고 이해하는 능력을 키우면 변화에 대한 잠재적인 장애물과 저항 요소를 더 잘 파악할 수 있다. 이는 실무자가 조직 구성원이 명확히 설명하지 못하는 기본적인 가정과 암묵적인 의미에 집중하도록 돕는다. 조직 내 문화 변화에 대해서는 12장과

13장에서 더 자세히 다룰 것이다.

| 변화관리, 전략적 변화, 리엔지니어링

조직개발 실무의 여섯 번째 흐름은 1980년대와 1990년대에 급격히 성장했다. 이러한 흐름은 전략적 변화, 변화관리 같은 다양한 이름으로 불리며, 변혁적 변화 또는 리엔지니어링이라는 실천으로 나타났다. OD 실무자들은 자신들의 작업을 조직 전체의 목표와 연결하며, 조직변화에 관한 이론과 연구를 기반으로 삼기 시작했다. 변화는 OD에서 항상 중심적인 주제였지만, 1980년대에 이르러 학술 연구와 실천은 점차 전략적 변화라는 용어를 채택하기 시작했다. 이 시기에 실무자들은 변화가 조직의 중심에 있으며, 변화에 효과적으로 적응하는 능력이 성공적인 조직과 평범한 조직을 구분하는 중요한 요소라는 점을 인식하게 되었다.

OD 이론과 개념은 전략적 변화 노력을 수행하는 이들에게 자연스럽게 받아들여졌다. 조직은 시장 조건, 고객의 요구, 경쟁적 위치, 재정적 우려 같은 외부 이슈에 주의를 기울여야 할 뿐만 아니라, 내부적으로 변화도 관리해야 한다. 전통적으로 전략적 계획은 경제학과 재정에 기원을 두며, 주로 조직과 그 환경에 초점을 맞추었다. 반면, OD는 사회과학적 배경을 바탕으로 사람에게 더 집중해왔다. 1990년대와 2000년대에 이르러 실무자들은 이 두 분야가 서로에게 많은 기여를 할 수 있다는 점을 점점 더 인식했다. 기업이 경쟁적으로 더 나은 위치를 차지하기 위해 전략을 전환해야 할 때, 변화는 외부적인 동시에 내부적인 것이며, 구성원들은 이 전환을 실현하기 위해 정보를 제공받고, 참여하며, 동기를 부여받아야 한다(Worley, Hitchin, & Ross, 1996). 많은 학자들은 OD가 조직변화의 인간적이고 개인적인 측면을 다룰 수 있는 능력을 가지고 있어 전략적 기획 분야에 기여할 수 있는 반면, OD 실무자가 전략에 초점을 맞추는 경우 조직 내부와 외부의 비즈니스와 변화의 맥락을 더 잘 이해하는 것이 필요하다고 보고 있다.

변화관리 운동은 OD 실무자들에게 조직의 비전, 미션, 목표, 그리고 전략을 다룰 것을 권장했다. 실무자들은 이러한 비전과 목표를 조직의 사회적·정치적·기술적·문화적 요소와 연결하여 일관성을 유지하고, 장벽을 제거하며, 조직의 여러 계층을 참여시키도록 유도했다. 이러한 접근법은 OD 실무자들이 비즈니스, 교육 시스템, 비영리조직, 또는 정부 기관 같은 다양한 조직 환경과 도전에 대해 폭넓은 이해를 요구하게 되었고, 오늘날 OD 실무 방식에 큰 영향을 미쳤다. 이러한 과정을 설명하는 조직변화 모델과 이론은 OD 작업의 기초를 이루며, OD 실무자가 갖추어야 할 중요한 배경지식이다. 이러한 이론과 모델은 4장에서 집중적으로 다루며, 리엔지니어링 운동에 대해서는 12장에서 더 구체적으로 논의할 것이다.

| 조직학습

조직학습 분야에 가장 크게 기여한 인물은 크리스 아지리스(Chris Argyris)로 볼 수 있다. 아지리스(2008)는 조직학습을 "오류를 탐지하고 수정하는 것"으로 정의하며(p. 53), 많은 사람이 이를 문제해결로 잘못 정의한다고 지적한다. 아지리스(1991)는 진정한 학습이 되려면 관리자와 구성원이 자기 자신을 돌아보아야 한다고 주장한다.

> "그들은 자신의 행동을 비판적으로 반성하고, 종종 조직 문제에 의도치 않게 영향을 끼치고 있는 방식을 식별하여 자신들이 행동하는 방식을 바꿔야 한다. 특히, 문제를 정의하고 해결하는 방식 자체가 문제의 원인이 될 수 있음을 배워야 한다."(p. 100)

아지리스는 조직학습 과정을 이해하기 위해 단일 고리 학습(single-loop learning)과 이중 고리 학습(double-loop learning) 개념을 소개했다. 단일 고리 학습은 오류가 발생할 때 이를 수정하는 과정이고, 이중 고리 학습은 다음번 오류를 방지하기 위해 정책, 목표 또는 관행을 질문하거나 수정하는 것이다(Argyris & Schn, 1978). 세 번째 학습 유형인 2차 학습(deutero-learning)은 조직 구성원이 언제 어떻게 학습이 일어나는지를 이해할 때 일어난다. 그러므로 2차 학습은 학습이 잘 일어나는 적합한 환경을 개발하는 데 도움을 준다(Argyris & Schn, 1978). 아지리스는 많은 전문가가 단일 루프 학습에 능숙하며 이를 통해 보상을 받지만, 이러한 능력이 오히려 이중 고리 학습을 방해한다고 지적한다. 문제에 대한 해법이 잘 듣지 않을 때, 우리의 방어 메커니즘은 문제를 질문하고 분석하며 학습하는 것을 막는다.

아지리스는 조직이 학습에 실패하는 이유를 설명하고 학습을 저해하는 방어 메커니즘을 이해하기 위해 모델 I과 모델 II라는 두 가지 암묵적 관리자의 사고 모델을 정의했다(Argyris & Schn, 1996). 모델 I 사고를 채택한 관리자는 목표를 설정하고 이를 달성하려 노력하며, 손실을 최소화하고 감정(특히 자신을 당황스럽게 할 수 있는 부정적인 감정)을 억제한다. 이들은 객관적이고 합리적인 태도를 유지한다. 아지리스와 숀(Argyris & Schn)은 이러한 사고방식이 관리자를 자기보호적인 행동으로 이끌게 된다고 보았다. 이러한 방어적 태도는 경쟁적이고 정치적인 환경에서 타인에게 책임을 전가하는 경향을 증가시킨다. 이러한 행동이 지속되면 관리자는 더 깊은 수준에서 문제를 탐구하지 못하고, 기존 신념과 모순되는 정보를 차단하며, 실수를 통해 학습하지 못하게 된다. 반면, 모델 II 사고를 채택한 관리자는 "유효한 정보, 정보에 기반한 자유로운 선택, 그리고 내적 몰입"을 촉진한다(p. 117). 이들은 협력적 관점에서 질문하는 태도를 취하며, 이는 경쟁적 태도에서 주장에 치중하는 방식과 대조된다. 이는 덜 방어적인 자세를 낳고, 학습이 일어날 수 있는 공동 문제해결의 마음가짐을 형성한다.

1990년대에 조직학습은 피터 센게(Peter Senge, 1990)의 저서 『학습하는 조직(*The Fifth Discipline*)』을 통해 실무자들 사이에서 널리 알려지게 되었다. 조직에서 시스템 전체의 문제를 다루는 사고방식의 중요성이 부각되던 시기에 출간되었는데, 센게는 많은 조직이 문제를 시스템적으로 사고하지 못한다고 주장했다. 그는 조직 내 개인들이 다음 다섯 가지 영역에서 역량을 키우면 학습이 더 빠르게 이루어질 수 있다고 보았다.

1. **시스템 사고(systems thinking)**[4]: 조직을 하나의 시스템으로 보고, 각 부분이 어떻게 상호작용하며 서로에게 영향을 미치는지, 그리고 구조들과 시스템들이 행동에 어떤 영향을 미치는지 이해하는 능력

2. **개인적 숙련**: 개인의 비전, 목표, 그리고 자기개발에 몰입하고 이를 실천하는 선택

3. **정신 모델**: 명확히 표현되지 않은 아이디어와 이념, 즉 우리의 세계관을 구성하고 해석에 영향을 미치는 요소들을 인식하는 학습

4. **공유 비전**: 조직 구성원들이 행동을 촉진하는 단일한 비전 아래로 모일 수 있도록 이끄는 리더십 능력과 책임

5. **팀 학습**: 팀 구성원 간의 대화를 통해 생산성을 저해하는 패턴을 인식할 수 있는 능력

피터 센게의 저서가 출간된 후 조직학습에 대한 관심이 폭발적으로 증가하며 연구자와 작가들이 이에 빠르게 주목하기 시작했다. OD 실무자들 사이에서 조직학습 개념이 점차 알려지고 채택됨에 따라 조직학습을 촉진하기 위한 다양한 기법이 개발되었다. 그중 하나가 학습기록(Learning History)으로, 조직 구성원이 문제, 선택, 해결책, 그리고 사고 과정을 서술 형태로 논의하고 기록하는 것이다(Roth & Kleiner, 1998). 또한 아지리스와 숀(Argyris & Schn, 1996)은 관리자들에게 대화 내용을 두 개의 열로 나누어 기록하는 연습을 제안한다. 오른쪽에는 실제로 말한 내용을 쓰고, 왼쪽에는 대화 중 생각했던 내용을 적는다. 이를 통해 관리자는 모델 II 사고와 행동으로 더 효과적으로 전환할 수 있는 방식을 발견하게 된다.

조직학습 개념은 개인과 팀의 성장 및 개발이라는 기본적인 관심사를 중심으로 하고 있어 OD의 창립 이념과 가치와 강하게 공명하며 OD 분야에서 인기를 얻게 되었다. 조직학습은 이제 OD의 효과를 평가하는 메커니즘이자 독립적인 개입 수단으로 자리 잡았다. 국제 학계와 실무 커뮤니티인 조직학습협회(Society for Organizational Learning)는 1990년대 초

---

4 시스템(system)이 아니라 시스템즈(systems)라는 점에 주목할 필요가 있다. 시스템은 단독으로 존립하는 것이 아니라 여러 개의 상위·하위·병립 시스템들과 상호작용하면서 존재하고 있음을 담고 있는 용어다. 조직개발은 조직을 하나의 살아있는 생명체(Open System)로 보기 때문에, 개별 요소가 아닌 관계의 합을 다루는 복수형 'Systems'이 항상 기본값이 된다. 따라서 본서의 번역에 있어 조직개발과 맥락을 같이하여 '시스템 이론(systems theory)', '시스템 사고(systems thinking)로 기존 학계의 번역과 같이 표기하되 'systems'의 의미가 살아있는 것임을 독자들이 이해하고 읽어줄 것을 기대한다. (역자주)

센게가 설립한 센터에서 발전한 단체로, OD의 가치와 실천에서 조직학습이 중요한 역할을 하고 있다. 이는 이후 장에서 다룰 OD의 가치와 개입 전략에서 더욱 자세히 논의될 것이다.

| 조직 효과성과 구성원 몰입

많은 실무자가 조직개발(OD)을 조직 효과성(Organizational Effectiveness, OE)으로 개념화하는 데 관심을 기울이고 있다. 그러나 학술 문헌에서는 이러한 전환이 두드러지지 않는다. 일부 실무자 사이에서는 조직 효과성이 조직개발이라는 용어를 대체하고 있는 듯한 움직임이 보인다. 이는 아마도 OD가 여전히 조직의 비즈니스 목표와 연결되지 않은 '부드러운(soft)' 실천으로 인식되는 경향이 있기 때문일 것이다. 그러나 조직 효과성이라는 용어 자체는 새로운 개념이 아니다. 이는 벡하드(Beckhard, 1969)의 조직개발에 대한 정의에서도 언급된 바 있다. 실제로 학술 연구자들은 수년 동안 조직 효과성의 특성, 선행 조건, 그리고 결정 요인을 정의하려고 노력해왔다(예: Cameron & Whetten, 1981). 초기의 조직 효과성 연구들은 주로 효과적인 조직을 구성하는 결과를 정량적이고 객관적인 측면에서 측정하는 데 초점을 맞추었다.

조직 효과성이라는 조직 전체의 관점과 대조적으로, 구성원 몰입(Employee Engagement)은 관리자와 OD 실무자들이 널리 채택한 또 다른 용어다. 구성원 몰입은 "구성원이 자신의 업무에 대해 느끼는 관여도(involvement), 만족감(satisfaction), 그리고 열정(enthusiasm)을 의미한다"(Harter, Schmidt, & Hayes, 2002, p. 269). 구성원의 직무 만족, 생산성, 그리고 동기에 관한 문헌은 방대하다. 그러나 일부 연구자들은 구성원 몰입이 이러한 개념들보다 더 넓은 의미를 가진다고 본다. 예를 들어, "자신의 역할에 대한 기대를 명확히 알고, 동료 및 관리자와 강한 관계를 형성하며, 업무에서 의미를 느끼는 구성원은 몰입하게 된다"(Luthans & Peterson, 2001, p. 378)고 주장한다. 오늘날 구성원 몰입에 대한 관심은 조직의 성과와 결과에 대한 강조를 보완하기 위해 개인의 건강에 대한 관심으로 돌아가는 흐름을 반영하는 것일 수 있다. 따라서 오늘날 구성원 몰입에 대한 언급은 조직 효과성의 정량적 접근에 대한 반작용으로, 조직개발이 지닌 인간적인 요소를 되살리려는 시도로 볼 수 있다. 오늘날 갤럽(Gallup)은 널리 사용되는 'Q12'라는 구성원 몰입 설문조사를 통해 이러한 개념을 실천하고 있다.

| 민첩성과 협력

오늘날 조직개발 분야는 조직의 민첩성(agility)과 협력(collaboration)을 향상시키는 데 큰 관심을 두고 있다. 기술의 급격한 변화, 새로운 경쟁 환경, 그리고 비즈니스 전략 트렌드가 이러한 관심을 촉진하고 있다. 예를 들어, 넷플릭스는 처음에 블록버스터와 경쟁하기 위해 DVD 우편 대여 서비스로 시작했지만, 이후 스트리밍 서비스를 제공하고 자체 콘텐츠를 제작하는 방식을 스스로 재창조했다. 신생 경쟁자들은 새로운 아이폰 애플리케이션을 개발하여 오랜 시장 리더들과 본격적으로 경쟁할 수 있는 상황을 만들어가기도 한다. 또한, 에어비앤비와 우버 같은 새로운 조직 모델, 긱 경제(gig economy), 그리고 산업 간 경계가 흐릿해지는 현상은 기존의 기업들을 급격히 변화시키고 있다(Anderson, 2019).

민첩성은 "유연하고 신속하며 역동적인 역량을 빠르게 개발하고 적용할 수 있는 조직의 능력"을 의미한다(Holbeche, 2015, p. 11). 또한, "적시에 효과적이고 지속가능한 조직변화를 만들어내는 능력"을 뜻하기도 한다(Worley, Williams, & Lawler, 2014, p. 26). 더 중요한 것은 민첩성이 조직 설계 역량으로서 내부 및 외부의 변화를 감지하고, 그 변화를 일상적으로 실행하며, 평균 이상의 성과를 유지할 수 있는 능력이라는 점이다(Worley & Lawler, 2010, p. 194). 이러한 정의는 민첩성의 세 가지 핵심 특성을 강조한다(Horney, Pasmore, & O'Shea, 2010).

- **신속성(Fast)**: 민첩한 조직은 빠르게 결정을 내리고 신속히 움직인다.
- **유연성(Flexible)**: 민첩한 조직은 필요에 따라 방향을 전환하며, 기회를 감지하면 이를 적극 활용한다.
- **집중력(Focused)**: 빠르고 유연한 조직은 혼란에 빠질 위험이 있다. 따라서 민첩한 조직은 환경적 요구를 충족시킬 수 있는 아이디어를 선별하는 데 뛰어난 능력을 발휘한다(Worley et al., 2014, pp. 26-27).

조직 민첩성에 대한 큰 관심과 더불어, 세계 각 지역에 있는 동료들과 협력할 수 있는 구성원들의 역량도 점점 강화되고 있다. 고품질 비디오 스트리밍, 즉각적인 메시징, 협업 소프트웨어는 과거보다 훨씬 더 빠르고 심층적인 협업을 가능하게 하고 있다. 연구자들은 홀라크라시(holacracy, Robertson, 2015) 같은 대안적 구조, 글로벌 협력 네트워크 및 운영 모델(Kesler & Kates, 2016) 등을 통해 민첩성과 협력을 개선할 수 있는 대체 조직 설계를 탐구하고 있다.

더 나아가, 이러한 빠른 변화에 대한 필요성은 조직변화의 본질 자체를 바꾸어놓았다. 과거에는 주로 상향식(top-down), 리더십 주도형, 계획된 변화가 강조되었다면, 이제 OD 실무자들은 조직 전체의 다양한 이해관계자를 참여시켜 적응적 변화와 반응적 변화를 위한 조직 역량을 구축하는 데 점점 더 초점을 맞추고 있다. 이러한 새로운 변화 접근법은 생성적 변화(generative change) 또는 대화형 조직개발(dialogic organization development)이라고 불리며, 이는 5장과 12장에서 더 자세히 다룰 예정이다(Marshak & Bushe, 2018).

OD의 역사를 살펴보면, 그 흐름이 실무에서 오늘날까지 여전히 이어지고 있음을 알 수 있다. 표 2.1은 이 장에서 다룬 OD의 다양한 흐름을 요약하면서, OD의 역사가 오늘날 이 분야에 어떤 영향을 미치고 있는지를 보여준다. 이 책 전체를 통해 오늘날 이러한 실무의 예를 확인하고 이를 더 깊이 이해할 기회를 가질 것이다. 그리고 16장에서는 조직개발(OD)의 미래 트렌드에 대해 살펴볼 것이다.

표 2.1 조직개발의 역사

기간		주제	오늘날의 영향력
1940년대	1세대 OD	실험실 훈련 및 T-그룹	소그룹 연구 리더십 스타일
			팀빌딩
1950년대		액션 리서치, 서베이 피드백, 사회기술 시스템	구성원 설문조사
			조직개발 프로세스
			사회기술 시스템 이론 및 설계
1960년대		관리 실무	참여형 관리
1970년대		품질 및 구성원 참여	식스 시그마, TQM, 자체 관리 또는 구성원 주도 팀 같은 품질 프로그램
1980년대	2세대 OD	조직문화	문화 업무, 특히 인수합병 관련 업무
1980~1990년대		변화관리, 전략적 변화, 리엔지니어링	시스템 이론, 대규모 및 전체 조직 개입
1990년대		조직학습	현재 시행 중, 감사 문의
2000년대		조직 효율성 및 구성원 몰입	현재 시행 중
2010~2020년대		민첩성 및 협업	현재 시행 중, 대화형 OD

요약

조직개발은 초기 T-그룹이 시작된 이후 수십 년 동안 극적으로 발전하고 적응하며 변화해왔다. 초기 실무자와 연구자들은 T-그룹, 액션 리서치, 서베이 피드백 활동, 사회기술적 시스템을 통해 개인의 성장과 개발에 주력했으며, 관리 실무와 구성원 참여에도 중점을 두었다. 반면, 1980년대 이후의 접근법은 조직문화, 변화관리, 조직학습 같은 더 큰 시스템 차원의 문제를 강조하게 되었다.

학자와 실무자들은 OD의 역사에서 새로운 경험과 연구 프로그램을 통해 기존의 실천 방식을 기반으로 조직과 개인을 지속적으로 변화시키기 위한 OD 작업의 내용과 과정을 발전시켜왔다. 오늘날 우리는 OD 역사 속 각 흐름의 요소들이 현대 실무에서 여전히 나타나는 것을 볼 수 있다. 따라서 OD는 조직변화를 위한 획일적인 접근법이 아니며, 엄격하게 정해진 절차나 관행의 집합도 아니다. OD는 다양한 방법론, 관점, 접근법, 그리고 실천에 영향을 미치는 가치들로 구성되어 있다.

OD 실무자는 클라이언트가 달성하려는 목표에 따라 다양한 실천과 접근법을 조정하고 적용할 수 있어야 한다. 이는 전통적이고 검증된 방법일 수도 있고, 혁신적이고 비교적 덜 알려진 방법일 수도 있다. 이 모든 접근법의 상당수는 이 장에서 논의된 오래된 OD의 방법론에 뿌리를 두고 있다. 이 책에서는 OD의 과정과 내용을 다루며, 오늘날 실무에서 OD가 발전시켜온 역사의 흔적이 어떻게 이어지고 있는지를 살펴볼 것이다.

토론을 위한 질문

1. 1세대 조직개발과 2세대 조직개발의 차이점은 무엇인가? 이 두 세대의 OD 실천 방식 사이에서 주요 변화는 무엇인가? 2세대 OD 실무에서 잃은 것과 얻은 것은 무엇이라고 생각하는가?

2. 과거의 업무 경험을 떠올리면서, 이 장에서 설명한 이론(예: 리커트의 관리 스타일, X이론과 Y이론, 블레이크와 머튼의 관리 격자 이론)과 연결하여 분석해보라. 이러한 이론 중 하나를 통해 이전 관리자의 행동을 이해할 수 있는가?

3. 허즈버그의 이론에서 논의된 동기 요인과 위생 요인을 생각해보라. 당신을 동기부여하는 요인은 허즈버그가 발견한 것과 일치하는가? 동기부여는 허즈버그의 연구 이후로 변화했는가? 그렇다면 어떻게 변화했는가? 또한, 시간이 지남에 따라 당신을 동기부여하는 요인이 변한 적이 있는가?

사례연구 2: 달라붙지 않는 조직의 스티커 충격

바버라 리터(Barbara A. Ritter)

아래 사례를 읽고 다음 질문을 고려해보라.

1. 이 상황에서 주요 문제는 무엇인가? 크리스(Chris Williams)는 조직 문제에서 어떤 역할을 하고 있는가? 주디(Judy Thorson)는 조직 문제에서 어떤 역할을 하고 있는가? 만약 당신이 주디라면, 지금 이 상황을 어떻게 처리하겠는가?

2. 조직개발(OD)의 역사적 관점에서 볼 때, 이러한 문제들은 과거에 어떻게 해결되었을 가능성이 있는가?

3. 이 장에서 다룬 개념 중 어떤 것이 이 상황을 이해하고 해결하는 데 도움을 줄 수 있을까?

주디는 지역 비영리단체인 '희망의 손길(Helping Hands)'의 상임이사로, 오늘 오후 경영회의에서 일어날 일을 고민하며 사무실에 앉아 있다. 최근 주디는 내부 갈등과 관련된 지속적인 조직 문제를 새로운 시각으로 바라보기 위해 외부 컨설팅 팀을 고용했다. 컨설팅 팀은 특정 부서에서 발생하는 몇 가지 근본적인 문제를 찾아냈고, 주디는 이 보고서 결과를 관리자들과 논의하는 것을 두려워하고 있다.

'희망의 손길'은 1980년대에 설립되어 빈곤층의 재정 관리를 돕고 주택 소유를 지원하는 조직이다. 이 조직은 약 30명의 구성원과 6개의 기능 부서(재무, 자원개발, 지역사회 관계, 자원봉사 조정, 고객 서비스, 아나바다 매장)로 구성되어 있다. 최근 주디는 3년 동안 자원봉사 디렉터로 일했던 구성원인 에린(Erin Moore)을 지역사회 관계, 자원봉사 조정, 고객 서비스, 아나바다 매장 등 4개 부서를 담당하는 상임보로 승진시켰다. 주디는 조직의 재정 건전성(재무와 자원개발 부서)을 기술적으로 책임지고 있지만, 구성원들 사이에서 일어나는 문제들도 매일 처리해야 한다. 사실, 주디는 내부 갈등과 대인관계 정치 문제를 처리하는 데 너무 많은 시간을 할애하고 있다고 느꼈고, 이것이 외부 컨설턴트를 고용하여 조직 역동을 조사하게 된 이유였다.

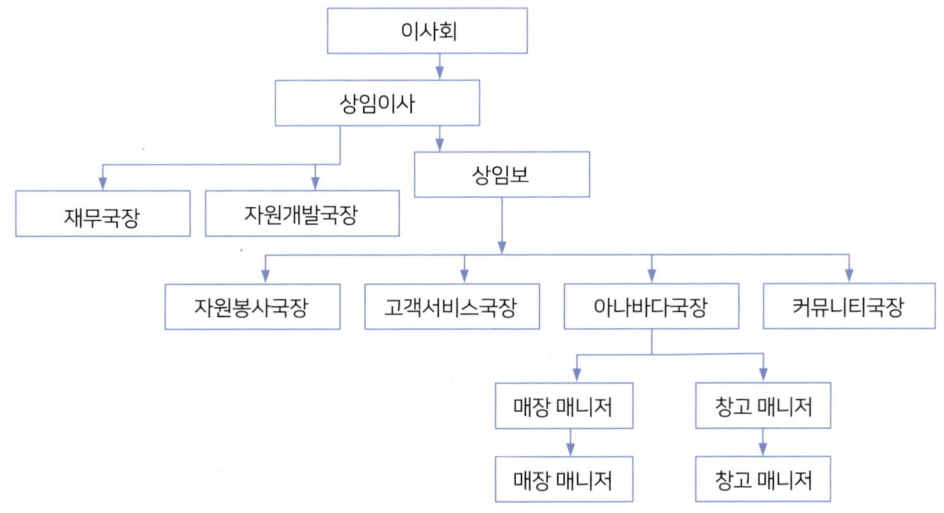

'희망의 손길' 조직도

컨설팅 팀은 여러 달 동안 '희망의 손길' 구성원들을 관찰하고 설문조사와 인터뷰를 진행했다. 이 기간이 끝난 후, 팀은 주디에게 관찰 결과와 권고안을 담은 보고서를 제출했으며, 주디는 이 보고서 내용에 대체로 동의했다. 보고서에 따르면, 대부분 부서는 동족(clan) 문화에 따라 운영되고 있었으며, 이는 친근하고 가족 같은 분위기에서 충성심에 의해 유지되는 환경이었다. 사실, 조직의 규모가 작고 상호 신뢰의 원칙이 기반이 되어 구성원들에 대한 표준적인 정책이나 절차(예: 징계 규정)가 존재하지 않았다. 그러나 아나바다 매장 구성원들은 두려움, 압박, 단기 성과에 초점을 맞춘 문화를 경험하고 있다고 보고했다. 컨설팅 보고서에 따르면 아나바다 매장과 조직의 나머지 부서 간의 문화적 분리가 모든 인터뷰에서 확인되었으며, 이는 아나바다 매장 구성원들을 제외한 모든 구성원에게 나타난 공통된 인식이었다. 예를 들어, 조직도를 보여주었을 때 몇몇 구성원은 아나바다 매장 구성원들을 표시하기 위해 해당 영역에 상자를 그려 넣으며, 이들이 조직의 나머지 부분과 분리되어 있는 것처럼 표현했다. 아나바다 매장 구성원들도 이러한 분리를 인식하고 있었으나, 다른 구성원들에 비해 이를 대수롭지 않은 문제로 여기고 있었다. 보고서에서는 아나바다 매장과 조직의 다른 부분에서도 추가적인 차이가 있는 것으로 파악했다. 예를 들어, '희망의 손길'의 대부분 구성원들은 혁신과 장기 계획에 기반한 문화를 선호한다고 응답했지만, 아나바다 매장 구성원들은 현재의 문화와 비교했을 때 이러한 유형의 문화로 나아가는 데 상대적으로 낮은 선호도를 보였다.

컨설팅 보고서에 따르면, 아나바다 매장과 조직의 다른 부서 간의 차이에 대한 무관심과 동시에 차이점에 대한 반감(즉, 내집단·외집단 관점)은 시간이 지나며 자리 잡은 것으로 나타났다. 구성원들은 아나바다 매장을 '팀'의 일원으로 여기지 않고 분리된 존재로 인식했으나, 그 간격을 메우고 공동의 목적과 사고방식을 향해 나아갈 방법을 알지 못했다.

주디는 아나바다 매장과 조직의 나머지 부서 간에 확인된 분열의 원인으로 여러 요인이 있다는 것을 알고 있었다. 예를 들어, 아나바다 매장은 5년 전까지만 해도 다른 부서들과 별도의 물리적 위치에서 운영되었다. 매장이 별도의 위치에 있었을 뿐 아니라, 다른 부서와는 거의 독립적으로 운영되었다. 현재 매장 관리자이자 매장 설립 초기부터 운영을 맡아온 크리스(Chris Williams)는 매장의 물리적 위치가 이전된 후에도 조직 전체와의 연계를 강화하라는 요청을 받았으나, 실제로는 큰 변화가 없었다. 크리스는 여전히 매장을 조직의 나머지 부분과 독립적으로 운영하고 있었고, 상급자로부터의 감독도 거의 받지 않았다. 이러한 방식은 매장이 처음 설립된 이후 계속 이어져왔으며, 크리스는 주디나 에린의 제안을 잘 받아들이지 않았다. 이 같은 상황은 특히 아나바다 매장이 조직 전체에서 차지하는 중요성을 고려할 때 더욱 안타까운 일이었다. 아나바다 매장은 역사적으로 '희망의 손길'의 주요 수익원이었다. 매장이 생성하는 수익 없이는 '희망의 손길'이 지역사회의 더 많은 사람에게 서비스를 제공하기 어려울 것이다. 주디는 보고서에서 지적된 문제들이 지속되고 있으며 반드시 해결해야 한다고 느꼈다. 이것이 외부 컨설턴트를 부른 주요 이유였다. 크리스가 주디나 에린의 말은 듣지 않더라도 '전문가'의 말은 들을 가능성이 클지도 모른다는 생각이었다.

주디는 오후 회의를 준비하며, 지난 몇 년 동안 크리스와 다른 구성원들 사이에서 발생한 갈등을 떠올렸다. 이러한 갈등은 크리스의 상급자인 이사회부터 그 아래에 있는 매장의 자원봉사자들 전반에 걸쳐 있었다. 예를 들어, 몇 년 전 이사회는 매장 상품의 가격 책정과 관련하여 고객 불만이 많다는 사실을 알게 되었다. 크리스는 상품의 상태에 상관없이 정가로 표시해야 한다는 입장이었으나, 50% 또는 70% 할인 판매를 자주 진행했다. 하지만 중고품에 대한 높은 가격표를 본 고객은 '가격표 충격(sticker shock)'을 받는 경우가 많았다. 이사회는 크리스에게 상품의 상태를 고려해 가격을 책정하고, 전반적으로 가격을 낮출 것을 요청했다. 그러나 다음 달 이사회 회의에서 크리스는 가격을 낮췄더니 월간 총매출이 급격히 감소했다고 보고하며, 이전에 사용했던 높은 가격 전략과 동일한 할인 정책으로 되돌아갔다고 말했다. 이사회는 크리스의 행동에 불만이 있었지만, 이전 가격 전략을 다시 따르는 것을 허용했다.

크리스의 행동과 관련하여 주디가 처리해야 했던 다른 사건들도 있었다. 최근, 크리스와 같은 직급인 한 구성원이 매장에 오래 진열된 물건의 가격을 협상하려고 했지만, 크리스는 이를 거부했다. 그러나 크리스는 이후 그 물건을 외부 고객에게 할인된 가격에 판매했다. 이로 인해 해당 구성원은 불공정하다는 감정을 느꼈고, 이러한 부정적인 감정은 직접적으로 관련이 없는 다른 구성원들에게도 퍼졌다.

이러한 행동의 영향은 아나바다 매장 외부의 구성원들에게만 국한되지 않았다. 이번 주에도 매장 구성원이 주디를 찾아와 불만을 제기했다. 해당 구성원은 크리스가 판매용이 아닌 장식용이라고 판단한 플라스틱 화분을 판매한 것 때문에 징계를 받았다고 했다. 문제는 이 규칙이 판매 이후에야 구성원에게 전달되었다는 점이었다. 주디는 여러 부분에서 아나바다 매장과 관련된 다양한 문제를 처리해왔지만, 정작 크리스와 직접적으로 문제를 논의하거나 자신의 감정을 이야기한 적은 없었다. 대신 주디는 오늘 회의를 통해 이러한 문제들이 제대로 해결되기를 바라고 있었다.

회의 전, 주디는 크리스와 에린에게 이메일로 컨설팅 보고서를 보냈다. 또한 주디는 컨설턴트에게도 회의에 참석해 이 소규모 그룹에 권장 사항을 설명할 수 있도록 요청했다. 주디는 네 명이 모이는 소규모 회의가 크리스에게 덜 위협적으로 느껴질 것이라고 생각했다. 회의가 시작되자, 주디는 컨설턴트가 말을 꺼내기를 조용히 기다렸다. 주디는 크리스가 컨설턴트의 말을 듣고 아나바다 매장에서 발생하는 문제를 이해하기 바랐다. 그런데 컨설턴트가 말을 시작하자마자 크리스가 즉시 끼어들며 말했다.

"저는 이 보고서를 받은 적이 없습니다. 이런 걸 본 적도 없어요. 아무도 저에게 보내지 않았습니다." 주디는 보고서를 이번 주 초에 이메일로 보냈지만, 크리스에게 사과하며 보고서의 인쇄본을 건넸다. 다른 참석자들은 크리스가 다 읽을 때까지 기다렸다. 마침내 회의는 아나바다 매장과 조직의 다른 부서 간의 문화적 격차에 대한 논의로 시작되었다. 에린은 보고서의 결론에 동의하며 이 격차를 해소하기 위해 노력해야 한다고 말했다. 하지만 크리스는 정중히 "글쎄요. 이건 예전에는 문제였지만, 매장이 현재 위치로 옮긴 이후 우리는 그 문제를 해결했습니다"라고 답했다. 컨설턴트가 현재의 사례를 언급하며 문제를 강조했음에도 크리스는 현재 문제가 있다는 것을 인정하지 않았다.

주디는 아나바다 매장 운영 방식이 조직의 나머지 부서와 얼마나 다른지를 보여주는 중요한 사례를 제시했다. 그것은 크리스가 휴가를 갔던 날 일어난 일이었다. 그날 아나바다 매장 구성원들은 '희망의 손길'이 지원한 클라이언트 수를 알리는 표지판을 만들어 매장 계산대 뒤에 걸었다. 주디는 그 표지판이 의미 있는 내용이라고 생각했지만, 그날 저녁 그녀가 퇴근하면서 지나가다 보니 표지판이 사라져 있었다. 매장 매니저는 구성원들이 보복을 두려워해 크리스가 다음 날 돌아와 보기 전에 표지판을 제거했다고 말했다. 주디는 이상하다고 생각했지만, 당시에는 아무 말도 하지 않았다. 그러나 그녀는 그것이 아나바다 매장 구성원들이 크리스에게 느끼는 두려움을 보여주는 사례라고 생각했다. 그러한 두려움은 크리스로 인해 발생한 것으로 보였지만, 주디는 이를 거론하지는 않았다. 표지판 문제를 제기하자 크리스는 "그들이 왜 그렇게 느끼는지 모르겠습니다"라고 말했다. 이어서 그는 자기 부서 구성원들에 대해 말을 이었다. "제가 자리를 비우면 매장 매니저들이 결정을 내리도록 놔둡니다. 정말 중요한 것이 아니라면요. 문제는 그들이 중요한 일에 대해 절대 제게 말하지 않는다는 겁니다. 제가 물어봐도요."

주디는 크리스를 너무 자극하는 것이 아닐까 우려했고, 크리스가 상황을 이해하게 할 방법을 찾지 못해 매장에서의 단기적 초점이 때때로 조직의 장기적 목표와 충돌하는 문제로 논의를 전환했다. 주디의 머릿속에는 이사회와의 문제, 즉 크리스가 이사회가 제안한 장기적이고 전략적인 가격 책정 전략을 고려하지 않은 상황이 떠올랐다. 크리스는 "매장에서는 일이 빠르게 진행됩니다. 저는 매일 변화를 만들어야 하지만, 저도 장기적인 초점을 가지고 있습니다"라고 대답했다. 에린이 가격 책정 문제에 대해 질문하자 크리스는 "왜 항상 제가 지적받아야 하고, 다른 사람들이 우리 부서를 운영하는 방법을 가장 잘 안다고 생각하죠?"라고 대답했다.

회의를 시작한 지 이미 몇 시간이나 흘렀고, 크리스가 점점 방어적으로 변하고 있다는 것을 깨달은 주디는 전략을 바꾸기로 했다. 컨설팅 보고서를 조직의 나머지 부서와 공유한 후, 직면한 도전 과제와 최선의 해결책에 대해 그룹 합의를 도출하자고 제안했다. 이에 크리스는 분명히 화가 난 표정으로 강하게 주장했다. "이 보고서는 공유해서는 안 됩니다. 이 보고서의 대부분 내용은 아나바다 매장에 관한 것이고, 매장 내부에서만 다뤄져야 합니다. 제가 이 문제를 어떻게 해결할지 결정하겠습니다. 우리 조직의 부서 중 어디에서도 다른 부서 사람들이 그 부서를 어떻게 운영해야 할지 의견을 내는 일이 없습니다. 저는 베키(Becky)에게 고객 서비스 부서를 어떻게 운영해야 할지 간섭하지 않습니다. 왜냐하면 그 부서에 대해 아는 것이 없고, 우리 부서가 아니기 때문입니다. 이건 제 부서이고 어떻게 운영할지는 제가 결정할 겁니다. 왜 항상 제가 지적받아야 하는지 모르겠네요."

결국 회의에서 합의된 유일한 사항은 컨설팅 보고서에서 제안한 새로운 가격 책정 전략을 시도하는 것이었다. 상품이 매장에 진열된 기간에 따라 일정 비율로 가격을 할인하는 방식으로, 첫 입고부터 순차적으로 원래 가격에서 25%, 50%, 75%씩 할인하는 방식을 따랐다. 주디는 몇몇 구성원에게 다가오는 월요일에 현재 진열된 상품의 가격표 변경하는 작업을 도와달라고 요청했다. 크리스는 나머지 보고서를 검토한 후,

필요한 추가 조치가 있는지 스스로 결정하겠다고 약속했다. 회의가 끝날 때 주디는 실망감을 느꼈지만, 합리적으로 보이는 가격 책정 전략에 대해서라도 합의하여 다행이라고 생각했다.

그다음 월요일, 에린을 포함한 몇몇 구성원이 아나바다 매장에 출근해 가격표 변경을 도왔다. 크리스가 새로운 가격 책정 전략과 가격표를 어떻게 변경할 것인지 설명하는 동안, 에린은 크리스가 모든 가격에 대해 50% 할인을 적용하고 그 상태로 유지할 것이라고 말하는 것을 듣고 놀랐다. 에린뿐만 아니라 모든 구성원은 크리스가 또다시 자신의 정책을 고수하기로 결정한 것을 알게 되었다.

03 조직개발의 핵심 가치와 윤리

학습 목표

이 장에서는 다음과 같은 내용을 학습한다.

- 가치의 정의와 조직개발 실무자에게 가치가 중요한 이유
- 조직개발의 핵심 가치를 설명하고 조직개발 가치를 유지하기 위한 도전 과제
- 조직 내 다양성, 형평성, 포용성에 대한 조직개발 차원의 지원

앞서 설명한 것처럼 조직개발은 단순히 설문조사나 도구를 적용하고 회의를 진행하는 활동에 그치는 것이 아니다. 이러한 활동들이 일반적으로 OD 프로젝트에 포함될 수는 있지만, 각 고객이 OD 원칙을 실무에 적용하는 방식은 저마다 고유한 특성을 띠기 때문에 일률적으로 체계적인 절차를 따르는 것이 아니다. OD는 이 책 전반에 걸쳐 평가, 대화, 의사결정 같은 요소들을 다루게 된다. 따라서 OD 역량을 개발하는 것은 표준 도구 세트를 배우는 것보다 OD 실무자의 의사결정에 영향을 미치는 여러 가지 요소를 내면화하는 것이 더 중요하다. 이러한 의사결정은 조직이 어떻게 운영되어야 하며, 사람들을 어떻게 대해야 하고, 조직변화를 어떻게 관리해야 하는지에 관한 일련의 가치와 윤리적 신념에 의한다. OD의 가치와 윤리는 클라이언트의 프로젝트를 수락할지 결정하는 것부터 데이터를 수집하는 전략을 선택하고, 클라이언트에게 피드백을 제공하는 방법, 적절한 개입(intervention)을 선택하여 이를 어떻게 구조화할지에 이르기까지 여러 선택에 방향을 제시한다. 이 장에서는 OD 실무자가 가지는 핵심 가치를 정의하고, 그들의 선택과 결정에 영향을 미치는 윤리적 신념을 설명할 것이다.

OD 실무자들이 채택한 가치는 OD의 역사에 의해 형성되었기 때문에 이 장에서 소개하는 OD 가치에 관한 내용은 2장에서 설명한 내용과 연결될 것이다. 맥그리거(MacGregor), 리커트(Likert) 등의 연구는 조직에서 사람을 관리하는 최선의 방법에 대한 여러 가지 이론을 만들어냈고, 시간이 지나면서 이러한 내용들이 내면화되어 OD 분야의 명시적 가치로 자리 잡게 되었다.

가치 정의

심리학 연구와 문헌에서는 가치의 개념과 가치가 우리의 사고와 행동에 미치는 영향을 광범위하게 정의하고 탐구해왔다. 로키치(Rokeach, 1973)는 가치를 "특정 행동 양식이나 존재의 최종 상태가 반대 또는 대조적인 행동 양식이나 존재의 최종 상태보다 개인적 또는 사회적으로 더 바람직하다는 지속적인 믿음"이라고 정의했다(p. 5). 가치는 한 사람이 무엇이 일어나야 하거나 일어나야 할 것으로 믿는 것을 표현하며, 상황에 따라 비교적 안정적이고 지속적으로 유지된다. 그러나 가치도 경험이 쌓이면서 변화하거나 더욱 복잡해질 수 있다. 가치 진술(value statements)은 개인의 가치 체계(value system)로 조직되며, 이는 선택하고 갈등을 해결하는 규칙을 학습한 체계다(Rokeach, 1968, p. 161). 가치 체계는 우리가 어떤 행동을 취할지 결정하도록 돕고, 우리의 행동과 타인의 행동을 평가하는 기준이 된다.

OD 실무자의 가치관

조직개발에서 가치가 중요한 이유는 특정 컨설팅 참여나 개별적 개입을 넘어 지속적으로 영향을 끼치는 포괄적인 기본 신념이기 때문이다. 가치는 OD 분야가 처음 형성될 때부터 중요한 요소였으며, 때로는 종교적 운동으로 조롱받기도 할 만큼 핵심적인 역할을 해왔다(Harvey, 1974). 그러나 가치를 고려하지 않는다면 OD는 단순히 개입 기법의 목록에 불과하게 되며, 이러한 기법들이 왜 개발되었는지, 그리고 실무자가 언제 이를 적용해야 할지 이해할 수 없게 된다.

> 경영학자 에드거 샤인(Edgar Schein, 1990a)은 OD 개입 기법에 대한 설문지를 작성하면서 느꼈던 좌절감을 언급하며, "나는 OD를 일련의 기법으로 보지 않았고, 오히려 조직과 가장 잘 협력할 방법에 대한 철학이나 태도로 보았다"고 말했다(p. 13). 마굴리스와 라이아(Margulies & Raia, 1990)는 이를 더 단호하게 표현하며, "OD는 가치 기반이며, 무엇보다 그 핵심 가치는 OD 프로세스와 기술의 지침 역할을 한다. OD 분야의 정체성은 그것이 옹호하는 가치의 존재와 적용으로 나타난다. 가치가 없다면 OD는 단순한 기법의 집합에 불과하다"(p. 39)고 강조했다.

일부 학자는 OD의 미래가 실무자와 고객에게 그 핵심 가치가 얼마나 적용 가능한지에 달려 있다고까지 예측한다(Wooten & White, 1999). OD 실무자에게 가치가 중요한 이유는 다음과 같다.

1. **진행 방향에 대한 선택을 안내한다.**

    가치는 OD 실무자가 고객과 협력하는 과정에서 어떻게 진행할지 불확실할 때 지침 역할을 한다. 가능한 여러 행동 방안이 있을 때, 가치를 되돌아보는 것은 올바른 방향을 선택하는 데 도움을 준다. 예를 들어, 고객이 어떤 해결책이 최선인지 모를 경우, OD에서 강조하는 참여(participation)와 관여(involvement)라는 가치는 실무자가 조직 구성원들을 포함하여 어떤 해결책이 가장 바람직한지 결정하도록 돕게 된다. OD 가치는 구체적인 행동보다 원칙을 제시하며 방향성을 제공한다.

2. **개별 개입을 넘어서는 더 큰 비전을 제공한다.**

    OD 실무자에게 가치는 단일 컨설팅 프로젝트를 넘어서는 지속적인 목표 의식을 제공한다. 많은 OD 실무자들은 환경적·사회적 책임과 사회적 정의라는 가치를 내세우고 있으며, 이러한 분야에서의 성과를 자신의 업무가 남긴 지속적인 효과로 본다. 좀 더 인간적이고 민주적인 조직에서 더 나은 근무 환경을 조성하는 것은 많은 실무자가 갖고 있는 핵심 신념이며, 이는 상황에 관계없이 지속되는 가치다.

3. **OD는 다른 컨설팅 및 변화관리 방법과의 차별성을 제공한다.**

    OD와 다른 형태의 경영 컨설팅에는 중요한 유사점과 차이점이 있다. 차이점 중 하나는 OD 업무에 내재된 가치와 관련되어 있다. 성장·개발·학습을 보장하는 개입과 프로세스에 초점을 맞추는 것은 대부분의 다른 경영 컨설팅 활동의 목적에 포함되지 않는 OD의 핵심 가치다.

    "OD를 다른 경쟁 분야와 구별하는 것은 인간 중심의 가치 구조와 인간에 대한 관심이다."(Church, Hurley, & Burke, 1992, p. 14)

4. **대화를 촉진하고 입장을 명확하게 하는 데 도움을 준다.**

    가치와 그것이 촉발하는 선택을 명시하는 것은 OD 실무자와 고객이 서로의 행동을 이해하는 데 도움을 준다. OD 실무자는 자신이 특정 행동 방침을 선택한 이유를 그 결정에 기반한 가치를 설명함으로써 명확히 할 수 있고, 관리자나 고객도 같은 방식으로 설명할 수 있다. 이를 통해 서로의 관점을 배우고, 공통점과 차이점을 발견하며(같은 갈등이 반복되지 않도록 방지하면서) 더 나은 협력을 할 수 있다. 예를 들어, 멘토링 프로그램 도입을 결정하지 않은 고객이 개인의 성장과 학습의 가치를 믿고 있을 수 있지만, 단지 현재 시점이 그 프로그램을 도입할 적절한 시기가 아니라고 판단할 수도 있다. 이 경우, 컨설턴트는 고객과 협력하여 동일한 목표와 가치를 유지하면서도 고객의 필요에 부합하는 다른 프로그램을 개발할 수 있다.

5. 수행한 업무를 평가하는 데 도움을 준다.

가치는 OD 참여 활동의 평가(14장에서 자세히 다룰 예정) 또는 컨설턴트로서 개인적 성찰과 자기평가의 출발점이 될 수 있다. 스스로의 가치에 부합하게 행동했는지, 그리고 그 가치를 증진하는 데 기여했는지 여부는 모든 컨설팅 참여 후 학습과 평가의 중요한 기준이 된다.

조직개발의 핵심 가치

조직개발(OD)의 핵심 가치는 몇 가지 인간 중심적 가정에 기반하고 있다. 여기서 인간 중심적이라는 것은 개인이 존중받을 자격이 있으며, 신뢰할 수 있고, 개인적인 성장과 만족을 이루고자 한다는 믿음을 의미한다(Wooten & White, 1999). 또한 인간 중심적 가치는 평등과 공정성, 민주적 원칙, 인간의 존엄성과 가치를 인정하는 신념을 의미한다. 광범위하게 정의하자면, 이러한 인간 중심적 지향은 "모든 구성원의 조직생활을 개선하는 것"으로 요약할 수 있다(Church et al., 1992, p. 11). 리커트, 맥그리거, 블레이크와 머튼(Blake & Mouton) 같은 선구자들의 이론을 바탕으로, 타넨바움과 데이비스(Tannenbaum & Davis, 1969)는 당시 조직에 뿌리내리기 시작한 가치 변화에 대해 설명했다.

다음 표 3.1은 OD 실무자들이 지지하는 대안적 가치를 요약한 것이다. 마굴리스와 라이아(Margulies & Raia, 1972)는 OD의 인간 중심적 가치를 초기부터 지지한 학자들로, 이들이 설명한 주요 가치는 다음과 같다.

1. 인간을 생산 과정의 자원으로 취급하는 대신 인간으로서 역할을 수행할 기회를 제공하는 것

2. 각 조직 구성원뿐만 아니라 조직 자체가 개인의 잠재력을 최대한 발휘할 기회를 제공하는 것

3. 조직의 모든 목표 측면에서 조직의 효과성을 높이기 위해 노력하는 것

4. 흥미롭고 도전적인 업무를 찾을 수 있는 환경을 조성하려는 시도

5. 조직 내 사람들이 업무, 조직, 환경과 관계를 맺는 방식을 스스로 영향력을 행사할 기회로 제공하는 것

6. 개개인을 단순한 노동력으로 보지 않고 일과 삶에서 중요한 복합적인 욕구를 지닌 한 인간으로 대하는 것(p. 3)

처음에 이러한 인간 중심적 가치 목록을 접한 많은 사람은 분명히 지지할 만한 가치라고 느끼지만, 실제로 구현하기에는 지나치게 이상적이라고 생각한다. 특히, 사업 성과가 필수인 경쟁적인 조직 환경에서는 더욱 그렇다. 그러나 OD 실무자는 개인과 조직의 목표가 서로 상충하지 않고도 개선된 조직생활을 이룰 가능성을 본다. 이는 OD의 가치에서 가장 근본적인 의미로, 개인의 효율성, 도전, 학습, 성취, 만족이 조직의 효율성과 목표 달성과 동시에 이루어질 수 있다는 것을 의미한다. 이 장 후반부에서 이 주제에 대해 다시 다룰 것이다.

표 3.1 조직개발 가치

지양하는 관점	지향하는 관점
인간을 본질적으로 나쁜 존재로 보는 관점	인간을 본질적으로 선한 존재로 보는 관점
개인에 대한 부정적 평가 방지	인간으로서 존중과 존재로서 인정
개인을 고정된 존재로 보기	개인을 진행 중인 존재로 보기
개인차에 대한 저항과 두려움	개인차의 수용과 활용
주로 직무 기술에 따라 개인 활용	전인격체로 보기
감정 표현을 차단하는 벽	적절한 표현과 효과적인 사용 모두 가능케 하기
게임하는 것	진정한 행동
권력 및 개인적 명성 유지를 위해 지위 이용	조직과 관련된 목적으로 지위 사용
인간 불신	인간 신뢰
관련 데이터로 다른 사람과 대면하는 것 회피	적절한 직면하기
위험 감수 회피	위험 감수 의지
과정적 업무를 비생산적인 노력으로 간주하는 시각	과정적 업무를 효과적인 업무 수행의 필수 요소로 보기
경쟁에 대한 중요성 강조	협업의 중요성 강조

출처: "Values, Man, and Organizations," by R. Tannenbaum & S. A. Davis, 1969, *Industrial Management Review,* 10(2), pp. 67 - 86.
© 1969 from MIT Sloan Management Review/Massachusetts Institute of Technology.

다음 섹션에서는 현재 OD에서 중시하는 여러 가치를 더욱 자세히 살펴볼 것이다. 이러한 가치들은 표 3.2에 요약되어 있다.

표 3.2 조직개발의 현재 가치

- 참여, 관여 및 권한 부여
- 그룹과 팀의 중요성
- 성장, 개발 및 학습
- 인간 전체를 소중히 여기기
- 대화 및 협업
- 진정성, 개방성 및 신뢰

| 참여, 관여, 권한 부여

참여는 OD의 민주적 가치 중 가장 근본적인 요소다. 2장에서 설명한 리커트(Likert)의 참여적 관리 전략을 떠올려보자. 참여적 관리와 이를 지원하는 OD 활동은 구성원들이 의사결정 과정에 기여하고, 자신들의 업무에 대해 더 많은 통제와 자율성을 가질 기회를 제공한다(Skelley, 1989). 이 가치는 조직 구성원들이 자신에게 영향을 미치는 결정과 변화에 참여하고 포함되어야 한다는 것을 의미하며, 이는 "사람들은 자신이 만들어가는 것을 지지한다"(Beckhard, 1969, p. 27; Wooten & White, 1999, p. 11)는 원칙에 기반한다. 샤인(Schein, 1990a)은 OD의 본질을 "인간 시스템의 변화는 변화 과정을 겪게 될 시스템 구성원들의 적극적인 참여 없이는 일어나지 않는다"(p. 16)라고 정의했다. 여기서 변화는 그룹에 강제로 부과되거나 개인에게 요구되는 것이 아니다. 그 대신 실무자는 조직이 원하는 변화를 개발하고 관리할 수 있도록 도와주며, 참여할 기회를 제공하고, 궁극적으로 변화에 대한 책임감을 조직 구성원들에게 이양하는 역할을 한다. 의사결정 과정에서 참여할 기회를 제공하는 것은 구성원들이 의견을 제시하거나 관점을 표현할 선택권을 부여하는 것을 의미하지만, 이를 강제하지는 않는다. 참여와 관여의 기회를 제공한다고 해서 모든 조직 구성원들이 결과에 열광적으로 동의할 것이라는 보장은 없지만, 최소한 그들이 의견을 표현하고 결과에 영향을 미칠 기회를 가졌음을 의미한다. 이러한 측면에서 참여는 구성원이 자기표현을 할 수 있고, 조직 내에서 개인적 성취감을 느낄 수 있는 중요한 요소다.

그러나 참여가 모든 조직 문제를 해결할 수 있는 만능 해결책은 아니다. 파스모어와 파간스(Pasmore & Fagans, 1992)는 "단순히 사람들을 의사결정에 참여시킨다고 해서 그들에게나 조직 전체에 긍정적인 결과를 가져올 것이라고 합리적으로 결론 내릴 수는 없다"(p. 378)고 주장한다. 오히려 더 복잡한 요인들이 작용한다. 조직 구성원들이 참여할 준비가 되어 있지 않거나 필요한 역량이 부족할 수 있다. 예를 들어, 해결할 역량이 부족하다면 복잡한 문제해결을 구성원들에게 맡기는 것은 효과적이지 않을 수 있다. 게다가, 참여는 많은 조직에서 위험한 시도로 여겨질 수 있다. 구성원들은 오랜 위계적 패턴에서 벗어나라는 요구에 대해 의심을 품을 수 있기 때문이다. 실제로 아지리스(Argyris, 1957)가 반세기 전에 지적한 것처럼, 많은 조직은 구성원들이 역량 있게 참여할 조건을 조성하지 않았다. 또한 조직 구조(예: 수직적 조직), 관계(예: 지위에 따른 참여 기대치), 사회적 기대(예: 대립을 피하려는 가치관) 같은 요인들이 개인의 참여 선택을 저해한다(Neumann, 1989). 마지막으로, 진정성 없는 참여는 오히려 구성원들에게 해로울 수 있다. 조직 리더들은 단순히 상징적인 이유로 구성원들을 참여시키지 말아야 한다. 그 대신, 구성원들이 진정으로 참여할 수 있고 그들이 실제로 영향을 미칠 수 있는 환경을 조성해야 한다.

그룹과 팀의 중요성

벡하드(Beckhard, 1969)는 "조직의 기본 구성요소는 그룹(팀)이다"(p. 26)라고 말한다. 그룹과 팀은 조직 시스템의 핵심 요소이며, 많은 개입 활동에서 주요 대상이 된다. 조직 구성원은 거의 항상 최소 하나 이상의 상호 의존적인 팀에 속하게 된다. 이러한 팀은 기능(예: 마케팅, 인적자원)이나 직급(예: 부사장, 2교대 관리자)별로 조직된다. 프렌치(French, 1969)는 "조직 구성원들은 일반적으로 이러한 유형의 그룹(가장 흔한 경우가 직속 부서)에 참여하여 기여하고 인정받고자 하며, 그룹의 효과성은 어느 정도 그룹이 리더의 주요 업무 및 유지관리 책임을 일부 맡는 것에 달려 있다"고 언급한다. 이러한 그룹은 조직 전체의 운영을 반영하고 영향을 미친다. 예를 들어, 재무, 마케팅, 또는 판매 부서의 성공적인 운영은 이들 부서에 의존하는 다른 부서에도 영향을 미친다. 따라서 팀의 성공적인 운영은 조직 전체 시스템의 성공에 필수다. 코글란(Coghlan, 1994)은 "조직변화의 성공 여부는 변화가 조직 전체로 확산되도록 팀과 그룹을 효과적으로 활용하는 데 달려 있으며, 그룹과 팀을 이해하고 촉진하는 역량은 변화관리에 필수다"(p. 22)라고 결론을 내렸다. 이처럼 그룹과 팀의 중요성과 널리 퍼져 있는 특성 때문에 그룹과 팀의 건강성에 주의를 기울이는 것은 OD의 핵심 가치 중 하나다.

공식적인 그룹과 팀 외에도 개인은 동료, 친구, 그리고 여러 부서에 걸친 협력자로 구성된 비공식적 그룹의 일원이기도 하며, 이들은 개인의 행동에 강력한 영향을 미친다. 그룹의 공식적·비공식적 규범과 문화적 신념은 암묵적인 행동 규범을 구성하며, 이러한 규범은 새로운 구성원에게 전수된다. 이러한 규범과 코드가 개인에게 어떤 행동을 요구하는지, 조직에 어떤 영향을 미치는지를 이해하는 것은 그룹이 조직변화에 기여할 역량을 파악하는 데 중요한 요소다.

성장, 개발, 그리고 학습

조직개발(OD)을 대부분의 다른 경영 및 컨설팅 작업과 구분 짓는 가치는 성장, 개발, 그리고 학습에 대한 강조다. 스스로의 믿음, 기술, 그리고 태도를 5년 또는 10년 전과 비교해 생각해보라. 작든 크든 여러 면에서 달라졌을 가능성이 크다. 실수에서 배웠거나 경험을 통해 믿음이나 습관을 바꾼 적이 있을 것이다. 조직 환경에서도 다르지 않다. 인간과 조직은 모두 과정 중에 있다(in process)고 볼 수 있으며, 이는 인간 개개인이나 조직이 끊임없이 발전·변화하고 있다는 의미다. OD 실무자에게 이 가치는 어려운 상황에서도 개인이나 그룹을 포기하지 않고, 그들이 성장하고 발전할 수 있도록 돕는 방법을 찾는 것을 의미한다. 이는 성과가 나쁜 사람은 해고하고, 부진한 부서는 해체해야 한다는 생각과는 반대되는 접근이다. 그 대신, 먼저 성공을 방해하는 요인을 이해하고 변화할 기회를 제공하는 것이 중요하다. 이 같은 인간과 그룹에 대한 긍정적 관점은 OD 개입과 중재가 단지 당면한 문제해결에 그치는 것이 아니라, 조직이 비슷한 문제나 상황을 스스로 해결할 수 있도록 학습할 기회를 제공해야 한다는 것을 의미한다. 궁극적으로 이러한 학습 과정은 조직 내에 자연스럽게 자리 잡아 학습이 리더십과 경영의 일상적인 부분으로 자리매김하도록 하는 것이 목표다(Schein, 1987).

| 전인적 존재로서의 가치 인정

개인을 전인(whole person)으로 인정하고 가치를 부여하는 것은 다음 세 가지를 의미한다.

첫째, 특정 직무를 오랫동안 수행했거나 한 분야에서 오랜 기간 교육받은 사람들은 회계사, 마케팅 담당자, 안내 구성원, 제조라인 근로자 등 특정 직무나 전문 분야로 고정된 이미지를 갖게 되는 경우가 많다. 이러한 고정관념 때문에 해당 인력이 수행하는 업무나 해결해야 할 문제는 주로 기존의 직무 범주에 따라 제한적으로 주어지며, 그 사람의 다양한 전문성이나 관심사가 간과된다. 예를 들어, 회계사는 고객 서비스 문제를 제안받지 못하고, 안내 구성원은 홍보 문제에 기여할 기회를 얻지 못하며, 제조라인 근로자는 엔지니어링 문제에 대한 의견을 제시할 기회를 얻지 못한다. 이는 업무가 기능적으로 조직된 방식 때문일 수 있지만, 동시에 사람들이 어떤 일을 하고 싶어 할지에 대한 잘못된 가정 때문이기도 하다. 그러나 사람들은 다양한 경험을 원하거나 새로운 경력에 관심을 가질 수 있다. 따라서 조직은 구성원의 다면적인 관심사와 역량을 인정할 기회를 제공할 수 있다. 제조라인 근로자는 제품의 구조와 엔지니어링에 대해 깊은 지식을 가질 수 있고, 안내 구성원은 고객 서비스와 홍보 문제에 상당한 통찰력을 제공할 수 있다. 실제로 많은 사람이 조직의 목표 달성에 더 크게 기여하고자 하며, 그럴 능력이 있음에도 조직 환경이 이를 허용하지 않아 더 높은 수준의 기여가 제한되는 경우가 많다(French, 1969, p. 24). 조직은 구성원이 원래 고용된 직무 범위를 넘어 학습·성장·개발을 지원함으로써 더 크게 기여하도록 장려할 수 있다.

둘째, 조직 구성원을 감정을 지닌 사람으로 존중하는 것이다. 구성원들은 최근 성과에 대해 열정을 느끼거나 성공을 진심으로 축하받고자 할 수 있다. 또한 동료들과 조직의 성공을 축하할 기회를 원할 수 있다. 새로운 책임을 맡는 것에 대해 불안감을 느끼거나 새로운 기대에 대해 걱정할 수 있으며, 정책 변화에 대해 분노를 느낄 수도 있다. OD 개입은 이러한 감정 표현을 존중하고 인정하는 것을 목표로 한다. 특히 분노와 갈등의 표현은 조직변화에 대한 자연스럽고 정상적인 반응이며, 이를 무시하거나 억압해서는 안 된다.

셋째, 전인으로서의 존중은 다양성을 인정하고, 개인의 차이가 조직에 가져오는 이점을 인정하는 것을 의미한다. 우리는 성별, 연령, 인종, 출신 국가, 종교, 장애, 경제적 배경 등 여러 정체성을 지니고 조직에 속하게 된다. 그러나 많은 조직 관행은 역사적으로 대안적인 목소리를 무시하거나 억압하는 결과를 낳았다(Prasad, Pringle, & Konrad, 2006). 특히 관리층과 다른 정체성을 가진 구성원의 의견과 아이디어는 자주 배제되거나 제대로 수용되지 않는 경우가 많았다. 따라서 조직 구성원의 다양한 정체성을 인정하는 것은 모든 구성원의 독특한 기여에 명시적으로 주의를 기울이고, 이를 가치 있게 여기며 존중하는 것을 의미한다.

| 대화와 협력

앞서 벡하드(Beckhard, 1969)는 협력해야 할 집단 간의 부적절한 경쟁과 다툼에 낭비되는 비효율적인 에너지가 조직 효율성에 영향을 미치는 주요 문제 중 하나라고 지적한 바 있다(p. 33). 이는 개인 간에도 동일하게 적용될 수 있는 문제다. 조직개발(OD)의 핵심 가치 중 하나는 경쟁보다 협력을 촉진하는 건전한 환경을 조성하는 것이다. 이때 전제되는 가정은 윈윈 솔루션이 가능하며, 갈등이 아니라 협업이 더 바람직하다는 점이다. 그러나 이는 갈등을 무조건 억제해야 한다는 의미가 아니다. 오히려 갈등을 드러내어 건전하게 해결하는 것이 중요하다. OD 개입은 갈등을 은폐하거나 방치하지 않고, 공개적 대화를 통해 갈등을 해결할 환경을 조성하는 것을 목표로 한다. 또한, 조직 구성원들이 숨겨진 갈등을 인식하고 이를 적절하게 다루는 방법을 배우는 것도 중요한 목표다.

| 진정성, 개방성, 신뢰

버크(Burke, 1977)는 조직개발 동향에 대한 검토에서 진정성이 민주주의를 대체하는 주요 가치로 자리 잡고 있다고 언급했다. 경쟁적인 환경이 조성될 경우, 조직은 정보 은폐나 오해를 통한 지위와 권한 확보가 가치 있고 보상받는 맥락이 된다. 이러한 환경에서는 협력적 실천이 성공할 수 없다. 그 대신, 진정성 있는 행동이 요구된다. 진정성(authenticity)이란 자신의 계획, 의견, 동기 등에 대해 솔직하고 정직하게 표현하는 것을 의미한다. 이러한 진정성은 관리자가 구성원들과 소통하는 방식에 큰 영향을 미친다. 예를 들어, 프로젝트에 대해 무엇을 성취하려고 하며, 왜 그러한 목표를 설정했는지 솔직하게 설명하고, 프로젝트에 대한 자신의 의견과 믿음을 명확히 표현하는 것이다. 진정성 있는 리더십은 말과 행동의 일관성을 요구하며, 구성원들은 리더의 행동을 통해 리더의 말이 신뢰할 수 있는지 평가한다(Goffee & Jones, 2005). 리더는 구성원들에게 정보를 제공하고, 조직의 방향, 가치, 원칙, 근거 등을 설명하며, 구성원들을 대화와 토론에 참여시켜 의사결정에 기여할 수 있도록 해야 한다. 이 가치는 조직 구성원뿐만 아니라 OD 실무자에게도 적용되며, OD 실무자는 고객에게 진정성 있게 행동해야 고객으로부터 같은 태도를 기대할 수 있다. 이는 필요한 경우 고객과 정면으로 대면하고, 데이터를 평가할 때나 자신의 감정을 표현할 때 솔직하게 행동하는 것을 의미한다.

어떠한 개입이나 조직도 여기서 언급한 모든 가치를 고정된 실체로 유지할 수는 없다. 사실, 가치를 고정된 범주로 생각하기보다는 달성해나가고자 하는 목표나 프로젝트로 생각하는 것이 더 유용하다. 많은 실무자는 OD의 가치를 정적인 상태가 아니라 연속선상에 있는 움직임으로 본다. 예를 들어, "조직이 참여적이다. 또는 그렇지 않다", "팀 중심이다. 또는 개인 중심이다" 같은 이분법으로 보는 것이 아니라, 조직이 전통적인 관료주의적 사고방식(2장에서 설명한 X이론)에서 벗어나 인간 중심적 관점으로 나아가는 과정으로 본다. 어떠한 컨설팅 참여나 개입 전략이 OD의 핵심 가치를 성공적으로 모델링하는 경우는 조직이 이러한 가치로 나아가고 있음을 의미하며, 특정 가치가 있거나 없다는 방식으로 생각할 수 없다. 이러한 믿음은 '진전 중(in process)'이라는 가치를 보여준다. 이는 조직과 개인이 끊임없이 성장·변화하고 있다는 것을 의미한다.

OD의 가치와 다양성, 형평성, 포용성(DE&I)

버크와 오말리(Burke & O'Malley, 2022)는 "다양성은 문제해결 능력과 창의성 향상, 제품과 시장에 대한 문화적 민감성 증대, 더 큰 인재풀 확보, 더 유연하고 환경에 잘 대응하는 인력을 가진 조직을 만든다"고 주장한다(p. 145). 마케팅 및 제품 부서에 다양한 구성원을 포함하는 조직은 다양한 고객 커뮤니티의 요구를 더 잘 충족하는 제품과 서비스를 개발할 수 있다. 또한 이사회나 경영진에서 성별과 인종적 대표성이 더 높은 조직은 더 높은 수익을 낸다는 연구 결과도 있다(Burke & O'Malley, 2022). 반대로 조직이 어려움을 겪을 때는 다양한 관점을 배제하고 창의적 해결책을 개발할 능력을 제한하게 되어 조직의 쇠퇴를 가속화하는 경향이 있다. 이 분야의 진전을 복잡하게 만드는 요소 중 하나는 다양성과 포용성에 대한 부정적인 믿음들이다. 예를 들어, 다양성은 조직의 속도를 늦추고 갈등을 유발한다는 생각, 다양성을 강화하면 성과 기준이 낮아진다는 생각, 혹은 다양성이 지배적인 그룹은 더 많은 손실로 이어질 것이라는 믿음이다(Miller & Katz, 2002).

그러나 오거-도밍게스(Auger-Domínguez, 2022)는 "직장에서 다양한 대표성을 추구하는 것만으로는 모든 구성원이 포함되고, 가치 있으며, 신체적·심리적으로 안전하다고 느끼게 할 수 없다"고 말한다(p. 5). 차별적인 행동은 여전히 미묘하거나 작은 사건인 미세공격(microaggression) 형태로 발생한다. 이는 유색 인종, 여성, 성소수자 구성원들이 자주 경험하는 일상적인 모욕으로, 그룹 이메일에서 제외되거나, 회의에 초대받지 못하거나, 사회적 초대를 받지 못하거나, "생각보다 말을 잘하네요" 같은 모순된 칭찬을 하는 경우가 이에 해당한다. 대표성이 있는 다양한 인력을 구축하는 것도 중요하지만, 거기서 끝나서는 안 된다. 진정으로 다양성을 활용하기 위해서는 소속감과 포용의 실천이 필요하다. 밀러와 카츠(Miller & Katz, 2002)는 대다수 조직의 구조와 문화, 정책과 관행, 리더의 기술과 스타일, 구성원 간의 일상적 상호작용에 근본적인 변화가 필요하다고 주장한다(p. 1).

이러한 일상적 상호작용은 조직 전체 구성원이 포괄적 행동을 도입함으로써 개선할 수 있다. 이는 모든 구성원이 존중받고, 가치가 있으며, 목소리를 낼 수 있는 환경을 조성하는 것이다. 포용적인 조직문화는 구성원이 자신의 정체성을 숨기거나 억누르거나 무시하지 않고 진정한 자아로 조직에 참여할 수 있도록 한다. 구성원들은 개별적인 대화와 팀 내 참여를 통해 포용성을 경험할 뿐만 아니라 팀의 규범과 관행, 리더십 행동, 언어와 사고방식, 조직의 정책과 관행을 통해서도 포용성을 느낀다(Ferdman, 2021). 더 포용적인 조직을 만들기 위한 진지한 노력은 이러한 모든 수준에서 변화를 다루어야 한다. 톰슨(Thompson, 2022)은 자신이 최고 다양성 책임자로 일한 경험을 돌이켜보면서, 이러한 변화 프로그램은 데이터에 기반해야 한다고 권장한다. 그는 다양성 및 포용 프로그램의 영향을 측정하고, 독단적인 행동(예: 말을 끊거나 무시하거나 다른 사람의 아이디어를 가로채는 행동)과 포용적인 행동(예: 무시당하거나 침묵하는 사람들에게 주목하게 하는 행동)을 측정해볼 것을 제안한다.

밀러와 카츠(Miller & Katz, 2002, pp. 59-65)는 팀 내 구성원들이 혁신과 창의성을 극대화할 수 있도록 하는 돌파구로 긍정적인 경험을 만드는 다음과 같은 11가지 포용적 행동을 제시한다.

1. 모든 구성원은 상대방을 진정성 있게 맞이하는 법을 배워야 한다.

2. 개인과 팀원들에게 안전한 분위기를 만들어야 한다.

3. 진정으로 포용적인 환경에서는 오해가 발생하면 가능한 한 빨리 해결하고, 의견 차이를 조정해야 한다.

4. 팀원들은 다른 사람들의 아이디어, 생각, 관점을 들었을 때 시간을 들여 충분히 경청하고 응답해야 한다.

5. 모든 구성원은 명확하고, 직설적이며, 정직하게 의사소통해야 한다.

6. 팀원 모두가 그룹의 과제를 이해하고, 각 과제가 조직의 미션과 어떻게 연결되는지 알아야 한다.

7. 팀 내 모든 사람은 기여할 수 있는 부분이 있으므로 모든 목소리가 들리도록 해야 한다.

8. 다른 팀원들에게 그들의 생각과 경험을 공유하도록 요청하고, 다양한 관점을 수용해야 한다.

9. 팀원 각자의 행동을 주의 깊게 관찰하고, 누군가 배제되고 있다고 느끼면 목소리를 내야 한다.

10. 팀이 언제 모일지, 어떤 일을 할지 신중하게 결정해야 한다.

11. 마지막으로, 용기를 가져야 한다.

리더는 이러한 행동을 솔선수범을 보일 중요한 기회를 갖는다. 리더는 포용성에 대해 대화를 촉진하고, 조직의 모든 구성원을 참여시키며, 포용성을 점검할 기회를 적극적으로 모색하고, 안전한 공간을 조성해야 한다(Ferdman, 2021). 오늘날 많은 조직이 다양성, 형평성, 포용성(DE&I) 분야에서 조직변화를 이끌 OD 실무 경험과 배경을 가진 실무자를 채용하고 있다. 위에 열거한 포용적 행동 목록과 지금까지 설명한 OD 가치의 공통점을 보면 알 수 있듯이, 이 분야는 점점 중요성이 커지고 있어 이를 키워나가는 데 집중할 필요가 있다.

OD 가치의 역사적 변화와 가치 논쟁

조직개발의 인본주의적 뿌리는 개인의 성장과 자기인식에 관심을 두는 분야로 시작되었다. OD는 역사적으로 이론적·실천적·인본주의적 요소를 모두 포함하며, 특정 시기에는 이 세 가지 요소 중 하나에 더 집중하기도 했다(Friedlander, 1976). OD 실무자를 대상으로 OD 가치에 대한 설문조사에서 슐, 처치와 버크(Shull, Church & Burke, 2013)는 실무자들이 비즈니스 효과성을 중시하긴 하지만 인본주의적 가치를 해치지 않는 선에서 이를 강조하고 있다는 사실을 발견했다. 이들은 "OD 실무자들은 주로 구성원 복지와 직장에서의 긍정적 변화를 이끌어내는 것에 주로 집중하고 있다"고 기록했다. 구성원 권한 부여, 개방적 의사소통 창출, 주인의식과 참여 증진, 지속적 학습 같은 인본주의적 가치가 여전히 강하게 자리 잡고 있다고 언급했다(Shull et al., 2014, p. 25). 그러나 일부 실무자들은 OD가 '감성적(touchy-feely)'이라는 평을 듣고 있다고 응답했으며, 전통적 가치가 약화되고 있다는 인식도 있었다. 이러한 인식은 특히 신규 실무자들 사이에서 강하게 나타났다.

조직개발에서 강조하는 이러한 비즈니스 결과는 인원 감축과 개인의 직무 변화 등을 기본 목표로 삼기도 한다. 이를 지켜보는 많은 사람은 OD의 인본주의적 가치에 비즈니스 효과성 요소가 추가된 데 대해 우려를 표명하며(Nicoll, 1998), OD가 조직의 효율성과 생산성을 중시하는 방향으로 지나치게 치우친다면 본래의 모습과 완전히 달라질 것이라고 지적한다(Church et al., 1992, p. 14). 또한, 이러한 경향이 극단적으로 실현될 경우 OD라는 독립된 분야의 종말을 의미할 것이라고 경고했다(p. 7). 그러나 모든 사람이 비즈니스 효과성에 대한 초점이 OD에 해롭다고 생각하는 것은 아니다. 일부는 OD의 인본주의적 가치가 현대 조직의 도전에 실용적으로 적응한 것이라고 주장하며(Margulies & Raia, 1990), 이는 필요에 따른 또 다른 적응일 뿐이라고 본다. 또 다른 시각은 OD 분야에 오래 몸담아온 사람들과 새롭게 실무를 시작한 사람들 간에 세대 차이가 나타나고 있다는 것이다. 오래 종사한 이들은 OD의 근본적 가치에 효율성과 수익성이 추가되면서 인본주의적 뿌리가 희석된 것에 대해 우려하는 반면, 신규 실무자들은 OD 개입을 고객이 원하는 비즈니스 결과를 달성하는 수단으로 보고 있다는 점이다(Hultman, 2002). 데이빗 브래드퍼드와 워너 버크(David Bradford & Warner Burke, 2005)는 OD가 인본주의적 가치를 고수하는 데 따른 부정적인 면도 있다고 지적하며, 이러한 접근이 특정 상황에 따라 강조해야 할 가치를 적절히 구분하지 못하는 실무자 집단을 만들어내게 된다고 언급했다.

그러나 최근 OD 가치에 대한 연구 결과에 따르면, 이러한 비즈니스 성과에 대한 강조가 약해지고 있을 가능성도 있다. 윤형준, 팔리와 파딜라(Yoon, Farley & Padilla, 2021)는 글로벌 실무자를 대상으로 OD의 미래에 중요한 핵심 가치를 식별하도록 하는 연구를 진행했다. 연구자들은 여러 차례의 주제 식별과 실무자 그룹 검증 과정을 거친 후, 다음과 같은 핵심 가치를 아홉 가지 주제로 묶어냈다.

1. **자신과 시스템에 대한 인식(awareness of self and system)**: 시스템의 모든 수준을 인식하는 것을 의미하며, 자기 자신과 클라이언트를 시스템 관점에서 이해하고, 각각의 인간 시스템을 전체로 파악하는 것을 포함한다.

2. **지속적 학습과 혁신(continuous learning and innovation)**: 새로운 지식을 탐구하고, 새로운 기술을 습득하며, 새로운 접근법, 방법, 기술을 사용하는 것이다. 데이터에 기반한 접근을 취하는 것을 포함한다.

3. **진정성(integrity)**: 행동을 윤리적 기준, 관련 문화, 그리고 지침 원칙 및 이론과 일치시키는 것이다. 이해 상충의 갈등을 관리하고 정의(justice) 장려를 포함한다.

4. **용기 있는 리더십(courageous leadership)**: 필요할 때 과감하고 효과적인 행동을 보여주는 것이다. 권력 앞에서 진실을 말하고 현 상태에 도전하는 것을 포함한다.

5. **신뢰와 존중(Trust and respect)**: 공감을 통해 심리적으로 안전한 환경을 만드는 것이다. 모든 인간에 대한 깊은 존경심을 표현하고, 그들의 감정과 상황을 이해하는 것을 포함한다.

6. **다양성(diversity)**: 모든 사람의 고유한 존재와 기여를 수용하고 장려하는 것이다. 치우친 관점과 정체성을 인정하고 중요성을 강조하는 것을 포함한다.

7. **협력적 참여(collaborative engagement)**: 내부 및 외부의 모든 이해관계자의 포용과 권한 위임을 옹호하는 것이다. 시스템 전반에서 열린 참여를 장려하고 촉진하는 것을 포함한다.

8. **전략적 실용성(strategic practicality)**: 고객이 원하는 결과를 식별해내고 달성하도록 지원하는 것이다. 제시된 해결책이 조직과 개인의 필요를 모두 충족해야 함을 인식하고, 변화하는 상황에 적응하며, 대안을 찾아가고 전략적으로 사고하는 것을 포함한다.

9. **고객 성장과 개발(client growth and development)**: 고객이 독립적으로 지속 가능한 작업을 유지하고 계속할 수 있도록 역량을 개발하는 것이다. 개발 단계를 인식하고, 인간 시스템이 지속적으로 발전할 능력을 육성하는 것을 포함한다.

이 목록에서 주목할 점은 비즈니스 효율성, 효과성, 생산성에 대한 가치는 포함되지 않았다는 것이다. 연구자들은 이에 대해 다음과 같이 결론을 내렸다. 아마도 이러한 가치가 연구 결과에 나타나지 않은 이유는 OD의 목표일 수는 있지만, 반드시 핵심 가치는 아니기 때문일 것이다. 또는 효과성에 대한 가치의 경시가 OD 커뮤니티에서 나타나는 하나의 경향일 수 있다(Yoon et al., 2021, p. 340).

조직개발이 적절하게 실행된다면, 인본주의적 관심사와 비즈니스 효과성이 서로 상충하는 목표가 될 필요는 없다. 궁극적으로 OD 실무자의 역할이 고객의 목표를 달성하도록 돕는 것이라면, 이는 OD의 핵심 가치와 윤리적 신념이라는 넓은 틀 안에서 이루어질 수 있다. 그러나 이러한 신념을 고수하는 데 도전이나 긴장이 없다는 의미는 아니다. 예를 들어, 고객이 구성원의 업무 책임을 재정의하려 할 때, 해당 구성원이 이러한 변화를 원하지 않는 경우, 컨설턴트의 책임은 무엇인가? OD 실무자는 개인의 효과성과 비즈니스 결과 달성이 반드시 상충하지 않을 수 있다는 신념을 유지해야 하며, OD 가치를 고수하면서 선택에 대한 의식을 가지고 이러한 도전과 긴장을 헤쳐나가는 법을 배워야 한다.

조직개발 가치 고수에 대한 도전 과제

샤인(Schein, 1990a) 그리고 처치 외(Church et al., 1992)는 앞서 설명한 OD 실무자가 가치를 고수하는 과정에서 겪는 긴장과 도전 과제를 다음과 같이 설명한다.

1. 재정적·경제적 긴장

OD 실무자는 외부 컨설턴트로서 클라이언트에게 접근 방식을 판매해야 하거나, 내부 실무자로서 조직 내 관리자와 협력을 구해야 하는 경우가 많다. 어떤 경우든 잠재적 클라이언트에게 가치를 설명하는 철학적 진술보다는 문제해결 접근 방식을 설명하는 것이 더 쉽다. 생계를 위해 활동하는 외부 컨설턴트는 클라이언트와 OD 기술에 대해 이야기하는 것이 모호한 가치 기반 대화를 나누는 것보다 더 쉬울 수 있다. 이로 인해 자신이 지향하는 가치와 맞지 않는 의뢰를 수락하거나, 유료 클라이언트의 요청을 거절하지 못하는 상황에 처할 수 있다. 처치 외(Church et al., 1992)는 이를 자기만족, 개인적 성공, 재정적 보상에 끌리는 것과 컨설팅 과정에서 전통적인 인본주의적 가치를 옹호하는 것 사이의 긴장이라고 표현했다(p. 20).

2. OD를 기술로 보는 경향

OD 실무자는 최신 도구나 기법을 사용하여 앞서나가고자 하는 유혹에 빠질 수 있다. 특정 OD 기법을 홍보하는 비즈니스와 컨설팅 실무가 발전하면서, 컨설턴트와 클라이언트 모두 인기 있는 접근법이나 마케팅에 매료되기 쉽다. 어떤 경우든 새로운 기법에 대한 흥분이 그 기법이 기반하고 있는 가치 또는 이를 실제로 도입해야 할 필요성을 간과하게 만들 수 있다. 마굴리스와 라이아(Margulies & Raia, 1990)는 많은 실무자가 그저 루틴하게 OD를 적용하게 되었으며, 빠른 해결책을 요구하는 경영진의 압박, 수익성 강조, 만병통치약 같은 접근법에 굴복하고 있으며, 그 결과 이들은 이 분야의 핵심 가치를 잃어버린 듯하다고 지적했다(p. 38). 특히 OD를 처음 배우는 학생이나 신규 실무자들은 『101가지 새로운 OD 개입법(*101 new OD interventions*)』 같은 책에 매료되면서, 해당 기법을 언제, 왜 적용해야 하는지에 대한 충분한 이해 없이 사용하는 경향이 있다.[5]

---

5 한국 사회에 유행처럼 도입된 팀제, MBO, BSC, OKR, 디자인씽킹, 애자일, 360도 진단 등에도 이 같은 현상이 빚어진 면이 있다. 기법의 도입 과정에서 조직개발의 가치를 충분히 녹여내고 있는지 성찰해볼 지점이다. (역자주)

3. 경영 문화와 기대

미국의 비즈니스 문화에서 속도와 생산성은 핵심 가치다. 관리자들은 즉각적인 문제에 대한 빠른 해결책을 추구하며, 컨설턴트에게 돈을 쓰는 것이 가치 있는 일인지 수치적으로 증명할 수 있기를 원한다. 설문조사, 인터뷰, 피드백 제공, 회의 진행에 시간을 투자하는 컨설턴트에게는 생산성이 거의 없는 것처럼 보이고, 해결 과정이 오래 걸리는 것처럼 느껴질 수 있다. 이러한 생산성 중심의 문화와 속도에 대한 기대는 OD 실무자들을 가치 기반의 진단 과정을 철저히 따르기보다 빠른 해결책과 개입 프로그램에 대한 논의로 몰아간다. 이러한 상황은 자신의 가치와 규범적 신념을 클라이언트 조직에 투영하는 것과 관리자의 이익을 위한 단순한 촉진자가 되는 것 사이의 긴장(Church et al., 1992, p. 20)을 만들어낸다. 관리자들은 가치를 논의하는 실무자에 대해 현대 조직이 직면한 문제와 동떨어져 있다고 인식할 수 있다.

4. 연구

OD 작업에서 사용된 방법과 기법을 비교·대조하려는 학문적 연구 프로젝트는 OD 실무자들에게 OD를 필드의 핵심 가치를 적절히 적용했는지를 검토하기보다 특정 결과를 만들어내는 일련의 기법으로 인식하게 했다(Schein, 1990a). 이러한 경향은 OD 분야가 점차 기법 중심으로 진화하도록 만들었다.

조직개발 윤리 선언문

윤리는 가치를 기반으로 하여 실무자들이 가치를 어떻게 구현하고 실행할지를 안내한다. 윤리적 신념은 앞서 정의된 가치에 기반해 더 바람직하거나 덜 바람직한 행동을 명확히 한다(White & Wooten, 1985). 1980년대 초반 조직개발 및 인적자원 전문가들을 대상으로 한 설문조사에서 실무자들은 이 분야에 대한 윤리적 기준이 광범위하게 정의되지 않았다는 점을 인정했다. 이에 따라 몇몇 학자가 초기 윤리 선언문 초안을 공동 작성한 후, 이를 추가로 수정했다. 수정된 선언문은 윌리엄 겔러먼(William Gellermann), 마크 프랭클(Mark Frankel), 로버트 라덴슨(Robert Ladenson)에 의해 1990년 출판된 책에 주석 형태로 게재되었다. 이 윤리 선언문은 OD 전문가를 위한 윤리 지침으로, 이 장의 부록에 실려 있다. 해당 강령에는 앞서 다룬 여러 OD 가치 범주, 특히 고객 중심 가치를 포함하고 있다.

이 명확한 윤리 선언문은 많은 이들의 지지를 받고 있으며, 이 책 전반에 걸쳐 유용한 지침이 될 것이다. OD 전문가들에게는 윤리적 갈등이 발생할 수 있는데 이후 장에서 더 자세히 다룰 것이다.

요약

조직개발의 가치는 조직개발이 무엇이냐를 정의하는 데 중요한 부분을 차지하며, OD를 다른 컨설팅 방법과 구별하게 해준다. 이러한 가치는 실무자가 개입을 진행할 때 어떤 선택을 해야 할지 판단하는 데 도움을 준다. OD의 가치는 실무자의 사고를 명확하게 하고, 고객과 우리가 무엇을 가치로 삼고 있는지, 왜 그것이 중요한지를 논의하는 대화의 기반을 마련한다. 또한 OD의 가치는 실무자의 작업을 평가하는 기준을 제공하고, 더 큰 목적을 부여함으로써 실무자의 동기부여에 기여한다.

OD의 핵심 가치는 참여, 관여, 권한 부여, 그룹과 팀, 성장, 개발, 학습, 조직 구성원을 전인적으로 보는 관점, 대화, 협력, 진정성, 개방성, 신뢰 등을 포함한다. 최근에는 이러한 인간 중심의 가치 목록에 품질, 생산성, 효율성 같은 경영 효과성 관련 가치가 추가되었다. 이는 일부 전문가들 사이에서 OD의 인간 중심 가치 전통과 잠재적으로 충돌할 수 있는 요소로 지적되기도 한다. 실제로 OD 실무자는 OD를 단순히 도구나 개입 기술로 보고, 그 기저에 깔린 가치를 간과하도록 하는 경제적·문화적 압력과 마주하게 되며, 이에 따른 가치 충돌이 발생하기도 한다.

마지막으로, OD의 가치를 기반으로 실무자에게 기대되는 바람직한 행동을 명확하게 규정한 OD 윤리 선언문이 개발되었다. 이 윤리 선언문은 실무자들이 올바른 행동을 실천하도록 돕는 명시적인 지침 역할을 한다.

토론을 위한 질문

1. 자신의 개인적인 가치 4~5가지를 나열해보자. 이러한 가치관이 여러분의 행동에 어떤 영향을 미치는가? 여러분의 가치는 이 장에서 다룬 OD의 가치와 어떤 관련이 있는가?

2. 3장에 나열된 OD 가치 중 다른 가치보다 더 큰 비중을 차지한다고 생각하는 것은 어떤 것인가? 그 이유는 무엇인가?

3. 여러분이 몸담았던 조직을 떠올려보라. 그 조직이 이 장에서 제시하고 있는 가치 중 어느 것을 잘 따르고 있었는가? 어떤 점에서 그런가?

이 장 부록에 제시된 OD 실천을 위한 윤리 지침을 고려해보자. 다음과 같은 상황에 직면했을 때, 실무자가 어떻게 행동해야 할지 생각해보고, 각 상황이 어떤 윤리 지침 항목에 해당하는지를 판별해보는 것이 중요하다.

1. 비영리조직과의 프로젝트 참여 제안

비영리조직과 함께 새로운 OD 기술을 실천할 수 있는 프로젝트 참여 제안을 받은 상황이다. 이전에 이와 같은 워크숍을 주도한 경험은 없지만, 이 기회가 경력 발전에 크게 도움이 되고 가치 있는 조직에 기여할 수 있다고 판단하여 참여할 의사가 있다. 비용을 받지 않는 조건에도 동의할 수 있다.

- 이 상황에서 고려해야 할 윤리적 요소는 무엇인가?
- 만약 이 그룹이 보수를 지급한다면 윤리적 판단에 어떤 변화가 있을까?
- 만약 이 프로젝트가 비영리조직이 아니라 민간 회사이고, 이미 그 회사에 고용된 상태라면 어떤 윤리적 차이가 발생할 것인가?

2. 새로운 교육 프로그램에 대한 이해관계자의 지지

기업 품질관리 부서장으로서 15명의 주요 이해관계자를 대상으로 새로운 교육 프로그램에 대한 지지 여부를 조사하도록 구성원들에게 요청한 상황이다. 구성원들은 조사 데이터를 요약하여 회의에서 검토했으며, 그 결과 두 명의 임원은 강하게 반대하고 두 명은 강하게 지지한다는 사실을 알게 되었다. 이때, 지지자의 이름을 알아내어 반대자를 설득하도록 요청할 수 있다는 생각이 들었다.

- 이 상황에서 발생할 수 있는 윤리적 문제는 무엇인가?
- 지지자의 이름을 공유하도록 요청하는 것이 윤리적으로 적절한가?
- 만약 구성원들이 인터뷰 대상자들에게 익명성을 보장하지 않았다면 윤리적 판단에 어떤 차이가 생기는가?
- 만약 이 주제가 민감한 사안이라면 어떻게 해야 하는가?

3. 친구의 요청에 따른 팀 회의 퍼실리테이션

소규모 팀(6명)을 관리하는 친구의 요청으로 팀 회의를 퍼실리테이션하기로 동의한 상황이다. 친구는 회의가 논쟁으로 번질 것을 우려하여 몇 가지 문제를 피하도록 요청했으나, 퍼실리테이터는 이러한 갈등이 팀 문제의 핵심 원인임을 알고 있으며 이를 논의하는 것이 팀 개선에 필수라고 판단하고 있다.

- 갈등을 제기하고 이를 해결하도록 돕는 것이 더 나은가, 아니면 친구의 요청을 따르는 것이 더 적절한가?

4. 병원의 응급실 운영 프로세스 변경

지역 병원의 응급실 운영 책임자로서 보건복지부의 최근 규정에 따라 환자 방문 전후에 특정 서류 작업을 완료해야 하는 상황이다. 이에 맞추어 접수 절차를 재설계했으며, 행정 및 간호 구성원들이 이 변화를 수용하도록 해야 한다. 그러나 이들이 저항할 가능성이 크다.

- OD의 참여, 관여, 권한 부여, 협력, 개방성의 가치를 바탕으로 다음 단계에서 무엇을 해야 할지 제안할 수 있는가?
- 이 상황에서 OD의 가치가 실무적으로 어떤 방식으로 적용될 수 있는가?

부록

| 조직개발-인간 시스템 개발(OD-HSD) 실천을 위한 윤리 지침 선언문

우리는 다음 지침에 따라 행동할 것을 다짐한다.

I. 자신에 대한 책임

1. 진실성과 정직성을 갖고 행동하며, 자신에게 진실한 태도를 유지한다.

2. 지속적으로 자기이해와 개인적 성장을 위해 노력한다.

3. 개인적 필요와 욕구를 인식하고, 그것이 다른 책임과 충돌할 때 상호 이익을 도모할 수 있는 해결책을 모색한다.

4. 우리의 이익을 클라이언트와 이해관계자에게 공정하고 형평성 있게 주장한다.

5. 우리와 다른 문화를 가진 환경에서 실천할 때, 해당 문화에 대해 잘 알고 있거나 그 문화에 속한 사람들의 자문을 구한 후 실천한다.

II. 전문적 개발과 역량에 대한 책임

1. 우리의 행동에 따른 결과에 책임을 지고, 서비스가 적절하게 사용되도록 합리적인 노력을 기울인다. 서비스가 적절하게 사용되지 않을 경우 이를 종료하고, 남용된 부분을 시정하도록 최선을 다한다.

2. 개인 역량을 개발하고 유지하며, 다른 전문가들과 협력 관계를 수립한다.

1) 자신의 광범위한 역량을 개발한다. 이는 다음을 포함한다.

   (1) 이론과 실천에 대한 지식

   ① 일반적으로 응용행동과학

   ② 리더십, 경영, 행정, 조직행동, 시스템 행동, 조직/시스템 개발에 관한 전문 지식

   ③ 집단 협상, 계약, 근로 생활의 질(QWL) 등 노동조합 관련 문제

   ④ 인종과 성별 문제를 포함한 다문화 문제 vs. 자민족 중심주의 경향 및 국가 간/국가 내 다양성과 차이에 관련된 이문화 문제

   ⑤ 가치와 윤리에 관한 일반적인 이해와 이를 고객 시스템 행동 및 우리의 실천에 적용하는 방법

   ⑥ 우리가 개별적으로 집중하는 OD-HSD 분야와 관련된 기타 지식 및 실천 분야

   (2) 다음의 능력

   ① 개인, 그룹, 대규모 복잡한 시스템과 효과적으로 협력하는 능력

   ② 응용행동과학의 이론과 방법을 적용한 컨설팅 제공 능력

   ③ 행동과학 적용 시 '과학'이 지나치게 특정적이거나 이론적일 때 나타나는 모순에 대처하는 능력

   ④ 이론을 명확하게 설명하고 이를 적용하며, 개인, 소그룹, 대그룹, 복잡한 시스템을 위한 학습 경험을 창출하는 능력

2) 다른 OD-HSD 전문가들과 동료적이며 협력적인 관계를 수립한다. 이는 다음을 포함한다.

   (1) 자신의 개발과 자신의 맹점을 최소화하기 위해 동료를 컨설턴트로 활용하여 피드백이나 제안을 받는다.

   (2) 동료와의 협력을 통해 단독으로 해결하기 어려운 클라이언트와의 요구를 효과적으로 지원한다.

3. 개인적 필요와 욕구를 인식하고, 전문적 역할과 임무를 수행할 때 이를 적절히 처리한다.

4. 우리의 역량, 문화, 경험의 한계 내에서 서비스를 제공하고 기법을 사용한다.

1) 명확한 이해가 없는 한 우리의 한계를 넘어 과제를 수락하거나 추구하지 않는
다. 다만, 역량의 경계를 탐색하는 것이 합리적일 경우 클라이언트와 명확히
이해한 후에 수행한다.

2) 적절할 경우 클라이언트를 다른 전문가에게 의뢰한다.

3) 특정 분야에 대한 경험이 부족하거나 지식이 부족한 경우 다음과 관련하여 전
문가들과 상담한다.

(1) 특정 기능 영역(예: 마케팅, 엔지니어링, R&D 등)

(2) 특정 산업 또는 기관(예: 광업, 항공우주, 의료, 교육, 정부 등)

(3) 다문화 환경(예: 인종, 민족, 성별의 다양성이 큰 환경)

5. 우리와 다른 문화를 가진 환경에서 실천할 때는 해당 문화에 속한 사람이나 그 문
화를 잘 아는 사람들의 자문을 반드시 구한 후에 실천한다.

III. 클라이언트와 주요 이해관계자에 대한 책임

1. 클라이언트 시스템과 이해관계자의 장기적인 웰빙을 위해 봉사한다.

1) 클라이언트를 지원할 때 관련된 신념과 가치를 인식하며, 여기에는 우리의 가
치, 전문적 가치, 문화적 가치 및 함께 일하는 사람들의 가치(개인적, 조직적,
문화적)가 포함된다.

2) OD-HSD 전문가로서 우리의 신념, 가치, 윤리를 명확하게 표현할 준비를 한다.

3) 클라이언트의 상황이나 필요에 대해 선입견에 따른 결론을 자동으로 확인하
는 것을 피한다.

4) OD-HSD 개입이 모든 이해관계자에게 미칠 수 있는 영향을 탐색하고, 필요
한 경우 그들을 지원한다.

5) 계획된 변화의 시기, 속도, 규모에 균형을 유지하여 시스템과 환경 간의 상호
이익을 지원한다.

2. 모든 전문 활동, 프로그램, 관계를 정직하고 책임감 있게, 그리고 적절하게 개방
적으로 수행한다.

1) 참여를 요청하는 활동이나 절차에 대해 함께 일하는 사람들에게 알린다.

(1) 후원, 목적과 목표, 우리의 역할과 전략, 비용, 예상 결과, 한계, 위험에 대
해 알린다.

(2) 사람들이 우리의 활동에 자발적으로 참여할 수 있도록 정보를 제공한다. 그러나 인정된 권위자가 주도하는 활동에 대해 참여자가 완전한 자유를 가질 수 없는 상황도 있음을 인지한다.

(3) 참여자가 우리와 다른 문화를 가졌거나 우리의 역량 한계에 가까운 상황일 때 그들에게 관련된 위험과 함의를 알린다.

(4) 관련 문화적 차이를 명확히 하는 데 있어 클라이언트 시스템에 도움을 요청한다.

2) 모든 과정 단계에서 관리자, 노동조합, 노동자 대표 등과 함께 최적의 참여를 추구한다.

3) 클라이언트 시스템이 스스로 서비스를 제공할 수 있도록 격려하고 지원하며, 계속적으로 우리에게 의존하지 않도록 한다. 개인, 그룹, 모든 인간 시스템의 자기학습과 자기개발을 장려하고 지원한다.

4) 클라이언트와 참여자의 복지와 이익을 증진하는 평가 기법을 개발·발표·사용하며, 평가 기법과 결과가 남용되지 않도록 한다.

5) 우리의 작업 효과를 평가하고 결과에 대한 책임을 진다.

(1) 우리의 활동이 합의된 목표를 달성했는지 여부와 부정적인 결과가 발생하지 않았는지를 확인하기 위해 합리적인 노력을 기울인다. 부정적인 결과가 발생한 경우 시정하려고 노력하며, 이를 학습 기회로 삼는다.

(2) 우리의 작업에 대한 피드백을 적극적으로 수집하고 열린 마음으로 받아들이며, 그에 따라 개선한다.

6) 계약이 완료된 이후라도 클라이언트에게 이익이 되지 않을 경우 작업을 중단한다. 진행 과정에도 본 선언문에 명시된 가치와 윤리에 부합하지 않을 경우 작업을 수락하거나 지속해서는 안된다.

3. 서비스와 보수를 포함한 공정한 계약에 대해 상호 합의를 수립한다.

1) 수행할 서비스에 대해 상호 이해와 합의를 보장한다. 명확하게 정의된 전문적 근거와 클라이언트 및 참여자의 동의 없이 합의된 내용에서 벗어나지 않는다. 외부 요인으로 인해 적절한 이행이 어려울 경우 계약을 철회한다.

2) 가능한 한 계약을 서면으로 작성하여 상호 이해와 합의를 보장하지만, 다음을 인지한다.

(1) 전문적 책임 정신이 계약서에 명시된 내용보다 더 중요하다.

(2) 초기 단계에서 완전한 정보를 얻을 수 없어 일부 계약은 불완전할 수 있다.

(3) 서면 계약이 항상 필요하거나 바람직한 것은 아니다.

3) 재정적 약정이 공정하고 관련 법규, 규정, 전문적 기준에 부합하도록 하여 클라이언트, 전문직, 공공의 이익을 보호한다.

4. 갈등을 건설적으로 다루고 이해 충돌을 최소화한다.

1) 유사하거나 경쟁 관계에 있는 조직에 대한 서비스를 제공할 때 우리의 의견을 클라이언트에게 충분히 알린다. 이해 충돌이 발생할 경우 스스로 클라이언트, 기타 이해관계자에게 충성도와 책임을 명확히 하며, 이러한 갈등을 지속적으로 알린다. 갈등이 적절히 해결되지 않을 경우 클라이언트와의 작업을 중단한다.

2) 클라이언트 시스템 내 당사자 간의 갈등에 개입할 때는 공정하게 행동하며, 당사자들이 스스로 갈등을 해결할 수 있도록 지원한다. 우리가 공정한 컨설턴트의 역할에서 벗어나야 할 필요가 있을 경우 이를 명확하게 알리고, 필요한 경우 작업을 중단한다.

3) 자신과 클라이언트 간의 전문적 가치나 윤리에 있어 주요한 차이가 있을 경우 이를 식별하여 대응한다. 필요한 경우, 이유를 설명하고 작업을 중단할 준비를 한다.

4) 다양한 이해관계자의 기대와 이익이 서로 다를 수 있음을 받아들이고, 이러한 차이를 항상 조정할 수는 없음을 인지한다. 가능한 한 모든 이들에게 최선의 결과가 되는 방식으로 접근하지만, 근본적인 원칙에 따라 예외를 허용할 수 있다.

5) 동일한 클라이언트 시스템을 지원하는 내부 및 외부 컨설턴트들과 협력하여 클라이언트 시스템과 모든 이해관계자의 균형 잡힌 이익을 위해 갈등을 해결한다. 책임 공유에 대해 적절하게 합의한다.

6) 자신, 클라이언트, 다른 컨설턴트, 시스템 내 다양한 이해관계자 간의 갈등이 있을 경우 중립적인 제3자의 자문과 피드백을 구한다.

5. 클라이언트 관계에서 기밀성을 정의하고 보호한다.

1) 클라이언트와 참여자에게 기밀성의 한계를 명확히 알린다.

2) 기밀로 수집된 정보를 적절한 수신자나 합의된 당국 외에는 공개하지 않는다.

3) 전문적 작업 중 수집된 정보를 출판물, 강연, 기타 공개된 자리에서 사용할 경우 사전 동의를 얻거나 해당 정보가 출처로부터 식별될 수 없도록 변형한다.

4) 기록 보관 및 폐기 시 기밀성을 유지할 수 있도록 적절한 조치를 취하며, 은퇴나 장애발생 시 기록을 책임감 있게 보존할 수 있도록 조치를 취한다.

6. 모든 종류의 공개 발언을 정확하게 하며, 홍보 및 광고 내용을 바탕으로 서비스를 제공한다.

1) 가능한 한 과학적으로 수용 가능한 연구 결과와 기법에 기초하여 전문적 의견이나 정보를 제공하는 공개 발언을 하되, 해당 증거의 한계와 불확실성을 충분히 인식한다.

2) 홍보나 광고의 일환으로 한 발언을 참조하는 사람들이 정보에 기반한 선택을 할 수 있도록 돕는다.

3) 홍보된 대로 서비스를 제공하며, 명확한 전문적 근거와 참여자나 고객의 동의 없이 이를 변경하지 않는다.

IV. OD-HSD 전문직에 대한 책임

1. 다른 실무자들의 지속적인 전문성 개발과 전문 분야 전체의 발전에 기여한다.

1) 다양한 방법으로 다른 전문가의 개발을 지원한다.

(1) 경력이 적은 전문가에게 멘토링 제공

(2) 동료와의 상담

(3) 다른 사람의 실천에 대한 검토 참여

2) 전문적 지식과 기술 체계에 기여한다.

(1) 우리의 작업 결과에 대한 아이디어, 방법, 결과를 공유한다.

(2) 저작권과 영업 비밀의 사용을 최소한으로 유지한다.

2. 전문적 지식과 기술 공유를 촉진한다.

1) 최소한의 조건으로 가능한 한 자유롭게 저작권이 있는 자료의 사용을 허가하되, 전문적 가치를 기반으로 한 합리적인 가격을 설정한다.

2) 타인의 아이디어와 결과물에 대해 적절히 출처를 밝힌다.

3) 타인이 만든 자료에 대한 권리를 존중한다.

3. OD-HSD 전문직이 지향하는 바를 모범적으로 보여줄 수 있도록 다른 OD-HSD
   전문가들과 협력한다.

   1) 목적과 목표, 역할과 책임, 수수료 및 수입 분배를 포함한 관계에 대해 상호 이
      해와 합의를 수립한다.

   2) 가능한 한 이해 충돌을 피하고, 발생한 갈등을 건설적으로 해결한다.

4. OD-HSD 활동에 참여하는 개인 및 조직이 윤리적 실천을 할 수 있도록 적극적으
   로 활동하며, 문제가 있는 실천에 대해서는 적절한 경로를 통해 대처한다.

   1) 가능한 경우 직접적이고 건설적으로 논의한다.

   2) 필요할 경우 다음과 같은 다른 방법을 사용한다.

      (1) 공동 상담 및 피드백(제3자인 다른 전문가와 함께)

      (2) 기존 전문 조직의 시행 절차

      (3) 공개적 대면

5. OD-HSD 전문직에 명예를 가져올 수 있는 방식으로 행동하며, 다른 전문직 동료
   에 대해 적절히 배려한다.

   1) 동료들이 개인적으로나 집단적으로 전문가로서 활동하는 능력에 미칠 수 있
      는 영향을 고려하며 신중하게 행동한다.

   2) 다른 전문직 동료의 필요, 특수 역량, 의무에 적절히 배려하며 행동한다.

   3) 이러한 동료가 속한 기관이나 조직의 권한과 의무를 존중한다.

V. 사회적 책임

1. 우리의 권고와 행동이 클라이언트 시스템과 그 하위 시스템에 속한 사람들의 삶
   과 안녕에 변화를 줄 수 있다는 사실에 대해 책임감을 가지고 민감하게 행동한다.

2. 문화적 필터에 대한 인식을 가지고 국제적 및 다문화적 차이와 그 함의에 민감하
   게 행동한다.

   1) 우리가 일하는 개인, 조직, 공동체, 국가, 기타 인간 시스템(고객, 신념, 가치,
      도덕, 윤리 포함)의 문화적 지향을 존중한다.

   2) 해당 문화의 비생산적인 측면을 건설적으로 직면할 수 있는 경우 이를 인식
      하고 대처하되, 우리의 문화적 지향이 판단에 미칠 수 있는 영향에 대해 경계
      한다.

3. 정의를 증진하고 지구상 모든 생명의 안녕을 위해 봉사한다.

  1) 정의와 안녕을 증진하기 위해 고객과 함께 적극적으로 행동한다.

    (1) 가능한 경우 차별에 건설적으로 직면한다.

    (2) 과거 차별의 영향을 다루는 데 있어 적극적인 조치를 촉진한다.

    (3) 시스템 생산성의 결과물 분배에 있어 공정성을 장려한다.

  2) 인류 복지를 개선하려는 조직, 프로그램, 활동을 지원하는 데 지식, 기술, 기타 자원을 기여한다.

  3) 충분한 자원을 가지고 있지 않은 고객에게는 가능한 경우 할인된 수수료나 무상으로 서비스를 제공한다.

  4) 문화 간 지원 방법을 개발하기 위한 자발적 또는 협력적 노력에 참여한다.

  5) 자유, 책임, 진실성, 자제력, 상호 존중, 사랑, 신뢰, 개방성, 관계의 진정성, 권한 부여, 참여, 기본적 인권 존중을 가치로 여기는 문화를 창출하고 유지하는 것을 지원한다.

4. 목적이 비도덕적이라고 판단되는 클라이언트에게는 서비스를 제공하지 않으나, 장기적으로 더 큰 이익을 위한 서비스 제공이 가능한 경우 이를 수용할 수 있음을 인지한다.

5. OD-HSD 공동체가 속해 있는 전 세계 학문·과학 공동체의 윤리와 일관되게 행동하라.

마지막으로, 이 선언문을 행동 지침으로 수용하는 것은 우리가 활동하는 국가의 법, 우리가 속한 전문 협회의 윤리, 고객의 기대보다 더 엄격한 기준을 스스로에게 적용하는 것임을 인식한다.

출처: *Values and Ethics in Organization and Human Systems Development: Responding to Dilemmas in Professional Life*, by W. Gellermann, M. S. Frankel & R. F. Ladenson, 1990, San Francisco, CA: Jossey-Bass.

주디스 H. 카츠 명예 수석부사장, 프레드릭 A. 밀러 CEO
칼릴 제이미슨 컨설팅그룹(Kaleel Jamison Consulting Group)

아래 사례를 읽고 다음 질문에 답하라.

1. 이 사례에서 텔코사가 직면한 핵심 문제 두세 가지는 무엇이라고 생각하는가?

2. 샨티가 회의에서 자신의 내적 생각과 감정을 더 표현했어야 한다고 생각하는가?

3. 리더들이 조직의 포용, 다양성, 형평성에 대해 인식하고 있는 정도를 0(낮음, 부정)에서 10(높음, 명확하게 알고 있음)까지의 척도로 평가한다면 몇 점을 줄 것인가? 리더들이 놓치고 있는 것이 있다면 무엇인가?

4. 팀이 제안한 각각의 행동의 장점과 한계는 무엇인가? 당신이라면 어떤 행동을 추천하겠는가?

5. 이 사례에서 관련된 OD 가치들은 무엇인가? 이러한 가치들이 컨설턴트로서 당신에게 어떤 영향을 주는가? 당신이 취할 첫 번째 세 가지 행동은 무엇인가?

6. 이 조직을 '포용으로 가는 경로(Path to Inclusion) 모델'(J. H. Katz & Miller, 1995)의 어디에 위치시킬 수 있을까?

샨티(Shanti)는 텔코사(Telco Inc.)의 최고 인사 및 문화 책임자로서 임원 리더십 팀과의 회의를 열심히 준비하고 있었다. 텔코사의 인재 및 문화 문제, 특히 샨티가 조직문화의 더 깊은 문제를 드러낸다고 믿는 인재 유치 및 유지의 어려움에 대해 진지하게 논의할 때였다. 이 조직은 지난 몇 년간 코로나19 팬데믹의 여러 도전에 대응하느라 매우 바빴다. 사람들의 건강과 안전을 지키면서 생산을 지속하는 방법, 공급망 부족 문제와 속도 증가에 대한 수요에 대응하는 방법, 제한된 기술 인프라를 가진 조직에서 갑작스러운 재택근무 전환을 지원하는 방법, 조지 플로이드 사건과 기타 사건들 이후 흑인 구성원, 고객, 지역사회의 요구에 응답하는 방법, 그리고 이제는 일상 업무에서 정상성을 회복하는 방법 등이 주요 과제였다.

코로나19 팬데믹 이전에도 인재 유치와 유지가 어려웠다. 팬데믹 이전 18개월 동안 네 명의 고위급 여성이 회사를 떠났다. 샨티는 이러한 추세에 대해 경영진에게 보고할 자료를 준비했지만, 팬데믹 동안 그녀와 인사 및 문화 부서가 긴급 대응 모드에 들어간 관계로 이를 발표할 기회를 갖지 못했다. 그녀는 오늘 경영진의 관심을 다시 이 문제로 돌릴 기회를 가지길 바라고 있다.

샨티는 네 여성이 퇴사한 이유를 각각 알고 있었지만, 그들이 말하지 않은 더 중요한 문제가 있을 것이라고 생각했다. 한 고위급 여성은 가족과 더 많은 시간을 보내기 위해 퇴사한다고 했지만, 샨티는 여성들이 이런 이유를 말할 때 종종 추가적인 숨겨진 이유가 있다는 것을 알고 있었다. 두 번째 여성은 고급 학위를 취득하기 위해 퇴사했으며, 학업과 직무를 병행할 방법이 없다고 판단했다. 그녀는 학비 지원 계획을 고려해달라고 요청하지 않았고, 학위 취득 후에도 회사로 돌아올 계획이 없었다. 샨티는 회사가 학업을 위한 시간과 책임을 유연하게 조정하지 않았다는 점을 알고 있었다. 세 번째 여성은 회사 내에서 가장 높은 직급에 오른 아프리카계 미국인 여성으로, 승진이 예정되어 있다는 것을 알고 있었다. 그녀는 더 많은 연봉을 제시한 다른 회사로 이직했지만, 샨티는 연봉 인상이 유일한 퇴사 이유라고 확신하지 못했다. 네 번째 고위급 여성은 이유를 밝히지 않고 퇴사했다. 샨티는 여성들이 제시한 이유를 이해했지만, 더 중요한 조직적 문제가 각각의 퇴사 결정에 영향을 미쳤다고 믿었다. 그녀는 이들의 퇴사가 조직문화에서의 경험과 미래 성장 가능성에 대한 인식과 관련이 있지는 않을지 우려했다. 백인 여성들과 유색 인종 여성들도 이들의 연이은 퇴사에 놀라며, "고위급 여성들이 남아 있지 않다면, 하위 직급에 있는 우리는 회사와 미래에 대해 어떤 결정을 내려야 하는가?"라며 불안해했다.

또한, 2019년의 구성원 설문조사에서도 우려스러운 경향이 나타났다. 아프리카계 미국인과 라틴계 구성원들은 공정성과 회사가 사람을 존중하는 방식에 대해 백인 동료들보다 다소 낮은 점수를 주었다. 여성들은 유연성과 소속감에 대해 더 낮은 점수를 주었다. 이 점수들이 통계적으로 유의미한 차이는 아니었지만, 차이는 분명히 존재했다. 샨티가 이직 데이터를 분석했을 때, 여성의 비자발적 이직률이 남성보다 9% 높았고, 유색인종의 비자발적 이직률이 7% 높은 것으로 나타났다. 또한 주목할 점은 5년 미만 근속 구성원(여성과 유색인종 포함)의 자발적 및 비자발적 이직률이 몇 년 전보다 더 높아졌다는 것이다.

샨티가 몇몇 남성 동료에게 이러한 우려를 언급했을 때, 그들은 그녀가 과민 반응을 보이고 있으며 특히 여성들의 퇴사와 관련하여 존재하지 않는 패턴을 만들어내고 있다고 말했다. 그런 그들이 이제는 샨티의 이야기를 다르게 듣고 반응할까? 샨티는 회의실로 들어가 동료들에게 인사했다. 테이블 주변에는 다음과 같은 사람들이 앉아 있었다.

- **댄(Dan)**: 텔코사의 CEO, 백인 남성, 근속 22년, CEO 5년 차
- **빌(Bill)**: CFO, 호주 출신 백인 남성, 근속 10년
- **크레이그(Craig)**: 공급망 담당 부사장, 아프리카계 미국인 남성, 40세, 근속 10년
- **데이빗(David)**: 영업 및 마케팅 부사장, 백인 남성, 62세, 30년 이상 근속
- **조셉(Joseph)**: 최고 법률 책임자, 백인 남성, 52세, 근속 15년
- **스탠(Stan)**: 제조 부문 사장, 백인 남성, 52세, 근속 5년

샨티(38세, 근속 5년)는 회의실을 둘러보며 자신이 고위급 팀에서 유일한 여성이고, 가장 나이가 어린 구성원이며, 동료들 대부분이 백인 남성이고, 유일한 예외는 아프리카계 미국인인 크레이그라는 것을 다시 한번 인식했다. 그리고 동료들은 종종 호주 출신인 빌의 억양을 놀리곤 했다.

댄은 참여자들에게 인사를 나눈 후 회의를 시작했다. "먼저, 모두 함께 다시 만나게 되어 반갑습니다. 팬데믹 절정기에도 각자의 분야에서 가능한 한 원활하고 효율적으로 운영될 수 있도록 열심히 일해주신 것에 감사드립니다. 그리고 가능한 경우 원격 근무로 빠르게 전환하고, 우리에게 주어진 많은 도전에 잘 대처한 것이 자랑스럽습니다. 오늘은 우리 회사의 인재와 문화에 대한 현재 상황, 특히 사람들을 사무실로 복귀시키는 방법에 대해 논의하고자 합니다. 제조팀은 그동안 계속 현장에서 운영되어왔고, 시스템 유지와 운영을 책임진 IT 팀원 중 일부도 현장에서 근무해왔다는 것을 잘 알고 있습니다."

각 리더가 자신의 팀 상황에 대해 공유했다. 제조 부문 사장인 스탠은 자신의 부서 대부분 사람들이 업무를 수행하기 위해 물리적으로 현장에 있어야 했지만, 장비를 직접 운영하지 않는 사람 중 더 많은 사람이 주로 원격 근무를 원한다고 말했다. 현재 원격 근무에 대한 유연성 부족으로 인해 공석을 채우기가 점점 더 어려워지고 있다고 했다. 또한 결근 증가, 생산라인에서의 품질 문제, 안전사고(미끄러짐 및 넘어짐) 증가를 보고했다. 회사에서 가장 다양한 인력을 보유하고 있는 그의 팀에서는 몇 가지 인종차별적 행동이 있었고 이를 스탠과 그의 팀이 해결했지만, 아프리카계 미국인 및 라틴계 팀원들이 존중받지 못한다고 느끼고 있다는 이야기를 들었다며 이러한 사건들이 빙산의 일각에 불과할까 걱정된다고 말했다. 그는 무엇을 해야 할지 확신이 없으며, 인사 및 문화 담당 책임자에게 도움을 요청했지만, 근본 원인을 제대로 해결하고 있지 못하다고 생각한다고 덧붙였다.

영업 및 마케팅 부문 책임자인 데이빗은 회사의 매출이 증가했음에도 가장 큰 우려는 은퇴하는 주요 영업사원들을 대체하고 최근 사직한 사람들을 대신할 인력을 확보하는 것이라고 말했다. 새로 채용한 구성원들은 고객과 영업 지역을 빨리 익히고 적응해야 하는 압박을 받고 있다고 했다. 그는 "솔직히 말해서, 이런 '대퇴사 시대(Great Resignation)' 때문에 진짜 힘들어요. 별다른 일자리도 없이 떠난 스타 영업사원이 있었는데, 고객과의 소통 방식에 불만을 품고 그냥 그만두었습니다. 그녀는 억대의 연봉에 보너스도 받고 있었는데, 그렇게 갑자기 사직하다니 정말 충격이었습니다!"라고 말했다.

데이빗은 원격 근무와 하이브리드 근무로 화제를 돌리며 "우리 영업사원들은 줌(Zoom)을 통해 고객과 소통하는 데 익숙해졌습니다. 관계를 지속적으로 강화하려면 고객과 직접 만나야 한다고 생각합니다. 하지만 특히 새로운 팀원들은 '우리가 최고의 매출을 기록하고 있는데, 왜 출장을 가야 하죠?'라고 저항합니다. 그들은 출장의 가치를 보지 못하고 있지만, 친밀한 관계 덕분에 고객을 유지하고 경쟁사보다 우위를 차지하고 있다는 점이 큰 이유입니다. 어떻게 설득해야 할지 모르겠습니다. 너무 강하게 밀어붙이면 더 많은 사람을 잃게 될까 걱정됩니다"라고 말했다.

공급망 부문 책임자인 크레이그가 말을 보탰다. "우리가 공급망 문제를 해결하기 위해 최선을 다하고 있다는 것을 알아주셨으면 합니다. 우리는 새로운 공급업체를 찾고, 해외 아웃소싱 대신 국내 및 인근 국가로 공급망을 조정하고 있으며, 제조에 영향을 미치지 않도록 문제를 해결할 방법을 찾고 있습니다. 팀원들은 지쳐 있고, 영업과 제조 부문에서 무례한 대우를 받는 경우가 있다고 합니다. 팀원들은 매일 기죽고 비난받고 있다고 느끼며, 자재 배송 문제에 대한 책임을 전가받고 있습니다. 그들이 할 수 있는 일이 한정적입니다!"

"우리는 사람들이 서로 소통을 원활히 할 수 있도록 도와야 합니다. 최근 제조 부문과 회사의 다른 부문에 있는 몇몇 아프리카계 미국인 구성원이 제게 줌(Zoom)으로 회의 요청을 했습니다. 한두 명은 직장에서 미세 공격(microaggressions)을 경험했다고 말했습니다. 줌에서는 그런 경험을 덜하게 되기 때문에 많은 원격 근무자들은 사무실로 복귀하고 싶어 하지 않는다고 했습니다. 또한 몇몇 아프리카계 미국인 팀원은 조지 플로이드 사건에 대한 회사의 대응이 부족하다고 느끼며 실망스럽다는 의견을 공유했습니다. 우리 회사가 공급업체의 다양화, HBCU(전통적 흑인 대학)에 대한 기부, 다양성 있는 인재 채용 등 많은 일을 하고 있다는 것은 알지만, 그들은 그런 활동이 충분하지 않다고 느끼며, 특히 관리자들의 이해와 상호작용 측면에서 기본적인 문화 변화가 없다고 경험하고 있습니다. 우리가 해야 할 일이 많다는 것은 알지만, 우리가 취한 조치들을 좀 더 가시적으로 보여줄 필요가 있다고 생각합니다. 포용성 및 다양성 최고 책임자(CIDO)를 채용하는 것에 대해 이야기한 적이 있는데, 지금 그 논의를 다시 고려해야 할 것 같습니다."

크레이그의 의견을 들은 샨티는 적절한 기회가 왔음을 직감하고, 이 순간을 이용해 자신이 준비한 보고서와 관찰 내용을 논의했다. 그녀는 데이빗과 크레이그가 제기한 우려뿐 아니라, 코로나19 팬데믹 이전에 퇴사한 네 명의 고위급 여성에 대한 이야기를 상기시키며 그러한 경향이 계속되고 있다고 보았다. 샨티의 관점에서 이는 모두 동일한 조직적 문제의 일부였다. 그러나 그녀는 팀 및 기타 조직 회의에서 자신이 느끼는 상호작용의 안전성 부족에 대한 개인적인 감정은 공유하지 않았다. 특히 그녀의 의견이 남성 동료들의 의견과 극명하게 다를 때 무시당하거나 논의에서 배제될 때 그랬다. 그녀는 동료 개개인과의 관계가 아무리 좋더라도 그러한 감정과 의견을 이 자리에서 공유하는 것이 긍정적으로 받아들여지지 않을 것이라고 느꼈다.

개인적인 감정에도 불구하고 샨티는 이 순간을 활용해 일시적이고 임시방편적인 접근이 아닌, 진정한 문화 변화를 위한 동력을 얻고자 했다. 그녀는 용기를 내어 말했다. "여러분이 사람과 문화에 대해 공유한 내용을 감사하게 생각합니다. 우리는 확실히 변혁의 시기에 있으며, 사람들을 대하는 방식과 서로를 대하는 방식을 재고해야 합니다. 우리 관리자들은 기술적으로는 훌륭하지만, 오늘날의 다양한 인력과 효과적으로 소통하는 기술은 부족하다고 생각합니다. 너무 많은 관리자가 여전히 '옛날 방식'을 따르고 있습니다. 어떤 사람들은 '우리와 비슷한 사람들을 좋아하는데, 그게 뭐가 문제죠?'라고 말하기도 합니다. 심지어 어떤 사람들은 훌륭한 성과를 내기 위해 사람들을 신뢰하기보다는 통제해야 한다고 믿고 있습니다."

"채용과 퇴사와 관련해서 말하자면, 맞습니다. 우리는 사람들을 그 어느 때보다 빠르게 잃고 있습니다. 저는 우리가 너무 빨리, 때로는 부적절한 사람들을 채용하고 있다고 우려합니다. 우리에게는 오늘과 내일을 위한 문화가 부족하다고 생각합니다. 구직자, 특히 여성과 유색 인종은 텔코사의 우수한 제품 평판과 역사적 성과에 관심을 가지고 지원하지만, 솔직히 말해서 회사의 근무 유연성 부족과 현재 급여 수준을 알게 되면 많은 사람이 제안을 거절합니다. 많은 사람이 포용과 다양성에 대해 우리가 무엇을 하고 있는지 묻습니다. 글래스

도어(Glassdoor)[6] 리뷰를 읽은 후 '고맙지만 사양하겠습니다'라고 말하는 사람들도 많습니다. 최고 포용 다양성 책임자를 채용하는 것이 좋은 아이디어라고 생각하지만, 지금이 그 사람을 영입할 시기인지는 확신하지 못하겠습니다. 먼저 리더십 팀으로서 우리가 의미 있는 문화 변화를 할 의지가 있는지 결정해야 하고, 그렇다면 무엇을 할지 정해야 한다고 생각합니다."

댄은 샨티의 말과 다른 이들의 의견을 곱씹으며 잠시 생각에 잠겼다. 그가 경력을 시작했을 때와 비교하면 정말 많은 것이 바뀌었다. 그 당시에는 관리자가 '절대적인 권력'을 가진 존재였고, 구성원들은 묵묵히 맡은 일을 해야 했다. 하지만 지금 그는 구성원들이 직장에서 적극적으로 의견을 제시할 수 있기를 원한다. 제조 공정을 개선하고 효율성을 높여 조직 성과를 향상시킬 수 있는 새로운 아이디어가 필요하다. 그는 사람들이 사무실로 돌아오게 할 방법을 논의하기 위해 이 회의를 소집했으며, 특히 사무실 공간에 지출하는 비용을 고려할 때 이것은 중요한 문제였다. 그러나 사람들을 다시 복귀시키는 문제는 단순히 독립적인 문제가 아닌 것처럼 보였다. 안전 및 품질 사고 증가와 결근율 상승은 우려스러운 문제이며, 이는 조직 수익에 잠재적인 악영향을 줄 수 있다. 높은 이직률과 새로운 구성원 유치의 어려움은 장기적으로 조직에 더 큰 위협이 될 수 있다. 그리고 조직문화가 크게 변화해야 할 필요성을 느낀 그의 머릿속은 복잡해졌다.

임원들을 둘러보며 댄이 말했다. "좋아요, 해결해야 할 중요한 문제가 많습니다. 그래서 여러분에게 묻고 싶습니다. 우리가 무엇을 해야 할까요? 어디서부터 시작해야 할까요? 새로운 미래로 나아가려면 어떻게 해야 하며, 그 미래는 어떤 모습이어야 할까요? 우리가 취하는 조치에 대해 구성원들과 제대로 소통하지 못하고 있습니다. 커뮤니케이션 계획을 어떻게 수립해야 할까요? 사람들을 사무실로 복귀하도록 유도하려면 어떻게 해야 할까요? 샨티, 데이빗, 크레이그가 제기한 여성, 아프리카계 미국인, 라틴계 구성원들에 대한 우려는 어떻게 해결할 수 있을까요? 최고 포용 다양성 책임자를 채용해야 할까요? 컨설팅 회사에 도움을 요청해야 할까요?"

임원들은 다음과 같은 제안을 내놓았다.

"최고 포용 다양성 책임자를 채용해 계획을 수립하고 문제해결을 지원하도록 합시다."
"조직문화 평가를 위해 컨설턴트를 고용합시다."
"모든 관리자를 대상으로 무의식적 편견(Unconscious Bias) 교육을 실시합시다."
"구성원들을 주 2회는 반드시 사무실에 출근하도록 해서 부서 간 협업을 더 효율적으로 진행할 수 있도록 합시다."
"일부 조직에서는 구성원들에게 사무실 출근을 전혀 요구하지 않고, 분기별로 대면 회의를 열어 관계와 연결을 강화하고 있습니다. 우리도 그렇게 해야 할까요?"
"우리 팀원들에게 더 나은 방식으로 소통합시다."

마지막으로 댄은 모두에게 의견을 내놓은 것에 대해 감사를 표하고, 앞으로 나아가기 위한 방안에 대해 권고안을 마련할 소그룹을 구성할 것을 요청했다. 샨티, 데이빗, 크레이그가 자원했다.

NOTE

로키치(Rokeach, 1973)와 그 외 심리학자들은 지난 수십 년간 가치, 태도, 신념, 가정 등의 개념을 구분하기 위해 많은 연구를 진행했다. 그러나 이 장의 목적에 비추어 그러한 개념 구분은 그리 중요하지 않게 다루었다.

---

6 글로벌 취업정보 사이트 https://www.glassdoor.com/ (역자주)

04 조직변화의 기초

학습 목표

이 장에서는 다음과 같은 내용을 학습한다.

– 조직변화의 수준과 특성
– 시스템 관점과 그 접근 방식에 부합하는 조직변화 모델
– 사회적 구성 원칙과 새로운 OD 접근 방식의 토대 형성

1996년 『세인트루이스 포스트 디스패치(*St. Louis Post-Dispatch*)』는 독자 수 감소와 경쟁 심화에 대응하기 위해 새로운 편집장 콜 캠벨(Cole Campbell)을 고용했다. 뉴스룸에 도입된 변화 중 하나는 기자들이 특정 주제에 할당되어 취재하는 기존 방식에서 벗어나, 팀 단위로 활동하는 방식으로의 전환이었다. 대체로 구성원들은 이 변화가 긍정적인 결과를 가져올 것이라며 낙관적이었고, 팀 기반 관리 구조를 환영했다. 이러한 변화의 비전은 뉴스 부문과 사업 부문 구성원들로 이루어진 팀이 협력하여 고객 중심적이며 문제해결에 초점을 맞춘 다양한 추진활동을 통해 신문 품질을 개선하는 것이었다. 그러나 변화가 시행됨에 따라 사기는 점점 저하되었다. 여러 중간관리 편집자 및 기자 직책이 없어지거나 재구조화되었고, 기자와 편집자 모두 새로운 구조에서 팀원이나 팀 리더로 일하기 위해서는 지원을 다시 해야 했다. 많은 구성원은 변화가 성공적으로 이루어지도록 하는 과정에서 자신들이 협의나 참여 기회를 충분히 얻지 못했다는 점에 좌절감을 느꼈다. 급기야 기자들은 팀 단위로 일하는 것에 불만을 표하기 시작했으며, 신문 품질에도 실질적인 변화가 없다고 주장했다. 이로 인해 다수의 수상 경력이 있는 저명한 기자들이 이러한 변화에 불만을 품고 자발적으로 회사를 그만두는 일이 벌어졌다. 결국 2000년에 캠벨은 사임했고, 그의 4년 임기 동안 신문 발행 부수는 32만 부에서 29만 5천 부 이하로 감소하고 말았다(Gade & Perry, 2003).

- 무엇을 다르게 했다면 이 변화 시도를 성공하게 할 수 있었을까?
- 성공적인 변화를 이루는 데 기여하는 요인은 무엇이라고 생각하는가?

여러분도 경험했겠지만, 변화를 이루는 것은 매우 어렵다. 『세인트루이스 포스트 디스패치』에서의 조직변화 사례는 수많은 조직에서 반복되었을 가능성이 크다. 실패한 변화를 단순히 리더의 잘못으로 치부하거나 부실한 변화관리의 또 다른 예로 여기는 것은 쉬울

수 있다. 그러나 이러한 상황에서 무슨 일이 일어났는지, 그리고 다른 가능한 설명은 무엇인지 이해하는 것이 유익하다. 이러한 사례는 변화 시도가 실패하는 지점과 조직변화를 다르게 관리해야 하는 방법에 대해 중요한 교훈을 얻을 수 있다.

앞 장에서 논의했듯이, 조직개발 초기에는 개인 개발을 목표로 한 개입을 통해 조직이 경험할 수 있는 점진적인 변화에 주로 관심을 두었다. 그러나 최근 몇 년간 조직의 효과성 향상이 강조되면서 OD는 더 큰 규모의 전략적 변화에 주목하고 있다. 조직변화는 OD 작업의 맥락(그리고 목적)이며, 변화가 성공하도록 돕는 요소와 실패를 초래하는 요소를 이해하는 것이 OD 전문가의 핵심 역량이 된다. 이 장에서는 조직변화의 본질에 대해 탐구하고, 변화에 대한 연구자와 실무자의 관점을 살펴볼 것이다. 또한 조직이 추구하는 변화의 수준과 특징을 분석하고, 변화가 어떻게 이루어지는지를 설명하는 이론적 모델을 발전시킨 학자와 실무자의 연구 및 저술을 살펴볼 것이다. 그리고 변화의 성공을 결정짓는 핵심 요소도 논의할 것이다.

이를 위해, 먼저 우리는 조직 이론을 간략히 살펴볼 것이다. 조직을 이해하는 두 가지 관점인 시스템(체계)으로서의 조직과 사회적 구성으로서의 조직을 논의할 것이다. 조직-체계모델(organization-as-system model)은 지난 50~60년간 일반체계이론(general systems theory)에서 발전해왔다. 반면, 사회적 구성으로서의 조직은 비교적 최근 20~30년간 조직이론에서 두드러진 개념이다. 이 두 접근 방식은 일부 측면에서 상충하며 근본적으로 다른 가정을 포함하고 있지만, 조직을 이해하는 유용한 통찰을 제공한다. 이들은 특정 조직에서 변화를 실현하기 위해 OD 실무자가 클라이언트를 지원하는 최적의 방식을 해석하는 데 도움을 줄 수 있다. 이 장에서 이러한 관점과 조직변화 모델을 배우면서, 조직변화를 주도하는 사람들이 직면하는 실질적인 도전 과제와 특정 관점이나 접근이 당신의 경험에 더 공감되는지 생각해보라.

당신은 실질적으로 조직변화를 관리하는 방법을 이해하는 데 이처럼 이론적 세부 사항을 탐구해야 하는 이유가 궁금할 수 있다. 그 답은 우리의 변화 접근 방식이 조직이 작동하는 방식에 대한 근본적인 가정과 믿음에 따라 달라지기 때문이다. 즉, 변화관리자가 변화의 원인에 대해 어떻게 생각하느냐가 클라이언트 조직과의 계약, 평가, 개입, 그리고 평가 방식에 영향을 미친다(Olson & Eoyang, 2001, p. 7). 앞서 논의한 바와 같이, OD 실무자는 자신이 내리는 선택에 대해 의식적이고 의도적이어야 하며 단순히 유행하기 때문에 특정 개입이나 모델을 채택하는 일을 피해야 한다. 모델 뒤에 숨겨진 가정에 대해 더 깊이 이해함으로써 더 신중하고 성공적인 조직변화 실무자가 될 수 있을 것이다.

조직변화의 수준과 특성

조직변화에 대해 이야기할 때, 우리는 다양한 수준에서 발생하는 여러 유형의 변화를 생각한다. 변화는 사람들이 멘토링·코칭·교육 훈련을 통해 새로운 기술을 배우거나 새로운 작업 방식을 개발할 때 개인 수준에서 일어난다. 팀이 새로운 방식으로 협력하고, 목표와 목적을 정의하며, 갈등을 해결하는 방법을 배울 때는 팀 또는 그룹 수준에서 변화가 발생할 수 있다. 또한, 그룹 간 변화를 통해 그룹들이 다른 그룹과 더 효과적으로 협력하여 문제를 해결하거나 상호 의존성을 다룰 수 있다. 조직 수준에서는 새로운 전략과 프로세스, 바람직한 미래에 대한 비전, 모든 조직 구성원에게 영향을 미치는 주요 시스템 개선을 통해 변화가 일어난다. 또한, 다수의 조직이 관련된 상위 시스템 수준에서도 변화가 발생할 수 있다. 이러한 변화는 예를 들어 여러 조직 간(인수 합병 등), 조직과 정부 기관 간, 또는 도시·주·국가 간의 변화를 포함할 수 있다.

실무자와 학자들은 조직변화가 여러 차원에서 다르게 나타나고 있는 점을 관찰했다. 큰 틀에서 다음과 같은 세 가지 관점으로 묶어볼 수 있다.

1. **계획성(planning)**: 조직변화는 계획적 혹은 비계획적으로 이루어질 수 있다. 조직 구성원은 환경적 요인, 전략적 또는 시장의 필요, 기타 영향으로 인해 의도적·의식적으로 변화를 시도할 수 있다. 또한, 변화는 즉각적인 위협이나 위기 상황에 대응하여 비계획적으로 발생할 수도 있다. 와이크(Weick, 2000)는 계획적 변화(planned change)와 긴급한 변화(emergent change, 사전에 의도하지 않았지만, 지속적인 적응과 조정으로 근본적인 변화를 가져오는 변화)를 구분했다 (p. 237). 조직개발 분야는 주로 계획적 조직변화를 성공적으로 구현하는 것(예: Beckhard, 1969) 또는 조직을 개선하거나 결함을 해결하기 위해 개발된 의도적 변화 프로그램에 초점을 맞춰왔다.

2. **변화의 규모(magnitude)**: 또한 조직개발 연구자들은 1차 변화(first-order change)와 2차 변화(second-order change)를 구분하기도 한다(Watzlawick, Weakland, & Fisch, 1974). 1차 변화는 기존의 틀이나 운영 방식을 유지하면서 이루어지는 점진적인 수정으로 구성되며, 2차 변화는 기존 틀 자체를 수정하는 변혁적 변화로 정의된다(Bartunek & Moch, 1987, p. 484). 1차 변화는 기존의 목적, 목표, 프로세스를 유지하면서 기존 업무 관행을 수정하는 형태로 나타난다. 예를 들어, 기존 업무 관행을 자동화하는 컴퓨터 시스템 도입은 1차 변화로 볼 수 있으며, 이는 기존 업무 방식 내에서 변화를 일으키는 것이다. 반면, 조직 전체가

컴퓨터 시스템을 사용하는 방식을 새롭게 하고, 역할, 프로세스, 가치, 암묵적 의미 등을 재정의하는 것은 2차 변화에 해당한다. 2차 변화는 더욱 근본적인 변화를 반영하기 때문에 일부는 이를 '조직 변혁(organizational transformation)'이라고 부른다(Bartunek & Louis, 1988). 채프먼(Chapman, 2002)에 따르면, 역사적으로 대부분의 OD 모델은 1차 변화에 대한 우려를 반영한 것이며 2차 변화에 대한 모델은 상대적으로 적다. 다른 학자들은 조직변화의 규모에 따라 이를 거래적 변화(transactional change) 또는 변혁적 변화(transformational change: Burke & Litwin, 1992), 진화적 변화(evolutionary change) 또는 혁명적 변화(revolutionary change: Burke, 2002), 그리고 점진적 변화(incremental change) 또는 변혁적 변화(transformational change: Kindler, 1979)로 나누기도 한다.

3. **지속성(continuity)**: 와이크와 퀸(Weick & Quinn, 1999)은 일회적 변화(episodic change)와 연속적 변화(continuous change)를 구분한다. 일회적 변화는 가끔씩 명확하게 정의된 특정 시기에 발생하는 변화다. 일반적으로 안정된 조건에서 발생하는 모종의 불리한 상황에 대한 대응으로 구분된다. 반면, 연속적 변화는 조직이 본질적으로 끊임없이 변화 상태에 있으며, 미세한 방식으로라도 변화가 항상 일어난다는 아이디어를 반영하는 개념이다.

조직변화 모델: 시스템 이론과 사회적 구성주의

학자들과 실무자들은 변화가 어떻게 발생하는지를 설명하기 위해 여러 모델을 개발해왔다. 일부 모델은 수년간의 경험적 연구를 바탕으로 한 반면, 다른 모델은 조직 내 변화를 목격하고 실행해본 실무자들의 경험에 기반을 두고 있다. 이러한 모델은 조직, 사람, 그리고 작업에 대한 서로 다른 이론적 가정을 기반으로 변화를 다르게 설명한다. 첫 번째 섹션에서는 시스템 이론과 그 이론의 가정을 공유하는 조직 및 조직변화 모델을 살펴보고, 두 번째 섹션에서는 사회적 구성 관점과 그에 일치하는 조직변화 모델을 논의할 것이다.

시스템으로서의 조직

조직을 이해하는 첫 번째 렌즈는 조직을 하나의 시스템으로 보는 것이다. 시스템 이론(systems theory)은 오스트리아의 생물학자 루트비히 폰 베르탈란피(Ludwig von Bertalanffy)가 1940년대부터 자연 세계의 체계적 상호 연결성에 대한 일련의 책과 논문

(참조: Bertlanffy, 1968)을 통해 제시한 개념이다. 베르탈란피는 살아 있는 유기체와 물리적 환경이 다양한 부분 간에 상호 연결성을 보여준다고 언급했다. 예를 들어, 과도한 가뭄이나 극심한 더위 같은 기후 조건으로 인해 스트레스를 받는 과수는 에너지를 보존하기 위해 열매를 적게 맺는다. 베르탈란피에 따르면, 일반 체계 이론(general systems theory)은 이러한 자연 시스템의 특성과 그 상호 연결성을 정의하는 기본 법칙을 이해하는 데 관한 것이다. 그는 개별 하위 부분을 서로 독립적으로 조사하기보다 하위 부분들이 서로 어떻게 관련되어 있는지를 이해하려 했다.

카츠와 칸(Katz & Kahn, 1966)은 이러한 관점을 조직 이론에 최초로 적용한 학자들이었다. 그들은 조직을 포함한 모든 사회적 시스템은 여러 개인의 규칙적인 활동으로 구성된다(p. 17)고 주장했다. 이들은 자연 및 조직 시스템 같은 개방 시스템이 에너지 또는 투입물의 유입, 변환 프로세스, 산출, 피드백, 항상성 또는 균형 같은 공통된 특성을 나타낸다고 보았다. 시스템 이론가들은 환경과 상호 연결되어 있는 시스템을 '개방형'으로, 그렇지 않은 시스템을 '폐쇄형'으로 구분한다(Kast & Rosenzweig, 1972). 그러나 대부분 이론가는 조직에 대한 자연 시스템의 은유가 과도하게 사용될 수 있다는 점을 강조하며, 사회적 구조는 본질적으로 인위적으로 계획된(contrived) 시스템이라는 점을 지적한다(Katz & Kahn, 1966, p. 33).

자동차 공장을 예로 들면 시스템의 이러한 특성을 더 잘 이해할 수 있다. 입력은 엔진, 문, 타이어 등의 원자재로 구성되며, 더욱 근본적으로는 철판, 플라스틱, 유리 같은 소재로 이루어질 수 있다. 공장은 이러한 원자재를 조립, 도색, 기타 생산 공정을 통해 가공하고, 출력으로 특정한 특성을 가진 완성된 자동차를 생산한다. 이 자동차는 판매되어 수익을 창출하며, 수익으로 원자재를 추가로 구매하고, 새로운 자동차 디자인을 개발하고, 더 많은 공장을 설립하는 등의 용도로 사용된다. 재고 수량, 판매율, 판매 수익 같은 피드백 과정은 정보를 시스템으로 되돌려보내 시스템이 균형을 유지하고 환경 변화에 적절히 적응할 수 있도록 한다.

그림 4.1 시스템으로서의 조직

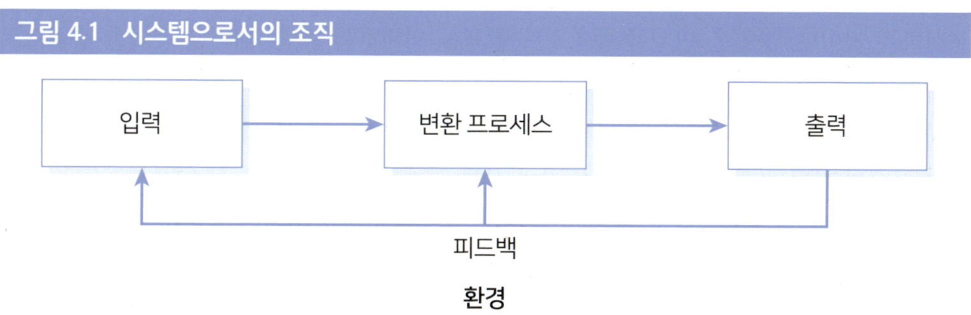

시스템은 시장과 소비자 수요를 통해 균형을 유지한다. 예를 들어, 자동차가 판매되지 않아 재고가 과도하게 쌓일 경우(경쟁, 경제 상황, 기타 외부 요인으로 인해) 공장은 이러한 조건에 맞게 생산 속도를 줄이게 된다. 반면 수요가 높다는 피드백을 받은 공장은 생산 속도를 높여 환경이 요구하는 바에 맞춰 적응한다. 수요가 줄어들었을 때 자원 보관이나 절약(예: 예상보다 낮은 판매율에도 조직이 운영될 수 있도록 일정 자금을 유지하는 것) 없이 대응하지 못할 경우 조직은 존속할 수 없게 된다. 시스템 이론가들은 이러한 속성을 '부정적 엔트로피(negative entropy)'라고 부르며, 이는 시스템이 외부로부터 에너지를 받지 않고 소모된 에너지를 관리하며 생존해야 한다는 의미다. 또한, 모든 구성 요소와 기능은 내부적으로 상호 의존적이므로 어떤 부분의 변화는 시스템 내 다른 부분에 영향을 미치게 된다(Nadler & Tushman, 1983).

이러한 시스템 내에서는 특정 기능을 담당하는 전문화된 역할과 절차가 존재하여 시스템이 제대로 작동하도록 돕는다. 예를 들어, 생산 근로자는 조립 공정의 특정 구성 요소를 다루며, 관리자와 임원은 시스템의 각 부분이 효과적으로 작동할 수 있도록 지원하고, 내부 및 외부 환경으로부터 들어오는 피드백을 모니터링한다. 절차는 시스템이 표준화된 방식으로 프로세스를 구현할 수 있도록 돕는다. 전체 조직 시스템은 상호 연결된 다양한 하위 시스템으로 구성되어 있으며, 이들 하위 시스템은 서로 의존한다. 예를 들어, 공장은 인사 부서에 의존하여 적절한 구성원 채용과 교육을 수행하고, 재무 부서는 구성원 급여 지급, 원자재 구매 예산 제공, 고객으로부터의 수금 등을 담당한다. 이처럼 여러 부서가 전체 조직 시스템 내 하위 시스템으로서 존재한다.

개방형 시스템 사고(open systems thinking)는 사람, 프로세스, 구조, 정책이 서로 연결된 관계망 속에서 어떻게 존재하는지를 고려하는 과정이다. 시스템 사고를 하는 사람들은 유기체나 조직 전체를 개별 구성 요소의 합보다 더 큰 존재로 보고, 이러한 시스템들이 다른 더 큰 시스템들 속에서 존재하는 하위 시스템으로 작동한다고 여긴다(Burke, 2002). 메이휴(Mayhew, 2006)에 따르면, 시스템 사고는 조직을 사건, 패턴, 구조라는 세 가지 수준에서 분석하는 것이다. 사건은 단일한 에피소드 발생을 의미하는 반면, 패턴은 동일한 방식으로 반복적으로 발생하는 다수의 원형(archetypes)을 의미하며, 이러한 패턴은 이를 지지하고 강화하는 구조 속에서 존재한다. 센게(Senge, 1990)는 시스템 사고를 단순한 선형적 원인-결과 사슬이 아니라 구조와 구성 요소 간의 상호 관계를 보는 것으로 설명한다(p. 71). 조직 문제를 해결하려면 표면적인 문제 증상에 대한 단순한 선형적 사고(A가 B를 유발했다)를 넘어 시스템 사고가 필요하며, 문제의 근본 원인을 해결해야 한다. 다시 말해, 고립된 사건이 아니라 구조와 패턴을 분석해야 한다.

시스템 이론은 조직 연구에서 널리 사용되는 접근 방식으로, 가장 일반적인 수준에서 조직이 작동하는 방식에 대한 우리의 이해와 잘 맞아떨어진다. 조직은 무엇인가를 생산하는데, 자동차나 시리얼 같은 제품이든, 금융 컨설팅이나 인터넷 서비스 제공 같은 서비스이든 상관없다. 환경의 변화(예: 법적 또는 규제상의 변화)는 조직이 새로운 규칙에 적응하도록 한다. 낮은 품질의 입력은 변환 프로세스에 문제를 일으켜 결국 낮은 품질의 출력을 초래한다. 피드백 과정에서 잘못된 정보가 제공되면 시스템에 불필요하거나 문제가 있는 변화를 야기할 수 있다. 시스템의 각 구성 요소는 상호 의존적이며, 한 부분에서 발생한 문제는 다른 부분에도 문제를 일으킨다. 이러한 조직 시스템에 대한 설명은 조직과 그 하위 시스템들이 실제로 작동하는 방식에 대한 상식적 이해를 제공한다.

| OD 실무자에게 시스템 이론이 주는 가치

시스템 이론은 OD 실무자에게 여러 가지 이점을 제공한다. 첫째, 시스템 이론은 역할과 구조에 주목하여 조직 내 인간 행동에 대한 유용한 설명을 제공할 수 있다. 이는 개인의 특이성에 초점을 맞추는 대신, 시스템들이 특정 행동 패턴을 어떻게 유도하는지를 파악할 수 있도록 한다. 이러한 행동 패턴은 대부분 미묘하게, 그리고 의식적인 결정 없이 발생한다. 예를 들어, 콜센터가 시간당 처리한 전화 건수를 정기적으로 측정한다면, 상담원들은 고객 문제에 대한 신중한 진단과 해결보다 신속한 통화 완료를 우선시하게 될 수 있다. 서비스 매니저는 고객 만족도를 높이기 위해 보너스를 받을 목적으로 고객에게 부품을 익일 배송으로 보내도록 동기 부여될 수 있다(이로 인해 부적절하게 비용이 증가할 수 있음). 이러한 경우, 측정과 보상 시스템들이 콜센터 상담원과 서비스 매니저의 특정 행동을 유도하는 역할을 한다. 한 부서 내에서 직무 정의가 지나치게 좁게 설정될 경우, 구성원들은 자신이 맡은 역할에 따라 행동하면서 특정 문제에 대한 책임을 지지 않을 수 있다. 구조적으로 정의된 역할은 특정 사람들이 서로 어떻게 상호작용하는지를 설명할 수 있으며(예: 응급실 간호사는 담당 의사의 지시를 따른다), 시스템 이론적 관점은 개별 개인의 고립된 행동이 아니라 역할 기반의 상호작용 패턴을 볼 수 있도록 돕는다.

둘째, 시스템과 그 역학을 이해함으로써 OD 실무자는 변화를 위한 개입을 어디서부터 시작해야 하는지에 대한 적절한 방향을 설정할 수 있다. 변화의 대상은 종종 개인보다는 시스템 수준에서 다루는 것이 더 효과적이다(Burke, 2002). 예를 들어, 제대로 유지·관리되지 않거나 고장 난 장비는 공장의 생산량을 감소시킬 수 있다. 공장의 생산 수율이 낮은 이유를 생산 관리자의 관리 능력 부족이나 작업자의 느린 작업 속도를 탓하기보다 시스템적 문제가 더 직접적인 원인일 수 있다. 조직이 품질 문제로 인해 고객 불만을 겪고 있는 경우, 화가 난 고객을 다루는 방법에 대한 고객 서비스 담당자 교육을 실시하기보다 문제의 근원을 해결하는 것이 더 효과적이다. 카츠와 칸(1966)은 이러한 교육에 초점을 맞추는 것이 조직에서 흔히 저지르는 오류이며, 이때는 교육으로 인한 변화가 거의 일어나지 않는다고 지적했다.

> 관리자를 조직의 역할에서 일시적으로 제외하고 인간관계에 관한 교육을 제공하는 것은 일반적인 관행이다. 그러나 그들은 특별한 훈련을 받기 전과 동일한 역할 기대, 상사로부터의 동일한 압박, 그리고 동일한 기능을 수행해야 하는 상태로 원래의 자리로 복귀하게 된다(p. 390).

생산성이 낮은 구성원을 해고하고 고임금의 숙련된 인재로 교체한 조직은 새로운 구성원도 크게 성공하지 못하는 경우가 많음을 발견하게 되는데, 이는 해당 역할이 낮은 예산, 제한적인 의사결정 권한 같은 구조 내에 존재하기 때문이다. 센게(Senge, 1990)는 동일한 시스템들 안에 놓였을 때, 아무리 서로 다른 사람이라도 유사한 결과를 낸다(p. 42)고 설명한다. OD 실무자는 문제의 근본 원인을 더 깊이 탐구하고, 개인이나 시스템의 개별 구성 요소보다는 시스템적 문제를 주요 오류의 원인으로 바라보며, 그룹 간 상호 연결성을 분석하는 것이 필요하다(M. I. Harrison & Shirom, 1999). 이러한 접근은 더욱 효과적인 변화 목표를 설정하는 데 기여하게 될 것이다.

셋째, 시스템들의 한 부분을 변화시키면 다른 부분에도 변화가 발생하기 때문에 OD 실무자는 제안된 변화에 대해 더욱 신중하게 접근할 수 있으며, 잠재적인 부정적 결과를 예측할 수 있다. 특정 제품을 판매한 영업 임원에게 보너스를 지급할 경우, 공장은 다른 제품보다 해당 제품을 더 많이 생산해야 할 가능성이 생긴다. 비용을 절감하기 위해 컴퓨터 장비를 교체하지 않을 경우, 장비 수리 비용이 추가로 발생할 가능성이 크다. 작업 프로세스 재설계로 인해 보험 청구 처리 시간이 2일 단축된다면, 승인된 청구를 처리하는 부서는 감당할 수 있는 속도보다 더 많은 업무를 신속히 처리해야 할 것이다. 시스템들 문제를 고려하는 것은 더욱 성공적인 조직변화를 의미 있게 만들어갈 수 있으며, 바람직하지 않은 결과나 부정적인 '후속 영향'의 결과로 이어지는 문제가 발생하기 전에 예측하고 예방할 수 있다. 이를 통해 조직 전체가 실현하고자 하는 변화에 대해 내부적으로 일관성을 유지할 수 있게 된다.

| 시스템 이론 접근과 일치하는 조직변화 모델

조직에 대한 이론적 모델로서 시스템 이론이 인기를 얻고 있다는 점을 감안할 때, 시스템 이론 접근과 일치하는 조직변화 모델이 주류를 이루는 것은 당연한 일이다. 이들 모델은 구체성이 부족할 수 있지만, 실무자가 더 넓은 관점에서 패턴과 그 관계를 인식하는 데 도움을 준다. 이를 통해 방대한 양의 데이터에서 패턴을 발견할 수 있으며(실제로 이러한 모델은 데이터를 분석하는 데 사용할 수 있는데, 이에 대해서는 후속 장에서 다시 다룰 것이다), 우리가 놓쳤을 수 있는 관계를 파악하거나, 기대했으나 보이지 않는 누락된 부분을 발견하는 데도 유용하다. 마지막으로, 이들 모델은 변화가 필요한 잠재적 영역을 식별하는 데 도움을 줄 수 있다(Burke, 2002). 모델은 한 영역이 다른 영역에 미치는 영향을 지적하여 우리가 첫 번째 주제에 지나치게 많은 관심을 기울이고 후자의 주제에는 충분한 관심을 기울이지 않았다는 점을 인식하게 할 수 있다. 요약하자면, 모델은 지형의 일부를 강조하면서 다른 부분은 가릴 수 있는 색깔 있는 렌즈와 같으며, 어떤 경우든 우리가 이전에는 보지 못했던 새로운 것들을 볼 수 있도록 도와준다.

시스템 이론 관점과 일치하는 네 가지 일반적인 조직행동 및 변화 모델로는 르윈(Lewin)의 세 단계 모델, 내들러-투시먼(Nadler-Tushman)의 적합(congruence) 모델, 버크-리트윈(Burke-Litwin) 모델, 그리고 와이스보드(Weisbord)의 식스 박스(Six-Box) 모델이 있다. 각각의 모델은 조직 분석에 대한 서로 다른 관점을 제공하며, 조직변화를 위한 다양한 접근법을 강조한다.

| 르윈(Lewin)의 3단계 변화 모델과 역장분석(Force Field Analysis)

커트 르윈(Kurt Lewin, 1951)은 조직변화를 (1) 해빙(unfreezing), (2) 변화(moving), (3) 재동결(refreezing)의 과정으로 설명하는 3단계 모델을 제시했다.[7] 현재의 조직 관행은 변화를 위해 해빙(또는 해체)되어야 하며, 일단 변화가 이루어진 후에는 새로 채택된 관행으로 재동결되어야 한다. 르윈은 조직 내에서 균형을 유지하는 두 가지 힘이 작용한다고 지적했다. 즉, 변화를 촉진하는 힘과 현 상태를 유지하려는 힘이다. 변화는 변화를 촉진하는 힘이 현 상태를 유지하는 힘보다 클 때만 발생할 수 있으며, 이는 두 가지 방식으로 가능하다. 즉, 변화를 촉진하는 힘을 증가시키거나 현 상태를 유지하는 힘을 감소시키는 것이다.

예를 들어, 한 회사가 새로운 재무 소프트웨어 시스템을 도입하려 한다고 가정해보자. 변화를 지지하는 힘은 다음과 같다. (1) 새로운 시스템이 회사의 재무 결과에 대해 더욱 정교한 분석을 가능하게 하고, (2) 기존 시스템보다 더 정확하며, (3) 기존 계약 및 제조 시스템과 통합될 수 있다는 점이다. 반면, 변화를 저항하는 힘은 (1) 광범위한 구성원 교육의 필요성, (2) 시스템 도입 비용, (3) 유사한 도입 경험에서 부정적인 경험을 한 구성원들의 반감일 수 있다. 르윈의 모델은 교육, 비용, 저항이 시스템이 제공하는 혜택보다 클 경우 변화가 일어나지 않는다고 지적한다(그림 4.2 참조).

---

7 르윈 사후(1947) 그의 사상과 연구를 바탕으로 정리되어 출판(1951). (역자주)

르윈의 모델은 변화에 대한 명료하고 이해하기 쉬운 설명을 제공하며, 관리자와 실무자들 사이에서 널리 채택되었다. 이 모델은 새로운 것을 받아들이기 위해 기존의 것을 포기해야 함을 설명한다. 조직은 이전 관행에서 벗어나야 하며, 변화가 실행될 때 이를 지속하기 위해 노력해야 한다. 또한 이 모델은 조직 구성원이 변화를 준비해야 하며, 저항 수준이 높을 경우 조직이 해빙 상태로 전환되기 전까지 고착 상태에 머무를 수 있음을 상기시킨다. 구성원은 이전 관행에서 실질적 또는 상징적으로 벗어나야 변화를 수용할 수 있으며, 변화 이후에는 변화를 지속시키기 위해 의식적으로 이를 강화하는 데 주의를 기울여야 한다. 르윈의 모델에 대한 인기 있는 변형 중 하나는 조직의 현재 상태, 전환 상태, 그리고 목표 상태로 설명하는 방식이다(Beckhard & Harris, 1977). 실무자들 사이에서 인기가 높음에도 많은 학자들은 조직을 얼음덩어리(ice-cube)로 비유한 이 모델이 훨씬 더 복잡한 과정을 지나치게 단순화한 것이라고 지적했다. 특히, 조직 관행은 실제로 완전히 고착된 상태에 있지 않기 때문이다(Kanter, Stein, & Jick, 1992).

르윈의 역장분석(force field analysis) 개념은 OD 실무자들이 고객과 함께 사용할 수 있는 유용한 도구가 되었다. 이 도구는 조직 구성원들이 특정 변화 노력을 지지하는 요소와 변화를 방해할 수 있는 저항 요소를 이해하도록 돕는다. 일부 실무자들은 이 모델을 공식적인 평가 도구로 사용하여 팀원들에게(개별적 또는 그룹으로) 변화에 찬성하거나 반대하는 힘의 강도를 1에서 5까지 평가하도록 요청하고, 에너지를 집중해야 할 행동 우선순위를 정하는 데 활용한다. 이 접근법에 대한 변형은 슈베링(Schwering, 2003)을 참조하라.

그림 4.2 커트 르윈의 역장분석

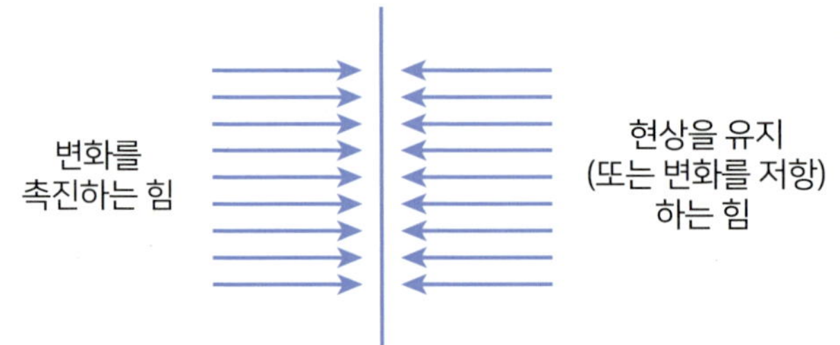

| 내들러-투시먼의 적합성 모델

내들러와 투시먼(Nadler & Tushman, 1983)은 시스템 이론이 일상적인 조직행동 문제 분석에 사용하기에는 지나치게 추상적이라는 점을 지적하며(p. 114), 실무자에게 더 유용하도록 추가 개념을 포함한 확장된 시스템 이론 버전을 제시했다(그림 4.3 참조). 내들러 (Nadler, 1981)는 이 모델이 특히 조직변화에 유용하다고 설명한다. 이 모델의 전제는 다음 과 같다.

> 이 모델은 변환 과정에 가장 큰 중점을 두며, 특히 상호 의존성이라는 핵심 시스템 속성을 반영한다. 조직은 상호작용하는 구성 요소들로 이루어진 것으로 본다. 이러 한 구성 요소들은 서로 상대적인 균형, 일관성 또는 '적합성(fit)' 상태에 존재한다. 조직의 여러 부분이 잘 맞아 효과적으로 기능할 수도 있고, 적합성이 부족하여 문 제, 기능 장애 또는 잠재력을 발휘하지 못하는 성과로 이어질 수도 있다. 모델 내 구 성 요소 간의 이러한 '적합성'이 중심적이기 때문에 우리는 이 모델을 '조직행동의 적합성 모델(congruence model of organizational behavior)'이라고 부를 것이 다. 이는 효과성이 다양한 구성 요소 간의 적합성의 함수이기 때문이다(Nadler & Tushman, 1983, p. 114).

앞서 설명한 전통적인 시스템 이론 모델과 마찬가지로 적합성 모델에도 입력, 변환 과정, 출 력, 피드백이 포함된다. 이 모델에서는 이러한 요소들이 확장되었다. 입력에는 환경, 자원, 과거 조직의 역사 등이 포함되며, 이들은 조직 전략과 결합하여 변환 과정에 영향을 미친다. 시장 수요, 인적자원, 기술, 자본, 정보, 과거 패턴 등이 조직의 입력 요소를 구성한다. 전략 은 조직이 무엇을 작업하고 목표를 달성하기 위해 어떻게 작업해야 하는지를 결정하기 때문 에 적합성 모델에 포함된다. 출력은 이제 단순히 조직 프로세스의 '유형적' 산출물만이 아니 라 조직, 그룹, 개인의 성과도 포함하도록 더 구체적으로 정의된다. 내들러와 투시먼은 업무 환경의 산출물로서 직무 만족도, 스트레스, 기타 개인적 산출물도 출력에 포함한다.

변환 과정은 적합성 모델에서 네 가지 중요한 요소로 확장되었으며, 이 요소들은 상 호 관련된다. 네 가지 요소는 과업(task), 개인(individual), 공식적 조직 구성(formal organizational arrangements), 비공식적 조직(informal organization)이다. 과업 요소 는 수행해야 할 작업뿐만 아니라 이를 수행하는 데 필요한 기술과 지식, 독립성 또는 판단이 필요한 정도도 포함한다. 개인 요소는 구성원의 지식과 기술, 참여도와 동기, 선호도와 태도, 그리고 개인 행동에 영향을 미치는 기타 요인을 포함한다.

공식적 조직 구성에는 명확하게 정의된 프로세스와 조직 구조, 직무 정의, 성과 지표, 물리적 환경과 레이아웃, 그리고 공식적으로 명시된 작업의 기타 측면을 포함한다. 비공식 조직에 는 명시적으로 정의되지 않은 암묵적 이해, 프로세스, 방법, 규범 등 실제로 작업이 수행되는 방식을 구성하는 요소들로 정의된다.

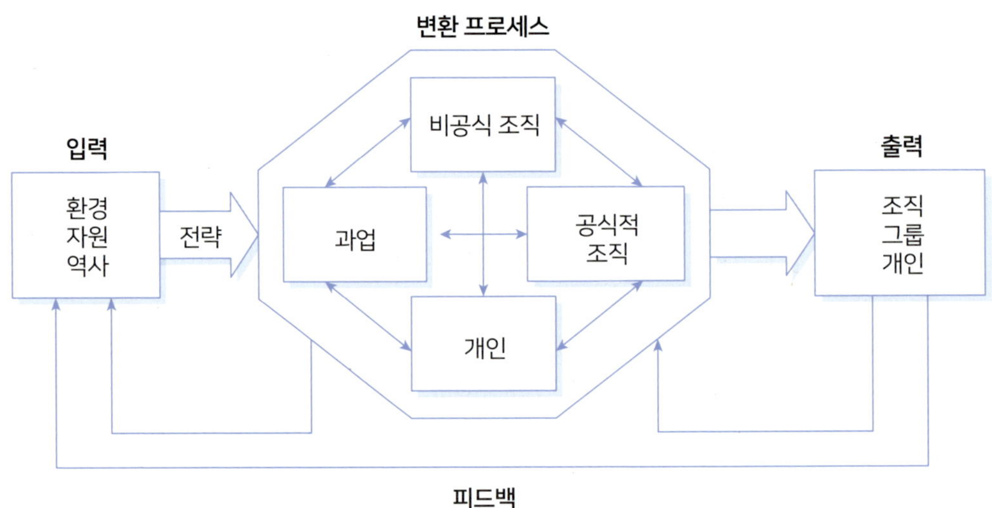

출처: *Competing by Design*, by D. A. Nadler and M. L. Tushman, 1997, New York, NY: Oxford, p. 38.

이 네 가지 요소는 조직의 주요 구성 요소로 정의되며, 조직이 출력을 생산하는 과정에서 어느 정도 일관된 방식으로 상호작용한다. 내들러(Nadler, 1981)는 적합성 모델의 근본 개념에 대해 다음과 같이 설명한다.

> 이 시스템 기반 관점의 핵심은 조직 구성 요소 자체의 특성보다는 구성 요소 간의 상호작용이 더 중요하다는 가정이며, 시스템으로서의 조직은 구성 요소들이 서로 잘 맞을 때 근본적으로 더 잘 작동한다(p. 194).

내들러와 투시먼(1983)은 이를 '적합성 가설(congruence hypothesis)'이라고 부르며, 구성 요소 간의 적합성이 높을수록 조직이 더 효과적으로 기능한다는 아이디어를 제시한다. 예를 들어, 시장에서 새로운 제품을 생산해야 하는 수요(새로운 입력과 새로운 출력)가 발생할 경우, 해당 수요는 출력을 생산하기 위한 특정 과업을 필요로 한다. 만약 과업이 요구하는 기술과 지식을 개인이 보유하지 못한 경우, 과업과 개인 간에 적합성 격차(또는 낮은 '적합성')가 발생한다. 조직의 효과성은 이러한 적합성을 증가시켜야 달성할 수 있다.

이 모델은 시스템의 다른 부분에 영향을 미치는 영역을 지적하여 시스템의 다른 부분에서 발생하는 변화를 인지하고 제어할 수 있도록 한다. 내들러(Nadler, 1981)는 시스템 일부가 변경되면 다른 부분과의 '적합성'이 증가하거나 감소할 수 있다고 설명한다. 변화가 발생할 경우 조직의 다른 구성 요소들이 변화에 저항하고 이전 상태로 회귀하려는 경향을 보일 수 있다. 따라서 내들러는 변화를 동기부여해야 할 필요성(개인 요소), 전환을 관리하는 것, 그리고 변화의 정치적 역학에 주의를 기울여야 한다고 강조한다.

| 버크-리트윈(Burke-Litwin)의 조직 성과와 변화 모델

버크와 리트윈(Burke & Litwin, 1992)은 1990년대 초까지 개발된 여러 조직변화 모델을 높이 평가하면서도 이들 모델이 지나치게 단순화되었다고 보았다. 이러한 모델 중 다수는 실무자들의 경험에 기반하여 개발되었으며 실제로 유용성이 입증되었지만, 일부 모델은 조직변화가 다른 요소에 미치는 영향을 확실하게 예측하지 못했으며, 다른 모델은 경험적 검증이 부족했다. 버크와 리트윈은 주어진 변화에 의해 영향을 받는 변수를 명확히 하고, 1차 변화(거래적 변화)와 2차 변화(변혁적 변화)를 모두 고려하여 경험적으로 검증할 수 있는 인과 모델로서 조직 성과 및 변화 모델을 개발했다(그림 4.4 참조). 이 모델은 시스템 이론에 기반한 조직변화 모델로, 시스템 이론의 기본 원칙을 따르도록 설계했다.

그림 4.4 버크-리트윈의 조직 성과와 변화 모델

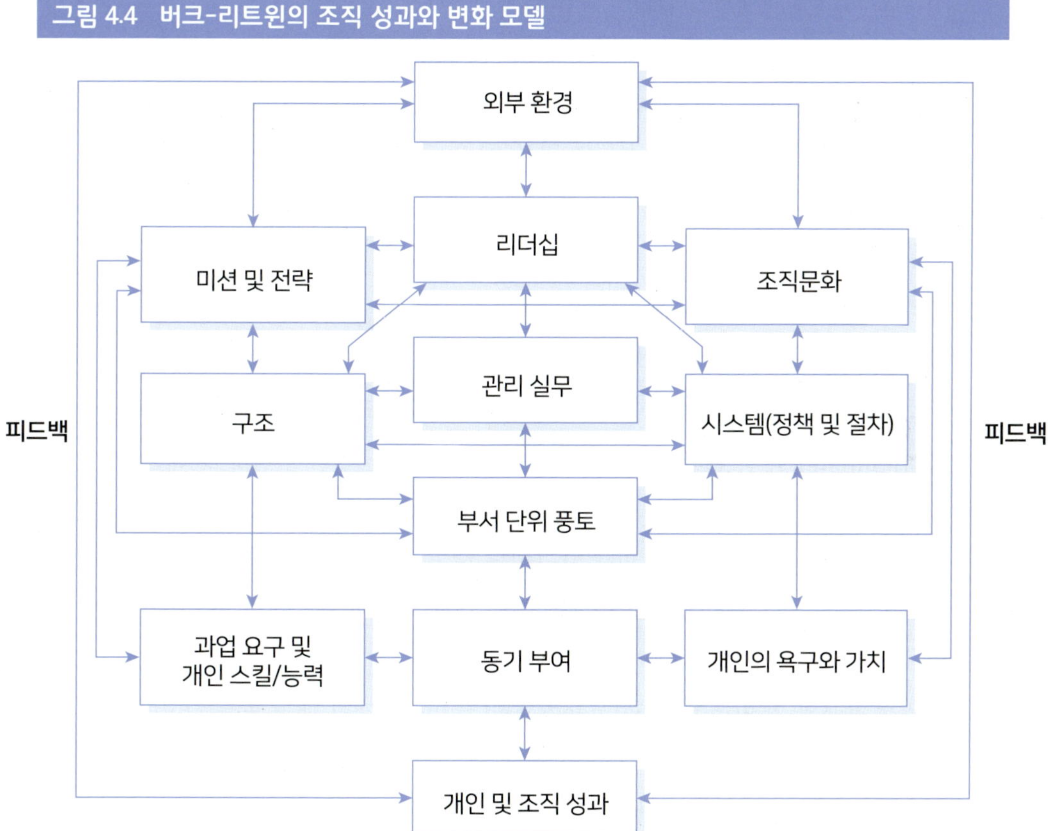

출처: A Causal Model of Organizational Performance and Change, by W. W. Burke and G. H. Litwin, 1992, *Journal of Management*, 18, pp. 523545. Reprinted with permission from SAGE Publications, Inc.

많은 관찰자는 이 모델의 복잡성을 지적하며 화살표의 수와 방향에 대해 혼란을 느낀다고
한다. 버크와 리트윈은 모델이 복잡하다는 점을 인정하면서도 변화란 본래 복잡한 현상이기
때문에 이 모델조차 실제로 발생하는 변화 과정보다 단순화된 버전일 가능성이 크다고 주장
한다. 시스템 이론과 유사하게, 모델 상단의 외부 환경은 입력을 나타내며, 하단의 개인 및
조직 성과 상자는 출력을 나타낸다. 그사이에 위치한 모든 상자는 변환 과정(throughput)을
나타낸다. 화살표는 변수 간 가장 큰 영향을 나타내며, 이 중 하향 화살표가 상향 화살표보다
더 큰 영향을 미친다고 본다. 버크와 리트윈은 모든 상자가 일반적으로 서로 영향을 미치지
만, 모델에 표시된 화살표는 가장 중요한 인과적 연결을 나타낸다고 설명한다. 각 구성 요소
는 다음과 같이 정의된다.

- **외부 환경**(external environment): 조직의 성과에 영향을 미치는 모든 외부 조건
  또는 상황
- **미션과 전략**(mission and strategy): 조직의 중심 목적과 이를 장기적으로 달성하
  기 위한 방안에 대해 구성원들이 갖는 인식
- **리더십**(leadership): 방향을 제시하고 필요한 행동을 독려하는 경영진의 행동
- **문화**(culture): '우리가 여기서 일하는 방식'으로, 조직행동을 안내하는 명시적·암
  묵적 규칙, 가치, 원칙으로 구성되며 역사, 관습, 관행의 강한 영향을 받음
- **구조**(structure): 기능과 사람을 특정 영역과 책임 수준, 의사결정 권한, 관계로 배
  열하는 방식
- **관리 실무**(management practices): 조직의 전략을 실행하기 위해 관리자가 인
  적·물적 자원을 활용하는 일상적인 활동
- **시스템**(systems): 작업을 용이하게 하기 위해 설계된 표준화된 정책과 메커니즘
- **풍토**(climate): 부서 단위 구성원들이 현재 지니고 있는 집단적 인상, 기대, 감정
- **과업 요구 및 개인 스킬/능력**(task requirements and individual skills/
  abilities): 과업의 효과성을 위해 요구되는 행동, 즉 주어진 작업을 수행하는 데
  필요한 특정 스킬과 지식을 포함하며, 이에 대해 개인이 직접적인 책임을 느끼도
  록 함
- **개인적 욕구와 가치**(individual needs and values): 개인 행동 또는 사고에 대한
  욕구와 가치를 제공하는 특정 심리적 요인
- **동기**(motivation): 목표로 나아가고 필요한 행동을 취하며 만족이 얻어질 때까지
  지속하려는 행동 경향

- **개인 및 조직 성과**(individual and organizational performance): 노력과 성과의 지표로, 생산성, 고객 또는 구성원 만족도, 수익, 서비스 품질 등이 포함됨(Burke, 1993, pp. 130-132)

버크와 리트윈은 이 모델이 변혁적 변화와 거래적 변화를 통합하려는 시도라고 설명한다. 변혁적 변화에서는 환경적 요인에 의해 가장 큰 영향을 받기 때문에 모델의 상단에 위치한 네 가지 요소(외부 환경, 미션과 전략, 리더십, 조직문화)가 성과에 가장 큰 영향을 미친다. 거래적 변화에서는 이보다 하위 수준에 위치한 요소들(구조, 관리 관행 등)이 주요 관심 요소가 된다. 버크(Burke, 2002)는 이 모델을 성공적으로 적용한 여러 사례를 설명한 바 있다.

| 와이스보드(Weisbord)의 식스 박스(Six-Box) 모델

엄밀히 말하면 와이스보드(Weisbord)의 식스 박스 모델은 1976년 논문에서 처음 상세히 설명했을 때만 해도 명시적으로 조직변화 모델로 제시된 것은 아니었다(그림 4.5 참조). 그러나 이후 와이스보드의 모델은 시스템 일부가 다른 부분과 조화를 이루지 못하는 요소들을 보여주는 진단 모델로 인기를 얻게 되었으며, 특히 공식 시스템과 비공식 시스템이 종종 불일치하거나 모순되는 방식을 탐색하는 데 유용하게 사용되었다. 결과적으로 이 모델은 실무자들 사이에서 조직변화를 분석하고 실행하는 데 널리 사용되는 인기 있는 모델이 되었다(Birnbaum, 1984; M. W. Ford & Evans, 2001).

와이스보드는 이 모델을 조직 구성 요소 여섯 가지 간의 상호 관계를 묘사하는 '레이더 화면(radar screen)'이라고 부른다(Weisbord, 1976, p. 431). 그의 경험에 기반하여 이 모델은 조직 내에서 흔히 발생하는 여섯 가지 문제 영역을 분류하고, 증상을 시스템적으로 조명하는 데 도움을 준다. 각 박스에는 공식적(공표되고 공식화된) 및 비공식적(실제로 작동하는 방식) 구성 요소가 모두 포함되며, 완전한 진단을 위해서는 양측 모두를 고려해야 한다. 이 모델의 6개 박스는 다음과 같다.

- **목적**(purposes): 이 박스는 공식적인 목표 명확성(목표가 얼마나 잘 설명되었는가)과 비공식적인 목표 합의(목표가 얼마나 잘 이해되고 실행되는가)를 포함한다.

- **구조**(structure): 조직 구조가 필요한 결과물과 얼마나 잘 부합하는가? 조직 구조가 일상적인 업무에서 준수되고 있는가, 아니면 무시되고 있는가?

- **보상**(rewards): (공식적인) 보상 시스템이 존재하는가? 이 시스템이 실제로 결과를 만들어내고, 구성원들이 자신의 기여가 보상받고 있다고 느끼는가(비공식적인 측면)?

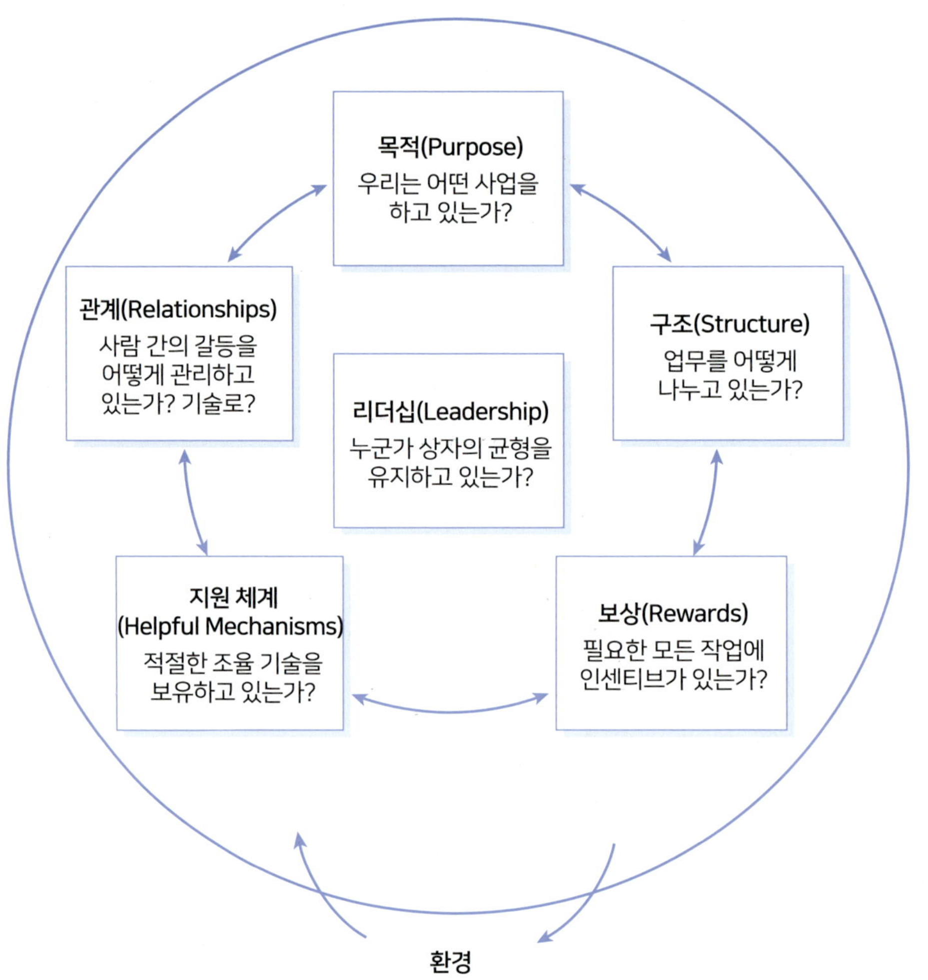

출처: Organizational Diagnosis: Six Places to Look for Trouble With or Without a Theory, by M. R. Weisbord, 1976, *Group & Organization Studies*, 1, pp. 430-447. Reprinted with permission.

- **관계(relationships)**: 사람들 간의 상호 의존적 작업과 갈등 관리가 얼마나 잘 이루어지고 있는가에 관한 것이다.

- **지원 체계(helpful mechanisms)**: 예산 프로세스, 회의, 검토, 기타 커뮤니케이션 등 업무를 촉진하는 공식 메커니즘이 무엇인가? 이러한 메커니즘이 목표를 얼마나 잘 달성하고 있는가?

- **리더십(leadership)**: 리더들은 조직을 어떻게 이끄는가? 리더들이 공식적으로 기

대하는 바는 무엇인가? 리더들이 비공식적으로 보여주는 행동 모델이나 비공식적으로 전달하는 규범은 무엇인가?

공식적 구성 요소와 비공식적 구성 요소가 일치하지 않을 때, 조직은 공식 시스템과 비공식 시스템을 유지하는 데 에너지를 소모할 수 있으며, 비공식 시스템이 필요에 따라 제대로 기능할 수도, 그렇지 않을 수도 있다. 이 두 시스템 중 어느 하나가 더 우수하다고 볼 수는 없지만, 식스 박스가 공식적으로 그리고 비공식적으로 어떻게 기능하는지를 이해하면 조직이 왜 문제를 겪고 있는지, 그리고 변화를 위한 개입을 어디서 시작해야 할지에 대한 통찰을 얻을 수 있다(Weisbord, 1976). 추가적인 격차는 조직과 환경 간, 개인의 업무와 조직 목표 간, 또는 서로 다른 조직 단위 간에도 존재할 수 있다. 와이스보드와 다른 학자들은 이러한 공식적-비공식적 격차 분석이 이 모델의 특히 중요한 측면이라고 언급했다. 따라서 와이스보드의 식스 박스 모델은 시스템 내부의 기능에 대한 깊은 통찰을 제공한다. 그러나 일부 학자들은 이 모델의 장점이 단점이 될 수도 있다고 지적했는데, 이는 외부 환경 요소나 외부 이해관계자의 요구, 자원 부족 같은 문제에 대한 고려가 상대적으로 부족하기 때문이다(M. I. Harrison & Shirom, 1999). 또한 어떤 격차가 다른 격차보다 더 심각한지를 판단하는 데도 통찰을 제공하는 정도가 낮을 수 있다. 리더십을 모델의 중심에 배치함으로써 리더십의 역할을 과도하게 강조하고 조직 기능에서 개별 구성원의 역할을 과소평가할 위험도 있다.

이 모델은 다른 세 가지 모델과 마찬가지로 시스템 이론에서 제안한 접근 방식과 일치하는데, 즉 조직은 환경과의 상호작용 속에 존재하며, 다양한 구성 요소 간의 문제, 불일치, 격차를 관리하는 것이 성공적인 조직 기능의 핵심이라는 것이다. 이는 OD와 조직 이론에서 지배적인 접근 방식이 되어왔다(Shaw, 1997). 조직 구성 요소에 대한 가정과 적합성 분석은 실무 문헌에서 진단적 권고의 핵심 특징으로 남아 있다(M. I. Harrison & Shirom, 1999). 그러나 이 접근 방식은 이제 논의할 사회적 구성이라는 또 다른 관점에 의해 보완될 수 있다.

조직은 사회적으로 구성된 존재

다음과 같은 이야기가 있다. 세 명의 심판이 스트라이크와 볼을 판정하는 임무에 대해 서로 다른 의견을 가졌다. 첫 번째 심판은 "나는 있는 그대로 판정한다(I calls them as they is)"고 말했다. 두 번째 심판은 "나는 내가 본 대로 판정한다(I calls them as I sees them)"고 말했다. 세 번째이자 가장 현명한 심판은 "내가 판정하기 전에는 아무것도 아니다"라고 말했다.

— *사이먼스(Simons, 1976), 와이크(Weick, 1979, p. 1) 인용*

조직에 대한 두 번째 관점은 조직 이론에서 비교적 최근에 발전한 관점으로, 변화에 대해 앞서 살펴본 모델들과는 다른 시각을 제공한다. 조직 연구에서 사회적 구성(social construction) 개념에 관한 지적 역사는 일반적으로 버거와 러크만(Berger & LuckMann)의 기념비적인 저서 『현실의 사회적 구성(*The Social Construction of Reality*, 1967)』으로 거슬러 올라가며, 지난 30년간 조직 이론에 특히 큰 영향을 미쳐왔다. 우리가 일상 언어 또는 이와 같은 텍스트에서 조직을 자주 독립된 행위자로 의인화한다는 점을 생각해보자. 우리는 조직을 물리적 환경이나 그릇으로 여기며 "조직 안에서 일한다"고 표현한다. 또한 "조직이 환경에 적응한다"거나 "생산 부서가 생산량을 늘리기로 결정한다"고 말한다. 고전적 조직 이론에서는 실제로 조직을 구체적인 사회적 환경, 공식 구조, 인지된 목표, 다양한 요구를 가진 살아 있는 존재로 간주했다(Wolf, 1958, p. 14). 그러나 조직은 사람이 아니며, 조직을 의인화할 때 몇 가지 중요한 개념이 숨겨질 수 있다.

사회적 구성의 관점은 조직이 본질적으로 실체가 아니라 우리가 행동과 언어를 통해 만들어 낸 개념이라고 보는 것이다. 일부 학자들은 조직 연구가 실제로는 조직화(organizing) 과정에 대한 연구이며, 여기서 동사 형태는 우리가 조직을 만들어가는 능동적 역할을 강조한다고 제안한다. 여러분이 잘 알고 있는 조직을 생각해보고 그것이 무엇인지 지적하려 한다면, 조직이 위치한 건물을 가리키거나 조직이 어떻게 구성되어 있는지를 추상적으로 나타내는 조직도를 보여줄 수 있을 것이다. 그러나 이는 조직 자체를 가리키는 것이 아니다(예를 들어, 조직이 없어도 건물은 여전히 존재할 수 있다). 조직과 환경 간의 경계를 그리는 것도 마찬가지로 어려운 작업일 수 있다. 우리가 살고 있는 도시를 하나의 조직으로 간주하고 그 경계를 나눠보자. 시청과 그 구성원들은 명확히 도시 안에 속한다고 할 수 있지만, 시민, 혹은 그 도시에서 사업을 하지만 다른 곳에 거주하는 사람들, 지역 쇼핑몰을 건설한 개발자들은 어떻게 간주해야 할까? 이들도 조직 일부로 간주해야 할까, 아니면 환경의 범주에 속해야 할까? 이러한 관점에서 보면 조직과 환경 간의 경계는 명확하거나 쉽게 정의할 수 있는 것이 아니라, 때로는 상호작용에 따라 유동적일 수 있음을 알 수 있다. 와이크(Weick, 1995)는 "환경과 조직이라는 용어는 조직화라는 흐름, 변화, 과정에 관한 것이라는 사실을 숨기고 있다"고 설명한다(p. 187). 시스템 이론에서 사용하는 '조직', '경계', '환경'이라는 용어는 이러한 개념을 깊이 파고들기 시작할 때 더 복잡해지고, 어쩌면 덜 의미 있는 것으로 보일 수 있다.

조직이 사회적으로 구성된 것이라는 관점은 여러 측면에서 시스템 이론의 관점과 크게 다르다. 이 관점은 조직 환경, 입력, 프로세스, 출력, 피드백 등의 개념과 범주가 자명하고 미리 정의된 단일한 의미를 가지며 모두가 이에 동의한다는 시스템 이론의 기존 가정을 비판한다. 그 대신, 이러한 개념과 범주는 조직 구성원에 의해 만들어지고 발전하며 의미가 부여되는 것으로 본다. 앞서 소개한 야구 심판에 관한 인용은 시스템 이론과 사회적 구성 관점의 근본적인 차이를 잘 보여준다. 시스템 이론에서는 타자에게 공을 던지고 볼과 스트라이크를 판정하며 아웃을 기록하는 과정이 야구 경기의 하위 프로세스로 설명될 수 있다. 이는 표면 적으로는 정확하지만, 심판이 볼, 스트라이크, 아웃을 정의하는 과정을 통해 경기가 성립할 수 있다는 의미 구성 과정을 배제한다(모든 심판이 투구 해석을 거부한다고 상상해보라. 경 기가 성립하지 않을 것이다).

두 번째 예로, 앞서 언급한 자동차 공장과 피드백 프로세스를 다시 살펴보자. 매출 수익 같 은 정보가 공장으로 피드백되어 더 많은 자동차를 생산하라는 신호를 준다고 할 때, 매출 수 익 수치 자체는 그 자체로 아무런 의미를 가지지 않는다. 그 대신, 이러한 수치는 해석 과정 을 통해 의미를 얻게 된다. 조직 구성원(대개 관리자나 경영진)은 매출 수치를 해석하고[기존 의 합의, 과거 경험, 또는 단순한 직감(hunch)에 기반하여] 수치가 충분한 자동차가 판매되 었으며 추가 재고가 필요하다는 의미라고 판단해야 한다. 여기서 데이터에 의미를 부여하는 것은 관리자의 해석과 판단이다. 실제로 조직 환경에는 엄청난 양의 정보가 존재하며, 이는 의미를 부여받아야 한다(예를 들어, 경쟁 환경, 월스트리트의 기대, 재무 성과, 회사의 과거 역사, 노조 협약과 고용 조건, 고객 기대 등 수많은 요소를 생각해보라). 시스템 이론에서 말 하듯 환경이 조직의 균형을 달성하기 위해 행동해야 할 방식을 규정한다고 할 경우, 조직 구 성원이 의미를 만들고 해석하며 공유하는 과정을 생략하게 된다. 이러한 과정이야말로 조직 구성원이 행동을 결정하는 방식과 이유를 설명한다(시스템 이론 설명에서 조직 구성원이 거 의 언급되지 않는 점에 주목해보자). 모든 관련 정보를 결정 전에 수집하는 것은 불가능하며, 그 대신 정보는 선택적으로 수집되고 해석되어 공유됨으로써 조직 구성원이 의사결정과 행 동에 사용할 사회적으로 구성된 진실이 만들어진다(March, 1994). 따라서 '환경'이라는 범 주는 조직 구성원이 발명하고 의미를 부여한 것이며, 그들의 해석 외부에서는 존재하지 않 는다. 와이크(Weick, 1995)는 이러한 개념을 의미 부여(sensemaking)[8]라고 부르며, 이 항 목을 틀 안에 배치하고, 이해하며, 놀라움을 해소하고, 의미를 구성하고, 서로의 이해를 추구 하기 위해 상호작용하며, 패턴을 형성해가는 것으로 정의한다(p. 6).

상호작용과 언어는 사회적 구성 관점에서 중요한 관심 영역인데, 이는 조직이 정기적인 상 호작용과 대화를 통해 발전하며 변화가 일어날 수 있기 때문이다. 케네스 벤슨(J. Kenneth Benson, 1977)은 "사람들은 지속적으로 사회적 세계를 구성한다. 서로 간의 상호작용을 통 해 사회적 패턴이 점진적으로 형성되고, 결국 일련의 제도적 배치가 확립된다. 지속적인 상

---

8 역자는 이를 이해하기 쉬운 우리말로 '감잡기'라고 번역하여 쓰기도 한다. (역자주)

호작용을 통해 이전에 형성된 배치는 점차 수정되거나 대체된다"(p. 3)고 썼다. 따라서 의미 부여(sensemaking) 과정은 특정한 시작과 끝이 있는 것이 아니라 지속적으로 이루어지는 과정이다(Weick, 1995). (이 개념은 앞 장에서 논의한 바와 같이 조직과 개인이 항상 변화 과정에 있다는 OD의 가치를 더욱 강화한다.)

사회적 구성 관점은 연구자와 실무자 모두에게 매력적인 관점이 되었는데, 이는 우리가 조직 내에서의 활동과 타인의 행동을 이해하는 과정에서 경험하는 것과 잘 맞아떨어지기 때문이다. 또한 이 관점은 많은 조직 구성원이 경험하는 모호성과 다중적 의미를 존중하며, 조직 생활의 많은 부분을 특징짓는 필수적인 해석 과정을 인정한다. 의사결정은 복잡하고 모순된 사실에 기반하여 고려되고 정당화된다. 역할은 직무 설명에 의해 미리 결정되는 것이 아니라 협상을 통해 실행된다. 보도 자료와 경영진의 커뮤니케이션은 숨겨진 의미를 찾기 위해 면밀히 검토되고 논의된다. 우리는 동료와의 대화를 마치고 새로운 대화를 시작하며, 각 대화에서 정보를 공유하고 해석을 주고받는다. 여러 맥락과 사실이 특정 상황에 적용되어 모호하고 일관되지 않은 해석을 낳을 수 있다. 조직 연구를 공부하는 많은 학생과 실무자에게 사회적 구성 관점은 시스템 이론이 놓치고 있는 요소들을 보완하여 조직이 작동하는 방식에 대한 더 풍부하고 역동적인 시각을 제공한다. 이 관점은 조직 구성원이 조직을 사회적 환경으로 경험하는 방식을 설명하며, 이 환경에서 상호작용은 근본적으로 업무가 수행되는 방식이고, 의미 부여는 그것을 이해하고 경험하는 방식이다. 특히 기계 중심적이고 제조업 지향적인 환경이 아닌 오늘날의 지식 집약적 조직에서는 시스템 이론이 전제하는 기계적 조직 관점이 21세기 글로벌화되고 분열된 탈근대적 조직에 적용될 때 덜 적절하게 보인다. 많은 사람들이 사회적 구성 접근[9]이 이러한 새로운 현실을 더 효과적으로 포착한다고 믿는다 (Bergquist, 1993).

| OD 실무자에게 사회적 구성 접근이 주는 가치

사회적 구성주의 관점은 여러 가지 독특한 이점을 제공하기 때문에 조직개발(OD) 실무자들 사이에서 많은 지지를 얻고 있다.

첫째, 시스템 이론과 마찬가지로 인간 행동에 대한 유용한(그러나 다른) 설명을 제공한다. 예를 들어, 다른 부서에서 위험 감수 행동이 흔했던 구성원들이 정리해고를 목격한 후에는 위험을 감수하려는 의지가 줄어드는 이유를 설명할 수 있다. 이는 위험을 감수하는 것이 해고

---

9 회의는 이러한 사회적 구성의 대표적인 업무 과정이며, 효과적으로 회의와 소통을 이루어내기 위해서는 이의 주체가 되는 리더, OD 컨설턴트, 퍼실리테이터가 사회적 구성의 개념과 방법론을 충실히 익히는 것이 필요하다. 이는 효과적인 조직개발의 가장 중요한 토대가 된다. (역자주)

될 가능성을 높인다고 믿는 논리가 형성되었기 때문이라고 볼 수 있다. 또 다른 예로, 한 경영진이 적자를 내고 있는 제품 라인을 종료하기로 결정했다고 가정해보자. 이러한 결정을 환경에서 받은 입력에 기반한 단일 차원의 결정으로 보는 대신, 사회적 구성주의 관점은 이 결정을 내리고 전달하는 과정에서 정보를 수집하고 해석하며 공유하는 복잡성을 설명하는 데 도움을 준다. 사회적 구성의 관점은 OD 실무자가 행동으로 이어지는 의미 부여의 문화적 과정에 주목하도록 한다.

둘째, 사회적 구성 관점은 구성원이 조직을 만들어가는 데 있어 능동적인 역할을 강조한다. 구성원들은 새로운 부서를 만들거나, 구조를 변경하거나, 새로운 직함을 도입하거나, 프로세스를 변경하기로 결정할 수 있다. 특정 정책을 변경할 수 있는 선택권이 개별 구성원에게 없을 수는 있으나, 그 정책 또한 조직 구성원이 조직의 이익을 위해 개발한 것이다. 상사와 구성원의 관계는 엄격한 역할 기반 상호작용에 국한되지 않고, 다차원적이며 친근할 수도, 냉담할 수도, 공식적일 수도, 사교적일 수도 있다. 동료나 부서 간의 관계도 단순히 명령이나 지시를 공유하는 것에 그치지 않고, 협조적일 수도, 대립적일 수도, 느슨할 수도, 엄격할 수도 있다. 사회적 구성의 관점은 우리가 이러한 시스템과 관계를 만들어가는 데 있어 능동적인 선택을 하고 있다는 사실을 보여준다. 이는 OD 실무자가 새로운 정책, 프로세스, 역할, 관계 등 사람들이 새로운 조직을 만들어갈 수 있는 상황을 조성해야 한다는 것을 시사한다. 이러한 적응 가능성을 수용함으로써 실무자와 조직 구성원은 자신들이 원하는 변화를 만들어낼 자유를 얻게 된다(종종 우리가 동의하여 존중하기로 한 경계 내에서). 이는 변화에서 리더십의 중요성이나 재무적·환경적 현실을 부정하는 것이 아니라, 모든 참여자가 조직 네트워크 내에서 나누는 일상적인 대화에도 동등한 중요성을 부여하는 것이다.

셋째, 사회적 구성 관점은 OD 실무자가 변화 창출에서 커뮤니케이션의 중요성을 인식하도록 돕는다(J. D. Ford & Ford, 1995).

> 이야기, 신화, 의식, 언어 사용은 단순히 조직적 의미를 반영하는 것이 아니라, 조직 생활을 구성하는 지속적인 역동성이다. 따라서 의미는 메시지, 채널, 지각 필터에 존재하는 것이 아니라 상호작용 과정과 개인들이 대화를 이해하는 방식에서 개발된다(Putnam, 1983, p. 40).

단어와 그 맥락은 중요하며, 단어에 의미를 부여하기 위해 우리가 사용하는 해석 과정은 종종 간과된다. 예를 들어, 재정적 압박과 정리해고 소문이 도는 상황에서 법적으로 모든 구성원에게 연례 복지 공지를 발송해야 하는 조직을 생각해보자. 공지에는 비자발적 해고 이후 일정 기간 동안 구성원들이 의료 혜택을 계속 받을 수 있다는 내용이 포함되어 있다. 인사 복지 부서의 관점에서는 이것이 일반적인 법적 준수 활동일 수 있지만, 구성원의 입장에서는 이러한 공지를 갑자기 집에서 받게 되면 놀랍고 불안한 상황이 될 수 있다. OD 실무자는 맥락, 언어, 해석 메커니즘에 주의를 기울이고, 조직 구성원이 자신들의 해석을 더욱 명확하게 표현할 수 있도록 도와야 한다. 특정 메시지에 대한 해석의 맥락을 이해하고, 커뮤니케이션이 어떻게 받아들여질지를 더 잘 예측할 수 있는 권고를 제시할 수 있다. 제프리 포드와 로리 포드(Jeffrey & Laurie Ford, 1995)는 커뮤니케이션이 단순히 변화의 한 부분이 아니라, 변화가 발생하게 하는 주요 수단임을 강조한다.

마지막으로, 사회적 구성주의는 조직변화의 근본이 의미의 변화에 있다고 강조한다. 의미 부여 논리는 가치, 신념, 태도뿐만 아니라 조직 관행, 정체성, 프로세스의 기초에 자리 잡고 있다. 단순히 관행, 역할, 직함, 부서 명칭을 변경하는 것만으로 구성원이 채택한 기본적인 해석 과정을 항상 바꾸지는 못한다. 따라서 이 접근 방식은 조직 구성원들이 함께 새로운 관행을 정의할 기회를 가질 때 변화가 가장 잘 이루어질 수 있다고 본다(Weick, 1995).

| 사회적 구성주의와 일치하는 조직변화 접근법

사회적 구성주의와 일치하는 조직변화 접근법은 앞서 설명한 시스템 이론 관점과 일치하는 접근법과는 상당히 다르며, 이들은 변화가 복잡하고(messy) 예측 불가능한 현상이라는 점을 인식한다(Shaw, 1997). 이러한 접근법을 우리가 이전에 본 '의미의 모델'이라고 부르는 것 또한 부적절한데, 이는 시스템 이론이 전제로 삼는 구조 자체를 문제점으로 삼기 때문이다. 사회적 구성 관점은 리더십, 전략, 보상 같은 범주에 변화를 국한하기보다 변화를 해석 메커니즘, 대화, 커뮤니케이션, 의미, 인지적 스키마(cognitive schema)의 변화로 설명한다. 따라서 마샤크와 그랜트(Marshak & Grant, 2008)는 사회 시스템에서 변화를 효과적으로 이루는 주요 방법은 지배적인 담론(discourse)을 바꾸는 것이라고 말한다(p. 39).

사실 이 관점에서는 조직변화라는 개념 자체가 재고된다. Weick(2000)는 "혁명, 단절, 격변을 수반하는 숨가쁜 수사로 포장된 계획적 변혁(change) 담론은 성공적인 변화가 실제로 작동하는 방식에 왜곡된 시각으로 보여준다"(p.223)고 주장한다. 그는 대부분 모델이 변화를 관성과 대비시키지만, 실제로 조직이 완전히 정적인 상태에 있는 경우는 없으며, 조직생활의 지속적인 밀물과 썰물(ebb and flow, p. 230)에 더 관심을 가질 필요가 있다고 말한다. 제프리 포드(Jeffrey Ford, 1999)는 변화라는 것이 무엇인지 그 자체가 모호하며 사람마다 다르게 이해할 수 있다고 지적한다. 대부분의 변화 모델은 변화를 단일하고 쉽게 식별할 수 있는 현상으로 간주하여 구성원들이 이를 변화라고 지목할 수 있다고 전제한다. 그러나 대부분 실무자와 조직 구성원은 변화가 여러 부분으로 이루어져 있으며, 그중 일부는 성공할 수도 있고 그렇지 않을 수도 있으며, 이러한 변화가 다양한 이해관계자에게 서로 다른 의미를 부여한다는 점을 잘 알고 있다. 광범위한 조직변화는 서로 다른 구성원 집단에 상이한 방식으로 영향을 미치기 때문에 변화를 단일하게 정의할 수 없는 경우가 많다. 따라서 우리가 배운 바와 같이, 사회적 구성 접근법은 사람들이 변화에 대해 부여하는 의미에 관심을 두며, 이러한 의미가 시간에 따라 변화하고 적응할 수 있다는 점을 인정한다. 결과적으로, 사회적 구성 접근법은 단발적 변화보다 지속적 변화를 강조하며, 변화에서 언어와 담론의 역할을 중시한다(Weick & Quinn, 1999).

예를 들어, 제프리 포드(Jeffrey Ford, 1999)는 조직변화를 "사람들이 변화를 이해하고 수행하는 데 사용하는 언어가 바뀌는 대화의 전환(shifting conversations)"으로 정의할 것을 주장했다. 변화는 한 방식의 대화가 다른 방식의 대화로 대체될 때 발생한다(Barrett, Thomas, & Hocevar, 1995, p. 370)고 설명된다. 제프리 포드와 로리 포드(Jeffrey & Laurie Ford, 1995)는 조직변화 중에 발생하는 네 가지 유형의 대화를 변화를 시작하는 대화, 변화를 이해하려는 대화, 성과를 위한 대화, 마무리를 위한 대화로 설명한다. 이들은 특정 변화에 적합한 대화 유형이 항상 정해져 있는 것이 아니라는 점을 강조했다.

> 변화의 성공적인 구현은 변화의 진전과 상황의 변화, 그리고 산출된 결과와 해결해야 할 문제를 반영하는 대화에 달려 있다. 따라서 적절한 대화 패턴을 식별하는 것은 현재 상황에서 어떤 대화 유형이 가장 효과적일지를 결정하고, 이를 시도해본 후 결과를 관찰하며, 이후의 대화를 조정하는 실용적인 문제다. 이는 변화관리자가 한 번의 변화에서 효과적이었던 대화의 조합이 다른 변화에서는 효과적이지 않을 수 있음을 의미한다(J. D. Ford & L. W. Ford, 2008, p. 448).

이 접근법은 변화가 예상대로 진행되지 않을 때 변화를 위한 적절한 대화가 성공적으로 이루어지지 않았을 가능성을 시사한다.

이러한 소통으로서의 변화(change-as-communication) 모델은 앞서 다룬 모델들(예: 구조, 시스템, 리더십, 문화)의 범주들에 의문을 제기한다. 이러한 요소들은 조직 구성원이 대화 속에서 이를 끌어와 사용할 때만 의미가 있기 때문이다. 변화가 어떻게 진행되고 있는지를 이해하려면 언어가 어떻게 변화했는지를 면밀히 관찰하고 주의 깊게 경청해야 한다(Anderson, 2005). 맥그리거(MacGregor)가 관리자들의 암묵적 이론을 주의 깊게 듣고 이해할 것을 권장한 맥락에서 제프리 포드와 로리 포드(1995)는 "아이디어들이 서로 어떻게 연관되어 있는지에 대한 관리자들의 가정을 변화에 관한 대화를 연구함으로써 발견할 수 있으며, 특히 변화를 이해하기 위한 대화에서 이를 확인할 수 있다"(p. 563)고 썼다. 따라서 이 접근법은 변화를 변수 상자 간의 추상적인 영향으로 보는 것이 아니라, 변화에 대해 논의하고 새로운 아이디어가 등장할 수 있는 일련의 대화로 간주한다.

케간과 라헤이(Kegan & Lahey, 2001)는 변화에 대한 사회적 구성 모델을 제안하며, 그들의 저서 『말하는 방식으로 일하는 방식 바꾸기(*How the Way We Talk Can Change the Way We Work*)』에서 리더가 변화를 지원하기 위해 장려할 수 있는 일곱 가지 새로운 언어 전환에 대해 다음과 같이 설명했다.

1. 불만의 언어에서 약속의 언어로
2. 비난의 언어에서 개인적 책임의 언어로
3. '새해 결심'의 언어에서 상충하는 헌신의 언어로
4. 우리를 얽매는 큰 가정의 언어에서 우리가 가진 가정의 언어로
5. 보상과 칭찬의 언어에서 지속적인 관심의 언어로
6. 규칙과 정책의 언어에서 공개적 합의의 언어로
7. 건설적 비판의 언어에서 해체적 비판의 언어로 (pp. 8-9)

케간과 라헤이는 이러한 일곱 가지 언어가 개인, 팀, 조직 차원에서 나누는 대화에서 중요한 역할을 하며, 종종 우리가 추구하는 변화를 방해한다고 주장한다. 새로운 언어의 전환은 더 큰 학습을 장려하고 변화를 실현할 수 있다.

사회적 구성 모델에서 암시하는 변화관리자의 역할은 이러한 대화가 이루어질 수 있는 적절한 환경을 조성하는 것이다. 이와 같은 방식으로 변화를 관리하는 것은 기계의 레버와 다이얼을 조정하는 것보다 즉흥적인 재즈 밴드를 코칭하는 것에 더 가깝다. 변화를 창출한다는 것은 변화 대상이 무엇이든 간에 동일한 규칙을 엄격히 따르는 것이 아니라, 창의적이고 독창적으로 접근하며, 다양한 이해관계자 간의 협상을 통해 성공적인 변화를 위한 대화가 이루어지도록 하는 것을 의미한다. 이러한 접근에서 변화관리자의 역할은 새로운 기회가 창출되고 효과적인 행동이 이루어질 수 있는 새로운 대화 현실을 형성하기 위해 대화를 시작하고 유지하며 마무리하는 것이다(J. D. Ford, 1999, p. 492). 변화의 효과는 새로운 대화가 얼마나 잘 시작되고 수용되는지에 달려 있다.

마샤크와 그랜트(Marshak & Grant, 2011)는 변화를 달성하기 위해 개입할 수 있는 개인의 내적 수준(인지적 틀과 스키마), 개인의 언어 표현 수준(개인의 언어 선택), 대인 및 소그룹 수준(개인 간 또는 그룹 내에서 이루어지는 대화), 그리고 조직적 수준(공식 담론과 미션 및 가치에 대한 진술) 등 여러 수준의 대화가 존재한다고 주장한다. 이러한 각 대화는 효과적인

변화에 대한 어느 정도의 암시를 제공하게 된다.

제프리 포드와 로리 포드(Jeffrey Ford & Laurie Ford, 2008)는 변화관리자가 앞서 설명한 네 가지 유형의 변화 대화를 분석하고 해석할 수 있도록 돕는 '대화 프로파일(conversational profile)'이라는 실용적인 도구를 개발했다. 이들은 관리자에게 약 2주 동안 자신이 나눈 대화를 기록하도록 권장한다. 관리자는 일지에 대화를 나눈 사람과 대화 내용을 가능한 한 그대로 기록한다. 그런 다음 관리자는 자신이 가장 자주 참여했던 변화의 대화 유형을 식별하고, 그 대화의 결과가 기대한 결과나 원하는 결과로 이어지지 않았을 경우 접근 방식을 변경할 수 있다.

> 대화와 그 결과에 대한 분석을 살펴본 후, 관리자는 무엇이 누락되었거나 제대로 작동하지 않았는지에 대한 결론을 스스로 도출하게 된다. 즉, 하나의 가설을 세우고, 이를 시험하기 위해 자신이 사용하는 대화 유형이나 대화 내용을 변경할 수 있다(p. 455).

예를 들어, 관리자는 자신이 이해를 위한 대화에 참여하면서 행동이 자연스럽게 따라올 것이라고 가정했지만, 행동에 대해 명확하게 논의하는 성과를 위한 대화를 명시적으로 나누지 않았다는 사실을 깨달을 수 있다.

| OD에서의 새로운 패러다임

변화에 대한 사회적 구성주의와 관련하여 사회적 구성 철학을 매우 진지하게 받아들이는 새로운 패러다임이 조직개발 분야에서 등장하고 있다. 이러한 패러다임 중 하나는 생물학 및 기타 학문 분야에서 자율적으로 조직되는(self-organizing) 시스템 연구의 영향을 받았다. 복잡 적응 시스템(complex adaptive systems) 관점은 앞서 검토한 사회적 구성과 마찬가지로, 조직을 예측 가능한 전체를 형성하는 기계적인 상호 연결된 부품 세트로 보는 개념을 거부한다. 그 대신 이 관점은 조직을 그 안에서 활동하는 구성원 간의 상호작용을 통해 생성되는 자율적 조직 패턴에 기반하여 끊임없이 변화하는 존재로 본다(Olson & Eoyang, 2001). 이 접근법은 시스템이 일반적으로 유사하며 일반 원칙을 적용하여 시스템이 어떻게 반응하고 대응할지를 예측할 수 있다는 시스템 이론의 믿음을 거부한다. 그 대신 복잡 적응 시스템 사고는 개인과 조직이 상황에 따라 다르게 반응하므로 행동을 체계적으로 예측하고 통제할 수 없다고 본다. 이는 변화를 관리하는 데 있어 시스템 이론 같은 상향식 접근이 아닌, 변화 관리자의 역할은 진화하는 패턴을 이해하고 자율적 조직 경로에 영향을 미치며, 시스템이 어떻게 반응하는지를 관찰하고 다음 개입을 설계하는 것이라는 것을 의미한다

(Olson & Eoyang, 2001, p. 16). 이 접근법은 많은 관찰자에게 작은 변화가 단일 프로젝트 팀에 이루어지더라도 조직 전체에 광범위한 영향을 미칠 수 있다는 점을 강조하면서 공감을 얻고 있다.

이러한 새로운 패러다임 중 또 다른 하나는 OD에 대한 대화적(dialogic) 접근이다. 이는 조직 내 변화가 지속적이고 자발적으로 발생할 수 있으며, 구성원의 이야기와 변화하는 대화에 기반한다는 개념을 지지한다. 이 관점은 또한 조직과 그 변화가 객관적으로 실재하는 현상이 아니며, 조직 구성원에 의해 정의되고 부여된 현실로부터 독립하여 존재한다는 점을 중요하게 여기고 있다. 실제 현실에서는 특정 시점의 변화에 대한 여러 상충하는 담론이 존재할 가능성이 크다. 이러한 관점은 OD 실무자의 역할에 대해 무엇을 시사하고 있는 것일까? OD에 대한 이러한 대화적 관점의 함의를 더욱 완전히 이해할 수 있도록 다음 장에서 추가로 설명한다. 이 대화적 관점을 고전적인 진단 OD 프로세스와 비교하면서 효과적으로 더 자세히 다룰 예정이다.

조직변화에 대해 다양한 시각이 제시되고 있는 이 시점에서 어떤 설명이 가장 적절한지 궁금할 수 있다. 각각의 설명은 장점을 제공함과 동시에 단점을 포함하고 있으며, 조직의 일부 요소를 드러내는 동시에 다른 요소를 가릴 수 있다. 철학적 관점에서 보면 두 사고방식 사이에는 근본적으로 양립할 수 없는 가정이 있어 여러 관점을 동시에 수용하는 것이 불가능해 보일 수 있다(예: 조직 구조가 경험적 현실을 나타낸다고 보는 관점과 사회적으로 구성된 것으로 보는 관점 간의 차이).

그러나 실무자의 실용적 관점에서 보면, 각각의 모델은 고객 환경에 대한 독특한 통찰을 제공한다. 어떤 사람들에게 중요한 것은 어떤 모델이 옳은지가 아니라, 어떤 모델이 추가적인 이해를 돕고 실무자의 접근 방식과 고객의 필요에 가장 일치하는가에 달려 있다. 예를 들어, 구조가 잘 잡힌 계층적 환경이나 급격한 변화를 겪지 않는 안정된 조직에서는 시스템 이론 접근법이 고객에게 더 끌릴 수 있다. 반면 급변하는 환경이나 불확실성이 높은 환경에서는 실무자가 팀 회의에서 사용되는 언어를 분석하여 팀이 어떻게 의사결정을 내리는지 또는 팀 구성원의 갈등이 서로 다른 기본 가정을 어떻게 반영하는지를 이해하는 데 유익할 것이다. 여러 모델을 함께 사용하는 것도 상황의 새로운 측면을 밝히는 데 도움이 될 수 있다. 특정 모델에 과도하게 의존하면 실무자가 중요한 정보를 놓칠 위험이 있다(Burke, 1993). 중요한 것은 선택한 접근법의 가정을 인식하고, 그 가정이 초래할 결과를 이해하는 것이다.

어떤 변화 모델을 따르든, 많은 학자와 실무자는 변화를 촉진하기 위해 필요한 몇 가지 실질적인 단계와 이상적인 리더십 실무가 있다고 믿는다. 코터(Kotter, 1996)는 조직에서 주요 변화를 도입할 때 리더가 따라야 할 여덟 가지 단계를 다음과 같이 제시했다.

1. 긴박감[10] 조성

현재 성과를 평가하고 이를 경쟁자나 다른 기준과 비교하여 현재 성과에 안주하는 것을 극복하라.

2. 변화를 이끌 선도팀 구성

변화에 대한 전문성과 신뢰성을 가진 역량 있는 리더로 구성된 에너지 넘치는 팀을 구축하라.

3. 비전과 전략 개발

미래에 대한 매력적인 설명과 그 미래로 나아갈 경로를 제시하라.

4. 변화 비전 커뮤니케이션

여러 매체를 활용하여 전문 용어를 배제한 쉬운 언어로 변화가 무엇을 의미하는지, 왜 조직 구성원들이 이에 열광해야 하는지를 정기적으로 전달하라.

5. 광범위한 실행 권한 부여

변화를 성공적으로 만들기 위한 조직적·체계적·기술적·정책적 장애를 제거하라.

6. 단기 성과 창출

변화 노력이 성공적임을 입증하고 동기를 부여할 수 있도록 즉각적이고 가시적인 변화를 여러 개 실행하라.

7. 성과를 공고히 하고 추가 변화 창출

안주하려는 경향을 극복하고 더 큰 변화를 지속적으로 추진하라.

8. 새로운 접근 방식을 문화에 정착시키기

새로운 구성원과 리더가 원하는 문화를 대표하도록 하여 새로운 접근 방식을 조직문화에 정착시켜라(p. 21).

요약

조직변화는 대부분의 조직개발 업무에서 명시적인 목적이다. 실무자는 개인 수준, 그룹 또는 팀 수준, 다수의 그룹 또는 팀, 조직 전체 수준, 그리고 조직 간, 국가 간 또는 국가와 국제기구 간의 수준에서 개입한다. 변화는 계획적으로 이루어질 수도, 계획되지 않은 상태에서 발생할 수도 있으며, 단발적인 변화일 수도 있고 지속적인 변화일 수도 있다. 또한, 변화는 기존 패턴 내에서의 소규모 수정에 해당하는 1차 변화일 수도 있고, 새로운 틀과 패턴을 창

---

10 "위기의식"이라고 번역하거나 이해하면 마치 위기를 조성해야 변화가 시작된다로 받아들일 수 있다. 그러나 코터가 강조한 것은 "위기(crisis)" 자체라기 보다 조직에 변화를 미루지 않고 즉시 행동하도록 만드는 "긴박한(urgency)" 에너지를 형성하는데 있다고 할 수 있다. (역자주)

출하는 2차 변화일 수도 있다.

학자들과 실무자들은 변화가 어떻게 발생하는지를 설명하기 위해 다양한 모델과 접근법을 개발했으며, 각각의 모델은 고유한 이점과 단점을 지닌다. 일부 모델은 시스템 이론에 기반하여 조직을 입력, 변환 과정, 출력, 피드백 프로세스로 구성된 집합체로 본다. 르윈(Lewin)의 해빙·변화·재동결이라는 세 단계 접근법, 내들러-투시먼(Nadler-Tushman)의 적합성 모델, 버크-리트윈(Burke-Litwin)의 변화 모델, 와이스보드(Weisbord)의 식스 박스 모델은 모두 시스템 이론의 기본 원칙과 일치한다. 이러한 모델은 조직의 기본 구성 요소들이 효과적으로 맞물릴 때 변화가 성공할 수 있으며, 한 영역의 변화가 종종 다른 영역에 필요한 또는 의도치 않은 변화를 초래할 수 있음을 설명한다. 이와는 다른 변화 접근법은 사회적 구성주의를 핵심으로 삼아 조직을 커뮤니케이션 패턴 속에서 생성되고 전개되는 존재로 본다. 이 접근법은 변화를 특정 프로젝트가 아니라 지속적인 과정으로 간주한다.

조직변화에 대한 충분한 이해를 통해 OD 실무자는 변화를 촉진할 수 있는 가장 적절한 개입 방식을 더욱 의식적으로 선택할 수 있다. 다음 장에서는 OD 실무자의 역할, OD 실무자가 고객과 함께 일하는 방식, 그리고 변화 과정에서 실무자가 따르는 프로세스에 대해 좀 더 구체적으로 다룰 것이다.

토론을 위한 질문

1. 이 장에서는 여러 조직 모델과 조직변화 접근법을 제시하고 있다. 어떤 모델이나 접근법이 가장 매력적으로 느껴지는가? 예를 들어, 시스템 이론에 끌리는가, 아니면 사회적 구성 관점에 끌리는가? 그 이유는 무엇인가?

2. 이러한 모델들을 고려하고, 조직에 대한 자신의 지식을 바탕으로 OD 실무자가 조직변화를 이끌 때 사용할 수 있는 자신만의 모델을 개발하라. 그 모델은 무엇을 포함하고, 무엇을 제외하는가? 또한, 이 장에서 제시된 모델들과 어떤 점에서 차이가 있는가?

3. 인터넷에서 조직개발 또는 경영 컨설턴트의 웹사이트를 검색하여 그들이 추천하는 명시적 또는 암묵적 조직 모델이나 조직변화 모델을 찾아보라. 이러한 모델은 이 장에서 제시된 접근법과 어떻게 관련되는가?

연습문제: 조직변화 모델 사용하기

아래의 조직변화 프로젝트에 대한 세 가지 설명을 읽고, 이 장에서 설명한 조직변화의 모델이나 접근 방식 중 하나를 사용하여 상황을 분석하라.

| 예시 1

교육 부서의 책임자는 트레이너들이 진행 중인 다양한 프로젝트를 추적하기 위해 온라인 시스템을 도입하기로 결정했다. 경영진은 이 시스템을 통해 얻은 보고서를 두 가지 목적으로 사용하고자 했다. 첫째는 고위 경영진에게 더 많은 트레이너가 필요하다는 것을 증명하는 것이었고, 둘째는 트레이너들의 생산성을 측정하는 것이었다. 트레이너들은 매주 시스템에 로그인하여 프로젝트를 설명하고, 예상 소요 시간을 추정하며, 현재 진행 상황을 업데이트하도록 요청받았다. 그러나 많은 구성원은 자신들의 업무가 너무 면밀하게 모니터링되는 데 대해 화를 냈고, 경영진이 비생산적인 트레이너를 파악하여 해고하려 한다는 소문이 생겨났다. 이에 대한 대응으로 트레이너들은 프로젝트를 여러 하위 프로젝트로 나누어 시스템에 입력하기 시작했고, 이를 통해 동료들보다 더 많은 일을 하고 있다는 인상을 주고자 했다. 서너 명의 동료가 협업하는 프로젝트의 경우, 각자가 작업을 개별적으로 입력하여 동일한 프로젝트임에도 여러 프로젝트가 동시에 진행 중인 것처럼 보이게 했다. 결국 이 시스템은 부서의 업무량 상태에 대한 정확한 정보를 제공하지 못하게 되어 폐기하고 말았다.

| 예시 2

한 중학교 교장은 교육에 대한 '강점 기반(strengths-based)' 접근법을 채택하여 모든 학생이 자신의 학습 스타일에 맞는 방식으로 학습할 기회를 가져야 한다고 발표했다. 이는 그동안 전통적이고 보수적인 교육 방식을 고수해온 학교에서 전례 없는 조치였다. 교장은 모든 교사에게 자신들의 교육과정을 재검토하여 새로운 철학을 구현할 방법을 찾을 것을 요청했다. 그러나 이 조치는 교사들에게 큰 충격을 주었고, 교사들 대부분은 이러한 접근법에 익숙하지 않았으며, 교장이 간단한 개요만 제공했을 뿐 구체적으로 어떻게 진행할 것인지에 대한 교육은 이루어지지 않았다. 일부 교사들은 이러한 접근법을 '비주류' 또는 '검증되지 않은' 기법이라고 간주하여 시도하기를 꺼렸고, 다른 교사들은 이 접근법이 자신의 교육철학과 일치하지 않는다고 느꼈다. 또 다른 교사들은 교육과정 개정에 시간을 투자할 만한 가치가 없을 것이라고 판단했다. 그러나 이러한 우려를 교장에게 직접 표현하는 교사는 없었는데, 이는 교장과의 갈등을 피하고자 했기 때문이다. 새로운 방법을 채택한 교사들은 학생들이 변화에 감사하고 있다고 느꼈다. 그러나 이 접근법에 대해 알게 된 일부 학부모들은 교장에게 고전적인 '읽기', '쓰기', '수학' 교육이 충분히 이루어지지 않고 있다고 불평하기 시작했다.

한 도시 외곽에 있는 콘도 단지의 소유주들은 최근 완공된 단지 내 개별 콘도에 대한 구매자를 찾는 데 어려움을 겪고 있었다. 도시계획국 통계를 바탕으로 소유주들은 시장조사를 했는데, 도시에 새로 유입된 젊은 주민들이 구매 가격을 감당할 수 없으며 콘도의 임대를 더 선호한다는 결과가 나왔다. 소유주들은 시에 콘도 건물 중 하나를 아파트 건물로 변경해줄 것을 청원했다. 또한 정부 지원 혜택을 활용하기 위해 해당 건물을 시 최초의 저렴한 주택 단지로 만들고자 했다. 시의회 회의에서 건물 근처에 거주하는 주민들은 도시에 '저소득 주택'이 들어서는 것을 원하지 않는다고 항의했다. 일부 주민은 임대 콘도가 결국 부주의한 단기 거주자들에 의해 '낙후된 건물'이 될 것이라고 주장했다. 반면, 다른 시민들은 지역 예술가와 학생들에게 인기를 끌면서 도시에 활력을 불어넣을 수 있는 다양한 에너지를 가져올 수 있다는 점에서 지지를 보냈다. 시의회는 시의 저렴한 주택 정책과 관행을 연구하기 위해 태스크포스를 구성하기로 결정했다. 현재 주민과 잠재적 신규 주민은 시가 주관하는 일련의 포럼에 함께 참여하여 양측 모두가 지지하는 계획을 수립하자는 데 동의했다.

사례연구 4: "난 그녀와 도저히 함께 일할 수 없습니다" – 북동부 영업 부서의 팀 갈등

아래 사례를 읽고 다음 질문에 답하라.

1. 시스템 이론 관점에서 이 사례의 갈등을 설명하라. 내들러-투시먼의 적합성 모델(congruence model), 버크-리트윈 모델(burke-litwin model), 또는 와이스보드의 식스 박스 모델(six-box model)을 적용하여 이 조직에서 무슨 일이 일어나고 있는지를 파악하라.

2. 사회적 구성 관점에서 갈등을 분석하라. 다른 관점에서 사례를 바라볼 때 어떤 유사점 또는 차이점이 나타나는지 설명하라.

3. 이 사례에서 갈등을 해결하기 위해 무엇을 할 것인지 제안하라.

출처: I Just Can't Work With Her: Team Conflict in the Northeast Sales Division, by Donald L. Anderson, 2017, SAGE Business Cases Originals (http://dx.doi.org/10.4135/9781526429360).

닐과의 회의

"오, 안녕하세요, 프리다! 어서 오세요. 기다리고 있었습니다." 위젯 테크 인더스트리(WTI) 북동부 영업 부사장인 닐 배스(Neil Bass)가 그의 인사 담당 파트너인 프리다를 사무실로 맞이했다.

프리다 로빈슨(Freda Robinson)은 회사에 입사한 지 5년이 넘었을 때 처음 닐을 만났다. 반면, 닐은 벽에 걸린 '20년 근속'이라는 문구가 새겨진 크리스털 상패가 말해주듯, WTI에서 오랜 경력을 쌓고 있었다. 프리다가 자리에 앉았다. 닐의 인사 담당 파트너로서 프리다는 일상적인 구성원 문제뿐만 아니라 조직 효율성에 대한 책임도 함께 지고 있었다.

"얼마나 바쁘신지 잘 아는데, 전화를 받고 기분이 좋으면서도 놀랐어요. 그런데 꽤 급한 일 같더군요. 무슨 일이 있는 건가요?" 프리다가 힌트를 주듯 말했다.

"제 팀에 대해 전에 여러 번 이야기했으니 이번 일이 그리 놀랍지는 않을 겁니다. 작년에 우리는 팀 구성원들이 서로의 강점과 약점에 대해 피드백을 주고받는 360도 평가를 완료했습니다. 이렇게 한 이유는 우리 모두 업무상 큰 압박을 받고 있기 때문에 서로가 직면한 어려움을 이해하고 존중할 수 있도록 돕기 위해서였습니다. 한동안은 상황이 나아졌지만, 요즘은 최악입니다." 닐이 의자에 기대며 한숨을 쉬었다.

"팀원들이 누구이고, 각각 무슨 일을 맡고 있는지 다시 한번 설명해줄 수 있나요?" 프리다가 제안했다.

"물론이죠. 아시다시피 저는 뉴욕과 펜실베이니아에서 메인에 이르기까지 북동부 전역에서 400명이 넘는 영업 임원들을 관리합니다. 제 관리팀은 우리 지역 내 각 주를 담당하며, 전체 팀을 지원하는 영업 운영 부서도 있습니다. 여기, 조직도를 보면서 설명하는 것이 더 쉬울 것 같네요." 닐은 의자를 돌려 선반에서 바인더를 꺼내 첫 페이지를 찢어 프리다에게 건넸다.

"바로 본론으로 들어가죠. 가장 큰 문제는 르네(Renee)입니다. 그녀는 정말 다루기 어려운 사람입니다. 때로는 이 조직에 독소 같은 존재라고 할 수 있어요. 구성원회의에서 그녀는 다른 사람들에게 소리 지르며 그들이 의도적으로 자기 일을 방해한다고 말합니다." 닐이 잠시 말을 멈췄다.

"예를 들어줄 수 있나요?" 프리다가 요구했다.

"물론이죠. 사실 얼마 전에 일어난 일입니다. 르네가 저를 찾아와서 멜리사(Melissa)의 운영팀이 무능하다고 불평했습니다. 구체적으로는 지난 몇 달간의 판매 보고서에 심각한 오류가 있다는 내용이었습니다. 르네와 멜리사는 마치 기름과 물처럼 전혀 어울리지 않는 한 쌍입니다. 두 사람은 정말로 잘 지내지 못하고 있어요. 마침 멜리사가 제 사무실 앞을 지나가고 있었는데, 르네가 고함을 지르며 '내가 네 얘기를 하고 있으니 당장 들어와'라고 말했습니다. 그러자 멜리사가 들어왔고, 르네는 제 사무실에서 멜리사를 계속 몰아세웠습니다." 닐이 설명했다.

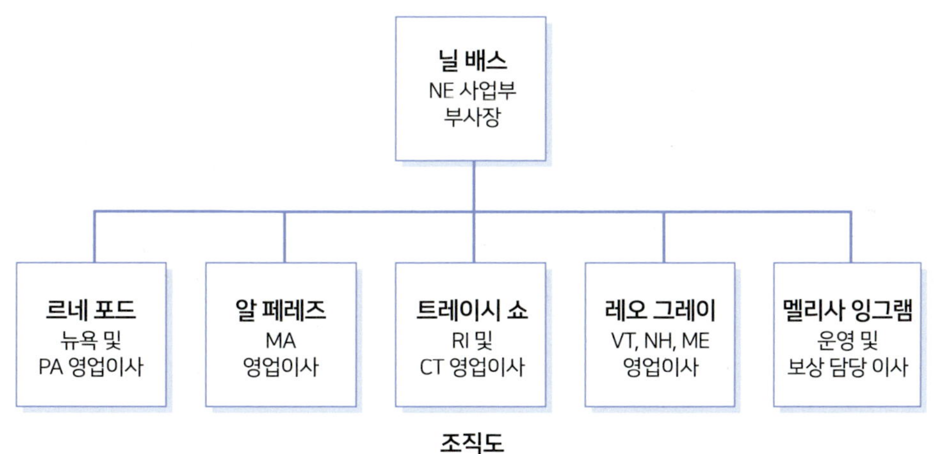

조직도

"지금까지 말씀하신 '다루기 어렵다', '해롭다', '고함을 지른다', '폭언' 같은 표현을 보면 이건 심각한 문제네요. 지금까지 그녀에게 뭐라고 말씀하셨나요?" 프리다가 물었다.

"사실 그게 1년 전에 모든 팀원이 서로 피드백을 주고받게 하려 했던 이유 중 하나였어요. 르네가 자신의 행동이 팀 전체에 어떤 영향을 미치는지 알길 바랐죠. 몇 달 동안 좀 차분해졌고, 그동안은 특별히 눈에 띄는 문제는 없었어요. 하지만 회계연도 마지막 몇 달로 접어들면서 다시 문제가 시작됐어요. 그녀에게 행동을 개선하지 않으면 조치를 취할 것이라고 말했습니다." 닐이 자신 있게 말했다.

"제가 우선 드리고 싶은 말씀은 그녀에게 더 구체적인 지침을 줄 필요가 있다는 거예요. '개선하라'거나 '조치를 취할 것' 같은 말은 모호한 위협이 되고 말 수 있거든요. 그런데 이건 1년 전에 언급하셨던 내용과 비슷한 것으로 들리는데, 왜 그렇게 오랫동안 이런 상황을 용인하고 있었던 건가요?" 프리다가 날카롭게 물었다.

"무슨 말인지 알아요. 르네는 저와 함께 일한 지 여러 해 되었고, 제 최고 영업사원이기도 해요. 우리 부서에서 가장 큰 지역을 담당하고 있습니다. 그녀의 팀은 매년 목표치를 초과 달성하고 있죠. 솔직히 말해 작년 우리 지역의 전체 보너스는 그녀 팀이 뉴욕과 펜실베이니아에서 신규 고객 계정을 성공적으로 확보한 덕분에 가능했거든요. 만약 그녀에게 나가달라고 요청한다면 회사에 실질적인 피해가 발생할 겁니다. 그래서 글로벌 영업 책임자인 에이버리(Avery)에게 르네의 최근 사건을 이야기했음에도 그녀를 해고하지 말라는 분명한 메시지를 받았습니다. 저는 그저 그녀가 날카로운 성격을 개선하기를 바라고 있을 뿐입니다." 닐이 솔직하게 털어놓았다.

"르네와 멜리사 간의 대인 갈등 외에 나머지 팀원들은 어떻게 협력하고 있나요?" 프리다가 물었다.

"알(Al), 트레이시(Tracey), 레오(Leo) 모두 멜리사에게 불만이 있긴 해요. 대부분은 팀 내에서 해결되긴 합니다. 문제는 르네가 멜리사와 전혀 어울리지 못하는 것 같다는 점이죠." 닐이 말했다.

"멜리사에 대해 좀 더 설명해주시겠어요?" 프리다가 물었다.

"멜리사는 이 역할을 맡은 지 18개월 정도 됐습니다. 이전 담당자인 사바나(Savanna)는 스트레스를 견디지 못해 그만뒀고, 저는 멜리사를 운영 및 보상 업무 자리로 승진시켰습니다. 그녀는 단호하고, 프로세스 중심적이며, 규칙을 철저히 따르는 사람이라서 승진시켰어요. 우리 조직에 더 많은 규율이 필요했거든요." 닐이 설명했다.

"그녀 팀의 주요 업무에 대해 더 자세히 설명해주세요." 프리다가 요청했다.

"그녀의 팀은 두 가지 주요 역할을 합니다. 팀 일부는 영업 운영을 담당하며, 모든 영업 주문이 올바른 승인을 거쳐 정확한 프로세스를 따르도록 보장합니다. 영업사원이 제출하는 모든 주문에는 고객 서명이 포함된 하드 카피, 정확한 구매 주문 번호, 신용 조회, 제 허가 없이는 부적절한 할인이 없어야 하고, 영업이사의 승인이 필요합니다. 멜리사의 팀은 또한 영업 보상 분배를 담당하고, 전체 프로세스에 대한 감사와 검사를 수행합니다. 영업사원들은 할당량을 충족하고 승인 조건을 만족할 때 영업 수수료를 지급받습니다. 제가 언급한 항목 중 하나라도 누락되면 수수료가 지급되지 않거나 지연됩니다. 예를 들어, 신용조회를 하지 않거나 고객의 구매 주문이 없으면 20% 적게 지급됩니다. 제 허가 없이 할인할 경우 수수료는 아예 지급되지 않습니다. 2년 전 제가 이 규칙을 도입했을 때 우리 지역의 규율이 크게 개선되었고, 이제 우리는 연례 준법 감사에서 최고 실적 지역입니다." 닐이 자랑스럽게 말했다.

"팀원들로부터 이 상황에 대한 더 많은 이야기를 들어보고 싶어요. 각각의 팀원과 대화를 나눌 수 있는 시간을 마련해도 괜찮을까요?" 프리다가 말했다.

"너무 좋죠. 꼭 좀 그렇게 해주세요. 프리다가 파악한 내용을 정말 듣고 싶습니다." 닐이 안도하며 말했다.

알 페레즈(Al Perez)와의 회의

"제 관점에서는 이 팀이 개선할 수 있는 부분이 많습니다. 솔직히 말해서 운영팀은 완전 엉망입니다. 평균적으로 보면, 우리가 시스템에 넣은 판매 주문의 약 75%나 다시 되돌려 받는 것 같아요. 예를 들어, 이건 방금 1시간 전에 일어난 일인데요. 우리 영업사원이 시스템에서 요구하는 대로 구매 주문 번호를 입력했는데, 첫

두 자리 숫자 사이에 대시(-)가 없다는 이유로 오류로 처리되었습니다. 멜리사 팀의 운영 담당자는 버튼 하나만 누르면 처리할 수 있었지만, 그렇게 하지 않고 전체 주문을 반려하고 다시 제출하라고 했습니다. 이를 처리하느라 영업사원이 1시간 정도를 허비했습니다. 때로는 그들이 우리를 아이 취급하는 것처럼 느껴집니다.

또 다른 경우는 우리 영업사원이 10만 달러에 대한 고객 신용조회를 넣었는데, 주문이 두 번에 걸쳐 5만 달러씩 나가야 했기 때문에 멜리사 팀이 신용조회를 두 번 하라고 요구했습니다. 이 같은 규칙은 전혀 말이 되지 않아요.

이 문제를 닐에게 제기하면, 그는 해결하겠다고 말하지만 실제로는 아무것도 하지 않습니다. 그는 멜리사 팀을 통제하지 않으려고 하죠. 닐과 10년을 함께 일했기 때문에 저는 아무 기대도 하지 않습니다. 그가 갈등을 회피하는 것을 선호한다는 걸 저는 알고 있습니다. 그는 멜리사 팀에 모든 권한을 위임했고, 우리가 매일 겪는 상황에 대해 전혀 모릅니다. 이 문제가 처음 발생했을 때, 저는 멜리사와 이성적으로 대화하려 했고, 그녀에게 팀이 단순히 프로세스 단계를 추가하는 대신 우리를 도와달라고 요청했습니다. 하지만 결국 말싸움으로 끝나고 말았죠. 그녀는 어떤 책임도 지지 않았고 피드백을 받아들여 변화를 고려하는 것조차 거부했습니다. 이제는 그녀와 접촉하는 것도 싫습니다. 그녀가 이메일로 요구 사항을 보내면 저도 이메일로 답변을 보냅니다. 작년 여름 이후로 그녀와 직접 대화한 적이 없는 것 같아요."

트레이시(Tracey)와의 회의

"저는 매주 팀 판매 성과에 따라 보상받습니다. 즉, 제 팀의 판매 수익에서 보상 비용과 기타 비용을 뺀 금액을 기준으로 보상이 결정됩니다. 그런데 모든 영업팀의 비용에 포함되는 게 뭔지 아세요? 멜리사 팀의 비용도 포함됩니다. 그 팀은 판매에 아무런 기여도 하지 않는데, 왜 멜리사 팀의 인원수 때문에 제가 불이익을 받아야 하나요? 우리 모두는 그 팀이 실제로 무슨 일을 하는지 궁금해하고 있습니다. 우리 주머니에서 그 팀 비용을 지불하는 거잖아요.

내가 그 팀을 위해 돈을 지불하고 있으니, 나는 그들의 고객입니다. 운영팀이라면 우리에게 어떻게 도움을 줄 수 있는지, 우리가 더 편하게 일할 수 있도록 무엇을 할 수 있는지 물어봐야 하지 않겠어요? 최소한 우리에게 능동적이고 고객 중심적인 지원이라도 제공하면 좋겠습니다. 어쨌든 우리가 지불하는 서비스니까요. 그들이 '어떻게 도와드릴까요?'라고 묻는다면 정말 좋겠습니다.

저는 닐 때문에 여기 있습니다. 그의 비전과 미션이 정말 설득력 있는 영감을 주고 있기 때문이죠. 하지만 이제는 닐이 멜리사를 좀 잘 다루었으면 하는 생각입니다. 멜리사는 통제 불능 상태로 가고 있어요. 우리는 닐이 아니라 멜리사를 위해 일하는 것처럼 느껴집니다. 그녀는 내가 얼마나 돈을 버는지 훤히 알고 있으며, 내가 돈을 받을 수 있을지 없을지를 좌지우지하고 있습니다. 거의 모든 주문과 지급에 대해 최종 결정권을 가진 사람은 멜리사입니다.

르네가 소리를 지르는 것 같은 행동은 분명히 올바른 방식이라고 할 수 없지만, 그녀는 우리가 모두 생각하고 있는 말을 대신 말하고 있는 것뿐이에요."

르네(Renee)와의 회의

"프리다, 솔직하게 말씀드릴게요. 저는 이 문제에 대해 솔직하게 접근하는 것 외에는 다른 방법이 없다고 생각합니다. 저는 거대한 지역을 담당하고 있으며, 업무량이 엄청나게 많습니다. 우리 북동부 부서 전체가 제 팀의 성공에 달려 있다는 것은 우리의 성과 수치를 보면 누구나 알 수 있습니다. 제게는 충성스럽고 까다로운 고객이 있으며, 우리 팀이 회사에서 가장 많은 주문을 처리하고 있습니다. 저는 정말 바빠요.

그래서 저는 운영팀과의 파트너십이 필요합니다. 경찰이나 판사, 감사관 같은 역할이 아니라 우리 편이 되어 줄 사람들이 필요해요. 그들이 요구하는 기준을 충족시키면서도 주문을 원활하게 처리할 방법에 대해 조언이 필요하기도 합니다. 규칙이 매일 바뀌기 때문에 정말 따르기 어렵습니다. 저는 항상 출장 중이고, 보통 밤 12시쯤 호텔 방에서 온라인으로 접속해 멜리사의 헷갈리는 이메일을 처리하려고 애쓰고 있습니다. 멜리사는 지난달에 새로 만든 규칙에 대해 우리 팀이 이를 준수하지 않았다는 감사 보고서를 닐에게 보내고, 닐은 화난 메모를 보내며 무슨 일이 벌어지고 있는지 제게 묻죠. 그러면 저는 500줄이 넘는 스프레드시트를 뒤져 어떤 영업사원이 수수료를 받지 못하게 될지 확인하고 제 팀을 변호해야 하는 상황에 놓이게 됩니다. 솔직히 그들이 의도적으로 제 일을 방해하고 있는 것은 아닌지, 제가 부정행위라도 저지르고 있다는 의심을 품고 있는 것은 아닌가 하는 느낌마저 들어요.

더 답답한 것은 우리의 내부 정보기술 시스템이 전혀 정확하지 않다는 겁니다. 멜리사가 보내는 현재 미처리 주문 보고서에는 25% 이상이 이미 처리된 주문으로 나와 있지만, 시스템에서는 그걸 제대로 보여주지 않아요. 그녀는 심지어 1년 전에 퇴사한 영업사원에 대한 세부 정보를 요구하기도 합니다. 왜 모든 것을 제가 해결해야 하는 걸까요?

제가 배려심이 부족했고 부적절한 말을 한 적이 있다는 것을 압니다. 또한 닐이 에이버리에게 저에 대해 불평하고 있다는 것도 알고 있어요. 그래서 저는 조심하며 눈에 띄지 않으려고 애쓰고 있습니다. 분명한 것은 닐이 에이버리가 저를 지지할 것이라는 사실을 참을 수 없어한다는 겁니다. 에이버리는 제가 회사를 떠나면 고객도 떠날 것이라는 걸 알고 있습니다. 에이버리는 제가 닐의 자리를 물려받을 거라고 말했는데, 닐도 그 사실을 알고 있기 때문에 저를 나쁘게 보이게 만들려 한다고 확신합니다.

그리고 멜리사는 제가 자신보다 돈을 더 많이 번다는 사실을 싫어합니다. 제 팀원 중 한 명이 멜리사가 닐에게 영업 수수료 비용, 특히 디렉터 수수료를 줄이는 방법을 찾고 싶다고 말하는 것을 들었다고 하더군요. 제 담당 지역이 가장 크고 매년 할당량을 초과 달성하기 때문에 제가 가장 높은 보수를 받는 디렉터라는 걸 알고 있습니다.

저는 지금 주말마다 그녀가 요청한 작업을 처리하는 데 시간을 쓰고 있으며, 그녀의 데이터를 신뢰할 수 없기 때문에 자체적으로 데이터를 추적하는 내부 팀을 구성하기 시작했습니다. 일주일에 7일을 이렇게 일하는 속도를 계속 유지할 수 있을지 모르겠습니다. 결론적으로, 무언가 바뀌어야 합니다. 저는 그녀와 더 이상 함께 일할 수 없어요."

레오(Leo)와의 회의

"제가 담당하는 주는 가장 많지만, 팀 규모가 가장 작고 고객 수가 적기 때문에 멜리사나 그녀 팀과 큰 문제는 없습니다. 약 3개월 전에 한 가지 문제가 있었는데, 제 팀이 고객 주문 수락을 이메일 사본으로 증명해야 한다는 새로운 규칙을 이해하지 못하겠다고 불평한 일이 있었습니다. 그래서 우리는 멜리사 팀의 한 사람을 다음 구성원회의에 초대했고, 그녀가 새로운 규칙의 이유를 설명해주었습니다. 우리는 질문을 통해 내용을 명확히 했고, 제 팀도 만족했습니다.

저는 멜리사가 우리를 좋아하도록 정치적 게임을 하는 법을 배웠습니다. 멜리사 팀에는 이해 상충(conflict of interest) 문제가 있다고 생각합니다. 주문 처리를 도와야 할 사람들이 동시에 그 요구 사항을 감사하고, 우리의 급여를 거부할 권한도 가진 사람들이에요. 그들이 규칙을 만들고, 그 규칙에 따라 심판 역할을 하는 겁니다. 규칙이 타당한지, 올바르게 해석되는지 검토할 견제와 균형(checks and balances)이 없기 때문에 그 팀이 내세우는 모든 것이 법이 됩니다. 불필요한 규칙에 대해 불만을 제기하면 또 다른 감사에 걸리게 됩니다."

멜리사(Melissa)와의 회의

"'멜리사가 싫다'는 불평이 처음 나오기 시작한 게 1년 전쯤입니다. 이제는 매일 듣는 일이 됐죠. 다들 제가 도움이 안 된다고 불평하고 있을 거라는 걸 압니다. 하지만 어떤 면에서는 별로 신경 쓰지 않아요. 제가 이 일을 처음 맡았을 때, 우리는 보상 관행이 정확하지 않아 소송에 휘말려 있었습니다. 그때 내부 감사 부서가 우리를 조사하기 시작했어요. 판매를 전혀 하지 않은 사람들에게 부적절하게 수수료가 지급되고 있었고, 영업사원들이 회사에 수백만 달러의 손실을 입히는 할인을 남발하고 있었습니다. 심지어 주문하지도 않은 고객에게 제품을 발송하고 영업 수수료를 지급한 뒤, 반품 비용을 지불하고 고객에게 사과하는 상황도 벌어졌습니다. 그래서 지금은 반드시 구매 주문 번호를 요구하는 겁니다. 아무도 시스템을 속이지 못하도록 하기 위해서요. 불법적인 활동이 있었다고까지는 말하지 않겠지만, 그건 제가 증명할 수 없기 때문입니다. 법에 따라 모든 판매 주문에는 고객 서명이 있어야 합니다. 이것은 그들에 대한 개인적인 공격이 아닙니다.

그들이 정말로 싫어하는 건 더 이상 아무런 제약 없이 행동할 수 없다는 사실입니다. 이제 우리는 모든 주문과 지급되는 영업 수수료에 대해 제가 자신 있게 보증할 수 있도록 통제와 프로세스를 갖추고 있습니다. 그들은 싫어할지 몰라도 그것이 회사에 가장 좋은 일입니다. 마치 숙제하거나 약을 먹기 싫어하는 아이를 다루는 것 같아요. 여기서 어른 역할을 할 사람은 저뿐입니다. 제가 나쁜 사람으로 보일 수 있지만 괜찮아요. 감당할 수 있습니다. 그들이 정말 원하는 것은 예전처럼 저를 부리려는 것이고, 제가 사바나처럼 그들의 실수를 뒤에서 정리해주는 행정 지원 역할을 하길 바라는 겁니다. 죄송하지만, 저는 그렇게 하지 않을 겁니다. 그들이 다시 제대로 수정하느라 고생을 해봐야 다음번에는 더 주의를 기울이고 제대로 할 겁니다.

그들은 내가 닐과 귓속말을 해가며 그의 관심을 더 많이 받는다고 생각하는 것 같아요. 그건 사실이 아닙니다. 저는 닐과 치열한 언쟁을 벌인 적도 많아요. 하지만 그는 상사이고 최종 결정을 내리는 사람입니다. 요즘 우리가 사용하고 있는 모든 규칙과 프로세스는 닐의 지지와 승인을 받은 것이며, 그는 그 규칙을 제 팀이 구현하도록 위임하고 모든 사람이 이를 준수할 것을 바라고 있는 것입니다. 준수 보고서에서 어떤 차이가 발견되면, 문제가 있는 주문을 왜 허용했는지 제가 닐에게 답변하고 있습니다. 저에게도 압박이 있습니다.

우리 모두 동의할 수 있는 점은 시스템이 매우 열악하다는 것입니다. 제가 처음 일을 시작했을 때, 데이터베이스에 있는 잘못된 데이터를 정리하고 올바르게 만드는 품질 관리팀을 구성했습니다. 불행히도, 그것은 다른 디렉터들의 시간과 도움이 필요합니다. 저는 이 조직에 있는 모든 사람을 알지 못하고, 그들이 과거에 했던 모든 판매 기록 역시 알지 못합니다. 지난 1년 동안 우리가 발행하는 가장 일반적인 보고서 20개 중 상위 11개를 정리했습니다. 점점 개선해나가고 있는 중입니다.

저는 다른 사람들과 함께 일할 수 있지만, 르네와는 다른 이야기입니다. 그녀 때문에 제 팀원이 눈물을 흘렸고, 최고의 시스템 분석가인 올리비아(Olivia)는 지난달에 퇴사했습니다. 르네가 저와 제 팀에게 한 일들 때문에 저 역시 그녀의 삶을 더 어렵게 만들었다는 것을 압니다. 다른 동료 사정은 그래도 일리가 있다고 보지만, 르네와는 도저히 함께 일할 수 없습니다.”

조직개발 실무자와 OD 프로세스

학습 목표

이 장에서는 다음과 같은 내용을 학습한다.

– 조직개발과 다른 형태의 컨설팅과 차이점
– OD 실무자의 역할과 성공에 필요한 기술과 역량
– OD 프로세스에 대한 진단적 접근 방식과 대화적 접근 방식의 비교

아주 오래전에 나는 정말 대담하고 무모한 결정을 내린 적이 있다. 한 고객으로부터 조직개발 부문 수석부사장 자리를 제안받고 이를 수락한 것이다. 내 경력 대부분이 외부 컨설턴트로 이루어졌고, 나는 단 한 번도 어떤 부문에서든 부사장직을 맡아본 적이 없었기 때문에 이는 매우 큰 도전이었다. 하지만 내가 앞으로 함께 일하게 될 경영진과는 거의 1년 동안 함께 컨설팅 업무를 수행한 바 있고, 경영진, 특히 COO 그리고 곧 나의 상사가 될 CEO를 존경하고 신뢰했다. 그리하여 도전에 뛰어들었다. 나날이 새로운 도전이었고, 이 공식적인 결합은 모든 것을 바꿔놓았다(O'Connell, 2001, p. 274).

• 내부 조직개발 실무자와 외부 조직개발 실무자 사이의 가장 큰 차이는 무엇이라고 생각하는가?

지금까지 우리는 조직개발(OD) 분야의 역사와 기초에 대해 논의했다. 또한 OD 실무자들이 지향하는 가치와 윤리, 그리고 조직변화 과정이 대부분의 OD 작업에 일반적인 배경이 되는 방식을 살펴보았다. 이 장에서는 OD 과정에서 실무자의 역할을 더욱 깊이 탐구하고, 책 전반에서 다루게 될 고객과 실무자 사이에서 흔히 발생하는 몇 가지 문제를 소개할 예정이다. OD 컨설팅과 우리에게 익숙한 다른 유형의 컨설팅을 구분하고, 내부 컨설팅과 외부 컨설팅 관계를 깊숙이 살펴본다. 또한 성공적인 OD 컨설턴트가 되기 위해 필요한 학문적 배경, 경험, 기술, 역량 등을 포함한 OD 컨설턴트에 잘 맞는 구비사항을 제시할 것이다. 마지막으로, OD 컨설팅의 프로세스에 대해 자세히 논의하면서 이후 장에서 다룰 액션 리서치 모델을 기반으로 이 장의 내용을 마무리한다.

컨설팅 관계와 컨설팅 유형

이미 논의했듯이 OD 실무자는 '컨설턴트'라는 직함을 가진 사람들보다 훨씬 더 넓은 범주를 포함하는 말이다. OD 실무자는 경영진, 관리자, 프로젝트 매니저, 조직변화를 설계하고 실행하는 역할을 맡은 담당자 등을 포함한다. 핸슨과 루빈(Hanson & Lubin, 1995)은 OD 업무가 관리자들의 업무와 매우 일치하고 있다고 주장한다. 이는 관리자들이 행정과 감독 역할을 수행할 뿐만 아니라 학습, 개발, 문제해결, 팀워크를 촉진하는 업무를 수행하기 때문이다. 또한 핸슨과 루빈(Hanson & Lubin, 1995)은 OD 업무의 근본은 사회적 변화관리자로서의 기술과 역량이라고 강조한다(p. 87). 조직개발은 관리자, 경영진, 기타 조직 구성원들이 변화를 실행할 때 도움을 줄 수 있는 개념, 도구, 이론 및 기법을 제공하게 된다.

이러한 그룹 외에도 많은 조직은 변화를 도모하기 위해 OD 컨설턴트를 고용한다. 컨설턴트는 변화 촉진 파트너로서 관리자 및 경영진과 긴밀하게 협력하여 조직이 목표를 달성하도록 돕는다. 이러한 컨설팅 관계는 다음과 같이 정의할 수 있다.

> 도움을 주는 전문가(컨설턴트)와 도움이 필요한 시스템(클라이언트)이 자발적으로 수립한 관계로서, 컨설턴트는 현존하는 또는 잠재적인 문제를 해결하는 데 있어 클라이언트에게 도움을 주려 하며, 양 당사자는 이 관계를 일시적인 것으로 인식한다 (Lippitt, 1959, p. 5).

컨설턴트는 일반적으로 클라이언트 시스템의 외부자로 존재한다. 일반적인 의미로 '컨설턴트'는 특정 전문 분야에서 조언, 의견, 상담, 멘토링을 제공하는 사람을 의미한다. 이 정의는 OD 컨설턴트의 역할에 적용할 때 부분적으로는 맞지만, 동시에 오해를 불러일으킬 수 있어 주의가 필요하다.

OD 컨설턴트는 컨설팅 과정에서 특정한 역할과 책임을 맡는다. 샤인(Schein, 1969, 1999)은 이미 많은 독자에게 익숙한 '전문가 모델'과 '의사-환자 모델' 같은 일반적인 컨설팅 모델(여기에 '기술자 모델'을 추가할 수 있다)을 제시한 바 있다. 여기서 모델이란 고객이 컨설팅과 컨설턴트에 대해 가지고 있는 일반적인 관점이나 가정을 의미한다. 이러한 컨설팅 모델 각각은 OD 컨설턴트의 역할과 강조점에서 다르게 나타난다. 따라서 OD 실무자는 고객이 컨설팅 관계에 대해 어떤 기대와 가정을 가지고 있을지 이해하고 대응하는 것이 중요하다.

| 전문가 모델

샤인(Schein, 1999)은 전문가 모델(expert model)을 "전문성의 구매" 또는 "설득과 해답

주기"(p. 7) 방식이라고 설명한다. 이 모델은 IT 컨설턴트, 재무 컨설턴트, 전략 컨설턴트, 공급망 컨설턴트처럼 특정 주제 분야에 대한 컨설턴트의 지식과 전문성을 제공하고 그 대가를 받는 방식이다. 조직 내부에 특정 프로젝트를 수행할 만한 역량을 가진 구성원이 없을 때 전문가를 찾아 의뢰하게 된다. 이들은 이미 고객이 선택한 특정 문제를 해결하거나 솔루션을 실행하기 위해 요청하게 되므로 전문가 컨설턴트는 종종 클라이언트가 이미 문제를 정의했거나, 심지어 실행할 솔루션까지 선택한 상황에서 투입되는 경우가 많다. 예를 들어, 기술 컨설턴트를 고용한 고객은 이미 어떤 기술이 문제라고 판단한 상태이며, 당연히 컨설턴트가 제시하는 솔루션도 기술적 해결책에 국한될 것이다. 전문가 컨설턴트에게 의뢰하는 고객은 주로 문제를 지식의 부족으로 인식하고 이를 전문가가 해결할 수 있다고 판단하는 경우다. 이 접근 방식에 몇 가지 어려움이 있다.

프리드먼과 잭리슨(Freedman & Zackrison, 2001)은 컨설턴트의 전문 지식이 일반적으로 클라이언트보다 더 뛰어나기 때문에 컨설턴트의 작업을 감독하는 것이 매우 어렵다고 지적한다. 결과적으로 "클라이언트는 권한을 넘겨주게 되며", "오도될 위험에 취약해진다"(Schein, 1999, p. 8). 이 모델이 효과적으로 작동하려면 클라이언트가 이미 정확한 평가를 완료하고, 컨설턴트에게 명확하게 정의된 문제를 제시해야 한다고 샤인은 강조한다.

| 의사-환자 모델

우리는 몸이 아플 때, 왜 그런지 정확히 알지 못해 병원을 찾곤 한다. 일반적으로 의사는 여러 가지 질문을 하고, 환자는 그 질문의 의미나 답변의 의미를 정확히 알지 못한 채 대답한다. 예를 들어, "어디가 아프세요?", "언제 처음 느끼셨나요?", "통증을 얼마나 자주 느끼셨나요?", "통증이 이 한 부위에만 국한되어 있나요, 아니면 퍼져 있나요?"라는 질문들이 이에 해당한다. 이러한 질문을 통해 의사는 진단을 내리고, "발목을 삐신 것 같습니다. 하루에 두 번 이 약을 복용하고, 발목을 들어 올린 후 나을 때까지 한 번에 20분씩 얼음찜질을 하세요" 같은 해결책을 제시한다. 환자는 문제가 해결되었다는 만족감 속에 퇴원하며, 의사는 자신의 해결책을 확인하고 환자를 떠나보낸다.

이 모델은 누구나 알고 있으며, 쉽게 이해할 수 있는 컨설팅 모델이지만, 여러 가지 문제를 내포하고 있다. 고객이 의사-환자 컨설팅 모델을 채택할 경우, 고객은 자신의 상황을 분석하고 문제에 대한 '해결책'을 처방해줄 사람을 찾게 된다. 데이터 수집, 정보 처리, 진단, 솔루션 선택의 책임은 컨설턴트에게 주어지고, 솔루션을 실행하는 1차적인 책임은 환자, 즉 고객에게 주어진다. 의사-환자 모델은 시간이 적게 소요된다는 점에서 유리하지만(Cash & Minter, 1979), 이 모델의 성공 여부는 컨설턴트가 고객의 상황에 대한 정보를 정확히 수집하고, 근본적인 문제를 진단하며, 적절한 개입을 처방할 수 있는 능력에 달려 있다. 그러나 컨설턴트 혼자서 이를 정확히 수행할 수 있는 경우는 드물다. 조직의 구성원은 컨설턴트에게 정확한 정보를 제공하는 방법을 모르거나 원하지 않을 수 있다. 또한, 의사-환자 모델은 실행 후 성공률이 낮은 경우가 많다. 컨설턴트 외에는 데이터를 본 사람이 없거나, 진단을 신뢰하지 않는 경우가 많기 때문이다. 그 결과, 컨설팅이 완료되었을 때 고객의 이익보다는 컨설턴트의 이익을 위해 이루어지는 경우가 많아 장기적인 변화를 기대하기 어렵다. 문제가 성공적으로 해결되더라도 고객은 스스로 문제를 해결하는 방법을 알지 못할 가능성이 높다 (Schein, 1987). 다음에 문제가 발생하면 고객은 다시 컨설턴트에게 도움을 요청해야 한다.

| 정비사 모델

의사-환자 모델과 관련된 세 번째 인기 있는 컨설턴트 모델로는 정비사 모델(Mechanic Model)이 있다(Kahnweiler, 2002). 예를 들어, 자동차 정비사를 찾는 많은 사람은 차량 내부 작동의 기술적 세부 사항에 대해 거의 관심이 없다. 문제가 생겼을 때, 우리는 흔히 정비사에게 "왼쪽으로 돌 때 갈리는 소리가 납니다"라고 말하고, 몇 시간 후에 수리된 차를 찾으러 가길 원하며, 대금을 지불하고 떠난다. 정비사는 무엇이 문제인지 파악하고 이를 해결할 책임을 진다. 만약 수리로 문제를 해결하지 못한다면, 그 책임은 우리에게 있는 것이 아니라 정비사에게 있다. 우리는 정비사가 문제의 원인을 찾아내고, 고장 난 부품을 제거하며, 새 부품으로 교체하고, 해결책이 작동하는지 검증한 과정을 보여주는 복잡한 다이어그램이나 설명을 보고 싶어 하지 않는다. 무엇보다 우리는 차량 부품을 점검하거나 차량의 기능에 대해 더 많이 배우는 데 시간을 들이고 싶지 않다. 문제가 해결되었다는 사실만으로도 충분하다.

정비사 모델은 고객이 문제를 다룰 시간이나 인내심이 거의 없는 경우에 사용된다. 하지만 이 모델은 성공적인 컨설팅 역할로 자리 잡는 경우가 드물다. 이는 때로 고객이 문제나 해결책의 세부 사항에 대해 의도적으로 무지한 태도를 선택한 결과로 나타난다. 정비사 같은 컨설턴트를 선호하는 고객은 컨설턴트에게 전화를 걸어 문제를 설명하고(짐과 테드는 서로 잘 지내지 못한다, 우리 팀은 항상 무언가를 성취하지 못한다), 컨설턴트가 문제를 해결했다고 보고하기를 기다리길 원한다. 정비사 모델에서는 문제와 해결책의 거의 모든 측면에 대해 컨설턴트가 책임을 지며, 고객은 문제에 대한 책임과 의무를 모두 포기한다. 실패한 해결책이나 반복되는 문제는 무능한 컨설턴트 탓으로 돌릴 수 있다. 고객은 문제의 내면에서 발생하는 복잡하고 때로는 불편한 과정을 피할 수 있으며, 자신의 문제에 대한 역할을 직면하지 않아도 된다. 결국 이 모델에서는 고객이 문제를 이해하거나 해결 과정을 배우는 기회를 거의 얻지 못한다.

조직개발 컨설팅 모델

조직개발(Organization Development, OD) 컨설팅은 앞서 설명한 세 가지 모델과 본질적으로 다른 점이 있다. 그러나 고객은 종종 위 세 가지 모델 중 하나를 염두에 두고 OD 컨설턴트를 찾는다. 따라서 컨설턴트는 초기 단계에서 고객이 역할과 업무에 대한 기대를 잘 이해할 수 있도록 안내할 책임이 있다. 이를 통해 오해를 바로잡고 암묵적인 기대치를 명확히 해야 한다. 이러한 과정을 컨설턴트가 어떻게 수행하는지는 다음 장에서 계약 과정을 논의할 때 더 자세히 다룰 것이다. 표 5.1은 조직개발 컨설팅과 앞서 설명한 세 가지 모델을 비교한 것이다.

표 5.1 조직개발 컨설팅이 다른 접근 방식과 다른 점

구분	전문가 모델	의사-환자 모델	정비사 모델	조직개발 컨설팅 모델
데이터 수집에 대한 책임	주로 클라이언트	컨설턴트	컨설턴트	공유
진단에 대한 책임	클라이언트(컨설턴트 추천 참고)	컨설턴트	컨설턴트	공유
개입 선택에 대한 책임	주로 컨설턴트	컨설턴트	컨설턴트	공유
변화 구현에 대한 책임	클라이언트(컨설턴트 추천 참고)	클라이언트	컨설턴트	공유

전문가 모델과 비교했을 때, OD 컨설턴트는 특정 내용 분야의 전문가가 아니라 프로세스 컨설팅과 인간 시스템의 전문가로 고용되는 것으로 보아야 한다. 물론, 운영, 재무, 마케팅 또는 전략 같은 분야에서의 전문 지식은 컨설턴트가 고객과 더 빠르게 공감대를 형성하는 데 도움이 될 수 있다. 샤인(Schein, 1969, 1999)은 OD 컨설팅을 '프로세스 컨설팅(process consulting)'이라고 명명하여 특정 내용 전문 지식(content expertise)을 제공하는 컨설팅과 구분했다. 일반적인 컨설팅과 달리 OD 컨설턴트는 고객이 전문가라고 간주한다. 고객은 조직, 구성원, 문화, 프로세스, 문제, 조직의 역사에 대해 가장 잘 알고 있기 때문이다. 고객은 일반적으로 컨설턴트보다 다음과 같은 사항들에 대해서도 더 많은 지식을 가지고 있다. 예를 들어, 어떤 개입(intervention)이 가장 효과적일지, 어떤 순서로 활동을 진행해야 할지, 누구를 인터뷰하거나 설문조사해야 할지, 가장 유용한 데이터를 어디서 수집할 수 있을지, 데이터가 미묘하고 암묵적인 단서를 포함해 어떻게 해석되어야 하는지 등이다. 고객을 전문가로 존중할 때, 컨설턴트는 겸손한 자세로 대화에 임하게 된다. 이러한 관계 속에서 컨설턴트는 적절한 질문을 통해 고객 안에 잠재된 지식을 끌어내고, 외부 시각에서 새로운 통찰을 제시할 수 있다.

의사-환자 모델과 비교했을 때, OD 컨설턴트는 데이터 수집과 진단 과정을 고객과 공동으로 수행하는 것을 선호한다. OD 컨설턴트는 문제와 해결책에 대해 컨설턴트가 소유권을 가지는 대신, 고객이 주요 책임을 지는 동등한 관계를 선호한다. 따라서 컨설턴트의 역할은 진단 과정을 고객과 협력하여 지원하는 데 있다. 샤인(1987)은 공동 진단의 중요성을 다음과 같이 언급한다.

> 컨설턴트는 특정 조직에 대해 충분히 배워서 더 나은 행동 방침이 무엇인지, 혹은 정말로 유용한 정보가 무엇인지 알기 어려운 경우가 많다. 그러나 OD 컨설턴트는 고객이 충분히 훌륭한 진단자가 될 수 있도록 도울 수 있다(p. 9).

게다가, 고객과 컨설턴트가 공동으로 진단과 개입 전략에 합의할 때 개입의 성공 가능성이 더 높아지는 경향이 있다. 이는 실제 의사-환자 상호작용에서도 점점 더 자주 다뤄지고 있는 주제인데, 연구에 따르면 의사와 환자가 의료 진단에 동의할 경우 환자가 상호작용에 더 만족하며, 의사의 치료 권고를 더 잘 따르는 경향이 있다는 사실이 밝혀졌다(Bass et al., 1986; Stewart et al., 2000).

정비사 모델과 비교했을 때, 조직개발 과정에서는 고객이 문제를 이해하고 해결책을 실행하는 데 중요한 역할을 한다. 고객의 적극적인 참여는 컨설턴트가 계약을 종료하고 떠난 후에도 개입이 지속적인 변화를 이루는 데 필수다. 만약 고객의 적극적인 참여가 없다면, 그 결과는 단기적일 가능성이 높다.

의사-환자 모델과 정비사 모델 모두와 비교했을 때, 컨설팅 과정의 주요 목표 중 하나는 고객이 OD 과정을 배워 문제해결 능력(데이터 수집, 진단, 개입 포함)을 습득하는 것이다. 사실 샤인(Schein, 1999)은 다음과 같이 적고 있다.

> 고객이 스스로 문제를 인식하고 그 해결책을 고민하는 법을 배우지 않는다면, 해결책을 실행할 가능성도 낮고, 유사한 문제가 재발했을 때 이를 해결하는 방법을 배우지도 못할 것이다(p. 18).

초보 컨설턴트 중 일부는 고객이 이러한 문제해결 방법을 스스로 배우는 것을 저해하는 것이 자신들에게 유리하다고 생각한다. '고객에게 문제를 스스로 해결하는 방법을 가르친다면, 내 서비스가 불필요해지고 결국 나는 일자리를 잃지 않을까?'라고 생각하는 것이다. 그러나 이러한 관점에는 몇 가지 문제가 있다.

첫째, 이는 성장, 학습, 발전에 기여하고자 하는 OD의 핵심 가치에 반한다. 둘째, 이러한 신념을 가진 컨설턴트가 이를 행동으로 옮길 경우, 고객이 무력하고 의존적이며 수동적으로 행동하도록 장려하는 권력 불균형을 조장하게 된다. 이와 동시에 컨설턴트는 권력과 통제를 유지하게 된다. 많은 조직에서 이러한 관계적 불균형은 조직 구성원들 사이에서 일반적으로 나타나는 현상이며, 이는 컨설턴트가 해결하려고 초대된 갈등과 조직 문제의 주요 원인이 되기도 한다. 따라서 클라이언트-컨설턴트 관계가 새로운 유형의 조직 구성원 관계를 모범으로 삼지 못한다면, 컨설턴트가 조직 내 새로운 관계를 제안하는 것은 위선적이다. 셋째, OD 과정은 비용을 지불하는 고객에게만 공개되는 비밀스러운 기술이 아니다. 진전이 보이지 않는 클라이언트는 동일한 문제를 해결하기 위해 다시 컨설턴트를 부를 가능성이 낮다. 그러나 스스로 문제를 해결하는 방법을 배운 클라이언트는 다른 문제를 해결하기 위해 컨설턴트를 다시 찾을 가능성이 더 높으며, 컨설턴트를 동료와 친구들에게 추천할 가능성도 높다. OD 컨설팅에 대한 설명에서 볼 수 있듯이, 클라이언트와 컨설턴트 간의 관계는 특히 중요하다. 사실 샤인(Schein)은 이 관계가 고객에게 도움이 되는지 여부를 결정짓는 요인이라고 언급한다(1999, p. 242).

요약하자면, OD 컨설턴트는 여러 고유한 역할을 수행하며 다양한 상황과 문제를 다루는 독특한 유형의 컨설턴트다. 이러한 점이 많은 실무자에게 OD 컨설팅이 흥미롭고 보람 있는 직업으로 다가오는 이유다. 마샤크(Marshak, 2006)에 따르면, OD 컨설턴트는 전문 실무자로서 숙련된 진단가, 사회과학 연구자, 개입 전문가, 교육자 또는 훈련가, 퍼실리테이터, 코치가 되어야 한다. 컨설팅 과정에서 이러한 역할을 성공적으로 수행하려면, 콘텐츠 지식, 프로세스 지식, 대인관계 기술이 필요하다. 다음 섹션에서는 OD 실무자의 프로필을 더 깊이 알아볼 것이다.

OD 실무자: 그들은 누구이며 어디에서 일하는가?

1장에서 언급했듯이, 조직개발 작업을 수행하는 변화관리자들은 관리자, HR 전문가, IT 프로젝트 관리자 등으로 구성된 다양한 집단이다. 일부 조직은 조직개발 컨설턴트(organization development consultant), 조직 효과성 컨설턴트(organizational effectiveness consultant), 또는 인사 전문가(human resources specialist)라는 직함을 가진 내부 컨설턴트를 고용한다. 이러한 역할은 일반적으로 실무자가 정규 구성원으로 고용되어 문제를 겪고 있거나 변화를 구현하고 있는 관리자, 임원, 팀에게 내부 컨설팅을 제공하는 것이다. 내부 실무자로서 일하는 OD 컨설턴트들은 일반적으로 인사(HR) 부서에 소속되어 있지만, 변화를 실행하는 프로젝트가 빈번히 발생하는 정보기술(IT) 같은 사업 부문에서는 OD 컨설턴트가 HR 부서가 아닌 사업 부문에 직접 보고하는 경우도 있다.

일부 관찰자들은 조직이 내부 OD 기능을 보유하고 있는 경우, OD 기능이 종종 HR 부서에 깊이 "묻혀 있다"고 지적한다. 이로 인해 내부 컨설턴트들은 임원 고객과의 접근성이 부족하고, "OD 실무자가 긍정적인 평가를 받기는커녕 조직적 영향력을 발휘하기 어려운 경우가 많다"(Burke & Bradford, 2005, p. 9). 버크(Burke, 2004)는 OD 기능이 조직 내에서 가질 수 있는 다섯 가지 시나리오의 장단점을 다음과 같이 설명했다.

1. HR 부서의 하위 부문으로서의 OD
2. 조직 내 독립적인 단위로서의 OD
3. 사업 부문에 보고하는 분산형 기능으로서의 OD
4. 보상, 복리후생 등 HR의 모든 기능에 통합된 OD
5. 전략 기획 기능의 일부로서의 OD

버크는 마지막 두 구조가 일반적인 OD 구조는 아니지만, OD를 HR 및 전략 기획과 통합하여 시스템 전체의 변화를 강화하는 것이 조직과 OD 분야 모두에 이익이 될 수 있다고 결론지었다.

조직은 또한 독립적으로 또는 더 큰 컨설팅 회사의 일부로서 활동하는 외부 OD 컨설턴트를 고용하기도 한다. 외부 컨설턴트는 종종 임원 또는 관리자가 직접 연락을 취하며, 특정 프로젝트 기반으로 계약을 맺는다. 이는 컨설턴트가 고객 조직과 장기적인 관계를 유지하고 있더라도 마찬가지다. 이러한 컨설턴트는 동시에 여러 고객과 계약을 맺을 수 있으며, 개입의 규모와 요구되는 시간에 따라 사이트 간을 이동하며 활동하기도 한다.

| 내부 컨설팅과 외부 컨설팅: 장점과 단점

이 장에 제시한 사례에서 한 컨설턴트는 외부 컨설턴트에서 내부 컨설턴트로 경력을 전환했다. 내부 또는 외부 컨설턴트로서의 경력 경로를 선택하든, 아니면 이 둘 중 하나를 고용하든, 각각의 역할에는 여러 가지 장점과 단점이 있다. 표 5.2는 이 두 가지 역할의 장단점을 정리한 것이다.

이러한 장단점은 컨설턴트와 조직에 따라 분명히 다를 것이다. 예를 들어, 일부 조직 구성원은 외부인의 관점을 매우 신뢰하며, 내부 구성원의 권고를 외면하는 경향이 있다. 이들은 독립 컨설턴트로서 클라이언트 관계를 유지하며 급여를 받는 컨설턴트가 더 뛰어난 역량을 갖췄을 것이라고 가정한다. 반면, 다른 조직에서는 반대의 상황이 나타난다. 내부 관점이 외부 관점보다 더 가치 있게 평가되며, 외부에서 도입된 솔루션은 우리 조직에서 만든 것이 아니라는 이유로 의심받을 수 있다. 일부 조직에서는 내부 컨설턴트가 기밀 정보를 더 쉽게 신뢰받는 반면, 외부 컨설턴트는 조직 구성원들로부터 정보를 이끌어내기 어렵다고 느낄 수 있

	내부 컨설팅	외부 컨설팅
장점	– 조직문화, 역사 및 관행에 대한 지식 확대 – 이미 조직 구성원과 관계를 맺고 있음 – 장기적인 관점을 가지고 있으며, 잠재적으로 결과의 성공에 더 큰 이해관계가 있는 것으로 인식됨 – 정규 급여를 받음 – 서비스 마케팅 필요성 감소	– 다양한 고객과의 더 많은 경험 – 조직 구성원에 대한 과거 경험으로 인한 편견을 가지고 조직에 들어가지 않음 – 정치적 개입이 적고, 더 적은 비용으로 진실할 수 있음 – 더 큰 '스타 파워'를 가질 수 있음 – 조직 구성원이 유출 우려 없이 기밀 정보를 더 편안하게 공유할 수 있음
단점	– 문화와 관련된 역사 때문에 일부 문제를 보지 못할 수 있음 – 고객, 산업 및 이슈의 다양성 감소 – 거절하기 어려운 윤리적 도전에 직면할 수 있음 – 특히 내부 관리자와의 기밀 유지 문제에 직면할 수 있음 – 내부적으로 동료에게 유출될 수 있다는 우려로 인해 민감한 정보를 공유하기를 꺼릴 수 있음 – 관리를 위한 에이전트로 간주될 수 있음	– 숨겨진 의미나 미묘한 문제를 파악하는 데 어려움 – 조직 구성원과의 관계와 신뢰 구축 필요 – 단기적으로 인식될 수 있음 – 수익을 위해 고객을 찾아야 함 – 어떤 추천이 불필요하게 작업을 판매하거나 연장하는 것으로 인식될 수 있음 – 장기적인 결과를 확인하기 위해 개입을 넘어서는 후속 조치를 취하기 어려움

다. 또 다른 조직에서는 내부 컨설턴트가 이미 경영진의 편에 서 있는 사람으로 인식되고, 외부 컨설턴트는 더 중립적이고 "다가올 변화"를 상징하는 긍정적인 신호로 여겨질 수 있다 (Kaarst-Brown, 1999). 내부 컨설턴트는 클라이언트에게 정직하지 못한 피드백을 제공하라는 압박을 받을 수 있으며, 이는 클라이언트의 보복을 두려워하기 때문이다. 컨설턴트가 어려운 문제를 직면하지 않음으로써 클라이언트와 결탁(collude)할 경우, 이는 컨설턴트와 클라이언트 모두에게 해를 끼친다(Scott, 2000). 외부 컨설턴트도 미래 사업에 중요한 클라이언트를 화나게 하지 않기 위해 비슷한 행동을 할 수 있다. 사실, 이러한 도전 과제는 두 역할 모두에서 공통적으로 나타날 수 있다.

완벽한 시나리오가 존재하지 않기 때문에 조직은 때때로 프로젝트 전반에 걸쳐 내부 컨설턴트와 외부 컨설턴트가 함께 작업하도록 함으로써 이점들을 얻을 수 있다. 데이터 수집부터 개입(intervention)까지 외부 컨설턴트가 프로젝트 전반에 내부 컨설턴트에게 배경 정보를 제공할 수 있으며, 외부 컨설턴트는 내부 컨설턴트가 놓쳤을 수 있는 문제를 지적할 수 있다.

| 내부 컨설턴트와 외부 컨설턴트의 윤리적 문제

내부 컨설턴트와 외부 컨설턴트가 직면하는 윤리적 문제는 다르다. 예를 들어, 내부 컨설턴트는 동료나 협업하는 구성원으로부터 컨설팅의 존재나 목적, 인터뷰나 포커스 그룹에서 참여자가 말한 내용, 심지어 어떤 문제를 논의하기 위해 연락했는지 공개하는 것만으로도 고객의 비밀유지를 위반하는 것이라는 압력을 받을 수 있다. 내부 컨설턴트와 작업하는 고객은 임원 팀빌딩 활동, 조직 개편, 인수합병(M&A) 같은 사항 자체에 대해 정보가 널리 공유되는 것을 원치 않을 수 있다. 이러한 경우, 컨설턴트는 이를 기밀로 유지해야 할 윤리적 책임을 지게 된다. 동료에게 해당 영역이 기밀이라고 답변하는 것이 어색할 수 있지만, 특히 컨설턴트의 상사나 인사부(HR) 부사장이 기밀 정보를 요청할 경우, 내부 컨설턴트가 이를 처리하는 것은 더욱 곤란해진다. 이 문제를 효과적으로 다루어내는 가장 좋은 방법은 예측하고 준비하는 것이다. 컨설턴트와 관리자가 정보 공유 가능 여부에 대한 업무상 합의를 미리 다져두는 것이 중요하다. 블록(Block, 2011)은 이를 '상사와 계약하기'라고 부르며, 기대치와 가정을 명확히 하고, 문제가 발생하기 전에 이를 예상해 해결 방안을 마련하는 것이 바람직하다고 조언한다.

조직개발 컨설팅 직업

조직개발(OD) 실무자를 위한 여러 전문 단체가 설립되어 있다. 주요 단체로는 국립훈련연구소(National Training Laboratories), 재능개발협회(Association for Talent Development, 이전의 미국교육훈련협회), 조직개발 네트워크(Organization Development Network), 그리고 OD 연구소(OD Institute)가 있다. 이 단체들은 주로 실무자들을 대상으로 한다. 학술 단체로서는 미국경영학회(Academy of Management)의 조직개발 및 변화(Organization Development and Change) 분과와 산업 및 조직심리학회(Society for Industrial and Organizational Psychology)가 가장 유명하다. 학술지로는 *Journal of Applied Behavioral Science*, *Human Relations*, *Leadership and Organization Development Journal* 등이 있으며, 실무자와 학문적 독자 모두를 위한 논문을 자주 게재한다. 실무자 중심의 저널로는 *Organization Development Review*와 *Organization Development Journal*이 있다.

이들 단체 중 약 400명의 회원을 대상으로 한 연구(Church, Burke, & Van Eynde, 1994)에 따르면, OD 실무자들은 내부 컨설턴트와 외부 컨설턴트로 거의 균등하게 나뉘어 있었다. 대부분이 석사학위나 박사학위를 보유하고 있었으며, 조직개발 분야에서 약 11년 이상 활동한 경력을 가지고 있었다. 이들은 부동산, 헬스케어, 교육, 군대, 자동차 산업 등 다양한 산업 분야를 대표하며, 다양한 교육적 배경을 가진 사람들이었다. 응답자의 절반 이상은 강의, 행정, 자문위원회 참여 등을 통해 학문적 세계와 활발한 관계를 유지하고 있었다. 2013년 발표된 새로운 연구(Shull et al., 2013)에서도 OD 실무자들의 인구통계적 특성이 이와 비슷하다는 결과가 나왔다.

| OD 컨설턴트가 되는 길

OD 개념과 실무를 가르치는 학문적·전문적 프로그램이 점차 증가하고 있음에도 버크 (Burke, 1993)가 OD 컨설턴트가 되는 데 있어 명확하고 체계적인 경로가 없다(p. 185)고 언급한 이후로 큰 변화는 없었다. 아직 OD 컨설턴트로서 자격을 부여하는 단일한 인증이나 학위가 보편적으로 인정되지 않고 있다. 실제로, OD 실무자들은 코칭, 팀빌딩, 전략 계획 또는 조직 설계 같은 특정 개입 유형에 특화되며, 기술과 경험 수준이 크게 다르다. 번커, 앨번, 레위키(Bunker, Alban, Lewicki, 2005)는 'OD 실무자'라는 사실만으로는 그 사람의 훈련, 준비, 배경 또는 전문성과 기술 기반에 대해 거의 알 수 없다(p. 165)고 지적한다. OD 실무 자들은 고객과 마찬가지로 다양한 커뮤니티를 이루고 있다.

대부분의 관찰자는 사회과학 및 행동과학 분야에 대한 배경이 초보자들에게 OD 개념을 소개하는 좋은 출발점이라고 동의한다. 버크(Burke, 1993)는 조직심리학, 집단역학, 연구 방법론, 성인 학습, 경력 개발, 상담, OD, 조직 이론 같은 분야에서 학문적 훈련을 추천한다. 헤드, 암스트롱, 프레스턴(Head, Armstrong, Preston, 1996) 및 맥클린(McLean, 2006) 또한 대부분의 OD 업무가 비즈니스 맥락에서 이루어지기 때문에 비즈니스 과목 수강을 추천하는데, 이 점은 버크와 브래드포드(Burke, Bradford, 2005)도 동의하며 OD 컨설턴트가 여러 비즈니스 모델에 따라 이익이 어떻게 창출되고 비용이 어떻게 관리되는지 이해해야 한다(p. 8)고 주장한다. 조직 커뮤니케이션, 사회학, 공공행정, 정치학 같은 분야에서의 보조 연구도 실무자의 이론적·실무적 지식을 보완할 유용한 개념을 제공할 수 있다.

전문 협회, 콘퍼런스, 협회에서 제공하는 교육 과정 같은 그룹에 참여하는 것도 OD 개념에 대한 지식을 확장하고 전문 네트워크를 확장하는 좋은 방법이 될 수 있다. 그러나 성공적인 컨설팅의 전제 조건은 실무 경험이므로 숙련된 멘토와 함께 섀도 컨설팅을 하는 것이 경험을 쌓는 가장 좋은 방법 중 하나다. 이 분야에 진입하고자 하는 사람들은 회사 내부 컨설턴트를 도와 프로젝트를 수행하는 자원봉사를 할 수도 있다. 데이터 수집, 분석, 인터뷰 시 노트 필기, 워크숍 또는 퍼실리테이팅 미팅에 단순히 참여하는 것만으로도 OD 업무를 실질적으로 경험할 수 있는 훌륭한 방법이 될 수 있다. 또한 비영리단체와의 프로보노(pro bono) 기회를 통해 경험을 쌓는 것도 인기 있는 방법이다. 단, 자신의 지식 수준을 과장하지 않고 윤리적으로 자신을 나타내는 것이 중요하기 때문에 초보 컨설턴트가 충분한 경험을 쌓아 독립적으로 프로젝트를 수행할 수 있을 때까지는 숙련된 컨설턴트와 함께 일하는 것이 일반적으로 필요하다.

| OD 컨설턴트를 위한 스킬과 역량

OD 전문가로서 완전히 유능하다고 간주되기 위해 실무자가 갖추어야 할 기술과 역량을 정의하려는 시도가 많이 있어왔다. 이들 중 일부는 개별 연구자들에 의해 수행되었고, 일부는 전문 협회가 후원했으며, 일부는 대학이나 OD 프로그램과 관련되어 있다. 각각 다른 기술과 역량 세트를 제시했으며, 단일한 접근 방식이 아직은 채택되고 있지 못하다(Eubanks, Marshall, & O'Driscoll, 1990). 더욱이, 이러한 기술과 역량 정의는 성공적인 실무를 위해 필요한 대인관계 기술, 행동 기술, 또는 콘텐츠 영역의 지식을 설명하는 방식에서도 차이를 보이고 있다(O'Driscoll & Eubanks, 1993). 바니(Varney, 1980)는 OD 실무자가 숙련되어야 할 세 가지 영역을 다음과 같이 설명한다.

1. 자기인식과 영향력 인식
2. 개념적·분석적 연구 기술
3. 조직변화 및 영향력 기술

성공적인 결과에 기여하는 행동에 초점을 맞추며, 유뱅크스와 오드리스콜(Eubanks & O'Driscoll, 1990)은 다음과 같은 여섯 가지 역량 범주를 제시한다.

1. 대인관계 기술 활용
2. 그룹 프로세스 관리
3. 데이터 활용
4. 계약 체결
5. 개입 실행
6. 고객 관계 유지

R. 설리번과 설리번(R. Sullivan & Sullivan, 1995)은 내부 및 외부 OD 컨설턴트를 위한 187개의 필수 역량을 제시했으며, 이 목록은 1970년대 후반 이후 12회 이상 개정되었다.

그림 5.1은 OD 전문가에게 요구되는 역량을 설명하려는 최신 노력을 보여준다. 이 역량 프레임워크는 OD 네트워크에 의해 설계되었으며, 2020년 발표되었다. 이 프레임워크는 5개의 핵심 역량 영역과 각각 3개의 전문성을 포함하고 있다. 이 목록은 상당히 방대해 보일 수 있지만, 모든 영역에서 높은 수준의 기술을 가진 실무자는 드물다는 점에서 안심할 수 있다. 일부 실무자는 모든 영역에서의 폭넓은 기술보다는 특정 영역에서의 깊은 전문성을 선택한다(McLean, 2006). 그럼에도 이 목록에 나열된 대부분의 대인관계 기술은 대규모 그룹 개입이든 일대일 코칭을 전문으로 하든 상관없이 필요하다. 이 차트에서 설명된 많은 개입 영

역은 이 책의 이후 부분에서 다루어지며, OD 네트워크는 각 역량 영역에 대한 개발방안을
제공하고 있다.

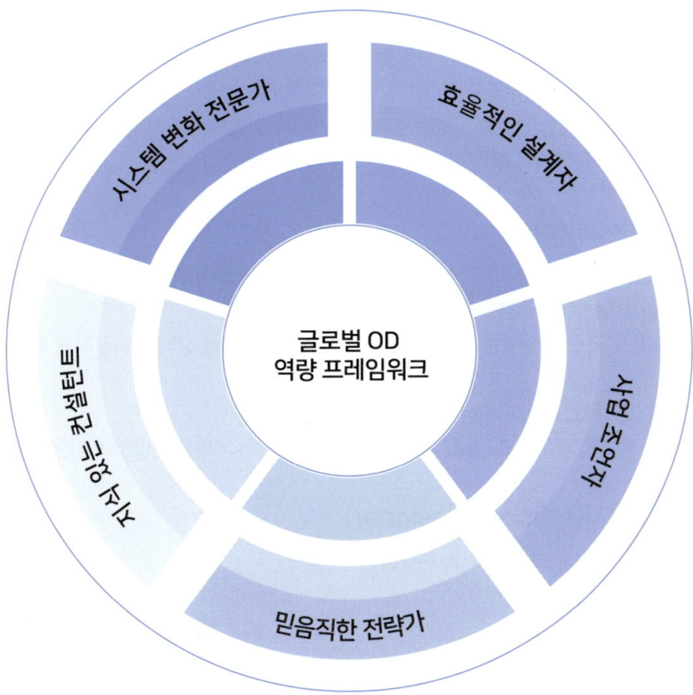

출처: OD 네트워크 글로벌 역량 프레임워크, 저작권 2020, 허가를 받아 사용됨.

핵심 역량 프레임워크

1. 시스템 변화 전문가(systems change expert)

시스템 변화 전문가 역량 영역은 다음 세 가지 전문성을 포함한다.

- 시스템 변화 리더
- 문화 구축자
- 혁신가

1.1. 시스템 변화 리더(systems change leader)

- 전체 시스템 내에서 편안하게 작업하며 조직의 변화, 전환 및 정렬을 위한 포괄적인 전략에 대해 조언한다.
- 충분한 정보가 없는 상황에서도 결정하고 행동하며, 위험과 불확실성을 다루면서 신속하게 방향을 전환한다.
- 위험, 준비 상태 및 저항을 효과적으로 평가한다.

- 변화를 효과적으로 실행하고, 영향을 평가하기 위한 구조와 프로세스를 수립한다.
- 리더, 팀 및 조직이 급변하는 환경 속에서 주도적으로 변화를 이끌도록 지원하며, 형평성과 포괄성을 뒷받침하는 개입 및 솔루션을 개발한다.

1.2. 문화 구축자(culture builder)

- 신뢰를 기반으로 한 약속, 형평성, 다양성, 참여를 촉진한다.
- 전략적 비즈니스 목표에 부합하도록 운영 문화를 형성하고 변화시키는 데 조언하고 지원한다.
- 조직의 미션, 비전, 가치를 구현하도록 건강과 활력을 촉진한다.
- 조직 프로세스, 정책, 시스템, 기술을 원하는 결과 및 조직문화와 일치하도록 정렬하는 것을 지원한다.
- 내부 문화를 외부 브랜드 약속과 평판에 맞게 정렬하는 것을 지원한다.

1.3. 혁신가(innovator)

- 조직이 파괴, 혁신, 전환, 형평성, 다양성, 혁신을 위한 전략을 수립하도록 후원하고 개발하며 도전한다.
- 성공과 실패를 활용하는 학습 환경을 조성한다.
- 새로운 제품, 서비스, 프로세스 또는 기술로 개선된 결과를 내기 위한 장벽을 발견하고 이를 제거하기 위해 노력한다.
- 잠재적인 문제를 예상하고 사전에 비상 계획을 수립한다.
- 산업 또는 시장의 동향을 주목하고, 기회나 위협에 대비하기 위해 계획을 개발하여 위험을 완화한다.

2. 효율적인 설계자(efficient designer)

효율적 디자이너 역량 영역은 다음 세 가지 전문성을 포함한다.

- 효율적 디자이너
- 프로세스 컨설턴트
- 데이터 통합자

2.1. 효율적인 디자이너(efficient designer)

- 단순함을 추구한다.
- 최종 사용자를 염두에 두고 원하는 비즈니스 결과를 촉진하기 위한 효율적인 전략, 개입, 프로세스를 설계한다.
- 가정, 사실, 맥락을 분석하고 설계 및 솔루션의 품질과 포괄성을 개선하기 위해 능숙하게 조정한다.
- 기술과 지속적인 개선 접근 방식을 적용하여 효과성과 효율성을 향상시킨다.
- 조직 프로세스의 성과(예: 품질, 주기 시간 효율성, 포괄성, 효과성)를 측정하기 위해 증거 기반 접근 방식을 활용한다.

2.2. 프로세스 컨설턴트(process consultant)

- 포괄적인 그룹 프로세스를 촉진하고 적절할 때 개입하여 공유 목표 달성을 위한 그룹 및 그룹 작업을 조정한다.
- 생산적인 토론, 아이디어의 강력한 표현, 그룹 대화, 의사결정을 지원하는 비위협적인 환경을 조성한다.
- 그룹의 의미 형성, 프로세스 인식, 피드백, 포괄성, 다양한 자원의 적절한 사용 및 자기평가를 장려하고 지원한다.

- 조직 및 리더십 역량을 높이는 포괄적인 프로세스와 구조를 생성한다.
- 컨설턴트 역할의 경계를 유지하고, 고객이 작업의 소유권을 유지하도록 보장한다.

2.3. 데이터 통합자(data synthesizer)

- 정성적 및 정량적 기법(예: 설문조사, 인터뷰/포커스 그룹 등)을 포함한 기본 데이터 수집 방법론을 이해하고 적용한다.
- 성과를 분석하고, 시스템의 현재 효과 수준의 근본 원인을 식별하며, 시스템의 모든 수준에서 맞춤형 솔루션을 제안한다.
- 다른 정보 또는 관련이 없어 보이는 정보 간의 유사성을 발견하고, 핵심 또는 근본 문제를 신속히 식별한다.
- 중요한 정보를 통합하고 간단한 통찰로 번역하여 명확성과 의지를 창출한다.

3. 사업 조언자(business advisor)

사업 조언자로서의 역량 영역은 다음 세 가지 전문성을 포함한다.

- 전략적 촉매자
- 결과 지향 리더
- 신뢰받는 조언자

3.1. 전략적 촉매자(strategic catalyst)

- 조직의 성공에 중요한 문제를 지원하고 우선순위를 정한다.
- 조직의 목표와 연계된 결과를 달성하기 위해 주도적으로 행동한다.
- 조직의 강점·약점·기회·위협(SWOT)을 인식하고 이를 활용해 적합한 전략과 포괄적 개입을 만든다.
- 강력한 비즈니스 통찰력과 조직 및 산업 성공 요인에 대한 폭넓은 이해를 통해 비즈니스 리더로서의 명성을 구축한다.
- 전략과 개입의 영향을 측정·모니터링·조정하여 원하는 결과를 창출한다.

3.2. 결과 지향 리더(results-oriented leader)

- 개입 및 솔루션의 증거 기반 사례를 만들기 위해 성과와 ROI(투자수익률)를 활용한다.
- 프로젝트 추진에 영향을 미치고 프로젝트 ROI를 포함한 도전적인 목표를 설정하며, 장애물에도 불구하고 목표에 집중하고 목표달성 정도를 모니터링하며, 프로젝트 종료 후 평가를 완료하고 이를 고객 및 주요 이해관계자와 공유한다.
- 고객 서비스의 원칙을 이해하고 이를 적용하여 고객의 요구를 해결하기 위한 대응 솔루션을 제공한다.
- 조직 자원을 가장 효과적으로 활용하기 위해 프로젝트 관리 도구와 기법을 활용한다.

3.3. 신뢰받는 조언자(trusted advisor)

- 진정성과 성실성을 통해 신뢰할 수 있는 관계와 파트너십을 효과적으로 구축한다.
- 주요 이해관계자에게 중요한 결과에 대해 명확히 한다.
- 고위급 비즈니스 리더에게 조언할 때 효과적인 코칭 역량, 신뢰성, 전문성을 보여준다.
- 다양한 대인관계 스타일을 수용하고, 접근하기 쉬운 방식으로 다른 사람들과 관계를 맺는다.
- 클라이언트 조직 내부와 외부에서 활발한 네트워크 관계와 파트너십을 구축하고 유지한다.
- 조직 내 다중 이해관계자의 관점을 통합하며, 성실하게 연결하는 정직한 중재자로서 활동한다.

4. 믿음직한 전략가(credible strategist)

믿음이 가는 전략가로서의 역량 영역은 다음 세 가지 전문성을 포함한다.

- 믿음직한 영향력 행사자
- 협력적인 커뮤니케이터
- 문화 간 조정자

4.1. 믿음직한 영향력 행사자(credible influencer)

- 클라이언트의 필요를 공감적으로 이해하고, 클라이언트가 비즈니스 현실을 동의하고 헌신할 수 있는 용어로 변환할 수 있는 지식을 보유한다.
- 내부 및 외부의 공식 권위(정치적 및 이해관계자 시스템), 책무, 권력을 명확히 인지하고 이를 효과적으로 활용하여 리드, 관리, 영향력을 행사한다.
- 중요한 논쟁적 이슈에 대해 자신의 의견을 분명히 표현할 때 단호함, 용기, 회복력을 보여준다.
- 대화의 구조(예: 설정, 다양한 참여자, 이벤트의 순서)를 설계하여 원하는 영향을 창출하고 긍정적인 결과의 가능성을 극대화한다.
- 대상 청중에게 강력하고 설득력 있는 프레젠테이션을 계획하고 전달한다.

4.2. 협력적인 커뮤니케이터(collaborative communicator)

- 명확하고 간결하며, 클라이언트 그룹의 모든 수준에서 필요와 동기를 충족하도록 커뮤니케이션을 맞춤화한다.
- 아이디어와 우려 사항을 적극적이고 주의 깊게 경청하여 상호 이익(win-win) 솔루션을 도출한다.
- 명확하고 개방적이며 정직한 피드백을 구하고 제공한다.
- 다양한 커뮤니케이션 수단과 채널을 활용하여 효과적인 커뮤니케이션 전략을 설계하고 구현한다.
- 기술과 소셜미디어를 활용하여 특히 가상 환경에서 사람과 아이디어를 연결한다.

4.3. 문화 간 조정자(cross-cultural navigator)

- 국가적 관점을 넘어서는 문제를 인식하고 이를 해결하기 위해 글로벌 관점을 적용한다.
- 조직/시스템에 효과적으로 개입하기 위해 글로벌, 로컬, 역사적·정치적·문화적·사회적 맥락 및 다양성의 근본적인 문제를 이해하고 고려한다.
- 다양한 문화와 효과적으로 협력하고 이러한 문화 안에서 일할 수 있다.
- 글로벌 및 다국적 구조의 복잡성을 효과적으로 탐색하고 적절하게 개입한다.
- 조직에 영향을 미치는 글로벌 트렌드에 대해 잘 알고 최신 정보를 유지한다.

5. 지식 있는 컨설턴트(informed consultant)

정보에 기반한 컨설턴트 역량 영역은 다음 세 가지 전문성을 포함한다.

- 자기인식 리더
- 형평성 옹호자
- 평생 학습자 및 실무자

5.1. 자기인식 리더(self-aware leader)

- 변화를 이끌기 위해 자신을 도구로 사용하는 것에 대해 신중하고 의도적인 선택을 한다.
- 자신의 개인적 가치, 경계, 감정, 편견, 트리거, 윤리를 이해하고 성찰하고 행동하며, 이러한 요소가 업무 및

시스템에 미치는 영향을 관리한다.

- 의미 있는 업무 관계를 구축하고, 이해관계자를 효과적으로 읽으며, 다양하고 의도적으로 다른 관점을 추구하고, 감성 지능을 활용하여 적절한 행동을 유도한다.
- 창의성, 호기심, 학습 민첩성, 사고의 유연성을 보여주며 자신의 사고방식과 선호하는 작업 방식을 수정할 수 있다.
- 클라이언트의 기대를 이해하고 목표, 결과, 자원에 대해 효과적으로 계약을 체결한다.
- 적절한 수준(개인, 그룹, 팀, 기업)에서 개입을 적용하며 지속가능한 결과를 창출할 수 있도록 적절한 폭과 깊이를 조정한다.

5.2. 형평성 옹호자(equity advocate)

- 직장에서 특히 소외된 사람들에게 형평성, 목소리, 권한 부여, 공정한 대우를 제공하기 위해 노력한다.
- 존중과 포괄성, 협업, 진정성, 자기인식, 권한 부여, 지속가능성, 역량 구축, 기업의 사회적 책임 같은 가치를 실천한다.
- 형평성, 포괄성, 다양성 이론, 프레임워크 및 방법론의 강력한 기초를 가져와 OD 실천의 모든 요소를 안내한다.
- 다양한 관점과 의견을 찾고 참여하며, 다른 사람들도 이를 지원할 수 있도록 돕는다.
- 모든 정체성을 가진 사람들이 가치 있고 존중받으며 기여할 수 있는 포괄적인 환경을 조성한다.

5.3. 평생 학습자 및 실무자(life-long learner and practitioner)

- OD의 전문 분야에서 리더십을 발휘한다.
- 조직의 요구에 맞게 공유하고 적용할 수 있는 방법론과 도구 목록을 유지한다.
- 조직 전략에 맞는 결과를 추진하기 위해 모범 사례를 활용한다.
- OD 전문가의 폭넓은 네트워크를 구축하고 유지한다.
- 다음 분야에서 고전 및 최신 OD 이론의 지식을 적절히 적용한다.

  ○ 긍정 탐구(Appreciative Inquiry)
  ○ 변화와 전환(Change and Transformation)
  ○ 갈등 관리(Conflict Management)
  ○ 문화 변화(Culture Change)
  ○ 형평성, 다양성, 포용성(Equity, Diversity, and Inclusion)
  ○ 리더십(Leadership)
  ○ 인수합병(Mergers and Acquisitions)
  ○ 동기 이론(Motivation Theory)
  ○ 조직행동(Organization Behavior)
  ○ 조직 설계(Organization Design)
  ○ 프로세스 컨설팅(Process Consulting)
  ○ 의사결정 과학(Science of Decision-Making)
  ○ 전략 계획 및 실행(Strategic Planning and Execution)
  ○ 시스템 이론(Systems Theory)
  ○ 인재 관리(Talent Management)
  ○ 팀 개발(Team Development)

출처: OD Network Global Competency Framework, copyright 2020, used with permission.

OD 컨설팅 과정과 액션 리서치

2장에서 언급했듯이, 액션 리서치는 르윈(Kurt Lewin)이 집단에 대한 데이터를 수집하고, 그들의 프로세스에 개입하며, 개입 결과를 평가하기 위해 사회과학적 연구 방법을 사용하는 과정에 붙인 이름이다. 액션 리서치는 다음과 같이 설명된다.

> 인간의 가치 있는 목적을 추구하면서 실용적인 지식을 개발하는 데 관심을 둔 참여적·민주적 과정이다. … 이는 사람들에게 긴급히 중요한 문제에 대한 실질적인 해결책을 모색하고, 더 나아가 개인과 그들이 속한 공동체의 번영을 추구하기 위해 행동과 성찰, 이론과 실천을 다른 사람들과 함께 결합하려고 한다(Reason & Bradbury, 2001, p. 1).

르윈은 연구 결과가 단순히 특정 조직의 실천을 개선하는 데 그치지 않고, 이론의 발전에도 기여하여 다른 실무자들이 자신들의 조직에서 활용할 수 있도록 널리 공유되기를 기대했다. 따라서 액션 리서치 프로젝트는 조직과 그 후원자뿐만 아니라 다른 실무자들과 연구 커뮤니티 전체에도 기여할 책임이 있다(Clark, 1972; Greenwood & Levin, 1998). 액션 리서치라는 용어는 문제 정의, 연구 프로세스 계획, 이론 이해 및 평가 등의 여러 활동을 포함한다. 이상적인 형태에서 액션 리서치는 연구자가 문제를 겪고 있는 사람들을 대상으로 연구를 수행하는 것이 아니라, 그들과 함께 적극적으로 문제를 해결하는 과학적 과정이다(Cunningham, 1993; Heron & Reason, 2001). 따라서 조직 구성원이 문제를 진단하고 해결하는 데 참여하는 것이 액션 리서치의 핵심 특징이다. 액션 리서치 프로젝트는 일반적으로 그림 5.2에서 설명된 방식으로 진행되며, 초기 문제는 진단, 행동 계획, 행동 실행, 결과 평가로 이어진다. 결과가 평가된 후에는 이 사이클이 다시 시작된다.

전통적인 액션 리서치 프로그램은 이론과 실천 간의 간극을 메우고 이를 연결하는 것을 목표로 하며, 이는 OD 역사 전반에 걸쳐 중심적인 목표였다. 이러한 연구의 목적은 단순히 새로운 이론을 만드는 것이 아니라, 이론과 행동이 밀접하게 결합된 새로운 행동 가능성을 창출하는 데 있다(Coghlan & Brannick, 2001). 행동(실천)과 연구(이론)라는 두 구성 요소는 이름에서처럼 실천에서 결합된다.

그러나 시간이 지나면서, 이론적 지식에 대한 실무자들의 기여가 줄어들면서 이론과 실천 사이의 간극이 더 커졌다(Bunker et al., 2005). 그럼에도 액션 리서치와 OD 컨설팅은 실무자와 조직 구성원이 공동으로 문제를 탐구하고, 행동을 시작하며, 결과를 평가하는 참여적이고 포괄적인 과정을 개발하려는 유사한 목표를 공유하며, 궁극적인 목적은 사회적 또는 조직적 변화에 있다. 또한 OD 컨설팅과 액션 리서치 모두에서 유사한 점은 행동과 데이터를 엄격히 재검토하고 분석하여 결과를 평가하는 것이다(Freedman, 2006).

OD 컨설팅 과정

오늘날 실무자들은 모든 OD 프로젝트에서 이론적 지식에 기여하는 것을 반드시 중심 목표로 보지 않을 수 있지만, 액션 리서치의 주요 원칙을 원용하여 액션 리서치 모델을 일반적으로 따르는 OD 컨설팅 과정을 채택하고 있다. 다양한 실무자가 각 단계를 다르게 명명할 수 있지만, 그림 5.3에 제시된 컨설팅 과정은 대부분의 OD 실무자들이 따르는 방식과 대체로 일치한다.

각 단계를 살펴보면, 컨설팅 모델은 선형적 과정처럼 보이지만 대부분의 컨설팅 참여는 이렇게 단계별로 진행되지 않는다. 이 과정은 선형적이라기보다 반복적이다. 즉, 이 다이어그램은 OD 과정을 순차적이고 체계적인 프로세스로 나타내지만, 이러한 지점들은 프로세스의 단계라기보다는 주제 영역으로 간주하는 것이 더 적합하다. 컨설턴트와 액션 리서처는 참여 기간 동안 다양한 단계로 돌아가 추가 데이터를 수집하거나, 클라이언트와 프로세스를 검증하고, 새로운 문제가 나타날 경우 재계약을 진행하기도 한다. 개입 단계에서는 추가 데이터를 수집하거나 프로세스의 이전 지점으로 돌아갈 수 있다. 개입 계획에 대한 피드백과 논의는 컨설턴트와 클라이언트가 계약 단계로 돌아가 상호 요구 사항을 재협상하도록 할 수도 있다.

① **진입(entry)**

컨설팅 과정의 첫 번째 단계는 진입이며, 이는 컨설턴트와 클라이언트 간 초기 접촉으로 시작된다.

② **계약 체결(contracting)**

다음으로, 컨설턴트와 클라이언트는 수행할 작업에 대해 합의한다. 클라이언트는 문제 또는 OD 컨설팅 기회를 설명하여 요청을 제시하고, 양측은 협력을 통해 성공적인 컨설팅 관계를 구축하는 방법을 논의한다. 컨설턴트는 공식적 또는 비공식적 제안서를 통해 수행할 작업에 응답한다.

③ **데이터 수집(data gathering)**

세 번째 단계에서는 문제와 관련된 상황, 클라이언트, 조직 및 기타 관련 요소에 대한 데이터를 수집한다. 이는 하나 이상의 방법이나 정보 출처를 활용할 수 있다.

④ **진단 및 피드백(diagnosis and feedback)**

클라이언트와 컨설턴트가 함께 데이터를 분석하고 해석한다. 컨설턴트는 클라이언트와 대화를 통해 데이터 수집 단계에서 얻은 피드백을 이해하도록 돕는다. 이 과정에서 문제가 재평가되거나 추가 데이터가 수집되거나 개입 전략이 개발될 수 있다.

⑤ **개입(intervention)**

컨설턴트와 클라이언트는 문제 또는 기회를 가장 잘 해결할 수 있는 개입 방안에 합의하며, 이를 실행하는 전략을 실행한다.

⑥ **평가 및 종료(evaluation and exit)**

컨설턴트와 클라이언트는 개입 결과와 개입이 원하는 변화를 초래했는지 여부를 평가한다.

이 단계에서 추가 데이터를 수집하며, 클라이언트와 컨설턴트는 협업을 종료하거나 사이클을 다시 시작하기로(재진입, 재계약 등) 합의할 수 있다.

컨설팅 모델은 선형적 과정처럼 보이지만, 대부분의 컨설팅 참여는 이러한 단계별 진행 방식을 따르지 않는다. 이 과정은 선형적이라기보다 반복적이다. 다시 말해, 이 다이어그램은 OD 과정을 순차적이고 체계적인 프로세스로 나타내지만, 이러한 지점들은 프로세스의 단계라기보다는 주제 영역으로 이해하는 것이 더 적절하다. 컨설턴트와 액션 리서처는 협업 기간 동안 다양한 단계로 돌아가 필요한 경우 추가 데이터를 수집하거나, 클라이언트와 함께 프로세스를 검증하고 새로운 문제가 나타날 경우 재계약을 진행한다. 개입 단계에서는 더 많은 데이터를 수집하거나 프로세스의 이전 지점으로 돌아갈 수 있다. 개입 계획에 대한 피드백과 논의는 컨설턴트와 클라이언트가 계약 단계로 돌아가 상호 요구 사항을 재협상하도록 할 수도 있다.

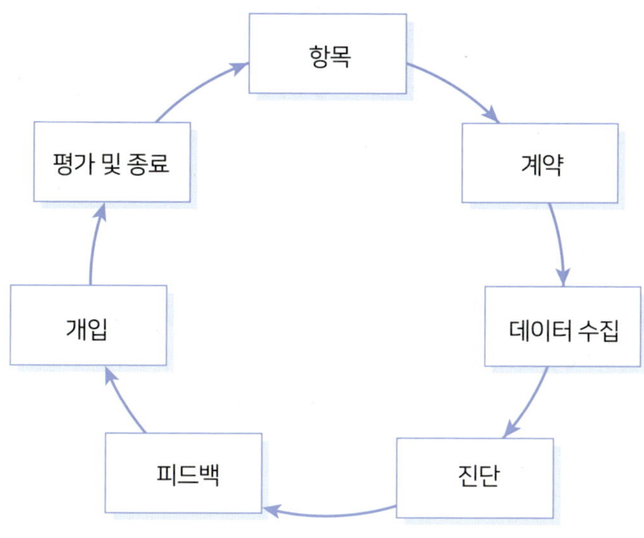

대화형 접근 방식의 OD

지난 몇 년 동안 4장에서 설명된 조직변화에 대한 사회적 구성론 접근 방식이 OD에 확장되었다. 사회적 구성론 접근 방식이 미친 영향을 반영하며, 일부 저자들은 OD가 사회적 구성론 관점에서 근본적으로 다르게 접근해야 한다고 주장한다. 이들은 앞서 살펴본 고전적 진단 중심의 6단계 접근 방식을 대안적인 대화적 접근 방식과 대조하며, 이 대화적 접근 방식은 진단적 또는 고전적 접근 방식과는 다른 철학적 기초를 반영한다.

고전적 접근 방식은 여러 면에서 4장에서 검토한 시스템 이론(systems theory)의 철학적 관점을 반영한다. 실무자가 시스템에 들어가 그 안에서 무슨 일이 일어나고 있는지 발견하고, 사실을 클라이언트에게 제시한 후, 일반적으로 조직 내 개인의 행동을 직접적으로 변화시키는 개입을 통해 변화를 권장하는 것이다. 이 과정에서 실무자 자신의 역할이나 실무자, 클라이언트, 조직 구성원들이 데이터를 공동으로 이해하는 과정에 대해서는 거의 언급되지 않는다. 이 모델은 비교적 안정적인 시스템을 가정하며, 개입 단계에서는 시스템 일부를 직접적으로 변화시키고, 그 후 시스템을 새로운 형태로 '재동결(refreeze)'하는 것을 목표로 한다.

실무자가 시스템의 현실에 대한 일종의 '진실'에 도달하고 이 결과를 클라이언트에게 제시할 수 있다는 가정도 포함된다. 이러한 OD 접근 방식은 분석과 합리적 논리를 통해 지속가능한 해결책을 개발해야 하는 특정 유형의 문제에 적합하다.

대화적 접근 방식에서는 이러한 가정들이 적합하지 않다. 마샤크와 부셰(Marshak & Bushe, 2018)는 전통적인 계획적 변화 모델을 '생성적 변화(generative change)'라고 부르는 모델과 대조한다. 전통적인 계획적 변화가 논리적 문제에 대한 합리적 해결책에 초점을 맞추는 반면, 대화형 OD 프로젝트에서의 생성적 변화는 적응적 도전에 중점을 둔다. 부셰(Bushe, 2019)는 대화적 접근 방식을 설명하며, 빠른 성장, 대규모 글로벌 고객 세그먼트, 의료 실천 영역 간 협업을 요구하는 복잡한 조건, 그리고 받아들이기 어려운 수준의 오진율을 경험하고 있는 병원 시스템을 예시로 든다. 적응적(adaptive) 도전에서는 문제 자체를 정의하는 것조차 어렵고, 문제 정의와 해결에 여러 이해관계자 그룹이 참여해야 한다. 해결책은 단순히 기술적 변화를 넘어선다. 그 대신, 마인드셋, 가치관, 행동의 변화가 필요하다. 대화형 OD는 이러한 적응적 도전을 해결하기 위해 시스템 이론이나 다른 기본 가정과 실천에 기반을 둔다.

| 대화형 OD의 기본 가정

대화형 OD에서 진단(diagnosis)의 개념은 기존 OD와 다르다. 만약 조직에 단일한 '진실'이라는 것은 존재하지 않고, "우리가 현실을 이해하는 방식은 우리가 공유하는 담론적 의미의 지평을 벗어나 존재할 수 없다"(Hutton & Liefooghe, 2011, p. 79)는 것을 인정한다면 어떻게 될까? 조직 내에는 항상 여러 버전의 진실이 존재하며, 환경은 끊임없이 변화한다고 인식한다면, 어떠한 진단도 부분적이고, 일시적이며, 사라지기 쉽고, 진단을 수행하는 사람들의 관점에 의해 영향을 받는 것으로 간주될 것이다. 실제로, 대화형 OD는 진단(특히 실무자가 주도하는 진단)을 피하려 하고, 대신 조직 구성원이 "사회적 현실이 그들의 시스템 내에서 어떻게 공동으로 구성되고 있는지에 대한 인식을 높이고, 이를 통해 변화에 대한 정렬과 지지를 생성"(Bushe & Marshak, 2009, p. 364)하도록 돕는다. 초점은 실무자가 제안한 단일 진단 결론이 아닌, 자발적이고 참여적인 이해의 형성으로 이동한다.

대화형 OD에서 변화의 본질

대화형 OD에서 변화의 본질은 사회적 구성론의 가정을 반영한다. 앞 장에서 언급했듯, 사회적 구성론 접근 방식은 변화가 조직 내에서 의미가 변할 때 발생한다고 가정하며, 이는 결국 대화의 변화를 의미한다.

대화형 OD는 개방형 시스템에 초점을 맞추기보다는 개인, 그룹, 조직의 행동이 사람들이 자신의 경험에 대해 의미를 부여하는 일반적인 서사(내러티브), 이야기, 은유, 대화에 의해 만들어지고 유지되는 대화적 시스템(dialogic systems)으로 조직을 바라본다(Marshak & Bushe, 2013, p. 1).

조직이 대화적 시스템이라면, 조직을 변화시키는 것은 대화를 변화시키는 방법을 찾는 것을 의미한다.

> "기술 구조적 또는 인간적 프로세스 개입을 통해 변화를 추구하려는 대신, 대화형 OD는 의미 구성, 언어, 그리고 '담론적 현상(discursive phenomena)'을 변화의 중심 매개체이자 대상(target)으로 간주한다."(Marshak & Grant, 2008, p. 36)

진단적 OD가 개인의 행동을 직접적으로 변화시키려 하는 반면, 대화형 OD는 사람들이 특정 행동을 선택하는 이유를 뒷받침하는 기존의 의미, 서사, 이야기를 재구성하여 사람들이 스스로 새로운 행동을 선택하도록 유도한다.

부셰와 마샤크(Bushe & Marshak, 2009)는 이러한 새로운 철학적 기초를 통합하여 대화형 OD 실천의 네 가지 특성을 다음과 같이 설명한다.

- 변화 과정은 시스템 내에서 일반적으로 이루어지는 대화를 변화시키는 것에 중점을 둔다.
- 탐구(inquiry)의 목적은 시스템 내 다양한 관점, 문화, 서사를 드러내고, 이를 정당화하며, 또는 그로부터 배우는 것이다.
- 변화 과정은 사람들이 사고하고 행동하는 방식에 영향을 미치는 새로운 이미지, 서사, 텍스트, 사회적으로 구성된 현실을 만들어낸다.
- 변화 과정은 협업, 자유롭고 정보에 기반한 선택, 클라이언트 시스템 내 역량 구축이라는 전통적인 조직개발의 가치를 일관되게 반영한다. (p. 362)

마지막 진술에서 알 수 있듯이, 진단적 접근 방식과 대화적 접근 방식이 반드시 완전히 양립 불가능한 것은 아니다. 부셰와 마샤크(Bushe & Marshak, 2009)는 진단적 OD와 대화형 OD 모두 "강력한 인간 중심적, 민주적 가치"를 공유한다고 지적하고, 이들 접근 방식에서는 "더 큰 시스템 인식을 장려하고 촉진하며", "컨설턴트는 콘텐츠에서 벗어나 프로세스에 초점을 맞추고", 실무자는 "시스템의 역량 구축과 발전에 대한 관심을 가진다"고 강조한다(p. 360). 진단적 OD와 대화형 OD 모두 조직 구성원들이 자신, 팀 또는 조직 전체에 대한 인식을 강화하는 발견 과정이 필요하다는 점을 인식한다. 그러나 여기서 두 접근 방식은 갈라진다. 대화형 OD는 실무자들에게 "시스템 내에서 더 큰 인식을 촉진하는 것이 항상 객관적이고 형식적인 데이터 수집 및 외부 컨설턴트에 의해 촉진되거나 수행되는 진단과 동일한 것은 아니다"(p. 364)라고 명확히 인식하도록 요구한다. 이러한 관점에서, 진단적 접근 방식은 실무자가 객관적 현실을 발견하고 이를 클라이언트에게 제시하는 특권적 역할을 부여하는 것으로 간주된다. 비판론자들은 진단적 접근이 실무자가 일시적이고 단편적인 현실을 정의하는 과정에 참여하는 자신의 역할을 무시한다고 주장한다. 반면, 대화형 OD에서의 발견 과정은 조직 구성원들 자신이 데이터를 드러내고 공유하는 탐구의 실천으로 전환된다.

| 대화형 OD 프로세스

진단 컨설팅 프로세스가 앞에서 설명한 6단계를 따른다면, 대화형 OD 컨설팅 프로세스는 어떤 모습일까? 그림 5.4는 이러한 생성적 변화 접근 방식을 설명한다.

그림 5.4　생성적 변화 모델

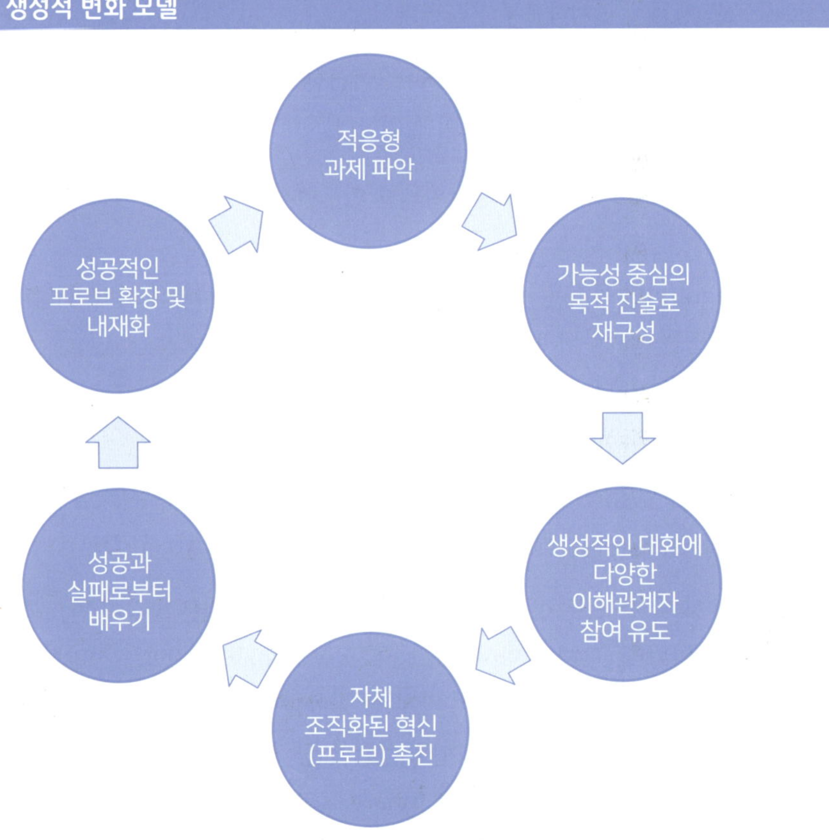

출처: *The Dynamics of Generative Change*, by G. R. Bushe, 2020, Vancouver, BC, Canada: BMI Publishing.

부셰와 마샤크(Bushe & Marshak, 2014)는 대화형 OD 실천을 구조화된 접근 방식과 프로세스 컨설팅 접근 방식이라는 두 가지 형태로 구분한다.

구조화된 대화적 접근 방식에서는 실무자가 리더나 후원자와 협력하여 미래에 대해 열린 대화를 나누기에 적합한 이벤트를 설계한다. 이러한 이벤트는 리더가 이미 결정한 변화를 실행하기 위한 워크숍이 아니다. 오히려, 이는 참여자들 간의 다양한 동기와 아이디어를 "활성화, 촉진, 지원하기 위해 설계된 열린 이벤트"다(Bushe & Marshak, 2014, p. 201). 이로 인해 더 크고 더 다양한 참여자 그룹을 초대할 수 있다. 부셰(Bushe, 2013)는 대화형 OD 철학과 변화에 대한 사회적 구성 접근 방식을 통합한 구조화된 대화형 OD 접근 방식을 구체화했다.

대화형 OD 이벤트에서는 부셰(Bushe)가 "생성적 이미지(generative image)"라고 부르는 개념의 중요성이 강조된다. 생성적 이미지는 다음과 같이 정의된다. "아이디어, 문구, 물체, 그림, 선언문, 이야기 또는 새로운 단어로, 의사결정 및 행동에 대한 새로운 대안을 볼 수 있게 하고, 사람들이 새로운 옵션을 좋아하고 사용하고 싶어 하기 때문에 변화를 만들어내는 것"이다(Bushe, 2013, p. 12). 예를 들어, 병원 구성원이 "질병 제거" 대신 "건강 증진"을 생각하기 시작하거나, 제조 작업자가 "결함 감소" 대신 "우리가 자랑스러워할 수 있는 제품 생산"이라는 변화를 위한 옵션을 검토할 때 사고와 가능한 변화의 옵션에 변화가 생길 수 있다. 이러한 생성적 이미지는 대개 기존 담론의 일부로 고려되지 않았던 새로운 용어나 아이디어다(Bushe & Storch, 2014). 따라서 생성적 이미지를 개발하려면 참여자들이 새로운 사고 방식을 받아들일 의지가 있어야 한다.

이 과정에서 대화형 OD 철학에 따라 나타나는 몇 가지 핵심 요소를 주목할 수 있다. 예를 들어, 질문을 통해 대화를 구성하는 것, 질문을 논의할 수 있는 대화적 이벤트를 만드는 것, 조직 구성원들이 아이디어와 의미를 창출하기 위해 자발적으로 조직화되는 것, 그리고 새로운 현실이 나타나는 것이다.

두 번째 접근 방식으로 부셰와 마샤크(Bushe & Marshak, 2014)가 "대화적 프로세스 컨설팅"이라고 부르는 방식에서는 위에서 설명한 공식적인 이벤트가 반드시 필요하지는 않다. 대화적 프로세스 컨설팅은 프로그램화되거나 예측 가능한 프로세스와 결과를 제공하려 하지 않는다. 그 대신, 실무자는 예를 들어 팀 대화 중에 개입하여 팀이 사용하는 주요 은유의 함의를 지적하는 방식으로 개입할 수 있다. 이 방식에서 실무자는 "사람들이 자신을 조직화하기 위해 참여하는 일상적인 대화 행동 속에서" 일하는 것이다(Goppelt & Ray, 2015, p. 373). 저자들은 이를 대화의 "흐름에 뛰어드는 것"이라고 설명하며, 질문하고, 적극적으로 참여하며, 통찰을 공유하고, 대안을 제안한다. 이러한 대화에 참여하기 위해서는 마샤크(Marshak, 2020)가 제안한 '깊은 경청(deep listening)'이라고 부르는 방식으로 참여자의 언어와 근본적인 사고방식을 이해하는 것이 중요하다.

부세와 마샤크(Bushe & Marshak, 2015b)는 대화형 OD에서 다음의 변화 과정 중 하나 이상이 발생한다고 설명한다.

> **변화 과정 1**: 진행 중인 사회적 현실 구성에 대한 혼란이 일어나거나 더 복잡한 재편으로 이어진다.
> **변화 과정 2**: 하나 이상의 핵심 서사에 변화가 발생한다.
> **변화 과정 3**: 새로운 사고와 행동을 위한 매력적인 대안을 제공하는 생성적 이미지가 도입되거나 나타난다. (pp. 20–23)

분명히, 대화적 접근 방식과 진단적 접근 방식은 일부 기본 가치를 공유하지만, OD에서 두 접근 방식 간에는 몇 가지 비호환적인 영역이 존재한다. 이 책의 나머지 부분에서는 앞서 설명한 OD 컨설팅 과정의 고전적 단계를 따라갈 것이지만, 이후에 대화적 접근 방식을 다시 다루면서 이것이 어떻게 다른 유형의 "담론적 개입"을 암시하는지 이해하도록 도울 것이다 (Marshak & Grant, 2008, p. 38). 예상할 수 있듯이, 두 접근 방식의 가정이 다르기 때문에 대화형 OD의 개입과 진단적 OD의 개입도 다르다. 이는 또한 OD 실무자의 역할이 대화형 OD 과정에서 다르게 작용한다는 것을 의미한다. 12장에서는 대화적 개입이 어떻게 관리되며, 그것이 다른 전통적 개입 유형과 어떻게 구별되는지 살펴볼 것이다.

다음 장에서는 컨설팅 모델의 첫 번째와 두 번째 단계인 진입(entry)과 계약을 심도 있게 다룰 것이다. 7장에서는 데이터 수집에 초점을 맞추고, 8장에서는 진단과 피드백을 논의할 것이며, 9장에서는 개입을 소개할 것이다. 10장에서 13장까지는 개입 유형을 설명하며, 14장에서는 컨설턴트가 개입 및 컨설팅 참여의 성공을 평가하고, 실무자들이 참여 종료 과정에 어떻게 접근하는지 설명한다.

요약

조직개발 컨설턴트는 컨설팅 참여 과정에서 퍼실리테이터, 코치, 교사, 연구자 등 다양한 역할을 수행하므로 OD 컨설턴트의 역할은 다양하게 작동한다. OD 컨설턴트는 전문가, 의사-환자 또는 정비사 역할을 수행하는 컨설턴트와는 다른 방식으로 조직 문제에 접근하는 특정 유형의 컨설턴트다. 전문가 컨설턴트는 특정 분야의 전문 콘텐츠 지식을 위해 고용되는 사람이다. 의사-환자 컨설턴트는 컨설턴트가 콘텐츠 지식을 보유하고 있고 고객이 해결책을 듣고 싶어 할 때 의뢰를 받는다. 정비사 컨설턴트는 고객이 컨설턴트가 문제의 거의 모든 요소에 대한 해결책을 제안하고 구현하기를 원할 때 찾는다. 반면 OD 컨설턴트는 컨설팅 참여 기간 내내 고객과 공동으로 작업하며, 문제해결 지식을 고객과 공유하여 고객이 다음에 혼자서 문제를 해결할 수 있는 능력을 향상시키기 위해 노력한다. OD 컨설턴트는 내부 또는 외부 역할이 될 수 있으며, 각 역할은 컨설턴트와 클라이언트에게 장단점을 가지고 있다.

OD 컨설턴트의 다양한 역할은 성공적인 실무자가 되기 위해 필요한 다양한 지식과 스킬을 요구하게 된다. 어떤 실무자도 그림 5.1에 나열된 모든 역량을 갖춘 전문가가 될 수는 없지만, 이 목록은 이 분야에 진출하여 자기개발을 하고자 하는 사람들에게 유익한 지침이 될 수 있을 것이다.

OD 실무자는 액션 리서치 프로그램에서 개발된 컨설팅 프로세스를 모델로 삼는다. 액션 리서치에서 채택한 주요 순서에는 조직 구성원의 프로세스 참여, 데이터 수집, 데이터의 공동 평가 및 상호 평가, 개입 전략에 대한 공동 진단, 결과에 대한 공동 평가가 포함된다. 또한, 최근 OD의 발전은 이러한 진단 과정을 변화하는 언어에 기반한 새로운 사회적 현실을 구축하는 협력적 과정에 조직 구성원을 참여시키기 위한 대화적 과정과 대조되는 점을 보여주고 있다.

1. 내부 컨설턴트와 외부 컨설턴트로 일하는 데는 각각 장점과 단점이 있다. 이 장점과 단점 중 많은 내용이 이 장에서 다뤄졌다. 당신은 여기에 추가로 어떤 장점이나 단점을 생각할 수 있는가? 내부 및 외부 OD 실무자의 역할에 대한 내용을 읽고, 어떤 역할이 더 쉬운지, 더 보람 있는지 생각해보라. 또한, 당신은 어떤 역할을 더 선호할 것 같은가?

2. 그림 5.1에서는 조직개발 컨설턴트를 위한 많은 추천 역량이 나열되어 있다. 표를 다시 살펴보고, 자신이 강점이라고 생각하는 역량에 밑줄을 긋고, 약점이라고 생각하는 역량에는 동그라미를 그려라. 당신은 자신의 강점을 어떻게 활용할 수 있을까? 약점을 어떻게 개발할 수 있을까? 이 역량 중에서 실무자에게 필수이거나 반드시 필요하다고 생각하는 것은 무엇인가? 반면, 유익하지만 필수이지 않다고 생각하는 역량은 무엇인가?

3. 만약 당신이 조직개발 컨설턴트를 고용하는 매니저라면, 어떤 종류의 프로젝트에 내부 컨설턴트를 선호할 것이며, 어떤 종류의 프로젝트에 외부 컨설턴트를 선호할 것인가? 컨설턴트를 고용할 때 어떤 기술을 중요하게 생각할 것인가?

아래 사례를 읽고 다음 질문에 답하라.

1. 이 사례는 두 명의 컨설턴트 간의 협력을 포함하고 있다. 두 명의 컨설턴트가 함께 일하는 데 따른 장점과 단점은 무엇인가? 이 협력이 원활하게 진행되도록 하기 위한 효과적인 실천 방법은 무엇인가?

2. 만약 당신이 클라이언트라면, 이 사례에서 컨설턴트를 선택할 때 중요하게 생각할 기술이나 역량은 무엇인가?

3. 돌아보았을 때, 척이 평가자의 개입을 주도하고 월요일 회의를 공동 진행하도록 선택한 것이 좋은 아이디어였는가? 당신의 입장을 설명하고, 사례에서 근거를 들어 주장을 뒷받침하라.

당신은 밥(Bob)과 척(Chuck)과의 회의를 위해 차를 몰고 아름다운 언덕들을 지나가고 있다. 오늘 회의가 어떻게 전개될지 궁금해진다. 이번 프로젝트는 당신이 지금까지 참여했던 것 중 가장 독특하고, 매혹적이며, 어려운 컨설팅 작업 중 하나였다. 그러나 앞으로 무슨 일이 일어날지 전혀 알 수 없다. 당신은 밥과 척이 당신이 알고 있는 모든 것을 알지는 못하며, 따라서 문제를 매우 다르게 보고 있다는 것을 알고 있다. 안타깝게도 비밀 준수를 약속했기 때문에 그들에게 당신이 알고 있는 모든 것을 말할 수는 없다. 그렇지만 이 상황을 효과적이고 윤리적으로 해결하는 방법을 찾아야 할 것이다.

1부: 밥의 딜레마

밥은 빈곤층의 삶을 개선하는 데 전념하는 비영리단체의 주택 개량 및 효율성 부서의 관리자다. 이 단체는 지역사회에서 희망의 손길(Helping Hands), 가정 난방(Heating Homes), 건강한 마음(Healthy Hearts)으로 알려져 있으며, 흔히 '6H'라고 불린다. 넉 달 전, 밥은 당신이 효과적인 팀워크에 대해 발표한 콘퍼런스에서 당신의 발표를 들은 후, 도움을 요청했다. 그는 직장에서 팀 접근 방식을 중시하며, 자신을 관리자가 아니라 코치로 간주하고 있다고 말했다. 그러나 그의 팀에서는 심각한 문제가 발생하고 있었다. 밥의 팀은 평가자(assessors), 작업팀(crews), 그리고 검사관(inspectors)으로 구성되어 있다. 평가자는 주택의 에너지 효율성을 개선하기 위해 필요한 작업과 자재를 판단한다. 작업팀은 필요한 작업을 수행하며, 검사관은 모든 효율성 요구 사항이 적절한 기준에 따라 충족되었는지 확인한다. 이상적으로, 팀의 세 구성 요소는 완벽하게 협력하여 고객에게 고품질의 에너지 효율적 솔루션을 제공한다. 밥에 따르면, 이 사업의 성공 핵심은 효과적인 커뮤니케이션이다. 커뮤니케이션을 통해 팀원들은 작업 계획을 이해하고, 실수로부터 배우며, 지속적으로 성장하고 개선할 수 있다. 그러나 불행하게도 밥 팀의 구성원들은 효과적으로 소통하지 못하고 있다. 더 심각한 문제는 팀원들이 자신들을 하나의 팀으로 인식하지 못한다는 것이다. 실제로 그들이 서로를 대하는 방식은 마치 전쟁에서 적군을 대하는 것처럼 보이기도 한다. 예를 들어, 평가자들은 팀원들에게 고함을 지르고 욕설을 퍼붓기 위해 대화하는 것처럼 보인다. 지난주에는 한 작업팀 리더가 평가자에게 다가가 이렇게 소리쳤다.

"이 멍청아, 창문이 네 개, 문이 두 개, 그리고 다락방과 지하실 모두 단열재가 필요했어. 머리를 좀 쓰고 제대로 일하라고, 이 ××× 같은 놈아!"

이로 인해 평가자들은 작업 팀원을 적극적으로 피하지만, 숨는 것은 문제를 해결할 수 있는 효과적인 방법이 아니며, 효과적인 팀워크의 기회를 방해한다. 밥은 커뮤니케이션 문제를 해결하기 위해 여러 가지 방법을 시도했지만 모두 실패했으며, 상황은 오히려 더 악화되었다고 말한다. 밥은 이 상황이 해결될 가망이 없다고 느낀다. 한편으로는 그가 조언을 구한 사람들이 모두 팀원들을 해고하라고 권유하고 있다. 그러나 밥은 구성원들이 업무에 매우 능숙하며, 조직의 미션, 비전, 그리고 가치에 헌신하고 있다는 것을 알고 있다. 밥은 난관에 봉착했다. 작업 팀원을 해고하면 뛰어나고 잘 훈련된 고급 기술자를 잃게 될 것이다. 그러나 이러한 학대적 행동을 계속 묵인한다면 평가자, 검사관, 그리고 작업 팀원 등의 존경심을 잃게 될 것이다.

이 시점에서 밥은 당신의 조언을 요청했다. 당신은 이 상황에서 효과가 있을지도 모르는 독특한 개입 계획을 가지고 있다고 말했다. 문제의 주요 원인이 평가자와 작업 팀원들 사이에 있는 것으로 보였기 때문에 두 그룹을 대상으로 퍼실리테이터와 함께 과정을 진행하는 계획이었다. 각 그룹은 덤핑(dumping), 노출(exposing), 확인(identifying) 과정을 진행하면서 자체 퍼실리테이터와 작업한다.

1. 덤프 세션(dump session)에서는 참여자들이 조직 내에서 겪었던 모든 나쁜 경험을 찾아낸다.

2. 두 번째 단계에서는 이러한 나쁜 경험이 초래한 고통을 노출한다.

3. 세 번째 단계에서는 이 고통스러운 경험 도중과 이후에 자신이 어떻게 소통했는지, 그리고 조직 내 다른 사람들이 거기에 어떻게 대응했는지 확인한다.

그다음 주에는 두 그룹이 밥과 다른 관리자들이 참석한 회의에서 다시 만난다. 이 회의에서 두 그룹은 세 단계를 거쳐 작업한 결과를 공유하며, 당신과 다른 퍼실리테이터의 지도하에 함께 나아가기 위한 계획을 수립한다. 밥은 이 아이디어를 적극적으로 수용했으며, 과거에 평가자들과 작업한 경험이 있는 척이라는 퍼실리테이터에게 연락할 것을 제안했다.

2부: 개입 계획 수립

당신은 척을 만났고, 그가 확실히 유능한 트레이너이자 퍼실리테이터라는 인상을 받았다. 그는 다양한 고객과 함께 일한 풍부한 경험이 있었다. 그러나 개입 계획에 동의했음에도 척의 목적이 당신과 다르게 보였다. 밥에게 설명했듯이, 당신의 목적은 우선 팀이 이 문제에 빠지게 된 원인을 이해하고, 그 지식을 활용하여 문제를 해결하는 데 도움을 주는 것이다. 반면, 척은 이번 과정을 통해 '문제해결'을 목적으로 삼고 있으며, 작업팀이 해결해야 할 문제라고 보는 듯했다. 당신은 척의 접근 방식이 과거에 평가자들과 트레이너로 일했던 경험에 의해 형성된 것인지, 아니면 밥이 이 상황을 해결하기 위해 시도한 것들에 영향을 받은 것인지 확신할 수 없었다. 밥과의 회의에서 척은 개입의 시작 부분에서 밥이 두 그룹을 함께 불러 그들에게 이번 과정을 통해 행동을 바꾸지 않으면 해고될 것이라고 말해야 한다고 강조했다. 당신은 그러한 발언이 '덤프 세션' 동안 참여자들이 자신의 경험을 털어놓는 것을 어렵게 만들 수 있다고 우려했다. 그러나 밥은 그룹에 직접적으로 말하는 것에 적극적이며, 계획에 대해 모든 사람이 편안함을 느낄 수 있는 방식을 찾을 수 있을 것이라고 믿었다. 밥은 팀 문화를 개선하기 위해 필요한 일이라면 무엇이든 할 준비가 되어 있었으며, 여기에는 프로그램에 동참하지 않거나 행동을 바꾸지 않는 사람들을 해고하는 것도 포함되어 있었다.

3부: 작업팀 개입 세션

작업팀의 개입이 이루어지는 장소는 지역 볼링장의 지하실이었다. 당신이 도착했을 때, 긴장감이 감돌고 있었다. 당신은 그날 계획을 설명하며 편안한 분위기를 조성하려고 노력한 다음 밥을 소개했다. 작업팀을 향해 연설하는 밥의 얼굴은 매우 긴장한 듯했다. 그는 우선 좋은 작업 환경과 즐거운 분위기에서 일할 수 있는 직장을 만들고 싶다는 바람을 강조하며, 현재 상황은 누구에게도 즐겁지 않다고 언급했다. 작업 팀원들은 고개를 끄덕이며 동의하는 모습을 보였다. 분위기가 좋아지는 것을 확인한 밥은 이번 개입 과정에 대한 자신의 목표를 설명하기 시작했다. 구체적으로는 작업 팀원들이 덤프 세션에 적극적으로 참여하는 것이 매우 중요하다고 강조했다. 밥은 자신의 삶에서 사람들이 오래된 상처를 붙잡고 있었기 때문에 고통받았던 경험을 예로 들어 설명하기도 했다. 그는 상처를 내려놓기 시작할 때 치유가 시작되며, 사람들은 더 나은 삶으로 나아갈 수 있다는 것을 이해한다고 밝혔다. 밥은 작업팀의 직장 환경을 개선하려는 자신의 열정을 팀원들이 인식하기를 진심으로 바라고 있었다. 또한 그들에게 최선의 이익을 고려하고 있음을 진심으로 보여주려 했다. 밥은 팀원들이 무슨 말을 하든 이를 공유했다고 해서 불이익을 받지 않을 것이라고 단언했다. 무엇보다 비밀을 보장하며 "이 방에서 말한 것은 절대 밖으로 나가지 않을 것"이라고 약속했다.

밥은 이어서 상황을 개선하기 위해 작업 팀원들이 이 계획의 일부가 될 의지가 있어야 한다고 설명했다. 팀으로서 계획을 돕고 궁극적으로 해결책의 일부가 되어야 한다고 강조했다. 작업 팀원들은 서로를 바라보며 할 수 있다는 듯 고개를 끄덕이며 동의했다. 밥은 설명을 마치면서 개입 과정이 끝난 후 작업 팀원들이 선택할 수 있는 네 가지 선택지를 제시했다.

1. 계획을 받아들이고, 계획을 달성하는 데 도움이 되는 방식으로 행동한다.

2. 계획에 의문을 제기하지만, 계획을 달성하는 데 도움이 되는 방식으로 행동한다.

3. 계획을 받아들이지 않지만, '좋은 군인'[11]처럼 계획을 달성하는 데 도움이 되는 방식으로 행동한다.

4. 계획을 받아들이지 않고, 계획을 달성하는 데 도움이 되지 않는 방식으로 행동한다.

그는 작업 팀원들이 첫 번째 선택지를 선택하여 계획을 수용하는 것이 목표라고 말했다. 그러나 모든 사람이 아직은 준비되어 있지 않음을 알고 있었으며, 만약 두 번째나 세 번째 선택지를 고른다 해도 그 결정을 존중하며, 궁극적으로는 계획을 받아들이기를 바랐다. 하지만 만약 네 번째 선택지를 택하는 팀원이 있다면, 그 팀원은 더 이상 이곳에서 일할 수 없을 것이며, 이는 팀의 이익을 위한 결정이 될 것이라고 말했다.

당신은 밥의 설명을 들으면서 매우 믿음이 갔다. 그가 작업 팀원들을 진심으로 아끼고 있으며, 개입 과정에 적극적이고 열성적이라는 것을 보여주었다. 그는 개입 과정에 참여하는 데 따른 부정적인 결과가 없을 것이라고 약속했으며, 팀원들에게 그들의 우려와 상처, 심지어 대화에서 자신이 '나쁜 사람'으로 지목되더라도 털어놓도록 격려했다. 또한, 당신에게 비밀을 유지하겠다고 약속했으며, 작업 팀원들에게 '폭로'하도록 요구하지 않을 것이라고 확인한 점도 기뻤다. 그는 네 가지 선택지를 제시하면서 균형을 잘 맞췄다. 계획을 수용하길 바라면서도, 계획을 수용하지 않더라도 '좋은 군인'으로 남아줄 것을 수용할 준비가 되어 있었다. 당신은 그날의 분위기가 잘 조성되었다고 느꼈으며, 작업 팀원들이 덤프 세션에 참여하며 어렵지만 중요한 대화를 시작할 준비가 되었다고 생각했다.

밥이 떠난 후, 참여자들이 덤프 세션에 참여하도록 열심히 독려했지만, 아무도 입을 열려 하지 않았다. 팀원들을 작은 그룹으로 나눠 우려 사항과 과거의 상처에 대해 논의하게 했지만, 대화를 들어보니 그들이 논의 주제에 집중하지 않는 것이 분명했다. 다른 접근 방식을 시도하기로 하고, 각 팀원에게 노트를 나눠주었다. 각자 다른 테이블에 앉게 한 뒤, 조직 내에서 겪었던 모든 나쁜 경험을 적으라고 요청했다. 그러나 종이를 바라보기만 하고 아무것도 적지 않는 모습을 보고 끔찍한 기분이 들었다. 그래도 인내심을 갖고 기다렸다. 마침내 톰(Tom)이 뭔가 쓰기 시작했고, 천천히 한 사람씩 자신의 경험을 적어나가기 시작했다.

20분 후, 조(Joe)가 펜을 던지며 말했다. "담배 한대 피우고 올게요." 그는 방을 나갔다가 5분 만에 돌아와 다시 글을 쓰기 시작했다. 30분이 지나자, 몇몇 팀원이 다 적은 듯했다. 과정을 서두르고 싶지 않았기에 부드럽게 말했다. "다 쓰신 분들은 밖에 나가거나 위층 바에 가 계셔도 됩니다. 모두 끝나면 제가 부르겠습니다." 결국 톰만 남아 계속 쓰고 있었다.

---

11 계획에 동의하지 않더라도 팀의 목표를 방해하지 않고, 성실히 역할을 수행하는 태도를 가진 사람이라는 의미를 담고 있다. (역자주)

시계를 보니, 1시간 넘게 계속 쓰고 있었으며 멈출 기미가 없었다. 마침내 1시간 반이 지나 톰이 펜을 내려 놓고 당신을 보며 말했다. "이제 다 쓴 것 같네요." 기분을 묻자 톰이 말했다. "좋아요. 다 털어놓으니 가벼워 진 기분이에요. 제가 많이 쌓아놨었나 봐요." 톰은 다시 노트를 내려다보며 자신이 쓴 내용을 보더니 말했다. "아, 담배 한대 해야겠네요." 그렇게 말하며 의자에서 일어나 계단 위로 올라가는 톰을 보며 생각했다. '드디 어, 뭔가 진전이 있구나.'

톰에게 15분간 휴식을 취하게 한 뒤, 모두를 다시 지하실로 불러 모았다. 팀원들에게 글을 쓰며 느낀 감정을 물었고, 가슴 속 이야기를 종이에 털어놓으니 좋았다고 말했다. '좋아, 이제 다음 단계로 갈 수 있겠군' 하고 생각했지만, 앞쪽의 플립 차트에 자기 생각을 적기 시작할 준비가 되었는지 물었을 때 아무런 대답이 없었다. 그래서 그들에게 첫 단계의 목적은 모든 것을 털어놓는 것이라고 상기시켰다. 이제 팀원들은 이러한 경험이 자신의 업무, 관계, 개인적 정신건강에 미친 부정적 영향을 기록해야 한다. 그러나 여전히 아무도 입을 열지 않았다. 인내심을 갖고 기다렸다.

결국, 샘(Sam)이 말했다. "아침에 밥이 말한 거 들었잖아. 우리가 문제라고 했고, 그는 우리를 해고하려 한다 고 했어. 그래서 난 아무 말도 안 할 거야. 일자리를 지켜야 하니까!" 밥의 발표에서 팀원들이 기억한 메시지 가 "해고될 것"이라는 것뿐이라는 사실이 명백해졌다. 당신은 밥이 세 가지 다른 선택지를 제시했음을 상기 시켰다. 그러나 작업 팀원들이 여전히 반응을 공유하기를 거부하자 점점 초조해졌다. 절박한 마음에, 당신은 밥이 이 세션에서 일어난 모든 것이 기밀로 유지된다고 말했으며, 팀원들의 특정 사례를 밥에게 전하지 않을 것이라고 강조했다. 그러자 샘이 물었다. "그런데 밥이 우리가 이야기한 걸 모른다면 뭐가 바뀌겠어요?"

당신은 자신이 훈련된 전문가이며, 기밀을 유지하면서 문제를 해결할 수 있다고 설명했다. 또한, 이러한 문제 에 대해 마음을 열고 이야기하는 데 얼마나 많은 용기가 필요한지 알고 있으며, 상황을 개선하기 위해 최선을 다할 것을 약속했다.

"좋아." 톰(Tom)이 말했다. "아내는 내가 너무 말이 많아서 언제 조용히 할지 모른다고 하는데, 여기 적은 게 엄청 많아. 해고당해도 연금 받을 나이니 걱정 없지 뭐. 자, 여기 있어…." 톰은 자신이 적은 것을 읽어 내려갔 다. 내용은 길었고 시간이 꽤 걸렸다. 톰의 발표가 끝난 뒤 다른 팀원들도 조금씩 입을 열기 시작했다. 이 과정 은 거의 2시간이 걸렸고, 모두가 발표를 마쳤을 때, 당신은 작업 팀원들이 조직 내에서 겪은 나쁜 경험에 대 한 긴 목록을 얻게 되었다.

작업 팀원들이 자신들의 경험에 대해 이야기하기 시작하자, 나머지 두 단계는 비교적 쉽게 진행되었다. 몇몇 은 자신들의 경험과 상처가 작업 팀원들 간의 결속을 더 강하게 했다고 설명했다. 팀 내 결속이 강해지면서, 그들은 그룹 외부의 누구도 신뢰하지 않게 되었다고 했다. 신뢰와 관련된 문제를 논의한 후, 팀원들에게 휴식 을 취하라고 했다. 모두 지하실을 나간 뒤, 플립 차트에 적힌 내용을 살펴보았고, 상황이 점차 이해되기 시작 했다. 현재 주택 개량 및 효율성 팀에서 벌어진 매우 나쁜 상황에 대해 특정 개인이나 그룹에 '책임'이 있다고 보기는 어렵다는 것이 분명해졌다. 먼저 주택 개량 및 효율성 팀이 어떻게 이런 문제에 빠지게 되었는지 설명 할 방안을 구상하기 시작했다. 놀랍게도, 상황을 새로운 시각으로 이해하는 것이 매우 쉽다는 것을 알게 되었 다. 문제는 세 가지로 요약되었다.

1. 작업 팀원들이 공유한 정당한 우려

2. 작업 팀원들의 결속을 강화하게 만든 네 가지 문제

3. 이 상황에 대한 작업팀의 전반적인 대응으로 인해 팀과 평가자들, 그리고 밥과의 소통 부족을 유발하고 이 를 지속적으로 악화시킨 반응

문제를 플립 차트에 정리하며 작업 팀원들을 다시 지하실로 불렀다. 그리고 결과를 보여줄 생각에 흥분을 감 추지 못했다.

작업팀이 돌아오자, 당신은 오늘 팀원들이 공유한 경험들이 힘들고 고통스러웠으며, 작업팀뿐 아니라 평가자, 검사관, 현장 관리자, 그리고 밥에게도 스트레스를 증가시켰다고 확인해주었다. 상황은 나쁘지만, 그리 놀라운 일은 아니다. 근본적인 문제는 주택 개량 및 효율성 팀이 외부의 명확한 적(enemy)을 잘 정의하고 동의된 목표(goal)를 가지지 않았다는 데 있다. 연구 결과를 인용하며 팀이 명확한 적을 가질 때 더욱 긴밀히 결속된다는 것을 설명한다. 예를 들어, 스포츠팀은 강한 라이벌과의 경기를 준비하면서 결속력을 다질 수 있다. 명확한 적이 없는 상황, 예를 들어 오케스트라나 연극 단체 같은 경우, 팀은 관객 앞에서의 효과적인 공연이라는 명확히 정의된 목표를 준비하며 결속된다. 또한, 명확한 목표나 적이 없는 경우 팀은 종종 내부의 적을 찾거나 심지어 만들어낸다는 연구 결과를 작업 팀원들에게 알린다. 내부의 적이 생기면 팀 전체가 하나로 잘 작동하지 못하고, 내부 그룹들은 내부의 적에 대한 분노를 공유하면서 서로 더 강하게 결속하게 된다. 주택 개량 및 효율성 팀의 상황에서는 명확한 외부의 적이나 목표가 없었기 때문에 내부에서 만들어진 적이 생겼다. 작업팀은 평가자를 적으로 보고, 평가자들은 작업팀을 적으로 보는 상황이 된 것이다.

작업팀은 이러한 설명에 만족한 듯 보였다. 몇몇 팀원이 이 평가에 동의하는 사례를 제시하며 의견을 나누었다. 톰은 이렇게 말했다. "그래서 문제를 알아냈다는 거군요. 근데 처음에 우리가 어떻게 이 문제에 빠지게 됐는지 알기 전에는 문제를 해결할 수 없다고 말했잖아요. 우리가 겪었던 온갖 문제를 말해줬고, 저기 적어놓은 긴 목록도 있잖아요. 그러면 우리가 어떻게 이 문제에 빠지게 됐는지 알려주세요."

이제 당신이 휴식 시간 동안 분석한 세 단계 과정을 설명할 차례였다. 당신은 작업팀이 어떻게 소통되지 않았는지를 설명하며, 이것이 주택 개량 및 효율성 팀(평가자, 직입팀, 검사관)의 세 파트가 협력하는 능력에 부정적인 영향을 미쳤다고 밝혔다. 또한, 작업팀의 우려와 문제들이 시간이 지나면서 어떻게 불신으로 이어졌는지 설명했다. 이로 인해 작업팀은 더 고립되고, 팀 외부의 구성원들과 소통하지 않게 되었다. 이러한 우려로 인해 작업 팀원들은 관리자가 작업팀이 일을 잘해낼 수 있다는 신뢰를 하고 있지 않다고 믿게 되었다. 이는 작업팀이 평가자의 실수를 계속해서 바로잡으며 모두의 실수를 줄였음에도 발생한 일이었다. 이러한 우려는 혼란과 불확실성을 야기했으며, 작업팀은 관리자를 신뢰할 수 있을지 의문을 갖게 했다. 결국 이러한 우려가 "우리가 세상과 맞서 싸우고 있다"는 상황으로 인식됨으로써 작업팀 내 결속을 더욱 강화하는 문제로 이어졌다.

당신은 첫 번째 분석 내용을 적은 메모를 펼치며 작업팀에게 당신의 설명을 주의 깊게 들어달라고 요청했다. 첫 번째 메모는 작업팀이 업무를 효과적으로 수행하지 못하게 방해하는 두 가지 중요한 우려사항에 대한 설명이다.

작업팀의 우려(crew concerns)

- **명령 체계(chain of command)**: 결정이 내려지거나 작업이 실행되기 전에 너무 많은 사람이 승인해야 한다. 이는 관리층에 대한 존중이 부족하다는 것을 나타내는 것이 아니라, 작업팀이 현장에서 결정을 내릴 수 있을 만큼 신뢰받지 못하고 있다는 우려를 반영한다.

- **후속 조치(follow-through)**: 결정이 내려지거나 정책이 발표되었을 때, 작업팀은 이에 대한 후속 조치가 있을 것으로 기대하지만, 종종 그렇지 않다. 이는 작업팀이 무엇을 해야 하는지, 실제로 무슨 일이 일어나고 있는지, 그리고 관리층의 말이 실제로 중요한지에 대해 혼란을 초래한다.

두 번째 메모는 작업 팀원들이 더 강하게 결속하게 되었으며, "우리가 세상과 맞서 싸우고 있다"는 믿음을 강화시킨 네 가지 작업팀 문제를 설명한다.

작업팀의 문제(crew issues)

- 우리는 존중받는다고 느끼지 못한다.

- 우리는 인정받는다고 느끼지 못한다.
- 우리는 신뢰받는다고 느끼지 못한다.
- 우리는 의견을 낼 수 있다고 느끼지 못한다/우리는 일의 중심에 있다고 느끼지 못한다.

세 번째 메모는 작업팀의 우려와 문제로 인해 발생한 결과를 보여준다.

우리는 우리 팀원 외에는 아무도 신뢰하지 않는다. 이로 인해 작업팀은 자신들의 우려를 관리자에게 전달하지 않으며, 평가자들과의 문제를 직접적으로 다루지 않는다. 결국, 문제가 쌓이고 쌓여 작업 팀원이 평가자들에게 '폭발'하게 된다. 평가자들은 작업팀이 화가 났거나 걱정하고 있다는 사실을 전혀 알지 못한 상태에서 이러한 반응을 마주하게 된다.

주위를 둘러보며, 모든 사람이 당신의 분석에 대해 긍정적으로 느끼고 있다는 것을 알 수 있었다. 작업 팀원들의 목소리가 정말로 들렸고, 당신은 그들의 상황을 정말 잘 설명하는 결과를 만들어냈다. 사실, 종일 느꼈던 긴장감은 모두 사라졌다. 당신은 작업팀의 성과를 자랑스럽게 생각했다. 또한, 자신의 성과도 자랑스러웠다. 작업팀의 신뢰를 얻고 프로세스를 통해 그들을 이끌어내는 것이 쉬운 일은 아니었지만, 모든 것이 잘 해결된 것이 분명했다. 작업팀은 강하고, 효과적이며, 헌신적인 주택 개량 및 효율성 팀을 만들기 위한 계획을 세울 준비가 되어 있었다. 그때, 해고에 대해 말했던 샘이 입을 열었다. "글쎄요, 이제 우리가 겪은 일에 대해 말할 수 있었으니 기분은 좀 나아졌어요. 하지만 저는 여전히 이번 일이 결국 우리를 해고하려는 목적이라고 생각해요."

안타깝게도, 이러한 인식에 대해 여전히 많은 팀원이 동의하는 듯 보였다. 당신은 깊은 숨을 내쉬고, 관리층이 진심으로 직장을 개선하고 조직의 모든 구성원의 경험을 향상시키고자 한다는 확신이 있다고 전했다. 또한, 작업 팀원들이 열심히 일하고, 충성스럽고, 헌신적이며, 이들의 경험이 소통 부족 상황을 초래했다는 점을 관리층이 이해할 수 있도록 최선을 다할 것이라고 약속했다. 당신은 이 상황이 나아질 수 있으며, 이보다 훨씬 더 어려운 상황에 처한 그룹들을 도운 경험이 있다고 말했다. 마지막으로, 작업팀을 대신하여 옹호자가 될 것이라고 약속했다. 그날의 일을 마무리하며 작업 팀원들은 떠났고, 샘과 당신만 지하실에 남았다. 샘이 당신을 바라보며 말했다. "알아요, 당신이 우리 편이라는 건 믿겠어요. 그리고 당신이 설명한 것도 좋았어요. 하지만 저는 여기서 오랫동안 일했고, 일이 어떻게 처리되는지 봐왔어요. 그래도 당신을 믿어요. 그러니 어떻게 되는지 두고 보죠. 어쨌든 감사했고, 다음 주에 봐요."

볼링장을 떠나며, 당신은 척과 평가자들에게 어떤 일이 있었는지 궁금해졌다. 다행히 오래 기다릴 필요는 없었다. 이틀 뒤, 척과 밥과의 계획회의가 예정되어 있다. 그 자리에서 작업팀과 평가자들이 각각 세 단계를 진행한 결과를 서로에게, 그리고 검사관, 감독자, 그리고 밥에게 보고하는 다음 주 회의를 어떻게 진행할지 결정하게 될 것이다. 보고가 끝난 후, 당신과 척의 지도하에 주택 개량 및 효율성 팀은 앞으로 나아가기 위한 계획을 함께 세울 것이다.

4부: 개입 후 회의

당신은 밥과 척과 회의하러 들어서며 불안한 마음을 느꼈다. 당신은 작업팀의 우려와 문제를 주택 개량 및 효율성 팀 전체가 다음 주 회의에서 만날 때까지 공개하지 않겠다고 약속했지만, 밥에게 작업팀의 이야기를 들을 준비를 하게 할 필요가 있다고 생각했다. 기밀 유지 약속을 존중하면서도 밥이 작업팀의 우려를 들을 준비를 어떻게 시킬 것인가? 세 사람이 테이블에 앉자 척이 물었다. "그래서, 밥. 이번 개입에 대해 사람들이 뭐라고 하던가요?"

밥은 평가자들이 이 과정에 정말 만족했다는 이야기를 들었다고 답했다. 척은 미소를 지으며 의자에 기대앉았다. 밥은 이어서 작업팀, 특히 샘이 아무것도 변하지 않을 거라고 생각하며 이미 이 과정을 거부하고 있는 것 같다고 말했다. 갑자기 척이 말했다. "제 생각에는 다음 주 월요일에는 작업 팀원들이 이 프로그램을 받아들이고 행동을 바꾸지 않으면, 그들의 시간이 얼마 남지 않았다는 걸 강력히 밀어붙이면서 시작해야 합니다!"

당신은 대답하고 싶지만, 밥의 관점을 파악하기 위해 잠시 물러나 듣기로 했다. 밥이 대답하려는 순간, 척이 덧붙였다. "평가자들은 이 모든 상황에 질려버렸어요. 그들은 작업팀이 밥을 위협해서 모든 일을 지휘하고 있다고 생각해요. 평가자들은 당신이 밥과 톰을 두려워하고 있다고 생각합니다. 이 상황을 바꾸려면 한두 명의 '썩은 사과'를 잘라내야 한다고 생각하죠. 솔직히, 저도 동의합니다. 결단을 내려야 한다고 봐요!" 밥은 평가자들의 존경심을 잃었다는 말을 듣고 놀랐다며, 척의 말이 사실이라면 검사관들과 감독자들 역시 그의 존경심을 잃을 위험이 있다고 말했다. 당신은 하고 싶은 말을 억누르고, 척이 밥에게 평가자들이 작업팀에게 했던 모든 부정적인 말을 계속 전하는 것을 들었다. 당신은 '이 방에서 말한 것은 절대 외부로 누설하지 않을 것'이라는 약속은 어디로 간 거지?'라고 생각했다. 밥은 고개를 저으며 말했다. "와, 상황은 내가 생각했던 것보다 훨씬 더 심각하군요. 메시지를 확실히 전달하려면, 최소한 작업 팀원 중 한 명, 아마도 샘을 해고하는 수밖에 없겠어요."

그런 다음 밥은 당신을 바라보며 말했다. "그동안 당신은 아무 말도 하지 않았네요. 당신 생각은 어떤가요?"

NOTE

예시는 Carey and Varney (1983); Esper (1990); Eubanks, Marshall et al. (1990); Eubanks, O'Driscoll, Hayward, Daniels, and Connor (1990); Freedman and Zackrison (2001); Head et al. (1996); McLean (2006); McLean and Sullivan (2000); O'Driscoll and Eubanks (1992); Scott (2000); R. Sullivan and Sullivan (1995); Varney (1980); Warrick and Donovan (1979); Worley and Feyerherm (2003); Worley and Varney (1998) 참조.

06 진입 및 계약

학습 목표

이 장에서는 다음과 같은 내용을 학습한다.

– 조직개발 개입 과정에서 실무자가 마주할 수 있는 다양한 고객 유형의 이해

– OD 개입을 위한 고객과의 계약 수립 목적과 절차 설명

– OD 프로세스의 이 단계에서 실무자들이 어려움을 겪는 윤리적 쟁점 파악

클라이언트는 북미에 위치한 석유화학 공장인데, 1천 명의 구성원을 두고 있었다. 공장에서는 우리에게 생산성 증대에 대한 확고한 목표에서부터 조직 내 인간관계 개선을 위한 발전적인 열망에 이르기까지 다양한 목표를 들려주었다. 조직개발에서 기대하는 결과가 실용적이고 인본적이라 할지라도 조직 내 구성원들에게 조직개발은 여전히 낯설고 모호한 시도로 보였다. 일반적으로 그렇듯이, 이 조직의 잠재적 클라이언트들도 자신들이 어떤 조직개발 과정을 겪게 될지 이해하는 데 어려움을 겪었다. 예를 들어, 교차기능(cross functional) 태스크포스 작업 가능성을 논의하기 위해 열린 회의에서, 컨설턴트들은 팀빌딩 시나리오의 윤곽을 일반적인 방식으로 설명했다. 이들은 그룹의 자발적인 노력의 중요성에 대해 강조하고, 자기인식이 높아지게 될 것이라고 말했지만, 개선된 효과를 보장할 수는 없음을 강조했다. 이에 대해 태스크포스 구성원 중 한 명이 "이런 영업 방식은 처음 본다"고 말했다. [카플란(Kaplan)은 이러한 초기 컨설팅 과정이 2년이나 걸렸다고 기록하고 있다(Kaplan, 1978, pp. 45-47).]

- 잠재적인 클라이언트에게 조직개발(OD) 프로세스를 어떻게 설명할 것인가?
- 초기 클라이언트 미팅에서 OD 실무자의 역할을 어떻게 명확히 할 것인가?

어떤 컨설팅 참여에서도 팀빌딩 세션이나 전략적 계획 회의를 설계하기 전에 OD 컨설팅 프로젝트가 성공적으로 진행되도록 설정하는 데 상당한 시간이 투자된다. 이는 컨설팅 과정의 초기 세 단계인 진입, 계약, 데이터 수집 단계를 말한다. 6장과 7장에서 이 단계의 목적과 구조를 클라이언트와 OD 실무자 모두의 관점에서 설명할 것이다. 두 장과 이어지는 사례연구들을 통해 이 세 단계의 중요성을 더 명확히 이해하게 될 것이며, 계약 및 데이터 수집에 대해 학습한 내용을 바탕으로 클라이언트가 제시한 문제의 근본적인 이슈를 드러내기 위한 데이터 수집 전략을 개발할 수 있을 것이다.

이 장에서는 먼저 진입 과정을 논의한다. 이 과정은 클라이언트와 컨설턴트가 처음으로 접촉하는 단계를 말하며, 클라이언트가 컨설턴트에게 문제나 요청을 처음으로 설명하게 된다. OD 실무자는 이러한 컨설팅 관계를 계속 유지할지 여부와 방법을 고려해야 한다. 계약 과정에서는 실무자와 클라이언트가 관계의 공식적·심리적 계약 요소를 탐구하며, 문제나 요청, 각자의 역할과 필요, 진행 방식 등을 논의한다. 이 과정에서 컨설턴트는 클라이언트가 누구인지 명확히 해야 하며, 이는 생각보다 까다로운 일일 수 있다. 이 기본적인 관계가 성공적으로 구축되면, 컨설팅 참여가 성공할 가능성이 훨씬 더 커진다.

이러한 초기 단계의 중요성을 과소평가해서는 안 된다. 이후 발생하는 많은 문제는 계약 과정에서 생략되거나 단축된 결과일 수 있기 때문이다. 초기 단계에 시간을 투자하면 이후 상당한 시간을 절약할 수 있다. 커닝햄(Cunningham, 1993)은 이를 다음과 같이 설득력 있게 설명한다.

> "계획된 변화 과정에서는 과정의 형성 단계에서 더 많은 시간이 요구된다. 참여자나 조직 구성원은 필요를 정의하는 과정에 참여하며, 창의성을 발휘해 아이디어와 제안을 개발할 기회를 얻는다. 결과적으로 실행 단계에서 조정이나 저항 처리에 필요한 시간이 줄어들 수 있다. 평가와 초점을 맞추는 데 시간을 투자하면 변화를 구현하고 제도화하는 데 소요되는 시간이 상당히 줄어들 수 있다. 또한 실행 불가능한 아이디어를 폐기하고 다시 시작해야 할 가능성도 줄어들 것이다." (p. 68)

컨설턴트와 클라이언트는 문제를 잘 이해하고 있다고 가정하며 해결책으로 곧바로 뛰어들기 쉽다. 그러나 컨설팅 과정의 초기 단계를 생략하면 나중에 심각한 결과를 초래할 수 있다.

진입

진입은 컨설팅 과정의 첫 번째 단계로, 정식 계약 과정이 시작되기 전 클라이언트와의 첫 접촉을 의미한다. 이는 지인의 예상치 못한 전화로 시작될 수도 있고, 비공식적인 네트워크 활동, 심지어 비행기나 기차에서 만난 낯선 사람과의 대화로 이루어질 수도 있다. 진입 과정은 대체로 의도적일 수도, 우연일 수도 있는 여러 가지 요인으로 시작된다. 외부 컨설턴트의 경우, 진입은 종종 자신의 전문성과 성공 사례를 잠재적 클라이언트에게 마케팅하고 판매하는 결과로 이루어진다. 외부 컨설턴트는 네트워크 활동, 전화, 우편 발송, 웹사이트 운영, 학회 및 콘퍼런스에서의 발표 등을 통해 잠재적 클라이언트들에게 인지도를 높이는 전략을 사용하는 경우가 많다(Freedman & Zackrison, 2001; Weiss, 2016). 내부 컨설턴트라 하더라도 자신을 마케팅하는 것은 업무의 일부다. 게이얼랜드와 마니커-라이터(Geirland

& Maniker-Leiter, 1995)는 내부 OD 실무자들이 프레젠테이션을 진행하거나 점심시간에 '브라운 백(brown bag) 세미나'를 주최하고, 홍보 자료를 제작하며, 회사 내 모든 청중 앞에서 연설할 기회를 적극적으로 활용할 것을 권장한다(p. 45). 이러한 마케팅 활동은 내부 청중에게 OD 참여가 조직에 가치를 더하고 성과를 가져다줄 수 있는 사례를 제시할 수 있다.

진입을 흔히 마케팅, 첫 번째 전화 응대, 과제 수락, 계약 회의 일정 조율 등의 실용적인 절차로만 생각하지만, 이 단계는 더 큰 상징적 의미와 복잡성을 가지고 있다. 진입 과정은 단순한 절차를 넘어, 컨설턴트가 조직의 사회적 환경에 연결되는 첫 번째 단계로, 조직 구성원들과 관계를 형성하는 과정이다. 이때 조직 구성원들은 컨설턴트가 일시적인 구성원에 불과하다는 점을 먼저 인지한다. 따라서 진입 단계는 관계 형성과 신뢰 구축 과정의 첫 번째 단계로도 볼 수 있으며, 이 단계에서 컨설턴트의 행동은 향후 협력 관계의 상징으로 인식될 수 있다. 효과적인 진입 과정은 컨설턴트가 클라이언트의 이야기를 주의 깊게 경청하고, 클라이언트의 요청에 대해 진정성을 가지고 관심과 배려를 표현하는 것을 포함한다. 이 과정에서 클라이언트는 컨설턴트가 단순히 요청을 이해할 뿐만 아니라 자신의 목표와 가치를 공유하고 있음을 확인받고자 한다. 이는 잠재적 클라이언트가 컨설팅 관계에 대해 받는 첫인상이 된다.

| 진입 단계에서의 윤리적 문제

진입 단계는 컨설턴트가 요청받은 프로젝트의 성격에 대한 첫 단서를 얻는 시점이다. 클라이언트가 컨설턴트를 다른 컨설팅 모델로 접근하는 경우가 흔한 것처럼(5장에서 논의한 바와 같이), 클라이언트는 컨설턴트가 하나 이상의 이유로 수행할 수 없거나 수행해서는 안 되는 프로젝트를 요청할 때가 있다. 이는 주로 클라이언트가 OD 실무자 역할에 부적절한 활동을 요구할 때 발생한다. 부적절한 컨설팅 활동의 예로 특정 개인이나 지원자의 자격 또는 행동에 대한 조언 및 상담, 또는 팀의 성과나 구조에 대한 비밀스러운 조언을 요청하는 것이다. 간혹 컨설턴트에게 콘텐츠 조언, 즉 해답을 제공해달라고 요청해올 때가 있는데, 이는 전문가 컨설팅 역할을 요청하는 것이어서 조직개발 컨설턴트에게는 모호한 경계선을 마주하게 되는 상황이다(French & Bell, 1999). 때로는 실무자와 클라이언트 간의 진입 대화에서 조직 내 정치적 요인이 OD 실무자 선임 결정에 영향을 미친다는 단서가 드러나기도 한다. 예를 들어, 컨설턴트가 문제의 희생양으로 선택되어 나중에 책임을 전가당하거나, 프로젝트를 일부러 실패하도록 설계하여 클라이언트가 조직 구성원들에게 관리자의 업무가 얼마나 어려운지를 상기시키려는 의도를 포함할 수 있다.

클라이언트가 프로젝트 진행 중 팀 회의에 참석해 회의에서 실제로 무슨 일이 일어나는지 또는 리더나 팀원들에 대해 어떻게 생각하는지를 알 수 있게 해달라고 요구할 때, 컨설턴트는 불편하거나 비윤리적인 상황에 처하기도 한다. 클라이언트가 조직 구성원에게 알리지 않은 채 컨설팅을 진행하거나, 자신의 의도를 왜곡해 전달하려 할 때, 컨설턴트는 더 큰 윤리적 어려움에 직면하게 된다. 컨설턴트의 역할은 조직 구성원과의 신뢰에 기반해야 하지만, 잘못된 정보로 시작된다면 컨설턴트와 조직 구성원이 같은 목표를 향해 나아가지 못할 수 있다. 클라이언트가 컨설턴트에게 부적절한 역할을 제안하기 시작할 때, 오해가 발생하기 전에 컨설턴트는 신속하게 컨설팅 활동의 한계를 명확히 밝혀야 한다. 샤인(Schein, 1969)은 이러한 한계를 초기 단계에서 명확히 해야 한다고 강조하며, 그렇지 않으면 클라이언트가 컨설턴트에게 기대한 결과가 나오지 않을 경우 함정이나 실망의 원천으로 작용할 수 있다고 지적한다(p. 83).

윤리적 문제는 컨설턴트가 자신의 배경이나 경험(학력, 유사 문제 및 조직 또는 산업 관련 경험)을 과장하거나 잘못 진달할 때도 발생할 수 있다(White & Wooten, 1983). 일을 따내는 데 지나치게 열성적인 컨설턴트는 결과를 과장하거나, 배경 데이터 없이 즉석 진단을 제시하거나, 추가 분석 없이 일정한 개입 전략을 실행하기로 동의할 위험이 있다. 예를 들어, "이 문제는 우리가 처리할 수 있습니다", "식은 죽 먹기입니다", "전에 해결한 적 있습니다" 같은 말은 클라이언트를 안심시키기 위해 사용될 수 있지만, 컨설턴트가 지킬 수 없는 약속이 될 수도 있다.

| 클라이언트는 누구인가?

진입 단계와 초기 참여 단계에서 반드시 답해야 할 핵심 질문은 "클라이언트는 누구인가?"이다. 겉보기에는 간단해 보이는 질문이지만, 특히 내부 컨설턴트의 경우 상대방의 목소리를 이미 알고 있을 가능성이 있더라도 클라이언트를 정의하는 일은 결코 단순하지 않다(Geirland & Maniker-Leiter, 1995). 커밍스와 월리(Cummings & Worley, 2001)는 OD 프로젝트가 실패하는 이유 중 하나는 관련된 클라이언트가 부적절하게 정의되었기 때문인 경우가 많다고 지적한다(p. 46). 샤인(Schein, 1997)은 클라이언트를 정의하는 과정을 복잡하게 만드는 여섯 가지 클라이언트 유형에 대한 유익한 분류 체계를 제시해주었다. 이는 컨설턴트가 누구를 위해 일하는지 알지 못하거나, 서로 상충하는 목표를 가진 여러 클라이언트와 동시에 일하는 상황에 놓일 수 있다는 점을 잘 설명한다(p. 202).

1. **접촉 클라이언트(contact clients)**: 클라이언트 조직 내에서 초기 커뮤니케이션의 접점이 되는 인물들이다.

2. **중간 클라이언트(intermediate clients)**: 참여 과정에서 회의에 포함되거나 데이터를 제공하는 인물들이다.

3. **주요 클라이언트(primary clients)**: 컨설턴트가 해결하려는 문제에 대한 책임이 있으며, 대개 컨설턴트의 서비스를 직접 결제하는 인물들이다.

4. **숨은 클라이언트(unwitting clients)**: 개입 또는 개입 활동에 영향을 받게 되지만, 개입 사실이나 관련성을 알지 못하는 사람들이다.

5. **간접 클라이언트(indirect clients)**: 컨설턴트에게 알려지지 않았으나, 결과의 이해관계자로 인식되는 사람들이다.

6. **최종 클라이언트(ultimate clients)**: 더 큰 시스템이나 조직 전체 또는 컨설턴트가 관심을 두고 복지를 고려해야 할 모든 집단을 포함한다(Schein, 1997, p. 203).

컨설턴트는 진입 단계에서 여러 사람을 만나게 되며, 주요 클라이언트와 중간 클라이언트를 구분하는 것은 쉽지 않은 일이다. 접촉 클라이언트가 주요 클라이언트일 수도 있지만, 주요 클라이언트의 동료, 비서 또는 부하직원일 수도 있으며, 이후 컨설턴트를 주요 클라이언트에게 소개할 가능성도 있다. 접촉 클라이언트가 시간이 지나면서 중간 클라이언트로 변해 프로젝트에 참여하기도 한다. 주요 클라이언트는 때때로 최종 클라이언트의 목표와 상충하는 요청을 할 수 있다. 샤인(Schein, 1997)은 클라이언트를 구분하는 것이 유익하다고 설명한다.

컨설턴트는 클라이언트 시스템의 여러 부분과 관계를 맺게 되는데, 그중 일부는 서로 다른 요구나 기대를 가질 수 있기 때문이다(p. 203). 이러한 필요를 명확히 이해하면, 컨설턴트는 상충할 수 있는 요구를 인식하고 이후 상황에 민감하게 대응할 수 있다.

많은 실무자는 이러한 클라이언트 개념에 대해 충분히 이해하지 못한 채 전체 조직이나 시스템만 클라이언트인 것으로 간주해버리는 경향이 있다. 버크(Burke, 1994)는 클라이언트가 항상 단일 개인이나 조직 전체가 아니라 개인, 그룹, 조직 간의 관계로 생각해야 한다고 주장한다. 따라서 컨설턴트의 모든 행동과 결정은 특정 개인이나 소규모 그룹의 요구를 충족시키는 것보다 이러한 관계를 개선하는 데 초점을 맞춰야 한다. 샤인(Schein, 1997)은 개입 대상에 따라 클라이언트가 달라질 수 있다고 설명하기도 한다.

- 대인관계 문제가 개입 대상일 경우, 관계 자체가 클라이언트가 될 수 있다.
- 한 그룹 또는 여러 그룹이 개입 대상일 경우, 그룹 프로세스가 클라이언트가 된다.
- 다중 시스템이 개입 대상일 경우, 사회 전체가 클라이언트가 될 수 있다.

이러한 클라이언트 정의 과정은 사소한 결정처럼 보일 수 있지만, 컨설턴트가 문제를 정의하고, 데이터를 수집하며, 적절한 개입을 선택하는 데 중요한 틀을 제공할 수 있다. 특히 어려운 결정을 내려야 할 때, 클라이언트가 누구인지 되새기는 것은 충성도와 기대 결과를 명확히 하여 컨설턴트의 다음 단계로 인도할 수 있게 해준다.

진입 단계는 일반적으로 나중에 대면 또는 전화 회의를 잡거나, 계약을 연기하거나, 컨설턴트와 클라이언트 중 어느 한쪽이 더 이상 진행을 원하지 않을 경우 종료된다.

계약

계약은 클라이언트와 수행할 작업에 대한 동의를 개발하는 과정이다. 이 단계는 클라이언트와 컨설턴트(또는 변화관리자) 간의 관계를 논의하는 중요한 시점이며, 양측 모두 상호 기대치를 논의하고, 역할을 명확히 하며, 수행할 작업에 대한 기대를 설정하는 데 높은 관심을 가지게 된다. 이 과정은 오해를 바로잡을(혹은 초래할) 기회이기도 하다.

| 계약이란 무엇인가?

계약 대화는 클라이언트가 컨설턴트를 찾게 된 초기 이슈들을 탐색하고, 컨설팅 과정이 어떻게 진행될지를 명확히 하는 시간이다. 여기에는 기대치를 조율하고, 역할과 결과를 논의하는 과정이 포함된다. 일반적으로 계약은 프로젝트가 시작되기 전에 대면 회의로 시작하지만, 단일 회의로 끝나지 않는다. 계약은 지속적인 과정이며, 컨설턴트는 참여 과정 전반에 걸쳐 여러 시점에서 합의를 확인하고 기대치를 재조정한다. 와이스보드(Weisbord, 1973, 1994)는 다음과 같이 말했다. "나는 계약을 끝낸 적이 없다. 각 클라이언트 미팅에서 계약을 다시 검토해야 한다."(p. 409)

'계약'이라는 단어는 복잡한 법적 문서를 떠올리게 해, 많은 내부 컨설턴트들이 자신과는 관련이 없다고 생각한다. 그러나 계약은 간단한 전화 통화나 이메일에서부터 공식적인 법적 합의에 이르기까지 다양한 형태로 이루어질 수 있다. 외부 컨설턴트나 클라이언트는 일반적으로 최소한의 수행할 작업, 참여 기간, 지급될 보상을 포함하는 서면 합의를 기대한다. 반면, 내부 컨설턴트는 어떤 형태의 계약이라도 필요하다는 생각에 불편함을 느끼기도 한다. 내부 컨설턴트들은 때때로 기대치와 시간표를 명확히 정하려는 시도가 클라이언트를 짜증

나게 할 것이라고 잘못 생각하거나, 내부 컨설턴트로서 자신이 요구 사항을 공유할 권리가 없다고 오해하는 경우도 있다. 또한, 내부 컨설턴트는 때때로 클라이언트의 요청을 거부할 수 없는 상황에 놓이며, 그 결과 클라이언트에게 요구할 권리가 없다고 가정하기도 한다. 컨설턴트는 클라이언트가 도움을 요청했고, 대체로 성공적인 결과를 기대하고 있음을 항상 기억해야 한다.

대부분의 클라이언트는 컨설팅 과정의 설명과 프로젝트 성공에 필요한 조건을 명확히 듣는 것을 반긴다. 서면 문서를 작성하는 것은 양측의 이해를 명확히 할 수 있지만, 내부 컨설턴트의 경우 변호사가 작성하거나 공증을 받아야 하는 지나치게 형식적인 문서일 필요는 없다 (Gallant & Rios, 2006). 후속 이메일을 통해 컨설턴트가 놓쳤거나 오해했을 수 있는 내용을 클라이언트가 명확히 설명할 수 있다.

컨설턴트가 계약에 실패하는 경우, 사실상 계약하지 않는 것도 일종의 계약이 된다. 미리 기대치를 설정하지 않으면, 컨설턴트는 클라이언트가 제시한 문제 정의, 프로세스의 틀, 역할에 대한 암묵적인 가정을 수용하는 것처럼 보이게 된다. 그렇게 되면 이후 변동 사항에 대해 협상하기가 더 어려워지며, 이는 클라이언트와 컨설턴트 모두를 좌절시키고 관계를 긴장시킬 수 있다.

이렇듯, 샤인(Schein, 1969)에 따르면, 계약은 공식적 요소와 심리적 요소를 모두 포함한다.

- 공식적 계약은 관계의 기간, 컨설팅 과정의 단계, 컨설턴트에게 지급될 보상 같은 공식적이고 전문적인 합의에 포함될법한 주제들로 구성된다.
- 심리적 계약은 기록되지 않을 수도 있는 부분이지만, 컨설팅 관계에서 공식 계약 만큼 중요하다. 심리적 계약은 클라이언트와 컨설턴트가 어떻게 소통할지, 진정성 과 개방성을 기반으로 관계를 어떻게 구축할지에 대한 명확한 합의를 의미한다.

심리적 계약은 조직 문제(CEO의 관점에서)에 대한 초기 정의와 양측이 서로에게 기대할 수 있는 것에 대한 합의를 포함한다(Boss, 2000, p. 122). 표 6.1에서는 심리적 계약의 일부가 될 수 있는 초기 질문들을 나열한다. 이 모든 질문에 대해 첫 번째 클라이언트 미팅에서 답변할 필요는 없지만, 초기 질문의 답변은 이후 클라이언트 또는 조직의 다른 구성원들과의 후속 회의에서 다룰 영역을 가리킬 수 있다.

문제를 표현하게 하는 질문

(클라이언트가 문제를 세부적으로 설명하지 못할 수도 있다. 이 경우, 문제에 대한 초기 진술을 원만하게 해낼 수 있도록 탐색적 진단 활동을 적절하게 수행할 수 있다.)

- 어떤 문제가 발생하고 있는가? 문제가 어떻게 나타나는가? 클라이언트가 이 문제를 가장 자주 인지하는 시점은 언제인가? 최근에 목격한 사례를 들려줄 수 있는가?

- 이 문제가 조직, 고객 또는 구성원들에게 미치는 결과는 무엇인가? 만약 이 문제가 해결된다면 클라이언트는 무엇을 더 잘할 수 있을까?

- 클라이언트는 이 문제의 원인이 무엇이라고 생각하는가?

- 문제가 발생한 지 얼마나 되었나?

- 이 문제에 관련된 사람들은 누구인가? 클라이언트의 역할은 무엇인가?

- 조직이 이전에도 이 문제를 겪은 적이 있는가? 과거에 이 문제를 해결하기 위해 어떤 조치를 취했는가? 그 결과는 어땠는가?

- 이 문제를 해결하는 데 에너지가 있는가, 아니면 저항이 있는가? 왜 지금인가? 에너지는 어디에 있으며, 저항은 어디에 있는가? 이 문제로 가장 큰 피해를 입는 사람은 누구인가? 이 문제로 인해 이익을 얻는 사람도 있는가?

- 클라이언트는 컨설턴트에게 무엇을 요청하고 있는가?

컨설팅 관계에 대한 질문

- 클라이언트는 컨설팅 과정에서 어떻게 참여할 것인가?

- 함께 일하는 방식에 대한 클라이언트의 기대는 무엇인가? (회의 횟수와 빈도, 음성 메시지, 이메일, 전화, 대면 회의 등의 소통 선호 방식을 고려한다. 또한 실무자의 선호 방식도 명확히 설명한다.)

- 클라이언트와 컨설턴트는 어떻게 소통할 것인가? 이견이나 요청이 있을 때 어떻게 접근할 것인가? 이때 각자는 어떻게 반응할 것인가?

- 어떤 종류의 기밀 유지가 필요한가?

- 컨설턴트의 역할과 프로젝트는 조직 구성원에게 어떻게 설명하고 전달할 것인가?

- 진행 상황은 과정 도중과 마지막에 어떻게 평가할 것인가?

- 클라이언트와 컨설턴트는 언제 참여가 종료되어야 하는지 어떻게 알게 되는가?

컨설팅 참여에 대한 질문

- 어떤 시간 압박이 있는가? 참여(또는 각 단계)는 언제까지 완료되어야 하는가? 진행 상황에 대해 시간 연장을 협상할 수 있는가?

- 누가 더 참여할 것인가? 다른 컨설턴트나 구성원도 포함되는가?

- 컨설턴트는 클라이언트에게 피드백을 어떻게 제공할 것인가? 요청된 피드백의 범위에 제한이 있는가?

- 최종 보고서가 있다면, 누가 사본을 받을 것인가?

조직에 대한 질문

(이 질문들은 미팅 전에 리서치를 통해 답변을 얻을 수 없는 경우에만 한다.)

- 조직의 제품과 서비스는 무엇인가?

- 주요 경영진은 누구인가? 조직 구조는 어떻게 되어 있는가?

- 조직 또는 관련 그룹의 규모는 얼마나 되는가? 최근에 어떤 변화를 경험했는가? 이와 유사한 다른 변화를 경험한 적 있는가?

- 조직문화는 어떤가? 공식적으로 표방되는 규범이나 가치가 있는가? 비공식적으로 따르는 규범은 무엇인가? 조직 구성원들의 전반적인 태도나 참여 수준은 어떤가?

계약에는 여러 가지 목적이 있다.

1. 문제를 더 깊이 탐색하기 위해

클라이언트는 때때로 문제와 해결 방안에 대해 막연한 아이디어만 가지고 컨설턴트를 찾는다. 초기 문제 진술은 종종 "의사소통에 문제가 있다" 또는 "목표를 달성하지 못하고 있다" 같은 간단한 설명에 그칠 수 있다. 따라서 계약 단계에서 컨설턴트의 목표는 문제의 근본 원인과 구성 요소를 이해하는 것이다. 문제는 어떻게 나타나며, 처음 문제를 인식한 시점은 언제인지, 누가 관련되어 있는지, 조직이 이 문제를 해결하려고 어떤 노력을 했고 그 결과는 어땠는지, 그리고 지금까지 문제해결을 방해한 장애물은 무엇인지를 파악하는 것이다. 이를 통해 컨설턴트는 문제의 조직적 영향과 문제해결(또는 미해결)이 비즈니스에 미칠 결과를 더 명확히 이해할 수 있다. 이 과정은 계약일 뿐만 아니라 초기 데이터 수집 및 진단의 일부이기도 하다. 일부 클라이언트는 문제를 제대로 이해하지 못할 수도 있으므로 실무자는 초기 진단 활동(다음 장에서 설명)을 시작점으로 사용할 수 있다.

2. 클라이언트의 목표와 요청의 목적을 명확히 하기 위해

계약 미팅은 클라이언트가 참여가 끝난 후 기대하는 결과를 구체화할 적절한 기회다. 프로젝트의 목표와 목적에 대한 논의는 참여를 어떻게 평가할지를 결정한다. 이를 사전에 명확히 하지 않으면 프로젝트의 범위가 불분명해지고, 성공 여부를 평가하기가 거의 불가능하다. 와이스보드(Weisbord, 1973, 1994)는 목표와 목적을 최대한 구체적으로 진술할 것을 권장한다. '의사소통 개선' 또는 '더 나은 회의' 같은 모호한 진술 대신, "회의는 정시에 시작하고 종료되며, 모든 안건을 다루기 원한다" 또는 "팀원들이 갈등이 있을 때 나에게 오지 않고 서로 직접 대화를 나누기 바란다" 같은 구체적인 진술이 더 명확하고 달성할 가능성이 크다. 이러한 목표가 설정되지 않으면 참여는 '목적지 없는 비행'이 되어 "시작한 지점보다 더 나쁜 상황에 이를 수 있다"(Freeman, 1995, p. 26)는 위험이 있다. 클라이언트와 컨설턴트는 목표가 달성되었음을 어떻게 확인할지, 참여 종료 시점을 어떻게 정의할지 논의해야 한다. 또한 컨설턴트는 클라이언트가 문제를 탐구할 동기를 가지고 있는지, 아니면 단순히 이미 선택된 해결책을 실행하기 위해 변화관리자를 원하는 것인지 평가할 수 있다.

3. 클라이언트와 컨설턴트가 서로를 알 기회 제공

계약 미팅은 컨설턴트와 클라이언트가 서로를 더 잘 알 수 있는 시간이다. 컨설턴트는 조직의 고객, 제품 및 서비스, 역사 등에 대해 사전에 가능한 한 많은 조사를 해야 한다. 계약 미팅에서 컨설턴트는 OD의 역할과 목적을 설명하며, OD 실무자를 처음 접하는 클라이언트의 오해를 바로잡을 수 있다. 또한 실무자는 조직의 규범과 문화에 대한 추가 질문을 할 수 있다. 클라이언트는 실무자의 콘텐츠 및 대인관계 기술을 평가하며, 신뢰할 수 있는 관계가 형성될지, 컨설팅 과정이 자신의 요구를 충족할지를 판단할 수 있다. 문제를 탐색하는 과정에서 실무자는 적용할 수 있는 다양한 접근 방식을 더 잘 이해하고, 이 프로젝트가 자신의 역량에 부합하는지 확인할 수 있다. 계약 미팅은 이력서, 과거 클라이언트 목록, 성공 사례, 학력을 나열하는 시간이 아니다(Stroh & Johnson, 2006, p. 20). 오히려 듣는 것이 말하는 것보다 더 중요하다.

4. 조직의 변화에 대한 의지를 이해하기 위해

문제와 클라이언트의 접근 방식에 대한 질문을 통해 컨설턴트는 개입 가능성을 확인할 수 있다. 한 클라이언트가 몇 주 안에 시범 운영될 기술 시스템 노입을 돕기 위해 긴급히 요청한 사례가 있다. 하지만 조직 구성원들은 이미 변화에 저항하며 불만을 표하고 있었다. 컨설턴트가 시범 운영을 연기할 것을 권장한다면 어떻게 할 것인지를 묻자, 클라이언트는 이미 시스템이 늦어졌기 때문에 연기 없이 진행할 것이라고 답했다. 변화할 여지가 거의 없었던 상황에서 컨설팅 참여는 양측 모두에게 좌절감만 남겼을 것이다. 양측은 대화를 통해 결국 컨설팅 참여가 필요하지 않다는 데 동의했다.

5. 성공적인 컨설팅 환경 조성을 위한 상호 역할과 요구를 합의하기 위해

이는 조직개발 컨설팅 참여에서 클라이언트의 역할과 컨설턴트가 수행할 일을 포함한다. 계약 미팅은 프로젝트 동안 서로의 기대와 상호 지원을 공유할 시간이다. 컨설턴트는 프로젝트에 필요한 지원 사항을 설명해야 한다. 경험에 따라 각 컨설턴트는 고유한 요구 사항 목록을 정리하여 가지고 있겠지만, 일반적으로 다음과 같은 항목이 포함된다. 클라이언트의 시간, 공개적 지지, 필수 회의, 소통 선호 방식, 다른 구성원의 참여, 사무 공간, 컴퓨터 장비 같은 조직 자원이 필요할 수 있다. 클라이언트는 컨설턴트가 사전에 일정을 조율하여 회의를 진행하거나, 이해관계자와의 미팅 시점을 클라이언트가 결정하도록 요청할 수 있다. 또한 조직 구성원의 시간을 주당 일정 시간으로 제한할 필요가 있을 수 있다.

OD 컨설턴트는 데이터 수집과 진단부터 원하는 개입 계획과 실행에 이르기까지 프로젝트에서 클라이언트의 역할을 탐색해야 한다. 컨설팅 관계는 대등한 파트너십이며, 클라이언트가 문제와 해결책의 주인이라는 점을 기억해야 한다(Schein, 1999, p. 20). 계약 미팅은 이러한 가치의 의미와 클라이언트의 시간과 행동 측면에서 무엇이 필요한지를 논의할 시간이다. 샤인(Schein, 1969)은 컨설턴트가 조직 내에서 아이디어를 '판매'하거나 변화를 밀어붙이는 사람으로 보이기보다 클라이언트가 과정을 명확히 하고 해결책을 실행할 수 있도록 돕는 역할을 해야 한다고 강조한다.

1. 시간 압박과 기대치를 명확히 하기 위해

클라이언트와 컨설턴트는 데이터 수집 및 피드백부터 개입 실행과 결과 측정에 이르기까지 전체 과정뿐만 아니라 각 단계의 시간적 기대치를 명확히 해야 한다. 컨설턴트나 클라이언트가 참여 과정 중에 다른 일정이 있어 자리를 비우거나 프로젝트 일부를 중단해야 할 경우, 시간 압박이 개입을 방해할 수 있다.

2. 클라이언트와 컨설턴트의 소통 방식을 명확히 하기 위해

이는 회의 횟수와 일정 같은 실무적 요소뿐만 아니라 대등한 관계에서 진정성과 정직이 필수라는 기대치를 포함한다. 많은 컨설턴트, 특히 내부 컨설턴트들은 조직 내의 역할이나 지위 때문에 자신을 '한 단계 낮은 위치'에 있다고 느끼며, 클라이언트와 '함께' 일하기보다는 '위해서' 일한다고 생각한다. 이러한 태도로 인해 직접적 발언을 두려워하고 이를 대립적 상황으로 여긴다. 예를 들어, "왜 동료와 이 프로젝트에서 협력하기를 꺼리는가?" 또는 "이 문제에서 본인의 역할은 무엇인가?" 같은 질문을 피하게 된다. 관계를 대등하게 설정하지 않으면 컨설턴트는 진정성 있게 행동하지 못하고, 어려운 문제를 탐색하지 않은 채 복잡한 문제들을 방치하게 된다. 와이스보드(Weisbord, 1973, 1994)는 클라이언트와의 관계에서 이렇게 말한다.

"내 일의 일부는 어려운 이슈를 제기하고 이에 대해 밀어붙이는 것이다. 당신은 다루고 싶지 않은 주제는 언제든 거절할 권리가 있다. 당신이 자유롭게 '아니오'라고 말할 수 있다면, 나도 자유롭게 밀어붙일 수 있다."(p. 408)

이러한 방식으로 관계를 설정하고 클라이언트의 반응을 확인하면 대등한 파트너십 관계를 형성할 수 있다.

3. 기밀 유지 필요성을 명확히 하기 위해

블록(Block, 2011)은 "기밀 유지는 기술적 문제뿐만 아니라 정치적 상황과도 관련이 있기 때문에 항상 중요한 문제다"라고 말한다(p. 64). OD 실무자들은 경영자 코칭 세션, 경력 개발, 팀빌딩 활동 등에서 민감한 개인적 문제를 다루는 경우가 많다. 일부 조직에서는 컨설턴트를 고용하는 것이 문제를 스스로 해결하지 못했다는 패배의 신호로 간주될 수 있다. 변화관리자는 컨설턴트를 고용하는 것에 대한 클라이언트의 두려움과 불안을 인식하고, 계약 미팅에서 이를 명확히 해야 한다. OD 컨설턴트는 누가 컨설팅의 존재를 알 권리가 있는지, 컨설팅 프로젝트가 다른 사람들에게 어떻게 전달될 것인지, 누가 데이터에 접근하거나 보고서 사본을 받을 것인지 탐색해야 한다. 컨설팅 결과가 해고, 조직 개편, 업무 재설계, 또는 프로세스 변경으로 이어질 수 있다면, 조직 구성원들이 프로젝트의 가능성 있는 결과에 대해 질문할 때 실무자가 어떻게 대응할지 논의해야 한다. 내부 컨설턴트는 상사가 컨설팅의 목적과 결과를 알게 될지 여부와 방식을 클라이언트와 협의해야 한다. 기밀 유지에서 가장 중요한 점은 클라이언트의 결정이 우선이며, 컨설턴트는 이를 존중해야 한다. 컨설턴트가 기밀 유지 계약의 성격이나 범위에 대해 의문이 생길 때는 즉시 클라이언트와 이를 명확히 해야 한다.

4. 다음 단계를 계획하기 위해

계약 과정이 끝날 때쯤이면, 컨설턴트와 클라이언트 모두 다음에 수행할 작업에 대해 이해해야 한다. 예를 들어, 정식 제안서나 계약서 제출, 이메일 또는 메모로 계약 내용을 확인하는 합의, 또는 데이터 수집이 이루어질 수 있다. 계약서는 공식 서신, 문서 또는 메모, 또는 단순한 이메일 형태로 작성할 수 있다. 형식에 상관없이, 대부분 계약서는 표 6.2에 설명된 요소들을 포함해야 한다.

표 6.2 계약의 요소

1. 고객이 설명한 문제 진술
2. 문제의 비즈니스 또는 조직에 대한 영향
3. 참여에 대한 방법론 또는 접근 방식
4. 데이터 수집 제안, 수집할 데이터와 데이터 제공자의 명시
5. 프로젝트에 대한 클라이언트의 구체적인 요청 사항
6. 전체 참여 일정과 단계별 주요 이정표
7. 합의된 필요사항과 역할
8. 클라이언트의 필요사항과 역할
9. 컨설턴트의 필요사항과 역할
10. 기밀 유지
11. 수수료(컨설팅 수임료)
12. 참여 컨설턴트의 자격 조건

| 계약 미팅에서의 성공

성공적인 계약 미팅은 컨설턴트와 클라이언트가 참여를 진행하기 위한 절차에 합의하고, 요구 사항과 역할을 적절히 조율하며, 상호 만족할 만한 관계를 형성했을 때 이루어진다. 하지만 계약 미팅은 여러 함정과 도전이 존재하는 복잡한 과정일 수 있다. 컨설턴트는 계약 미팅을 진행할 때 다음 세 가지 사항을 명심해야 한다.

1. 경청하기

많은 컨설턴트들은 클라이언트가 상황이나 문제를 설명하는 도중에 유사한 문제에 대해 다른 클라이언트와 다루었던 경험을 설명하려는 유혹에 빠지기 쉽다. 어떤 실무자는 자신의 지식과 전문성을 보여주기 위해 학력과 고위 클라이언트 목록을 나열하기도 한다. 그러나 걱정을 안고 있는 큰 문제를 설명하려는 클라이언트는 컨설턴트의 자기 홍보를 듣기 원하지는 않는다. 클라이언트와 그들의 상황을 우선시하는 것은 신중하고 적극적인 경청을 의미하며, 개입할 적절한 순간까지 기다리는 것을 의미한다. 처음에는 클라이언트가 자신을 충분히 표현할 기회를 갖도록 하고, 대화를 주도하게 해야 한다.

2. 신중하고 세심하게 질문하기

컨설턴트는 현재 상황과 성공적인 참여 가능성을 더 잘 이해하기 위해 질문을 해야 한다. 샤인(Schein, 1969)은 다음과 같은 두 가지 유형의 질문을 권장한다.

"나는 보통 두 가지 유형의 질문을 한다. 첫째, 제시된 문제의 특정 측면을 강조하고 명확히 하기 위한 질문이다. 둘째, 접촉 클라이언트가 얼마나 개방적이고 솔직한지를 테스트하기 위한 질문이다. 만약 회피하거나 비판을 꺼리거나 컨설턴트로서의 역할에 대한 혼란이 보이면, 이에 관해 주의 깊게 접근할 것이다."(p. 83)

컨설턴트의 질문이 때때로 클라이언트나 조직을 공격하는 것처럼 들릴 수 있다. 예를 들어, "왜 이 문제를 이제까지 해결하지 않으셨나요?" 같은 질문은 비판으로 받아들여질 수 있다. 또한, 질문을 너무 많이 하면 토론이 주제에서 벗어나거나 질문의 범람으로 인해 클라이언트가 압도당하는 느낌이 생길 수 있다. 실무자는 질문 목록을 좁혀 즉시 답변할 수 있는 질문과 이후에 논의할 수 있는 질문으로 나누어야 한다. 이후 논의할 질문은 이메일, 후속 전화 통화, 또는 조직 구성원과의 인터뷰 같은 다른 방식으로 다룰 수 있다.

3. 명확하지 않은 역할, 활동, 또는 참여 방식은 수락하지 말기

컨설턴트는 클라이언트와 협력하기 위해 반드시 필요한 요소를 명확히 해야 한다. 여기에는 보상, 시간, 지원, 또는 기타 자원이 포함될 수 있으며, 정직과 책임감 같은 관계적 요소도 포함된다.

클라이언트와 컨설턴트가 이러한 필수 요소에 합의할 수 없을 때는 프로젝트 진행 여부와 방법에 대해 결정을 내려야 한다. 블록(Block, 2011)은 계약 과정에서 교착 상태에 빠지는 과정을 설명하며, 이를 해결할 방법을 제시한다.

- 실무자는 필수 요소 중 일부를 양보할 수도 있다. 예를 들어, 낮은 보수, 적은 회의 횟수, 또는 더 짧은 일정 주기를 수락할 수 있다.
- 또는 제안을 재협상할 수도 있다. 예를 들어, 일정 주기를 줄이는 대신 프로젝트 범위를 축소할 수 있다.

무엇을 선택하든 반드시 의식적 선택이어야 한다. 컨실턴트는 참여의 성공 가능성이 낮다는 불편한 예감을 무시하지 말아야 하며, 이를 말로 명확히 표현하고 협상해야 한다. 원하는 조건을 명확히 하고, 성공 가능성이 낮다면 참여를 거절하는 것도 하나의 방법이다.

| 재계약

와이스보드(Weisbord, 1973, 1994)의 말처럼, 컨설턴트는 계약을 끝낸 적이 없다. 클라이언트와의 개별 미팅은 진행 상황을 평가하고, 이전에 논의된 역할과 프로세스를 유지하거나, 과거 경험 또는 미래 필요에 따라 변경할 기회가 된다. 이러한 재계약은 각 단계에서 암묵적으로 평가 및 재협상이 이루어지는 과정이다. 또한, 재계약은 명시적으로 수행될 수도 있다. 다음과 같은 상황이 발생할 때 재계약이 필요하다.

- 데이터 수집 단계에서 새로 수집된 정보가 합의된 참여 범위를 확장하거나 좁힐 때
- 컨설턴트가 추가 데이터 수집이 필요하다고 판단할 때
- 컨설턴트나 클라이언트가 더 이상 진전이 이루어지지 않는다고 판단할 때
- 클라이언트의 시간 부족 또는 조직 구성원의 참여 감소 같은 장벽이 발생할 때
- 조직 상황의 변화로 인해 초기 합의 내용을 수정해야 할 때(예: 목표 또는 예산 변경)
- 인사 교체로 인해 새로운 클라이언트가 참여하게 될 때
- 초기 합의 내용을 완수하는 데 장애가 발생할 때

재계약 과정은 초기 계약 과정과 유사하게 진행된다. 컨설턴트와 클라이언트는 공식적인 미팅을 일정에 잡고, 현재의 참여 내용을 논의하고, 초기 합의를 검토하며, 새로운 상황을 논의한 후 계약 내용에 필요한 수정 사항을 합의해야 한다.

| 계약 단계에서의 윤리

컨설턴트는 진입 및 계약 단계에서 적어도 세 가지 주요 윤리적 딜레마에 직면할 수 있다(White & Wooten, 1983, 1985).

1. 허위 진술과 공모(misrepresentation and collusion)

컨설턴트가 자신의 자격을 의도적 또는 비의도적으로 과장할 가능성은 이미 언급한 바 있다.

- 허위 진술은 컨설턴트가 유사한 문제, 산업 또는 조직에서의 경험이 있는 것처럼 보이도록 클라이언트를 오도하거나, 자격증 또는 전문 기술을 과장할 때 발생한다.
- 또한 변화 가능성 또는 성공 가능성을 과대평가하고, 성과를 보장하는 잘못된 약속을 할 수도 있다.

공모(collusion)는 컨설턴트와 클라이언트가 외부 이해관계자를 배제하고 개인적 이익을 추구하거나 보호하기 위해 협력할 때 발생한다(White & Wooten, 1985, p. 149). 공모 예는 다음과 같다.

- 어려운 문제를 다루지 않기로 합의한 경우
- 장기적으로 부정적 영향을 미칠 수 있는 단기적 변화를 받아들인 경우
- 특정 집단에만 유리한 변화를 수용하여 조직 전체 또는 다른 집단에 피해를 주는 경우. 또한, 컨설턴트가 추가 확인 없이 클라이언트의 문제 정의를 그대로 수용하거나, 클라이언트가 원하는 해결책만을 실행하기로 동의할 때도 공모가 발생할 수 있다.

컨설턴트는 클라이언트를 돕고 싶어 하는 마음과 참여 요청을 수락하고 싶은 열망이 강하기 때문에 진입 및 계약 단계에서 이러한 윤리적 갈등이 발생할 가능성이 매우 크다. 허위 진술과 공모는 컨설턴트 개인뿐만 아니라 OD 컨설팅 분야 전체에 부정적인 영향을 미칠 수 있는 윤리적 문제다. 계약 논의를 생략하거나 축소하는 것은 단순히 잘못된 과정일 뿐만 아니라 전문 윤리 위반으로 간주될 수 있다.

2. 가치와 목표의 갈등(value and goal conflict)

가치와 목표의 갈등은 클라이언트의 컨설팅 목적이 OD 컨설팅의 가치 원칙을 위배할 때 발생한다. 예를 들어 다음과 같은 경우다.

- 클라이언트가 컨설턴트를 '스파이' 또는 숨겨진 관찰자로 사용하려고 할 때
- 참여 목적을 조직 구성원에게 숨기려 할 때

또한 강제로 참여한 클라이언트 또는 참여 의사가 없는 클라이언트와 계약을 진행할 때도 윤리적 갈등이 발생할 수 있다. 다수의 클라이언트를 위해 일하는 컨설턴트가 이해 충돌 가능성을 명확히 밝히지 않은 경우에도 윤리적 문제가 발생할 수 있다. 이러한 경우, 각 클라이언트의 목표가 상충할 수 있기 때문이다.

3. 기술적 부적합(technical ineptness)

기술적 부적합은 정보기술(IT)과 관련된 것이 아니라, OD 컨설팅 과정을 적절히 수행할 수 있는 기술적 능력 부족을 의미한다. 예를 들어, 다음과 같은 경우를 가성해 볼 수 있다.

- 진입 및 계약 단계에서 컨설턴트가 자신의 필요를 명확히 설명하지 못하는 경우
- 자신의 요구 사항에 대한 논의를 생략하는 경우
- 클라이언트와의 조화를 추구하려는 욕구 때문에 성공 가능성이 낮은 계약에 동의하는 경우

컨설턴트가 이러한 기술적 부적합에 빠지면 계약이 실패할 위험이 커지며, 이는 궁극적으로 프로젝트 성공에 부정적인 영향을 미친다.

| 데이터 수집으로서의 계약

컨설턴트와 클라이언트가 계약에 합의하면 컨설팅 과정의 다음 단계인 데이터 수집이 시작된다. 컨설턴트는 인터뷰, 설문조사, 또는 기타 데이터 수집 방법을 공식적으로 제안할 수 있지만, 사실상 이미 상당한 데이터를 보유하고 있을 수 있다. 문제는 클라이언트의 관점에서 설명되었으며, 클라이언트가 숫자 데이터나 설문조사 결과 피드백 같은 공식적인 자료를 컨설턴트에게 제공했을 가능성도 있다. 또한 계약 과정 자체도 데이터 수집 과정이라고 간주할 수 있다.

- 클라이언트가 긴장하거나, 무뚝뚝하거나, 흥분하거나, 불안해하거나, 거리감을 두

는 모습은 없었는가?

- 문제를 성가신 문제, 해결할 수 없는 문제, 흔한 문제, 또는 심각한 문제로 설명했는가?
- 클라이언트가 문제해결의 자발적 파트너로 보였는가, 아니면 컨설턴트가 동등한 참여를 설득해야 했는가?

이러한 반응과 컨설턴트의 직관적 느낌은 조직 내 다른 구성원들의 감정과 반응을 상징할 수 있으며, 데이터 수집 과정에서 중요한 단서가 된다. 계약 과정에서 컨설턴트는 조직문화에 대한 많은 정보를 얻는다. 갤런트와 리오스(Gallant & Rios, 2006)는 클라이언트와 산업 특유의 단어, 어조, 비유적 표현 및 기타 언어적 차이에 주의를 기울이는 것이 필수라고 설명한다(p. 190). 초기 미팅에서 의사소통 패턴을 통해 조직의 규범과 가치에 대한 통찰을 얻을 수 있다. 컨설턴트는 물리적 환경을 관찰하고 일부 조직 구성원을 만났을 가능성이 크다. 결국, 클라이언트와의 첫 만남은 조직에 대한 데이터를 수집하는 첫걸음이며, 컨설턴트 자신의 경험은 중요한 정보의 원천이므로 이를 간과해서는 안 된다.

요약

컨설팅 관계가 진입 및 계약 단계에서 성공적으로 시작될 때, 컨설팅 참여의 견고한 기초가 된다. 진입 과정은 컨설턴트와 잠재적 클라이언트 간의 첫 접촉에서 시작된다. 클라이언트는 초기 접촉 클라이언트에서 프로젝트에 간접적으로 영향을 받을 수 있는 다른 클라이언트, 그리고 조직 전체에 이르기까지 다양한 유형이 있을 수 있다.

계약은 컨설턴트가 반드시 배워야 할 중요한 기술이다. 계약이 비효율적으로 이루어지면 나중에 참여 과정에서 발생하는 실행에 대한 부족한 의지, 컨설턴트의 역할에 대한 불일치, 클라이언트와의 접촉 부족, 참여 목표에 대한 혼란 같은 문제로 이어질 수 있다. 계약에는 공식적 요소와 심리적 요소가 있다.

- 공식적 요소는 지불될 수수료, 할애할 시간, 컨설턴트가 수행할 구체적 행동 같은 내용으로 구성된다.
- 심리적 요소는 컨설턴트와 클라이언트가 어떻게 상호작용할지, 상호 필요를 어떻게 공유할지를 협의하는 것을 포함한다.

계약 단계는 프로젝트에 합의하거나 서류에 서명할 때 끝난 것처럼 보일 수 있지만, 실제로는 그렇지 않다. 컨설턴트는 각 미팅에서 계약 논의로 돌아가 지금까지의 진행 상황을 확인하고, 오해나 실수를 수정하며, 다음에 할 일을 합의한다. 그런 의미에서 각 참여 과정은 끝나지 않는 계약 과정이라고 할 수 있다.

1. 1장부터 다시 돌이켜볼 때, 클라이언트는 왜 "이것은 내가 들어본 가장 이상한 영업 방식이다"라고 말했는가? 클라이언트는 어떤 기대를 하고 있었을 것 같은가?

2. 진입 단계 초기 미팅에서 클라이언트는 컨설턴트가 문제를 해결할 수 있다는 확신을 원하지만, 계약의 윤리적 측면에서 언급했듯이 컨설턴트는 결과를 과도하게 약속하지 않도록 주의해야 한다. 첫 미팅에서 이러한 균형을 유지하기 위한 방법은 무엇이 있을까?

3. "컨설턴트는 계약을 끝낸 적이 없다"라는 말에 대해 생각해보자. 상황이 변화할 때 재계약 과정에서의 특별한 도전 과제는 무엇일까? 이러한 어려움에 어떻게 대응할 수 있을까?

앤 마리 루이스(Ann Marie Lewis)는 제품 개발 부사장, 에두아르도 실바(Eduardo Silva)는 제품 서비스 및 지원 부사장이다. 당신은 이 두 리더를 지원하는 내부 OD 실무자인데, 오늘 앤 마리로부터 다음과 같은 이메일을 받았다.

> 안녕하세요. 에두아르도와 저는 최근 두 팀 간의 문제에 대해 논의하고 있어서 연락드렸습니다. 저희 제품 개발팀은 제품에 관한 모든 기능과 역량을 담당하고 있습니다. 우리는 신제품을 개발하고, 기존 제품의 업그레이드 작업을 수행합니다. 에두아르도 팀은 제품 지원팀으로, 현장을 방문해 신규 장비 설치 및 유지보수 지원을 제공합니다. 고객의 장비에 문제가 생기면 080 고객지원센터로 전화를 걸어 에두아르도 팀의 기술자가 현장에 파견됩니다.
>
> 문제는 두 팀이 현재 서로 대립하고 있다는 것입니다. 에두아르도 팀은 제품 업그레이드 요청이나 유지보수 필요성을 줄이기 위한 제안을 우리에게 지속적으로 전달하고 있습니다. 그들은 현장에서 제품의 문제 발생 빈도와 공통적인 결함을 직접 확인하기 때문에 이러한 요청이 나오는 것이 당연합니다. 하지만 우리 팀은 이러한 요청을 받을 때 방어적인 태도를 보입니다. 어떤 것을 업그레이드할지 결정할 권한은 우리에게 있다고 생각하고 있습니다. 사실 제품 개발 인력이 제한되어 있기 때문에 우선순위에 따라 요청을 처리해야 하며 시간이 오래 걸리는 경우도 있습니다.

에두아르도와 저는 각자의 팀이 더 효과적으로 협력할 수 있는 방법을 찾기 위해 당신과 만나고 싶습니다. 미팅 가능한 시간을 알려주시면 감사하겠습니다.

미팅 준비를 위해 고려할 질문들

1. 이 사례에서 클라이언트는 누구인가? 6장에서 언급된 클라이언트 유형 중 이 참여와 관련된 다양한 클라이언트를 식별하라.

2. 초기 미팅에서 앤 마리와 에두아르도에게 어떤 질문을 하고 싶은가?

3. 이 프로젝트 참여가 컨설턴트에게 좋은 것인지 다시 생각해볼 수 있는 '위험 신호'는 무엇인가? 초기 미팅에서 어떤 점을 주의 깊게 들을 것인가?

4. 다음 단계로 무엇을 제안할 것인가?

사례연구 6: 계약만으로는 충분하지 않을 때
마거릿 디코코(Margaret DiCocco), 매튜 보네만(Matthew J. Borneman)

아래 사례를 읽고 다음 질문에 답하라.

1. 이 컨설팅 관계는 처음부터 문제가 발생할 조짐이 있었다고 할 수 있다. 계약이 체결된 이후 발생한 문제를 피하기 위해 컨설턴트들이 어떤 다른 조치를 취할 수 있었을까?

2. 클라이언트가 참여자의 기본 권리를 무시하도록 컨설턴트를 압박했을 때, 컨설턴트들은 가치 갈등이 이 프로젝트에 분명히 나타났음을 깨달았다. 이러한 잠재적 갈등을 미리 발견하기 위해 컨설턴트들이 어떤 노력을 할 수 있었을까?

3. 이 사례에서 위태로워진 OD의 가치들은 무엇인가? 이와 같은 컨설팅 참여에서 OD 실무자가 OD의 가치를 증진하기 위해 어떻게 행동할 수 있을까?

컨설팅 조직

미국 중서부에 위치한 한 대학의 응용심리학 박사과정 내에는 소규모 민간 컨설팅 회사가 있다. 이 컨설팅 조직은 박사과정을 밟는 대학원생들의 실습 기회를 제공하기 위해 설계되었으며, 대학 내에서 독립적인 단체로 운영된다. 조직 구성원은 프로그램 교수진 중 한 명이 디렉터로 활동하고, 프로그램에 소속된 학생들이 연구원으로 참여한다. 학생들은 컨설팅 회사에서 최소 2개 학년 동안 참여해야 하며, 한 학년 동안은 연구원으로 활동한다. 1년을 마치고 나면 독립적으로 컨설팅 프로젝트를 이끌면서 선임 연구원 지위를 얻는다.

이 조직은 대부분 연구원들이 직접 관리하며, 디렉터는 감독자이자 조언자 역할만 수행한다. 연구원 수는 매년 4명에서 12명 사이로 변동되며, 이는 매년 수업에 입학하는 학생 수와 프로그램 요구사항 충족 속도에 따라 결정된다.

대부분 클라이언트는 입소문을 통해 이 컨설팅 회사를 알게 되지만, 회사는 구체적이고 목표 지향적인 광고도 진행한다. 1982년 회사가 설립된 이래, 주요 컨설팅 프로젝트에는 포커스 그룹 수행 및 분석, 프로그램 평가, 연구 중심 의제를 포함하도록 사립 교육 기관의 정체성을 재구성하는 작업 등이 포함되었다. 프로젝트 선택은 연구원들의 관심, 기술 수준, 교육적 가치를 조합해 결정된다. 프로젝트팀은 리더와 팀원들로 구성되며, 프로젝트는 대학 내외의 다양한 클라이언트로부터 의뢰받는다.

컨설팅 조직의 가치

이 컨설팅 회사의 근본 목적은 구성원의 교육적 성장이므로 조직 가치의 유연성이 부족하다고 추측할 수 있다. 하지만 구성원이 계속 바뀌고, 모든 학생에게 강제 참여가 요구되기 때문에 프로젝트 또는 학기별로 가치 구조에 어느 정도의 변동이 발생할 수 있다. 변하지 않는 기본 가치는 다음과 같다.

1. 컨설팅과 관련된 모든 결정은 민주적 의사결정 프레임워크 내에서 연구원들이 내린다.

2. 프로젝트 수는 구성원이 학업 프로그램을 정상적으로 이수하는 데 방해가 되어서는 안 된다.

3. 연구 프레임워크를 활용하는 모든 프로젝트는 연구 윤리 기준을 준수해야 한다.

계약 협상

이 컨설팅 회사가 제공하는 저렴한 수수료는 클라이언트가 이 회사를 선택하는 주요 이점 중 하나다. 예를 들어, 프로젝트 당시 회사가 받는 수수료는 연구원의 시간당 청구 비용이 40달러, 스태프의 시간당 청구 비용이 10달러로 책정되어 있었다. 이는 당시 독립 컨설턴트의 최저 요금의 절반 정도에 해당하는 금액이있다. 시간당 요금을 낮게 유지한 이유는 학생들의 지속적인 실습 기회를 보장하고, 회사가 비영리 성격임을 나타내기 위함이었다. 그러나 이러한 비용 절감에는 제한된 주당 근무 시간, 클라이언트에 대한 전담 지원 부족, 프로젝트 완료 속도의 제한 같은 단점이 뒤따르기도 했다. 학생 신분이었던 모든 회사 구성원은 프로그램 내 다른 중요한 책임을 가지고 있었고, 회사에 주당 20시간만 할애할 의무가 있었다. 더불어 연구원들은 동시에 최소 세 개의 프로젝트에 참여하는 경우가 많아 여러 프로젝트의 팀원으로 활동하는 경우가 대부분이었다.

클라이언트와의 협상 단계에서 프로젝트 리더는 연구원들이 학생 신분이라는 사실과 이러한 조직 구조로 인한 시간적 제약을 상세히 설명했다.

프로젝트 개요

컨설팅 팀

이 프로젝트의 팀 구성은 선임 연구원 지위를 가진 프로젝트 리더 1명과 연구원 지위를 가진 팀원 3명이었다. 당시 회사의 전체 인원은 9명으로, 선임 연구원 6명과 연구원 3명이었다.

클라이언트

클라이언트는 대학 커뮤니티의 한 구성원이었다. 그는 회사의 창립자이자 명예교수와의 대화를 통해 컨설팅 회사를 알게 되었으며, 대학 내 대규모 주 행정기관에서 근무하고 있었다. 클라이언트의 주요 목표는 자기 지역사회 구성원의 자원봉사 행동을 탐색하고 자원봉사 활동을 늘릴 방법을 모색하는 것이었다.

계약

이 회사의 계약은 매우 구체적인 양식을 따르는데, 여기에는 프로젝트의 주요 목표에 대한 간략한 설명, 회사의 역할에 대한 상세한 기술, 고객의 역할에 대한 상세한 기술, 잠정적인 일정, 그리고 비용 구조가 포함된다. 프로젝트의 범위를 설정하기 위해 고객과 몇 차례 회의를 가진 후(진입 단계), 합의각서(MOA)나 계약서가 마련되어 서명되었다(계약 단계). 이 프로젝트에서 회사의 책임은 다음과 같았다.

1. 자원봉사 행동 평가와 관련된 여러 분야의 학술 문헌을 검토한다. 이 검토 결과는 설문 문항 개발과 포커스 그룹 프로토콜 작성에 활용된다.

2. 포커스 그룹 프로토콜에는 토론할 질문의 세부적인 개요와 진행자가 따라야 할 대본이 포함되며, 단계별 포커스 그룹 진행 절차 모델이 제공된다.

3. 설문조사는 자원봉사 의향에 대한 질문을 포함하며, 자원봉사 행동을 저해하는 구체적인 장벽을 정량화 및 정성화한다. 설문 문항은 문헌 검토와 포커스 그룹을 통해 수집된 정보를 바탕으로 구성되었고, 4페이지가 넘지 않도록 설계되며, 응답을 데이터베이스로 직접 스캔할 수 있도록 서식화할 것이다.

4. 계층 비례 무작위 표본 추출(stratified proportional random sample)을 위한 표본 계층화 기준을 클라이언트에게 제공한다. 인구 통계 비율을 제공받으면, 표본 추출을 구현하기 위한 공식을 클라이언트에게 전달한다.

5. 완료된 설문지는 스캔하고, 데이터 정제 작업을 수행하며, 층화 목적의 인구 통계 변수를 기준으로 데이터 분석을 진행한다.

6. 분석 결과는 보고서 형태로 작성하고, 요약 보고서, 정량 데이터의 표 및 그래프, 정성 데이터의 응답 부록을 포함한다.

클라이언트의 책임은 다음과 같았다.

1. 계층 비례 무작위 표본 추출을 구성하기 위한 인구 통계 빈도 추정치를 제공한다.

2. 모든 포커스 그룹을 주관하고, 포커스 그룹 진행 내용을 서면 요약 형태로 회사에 제공한다.

3. 설문 개발 과정에서 회사와 협의한다.

4. 설문을 인쇄하고, 외부 업체를 통해 설문과 알림 엽서를 발송할 수 있도록 외부 업체를 확보한다.

일정은 클라이언트가 필요한 정보를 얼마나 적시에 제공하느냐에 따라 달라졌다. 따라서 구체적인 날짜는 제공되지 않았으며, "포커스 그룹 요약본을 수령한 후 2주 이내에 설문 개발을 완료한다"라는 식으로 작성되었다. 총 견적 금액은 약 3,700달러로 계약했다.

컨설턴트와 클라이언트 간의 상호작용

설문조사 연구

팀원들은 표준화된 문헌 검색 프로토콜을 따랐다. 각 팀원은 비즈니스, 심리학, 사회학, 교육학 등 다양한 분야의 데이터베이스에서 관련 문헌을 검색했다. 팀원들은 자신이 선택한 최상위 다섯 편의 논문을 선정하여 주석이 달린 참고문헌 목록을 작성하고, 설문 설계에 적합한 질문을 강조한 후 프로젝트 리더에게 제출했다. 프로젝트 리더는 전체 자료에서 10개의 논문을 선정하여 설문 개발 지침으로 삼았다. 논문 선정 기준은 다음과 같았다.

• 실제 설문 항목에 접근할 수 있는가?
• 정확한 점수 부여 지침이 있는가?
• 목표 집단에 일반화할 수 있는 연구인가?

프로젝트 리더는 팀원이 찾은 자료 외에도 클라이언트가 추천한 논문을 검토했다. 최종 결과물은 설문조사 연구에서 자주 다루는 네 가지 주제를 확인하고 이를 선정한 근거, 질문 유형(하위 주제), 개방형 질문 제안을 포함했다.

클라이언트는 이 결과를 주 행정기관의 이사회에 제출했고, 이사회는 주제와 예비 항목을 승인했다. 이사회 구성원들은 새로운 설문 항목 제안과 함께 기존 연구 결과에 기반한 설문 설계에 대한 칭찬의 메시지를 보냈다.

포커스 그룹 프로토콜 개발

한편, 클라이언트는 예산 문제에 직면했다. 프로젝트 리더가 포커스 그룹 프로토콜 초안을 제출했을 때, 클라이언트는 질문 항목 개발 외의 추가 작업을 중단해달라고 요청했다. 그 대신, 클라이언트는 기관에서 주최하는 비관련 행사에 참석한 사람들을 대상으로 비공식적인 포커스 그룹을 운영하기로 했다. 예산은 포커스 그룹 프로토콜 개발 시간을 줄이는 방식으로 조정되었지만, 새로운 계약서는 작성되지 않았다.

설문 초안 작성

이사회의 칭찬에 힘입어 첫 설문 초안은 문헌 검색에서 검증된 항목과 클라이언트 및 이사회가 제안한 항목을 반영하여 작성되었다. 초안은 설문 형식으로 작성된 것이 아니라 기본 질문(필요한 경우 출처 표시), 척도 선택, 항목 수정이 필요한 잠재적 문제를 포함하고 있었다. 그러나 초안 논의 미팅은 생각만큼 잘 진행되지 않았다.

> **클라이언트**: 설문은 어디 있죠?

> **프로젝트 리더**: 이것이 첫 초안입니다. 어떤 질문을 포함할지, 응답 척도를 무엇으로 할지, 이사회의 일부 항목에 대한 보충 설명을 포함할지 등을 결정해야 합니다.

> **클라이언트**: 하지만 이건 설문처럼 보이지도 않잖아요.

> **프로젝트 리더**: 네, 맞습니다. 하지만 설문을 4페이지에 맞게 형식화하고 구성하기 전에 내용을 확정할 필요가 있습니다.

> **클라이언트**: 음, 그건 말이 되네요. 하지만 보충 설명은 필요 없다고 생각합니다. 이사회의 질문 제안에서는 보충 설명이 필요하다고 언급되지 않았거든요.

> **프로젝트 리더**: 알겠습니다. 그러나 보충 설명이 없으면 참여자들이 20년 전의 자원봉사 경험을 평가할 수도 있고, 이 연구의 범위에 맞지 않는 경험을 평가할 위험이 있습니다.

> **클라이언트**: 글쎄요. 그런 문제가 있었다면 회의에서 이미 나왔을 겁니다.

> **프로젝트 리더**: 그렇다면 알겠습니다.

두 번째 설문 초안 작성

두 번째 설문 초안은 첫 번째 초안 회의에서 논의된 변경 사항과 이사회와의 또 다른 회의에서 수집된 새로운 아이디어를 반영했다. 이 버전의 설문에 대한 초기 형식화는 완료되었지만, 아직 요구된 4페이지 분량에 맞게 형식화되지 않았다. 클라이언트는 이 회의에서 새로운 우려 사항을 제기했다.

- **글자 크기 요건**: 잠재적으로 시력이 저하된 응답자들이 쉽게 읽고 응답 선택지를 명확히 확인할 수 있도록 글자 크기를 키우는 것이 필요했다.
- **추가 인구 통계 질문**: 응답자의 다양한 인구 집단을 더 정확히 파악할 수 있도록 인구 통계 질문의 수를 늘려야 한다는 요청도 있었다.

이러한 요구는 몇 가지 문제를 일으켰다.

- 첫 번째 문제는 설문이 페이지 제한에 부딪혔다.
- 두 번째 문제는 표본 크기 추정의 복잡성으로 이어졌다.

클라이언트는 두 번째 초안을 외부 검토자들에게 보내 검토를 요청했고, 팀은 새로운 변경 사항을 반영하기 위해 노력했다. 이후 외부 검토자의 의견을 논의하기 위해 클라이언트가 미팅을 소집했다. 팀의 실망과 좌절 속에서, 외부 검토자들은 두 번째 초안 회의에서 이미 팀원들이 제안했던 것과 같은 의견을 제시했다. 구체적으로 설문에 보충 항목을 추가해야 한다는 내용이었다. 세 번째 초안을 작성할 때, 클라이언트는 이러한 변경 사항을 반드시 반영해야 한다고 강력히 주장했으며, 처음부터 왜 이러한 항목이 설문에 포함되지 않았는지 의문을 제기했다.

이 혼란스러운 대화를 바탕으로 새로운 설문 버전에는 과거 자원봉사 경험을 추적하고 평가하는 격자 항목이 추가되었다. 그러나 이 새로운 항목은 원래 합의된 주제와 맞지 않았다. 게다가 이 형식은 과거 자원봉사 행동에 대한 부분적인 정보만 포착할 수 있었으며, 시간적 지표나 시간의 양을 평가할 수 없었다.

이후 작성된 모든 추가 초안도 비슷한 패턴을 따랐다. 팀은 제안된 변경 사항을 반영했으나, 클라이언트는 새로운 아이디어를 제시하거나 이전에 거부되었던 아이디어를 반복해서 제안했다.

표본 계층화

설문이 여러 차례 초안 수정을 거치는 동안 프로젝트 리더와 클라이언트는 표본 계층화 기준을 설정하기 위해 작업을 진행했다. 가장 큰 장애물은 클라이언트가 인구 통계 빈도 추정치를 확보하지 못한 것이었다. 이 작업이 마침내 완료되었을 때, 계층화에 필요한 인구 통계 변수의 수가 증가했다. 이로 인해 표본 크기 추정이 변경되었고, 클라이언트의 예산이 필요한 표본 크기를 감당할 수 없게 되면서 논란이 발생했다. 가설 검정에서 표본 크기 추정과 가설 검증력의 역할이 클라이언트에게 자세히 설명되었으나, 영향을 주지 못했다. 이 과정에서 회사가 가장 좌절감을 느낀 부분은 클라이언트가 명확한 가설 진술을 제공하지 못하고, 비교가 필요하다는 막연한 일반론만 제시한 점이었다. 무엇을 비교해야 하며, 그 이유가 무엇인지에 대한 구체적인 설명이 없었다.

이 주제에 대한 마지막 대화에서 회사는 클라이언트의 가치관에 대해 심각한 우려를 품기 시작했다. 특히, 클라이언트는 지속적으로 예산 제약을 걱정했다. 표본 크기를 늘리자는 논의가 나오자, 클라이언트는 비용을 절감할 추가 방법을 모색하기 시작했다. 클라이언트의 해결책은 응답자 추적을 통해 아직 설문을 제출하지 않은 참여자에게만 알림 카드를 발송하는 것이었다. 프로젝트 리더는 클라이언트에게 이러한 추적 행위는 익명성을 보장하는 진술을 삭제하는 방향으로 인간대상연구 신청서(Human Subjects Application)[12]를 수정해야 함을 상기시켰다.

기관윤리심사위원회(IRB) 승인 절차 진행

이 컨설팅 회사의 학문적 틀에 따라, 설문이 완성 단계에 접어들면 인간대상연구 신청서를 작성하는 것이 관례다. 팀은 이 절차에 따라 신청서를 작성하기 시작했다. 클라이언트에게 이 절차를 설명했고, 프로젝트 진행 과정에서 목표가 변경됨에 따라 클라이언트도 이를 적극 지지했다. 인간대상연구 신청서의 프로토콜은 클라이언트의 지원을 받아 기관윤리심사위원회(IRB)에 승인을 요청하게 되었다.

복잡해져버린 상황

한편, 클라이언트는 회사 모르게 대학 내 다른 구성원과 이사회 구성원들과 상담하며 연구 결과를 전문 학술지에 발표하는 방안을 모색하고 있었다. 이러한 외부 자문을 통해 클라이언트의 기대와 목표가 변화하기 시작했다. 이에 따라 설문 내용과 설문 배포 절차에 대한 수정 작업을 회사와 협의하지 않고 진행했다.

---

12   우리나라의 경우에는 「생명윤리법」 제15조(인간대상연구의 심의)에 관련 규정을 두고 있다. (역자주)

게다가 클라이언트의 프로젝트 목표가 커짐에 따라 기관 내에 이 프로젝트 전담 파트타임 대학원 조교가 추가로 고용되었다. 시간이 지나면서 클라이언트는 컨설팅 팀이 대학원 조교만큼 효율적이지 않다며 비난하기 시작했다. 그러나 양측의 시간 제약 차이와 계약서에 명시된 문헌 검색 범위의 차이를 전혀 고려하지 않았다.

프로젝트 리더는 기관윤리심사위원회(IRB)에서 또 다른 승인서를 받고 나서야 클라이언트가 회사의 이름과 자격을 사용해 인간대상연구 신청서를 다시 제출했다는 사실을 알게 되었다. 이로 인해 회사는 해당 변경 사항을 검토할 기회를 잃었으며, 이는 회사의 연구 및 전문 커뮤니티 내 평판에 영향을 미칠 가능성이 있었다. 이에 프로젝트 리더는 회사의 디렉터를 포함한 클라이언트와의 대면 미팅을 요청했다.

마지막 한계점?

회의장에는 팽팽한 긴장감이 감돌았다. 클라이언트는 회사를 무능하다고 여겨 분노한 상태였다. 프로젝트 리더는 클라이언트가 회사의 무능을 암시하는 태도와 몰래 인간대상연구 신청서를 제출한 행위에 대해 불쾌해하고 있었다. 회사 디렉터는 클라이언트가 팀에 의해 압도감을 느낄까 염려하면서도 프로젝트 리더를 지지하기 위해 그 자리에 있어야 한다는 점을 인식했다.

논의는 계약 조건에 대한 요약으로 시작되었다. 프로젝트 리더는 서명된 계약서 사본을 제시하며 회사의 행동이 계약 조건 내에서 이루어졌음을 설명했다. 이후 대화는 클라이언트가 새로운 인간대상연구 신청서를 제출한 것으로 넘어갔다.

> **프로젝트 리더**: 우리가 새로운 인간대상연구 승인서를 받았을 때 얼마나 놀랐을지 상상할 수 있으실 겁니다.

> **클라이언트**: 음… 절차가 너무 오래 걸리는 것 같아서 새로운 설문 버전과 함께 새 신청서를 제출했어요.

> **프로젝트 리더**: 귀하가 이 프로젝트를 진행하고 싶어 한다는 점은 충분히 이해합니다. 하지만 우리 회사를 책임 기관으로 명시한 상태에서 새로운 신청서를 제출했을 뿐만 아니라, 참여자에게 익명성을 보장하는 진술을 삭제하지 않았고, 절차 내에 추적 번호 사용을 명시하지 않았다는 점을 지적할 수밖에 없습니다.

> **클라이언트**: 아, 그건 큰 문제가 아니에요. 우리는 알림 카드 발송 비용을 줄이기 위해 추적 번호를 사용할 뿐입니다. 그 정도면 충분히 익명성이 보장된다고 생각해요.

이 시점에서 프로젝트 리더는 연구자가 참여자에게 지켜야 할 윤리적 의무를 간략하지만 철저히 설명했다. 이에 대해 클라이언트는 이렇게 말했다. "아, 윤리니 뭐니 다 필요 없어요! 우리는 이걸 고품질 학술지에 발표하려는 게 아닙니다. 그냥 소규모 산업 관련 저널에 실으려는 겁니다. 진짜 연구를 하려는 게 아니에요."

이 대화가 끝나자 회의는 빠르게 종료되었다.

07 데이터 수집

학습 목표

이 장에서는 다음과 같은 내용을 학습한다.

– 표면적인 문제와 근본적인 문제를 구분하기 위해 데이터 수집이 왜 중요한지 설명
– 실무자가 사용하는 다섯 가지 데이터 수집 방법을 구분하고, 각각의 장단점 설명
– 이 다섯 가지 방법을 사용해 데이터를 수집할 때 사용할 팁, 가장 적절한 데이터 수집 방식의 평가
– 데이터 수집 과정에서 발생할 수 있는 윤리적 문제

프로모션사(Promotion, Inc.)는 미국 중서부에 위치한 민간 기업으로, 직접 우편 업계에 인쇄 및 우편 발송 서비스를 제공한다. 주니어 조직개발 컨설턴트가 우편 부서에 대한 구성원 설문조사를 하기로 했다. 목표는 이 부서의 이직률이 회사 내 다른 부서보다 훨씬 높은 이유를 파악하는 것이었다. 내부 위원회는 20명의 구성원 인터뷰를 바탕으로 이직률의 16가지 가능한 원인을 개발했다. 102개 항목으로 구성된 설문지(인구 통계 데이터를 위한 별도의 페이지 포함)는 11개 범주로 구성되었으며, 소규모 구성원 그룹을 대상으로 파일럿 테스트가 진행된 후 피드백을 바탕으로 수정되었다. 최종적으로 부서 전체 480명의 구성원에게 설문지를 배포하고 익명성이 보장되도록 했다.

설문 결과는 부서 간 역할, 근무 정책, 구성원 보상과 관련해 관리층에 대한 부정적인 피드백 등이 포함되어 나타났다. 이러한 결과는 최고경영진을 시작으로 내부 위원회 및 우편 부서 관리자들을 대상으로 다섯 차례에 걸쳐 발표되었다. 그러나 설문 결과는 많은 관리자에게 충격을 주었으며, 일부 관리자는 피드백 세션 도중 자리를 박차고 나갔다. 관리자들은 피드백을 바탕으로 조치를 취하는 것을 거부했고, 결과 보고서를 보류하기로 결정했다. 결국 구성원들은 설문조사가 시행된 지 거의 두 달 후, 간략하게 줄이고 상당히 수정된 피드백 보고서 버전만 전달받았다(Swanson & Zuber, 1996).

토론을 위한 질문

• 이 사례에서 설문조사를 잘 수행한 부분은 무엇이라고 생각하는가? 다르게 했어야 할 점은 무엇인가?

• 이 사례에서 설문조사는 데이터 수집 방법으로 적절했는가? 그 이유는 무엇인가?

식적 계약과 심리적 계약이 성공적으로 확립된 후, 문제의 원인과 결과를 더욱 깊이 탐색하기 위해 데이터 수집 전략을 개발한다. 컨설턴트는 인터뷰, 포커스 그룹, 설문 조사, 관찰, 비간섭적 방법 등을 사용해 상황에 대한 정교하고 상세한 이해를 도출해낼 수 있으며, 이를 통해 적용 가능하고 더 효과적인 개입 방안을 개발할 수 있다. 이 장에서는 OD 컨설턴트들이 사용하는 데이터 수집 방법과 컨설턴트들이 각 방법을 선택해 데이터 수집 전략을 수립하는 과정을 다룬다.

컨설턴트와 클라이언트 모두에게 추가 데이터를 수집하는 과정은 비용이 많이 들고 불필요해 보일 수 있다. 이미 문제가 여러 차례 발생했고, 클라이언트가 이를 상세히 설명할 수 있는 상황에서 추가 데이터를 수집하는 것은 번거로울 수 있다. 그러나 이러한 관점은 문제의 한쪽 측면만 볼 위험이 있다. 추가적인 다른 관점은 추가 데이터 확보를 통해서만 유용한 통찰을 제공할 수 있다. 데이터를 수집하고 이를 다시 클라이언트에게 제공하면 조직에 대한 더 완전한 그림을 제시할 수 있으며, 클라이언트와 실무자의 지식을 확장한다. 데이터 수집은 그 자체로 하나의 개입이며, 많은 경우 컨설턴드가 실행할 수 있는 가장 강력한 개입이 되기도 한다.

데이터 수집의 중요성

포괄적인 데이터 수집에는 시간이 걸리지만, "많은 관리자와 컨설턴트는 빠른 개입을 선호하고 진단 과정을 소홀히 한다"(Harrison & Shirom, 1999, p. 8). 이미 오랜 기간 존재해 온 문제를 신속히 해결하려는 시도로 인해 관리자와 컨설턴트는 데이터 수집 과정을 단축하려는 유혹에 빠질 수 있으며, 가용한 정보가 충분하다고 가정하는 경향이 있다. 그러나 "불확실성이 높아지고 빠른 행동이 요구될 때 진단적 탐색과 체계적 의사결정을 무시하는 것은 관리자와 의사결정권자에게 심각한 위험을 초래할 수 있다"(p. 9). 이러한 경고에도 불구하고 속도가 정확한 데이터와 신중한 진단보다 우선시되는 경우가 자주 발생한다.

내들러(Nadler, 1977)는 컨설턴트가 데이터 수집을 진지하게 받아들여야 할 세 가지 이유를 제시한다.

> **첫째**, 양질의 데이터 수집은 "조직의 기능, 효과성, 그리고 건강 상태에 대한 정보를 생성한다"(p. 105). 아지리스(Argyris, 1970)는 다음과 같이 설명한다. "유효한 정보가 없으면 클라이언트가 배우기 어렵고, 개입자가 도움을 제공하기도 어렵다. 유효한 정보란 문제를 야기하는 요소들과 그들의 상호 관계를 클라이언트 시스템에 맞게 설명하는 정보다"(p. 17). 양질의 데이터 수집은 실무자와 클라이언트의 문제

에 대한 지식을 확장한다.

둘째, 데이터 수집은 변화를 일으킬 힘이 있다. 조직 구성원들이 현재 상황에 대한 공통의 정의를 내리고, 이를 바꿀 필요성에 대해 동의하도록 할 수 있다. 내들러(Nadler, 1977)는 이와 관련해 다음과 같이 썼다. "데이터 수집은 의식 고취의 도구로 사용될 수 있다. 이를 통해 사람들은 자신과 조직에 영향을 미치는 문제에 대해 생각하기 시작할 수 있다."(p. 105)

셋째, 데이터 수집을 잘 수행하는 실무자는 "변화관리자, 내부 파트너, 조직 간의 관계 구축을 지속적으로 돕는다"(Nadler, 1977, p. 106). 변화관리자는 조직 구성원들과 만날 기회가 있으며, 구성원들의 관점에 집중함으로써 공감과 신뢰성을 보여준다. 이 과정에서 협력적이고 신뢰할 수 있는 관계를 형성하여 조직이 변화를 수용하고 발전하도록 돕는 역할을 할 수 있다.

표면적 문제와 근본적 문제

초기 미팅에서 클라이언트는 표면적으로 드러난 문제를 설명한다. 표면적 문제란 클라이언트가 가장 명확히 인식하고 있는 증상에 대한 초기 설명을 의미한다. 표면적 문제 아래에는 숨겨져 있는 근본적 문제가 존재한다. 근본적 문제는 증상을 발생시키는 근본 원인 또는 핵심적인 이슈로 정의할 수 있다.

표면적 문제만 해결하고 근본적 문제를 다루지 않는 개입은 단기적이며 미미한 영향을 줄 가능성이 크다. 이러한 개입은 종종 간단한 해결책으로, 다음과 같은 이유로 클라이언트가 선호할 수 있다.

- 클라이언트가 문제를 정의한 방식과 일치한다.
- 해결하기 쉬운 경우가 더 많다.
- 개인적인 변화나 대인 갈등을 피할 수 있는 프로세스 개선이나 작업 중심의 변화를 포함하는 경우가 많다.

그러나 이러한 접근법은 쉽게 볼 수 있는 표면적 증상을 유발하는 근본 문제는 거의 해결하지 못한다. 블록(Block, 2001)은 컨설턴트가 흔히 잘못 해결하려 시도하는 몇 가지 일반적인 표면적 문제를 설명한다. 예를 들면 다음과 같다.

- 클라이언트가 팀의 협력 증대를 원할 경우, 변화관리자는 관련된 모든 당사자를

한자리에 모아 목표, 작업 관계, 의사소통 패턴을 논의하고 이에 합의할 수 있다.

- 그러나 문제를 그룹 간 영역 다툼의 문제로 재구성할 경우, 이는 협력 부족이 아니라 경계와 그룹 정체성의 협상 문제가 된다. 이때 각 개인이나 그룹은 조직 전체의 이익을 위해 무언가를 포기해야 할 수도 있다.

또 다른 흔한 예는 교육 및 훈련 요청이다.

- 클라이언트가 성과가 저조하다고 판단하여 구성원에게 더 많은 훈련을 요구할 수 있다.
- 그러나 클라이언트는 프로세스상의 문제나 동기부여의 장벽이 조직 구성원의 행동을 방해하고 있다는 점을 보지 못할 수 있다.
- 컨설턴트가 행동의 원인을 이해하지 않고 단순히 훈련 요청에 따라 프로그램을 개발하면, 이는 성과 미달의 근본적 이유와 관련이 없을 가능성이 크다.

결론적으로 다양한 관점에서 문제의 본질과 범위에 대한 더 많은 세부 정보를 확보하지 않으면, 선택된 개입이 잘못된 영역을 목표로 삼거나 갈등을 심화시킬 수 있다. 표면적 문제는 출발점일 뿐이며, 실무자가 진정으로 관심을 가져야 할 것은 근본 문제다. 이러한 근본 문제는 데이터 수집을 통해 가장 잘 탐색할 수 있다.

데이터 수집 과정

눌란(Noolan, 2006)은 다음 다섯 단계의 데이터 수집 과정을 제안한다.

1. **사용할 접근 방법을 결정한다.**
   - 각 데이터 수집 방법에는 장단점이 있다.
   - 클라이언트의 문제 설명에 따라 어떤 데이터를 수집해야 할지와 그 이유를 결정해야 한다.

2. **프로젝트를 발표한다.**
   - 클라이언트 또는 다른 대표자는 어떤 데이터를 누가, 어떤 방법으로, 어떤 목적으로 수집하는지를 조직 구성원에게 설명해야 한다.

3. **데이터를 수집할 준비를 한다.**
   - 설문지 또는 인터뷰 가이드를 준비하고, 잠재적 인터뷰 대상자 목록을 작성한다.
   - 인터뷰 대상자에게 연락해 시간과 장소를 조율한다.

4. 데이터를 수집한다.

- 선택된 데이터 수집 접근 방법에 따라 확립된 적절한 절차를 따른다.

5. 데이터 분석 및 결과 발표를 수행한다.

- 실무자는 하나 이상의 진단 모델을 사용하여 데이터를 분석하고, 클라이언트에게 피드백을 제공할 수 있다. (이 과정의 자세한 내용은 다음 장에서 설명한다.)

이러한 접근 방법은 사용하는 데이터 수집 방법에 따라 약간 다를 수 있으며, 성공적인 데이터 수집을 위해 고려해야 할 사항도 달라진다. 각 접근 방식은 정보 수집 및 분석에 소요되는 시간, 비용, 그리고 조직 구성원, 클라이언트, 컨설턴트의 투입 정도가 서로 다르다. 예를 들어, 인터뷰는 조직에 심리적 영향을 미칠 수 있는 반면, 비간섭적 측정(unobtrusive measures)은 눈에 띄지 않게 조용히 진행되는 경우가 많다. 이 장에서는 각 데이터 수집 과정의 세부 사항을 단계별로 설명한다.

데이터 수집 방법

조직개발(OD) 실무자는 표면적 문제를 탐색하기 위해 일반적으로 다음의 다섯 가지 데이터 수집 방법을 사용한다. 실무자가 이러한 접근 방식을 사용하는 이유, 각 접근 방식의 장단점, 사용 중 발생할 수 있는 위험 요소 또는 잠재적 문제를 설명한다. 또한, 각 접근 방식을 활용해 성공적으로 데이터를 수집하기 위한 팁도 함께 다룬다.

1. 인터뷰
2. 포커스 그룹
3. 설문/질문지
4. 관찰
5. 비간섭적 측정(unobtrusive measures)

| 인터뷰

인터뷰는 일반적으로 개별 조직 구성원과 일대일로 진행되는 미팅으로, 실무자가 직접 구성원의 이야기를 듣고 관점을 탐색할 기회를 제공한다. 이러한 개인적인 환경에서 실무자는 구성원의 역사, 경험, 신념, 태도를 깊이 탐색할 수 있다. 세이드먼(Seidman, 2006)은 "심층 인터뷰의 근본은 다른 사람의 경험을 이해하고, 그들이 자신의 경험에 부여하는 의미를 이해하려는 관심이다"라고 설명한다(p. 9). 인터뷰의 주요 장점은 개인의 경험을 이해하고,

특정 관심 분야에 대해 후속 질문을 할 수 있는 능력이다. 인터뷰는 사전에 미처 예상하지 못한 놀라운 통찰을 제공할 수 있다. 특정한 문제를 다루는 경우, 예를 들어 소규모 팀 관리자와의 경험이나 두 관리자 간의 갈등을 이해하려고 할 때는 인터뷰가 유일한 선택이 될 수 있다. 많은 경우, 구성원들이 서면 설문지에서 충분한 세부 정보를 제공하기 어렵거나 상황을 직접 관찰하기 어려울 수 있다. 또한 직접 관찰이 가능하더라도 구성원이 상황을 어떻게 해석하는지 또는 해당 상황에 대한 태도와 신념을 더 잘 이해할 수 있게 해준다.

인터뷰를 통한 데이터 수집은 구성원의 협력에 크게 의존한다. 구성원들은 인터뷰어를 신뢰할 때만 중요한 문제에 대해 솔직하게 이야기한다(Seidman, 2006). 그러나 인터뷰는 위협적일 수 있다. 또한, 문제와 관련된 구성원이 방어적인 태도를 보이거나, 자신을 긍정적으로 보이기 위해 진실을 왜곡하려는 동기를 가질 수도 있다. 이 때문에 다섯 가지 데이터 수집 방법 중에서 인터뷰는 OD 실무자에게 가장 높은 대인관계 기술을 요구한다. 인터뷰어는 일대일 상황에서 상대방을 편안하게 만드는 능력, 뛰어난 경청력, 그리고 대화 기술이 필요하다. 인터뷰는 방대한 양의 데이터를 생성할 수 있으며, 구성원들이 문제와 관련된 이야기뿐만 아니라 개인적인 경험과 신념, 또는 본질적이지 않은 이야기를 공유할 수 있다. 이러한 데이터는 인터뷰 후 정리하기가 복잡하고 시간이 많이 걸릴 수 있으며, 실무자나 클라이언트가 특정 사실만 보고 싶어 하는 편향이나 선입견의 영향을 받을 위험도 있다.

인터뷰를 활용하여 데이터를 성공적으로 수집하려면 인터뷰어는 다음의 지침을 따라야 한다.

1. **인터뷰 가이드를 준비한다.** 인터뷰는 공식적이고 구조화된 형식으로 모든 인터뷰 대상자에게 동일한 질문을 던지는 방식일 수 있다. 이때 질문 목록에서 벗어나지 않고 정해진 질문만 한다. 반구조화된 방식에서는 주요 주제를 다루는 개방형 질문 목록이 포함된 인터뷰 가이드를 사용한다. 개방형 질문은 응답자가 더 구체적인 답변을 제공하도록 요구하는 반면, 폐쇄형 질문은 단어 하나 또는 짧은 구절로 답할 수 있다. 예를 들어, "이 팀 구성원들과의 관계를 어떻게 설명하시겠습니까?"라는 질문이 "이 팀에 갈등이 많다고 생각하십니까?"라는 질문보다 더 나은 선택이다. 후자는 인터뷰어의 관심사를 암시할 가능성이 있기 때문이다. 반구조화된 인터뷰에서는 후속 질문(probe)을 통해 예상치 못한 영역을 탐색할 수 있다. 예를 들면 "왜 그렇게 생각하시나요?", "예를 들어 설명해주시겠습니까?" 같은 질문을 추가할 수 있다. 대부분의 OD 인터뷰는 반구조화된(semistructured) 형식을 따른다.

2. **참여자를 선정한다.** 소규모 팀에서는 모든 팀원을 인터뷰하는 것이 합리적이다. 그러나 인터뷰는 시간과 자원이 많이 소모되기 때문에 모든 관련 조직 구성원을 인터뷰하기는 어려울 수 있다. 예를 들어, 제조 현장의 구성원을 대상으로 데이터를 수집할 때는 주간과 야간 근무자를 샘플링하거나, 특정 생산라인에서 구성원들을 선발해야 할 수도 있다. 인터뷰 횟수는 사용 가능한 시간, 조사할 문제, 선택될 모집단의 규모에 따라 달라진다. 인터뷰 내용이 반복되기 시작하고 공통된 문제를 확인할 수 있을 때 실무자는 충분한 인터뷰를 진행했다고 자신할 수 있다.

   참여자 선정 방식은 여러 가지가 있다. 무작위 방식(random sampling)은 난수표(random numbers table) 또는 컴퓨터를 이용한 무작위 선택을 사용할 수 있다. 층화 추출(stratified sampling)은 예를 들어 사번 목록에서 세 번째 사람마다 선택하는 방식이다. 의도적 선택(purposive sampling)은 대상자의 지식이나 관련성을 기준으로 특정 인원을 선택하는 방식이다. 조직에 대해 더 많은 정보를 가진 클라이언트가 참여자 선정을 도와야 한다. 또 다른 방법으로 스노볼 샘플링(snowball sampling)이 있다. 이 방식은 하나 이상의 참여자로 시작해 인터뷰가 끝날 때 추천할 다른 인터뷰 대상자를 묻는 방식이다. 이렇게 하면 네트워크를 활용해 다음 인터뷰 대상자에게 접근하기가 더 쉬워질 수 있다. 어떤 방식이든 실무자는 참여자 선정 기준을 정당화할 준비를 해야 한다. 민감한 상황에서는 인터뷰 대상자 선정 방식이 의미를 부여하거나 오해를 일으킬 수 있기 때문이다.

3. **참여자에게 연락해 인터뷰 일정을 조율한다.** 인터뷰 대상자에게 연락할 때는 인터뷰의 목적과 소요 시간을 명확히 설명해야 한다. 클라이언트 또는 후원자가 먼저 참여자에게 연락해 참여를 요청한 후 OD 실무자가 인터뷰 일정을 잡는 방식이 도움이 될 수 있다. 이 방식은 접근성과 응답률을 높이는 데 유리하며, 특히 외부 컨설턴트의 경우 더욱 효과적이다. 그러나 이 접근 방식에는 단점도 있다. 실무자가 클라이언트의 특정 목표와 연결된 하수인으로 보일 수 있으며, 참여자가 실무자를 신뢰하지 않는다면 중요한 정보를 숨길 가능성이 있다. 어떤 경우든 인터뷰 참여는 자발적 선택이어야 하며, 참여 거부에 따른 불이익이 없음을 명확히 알려야 한다. 민감한 상황에서는 클라이언트가 제안한 참여자 목록 중 특정 수만 선택하도록 권장할 수 있다.

인터뷰 일정을 조율하기 위한 연락 방법으로는 전화 통화와 이메일이 일반적이다. 인터뷰 주제가 민감할수록 OD 실무자는 가장 개인적인 방법으로 연락할지 고려해야 한다. 예를 들어, 일반적인 근무 환경에 대한 구성원 만족도나 새로운 프로세스의 효과 같은 비논쟁적 주제에 대한 피드백을 위한 인터뷰는 이메일로 쉽게 일정 조율이 가능하다. 그러나 관리자나 동료와의 갈등처럼 대인관계적으로 민감한 주제는 대면 인터뷰 또는 전화로 진행하는 것이 가장 적합하다.

인터뷰 목적에 대한 설명은 클라이언트와 실무자 간에 일관성이 있어야 하며, 인터뷰 대상자 간에도 동일한 설명이 유지되어야 한다. 인터뷰 참여자는 동료나 관리자와 인터뷰에 대해 이야기하며 질문과 주제를 공유할 가능성이 크다. 설명이 일관되지 않으면 참여자는 인터뷰의 명시된 목적이나 의도를 불안해할 수 있다.

마지막으로 인터뷰 장소는 최상의 상호작용이 가능하도록 선택해야 한다. 전화나 개인적인 방해 요소가 없는 사적인 공간이어야 하며, 다른 사람의 방해 없이 대화할 수 있고, 대화가 다른 사람에게 들리지 않도록 보장할 수 있어야 한다.

4. **인터뷰 시작 및 관계를 형성한다.** 인터뷰어는 자기소개로 인터뷰를 시작하며, 참여와 인터뷰의 목적을 다시 설명하고, 논의할 주제를 명확히 해야 한다. 또한 인터뷰 데이터를 어떻게 처리할지, 누가 이를 볼 수 있을지에 대해 설명하는 시간을 가져야 한다. 인터뷰 대상자는 인터뷰 대상자 선정 기준이나 다른 인터뷰 대상자가 누구인지 궁금해할 수 있다. 이때 실무자는 '모든 관리자', '엔지니어링 야간 2교대 구성원의 약 절반', '회사 4개 사업장에서 무작위로 5명' 같은 광범위한 범주적 설명을 제공할 수 있다. 또한 인터뷰 중 기록할 노트와 그 처리 방법을 설명함으로써 왜 인터뷰 중 필기하는지 이해시킬 필요가 있다. 바클라우스키와 로겔버그(Waclawski & Rogelberg, 2002)는 인터뷰 대상자가 인터뷰어의 메모를 읽을 수 있도록 좌석을 배치할 것을 권장한다. 이를 통해 인터뷰 대상자가 자신에 대한 기록에 대해 편안함을 느끼도록 돕는다. 대상자가 불편해하는 내용이 있을 경우, 인터뷰어는 메모를 수정할 것을 권장한다.

인터뷰 대상자를 편안하게 하기 위해 비교적 안전한 질문으로 인터뷰를 시작하는 것이 좋다. 예를 들어, 대상자의 배경, 회사에서 근무한 기간, 현재 및 이전 역할에 대한 질문이 적합하다. 또한 대여행(grand tour)[13] 질문으로 인터뷰를 시작하는 것도 유용하다(Spradley, 1979). 이 질문은 광범위하고 일반적인 주제를 다루며, 예를 들어 "직장에서의 평소 일과를 이야기해주세요" 또는 "이 회사에 합류한 이후 이 그룹과의 관계에 대해 이야기해주세요" 같

---

13 grand tour란 17세기 유럽에서 상류층 자녀들의 교육과 경험을 풍부하게 하기 위한 장기 여행을 의미하는데, 문화인류학자인 제임스 스프래들리(James P. Spradley)가 1979년 자신의 저서 *The Ethnographic Interview*에서 처음 사용했다. 광범위하고 포괄적인 질문을 통해 대상자의 일상적 경험을 전반적으로 탐색하는 조사과정이 'grand tour'와 유사하다고 보고 이 용어를 사용하기 시작했다. (역자주)

은 질문이 이에 해당한다. 이러한 질문은 비교적 긴 답변을 유도하며, 답변이 다소 산만하게 흘러갈 수 있지만, 많은 질문을 던지거나 편향을 유발하지 않고 개요를 파악할 수 있는 유익한 방법이 될 수 있다.

유도 질문(leading questions)은 인터뷰에서 흔히 발생하는 문제로 세 가지 형태로 나타날 수 있는데, 이는 응답에 편향을 주고 최종 데이터 요약의 정확성에 문제를 야기할 수 있다 (Cairns-Lee, Lawley, & Tosey, 2022).

> a. 새로운 아이디어나 용어를 소개해 인터뷰 대상자가 사용하지 않은 말을 유도할 수 있다.
>
> b. 사실, 영향, 또는 내용을 가정하는 질문을 할 수 있다. 예를 들어 "그 일로 인해 당신은 어떤 행동을 하게 되었나요?" 또는 "그 회의 이후 무엇이 가장 답답했나요?" 등은 행동과 감정에 대한 인과관계를 가정한다.
>
> c. 인터뷰 대상자에 대한 평가를 포함하거나 응답 내용을 의심하는 질문을 할 수 있다. 예를 들어 "이 일을 처리할 때 정말 인내심이 많으셨네요" 또는 "변화를 전혀 눈치채지 못했다고 확신하시나요?" 같은 질문이 이에 해당한다.

많은 실무자는 인터뷰에서 기밀성과 익명성의 차이를 명확히 구분한다. 기밀성 (confidentiality)은 컨설턴트 외에는 인터뷰에서 무슨 말이 오갔는지 아는 사람이 없는 경우를 의미한다. 즉, 대화 내용이 컨설턴트에게만 남는다. 반면, 익명성(anonymity)은 대화 내용을 인터뷰 외부에서 공유할 수 있으나, 출처(인터뷰 대상자의 이름)를 분리하는 경우를 의미한다. 일반적으로 인터뷰어는 정보가 익명으로 유지될 것을 약속할 수 있지만, 기밀성을 보장하기는 어렵다. 이는 실무자가 데이터를 사용하고 이를 바탕으로 행동하기 위해서는 인터뷰 외부에서 데이터를 공유해야 하기 때문이다. 하지만 참여자의 명시적 허락 없이 누가 무슨 말을 했는지 공유해서는 안 된다(Freedman & Zackrison, 2001).

> **5. 인터뷰를 가이드에 따라 진행하되, 필요할 때는 유연하게 대화의 흐름에 따르기**
> **인터뷰는 기본적으로 대화이며, 특정 목적을 가진 대화다.** 인터뷰어는 현재 응답에 주의를 기울이며, 후속 질문을 생각하고, 인터뷰 가이드에 나와 있는 다른 주제도 기억하며, 시간 제약을 의식해야 한다. 최고의 인터뷰어는 인터뷰를 대화처럼 유지하면서도 다른 작업에 주의를 빼앗기지 않는 사람이다.

> **6. 인터뷰 마무리**
> 인터뷰를 마칠 때는 참여자가 궁금한 점을 물어볼 기회를 주면서 마무리한다. 인

터뷰 대상자에게 감사를 표하고, 이후 진행될 일과 결과를 언제 알 수 있을지 일정을 다시 한번 강조하며 인터뷰를 종료한다. 대부분의 사람은 다음에 무슨 일이 일어날지 궁금해하기 마련이므로 인터뷰 마무리 단계에서 적절한 기대치를 설정하는 것이 중요하다. 인터뷰어는 인터뷰가 끝난 후 명함이나 연락처를 제공해 추가 질문이나 정보 확인이 필요할 때 연락할 수 있도록 할 수 있다.

| 성공적인 인터뷰를 위한 팁

1. 경청은 인터뷰에서 중요한 기술이다. 인터뷰 대상자가 응답하는 도중 다른 질문으로 끼어드는 것을 피해야 한다. 내용뿐 아니라 감정을 경청하는 것도 후속 질문의 단서를 제공할 수 있다. 예를 들어, 대상자의 목소리에 망설임이 느껴지면, "예산 편성 과정에 대해 이야기하는 것을 주저하시는 것 같네요. 조금 더 설명해 주실 수 있나요?" 같은 질문을 던질 수 있다.

2. 동의 또는 반대의 표시를 피한다. 인터뷰 대상자의 답변이 다른 인터뷰와 유사하거나 다르다고 언급하거나, 비언어적 반응(고개 끄덕임, "네" 또는 "흐음" 등)을 통해 동의를 암시하는 것도 피해야 한다. 이런 반응은 단순히 대화를 격려하려는 의도일지라도 대상자에게 동의의 신호로 인식되어 인터뷰 결과를 왜곡할 수 있다. 세이드먼(Seidman, 2006)은 인터뷰어가 자신의 유사한 경험을 공유하는 것을 가급적 자제할 것을 권장한다. 이런 공유는 인터뷰어가 대화의 중심이 되어 인터뷰 방향을 바꿀 위험이 있다. 최선의 방법은 인터뷰 대상자의 경험에 대한 관심을 강조하고, 특정 답변에 집착하지 않는 것이다.

3. 인터뷰 중 메모는 최소한으로 하되, 인터뷰 후에 좀 더 자세히 작성한다. 대화에 완전히 몰입하면서 발언을 그대로 받아 적는 것은 거의 불가능하다. 핵심 키워드만 짧게 기록한 후, 인터뷰가 끝난 직후에 더 완전한 기록을 작성하는 것이 효과적이다. 정확한 인용이 필요할 때는 인터뷰 대상자에게 해당 발언을 반복해달라고 요청할 수 있다. 예컨대 "방금 말씀하신 내용이 너무 중요해서 정확히 기록하고 싶습니다"라고 설명할 수 있다. 인터뷰 후 메모 작성 시간을 확보하기 위해 인터뷰 일정을 연속으로 잡지 않는 것이 좋다. 일부 컨설턴트는 녹음 또는 영상 촬영이 시간을 절약해줄 것이라고 생각하지만, 이 방법은 인터뷰 길이만큼 녹음을 재확인해야 하기 때문에 시간이 더 걸릴 수 있다. 또한, 녹음 자료가 안전하게 저장되었는지 여부에 대한 우려, 기술적 문제, 대상자가 느끼는 불편함 때문에 이 방법은 일반적으로 단점이 장점보다 많다. 만약 더 많은 데이터를 기록해야 할 필

요가 있다면, 다른 컨설턴트가 기록을 담당하는 것도 가능하다. 이는 일부 상황에서 매우 적절할 수 있으나, 일부 대상자에게는 불편함을 줄 수도 있다.

요약하자면, 인터뷰는 OD에서 가장 일반적인 데이터 수집 방법 중 하나다. 좋은 인터뷰는 우수한 대인관계 기술을 요구하며, 대화의 흐름을 유지하면서도 관련 영역으로 대화를 이끌고, 적극적으로 경청하는 능력이 필요하다. 인터뷰는 시간이 많이 소요될 수 있지만, 조직에 대한 지식과 세부적 배경 정보를 얻을 수 있어 충분히 가치가 있다. 일대일 인터뷰를 진행할 시간이 부족한 경우, 많은 컨설턴트는 그룹 인터뷰 또는 포커스 그룹으로 전환하기도 한다.

| 포커스 그룹

포커스 그룹(focus groups)은 조직 구성원 중 소수로 이루어진 그룹에서 컨설턴트가 질문을 던지고 그룹 토론을 유도하는 방식으로 진행된다. 포커스 그룹은 오랫동안 사회과학자의 연구 도구로 사용되어왔으며, 최근에는 홍보 및 시장조사에서도 자주 활용되고 있다(Smithson, 2000). 인터뷰와 마찬가지로, 포커스 그룹은 실무자가 경험과 상황을 심층적으로 탐구하고, 특정 관심 분야에 대해 추가 질문할 기회를 제공한다. 그러나 일상적인 업무 활동을 관찰하는 것이 아니라, 컨설턴트의 질문에 의해 촉발되고 컨설턴트가 진행을 조율하는 특별한 대화다. 일대일 인터뷰와 달리, 포커스 그룹은 매우 민감한 주제를 다루기에는 적합하지 않다(Waclawski & Rogelberg, 2002). 일반적인 성격의 이슈, 예를 들어 "구성원들이 회사의 복지 제도에 대해 어떻게 느끼는지", 또는 "경영진과의 의사소통을 개선하기 위해 무엇을 해야 하는지" 같은 주제는 포커스 그룹에 적합한 주제가 될 수 있다.

포커스 그룹에서는 참여자들이 서로의 아이디어에서 영감을 얻거나, 브레인스토밍을 하고, 토론하거나 의견을 교환할 수 있다. 이 방법은 폭넓은 참여를 가능하게 하고, 그룹 또는 팀의 관여를 유도하기 때문에 OD의 핵심 가치인 협력이나 팀워크와 부합한다. 이러한 이유로 많은 실무자는 데이터를 수집하는 방법으로 포커스 그룹을 선호한다. 그러나 포커스 그룹의 단점은 방대한 양의 데이터를 생성할 수 있다는 점이며, 이로 인해 분석하기 어렵고 시간이 오래 걸릴 수 있다.

포커스 그룹 진행 방법

포커스 그룹을 진행하려면 인터뷰와 유사한 프로세스를 따르되, 주제와 구조가 일대일 인터뷰와 다르기 때문에 몇 가지 고려 사항이 있다.

1. **인터뷰 가이드 준비**. 포커스 그룹의 인터뷰 가이드는 일대일 인터뷰에서 사용하

는 것보다 짧은 것이 일반적이다. 같은 시간 내에 더 많은 사람이 참여하기 때문에 다룰 주제가 줄어들 수 있다. 컨설턴트는 인터뷰 가이드 외에도 인터뷰의 목적, 데이터 처리 방법, 데이터 기록 방법을 설명하는 개회 및 마무리 발언을 준비해야 한다.

2. **참여자 선정**. 인터뷰와 마찬가지로 참여자를 무작위로 선택할 수 있으며, 다른 특정 기준에 따라 선정할 수도 있다. 동질적 그룹은 공통된 기준을 기반으로 구성될 수 있다. 같은 팀, 관리자 그룹, 뉴욕사무소 구성원 전체, 영업사원, 인턴, 근속 10년 이상 구성원, 고객 서비스 담당자 등이 이에 해당한다. 반면, 이질적 그룹은 다양한 배경을 가진 사람들로 구성된 혼합형 그룹이다. 동질적 그룹의 장점은 공통된 배경을 공유하기 때문에 문제를 더욱 깊고 세부적으로 이해할 수 있다는 점이다. 예를 들어, 고객 서비스 담당자 그룹은 서로의 의견을 바탕으로 회사의 제품 품질 문제에 대해 더욱 완전한 그림을 그릴 수 있다. 이질적 그룹은 조직 내 다른 배경과 역할을 가진 사람들로 구성되므로 역할이나 인구통계적 특성과 관계없이 모든 구성원이 공통으로 경험하는 패턴을 파악할 수 있다. 따라서 동질적 그룹 또는 이질적 그룹을 선택할지 여부는 포커스 그룹의 목적에 따라 달라진다. 바클라우스키와 로겔버그(Waclawski & Rogelberg, 2002)는 각 그룹을 동질적으로 구성하는 것이 유리하지만, 충분한 수의 포커스 그룹을 운영해 이질적인 인구집단이 전체 데이터 수집에 참여하도록 할 것을 권장한다.

인터뷰와 마찬가지로, 포커스 그룹이 진행되는 동안 방해와 간섭이 없는 장소를 선택해야 한다. 창소로는 큰 타원형 테이블이 있거나, 참여자들이 서로 얼굴을 볼 수 있도록 의자를 배치하는 것이 이상적이다(Waclawski & Rogelberg, 2002). 그룹당 참여자 수는 주제의 복잡성에 따라 다르지만, 5~15명 정도가 적합하다. 20명을 초과하는 경우에도 포커스 그룹을 성공적으로 진행할 수 있지만, 시간 제약으로 인해 일부 참여자가 의견을 충분히 개진하지 못할 수 있다. 인터뷰와 마찬가지로, 참여자에게 보내는 초대장에는 포커스 그룹의 목적과 구조를 설명해야 하며, 참여가 자발적임을 상기시키고, 참여하지 않아도 불이익이 없음을 명확히 해야 한다. 동료 압박으로 인해 참여하거나, 참여하지 않을 경우 압박을 느끼지 않도록 주의해야 한다. 컨설턴트는 누가 참여하고 누가 참여하지 않았는지 조직 구성원들이 알 가능성을 최소화하는 것이 중요하다. 이런 이유로 한 번에 대규모 초대장을 보내기보다는 개별적으로 초대장을 발송하는 것이 현명하다. 이렇게 하면 참여하지 않은 사람의 정보는 컨설턴트만 알게 된다.

3. **포커스 그룹 진행**. 컨설턴트 또는 포커스 그룹 진행자는 참여자들을 환영하며 포커스 그룹의 목적과 구조를 다시 설명하고 나서 시작해야 한다. 참여자들이 서로 모르는 경우, 조직 내 역할과 배경을 이해할 수 있도록 자기소개 시간을 갖는다. 진행자는 노트가 어떻게 기록될지와 포커스 그룹 결과가 어떻게 처리될지 설명해야 한다. 다음으로, 참여자에게 참여 규칙(ground rules)을 제시한다. 기본 규칙은 다음과 같다.

- 회의 중 논의된 내용은 참석자만 알고 있어야 하며 외부에 공유해서는 안 된다.
- 모든 참여자의 의견을 고르게 반영하는 것이 목표이므로 진행자는 모든 참여자의 목소리가 들릴 수 있도록 개입할 수 있다.
- 진행자는 대화가 주제에서 벗어날 경우, 논의를 다시 원래 질문으로 돌릴 수 있다.
- 논의의 목적은 이슈를 탐구하는 것이며, 개인적인 논평이나 공격은 적절하지 않다.
- 그룹은 추가적인 규칙을 합의할 수 있으며, 이 시점에서 기밀성과 익명성의 차이를 명확히 설명해야 한다.

진행자는 그룹이 발언의 시작을 망설이는 것 같으면 참여를 독려하기 위해 개방형의 안전한 질문으로 시작할 수 있다. 각 참여자의 목소리를 들을 수 있게 하고 초기의 망설임을 줄이기 위해 "이 건물의 물리적 환경을 떠올릴 때 가장 먼저 생각나는 단어는 무엇인가요?" 또는 "당신의 직업에서 가장 좋은 점을 한 문장으로 말해주세요" 같은 지시적 질문으로 시작할 수 있다. 대화를 자연스럽게 이끌어가는 것이 목표이기 때문에 참여자에게 순서대로 답변을 요구할 필요는 없지만, 특히 조용한 그룹에서는 순서를 정해 답변을 유도하는 것도 한 가지 방법이다.

인터뷰 가이드에 따라 진행하는 동안 어떤 참여자가 대화를 독점하지 않도록 조율하고, 수줍어하거나 대화에 끼어들기 어려워하는 사람을 독려해야 할 수 있다. 참여자와 눈을 마주치는 것은 참여를 유도하는 미묘한 방법이지만, 더 직접적인 개입이 필요할 수 있다. 예를 들어, "레이(Ray)가 무언가 말하려는 것 같네요", "잠시만요, 릭(Rick). 샨티(Shanthi)가 추가할 말이 있는 것 같아요" 같은 말을 사용해 균형을 맞출 수 있다. 한 명의 빈번한 발언이 진행자의 인식을 왜곡하거나 그룹 전체가 같은 의견을 공유하고 있다는 인상을 줄 수 있다. 그룹의 반응을 확인하는 것이 중요할 수 있으며, 간단한 질문으로 그룹의 동의 여부를 테스트할 수 있다. 예를 들어, "실라(Sheila)가 조달 절차에 대해 제안했습니다. 모두 이 의견에 동의하시나요?", "다른 의견이 있는 분 계신가요?" 같은 방식으로 진행할 수 있다.

포커스 그룹에서는 공동의 경험을 공유하기 때문에, 특히 참여자들이 포커스 그룹 외부에서 서로 가까운 관계일 경우, 다른 의견 제시를 꺼릴 수 있다. 이러한 집단사고(groupthink)는 진행자가 주의 깊게 다루고 확인해야 한다. 참여자들이 포커스 그룹 외부에서도 관계가 있으면, 진행자는 이들이 이전의 역사와 조직 내에서 다른 역할이 있다는 점을 상기해야 한다. 참여자들이 자주 함께 일하거나, 과거에 갈등 관계에 있었거나, 상이한 지위를 가질 수도 있다. 현재 또는 과거의 갈등, 친밀한 동료 관계, 강한 팀 정체성은 포커스 그룹 환경에 나타날 가능성이 크다. [OD의 '전인적 인간(whole person)'으로서의 가치를 기억하라. 조직 구성원은 포커스 그룹에서 단순한 조직 내 역할 이상의 존재다.] 진행자는 이러한 역동적 관계를 인지하려 노력하여 발언의 의미와 그 이유를 더욱 깊이 이해해야 한다.

진행자는 인터뷰 가이드를 모두 다루는 것과 관심 주제를 심층적으로 탐색하는 것 사이에서 균형을 맞추어야 한다. 목표가 이슈에 대한 심층적 탐구이기 때문에 진행자는 참여자들의 다양한 발언을 주의 깊게 경청하고, "많은 분이 경영진을 신뢰하지 않는다는 의견을 내주셨습니다. 경영진이 어떤 점을 바꾸면 더 신뢰할 수 있을까요?" 같은 탐색 질문(probing questions)을 할 수 있다.

인터뷰와 마찬가지로, 포커스 그룹은 여러 참여자 간의 대화다. 주의 깊은 경청과 숙련된 대화 및 진행 기술이 포커스 그룹의 성공에 핵심적 요소가 된다.

4. **회의 마무리.** 시간이 끝났거나 논의할 주제가 소진되었을 때, 진행자는 참여자들에게 진행자에게 궁금한 점이 있는지 질문할 기회를 제공해야 한다. 컨설턴트는 참여의 목적과 포커스 그룹의 목적을 다시 한번 반복하고, 수집된 데이터로 이후에 무엇을 할 것인지 설명해야 한다.

| 포커스 그룹의 성공 팁

1. 포커스 그룹에서도 인터뷰만큼 경청이 중요하다. 포커스 그룹은 때때로 더 복잡할 수 있는데, 이는 진행자가 발언자의 말을 경청하면서 다음 질문을 생각하고 그룹의 역학을 살펴보아야 하기 때문이다.

2. 인터뷰와 마찬가지로, 가능한 한 객관성을 유지하고, 그룹의 발언에 대해 동의 또는 반대의 입장을 나타내지 않도록 주의해야 한다. 특히 그룹 환경에서는 참여자들이 나중에 따로 만나 그룹 논의를 이어갈 수 있기 때문에 더욱 중요하다. 진행자가 동의하는 인상을 주면 그룹은 진행자가 편을 들고 있다고 생각할 수 있다. 예를 들어, "그녀는 여기 관리자들이 정말 엉망이라는 점에 대해 우리에게 동의

한 것 같았어" 같은 오해를 불러일으킬 수 있다.

3. 일부 환경에서는 조직 구성원들이 특정 상황에 대해 강한 불만을 품고 있을 때, 포커스 그룹에서 군중심리가 형성될 수 있다. 이 경우 부정적인 감정이 급격히 고조되고 확산될 수 있으며, 그룹이 자기패배적 분위기에 빠질 수 있다. 그리고 참여자들은 처음보다 더 낙담한 상태로 그룹을 떠날 위험이 있다. 진행자는 이러한 가능성을 인지하고, 부정적 분위기가 악화되지 않도록 전략을 개발할 필요가 있다. 때로는 그 문제를 직접 언급해 분위기를 전환하는 것도 한 가지 방법이다.

4. 인터뷰와 마찬가지로, 두 명의 진행자가 참여하는 것도 하나의 선택지다. 한 명은 대화에 참여하고, 다른 한 명은 기록할 수 있다. 이렇게 하면 진행자가 대화에 더욱 집중하고 자유롭게 참여할 수 있다. 정확한 대화 기록이 필요한 경우, 예산이 허락된다면 법원 속기사를 고용해 포커스 그룹 대화를 전사(transcription)할 수도 있다. 다만, 이 경우 참여자들이 한 번에 한 명씩만 발언해야 하므로 대화의 흐름이 제한될 수 있다.

요약하자면, 포커스 그룹은 데이터를 수집하는 탁월한 방법이 될 수 있다. 일대일 인터뷰보다 짧은 시간에 많은 사람의 의견을 이끌어낼 수 있으며, 그룹 구성원들이 서로의 아이디어를 발전시켜 더 나은 해결책과 상황에 대한 탐구로 이어질 수 있다. 진행자가 대화를 잘 관리하고 포커스 그룹의 도전에 효과적으로 대처할 수 있다면, 이 방법을 통해 얻은 데이터는 문제 진단과 개입 계획에 매우 유용하게 활용될 수 있다.

| 설문/질문지

조직개발(OD) 역사에서 설문 또는 질문지는 가장 일반적으로 사용되는 데이터 수집 방법 중 하나였다. 맨(Mann, 1957)의 디트로이트 에디슨사(Detroit Edison) 연구 이후, 설문은 컨설턴트가 한 번에 많은 조직 구성원으로부터 의견을 수집할 수 있는 수단으로 발전했다. 설문 또는 질문지는 일반적으로 종이 또는 인터넷 기반 방식으로, 다수의 참여자가 응답할 수 있도록 설계된다. 오늘날에는 서베이몽키(SurveyMonkey) 같은 무료 또는 저렴한 온라인 설문 도구가 많아 조직 구성원 다수를 빠르게 조사하기가 매우 쉬워졌다. 소셜미디어 사이트(익명이 보장되지는 않지만)도 많은 조직 구성원에게 연락하고 설문에 응답하도록 하는 방법이 될 수 있다.

일반적으로 설문은 넓은 범위의 주제와 다양한 이슈를 다루며, 한두 가지 이슈에 대한 심층적 탐구보다 광범위한 조사를 목적으로 한다. 설문만 단독으로 사용할 경우 탐색적 도구로 적합하며, 민감한 주제에는 적합하지 않을 수 있다. 일부 실무자들은 인터뷰나 포커스 그룹 이후 설문을 사용하여 인터뷰에서 제기된 이슈가 얼마나 널리 퍼져 있는지 확인하기도 한다. 다른 방법들과 결합할 때, 설문은 깊이를 제공하는 방법에 폭을 넓히는 도구가 될 수 있다.

팔레타와 콤스(Falletta & Combs, 2002)는 OD 프로젝트에서 사용되는 설문은 주로 실행 중심적이라고 설명한다. 이러한 맥락에서 설문은 단순히 정보를 수집하기 위한 도구 그 이상이며(Kuhnert, 1993, p. 459), 변화를 유도하는 도구다. 변화관리자는 단순히 설문 결과를 경영진에게 보고하고 프로젝트를 종료하는 것이 아니라, 클라이언트와 함께 데이터를 해석하고 결과를 해결하기 위한 행동 계획을 세운다. 설문은 빠르고 쉽게 관리할 수 있는 장점이 있다. 그러나 각 설문은 조직 구성원의 시간을 소모하므로 목적을 명확히 하고 최소한의 초기 행동 약속을 확보하는 것이 중요하다. 결과를 심각하게 받아들이고 실행하지 않을 경우, 변화의 약속처럼 보였던 조직 설문은 아무런 조치가 이루어지지 않으면 구성원들의 기존 냉소주의를 심화시킬 위험이 있다.

대부분의 상황에서 설문 설계, 질적 분석, 통계적 분석에 대한 중급 수준 이상의 배경지식이 필요하다. 실무자가 직접 분석을 수행하거나 통계적 절차에 대한 지원을 받더라도 결과를 읽고 해석할 능력은 반드시 필요하다. 질적 및 양적 연구 방법에 대한 대학원 과정은 설문을 수행하려는 실무자에게 매우 유익할 수 있다. 또한 조직 설문 수행에 대한 여러 유용한 안내서가 있다(예: Fink, 2002, 2005; Smith, 2003).

다음 절차는 실무자가 조직 설문을 성공적으로 수행하는 데 도움을 줄 수 있다.

1. **설문의 목적을 결정한다.** 설문은 관리자의 상호작용, 조직 내 의사소통, 업무 프로세스, 교육 필요성, 구성원 몰입도 등을 평가하는 데 사용될 수 있다. 설문의 구조는 목적에 따라 달라진다. 대규모 조직에서는 모든 조직 구성원이 참여할 기회를 얻는 연례 만족도 또는 몰입도 조사가 일반적이다. 이러한 설문은 종종 제도화되어 조직의 일상적인 기능과 분리된 형태로 진행된다(Smith, 2003). 이러한 설문은 필요성보다 관행적으로 이루어지는 경우가 많아 설문의 목적이 불분명하고 결과에 따른 행동 약속이 확실하지 않은 경우가 많다.

2. **설문에 누가 참여할지를 결정한다.** 조직 전체 설문의 경우, 모든 구성원에게 참여할 기회를 제공하는 것이 일반적이다. 특정 상황에서는 작은 규모의 표본을 선택하는 것이 더 적합할 수 있는데, 이는 비용과 시간을 절약할 수 있다. 그러나 표본을 사용할 경우, 모집단에 대한 일반화 과정에서 통계적 오차율이 증가할 수 있다. 조사를 전체 대상으로 진행할 경우, 야간 근무 보안 구성원, 현장을 돌아다니

며 근무하는 구성원, 재택근무자, 인터넷 설문에 접근할 수 없는 제조 구성원 등 누락될 가능성이 있는 구성원이 없는지 확인하는 것이 중요하다. 표본을 선택할 경우, 무작위 표본(random sampling) 방식을 사용한다는 사실을 전체 구성원에게 공지하는 것이 좋다. 이는 모든 구성원이 설문 초대를 받는 것은 아니라는 점을 명확히 하기 위해 필요하다.

3. **설문을 설계한다.** 실무자는 기존 설문 도구를 사용하거나 새로운 설문을 설계할 수 있다. 민간 회사는 구성원 몰입도 등을 평가할 수 있는 설문 도구를 개발했으며, 학계 연구자들은 조직 몰입, 정체성, 직무 만족도와 관련된 신뢰성 높은 설문을 개발했다. 그러나 대부분 실무자는 특정 이슈를 다루기 위해 설문을 조직 상황에 맞게 맞춤형으로 조정하기도 한다. 팔레타와 콤스(Falletta & Combs, 2002)는 이러한 설문을 종종 모델 기반(model-driven)이라고 설명한다. 컨설턴트는 버크-리트윈(Burke-Litwin) 모델 또는 와이스보드(Weisbord)의 식스 박스 (Six-Box) 모델 같은 조직 모델을 기반으로 질문을 개발하기도 한다. 하지만 이러한 모델은 조직과 구조를 각자의 방식으로 정의하기 때문에 한계가 있을 수 있다. 이는 모델이 결과를 미리 결정하거나, 조직 구성원의 실제 상황과 일치하지 않는 특정 카테고리에 질문을 강제로 포함하는 결과를 초래할 수 있다.

설문 길이는 흔한 고민거리다. 설문이 너무 길면 참여자가 피로감을 느끼거나 다른 업무로 인해 설문을 완료하지 못할 수 있다. 반면 너무 짧으면 충분한 정보와 세부 사항을 얻지 못할 수 있다(Smith, 2003). 대부분의 설문은 고정응답형 질문[예: 리커트 척도, 5점 척도(매우 그렇다-그렇다-보통이다-아니다-전혀 아니다)]과 개방형 또는 단답형 질문을 조합하여 사용한다. 참여자들은 많은 개방형 질문에 응답할 시간을 내지 않을 가능성이 크며, 분석 과정도 복잡해질 수 있다. 그러나 신중하게 사용하면 추가 분석 시간이 충분히 가치 있는 결과를 가져올 수 있다.

4. **설문을 배포한다.** 설문 안내문에는 설문 소요 시간과 응답 제출 방법(종이 설문의 경우 반환 방법, 전자 설문의 경우 제출 방법)을 명확히 설명해야 한다. 마감 기한도 명확히 전달하고, 마감 직전에 알림을 보내는 것이 좋다.

| 성공적 설문을 위한 팁

설문에서 가장 흔하게 발생하는 오류는 질문 자체 또는 설문 항목과 관련이 있다. 다음 목록은 모든 질문 설계 오류를 다루지는 않지만, OD 실무자가 반드시 고려해야 할 몇 가지 중요한 사항을 제시한다.

1. 특정 집단에 편향되거나 불리한 질문은 피한다. 질문은 인종, 성별, 종교, 조직 내 역할이나 직위, 카테고리 등에 편향되지 않는 중립적 언어를 사용해야 한다. 이는 공정성을 보장하고 응답자의 반감을 줄이는 데 도움이 된다.

2. 여러 방식으로 정확하게 답할 수 있는 질문은 피한다. 예를 들어 "나는 내 급여와 복지에 만족한다"라는 질문은 응답자가 복지 제도에는 매우 만족하지만 급여에는 불만족할 경우, '매우 동의'와 '매우 반대' 모두 적절한 답변이 될 수 있다. 이러한 질문은 응답자의 해석에 따라 상충하는 답변을 유도할 수 있다.

3. 질문을 번역 또는 현지화할 필요가 있음을 염두에 둔다. 글로벌 환경에서는 많은 조직 설문이 여러 언어로 접근 가능해야 한다. 번역은 언어적 변화를 의미하고, 현지화는 문화적 맥락에 맞는 정확성을 보장하는 것을 뜻한다. 미국 영어 특유의 관용구나 속어, 미국식 업무 관행은 다른 국가의 구성원에게 적용되지 않을 수 있으므로 피해야 한다.

4. 중요한 용어는 명확히 정의한다. 고위 경영진(senior management) 또는 귀하의 팀(your work team)과 같이 명백해 보이는 표현도 설문 초반에 정의할 필요가 있다. 예를 들어 지역 사무소의 구성원은 고위 경영진이 지역 최고 관리자를 가리키는지 아니면 본사의 임원진을 의미하는지 혼란스러울 수 있다.

5. 설문 항목은 조직 구성원 일부를 대상으로 테스트한 후, 응답자가 질문을 의도된 방식대로 이해했는지 확인하기 위해 인터뷰를 진행해야 한다.

기술 발전 덕분에 설문 발송과 응답이 그 어느 때보다 쉬워졌다. 이제 컨설턴트는 대상 집단에 설문을 개발하고 배포해 단기간 내에 응답을 받을 수 있다. 이러한 편의성 덕분에 설문은 OD 프로젝트에서 데이터를 수집하는 가장 인기 있는 방법 중 하나로 유지되고 있다. 그러나 이러한 편리함은 조직 구성원들이 설문에 과도하게 노출될 위험도 수반한다. 하지만 설문이 신중하고 가끔 사용될 때, 이는 컨설턴트의 데이터 수집 방법에 훌륭한 보완 도구가 될 수 있다.

| 관찰(observations)

데이터 수집의 네 번째 방법은 직접 관찰이다. 우리가 앞서 논의한 세 가지 방법과 비교할 때, 관찰은 컨설턴트가 사람들의 행동 보고가 아니라 실제 행동에 대한 데이터를 수집할 수 있도록 한다(Nadler, 1977). 자기보고 데이터는 주로 응답자의 기억에 의존하기 때문에 부정확할 수 있다. 사람들은 여러 이유로 자신의 행동을 잘못 보고하거나 타인의 행동에 대한 인식이 정확하지 않을 수 있으며, 인터뷰어에게 긍정적인 인상을 주기 위해 행동을 왜곡할 수도 있다. 예를 들어, 작업 중 전화로 인한 방해가 오류 발생률에 어떤 영향을 미치는지, 특정 제품에 대해 동료와 다르게 고객 불만을 처리하는지, 특정 구성원에게 더 자주 칭찬하는지를 스스로 인식하지 못할 수 있다. 질문지 또한 이러한 정보를 정확히 얻는 데 한계가 있을 수 있다. 반면, 관찰을 통해 실시간으로 이러한 이슈가 어떻게 일상 업무 속에서 발생하는지 확인할 수 있어 자기보고의 오류를 피할 수 있다. 또한 자기보고 데이터는 항상 과거 사건을 반영하는 반면, 관찰은 현재 발생하고 있는 상황에 대한 데이터를 수집할 수 있다(Nadler, 1977).

OD 실무자는 관찰을 통해 사람들이 실제로 수행하는 작업을 더 잘 이해할 수 있다. 예를 들어, 단순히 환자 등록 절차를 이해하기 위해 인터뷰를 하거나 공식 문서를 읽는 대신, 컨설턴트는 하루 동안 접수 간호사와 함께 시간을 보내거나 건물 검사자가 라운드를 마칠 때까지 동행함으로써 훨씬 더 많은 것을 배울 수 있다. 이를 통해 프로세스에 대한 더 깊은 이해를 얻게 되고, 조직 구성원과의 신뢰를 구축하며, 직무 변화가 해당 업무를 수행하는 사람들에게 어떤 영향을 미칠지를 풍부하게 이해할 수 있다.

그러나 관찰을 통해 수집된 데이터는 관찰자의 관점에서 필터링될 위험이 있다. 예를 들어, 청구 부서 구성원들이 생산성이 낮다는 불만을 들었던 관찰자는 이들이 사교 활동에 시간을 보내는 장면에 더 주목할 수 있다. 따라서 관찰이 편견을 완전히 제거하지는 않으며, 인터뷰, 포커스 그룹 또는 설문조사에서 발생하는 편견과는 다른 유형의 편견이 존재한다.

또한, 관찰은 관찰 대상자의 행동에 영향을 미칠 수 있다. 이러한 현상은 호손 효과(Hawthorne Effect)로 알려져 있으며, 이는 로슬리스버거와 딕슨(Roethlisberger & Dickson, 1939)이 제조 공장에서 작업 조건을 실험한 결과에서 유래했다. 고객 서비스 상담원의 고객 불만 처리 과정을 관찰하면 상담원이 받는 전화의 유형을 알 수 있지만, 실제 불만 처리 방식을 정확히 파악하기는 어려울 수 있다. 관찰 대상자는 일반적으로 최선을 다해 좋은 인상을 남기려 할 것이기 때문이다. 따라서 관찰자는 신뢰를 얻고 관계를 형성하지 않으면 갈등 상황, 비공식 시스템이 공식 시스템을 우회하는 방식, 또는 구성원들이 공식 절차를 우회하는 방식을 제대로 파악하기 어렵다.

| 성공적인 관찰 수행을 위한 팁

1. 관찰자는 관찰 활동에 관심을 보이며, 일반적으로 어떤 일이 일어나는지를 배우고자 하는 태도를 보여야 한다. 관찰자는 사람들에게 위압감을 줄 수 있다. 관찰

의 목적이 공식 절차를 단속하는 경찰관 역할이 아니라는 점을 분명히 하면 사람들을 더 편안하게 만들 수 있다. 하지만 관찰이 아무리 조용히 진행되더라도 여전히 조직의 일상적인 활동에 어느 정도 개입하는 침해적 활동이 될 수 있다.

2. 목적을 숨기기보다는 명시적인 허락을 받아 관찰하는 것이 좋다. 구내식당이나 로비에서 이루어지는 상호작용을 관찰하는 것은 유용할 수 있으며, 이러한 관찰은 일반적으로 널리 알리거나 긴 설명이 필요하지 않다. 사람들의 일상적인 업무를 관찰할 때는 대개 목적을 알리는 것이 더 윤리적이고 편안하다. 그러나 목적을 공유할지 여부는 상황에 따라 다르다. 관찰의 목적을 알릴수록 사람들이 행동을 더 바꿀 가능성이 크다. 예를 들어, 관찰의 목적이 "회의가 주제에 집중되는지 아니면 탈선하는지 확인하기 위해"라고 팀에 설명하면, 팀원들은 대화의 내용과 과정에 훨씬 더 신경을 쓰게 되어 관찰되는 회의가 평소와 다른 양상을 보이게 된다. 이러한 상황은 피할 수 없지만, 더 일반적인 설명이 충분할 수 있다.

3. 관찰은 비구조화되거나 공식적으로 구조화될 수 있다. 비구조화된 관찰은 장소를 옮기며 사람들이 무엇을 하고 있는지 보고 듣는 단순한 방식일 수 있다. 관찰자는 단순히 관찰한 내용을 기록할 수 있다. 공식적으로 구조화된 관찰은 다양한 시간대와 장소를 샘플링하여 대표적인 관찰 결과를 얻는 데 사용될 수 있다. 그룹 상호작용을 위한 구조화된 관찰도 유용하며, 특정 목적을 위해 설계된 양식(예: 체크박스를 사용해 질문 수를 기록하는 양식)을 사용할 수 있다.

4. 메모 작성은 참여자들에게 관찰에 대한 불안감을 높일 수 있으며, 관찰의 목적을 자세히 알리지 않은 경우 목적이 노출될 위험이 있다. 짧은 메모를 작성하고 개인적인 휴식 시간에 추가로 자세한 메모를 작성하는 것이 좋다.

5. 관찰은 관찰자의 편견에 영향을 받을 수 있으므로 내부 또는 외부 관찰자를 여러 명 두어 다양한 시간대와 장소에서 관찰하는 것이 적절할 수 있다. 관찰자들은 서로의 메모와 해석을 공유해 편견을 점검하고 동일한 사건에 대해 여러 해석이 존재하는지 확인할 수 있다.

관찰은 시간이 많이 소요될 수 있지만, 실무자가 특정 상황을 직접 목격하고자 할 때 좋은 선택이 될 수 있다. 관찰은 대개 인터뷰나 포커스 그룹보다 상황이나 문제에 더 가까이 다가갈 수 있게 해준다. 조직의 복잡성과 도전 과제를 직접 목격하는 것은 깨달음을 주고 겸허함을 불러일으킬 수 있으며, 컨설턴트에게 조직문화를 더 잘 인식하게 하여 개입이 문제의 올바른 원인을 겨냥할 수 있도록 돕는다.

| 비간섭적 측정

다섯 번째 데이터 유형은 비간섭적 측정이다(Webb, Campbell, Schwartz, & Sechrest, 1966; Webb & Weick, 1979). 이름에서 알 수 있듯이, 이러한 데이터는 일반적으로 조직 활동의 일상적인 과정에서 생성되므로 쉽게 얻을 수 있다. 이러한 데이터는 눈에 띄지 않게 수집할 수 있으며, 데이터 자체를 변경하지 않는다. 앞서 논의한 바와 같이 관찰은 침해적일 수 있으며, 관찰 행위 자체가 관찰 대상에 영향을 미칠 수 있다. 그러나 비간섭적 측정은 이미 존재하는 데이터를 수집하는 것이므로 대상을 변화시키지 않는다는 점에서 차이가 있다. 셜록 홈스의 이야기에서 개가 짖지 않은 것을 보고 개가 침입자를 알고 있었다고 결론 내린 것처럼, 비간섭적 측정은 직접 질문이나 관찰 없이 조직에 대한 통찰을 제공할 수 있는 데이터 소스가 될 수 있다. 이러한 데이터는 컨설팅 개입과는 독립적으로 존재하기 때문에 관찰자나 실무자의 존재에 영향을 받을 가능성이 작다. 그 결과, 비간섭적 측정은 매우 신뢰할 수 있는 데이터 소스가 될 수 있으며, 인터뷰나 관찰을 통해 수집한 데이터를 보완하거나 반박할 수 있다.

컨설턴트에게 유용할 수 있는 다양한 유형의 비간섭적 측정이 있다.

1. **역사적 데이터**. 역사적 데이터와 아카이브는 공공 기록과 비공개 기록을 포함한다. 노조 파업의 역사나 회사의 파산 과정을 이해하려는 컨설턴트는 조직 구성원과의 인터뷰를 통해 정보를 얻을 수 있지만, 지역 신문 기사를 찾아보는 것도 도움이 될 수 있다. 이러한 기사들은 시간이 지나면서 변할 수 있는 사건에 대한 인식과 해석에 덜 영향을 받을 수 있다. 조직은 구성원 뉴스레터, 고객과의 서신 같은 자체 역사적 자료를 보관하고 있을 수도 있다.

2. **공식 문서**. 공식 문서는 직무 기술서, 목표 및 성과 계획, 인사 기록, 회의록 같은 다양한 문서로 재무, 법률, 인사관리 목적으로 자주 사용된다. 이러한 데이터는 조직 구성원이 경험하는 것과 다를 수 있는 공식 기록만을 나타낸다. 예를 들어, 회의록은 회의에서 말한 모든 내용을 기록하지는 않지만, 조직 구성원이 기록할 가치가 있다고 여긴 내용을 정의하는 경향이 있다(Anderson, 2004). 프레젠테이션, 이메일, 기타 문서, 내부 웹사이트도 유용한 배경 정보를 제공할 수 있다.

3. **데이터베이스**. 대부분 조직은 고객, 재무, 구성원 기록 데이터베이스를 보유하고 있다. 예를 들어, 작년에 채용된 인원 수가 그 전년도와 비교해 얼마나 되는지, 고객이 주로 어디에 거주하는지를 파악하는 데 유용한 데이터 소스가 될 수 있다.

4. **온라인 환경**. 소셜미디어 웹사이트, 위키, 온라인 게시판, 리뷰 사이트는 조직에

대한 과거, 현재, 미래의 구성원 및 고객의 태도를 보여줄 수 있다. 예를 들어, 예비 구성원은 인터뷰 과정에 대한 경험을 공유할 수 있고, 현재 구성원은 특정 사업장에서 일하는 것이 어떤지에 대해 이야기할 수 있다. 현재 고객은 고객 서비스와 관련된 불만을 공유할 수도 있다.

5. **물리적 환경**. 조직의 물리적 환경은 조직문화를 잘 드러낸다. 지위와 위계가 중요한 조직에서는 임원들이 넓은 창문과 함께 넓은 사무실을 유지한다. 중간관리자는 더 작은 사무실과 창문을 가지며, 일반 구성원들은 칸막이에서 근무할 수 있다. 반면 어떤 조직에서는 역할에 관계 없이 모든 구성원이 사무실을 갖거나 동일한 칸막이를 사용할 수 있다. 관찰할 수 있는 공식적·물리적 환경 요소는 다음과 같다.

- 건물의 구조와 안내 표지판(예: 건물 설계, 로비의 가구)
- 업무 공간, 공식 모임 장소 및 회의실의 디자인
- 구내식당, 휴게실, 카페테리아
- 포스터, 사진, 예술 작품
- 유니폼, 표준 복장

개인적·물리적 환경, 즉 조직 구성원이 자신의 작업 공간을 어떻게 설계하거나 꾸미는지는 조직문화를 드러내는 또 다른 데이터 소스가 될 수 있다. 예시는 다음과 같다.

- 구성원 게시판(신문 기사, 만화, 다른 구성원들과 공유하기 위해 게시한 문서)
- 개인 사진, 졸업장, 자격증 같은 책상이나 사무실 장식품

구성원이 설계하거나 맞춤화한 작업 환경은 컨설턴트에게 구성원 만족도와 사기에 대한 통찰을 제공할 수 있다. 예를 들어, 딜버트(Dilbert) 만화 스트립 수와 내용은 구성원들의 불만을 보여주는 데이터 소스가 될 수 있다.

6. **언어 사용, 이야기와 비유**. 버크(Burke, 1992)는 "조직 내 임원들과 구성원들이 사용하는 비유는 그들의 영혼, 나아가 사회적 시스템의 집단적 무의식을 엿볼 수 있는 창문과 같다"(p. 255)고 말했다. 구성원이 조직을 '하나의 큰 가족'이나 '가라앉는 배'로 묘사하는 것은 그들이 조직문화를 어떻게 생각하는지를 잘 보여준다(Brink, 1993, p. 369). 조직에 대한 비유 중에는 스포츠 관련 비유가 흔히 사용되며, 이는 사람들이 공동의 목표를 위해 팀으로 일하는 것을 묘사할 때 나타난다. 군사적 비유도 자주 사용되는데, 이는 경쟁에서 승리하거나 긴급하고 경쟁

적인 활동을 강조할 때 나타난다. 비유는 단순한 설명의 지름길이나 시적 표현이 아니라 조직 구성원이 공유해야 할 가치 체계를 불러일으키거나 심지어 그것을 창조하는 방식이다(C. D. Jacobs & Heracleous, 2006; Tietze, Cohen, & Musson, 2003).

이와 유사하게, 이야기는 가르침의 기능을 한다. 역사적으로 가치는 이야기 전달을 통해 세대에서 세대로 전해져왔으며, 조직에서도 마찬가지다. 구성원들은 '1980년대 제품 실패의 교훈'에 대한 이야기를 회상하거나 중요한 결정을 내린 후 해고된 부사장에 대한 이야기를 할 수 있다. 이러한 이야기는 조직문화와 맥락을 이해하려는 컨설턴트에게 매우 유익하다.

이야기나 비유 같은 언어는 조직적 담론에서 자연스럽게 발생하지만, 인터뷰나 포커스 그룹에서도 이끌어낼 수 있다. 예를 들어, 인터뷰 대상자에게 신입 구성원이 조직에 대한 통찰을 얻을 수 있는 이야기를 들려달라고 요청하거나 사무실의 기능을 설명하는 물리적 물건을 선택해달라고 요청할 수 있다.

| 비간섭적 측정을 위한 팁

1. 비간섭적 측정이라는 이름이 주는 인상과 달리, 일부 데이터 수집은 여전히 많은 자원을 필요로 할 수 있다. 예를 들어, 컨설턴트가 데이터베이스에 직접 접근할 수 없는 경우, 이를 사용할 줄 아는 조직 구성원이 작업을 수행해야 한다. 따라서 단순히 탐색적 목적이나 한번 확인해보자는 식의 데이터 수집은 적절하지 않을 수 있다.

2. 비간섭적 데이터 수집이 항상 조직 구성원에게 숨겨진 방식으로 이루어지는 것은 아니다. 내들러(Nadler, 1977)는 파일 캐비닛이나 구성원 기록을 검색하는 것이 조직 구성원들에게 큰 불안을 초래할 수 있으며, 이러한 방법이 감정적으로 중립적이지 않음을 상기시킨다. 이 경우에도 데이터 수집의 목표가 무엇인지 구성원들에게 설명하는 것이 필요할 수 있다.

3. 모든 데이터를 명확히 해석할 수 있는 것은 아니다. 예를 들어, 조직 구성원이 모두 동일한 크기의 사무실을 사용한다고 해서 그 조직이 위계나 지위에서 자유롭다는 의미는 아닐 수 있다. 내들러(Nadler, 1977)는 결근이나 지각이 무엇을 의미하는지 항상 명확하지 않으며, 이러한 데이터는 여러 가지 방식으로 해석될 수 있다(p. 139)고 설명한다. 따라서 해석의 정확성을 검증하기 위해 조직문화에 익숙한 사람에게 확인하는 것이 도움이 될 수 있다.

4. 특정 현상의 단일 사례나 관찰을 과도하게 일반화하지 않도록 주의해야 한다. 예를 들어, 온라인 댓글은 익명의 작성자가 의도적으로 작성한 극도로 긍정적이거나 부정적인 예시일 수 있으며, 이는 다른 사람들의 경험을 대표하지 않을 수 있다.

다른 방법과 결합하여 사용하면, 비간섭적 측정은 클라이언트가 설명한 문제와 조직문화를 해석하는 데 도움을 줄 수 있는 유용한 추가 데이터 소스가 될 수 있다. 이러한 데이터는 다른 출처에서 얻은 정보를 검증하거나 반박할 수 있으며, 다른 방법보다 덜 침해적이면서도 신속하게 데이터를 수집하는 방법이 될 수 있다.

다섯 가지 데이터 수집 방법의 장단점

데이터 수집 방법을 선택할 때는 여러 가지 사항을 고려해야 한다. 이 장에서 설명하는 각 방법에는 다양한 장단점이 있으므로 컨설턴트와 고객은 완벽한 방법은 없다는 것을 알고 그중 하나를 선택해야 한다. 샤인(Schein, 1969)은 "추상적으로 옳고 그른 데이터 수집 방법은 없다"(p. 99)고 말한다. 표 7.1에서 다섯 가지 접근 방식의 장단점을 비교해보았다.

표 7.1 다섯 가지 데이터 수집 방법의 장단점

방법	장점	단점
인터뷰	• 인터뷰 대상자가 개인적 환경에서 더 솔직하게 응답할 수 있음 • 면접자는 중요한 이슈에 대한 심층 탐색 가능 • 설문조사나 포커스 그룹보다 더 개인적임 • 컨설턴트가 사례와 인용을 효과적으로 포착할 수 있음 • 인터뷰를 통해 새로운 이슈가 드러날 수 있음	• 인터뷰를 많이 진행할 경우 시간과 데이터 소모가 큼 • 비용이 많이 들 수 있음 • 신뢰 형성이 필요하며, 인터뷰 대상자의 신뢰를 얻어야 함 • 인터뷰 대상자의 관점만 제공함 • 면접자가 무의식적으로 특정 응답 편향을 유도할 수 있음 • 분석 과정이 시간 소모적일 수 있음
포커스 그룹	• 개별 인터뷰에 비해 시간 절약 가능 • 여러 사람과 동시에 접촉할 수 있어 정보 수집이 효율적임 • 참여자가 서로의 생각을 발전시키며 사고를 자극할 수 있음	• 그룹 내 동조 현상 발생 가능성 또는 갈등 회피를 위해 특정 견해에 동조할 가능성 • 민감한 이슈는 동료 사이에서 논의하기 어려움 • 몇몇 참여자가 대화를 독점할 수 있음
설문조사/질문지	• 여러 사람의 데이터를 한 번에 수집 가능 • 짧은 시간 안에 수행 가능 • 다양한 주제와 이슈를 폭넓게 다룰 수 있음 • 데이터를 정량화하고 그룹 간 비교할 수 있음 • 시간을 두고 반복 측정하여 변화를 확인할 수 있음	• 데이터 분석이 복잡할 수 있음 • 통계적 지식이 요구될 수 있음 • 단일 이슈에 대해 심층적 탐색이 어려움 • 응답률이 낮거나 결과에 편향이 발생할 수 있음 • 응답자가 사회적으로 바람직한 답변을 할 가능성이 있음

관찰	• 과거가 아닌 현재 상황을 직접 관찰하여 데이터 수집 가능 • 자기보고 데이터 대신 실제 행동을 관찰할 수 있음 • 준비가 비교적 간단할 수 있음 • 조직 구성원과의 관계를 구축할 수 있음	• 시간 소모적일 수 있음 • 비용이 들 수 있음 • 관찰자의 편견이 개입될 수 있음 • 드물게 발생하는 행동은 관찰하기 어려움 • 관찰 대상자가 긴장하거나 행동이 변화할 수 있음
비간섭적 측정	• 데이터가 개인적 해석이나 동기와 독립적으로 존재 • 높은 타당도 • 다른 출처에서 수집한 데이터와 교차 검증 가능 • 비교적 덜 방해적임	• 시간 소모적일 수 있음 • 해석이 미묘할 수 있음 • 접근이 어려울 수 있음 • 품질이 낮을 위험이 있음

컨설턴트는 데이터 수집 전략을 선택할 때 여러 기준을 균형 있게 고려해야 한다.

1. **투자되는 자원**. 각 방법은 시간과 금전적 비용 면에서 조직과 컨설턴트 모두에게 부담을 준다. 인터뷰 같은 방법은 데이터 수집에 시간이 많이 소요되며, 설문조사 같은 방법은 방대한 양의 정량적·정성적 데이터를 생성해 분석에 많은 시간이 필요할 수 있다. 특정 문제를 탐색하기 위해 일대일 인터뷰가 이상적일 수 있지만, 클라이언트가 이를 실행하는 데 필요한 시간을 할애하기를 꺼릴 수도 있다. 또한, 조직은 데이터베이스나 파일에서 방대한 데이터를 추출할 리소스가 부족할 수도 있다.

2. **접근성**. 클라이언트가 데이터 접근을 허용하지 않거나 실질적으로 불가능한 경우도 있다. 모든 조직 구성원을 인터뷰하는 것은 근무 일정, 출장, 휴가 등의 이유로 어려울 수 있다. 조직의 정책이 인사 파일 사용을 금지하거나 외부 컨설턴트의 재무 또는 기술 파일 접근을 허용하지 않을 수도 있다.

3. **문제와의 관련성**. 데이터 수집 방법은 문제의 유형에 따라 적합성이 다를 수 있다. 비간섭적 측정은 관리 변화에 대한 팀의 감정을 파악하는 데 적합하지 않으며, 관찰은 구성원들이 교육 프로그램에 만족하는지에 대한 유의미한 통찰을 제공하기 어렵다. 따라서 클라이언트가 설명한 문제에 대해 유효하고 타당한 정보를 제공할 방법을 선택해야 한다. 클라이언트가 데이터 수집 전략이 문제와 관련이 없다고 느끼면 컨설턴트의 선택에 의문을 제기할 수 있으며, 이는 시간이 낭비된다는 인식을 줄 수 있다.

4. **정확성**. 일부 방법은 응답자와 컨설턴트의 편향에 더 취약할 수 있다. 특정 상황에서 응답자에게서 높은 타당도의 데이터를 얻기 어렵거나, 컨설턴트의 편견이

관찰 내용에 영향을 미칠 수 있다. 따라서 특정 접근 방식에서 타당한 정보를 얻을 수 있는 능력은 상황과 컨설턴트의 클라이언트 및 조직 구성원과의 관계에 따라 다를 수 있다.

5. **유연성**. 특정 방법은 컨설턴트가 데이터 수집 과정에서 관심 있는 질문이나 항목을 추가로 탐색할 수 있는 유연성을 제공한다. 설문조사는 한번 설계 및 실행되면 후속 질문을 추가할 수 없어 유연성이 낮지만, 인터뷰는 대화 과정에서 질문을 조정할 수 있어 더 유연하다.

컨설턴트는 이러한 기준을 어떻게 균형 있게 적용하고 다섯 가지 방법 중 하나를 선택해야 할까? 각 클라이언트의 상황은 문제의 특성과 앞서 언급한 요인들 사이에서 독특한 협상을 요구한다. 다시 말해, 컨설턴트는 이상적인 전략이 아닌 가능한 범위 내에서 최선의 선택을 해야 할 수도 있다. 한 가지 방법의 단점을 보완하기 위해 다른 방법을 결합하여 가장 세부적인 데이터를 얻는 것이 좋은 전략이 될 수 있다. 예를 들어, 설문조사 후 인터뷰나 포커스 그룹을 통해 조직 구성원들이 설문 결과를 해석하게 할 수 있다. 반대로, 설문조사 전에 인터뷰를 수행하면 설문에 어떤 질문을 포함해야 할지에 대한 통찰을 얻을 수 있다.

여러 방법을 사용해 데이터를 수집하고 분석하면 단일 방법에 의존할 때 발생할 수 있는 많은 단점을 보완할 수 있다. 또한 이러한 방법들은 진단 문제에 적합하며 협력적이고 생산적인 컨설팅 관계를 구축하는 데 기여할 것이다(M. I. Harrison, 1987, p. 21).

여러 관점에서 동일한 문제를 교차 검증(삼각 측정)하면 해석의 신뢰성을 높이고 클라이언트의 눈에 더욱 설득력 있게 보일 수 있다. 스완슨(Swanson, 2007)은 "대부분의 경우 조직, 프로세스, 팀, 개인의 성과에 대한 유효한 결론을 도출하기 위해서는 두 가지 이상의 데이터 수집 방법을 사용하는 것이 필수다"라고 강조한다(p. 122).

접근 방식을 선택할 때, 컨설턴트는 표 7.2 같은 차트를 작성하는 것이 유용할 수 있다. 클라이언트가 제시한 문제 설명을 기반으로 다른 해석이나 근본적인 문제를 나열하고, 해당 이슈에 대해 유용한 정보를 가장 많이 제공할 수 있는 데이터 수집 방법을 선택할 수 있다. 이러한 접근 방식은 방대한 데이터 수집 방법 목록을 생성할 수 있으므로 컨설턴트는 클라이언트의 문제와 가장 관련이 있고 앞서 언급한 다섯 가지 기준에 부합하는 방법만 선택해야 한다. 예를 들어 표 7.2에 따르면 클라이언트가 보험 청구 처리 사이클타임(전환 주기) 문제를 제기했을 때, 신규 구성원이 기존 구성원보다 더 오래 걸린다고 언급할 수 있다. 이러한 문제의 원인은 여러 가지일 수 있으며, 그중 하나는 입사 당시 프로세스를 정확히 배우지 못했기 때문일 수 있다. 이를 확인하기 위해 인터뷰가 적합한 방법이 될 수 있다. 이와 같은 차트를 작성하면 컨설턴트가 클라이언트의 문제에 집중하고, 데이터 수집 접근 방식의 논리를 명확히 설명하는 데 도움이 된다.

<table>
<tr><td colspan="4">표 7.2 데이터 수집 접근 방식 선택하기</td></tr>
<tr><td>문제에 대한 클라이언트의 설명</td><td>가능한 해석 또는 이유</td><td>필요한 데이터</td><td>가장 적합한 방법</td></tr>
<tr><td>신규 구성원들이 숙련된 구성원만큼 빠르게 보험 청구를 처리하지 못한다.</td><td>신규 구성원들이 프로세스를 정확히 배우지 못한다.</td><td>신규 구성원들에게 오리엔테이션 경험과 교육에 대해 질문한다.</td><td>인터뷰</td></tr>
<tr><td>중서부 지역의 매출 수치가 동부 또는 서부 지역보다 훨씬 낮다.</td><td>중서부 지역의 영업사원들이 다른 지역보다 판매량이 적다.</td><td>각 지역의 지난 3분기 동안 구성원당 매출 데이터를 수집한다.</td><td>비간섭적 측정</td></tr>
</table>

데이터 수집과 관련된 윤리적 이슈

데이터 수집 자체가 윤리적 우려에 대한 대응이다. 이는 고객의 초기 진술에 쉽게 동조하여 생겨나는 윤리적 문제를 해결하려는 컨설팅 실천으로, 컨설턴트가 고객의 관점을 확장해 장기적으로 올바르게 문제를 해결하고자 하는 것이다. 따라서 데이터를 수집함으로써 컨설턴트는 이전 장에서 설명한 윤리적 문제 일부를 해결할 수 있게 된다.

그러나 데이터 수집은 컨설턴트에게 추가적인 윤리적 문제에 마주치게 하기도 한다. 이러한 윤리적 딜레마를 만드는 주요 상황은 '데이터의 오용'과 관련이 있으며, 이는 "클라이언트 시스템의 자발적 동의 또는 기밀성이 침해되거나 제한될 때 발생한다"(White & Wooten, 1985, p. 150). 인터뷰나 포커스 그룹 세션 중에 특정 발언을 한 사람의 신원을 빤히 공개하면서도 응답자에게 익명성을 보장하겠다고 약속했을 때 가장 노골적인 윤리적 위반이 된다. 변화관리자에게 인터뷰, 종이 설문조사, 비간섭적 측정을 통해 수집된 데이터를 들여다보는 것은 일상적이면서도 평범한 일이다. 그러나 조직 구성원들은 다르다. 컨설턴트가 민감하거나 위험하다고 여기는 것보다 더 중요한 것은 조직 구성원들이 이를 어떻게 받아들이는지다. 부적절하게 유출된 데이터는 조직 구성원에게 경력 제한이나 해고 등 심각한 인생의 결과를 초래할 수 있다고 해도 과언이 아니다.

또한 데이터를 수집하기 전에 실무자는 조직 구성원에게 수집된 데이터가 어떻게 사용될지 설명할 의무가 있으며, 이들은 아무런 불이익 없이 자유롭고 충분히 정보를 얻은 상태에서 참여 여부를 결정할 기회를 얻어야 한다. 학술 연구에서는 연구자가 연구 대상자에게 연구 목적, 연락처 정보, 참여로 인한 이익 또는 위험을 명시한 '참여 동의서'를 제공하는 것이 일반적이다. 조직개발(OD) 실무자도 자신들의 연구 관행을 이와 다르지 않게 진지하게 고려해야 한다.

이러한 윤리적 원칙은 실무자가 데이터를 보호하기 위해 신중하게 주의를 기울이는 것이다. 인터뷰 메모와 손으로 작성된 설문지는 컨설턴트와 함께 보관하거나 자물쇠가 있는 안전한 장소에 보관해야 한다. 실무자는 실제 이름 대신 가명을 사용하거나 개인적인 약어를 사용해 메모하는 방법을 고려해야 한다. 오디오 또는 비디오 자료는 컨설턴트(또는 허가받은 자)만이 청취하거나 시청할 수 있으며, 녹취한 후에는 즉시 폐기해야 한다. "방금 인터뷰한 사람도 똑같이 말했어요"라는 발언처럼 인터뷰 사이에 정보를 무심코 '유출'하는 것 역시 주의 깊게 피해야 한다(Farquhar, 2005, p. 227).

마지막으로 데이터 수집은 컨설턴트 자신이 아닌 고객을 위한 것이다. 실무자는 클라이언트가 설명한 문제와 관련되거나 문제의 관련 영역을 밝힐 수 있는 데이터를 클라이언트의 동의를 얻어 수집해야 한다. 단순히 흥미롭거나 다른 프로젝트에 유용하기 때문에 데이터를 수집하는 것은 피해야 한다.

요약

컨설턴트가 클라이언트의 문제를 이해하고 효과적인 개입 방안을 제안하는 가장 효율적인 방법은 데이터 수집을 통해 이루어진다. 컨설턴트는 클라이언트가 설명한 표면적인 문제를 심층적으로 분석하기 위해 데이터 수집 방법을 사용하며, 이를 통해 근본적인 문제가 무엇인지 파악할 수 있다. 조직에 대한 정확한 정보를 수집하면 클라이언트와 컨설턴트 모두 문제를 더 잘 이해할 수 있다. 컨설턴트가 가장 자주 사용하는 다섯 가지 데이터 수집 방법은 인터뷰, 포커스 그룹, 설문조사/질문지, 관찰, 비간섭적 측정이다. 각 방법에는 장단점이 있으며, 상황에 따라 혼합된 방법론을 사용하는 것이 이상적일 수 있다. 컨설턴트는 각 방법의 장단점을 클라이언트가 수용할 가능성과 함께 고려해야 하며, 접근 방식에 필요한 투자, 접근성, 관련성, 정확성, 유연성 등의 요소를 균형 있게 조정해야 한다. 따라서 데이터 수집 전략을 클라이언트에게 제안하는 것은 또 다른 형태의 계약을 제안하는 것과 같다. 이는 컨설턴트가 근본적인 문제를 이해할 수 있도록 돕겠다고 약속하는 대신, 조직이 이를 분석하고 적절한 해결책을 모색하기 위해 에너지를 투입하겠다는 합의 형태다.

이 장 뒤에 이어지는 사례연구에서 클라이언트의 초기 문제 진단을 분석하고, 상황의 다른 요소들과 근본적인 문제를 탐색할 수 있는 데이터 수집 전략을 제안해보는 연습을 할 수 있다.

토론을 위한 질문

1. 이 장에서 논의된 다섯 가지 데이터 수집 방법 중에서 가장 효과적이라고 생각되는 것은 무엇인가? 가장 수행하기 어렵다고 생각되는 것은 무엇이며, 그 이유는 무엇인가?

2. 여러분은 직업, 학교 입학, 장학금과 관련하여 인터뷰를 받아본 적 있는가? 그때 어떤 기분이었는가? 편안한 느낌이었는가, 아니면 불편했는가? 만약 OD 인터뷰를 진행해야 한다면, 여러분의 경험에서 얻은 교훈을 어떻게 적용할 수 있을까? OD 인터뷰는 여러분이 참여했던 인터뷰와 어떤 점이 다른가?

3. 이 장에서 논의되지 않은, OD 컨설팅에서 유용할 수 있는 다른 데이터 수집 방법은 무엇인가?

연습문제: 데이터 수집

다섯 가지 시나리오를 읽고, 7장에서 제시된 원칙에 따라 가장 적합한 데이터 수집 방법(인터뷰, 포커스 그룹, 설문조사, 관찰, 비간섭적 측정 방법) 중 하나를 선택하라. 인터뷰, 포커스 그룹 또는 설문조사를 선택한 경우, 누가 참여할지와 방법을 설명하고, 질문 내용을 작성하라. 관찰을 선택한 경우, 누구를 얼마나 오랫동안 어떤 환경에서 관찰할 것인지 설명하라. 비간섭적 측정 방법을 선택한 경우, 어떤 데이터를 수집할 것인지와 수집 방법을 설명하라.

시나리오 1

회계 부서 매니저인 의뢰인은 자신의 팀과 영업팀 사이의 갈등 때문에 어려움을 겪고 있다. 그녀는 영업팀이 고객에게 약속한 내용과 회계 부서가 따라야 할 절차 사이에서 계속 중간 역할을 해야 한다고 말한다. 특히 영업팀은 고객 서비스를 위해 규정을 유연하게 적용해달라고 요구하지만, 그녀는 규정을 반드시 지켜야 한다고 주장하고 있다. 반면, 영업팀 매니저는 청구 부서가 너무 경직되어 있어 고객에게 더 나은 서비스를 제공하는 데 방해가 된다며 불만을 제기하고 있다.

시나리오 2

의뢰인은 자동차 부품과 액세서리를 판매하는 지역 소매 체인의 매니저다. 이 체인에는 7개의 매장이 있으며, 매장당 약 25명의 구성원이 근무하고 있다. 의뢰인은 최근 매출이 지속적으로 하락하고 있어 걱정하고 있는 상황이다. 그는 새로운 경쟁 업체들이 더 저렴한 가격을 제공하면서 고객을 빼앗고 있다고 생각한다. 그는 구성원들이 더 적극적으로 고객을 응대하고 영업에 집중한다면, 더 나은 고객 경험을 제공하여 경쟁사와 차별화할 수 있을 것으로 기대하고 있다.

시나리오 3

최근 생산 부서 관리자들에게 여러 구성원이 불만을 제기한 상황이다. 생산량은 몇 주 만에 10% 감소했고, 실수로 인한 비용은 15% 증가했다. 불만을 제기한 구성원들은 모두 비정규직으로 일하며 복지 혜택을 받지 못하는 구성원들이다. 정규직 구성원들은 불만을 제기하고 있지 않다. 흥미롭게도 이 불만은 매 분기 마지막 달에 반복적으로 발생하고 있다.

시나리오 4

건강과 안전 검사를 담당하는 정부 기관에서 정기 검사를 받아야 하는 시설이 증가하고 있어 업무량이 크게 늘어나고 있다. 이 기관은 6개 지역에 걸쳐 1,500명의 구성원을 두고 있다. 여러 프로세스 개선팀이 운영되고 있지만, 여전히 검사에 시간이 너무 오래 걸리는 상황이다. 의뢰인은 추가 인력을 고용하지 않고도 생산성을 높일 방법을 찾고자 한다.

시나리오 5

미국 내 4개 지역 영업 관리자들은 매달 지역 재무팀에 다음 달 매출 예측 보고서를 제출해야 한다. 그러나 재무팀은 이 보고서가 자주 늦게 제출되거나 형식이 맞지 않고, 오류가 포함되어 있다며 불만을 제기하고 있다. 지난 분기에는 최고재무책임자가 외부 재무 분석가에게 잘못된 정보를 제공하는 실수를 저질렀다. 이 실수는 보고서 제출 과정에서 발생한 오류 때문이었다.

사례연구 7: TLG 솔루션의 데이터 수집 접근법 제안

아래 사례를 읽고 다음 질문들을 고려해보라.

1. 의뢰인이 요청하는 것은 무엇인가? 이 프로젝트의 목표는 무엇인가?

2. 제시된 문제는 무엇인가? 숨겨진 근본적인 문제는 무엇이라고 생각하는가? 이 중 가장 가능성이 큰 근본 문제는 무엇이라고 보는가?

3. 이러한 근본적인 문제들이 왜 발생하는지 보여줄 데이터는 무엇인가? 데이터 수집 방법(인터뷰, 포커스 그룹, 설문조사, 관찰, 비간섭적 측정) 중 어떤 것을 선택할지 이유와 함께 설명해보라(표 7.2의 분석 방법 참고). 어떤 데이터를 어떤 방법으로 수집할지에 대한 제안서를 작성하고, 인터뷰 또는 설문에서 사용할 질문, 관찰할 내용, 또는 수집할 문서를 작성해보라.

4. 선택한 데이터 수집 방법의 장단점은 무엇인가? 접근법에 대한 타당한 근거와 가능한 일정표를 작성하고, 인터뷰 또는 설문조사 질문, 수집할 문서 또는 관찰할 내용을 밝혀보라. 마지막으로, 당신이 선택한 데이

터 수집 방식을 따를 경우, 미셸 그린필드(Michelle Greenfield)와의 계약 관계에서 추가로 필요한 사항이 있는지도 검토해보라.

"와줘서 정말 고마워요. 중요한 이야기가 있어요. 앉으세요." 세스 버크(Seth Burke)는 미셸 그린필드의 사무실로 불려왔다. 18개월 전, 미셸은 TLG 솔루션의 최고학습책임자(CLO)로 임명되었다. TLG는 포춘 1,000대 기업을 대상으로 글로벌 인적자원 소프트웨어를 제공하는 회사로 빠르게 성장하고 있다. 세스와 미셸은 이전 회사에서 함께 일했던 경험이 있고, 이제 세스가 독립적인 외부 조직개발 컨설턴트로 일하고 있는 만큼 미셸은 그의 전문성을 활용하고 싶어 한다.

"전화 받고 정말 기뻤어요. 너무 오래됐네요." 세스는 미셸의 사무실에 있는 원형 테이블에 앉으며 말했다. 미셸은 문을 닫았다. TLG 솔루션 본사는 기술 기업들이 확장 중인 교외 지역의 6층 건물에 있었다. 미셸의 사무실 창문에서는 호수가 한눈에 들어온다. "경치가 정말 멋지네요. 이곳으로 이사 온 지 얼마나 되었나요?"

"6개월밖에 안 됐어요." 미셸은 웃으며 말했다. "우리 회사는 너무 빨리 성장해서 예전에 동쪽 지역에 임대한 작은 사무실을 떠나와야 했어요. 이제 이 지역의 다른 기술 회사들과 함께 있으니 커뮤니티 내에서 우리의 존재감을 확실히 보여주고, 여기에 오래 머물 거라는 메시지를 전하고 있어요."

"새 역할은 어때요?" 세스는 대화를 본론으로 전환하며 물었다.

"정말 정신없어요. 급성장은 좋은 일이지만, 때로는 스트레스를 주잖아요. 우리가 예전에 일하던 회사와는 완전히 다르죠. 그 회사는 위계적이고 통제된, 일관성 있고 안정적인 산업 분야였어요. 모두 정해진 절차와 계획을 따랐죠. 로비 카펫을 교체하는 것이 큰 변화였을 정도니까요. 그런데 여기는 완전히 반대예요. 비전, 혁신, 끊임없는 변화와 재창조가 중심이죠. 매일매일이 다르고, 마치 롤러코스터를 타는 기분이에요. 어제는 CEO가 우리 HR 전문성을 활용해 마케팅 제품을 만들겠다고 발표했어요. 그런데 제품팀은 그 발표가 있을 거라는 사실조차 몰랐죠." 미셸이 말했다.

"정말 다르네요." 세스는 웃으며 말했다.

"그렇죠. 문제는 너무 빠르게 변해서 우리가 다음 단계로 나아가기 위한 이상적인 조직을 아직 만들지 못한 것 같다는 거예요. 이 부서를 관리하면서 많이 배웠지만, 개선할 기회가 분명히 있어요."

미셸은 한숨을 쉬며 말을 이었다.

"솔직히 말해서 이 교육 부서는 엉망이에요. 최고인사책임자인 비비엔(Vivienne)이 '이걸 빨리 정리하지 않으면 다른 사람을 찾겠다'고 말했어요. 우리는 교육에 엄청난 돈을 쓰고 있지만, 기대만큼의 성과를 얻지 못하고 있어요. 어디서부터 설명해야 할지 모르겠네요."

"처음부터 다시 이야기해볼까요? TLG 솔루션에 대해 좀 더 설명해주세요." 세스가 요구했다.

"회사는 사실 우리 회사의 주력 제품인 뉴하이어스캔(NewHireScan)에서 시작됐어요. 이 소프트웨어는 수천 개의 이력서를 스캔해 핵심 지표를 파악하고, 해당 구성원이 직무에서 성공할 가능성이 있는지를 예측할 수 있어요. 우리의 빅데이터 방식 덕분에 기업들은 첫 시도에서 최고의 인재를 채용할 수 있게 되고, 이를 통해 많은 비용을 절감할 수 있죠. 최근 몇 년 동안 우리는 몇 달마다 새로운 제품을 추가하거나 확장했고, 이제는 수백 개의 제품과 다양한 버전이 있어요. 제가 이곳에 온 이후로 매출이 거의 두 배로 늘었어요. 성장은 정말 빠르고, 가장 가까운 경쟁사보다 두 배 이상 빠른 속도로 성장하고 있어요. 최근 우리는 업계 주요 매체에 환상적인 기사를 실었고, CEO는 월스트리트저널 1면에 등장하기도 했어요." 미셸이 말했다.

"저도 그 기사를 봤어요. 정말 인상적이었고, 많은 사람이 그 얘기를 나눴어요. 구성원 사기에도 큰 영향을 줬을 것 같아요." 세스가 말했다.

"맞아요. 여기 있는 사람들은 매우 열정적이고, 일을 정말 많이 해요. 경쟁이 치열한 환경이라 모두 자기 일에 최선을 다하고 있죠. 우리는 앞으로 1년 동안 많은 제품을 추가할 예정이에요. 고용을 넘어 HR 기술의 다른 영역으로 확장하는 것이 목표예요. 게다가 새롭게 마케팅 제품에 집중하려는 움직임도 있어요. 모두가 긴박함을 느끼고 있고, 성공하기를 원하고 있어요. 하지만 모든 것이 순조롭지는 않아요. 마치 영화 「죠스」의 배경음악이 계속 흐르는 것 같아요. 경쟁자들은 우리를 무너뜨리려 하고 있고, 우리의 비용 모델이 지속가능하지 않다는 걸 모두 알고 있어요. 투자자들도 점점 불안해하고 있어요. 앞으로 1~2년이 정말 중요할 거예요. 우리는 새 제품을 빠르게 시장에 출시하는 데 성공해야 하고, 비용도 줄여야 할 것 같아요. 지금 당장은 위기는 아니지만, 리더십팀은 재정 상황을 세심하게 주시하고 있어요."

"그렇겠네요. 이 업계에서는 당연한 일인 것 같아요. 앞으로 어떤 문제들이 있을 수 있을지 더 이야기해주세요." 세스가 말했다.

"제 관점에서 볼 때, 문제는 여러 가지가 있어요." 미셸이 말했다. "우리에게는 충성도 높은 고객과 훌륭한 관계가 있지만, 최근에는 오랜 고객조차 불만을 제기하기 시작했어요. 제품이 약속한 대로 작동하지 않는다는 불만이 많아요. 영업사원들이 약속한 기능이 실제로 존재하지 않거나, 제품 시연조차 제대로 하지 못하는 경우가 있어요. 서비스 부서에서는 고객 불만의 근본 원인을 정확히 파악하지 못하고 있죠. 우리가 조사해보니 문제의 원인이 교육에 있다는 사실을 발견했어요. 영업사원들과 서비스 담당자들이 제품에 대해 충분한 지식을 갖고 있지 않아요. 고객 서비스 기술자들은 문제해결에 필요한 기본적인 지식이 부족해요. 그리고 이 모든 교육이 제 책임이죠. 그래서 큰 압박을 받고 있어요. 이걸 제대로 해결해야 해요."

"당신의 부서에 대해 좀 더 얘기해줄 수 있나요?" 세스가 물었다.

"물론이죠. 부서 조직도를 보여드릴게요." 미셸은 세스에게 종이를 건네며 말했다.

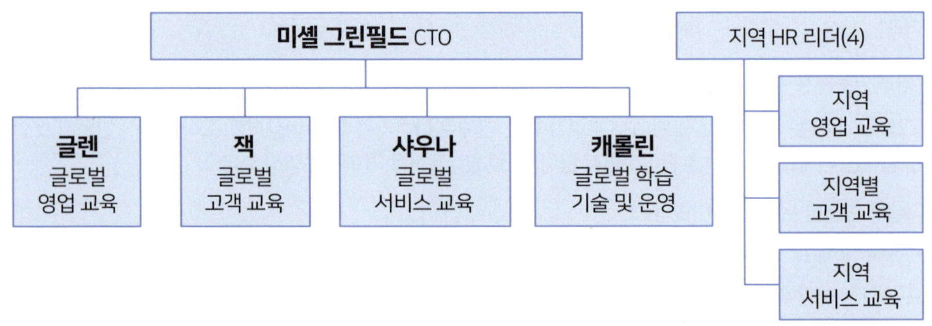

"이것이 교육 조직의 조직도입니다. 저는 요구 분석, 교육 커리큘럼 설계, 교육 기술 설계, 실행 및 운영을 담당하는 글로벌 교육팀들을 관리하고 있어요. 이 팀들은 각기 다른 교육 대상 그룹에 초점을 맞추고 있습니다. 영업사원 교육을 설계하는 팀, 외부 고객에게 교육을 제공하는 팀, 서비스 기술자 교육 개발에 집중하는 팀이 있어요. 우리가 교육하는 인원은 전 세계적으로 수만 명에 달합니다. 이를 위해 제게는 약 65명의 구성원이 있는데, 그중 대부분은 영업 교육과 고객 교육에 집중하고 있어요. 각 팀에 25명씩 배치되어 있습니다. 서비스 교육팀에는 10명이 근무하고 있으며, 마지막 팀은 학습 기술 및 운영 부서로 약 5명이 근무하고 있습니다. 이 팀은 온라인 학습, 비디오 기반 학습, 가상 교육 프로그램을 개발해 모든 과정을 보완하며, 보수 교육 과정도 담당하고 있습니다. 이 팀은 또한 교육 일정 결정, 참여자와의 소통, 강사와의 협력 등 팀 운영도 담당하고 있습니다." 미셸이 설명했다.

"전 세계적으로 수만 명이나 되는 인원을 단 65명이 교육한다는 게 꽤 인상적이네요." 세스가 감탄하며 말했다.

"사실 그렇지 않아요. 그리고 실제로 우리가 직접 다 하지는 않습니다." 미셸이 정정했다. "좀 더 구체적으로 설명해야겠네요. 우리가 외부 고객에게 직접 교육을 제공할 때는 수강료를 받는 경우도 있지만, 영업 및 서비스 부문에서 내부 교육은 지역에서 이루어져요. 조직도 오른쪽이 바로 그 부분을 보여줍니다. 북미, 유럽, 아시아/태평양, 라틴아메리카의 4개 지역이 있어요. 각 지역의 HR 리더들은 다른 인사 관련 업무와 함께 자체 교육 리소스를 보유하고 있습니다. 그들의 주요 업무는 채용, 구성원 관계, 보상 및 복리후생, 급여 지급, 기타 HR 관련 업무 등입니다. 제 팀과 비교하면, 어떤 지역 부서는 굉장히 크죠. 예를 들어 유럽에는 트레이너가 85명이나 있지만, 일본에는 고객, 영업, 서비스 교육을 모두 담당하는 구성원이 2명뿐이에요. 그래서 이 모든 지역 교육 리소스는 각 지역의 HR 책임자인 제 동료들에게 보고하고 있어요. 앞서 말했듯이, 그들에게 교육은 여러 업무 중 하나에 불과합니다."

"영업과 고객 교육에 대부분 인력이 집중된다고 하셨죠? 그들이 하는 일에 대해 좀 더 설명해주세요." 세스가 궁금해하며 물었다.

"우리 제품은 매우 복잡합니다. 회사 차원에서 영업사원들에게 투자해 제품의 작동 방식과 고객이 어떻게 사용하는지 잘 알도록 해야 해요. 영업 및 고객 교육 커리큘럼 설계자들은 사실상 제품 분야의 전문가들입니다. 커리큘럼 디자이너를 채용할 때는 성인 학습과 교육 설계의 모범 사례를 아는 것은 물론, 기술적 제품 지식도 반드시 필요합니다. 그 지식을 교육 과정에 포함해야 하니까요. 예를 들어, 영업팀은 고객과의 소통, 판매 영향력, 가치 제안의 이해 같은 영업 교육을 개발하지만, 동시에 신제품 출시 정보도 제품 업데이트 교육에 포함해야 합니다. 서비스 교육은 제품 고장 시 이를 수리하는 데 필요한 지식을 기술자들에게 제공하는 것이 목적이에요. 제 커리큘럼 디자이너들은 각기 다른 교육 대상에게 제품을 설명할 수 있는 번역가 같은 역할을 한다고 보면 돼요." 미셸이 말했다.

"교육기술팀은 어떤 역할을 하나요?" 세스가 물었다.

"비슷해요. 우리 교육기술팀은 필요에 따라 다른 팀의 프로젝트에 배정돼요. 예를 들어, 고객을 위한 온라인 모듈을 만들고 싶다면, 그 팀에서 담당자를 고객교육팀에 배정하죠." 미셸이 설명했다.

"그럼 당신의 팀은 다른 HR 팀들과 어떻게 협력하나요?" 세스가 물었다.

"이상적인 모델을 말씀드릴까요, 아니면 현실을 말씀드릴까요? 모델상으로는 우리가 교육을 설계하고 그들이 이를 실행하는 방식이죠. 우리는 교육 교재부터 강의 노트, 수업 중에 사용하는 슬라이드까지 모든 자료를 제작합니다."

미셸이 말을 이었다. "이 모델은 하나의 중앙 글로벌 그룹이 모든 교육 설계를 담당해 각 지역에서 사용할 수 있도록 설계된 효율적인 모델이에요. 이렇게 하면 각 지역에서 동일한 자료를 중복 개발하는 일이 줄어들죠. 그리고 강사들을 전 세계로 보내는 대신, 현지에서 수업을 진행하도록 하는 게 훨씬 합리적이죠."

"당신 관점에서 볼 때, 이 모델은 어떻게 작동하고 있나요?" 세스가 물었다.

"솔직하게 말하자면, 모두 좌절하고 있어요. 제 팀은 수개월 동안 세계적 수준의 교육 프로그램을 제작하기 위해 노력했어요. 다양한 학습 대상의 요구를 충족하기 위해 정교하게 설계된 과정을 만듭니다. 제 부서에는 성인 학습과 교육 설계 분야에서 박사학위를 가진 전문가가 7명이나 있어요. 우리는 사전 테스트와 사후 테스트를 통해 학습 효과를 확인하고, 3개월 후에는 매니저가 구성원들이 직장에서 해당 지식을 사용하는지 관찰하는 프로그램도 운영하고 있어요. 또, 교육의 투자수익률을 측정해 이 교육이 얼마나 많은 매출로 이어지는지도 증명할 수 있어요. 정말 정교한 학습 패키지인데, 어떻게 되는지 아세요? 먼지만 쌓이죠. 각 지역이 자기방식대로 운영하거든요." 미셸이 좌절한 듯 말했다.

"예를 들어주실 수 있나요?" 세스가 물었다.

"네. 최근에 아시아-태평양 지역이 우리가 6개월 동안 개발한 최신 ZBS 소프트웨어 제품의 고객 데모 교육 모듈을 사용하지 않았다는 사실을 알게 됐어요. 그 대신 그들만의 프로그램을 개발했죠. 우리가 만든 프로그램이 '자기들 구성원에게 맞지 않는다'는 이유였어요. 하지만 이 프로그램은 전 세계적으로 다른 모든 지역에서 잘 작동했어요. 유럽에서는 서비스 기술자 프로그램의 절반도 가르치지 않고, 이를 반나절짜리 과정으로 축소해 필수적인 내용을 생략해버렸어요. 제 팀은 자신들의 노력이 무의미하다고 느끼며, 각 지역이 자체 리소스로 독자적인 교육 조직을 만들고 있다고 불평해요. 예를 들어, 라틴아메리카에서는 고객 프로그램 3개가 한 번도 실행되지 않았지만, 북미에서는 같은 프로그램이 여러 차례 성공적으로 운영됐어요. 저는 우리가 개발한 솔루션을 전 세계적으로 일관성 있게 적용하려고 했지만, 여태까지 각 지역이 자기 방식을 고수하는 걸 아무도 막지 못했어요. 비효율적이지만 말이죠. 그런데도 각 지역 프로그램은 고객, 영업, 서비스 모두에서 높은 평가를 받고 있어요." 미셸이 말했다.

"그렇다면 왜 각 지역은 당신이 개발한 프로그램을 사용하지 않으려 할까요?" 세스가 물었다.

"정치적 문제가 얽혀 있어요. 정말 전혀 예상하지 못했던 복잡한 정치적 상황이죠. 솔직히 말해, 여러 HR 리더들이 부사장 자리를 두고 경쟁하고 있는 것 같아요. 이들은 자신이 교육 업무도 잘할 수 있다는 걸 증명하려고 노력하고 있어요. 우리 회사에서는 각 지역 HR 부서가 상당한 자율권을 갖고 있어요. 그들은 서로를 능가하려고 하죠. 때때로 그들은 교육 프로그램이 필요에 맞지 않았다고 불평하거나 시간이 없었다고 변명해요. 하지만 제가 본 그들의 자료는 학습이 이루어졌다는 증거도, 성공 지표도 거의 없어요. 회사는 본사에서 모든 것을 지시히기보다는 각 지역이 필요한 대로 운영할 수 있도록 많은 자율권을 줍니다. 그리고 각 지역은 자신들만의 현지 교육 리소스를 갖는 걸 정말 좋아하죠." 미셸이 대답했다.

"요약하자면, 중앙팀 입장에서는 덜 효율적이고 때로는 좌절감을 느끼지만, 각 지역은 자신들에게 필요한 내용을 맞춤화할 기회를 얻고 있다는 거군요. 그렇다면 각 지역에서는 이 문제가 심각하다고 생각할까요?" 세스가 물었다.

"잘 모르겠어요. 그런데 며칠 전 최고인사책임자인 비비엔이 우리 예산과 HR 부서의 글로벌 교육 인원 수를 보더니 깜짝 놀랐어요. 이 많은 사람이 무엇을 하는지 알고 싶다고 했죠. 저와 동료들이 각자의 역할과 책임을 설명하려고 했지만, 얼마나 설득력 있었는지는 모르겠어요. 그녀는 현재 우리가 사용하는 모델이 올바른지 확신하지 못하고 있어요. 실제 운영 상황을 보면 그녀 말이 맞는 것 같아요. 솔직히 말해, 예산 삭감이 다가오는 것 같아요. 지금까지 누구도 대안을 제시하지 않았고, 그래서 제가 당신의 지원을 요청하고 있는 겁니다. 제 개인적인 생각으로는 모든 지역 교육 리소스가 제 팀에 보고하도록 해야 한다고 생각해요. 하지만 비비엔을 설득하지 못했어요. 이 상황이군요. 앞으로 어떻게 나아가야 할지 아이디어가 있나요?" 미셸이 기대에 찬 눈빛으로 세스를 바라보았다.

세스는 잠시 생각했다. "미셸, 당신이 설명한 내용을 들어보니, HR 조직이 매우 탄탄하고 정교한 구조를 갖추고 있는 것 같아요. 이미 하고 싶은 방향에 대한 아이디어도 있는 것 같은데, 내부 조직개발(OD) 컨설턴트를 활용해 이 프로젝트를 관리하는 건 어떨까요?"

미셸은 잠시 멈칫했다. "우리 내부 컨설턴트들은 기존 시스템에 너무 충성적이에요. 그들은 문제와 관련된 리더들에게 보고하고 있죠. 저는 결과에 특별한 이해관계가 없는 외부 파트너가 객관적인 목소리를 내주길 원해요."

"알겠습니다. 지금까지 주신 배경 정보가 훌륭했어요. 모델이 어떻게 작동해야 하는지와 실제로는 어떻게 작동하고 있는지 잘 이해할 수 있었어요. 상황에 대한 다양한 관점을 더 알아보기 위해 추가 데이터를 수집하는 제안을 드리고 싶어요." 세스가 결론을 내렸다.

"역시 당신이 어떤 방법을 제안할지 알고 있었어요. 제안서를 기대할게요." 미셸은 안도의 미소를 지으며 말했다.

08 진단 및 피드백

학습 목표

이 장에서는 다음과 같은 내용을 학습한다.

– 실무자가 데이터를 정리하는 데 사용하는 세 가지 형태의 데이터 분석 방법

– 데이터를 분석하는 일반적인 접근 방식, 실무자가 데이터 해석 과정에서 직면할 수 있는 몇 가지 함정

– 고객에게 다시 제시할 적절한 이슈를 선택하는 방법과 피드백 회의에서 데이터를 제시하는 방법

– 고객의 저항을 마주했을 때의 대처 방법

– 진단 및 피드백 단계에서 실무자가 직면하는 윤리적 문제

뉴욕협력교육서비스위원회(BOCES)는 새로운 교육감을 맞이했다. 새로운 역할을 맡은 교육감은 초기에 몇 가지 중요한 이해관계자 그룹, 특히 BOCES의 행정 구성원을 우선적으로 알아보고 싶어 했다. 내부 그룹의 우려 사항을 더 잘 이해하고 해결하기 위해 컨설턴트를 고용하여 구성원 인터뷰와 관찰조사를 시행했다. 구성원들의 주요 관심사는 공통 목표에 대한 의사소통, 조직의 비전과 방향 이해, 의사결정 참여, 그리고 팀워크 문제였다. 진단 과정에서 컨설턴트, 클라이언트, 구성원 모두 팀워크를 개선하고, 목표를 명확히 하며, 신뢰와 참여도를 높이기 위해 일련의 워크숍과 실행계획 세션이 필요하다는 데 동의했다. 계획된 대로 워크숍이 진행되었으며, 참여자들로부터 매우 효과적이라는 평가를 받았다. 그룹은 점진적으로 발전하는 듯했다.

그러나 참여 과정이 마무리되려던 시점에 예상치 못한 갈등이 수면 위로 드러났다. 관리자와 구성원 간의 대립을 통해 숨겨진 갈등이 표면화된 것이다. 일곱 명의 관리자들이 교육감에게 공식 서한을 보내 아직 논의되지 않았거나 해결되지 않은 여러 문제에 대한 심각한 우려를 표명했다. 그들은 업무 수행을 저해하는 장벽이 존재한다고 보고했다. 이러한 상황으로 인해 초기 진단의 타당성에 의문이 생기면서 추가 데이터를 수집하게 되었다. 두 번째 구성원 인터뷰에서는 교육감의 의제에 대한 깊은 갈등이 드러났으며, 구성원들은 교육감과 그의 방향성에 대한 신뢰가 부족하다고 보고했다. 교육감은 사임을 고려할 정도로 심각한 상황이었다. 이에 두 번째 워크숍을 진행하여 역할을 명확히 하고, 갈등 해결 기술을 향상시키며, 팀원과 교육감 간의 신뢰를 구축할 수 있도록 지원했다. 이를 통해 열린 의사소통이 가능하도록 만들고자 했다. 컨설턴트들은 뒤늦게 데이터를 검토하면서, 초기 진단이 전체 그

림의 일부만을 보여주었으며, 실제로는 숨겨진 갈등이 존재했다는 사실을 깨닫게 되었다 (Milstein & Smith, 1979).

- 왜 데이터 수집 단계에서 갈등이 발견되지 않았다고 생각하는가?
- 컨설턴트들이 갈등을 조기에 발견하기 위해 달리 할 수 있었던 일이 있었을까?

많은 조직개발 실무자들에게 인터뷰, 포커스 그룹, 설문조사, 관찰, 그리고 비간섭적 측정 등을 통해 데이터를 수집하는 과정에서 생성되는 방대한 데이터의 양은 부담스럽게 느껴질 수 있다. 참여 기간, 조직 규모, 데이터 수집 노력, 문제의 규모 등에 따라 이러한 데이터는 수백, 심지어 수천 페이지에 달하는 기록과 보고서로 쌓이게 된다. 이러한 기록에는 개별적인 이야기와 해석, 생생한 관찰 결과, 설문조사의 통계 데이터 등이 포함될 수 있으며, 이들은 서로 일관되거나 상반될 수도 있다. 때로는 클라이언트나 실무자의 초기 해석과 완전히 다를 수도 있다. 이 시점에서 실무자는 다음과 같은 간단하지만 중요한 질문에 직면하게 된다. "지금 여기에서 무슨 일이 일어나고 있는가?" 이것이 조직개발 과정에서 진단 및 피드백 단계의 핵심 목표다.

이 장에서는 진단 및 피드백 단계의 목적을 탐구하고, 컨설턴트가 데이터를 분류·분석·해석하여 고객에게 피드백할 수 있는 결론을 도출하는 방법을 논의할 것이다. 또한, 진단 단계에서 컨설턴트가 도출하는 다양한 결론과 데이터를 효과적으로 제시하고 논의하기 위한 피드백 회의를 어떻게 진행해야 하는지 다룰 것이다. 더불어, 피드백을 받은 고객과 조직 구성원들의 반응을 탐색하고, 고객의 저항과 이에 대한 컨설턴트의 대응 방법을 살펴보게 된다. 마지막으로, 진단 및 피드백 과정에서 발생할 수 있는 윤리적 문제를 논의할 예정이다.

이미 짐작하고 있겠지만, 이 책에서는 데이터 수집, 진단, 피드백을 개별적인 단계로 설명하고 있으나, 대부분의 컨설팅 프로젝트에서는 이 과정들이 서로 뒤섞여 진행되곤 한다. 예를 들어, 데이터 수집 과정에서 예비 결론(진단)이 도출되면, 컨설턴트는 새로운 데이터 수집 방향을 설정할 수도 있다. 또한, 고객의 피드백을 통해 데이터의 새로운 해석이 가능해지며, 이를 통해 진단이 더욱 깊고 정교해질 수 있다. 이러한 분석 단계는 궁극적으로 고객이 제시한 문제를 해결하기 위해 그 문제의 근본적인 원인을 명확하게 파악하고, 적절한 개입을 가장 효과적인 방식으로 설계하는 과정의 일부라고 할 수 있다.

진단: 발견, 평가, 분석 및 해석

진단(diagnosis)은 실무자들 사이에서 일반적으로 사용되는 용어이지만, 5장에서 설명한 의사-환자 컨설팅 모델과 연관되는 경향이 있어 아쉬운 점이 있다. 일부에서는 진단이라는 개념이 조직을 질병에 걸린 상태로 간주하고, 컨설턴트를 모든 것을 알고 해결책을 제시하는 전문가의 위치에 놓는다. 반면, 또 다른 사람들은 진단 과정이 고객이 선호하는 미래에 도달할 수 있도록 지원하는 역할을 충분히 반영하지 못한다고 본다. 그리하여 명확한 문제를 정의하거나 진단을 내리지 않더라도 개선할 기회를 찾는 것이 중요하다고 말하기도 한다(Marshak, 2013a).

이러한 이유로 일부 연구자는 발견, 참여, 대화(Block, 2011, p. 163) 같은 용어를 선호한다. 또 다른 연구자들은 평가(Franklin, 1995; Lawler, Nadler, & Cammann, 1980; Noolan, 2006) 또는 분석 및 해석이라는 용어를 사용하기도 한다. 어떤 용어를 사용하든 실무자들은 진단의 목적이 '조직의 행동과 현재 상황을 이해하도록 돕는 것, 즉 무슨 일이 일어나고 있는가, 어떻게 진행되고 있는가를 이해하고, 이를 기반으로 조치를 취할 수 있도록 하는 것'이라는 데는 모두 동의한다(Manzini, 1988, p. 148). 따라서 진단은 단순한 정보 수집 활동이 아니라, 궁극적으로 조직개발을 위한 행동을 촉진하는 데 목적이 있다.

진단 및 피드백 과정에서의 문제 탐색

진단 및 피드백 과정에서는 컨설턴트와 고객이 문제를 더욱 깊고 정교하게 탐색하게 된다. 기존에는 고객이 문제를 부분적으로만 인식하고 있었다면, 진단 과정에서 더욱 포괄적인 시각을 형성하게 된다. 아지리스(Argyris, 1970)는 다음과 같이 설명한다.

> "조직은 각 개인이 맡고 있는 직책, 수행하는 역할, 소속된 집단 및 하위 집단, 그리고 개인적인 성향에 의해 행동과 태도가 영향을 받는 사람들로 구성된다. 따라서 동일한 문제라도 개인마다 다르게 인식할 수 있다."(pp. 156-157)

문제에 대한 해석은 직무 역할, 조직 내 위치, 개인 경험 등에 따라 다를 수 있다. 경영진은 특정 문제와 그 원인에 대해 하나의 관점을 가지고 있을 것이고, 중간관리자와 현장 구성원도 또 다른 시각을 가질 것이다. 고객이 문제를 이러한 다양한 관점에서 볼 수 있도록 지원하는 것은 매우 중요하다. 이는 "컨설턴트와 클라이언트가 문제의 원인을 이해하고 해결하는 데 집중할 수 있도록 한다"(M. I. Harrison, 1994, p. 16). 실제로 블록(Block, 2011)에 따르면, 경영진이 컨설턴트를 찾는 이유는 대개 자신의 제한된 시각 내에서 문제를 해결하려 했지만 실패했기 때문이다. 따라서 "컨설턴트의 주요 역할은 문제를 새로운 시각에서 조명하는 것이다. 이것이 컨설턴트가 기여할 70%를 차지한다. 이를 신뢰하라."(p. 217)

진단과 피드백 과정이 개입으로 작용할 수 있는가?

진단 및 피드백 과정이 잘 수행되면, 그것 자체가 하나의 개입(intervention) 역할을 할 수 있으며, 고객이 문제를 해결하도록 동기를 부여할 수 있다. 파이어헴과 월리(Feyerherm & Worley, 2008)도 이에 동의하며 다음과 같이 설명한다.

> "평가(assessment)와 도발적인 질문(provocative questions)은 매우 강력한 개입 방식이며, 클라이언트가 조직을 더욱 명확하게 파악하고 (대개는 처음으로) 시스템의 효과를 개선하기 위해 필요한 조치를 취하도록 할 수 있다. 따라서 많은 조직개발(OD) 과정은 평가 단계만으로도 완결된 것으로 간주된다."(p. 4)

진단 과정에서 흔히 저지르는 실수

실무자들이 진단 과정에서 자주 범하는 두 가지 실수가 있다.

첫째, 진단을 하나의 사건(event)으로 간주하는 것이다. 진단은 단 한 번 이루어지는 것이 아니라 지속적인 과정이다. 조직, 상황, 그룹 그리고 사람은 변화하며, 추가적인 데이터가 발견되면서 새로운 그림이 형성된다. 따라서 진단은 하루 만에 결론을 내리는 것이 아니라, 조직이 변화함에 따라 적응할 수 있는 일련의 예비적 가설이라고 보는 것이 더 적절하다. 조직이 진화함에 따라 진단 역시 변화해야 한다.

둘째, 실무자가 진단의 책임을 혼자 떠맡는 실수를 한다. 변화관리자가 단독으로 진단을 수행하는 것은 이상적이지 않다. 실제로 많은 조직개발 실무자들은 고객 또는 고객팀이 진단 과정에 적극적으로 참여하도록 유도하는 것을 선호한다. 바르티와 체윤스키(Bartee & Cheyunski, 1977)는 진단이 가장 성공적인 경우는 고객이 직접 진단 결론을 도출하는 과정에 참여할 수 있을 때라고 강조한다. 그들은 다음과 같이 설명한다. "이 과정에서 고객 시스템은 어떤 정보가 중요한지를 결정하는 권한을 가지며, 고객은 생성된 데이터에 대한 즉각적인 주인의식을 가지게 되고, 책임감을 느끼는 경향이 있다."(p. 56)

일부 실무자들은 조직 구성원이 데이터를 해석하고 논의할 수 있도록 워크숍을 운영하는 것이 더 효과적이라고 주장한다(Bartee & Cheyunski, 1977; Moates, Armenakis, Gregory, Albritton, & Feild, 2005). 예를 들어, 모에이츠 외(Moates et al., 2005)는 구성원 설문조사에서 낮은 응답률을 확인한 후, 별도의 실행 그룹을 구성하여 데이터를 공유하고 직접 해석하도록 했다. 이 과정에서 그룹 구성원들은 데이터의 의미를 해석하고, 각 주제의 중요도를 평가하며, 해결책을 개발하는 역할을 맡았다. 이러한 방식으로 진단 및 피드백 과정은 컨설턴트에 의해 촉진되었지만, 해석과 행동 선택은 클라이언트 조직의 몫이었다. 물론, 이러한 접근 방식이 모든 조직문화나 진단 대상에 적절한 것은 아닐 수 있다. 그러나 많은 경우, 조직 구성원이 직접 데이터를 분석하고 문제해결 과정에 참여할 때, 결과에 대한 신뢰도가 높아지는 경향이 있다(M. I. Harrison & Shirom, 1999).

진단 단계는 여러 가지 상호 연결된 활동으로 구성된다. 아래에 나열된 각 활동은 이후 섹션에서 좀 더 자세히 설명할 예정이다.

1. **데이터 분석 및 주요 주제 분류**. 단순히 인터뷰 기록이나 완료된 설문지를 고객에게 전달하는 것은 유용하지 않다. 그 대신, 컨설턴트는 데이터를 요약하고 핵심 내용을 추출해야 한다. 컨설턴트는 데이터에서 공통적인 주제를 찾아내고, 이를 클라이언트가 문제를 더욱 명확히 이해할 수 있도록 체계적으로 정리해야 한다.

2. **데이터 해석**. 해석이란 데이터를 기반으로 결론을 도출하는 것을 의미한다. 컨설턴트의 역할은 사실을 제시하는 것뿐만 아니라 조직 구성원이 제공한 해석, 신념, 태도, 의견, 추론의 의미와 영향을 이해할 수 있도록 돕는 것이다.

3. **클라이언트에게 '활력을 줄(energize)' 적절한 이슈 선택 및 우선순위 결정**. 대부분의 데이터 수집 활동은 긴 목록의 이슈, 우려 사항, 문제점을 생성하게 된다. 이 중 일부는 현재 문제와 거의 관련이 없을 수도 있다. 따라서 클라이언트에게 가장 동기부여가 되는 이슈를 선택하는 것이 중요하다. 이렇게 하면 클라이언트가 집중해야 할 문제의 범위를 좁힐 수 있으며, 실행해야 할 조치 목록도 단순해진다. 모든 이슈가 동일한 중요성을 가지는 것은 아니므로 컨설턴트는 클라이언트가 어떤 이슈가 더 큰 영향을 미치거나 우선적으로 다루어야 하는지를 명확히 볼 수 있도록 도와야 한다.

데이터 분석을 통한 패턴 발견

조직개발(OD) 실무자에게 데이터 분석의 목표는 방대한 양의 데이터를 "문제를 조직화하는 데 유용한 개념적 지도로 정리할 수 있는 관리 가능한 패턴(manageable patterns)"으로 축소하는 것이다(Argyris, 1970, p. 157). 일부 사회과학자들은 데이터 분석을 '신비로운(mysterious) 활동'(Marshall & Rossman, 1989) 또는 '개방적이고 창의적인 과정'(Lofland & Lofland, 1995)이라고 표현한다. 방대한 데이터를 분석하는 과정에서 어디서부터 시작해야 할지, 어떻게 접근해야 할지 난감할 수 있다. 하지만 수십 년간 이 문제를 다뤄온 사회과학 연구자들은 정량적 데이터(설문조사 등)든 정성적 데이터(인터뷰 기록 등)든 유용한 분석 기법들을 개발해왔다. 비록 학술연구 프로젝트와 조직개발 데이터 수집 프로그램의 목표와 대상이 다르긴 하지만(Block, 2011), OD 실무자들은 사회과학 연구의 데이터 분석 기법을 상당 부분 활용할 수 있다.

비록 학술 연구 프로젝트와 조직개발 데이터 수집 프로그램이 목표와 대상이 다르긴 하지만 (Block, 2011), OD 실무자들은 사회과학 연구의 데이터 분석 기법을 상당 부분 활용할 수 있다.

데이터 분석의 정답은 하나가 아니다

많은 실무자들은 데이터 분석을 '정확하게' 수행해야 한다는 부담감을 느낀다. 마치 데이터 속에 단 하나의 정답이 숨겨져 있고(이를 비유적으로 표현하자면, 건초더미에서 바늘을 찾는 것과 같다), 이를 반드시 찾아야 한다고 생각한다. 그러나 하나의 진정한 해석만 존재한다는 생각은 잘못된 가정에서 비롯된다. 일부 OD 실무자들은 철학적인 관점에서 다음과 같이 말한다. "'진실(truth)'이란 확정된 것이 아니라 유동적이며, 끊임없이 수정될 수 있다."(Massarik & Pei-Carpenter, 2002, p. 105) 데이터는 다양한 방식으로 조직화할 수 있으며, 데이터의 해석과 분석 과정은 이를 수행하는 실무자의 경험과 분리될 수 없다. 이것이 바로 학술연구와 OD 실무의 차이점이다. OD 실무자는 데이터 분석 과정에서 창의적이고 식관적인 판단을 내리며, 실무자의 경험이 중요한 역할을 한다(Block, 2011). 레빈슨 (Levinson, 1994) 역시 이에 동의하며, "실무자 자신이야말로 가장 중요한 분석 도구다"(p. 27)라고 주장한다. 또한, OD 실무자가 아무리 조직을 깊이 분석하려 해도 클라이언트(조직 구성원)만큼 조직을 완전히 이해하는 것은 불가능하다는 점을 받아들이는 것이 더 건강하고 스트레스를 덜 받는 태도일 것이다(Schein, 1999). 더욱 현실적인 접근법은 데이터를 기반으로 예비 결론(preliminary conclusions)을 도출하고, 이를 클라이언트와의 유용한 대화로 발전시키는 것이다. 이 과정에서 클라이언트는 컨설턴트의 분석을 학습하고, 조직의 문제해결을 위한 적절한 행동을 함께 개발할 수 있다.

| 데이터 분석의 두 가지 논리적 방법

데이터를 분석하는 과정은 일반적으로 두 가지 논리적 방법에 기반을 둔다(Babbie, 1992).

1. **연역적 분석**
   - 분석가는 일반적인 원칙 또는 이론을 특정한 사례나 관찰에 적용하여 데이터를 해석한다.
   - 조직, 조직변화, 인간 행동에 관한 기존의 모델이나 이론을 활용해 데이터를 분류하고 해석하는 방식이다.

2. **귀납적 분석**
   - 분석가는 개별적인 관찰 또는 데이터를 기반으로 일반적인 원칙이나 이론을 도

출한다.

- 정리되지 않은(raw) 데이터를 읽고 정리하며 핵심 주제를 도출하는 방식이다.

이 두 방법은 모두 OD 실무자의 데이터 분석에 적용될 수 있으며, 설문조사 및 질문지 데이터를 분석할 때 통계 분석 기법과 함께 사용되기도 한다.

연역적 분석: 진단을 위한 모델 활용

데이터를 분석하는 인기 있는 방법 중 하나는 진단 모델을 활용하는 것이다. 특히, 설문조사나 인터뷰 같은 데이터 수집 방식을 설계할 때 특정 모델을 사용했다면, 그 모델을 활용하여 데이터를 분석하는 것이 자연스러운 다음 단계가 된다. 모델을 활용하는 데는 여러 가지 이점이 있다(Burke, 1994).

1. **데이터 코딩이 쉬워진다.**
   - 모델은 데이터가 분류될 수 있는 유한한 범주의 카테고리를 제공한다.
   - 미리 설정된 카테고리를 활용하면, 실무자는 인터뷰 응답을 더욱 쉽게 다양한 그룹으로 정리할 수 있다.

2. **데이터 해석에 도움이 된다.**
   - 실무자는 어떤 카테고리에 더 많은 의견이 집중되었는지, 어떤 카테고리는 상대적으로 강조되지 않았는지 파악할 수 있다.
   - 또한, 모델은 카테고리 간의 관계를 보여주어 실행계획을 수립하는 데 활용될 수 있다.

3. **고객과의 커뮤니케이션을 원활하게 한다.**
   - 장황한 이론이나 복잡한 학술적 언어와 달리, 모델은 그래픽 형태로 표현되기 때문에 고객이 쉽게 이해할 수 있다.
   - 이를 통해 고객이 특정 관심 영역에 집중할 수 있도록 유도할 수 있다.

진단 모델의 실제 활용 사례

이 책에서 이미 여러 가지 진단 모델을 소개한 바 있다.

- 와이스보드(Weisbord)의 식스 박스 모델(Six-Box Model)
- 내들러-투시먼(Nadler-Tushman)의 적합성 모델(congruence model)
- 버크-리트윈(Burke-Litwin)의 조직 성과 및 변화 모델

이러한 모델들은 다양한 조직개발 프로젝트에서 문제를 진단하고 해결할 영역을 제안하는 데 성공적으로 사용되어왔다. 각 모델은 사용하는 용어와 관계 설정 방식이 다르므로 실무자가 고려해야 할 점이 조금씩 다르다(Nadler, 1980). 하지만 이 세 가지 모델은 조직 전체의 기능을 분석하는 모델이므로, 예를 들어 한 팀의 프로젝트 업무분장 방식에 대해 얼마나 만족하는지를 분석하는 데는 적절하지 않을 수 있다. 이런 경우에는 리더십이나 경영과 관련된 특정 모델, 예를 들어 리커트(Likert)의 네 가지 시스템(Likert's Four Systems)이나 블레이크와 머튼(Blake & Mouton)의 관리 격자(Managerial Grid) 등이 더 유용할 수 있다. 또한, 구성원 몰입이나 팀 기능을 다루는 특수 모델이 적절할 수도 있다.

모델을 활용한 데이터 분석 사례

버크(Burke, 1994)는 어느 금융 서비스 회사에서 8명의 관리자와 인터뷰한 데이터를 와이스보드의 식스 박스 모델을 이용해 분석한 사례를 제시했다. 그는 인터뷰 응답 결과를 와이스보드 모델의 여섯 가지 구성 요소를 기준으로 강점과 약점으로 분류했으며, 동시에 각 응답을 공식 시스템 또는 비공식 시스템으로 나누었다. 그 결과, 다음과 같은 중요한 관점을 발견했다.

- 비공식 시스템이 공식 시스템보다 강하게 작용하고 있었으며, 특히 리더십 측면에서 비공식적인 관계가 더 중요하게 작용하고 있었다.
- 반면, 목적 카테고리는 상대적으로 약한 상태였다.

이 분석을 바탕으로 그는 목표, 전략, 실행 방안을 중심으로 논의하는 외부 워크숍(offsite meeting)을 계획했다. 또한, 비공식적으로 형성된 리더십 관계를 기반으로 공식적인 리더십 팀을 강화하는 전략을 제안했다.

모델 활용의 장점과 한계

잘 알려진 모델 외에도 많은 실무자들은 자신의 경험을 바탕으로 개발한 독자적인 모델을 활용하기도 한다. 버크(Burke, 1994)는 대부분 모델이 공식적으로 출판되지 않았으며, 100명의 실무자가 있다면 100개의 서로 다른 진단 모델이 존재할 수 있다고 지적한다(pp. 53-54). 따라서 어떤 모델이 특정 상황에서 가장 적합한지에 대한 합의가 항상 존재하는 것은 아니다. 이처럼 모델의 다양성은 강점이자 동시에 약점이 될 수 있다.

모델의 장점

- 모델은 데이터를 정리하고 초점을 맞추는 데 도움을 준다.
- 특정한 조직 이론이나 시스템 이론을 적용하면, 조직의 공식적인 구조와 절차를 명확히 파악하는 데 유용할 수 있다.

모델의 한계

- 모델에 지나치게 의존하면, 조직 구성원의 해석적 행동을 간과할 위험이 있다.
- 조직 문제를 다룰 때 비공식적이고 문화적인 측면이 중요한 경우, 특정 모델이 이를 충분히 반영하지 못할 수 있다.
- 모델이 제공하는 초점이 강점이 될 수도 있지만, 때로는 특정 부분에 대한 과도한 강조로 인해 중요한 요소를 간과할 수도 있다(Golembiewski, 2000c).

모델 의존의 위험성

또 다른 문제는 모델에 과도하게 의존하는 것이다.

- 모델 없이 패턴을 스스로 인식하는 능력을 잃어버릴 가능성이 있다.
- 데이터 분석이 모델의 틀 안에서만 해석되고, 조직의 실제 맥락을 반영하지 못할 위험이 있다.

특히, 연역적 접근 방식을 사용할 때 카테고리화와 숫자로 계량화하는 과정이 반드시 가장 중요한 이슈를 반영하는 것은 아닐 수도 있다. 예를 들어 다음과 같은 예외적 상황이 있을 수 있다.

- 특정 주제(예: 리더십)에 대한 의견이 5개 나오면 단순히 '리더십 관련 의견이 5개 있음'이라고 정리하는 것만으로는 충분하지 않을 수 있다.
- 적은 수의 응답이더라도 강한 감정을 수반하는 의견이 중요한 문제를 반영할 수 있다.

즉, 어떤 주제는 응답 수가 적어도 매우 중요한 문제일 수 있으며, 반대로 많은 응답이 있는 주제라도 상대적으로 덜 중요한 이슈일 수도 있다. 이처럼 모델이 데이터 분석을 체계화하는 데 유용한 도구가 될 수 있지만, 데이터 해석의 유연성을 유지하고 조직의 맥락을 반영하는 것이 중요하다.

| 귀납적 분석: 핵심 주제 도출

연역적 분석과 달리, 귀납적 분석에서는 미리 정해진 카테고리가 없다. 즉, 데이터 분석자가 어떤 카테고리를 사용할지를 직접 결정한다. 귀납적 접근 방식의 장점 중 하나는 카테고리의 명칭이 조직 구성원의 언어와 더욱 밀접하게 일치할 수 있다는 점이다. 또한, 카테고리는 프로젝트의 특성에 맞게 조정될 수 있어 컨설턴트가 데이터를 어떻게 제시하고자 하는지에 따라 더 많거나 적은 수의 카테고리를 사용할 수도 있다. 이러한 접근 방식은 고객의 상황에 맞춰 특별히 설계된 모델을 개발하는 데도 활용될 수 있으며, 카테고리, 주제, 조직 내 그룹이나 구성원 간의 관계를 시각적으로 보여줄 수도 있다. 다음은 이 방법을 활용하는 간단한 예시다.

한 클라이언트가 컨설턴트를 고용하여 팀이 추진한 지난 3개 주요 프로젝트가 일정에 맞춰 완료되지 못한 이유를 파악하고자 한다고 가정해보자. 컨설턴트는 팀 구성원과 개별 인터뷰를 진행한 후 다음과 같은 10개의 의견을 도출했다.

- "우리 프로젝트 매니저가 정확한 예산을 수립하지 못했다."
- "경영진이 어떤 제안을 수락할지 결정하는 데 너무 오랜 시간이 걸렸다."
- "프로젝트 매니저들이 사용할 수 있는 적절한 시스템이 갖춰져 있지 않다."
- "휴가 일정으로 인해 팀원이 부재할 때 업무에 차질을 빚었다."
- "경영진이 팀원들을 다른 중요한 프로젝트로 이동시켰다."
- "애초에 일정이 부정확하게 설정되었다."
- "우리는 가장 자격 있는 인재를 고용할 만큼 충분한 급여를 지급하지 못한다."
- "프로젝트 매니저들은 초과근무 수당을 받지 못한다."
- "경영진이 프로젝트 중반에 범위를 변경했다."
- "원격 팀원을 포함할 수 있는 콘퍼런스콜 기능이 없다."

이러한 데이터를 다음과 같이 4개의 영역으로 분류할 수 있다.

- 프로젝트 계획(예산, 일정)
- 보상 및 보상 체계(초과근무, 급여)
- 경영 관리(범위, 자원, 의사결정)
- 도구(시스템, 콘퍼런스콜)

다른 방식으로는 의견에서 언급된 초점을 기준으로 카테고리를 구성할 수도 있다. 이 경우, 일부 의견은 제외된다.

- 프로젝트 매니저(예산, 초과근무, 시스템)
- 경영진(의사결정, 범위 변경, 자원 이동)
- 팀원(휴가 일정, 원격 근무자)

또한, 다음과 같이 또 다른 분류 방식을 적용할 수도 있다.

- 재무 시스템(예산, 초과근무, 보상)
- 기술 시스템(콘퍼런스콜, 시스템)
- 인적자원 프로세스(휴가 일정)
- 경영 프로세스(의사결정, 프로젝트 범위, 자원 계획)

위의 모든 방법은 정확한 데이터 분류 방식이며, 그 외에도 다양한 카테고리화 방법이 있을 수 있다. 따라서 이러한 의견을 어떻게 정리할지 여부는 컨설턴트의 경험, 클라이언트의 선호도, 조직문화에 따라 달라질 수 있다. 데이터를 다양한 방식으로 정리하여 제시할 때 고객이 어떤 정보를 얻게 될지를 고민해보자. 위의 동일한 의견 목록을 세 가지 방식으로 분류했을 때, 어떤 방식이 더 많은 인사이트를 제공하는가? 특정 방식이 데이터의 의미를 더욱 정확하게 반영하는가, 아니면 특정 문제를 과장하거나 축소하는 효과를 가지는가?

| 헤드라인 분석

앞서 제시한 분류 방식들은 데이터의 구체적인 내용을 충분히 설명하지 못할 수 있다. 예를 들어, '프로젝트 계획'이라는 제목만으로는 해당 주제가 강점인지, 약점인지, 혹은 그 두 가지가 혼합된 것인지 고객이 즉시 파악하기 어렵다. 이를 보완하기 위해 일부 실무자들은 카테고리나 주제를 문장 형태의 제목으로 변환하여 데이터의 내용을 더욱 명확하게 설명하는 단계를 추가할 것을 권장한다. 예를 들어, 앞서 제시한 '도구' 카테고리를 활용하여 다음과 같이 설명할 수 있다.

> **현재 사용 중인 도구는 프로젝트팀을 지원하기에 충분하지 않을 수 있다.**
>
> - "프로젝트 매니저들이 사용할 수 있는 적절한 시스템이 갖춰져 있지 않다."
> - "원격 팀원을 포함할 수 있는 콘퍼런스콜 기능이 없다."

이처럼 데이터 분석을 학습하는 가장 좋은 방법은 직접 실습해보는 것이다. 실무자마다 데이터를 분류하고 코딩하는 고유한 방식을 가지고 있으며, 일반적으로 다음과 같은 일곱 가지 단계에 따라 귀납적 코딩을 수행한다.

1. 먼저, 데이터를 다시 한번 읽어보되, 이 단계에서는 메모하지 않는다. 이 과정의 목적은 데이터를 분석하려 하기보다 전체적인 내용을 친숙하게 익히는 것이다.

2. 데이터를 잠시 제쳐두고, 방금 읽은 내용에서 눈에 띄는 몇 가지 주요 개념이나 주제를 적어본다. 처음에는 아무런 아이디어가 떠오르지 않을 수도 있지만, 꾸준히 시도해야 한다. "이 작업을 마친 후에도 아무런 발전이 없는 것처럼 느껴질 수 있다. 특정한 경향을 발견하는 것이 어려울 수도 있다. … 하지만 당황하지 말라." (Manzini, 1988, pp. 77-78)

3. 다시 데이터를 읽어보면서, 각 의견이 무엇을 의미하는지 또는 어떤 개념이나 주제의 사례인지 자문해본다. 그런 다음 해당 의견에 적절한 라벨(주제)을 부여한다. 예를 들어, "애초에 일정이 부정확하게 설정되었다"라는 의견은 '프로젝트 계획'으로 분류할 수 있다.

4. 모든 의견을 검토하면서, 기존에 설정된 카테고리 중 하나에 배치할 것인지, 아니면 새로운 카테고리를 만들어야 할지를 결정한다.

5. 모든 의견을 분석한 후, 이를 카테고리별로 정리하고 각 의견이 올바르게 배치되었는지 검토한다. 특정 카테고리에 속하는 의견이 지나치게 적거나 많은 경우, 그 이유를 고려한다.

6. 과포화된 카테고리를 세분화할 필요가 있는지, 반대로 한두 개의 의견만 포함된 카테고리를 다른 카테고리와 통합할 수 있는지를 판단한다.

7. 각 카테고리의 의미를 설명하는 문장을 작성하고, 서로 연관될 수 있는 카테고리를 확인한다.

위에서 설명한 과정과 예시를 살펴보면, 귀납적 분석 접근 방식은 시간이 오래 걸릴 수 있으며, 데이터가 방대할 경우 상당한 인내심을 요구할 수도 있다. 실무자는 데이터를 여러 번 읽어보면서 조직 내 문제를 깊이 이해해야 하며, 분석 과정에서 유연성과 개방적인 태도를 유지해야 한다. 귀납적 접근 방식은 미리 정해진 카테고리가 없기 때문에 연역적 접근 방식보다 조직, 데이터 또는 조직 이론에 대한 더 깊은 이해를 요구할 수도 있다.

마지막으로 두 가지 주의할 점이 있다. 첫째, 카테고리를 생성하는 사람이 실무자 본인이기 때문에 특정 의견이 실무자의 개인적인 신념이나 경험과 지나치게 일치할 위험이 있다. 이는 특히 내부 컨설턴트일 경우 더욱 그러하다. 예를 들어, 이전 프로젝트에서 고위 경영진과의 부정적인 경험이 있었던 실무자는 의도치 않게 경영진과 관련된 부정적인 의견에 더 집중할 가능성이 있다. 반면, 실무자의 직관은 데이터 분석의 중요한 요소이므로 자신의 내면적인 반응을 경청하는 것도 유용할 수 있다. 둘째, 카테고리를 요약하는 데 사용하는 언어와 표현을 신중하게 선택해야 한다. 예를 들어, 위의 '도구' 사례에서 "현재 사용 중인 도구는 충분하지 않을 수 있다"는 표현이 인터뷰에서 나온 실제 의견을 공정하게 반영하는지 고민해볼 필요가 있다. "충분하지 않다" 대신 "매우 부족하다"라는 표현이 더 적절할 수도 있다. 이러한 문제를 어떻게 해결할 수 있는지에 대해서는 이후 섹션에서 더 자세히 논의할 것이다.

| 통계 분석

설문조사(특히 리커트 척도 항목이 포함된 조사)나 귀납적 및 연역적 범주화 과정을 통해 도출된 주제에 대한 정교한 분석을 수행할 때, 통계 분석은 강력한 도구가 될 수 있다. 예를 들어, 조직 전체의 구성원 만족도나 참여도 조사에서는 통계 분석이 매우 흔하게 사용된다. 여기서 통계적 검정 방법을 상세히 설명하기에는 지나치게 복잡하며, 질적 분석과 비교했을 때 이러한 정량적 절차가 필요한 경우는 상대적으로 적다. 대부분의 조직개발 실무자들은 기본적인 통계 차트(예: 빈도 분포표, 히스토그램, x-축 및 y-축, 막대그래프 및 선그래프)와 기술(descriptive) 통계(예: 평균, 중앙값, 최빈값)에 대해 충분히 익숙해야 하며, 이를 해석하고 고객에게 설명할 수 있어야 한다.

통계 분석의 활용과 한계

통계 연구에 익숙한 실무자의 경우, 강력한 통계 검정 기법이 조직 진단에 설득력 있는 방식이 될 수 있다. 그러나 연구 배경이 없는 클라이언트에게는 이러한 검정 결과가 그다지 설득력 있게 다가오지 않을 수도 있다. 내들러(Nadler, 1977)는 "컨설턴트나 연구자가 방대한 컴퓨터 출력 결과를 혼란스럽고 압도당한 클라이언트에게 쏟아붓는 경우를 자주 볼 수 있다"(p. 149)고 지적한다. 독립 표본 t-검정이나 분산 분석(ANOVA)에서 도출된 결론을 클라이언트에게 설명하기 위해 실무자가 투입해야 하는 시간과 노력이 정작 다루어야 할 핵심 이슈로부터 클라이언트의 주의를 분산시키는 결과를 초래할 수도 있다. 또한, 과도한 통계 데이터 제공은 클라이언트가 불필요한 '호기심 질문'을 던지는 결과를 초래할 수 있다. 예를 들어, "15번 질문에 대한 영업 부서와 마케팅 부서 간 평균 응답 차이가 통계적으로 유의미한가?" 같은 질문이 추가적인 통계 검정을 요구하게 될 수도 있으며, 이는 실행 단계로 나아가는 것을 지연시키는 저항의 한 형태일 수 있다. 가장 효과적인 접근 방식은 통계를 신중하게 사용하여 클라이언트가 압도되지 않도록 하면서도 설득력 있는 사례를 구축하는 것이다.

내들러는 다음과 같이 권장한다.

- 클라이언트가 쉽게 해석할 수 있을 정도로 단순하고, 적절한 소량의 데이터를 포함하라.
- 주요 정보를 압축하여 전달할 수 있도록 시각적 자료를 활용하라.

이를 통해 고객이 핵심적인 내용을 빠르게 이해하고, 실행 가능한 결정을 내릴 수 있도록 돕는 것이 중요하다.

데이터 해석

데이터가 특정한 카테고리로 분류되고 원래의 방대한 의견에서 주요 주제로 정리되면, 이제 실무자는 해석과 추론을 통해 데이터에서 어떤 결론을 도출할 수 있을지를 결정해야 한다. 이 과정에서 실무자는 다음과 같은 질문을 던질 수 있다. 이는 클라이언트와의 계약 단계에서 논의한 질문과도 유사하다.

- 데이터가 보여주는 강점과 약점은 무엇인가?
- 데이터에 따르면 문제의 본질은 무엇인가?
- 문제를 유발하는 요인은 무엇이며, 이것이 클라이언트의 관점과 어떻게 다른가?
- 현재 문제를 해결하기 위해 어떤 조치가 이루어지고 있는가?
- 특정한 인구통계 변수에 따라 데이터에 차이가 있는가?

이 과정에서 실무자는 사실과 데이터에서 출발하여 무의식적으로 근거 없는 추론을 도출하는 위험에 빠질 수 있다. 레빈슨(Levinson, 1994)은 이에 관하여 다음과 같이 조언한다. "실무자는 자신이 도출한 추론의 근거가 된 사실을 명확히 제시할 수 있어야 하며, 가능한 대체 추론들을 찾아내고, 특정 추론을 선택한 이유를 설명할 수 있어야 한다."(pp. 43-44) 예를 들어, "구성원들은 고위 경영진을 신뢰하지 않는다"라는 결론을 도출할 경우, 이를 뒷받침하는 인터뷰에서 나온 여러 사실이 있어야 한다.

- 구성원들이 위험을 감수하면 불이익을 받을 것이라고 느낀다.
- 부정적인 정보를 보고하지 않기로 선택한다.
- 경영진이 약속을 지키지 않은 사례들을 제시한다.

이러한 사실을 바탕으로 결론을 도출하면, 해당 해석이 합리적일 가능성을 높이며, 클라이언트와 변화관리자 모두 이 결론에 더 신뢰를 가질 수 있다.

데이터에 의해 뒷받침되지 않는 결론을 내리기 쉬운 이유 중 하나는 실무자가 자신의 경험을 기반으로 기존에 가지고 있던 관점을 강화하는 방식으로 데이터를 해석할 가능성이 있기 때문이다. 예를 들어, 칸(Kahn, 2004)은 사회복지 기관에서 컨설팅을 진행하던 중 개인적인 가족 배경으로 인해 조직 구성원들의 편에 서게 되었고, 구성원들이 조직 문제의 원인을 기관장에게 돌리는 해석을 자연스럽게 받아들이게 되었다고 설명한다. 그는 리더십, 권력 역학, 팔로워의 행동과 책임에 대한 가정, 특정 조직 내 역할에 대한 개인적인 공감 등이 결합되면서 기관장이 문제의 주요 원인이라는 특정한 해석에 치우치게 되었으며, 인종 및 성별과 관련된 민감한 문제를 다루는 것을 피하게 되었다.

실무자가 이러한 문제를 피하고 더욱 타당한 결론을 도출하는 방법은 여러 가지가 있다. 첫 번째 방법은 여러 번 다양한 방식으로 분석을 수행하는 것이다. 데이터를 새로운 카테고리로 다시 분류하거나, 여러 개의 모델을 적용하여 분석을 검증하면 해석의 신뢰도를 높이거나 대안적인 결론을 도출할 수 있다. 귀납적 분석과 연역적 분석을 모두 시도해보고 각각 어떤 결과가 나오는지 비교하는 것도 유용하다. 두 번째 방법은 데이터에 익숙하지 않은 동료의 의견을 구하는 것이다. 만약 고객과의 기밀 유지 계약을 허용하는 경우, 다른 실무자가 데이터를 직접 분석하여 '제2의 의견'을 제공하도록 하거나, 분석자가 도출한 결론을 설명하는 동안 경청하게 할 수 있다. 두 번째 실무자는 이러한 추론이 실제 데이터에 의해 뒷받침되는지 점검하는 역할을 한다. 세 번째 방법이자 아마도 가장 직접적인 방법은 클라이언트와 함께 해석 과정을 진행하는 것이다. 여러 가지 해석이 가능할 경우, 클라이언트와의 대화를 통해 어떤 해석이 가장 합리적인지 명확히 할 수 있다.

다시 강조하자면, 컨설턴트의 역할은 클라이언트에게 '정답'을 제시하는 것이 아니라, 클라이언트가 문제를 다른 시각에서 탐색할 수 있도록 학습 과정을 촉진하는 것이다. 이를 통해 클라이언트가 이전에는 인식하지 못했던 새로운 관점을 발견할 수 있도록 돕는 것이 중요하다. 그림 8.1은 이러한 세 가지 방법을 요약하여 보여준다.

그림 8.1 데이터 해석의 편향성 방지

재정렬	다른 접근 방식(귀납적 또는 연역적)을 사용하여 데이터를 다시 정렬해본다. 처음에 다른 모델을 사용했다면 다른 모델을 사용해볼 수 있다.
도움받기	기밀 유지 계약을 허용하는 경우 데이터 수집 또는 분석에 도움을 줄 동료에게 해석의 조언을 구할 수 있다.
클라이언트 문의	클라이언트에게 원시 데이터를 분석하여 동일한 결론에 도달하는지 확인하도록 문의한다.

주제 선택 및 우선순위 설정

주제가 도출되고 예비 결론이 마련되면, 실무자는 클라이언트와 논의할 문제를 신중하게 선택해야 한다. 모든 문제가 현재 진행 중인 개입과 관련이 있는 것은 아니며, 모든 문제를 다룰 수도 없다. 따라서 "경영진에게 지나치게 많은 문제 목록을 제시하는 것을 피하고, 조직 전체를 압도할 수 있는 상황을 방지해야 한다. 정말로 중요한 문제를 선별하고, 그 성격과 범위를 설명하는 요약을 준비해야 한다"(Manzini, 1988, p. 143). 그러나 컨설턴트는 구성원들의 업무량에 대한 불만을 클라이언트와 공유해야 하지만, 구내식당 음식에 대한 불만은 우선순위를 낮게 설정해야 한다고 어떻게 판단할 수 있을까? 혹은, 소수이지만 강한 감정을 드러내며 매우 민감한 문제를 제기하는 구성원들의 의견은 어떻게 다루어야 할까?

어떤 주제를 선택할지에 대한 결정은 문제의 성격, 데이터, 개입의 목표, 계약 내용, 그리고 컨설턴트의 경험과 직관에 따라 달라진다. 골렘비에프스키(Golembiewski, 2000a)는 클라이언트가 문제를 해결할 의지를 꺾는 것이 아니라, 오히려 행동으로 이어질 수 있도록 '동기를 부여하는 데이터의 특징'을 제시했다. 클라이언트가 큰 관심을 가지고 열정을 보일 가능성이 큰 데이터를 선별하는 다섯 가지 기준을 다음과 같이 설명한다.

1. **관련성(relevant)**. 클라이언트와 논의할 문제는 컨설턴트와 클라이언트 간 계약된 문제와 관련이 있어야 한다. 클라이언트는 문제의 핵심 원인과 관련이 없거나 영향력이 적은 문제에 관심을 보이지 않을 가능성이 크다. 예를 들어, 구내식당 음식의 질 문제는 팀원들이 서로 만족할 만한 근무 일정을 조율하는 데 중요한 요인이 아닐 가능성이 크다.

2. **영향력 및 관리 가능성(influenceable or manageable)**. 컨설턴트는 클라이언트가 직접 변화시킬 수 있는 문제를 제시할 때, 클라이언트의 동기부여가 촉진된다. 반면, 클라이언트가 통제할 수 없는 문제에 대한 데이터를 공유하는 것은 실행력을 떨어뜨릴 수 있다. 예를 들어, "귀하의 문제 중 두 가지는 유가가 예산보다 너무 높다는 점과 귀하의 산업이 연간 11%의 비율로 감소하고 있다는 것입니다" 같은 문제를 제시하면 현재 문제의 책임을 고객에게서 멀어지게 만들며, 클라이언트가 행동을 취할 동력을 상실하게 한다. 또한, 블록(Block, 2011)은 사람들이 작업하고 싶어 하는 주제를 선택하는 것이 중요하다고 강조한다.

3. **서술적(Descriptive)**. 가장 유용한 데이터는 현재의 사실을 설명하는 데이터이며, 문제를 평가하거나 비난하거나 특정 개인의 책임을 강조하는 방식이 되어서는 안 된다. 평가적이거나 처벌적인 데이터는 고객의 저항을 불러일으킬 가능성

이 크다. 하지만 이것이 감정을 무시해야 한다는 의미는 아니다. 조직 구성원들의 감정과 의견 역시 기술할 수 있는 객관적인 사실로 간주할 수 있다. 예를 들어, "제 인터뷰에서 다음 세 가지 주제가 확인되었습니다" 같은 표현은 평가를 최소화하면서도 문제의 핵심을 전달하는 적절한 서술 방식이다.

4. **선별적**(selective). 데이터에서 나타난 모든 주제를 다루거나 논의해서는 안 된다. 클라이언트가 전체적인 상황을 더욱 명확하게 이해하도록 돕기 위해 많은 데이터를 제시하는 것은 유혹적일 수 있지만, 오히려 클라이언트를 압도하여 무엇을 해야 할지 결정하는 데 어려움을 줄 수 있다. 따라서 가장 중요한 몇 가지 핵심 문제를 선택하여 논의하는 것이 효과적이며, 상대적으로 덜 중요한 주제는 제외하는 것이 바람직하다.

5. **충분하고 구체적인 정보**(sufficient and specific). 골렘비에프스키(Golembiewski, 2000a)는 선택적 접근 방식의 단점은 지나치게 적은 정보가 제시될 위험이 있다는 점이라고 지적한다. 충분한 세부 사항을 제공해야 클라이언트가 구체적인 조치를 고려할 수 있다. 예를 들어, "경영 이슈가 프로젝트 일정 지연의 주요 원인이다"라는 진술이 정확할 수는 있지만, 문제를 해결하기 위한 구체적인 행동 방안을 도출하기에는 너무 모호할 수 있다. 또한, 선택한 이슈들은 서로 비교 가능한 개념적 수준에서 서술되어야 한다. 예를 들어, "구성원들은 음성 메시지에 4시간 이내에 응답받기를 원한다"처럼 지나치게 구체적인 피드백이 "구성원들은 조직이 변화를 효과적으로 관리하지 못한다고 느낀다" 같은 포괄적인 진술과 섞이지 않도록 해야 한다.

그림 8.2는 클라이언트와 공유할 주제를 선택하고 우선순위를 정하는 다섯 가지 핵심 원칙을 요약한 것이다.

그림 8.2 주제 선택 및 우선순위 설정

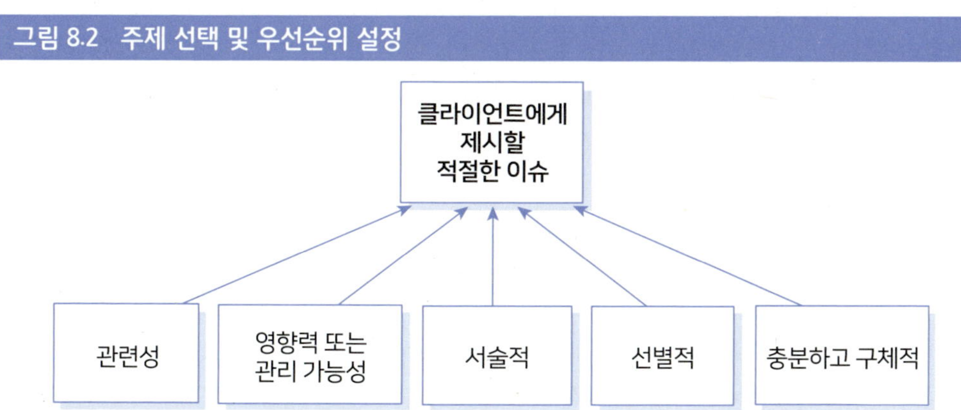

피드백

데이터가 분석되고 정리된 후, 실행을 유도할 가능성에 따라 선별되면 실무자는 이러한 결과를 클라이언트와 공유한다. 이는 서면 피드백 보고서, 피드백 회의 또는 두 가지를 병행하는 형태로 이루어질 수 있다. 피드백이 어떻게, 언제 제시될 것인지는 계약 과정에서 논의하는 것이 가장 좋다(Noolan, 2006). 실무적인 측면에서 보면, 보고서를 작성하여 클라이언트에게 보내는 것은 그리 어려운 일이 아니다. 아지리스(Argyris, 1970)는 다음과 같이 말한다.

> "피드백의 기본 목적이 단순히 결과를 명확하게 제시하는 것이라면, 개입자는 잘 작성되고, 보기 좋으며, 이해하기 쉬운 보고서를 만들고 … 문제 발생을 방지할 수 있는 능력 있는 발표자를 선정하기만 하면 된다."(p. 322)

그러나 피드백 회의의 더 중요한 목적은 클라이언트가 실제로 변화를 일으키도록 유도하는 것이며, 블록(Block, 2011)은 이를 "행동을 위한 회의(Meeting for Action)"라고 부르기를 선호한다(p. 229). 데이터에서 실행으로의 전환 과정에서 변화관리자가 데이터를 제시하는 방식은 가장 협조적인 클라이언트조차 어려움을 겪거나 개인적으로 고통스러운 과정에 직면하게 할 수 있다.

클라이언트가 피드백을 요청했더라도 피드백 과정은 컨설턴트와 클라이언트 모두에게 높은 불안을 유발할 수 있는 민감한 과정이다. 클라이언트는 조직을 컨설턴트에게 공개했으며, 조직의 일부로서 문제에 연루되어 있다. 데이터가 클라이언트 개인에 대한 것이 아니라 조직 전체에 대한 것일지라도 클라이언트는 피드백 회의를 자신의 역량을 평가받는 개인적이고 직업적인 과정으로 받아들일 수 있다. 데이터 수집의 목적이 종종 클라이언트가 이해하는 문제를 더욱 명확하게 기술하는 것이기 때문에 피드백 과정에서 클라이언트가 문제를 충분히 이해하지 못하고 있었음이 드러날 수도 있다. 이러한 상황은 '잘못했다는 느낌(sense of inadequacy)'을 유발하여 불안과 죄책감을 불러일으킬 수 있다(Argyris, 1970, p. 323). 클라이언트는 방어적인 태도를 취할 수도 있으며, 이후 설명할 여러 방식으로 데이터를 거부할 수도 있다. 클라이언트가 피드백을 받아들이고 이해하며 실행하도록 동기부여할 가능성을 극대화하려면, 피드백 회의를 문제 탐색, 학습, 실행계획이 가능한 환경으로 조성해야 한다.

피드백은 동기부여 기능과 방향 설정 기능을 모두 갖는다(Nadler, 1977). 피드백이 기존의 신념과 불일치할 때, 이는 일종의 불편함을 유발하며, 수용자가 다른 결과를 얻기 위해 새로운 행동을 하도록 유도할 수 있다. 내들러(Nadler)는 이를 '불일치(disconfirmation)'라고 부른다. 또한, 피드백은 더 나은 결과를 가져올 수 있는 적절한 행동으로 고객의 관심을 이끄는 역할을 하며, 이를 '단서 제공(cueing)'이라고 한다.

내들러(1977)는 피드백을 기반으로 변화가 일어나려면, 피드백 자체와 그 과정이 에너지를 만들어야 한다고 설명한다. 클라이언트가 피드백과 싸울 에너지를 가질 수도 있으며, 이 경우 실무자는 클라이언트의 저항을 감지할 수 있다. 반면, 클라이언트가 피드백을 개선하려는 에너지를 가지고 있더라도 잘못된 문제에 집중하거나 변화를 성공적으로 이루는 데 필요한 지원 체계가 없다면, 아무런 변화도 일어나지 않을 수 있다. 실무자의 역할은 클라이언트와 함께 에너지를 창출하고, 그 에너지를 변화가 가장 효과적으로 이루어질 수 있는 영역으로 유도하는 것이다. 앞서 논의했듯이, 모든 피드백이 변화를 유도하거나 방향을 제시하는 것은 아니다. 피드백이 관련성, 구체성, 충분한 정보를 갖추지 못하면, 클라이언트는 이를 거부할 가능성이 크다.

위에서 제시한 다섯 가지 주제 선정 원칙은 효과적인 피드백의 특징이기도 하다. 또한, 피드백은 검증 가능한(verifiable) 데이터로 구성되어야 한다. 내들러(1977)는 "사람들은 자신이 유효하고 정확하다고 느끼는 데이터에 더 반응할 가능성이 크다"고 설명하며, 클라이언트가 피드백을 신뢰할 가능성을 높이려면 "데이터가 실제로 조직에서 일어나고 있는 일을 대표하는 것"(p. 147)이라고 확신할 수 있어야 한다고 강조한다. 또한, 피드백은 확정적(finalized)으로 제시되어서는 안 된다. 즉, 수집된 데이터에 대한 논의는 고정된 상태나 절대적인 판단이 아니라 지속적으로 탐색해야 하는 과정이며, 실무자는 이를 확정된 전문가적 판단으로 제시해서는 안 된다. 내들러는 이에 대해 다음과 같이 설명한다.

> "피드백을 성공적으로 활용하기 위해서는 데이터를 최종 결론이 아니라 추가 탐색의 출발점으로 사용하는 것이 일반적이다. 예를 들어, 회의에서 가장 유용하고 설명적인 데이터는 컨설턴트의 피드백 보고서가 아니라 테이블에 앉아 있는 사람들의 머릿속에 있다. 피드백이 효과적이려면, 공식적으로 수집된 데이터는 더욱 심층적인 데이터 수집, 문제 확인 및 해결을 위한 출발점으로만 사용되어야 한다."(p. 148)

이 개념은 피드백 회의의 핵심으로, 클라이언트와 컨설턴트가 함께 데이터를 논의하고, 수집된 데이터를 대화의 기반으로 활용할 수 있도록 협력해야 한다는 것을 의미한다.

| 피드백 회의의 구조화

조직개발 실무자는 피드백 회의를 성공적으로 운영할 수 있도록 사전 준비에 신경 써야 한다. 실무자는 회의가 진행될 환경이 학습, 탐색, 대화가 이루어질 수 있는 적절한 공간인지 신중하게 고려해야 한다. 예를 들어, 클라이언트의 사무실이 다른 조직 구성원들이 수시로

드나드는 개방된 공간이라면, 클라이언트는 피드백을 집중해서 듣기 어려울 것이며, 기밀 유지도 어려울 수 있다. 또한, 클라이언트의 사무실에서 흔히 발생하는 전화벨 소리, 방문객, 즉시 처리해야 하는 이메일 등은 집중력을 분산시키는 요소가 될 수 있다. 이러한 이유로 다른 장소를 선택하는 것이 유용할 수 있다.

또한, 실무자는 충분한 시간을 확보해야 한다. 계약 내용을 검토하고, 데이터를 분석하며, 데이터의 세부 사항을 논의하고, 실행계획이나 개입 방안을 논의할 수 있도록 충분한 시간을 할애해야 한다. 시간이 너무 부족하면 한 번의 회의로 모든 문제를 충분히 탐색하기 어렵다. 심지어 좌석 배치도 중요할 수 있다. 클라이언트와 마주 보고 앉는 것은 대립적인 분위기를 조성할 수 있어 클라이언트와 컨설턴트가 서로 대립하는 것처럼 느껴질 수 있다. 반면, 원형 테이블에 앉거나 나란히 앉아 노트나 자료를 함께 보는 방식은 협력적인 분위기를 조성할 수 있다.

다양한 피드백 회의 구조

경험이 많은 실무자들은 피드백 과정을 구조화하는 자신만의 방식을 개발해왔다. 레빈슨 (Levinson, 1994)은 컨설턴트와 클라이언트가 하루 업무의 마지막 2시간과 다음 날 아침 첫 2시간을 검토 및 논의 시간으로 확보할 것을 권장한다. 첫 번째 회의에서 컨설턴트는 보고서를 고객에게 직접 읽어주고, 이후 클라이언트가 저녁 동안 보고서를 개별적으로 검토할 수 있도록 사본을 제공한다. 다음 날 아침, 클라이언트는 혼자 읽고 생각한 내용을 바탕으로 컨설턴트와 함께 문제를 명확히 하고 실행계획을 개발한다. 블록(Block, 2011)은 다른 접근 방식을 제안한다. 그는 기존 계약을 간략히 검토한 후 결과를 제시하고, 회의의 대부분을 클라이언트의 반응을 탐색하고, 권장 사항을 논의하며, 다음 단계에서 무엇을 해야 할지 결정하는 데 집중할 것을 권장한다. 그는 대부분 실무자가 데이터와 주제에 너무 많은 시간을 할애하여 정작 클라이언트가 데이터에 대해 어떻게 느끼는지, 피드백을 바탕으로 무엇을 해야 하는지 충분히 논의하지 못하는 경우가 많다고 지적한다. 아지리스(Argyris, 1970)는 또 다른 접근 방식을 제시하며, 권장 사항을 개발하는 것을 거부한다. 그는 피드백뿐만 아니라 실행계획 또한 클라이언트가 직접 소유해야 한다고 주장한다. 아지리스는 컨설턴트가 권장 사항을 제공하면, 클라이언트가 문제를 직접 탐구하고 내면화할 기회를 빼앗는 것이라고 본다.

피드백 보고서 사전 공유의 장단점

클라이언트에게 피드백 보고서를 미리 제공하는 것은 양날의 검이 될 수 있다. 한편으로는 클라이언트가 미리 보고서를 검토하면 개인적인 회의를 진행하기 전에 내용을 숙고할 기회를 갖게 되며, 특히 받아들이기 어려운 피드백을 며칠 동안 의미와 영향을 곱씹은 후 받아들이는 것이 더 수월할 수 있다. 반면, 실행 중심적인 클라이언트는 컨설턴트와 논의하기 전에 피드백을 받고 서둘러 행동하려는 경향이 있을 수 있다. 이 경우, 데이터를 오해하거나 감정적인 반응을 기반으로 성급한 결정을 내릴 가능성이 있다. 피드백 보고서를 미리 제공할지 여부는 실무자가 개인적인 선호, 경험, 클라이언트에 대한 이해를 바탕으로 판단해야 한다.

| 피드백 회의에서 데이터 제시하기

피드백 회의에서의 논의는 클라이언트가 데이터를 수용할 가능성을 높이거나 낮출 여러 기회를 제공한다. 다음은 피드백 세션을 효과적으로 관리하고 데이터를 제시하는 데 도움이 되는 몇 가지 권장 사항이다.

- 클라이언트가 형식적인 절차로 여길 수 있더라도 긍정적인 데이터부터 시작하는 것이 좋다. 클라이언트가 조직의 강점을 인정하고 이를 긍정적으로 받아들이도록 유도한다. 단, 피드백은 반드시 진정성과 신뢰성을 가져야 한다. 일부 클라이언트에게는 이 방식이 나쁜 소식을 전하기 전에 분위기를 조성하는 것처럼 느껴질 수 있다. 그러나 강점을 인식하는 것은 이를 활용해 약점을 보완하거나 해결하는 데 도움이 될 수 있다.

- 피드백 보고서에 포함된 주제는 충분한 세부 정보를 포함해야 하며, 명확하게 정의되어야 한다. 일부 컨설턴트는 특정 주제를 설명하기 위해 인터뷰에서 나온 대표적인 인용문을 선택하여 사용한다. 그러나 이러한 접근 방식에는 인터뷰 참여자의 익명성이 침해될 위험이 있을 수 있어 주의해야 한다. 단순히 '팀 회의를 개선하라' 같은 카테고리 라벨을 제시하는 것이 아니라, 구성원들이 무엇을 어떻게 개선하고자 했는지를 명확히 설명할 수 있어야 한다.

- 정량적 데이터는 조직 내에서 나타나는 경향과 동의를 얻은 정도를 보여줄 수 있다. 그러나 너무 많은 세부 정보를 제공하면 오히려 클라이언트가 부담을 느낄 수 있다. 적절한 수준의 통계를 포함하는 것이 데이터의 핵심 흐름을 설명하는 데 가장 효과적이다.

- 데이터 제시에서 언어 선택은 매우 중요하다. 예를 들어, "구성원들은 경영진의 의사결정 속도가 느리다고 언급했다"는 비평적이지 않은 서술 방식이므로 "당신은 의사결정을 너무 느리게 한다" 같은 직접적인 표현보다 클라이언트가 더 잘 받아들일 가능성이 크다. 또한, 단순한 행동 기술이 아니라 해당 행동이 자신이나 타인의 행동, 태도, 가치에 미치는 영향을 보고하는 것이 중요하다(Golembiewski, 1979a, p. 65).

- 실무자가 자신의 감정을 클라이언트에게 투영하는 것은 흔한 문제다(Block, 2011; Scott, 2000). 실무자는 클라이언트가 화가 나거나, 상처받거나, 당혹스러워할 것이라고 가정할 수도 있다. 그러나 이는 컨설턴트 본인이 동일한 상황에 처했을 때 느낄 감정일 뿐이며, 실제 클라이언트의 반응과 다를 수 있다. 따라서 실무자는 사실에 집중해야 하며, 클라이언트의 감정을 가정해서는 안 된다.

- "어려운 문제를 기꺼이 직면하라"(Scott, 2000, p. 149). 컨설턴트가 말하기 어렵거나 클라이언트가 듣기 불편한 내용이라도 반드시 공유해야 한다. 조화를 유지하거나 클라이언트가 불편함을 느끼지 않도록 하기 위해 피드백을 약화하는 것은 피해야 한다. 예를 들어, "이 문제를 가진 관리자들을 많이 봤습니다", "저도 같은 실수를 한 적이 있습니다" 같은 발언은 피드백의 중요성을 희석시키며, 클라이언트가 이를 심각하게 받아들이지 않을 수 있다. 따라서 불편한 주제라도 명확하게 전달하는 것이 중요하다.

저항

관리자, 변화관리자, 조직개발(OD) 실무자들이 변화에 대한 반응을 이야기하는 것을 주의 깊게 들어보면, "아무도 변화를 좋아하지 않는다", "사람들은 변화를 거부한다" 같은 표현을 자주 들을 수 있다. 코터와 슐레징어(Kotter & Schlesinger, 2008)는 "조직변화 노력은 종종 어떤 형태로든 조직 구성원의 저항에 부딪힌다"(p. 131)라고 말하며, 그 원인으로 자기 이익 추구, 오해와 신뢰 부족, 변화의 비용과 이익에 대한 서로 다른 평가, 변화에 대한 낮은 수용력 등을 제시한다. 오툴(O'Toole, 1995)은 변화에 대한 저항의 핵심적인 원인으로 작용하는 33가지 이유를 제시했는데, 여기에는 미지에 대한 두려움, 지나친 변화로 인한 피로감, 변화 가능성에 대한 냉소적인 태도, 현 상태 유지와 익숙한 습관을 지속하려는 욕구 등이 포함된다. 저항은 흔히 변화관리자와 변화의 성공적인 실행 사이에 존재하는 주요 장벽으로 간주된다. 이는 '반발(push-back)', '동의하지 않음(not buying in)', '비판(criticism)', '미온적 태도(foot dragging)', '우회 전략(workarounds)', '요청에 대한 지연된 응답', '부정적이거나 비판적인 의견 제시'(J. D. Ford & Ford, 2010, p. 24) 등의 행동으로 나타날 수 있으며, 이 외에도 변화 실행을 방해하는 다양한 방식으로 표현될 수 있다.

변화에 대한 저항은 학계에서도 활발히 연구되었으며, 선행 요인, 상황적 요인, 성격적 특성 등 다양한 측면에서 저항을 분석한 수백 편의 연구 논문이 존재한다(Oreg, Vakola, & Armenakis, 2011). 연구들은 조직변화에서 저항을 최소화하고 조직 구성원들이 변화를 수용할 가능성을 높이는 방법을 제안해왔다. 일반적으로 저항은 변화 시도가 실패하는 주요 원인으로 간주된다(Erwin & Garman, 2010).

그 결과, 실무자들은 흔히 '저항을 극복하는 것'을 목표로 삼는다. 이 개념은 조직개발 분야에서 오랜 역사를 가지고 있으며, 초창기 연구 논문에서 처음 개념화되었다(Coch & French, 1948). 관리자와 변화관리자들은 저항에 직면했을 때 이를 극복하기 위한 최적의 전략을 고민하며, 구성원들이 저항을 포기하고 변화를 수용하도록 유도하는 방법, 활동, 전략을 찾는다. 코터와 슐레징어(2008)는 관리자가 다음과 같은 스펙트럼의 다양한 접근 방식을 활용할 것을 권장한다. 구성원을 교육하고 참여를 유도하는 것에서부터, 조작하거나 강제하는 것까지 다양한 방식이 존재한다. 그러나 우리가 조직 및 클라이언트와 협력할 때 사용하는 저항에 대한 기존의 관점과 사고방식이 과연 가장 효과적인 접근 방식인지 다시 고민해볼 필요가 있다. 이 장에서는 조직개발 실무자들이 저항 개념을 새롭게 이해함으로써 얻을 수 있는 이점, 그리고 저항을 표출하는 클라이언트와 더욱 생산적인 대화를 나누기 위해 어떻게 협력할 수 있는지를 살펴볼 것이다.

| 저항에 대한 새로운 관점

'변화에 대한 저항'이라는 표현을 들을 때 어떤 이미지가 떠오르는가? 일부 저자들은 이 표현이 더 이상 유용하지 않을 수 있다고 지적한다. 덴트와 골드버그(Dent & Goldberg, 1999)는 이 개념이 처음 등장한 이후 그 의미가 어떻게 변화해왔는지를 검토하면서, "'변화에 대한 저항을 극복한다'는 표현은 문제의 원인이 전적으로 부하직원에게 있으며, 관리자나 상급 임원이 이러한 '비정상적인 반응'을 극복해야 한다는 암묵적인 의미를 내포하고 있다"(p. 37)고 설명했다. 우리가 흔히 떠올리는 '변화에 대한 저항'은 합리적인 변화관리자의 정당하고 유익하며 도움이 되는 조치에 대해 반항적이고 불복종적이며 비합리적인 구성원들이 적극적이든 소극적이든 저항하는 모습이다. 저항은 변화관리자의 행동과는 별개로 '그들'에게 존재하는 것으로 간주되며, 거의 항상 부정적인 개념으로 인식된다. 그러나 클라이언트와 함께 변화를 설계할 때, 저항이라는 개념을 더욱 정교하게 이해하는 것이 더 유용할 수 있는 몇 가지 이유가 있다.

보편적으로 저항을 정의하는 방식이나 특정 행동이 저항으로 간주되는 것에 대한 합의는 거의 없다. 제프리 포드와 로리 포드(Jeffrey & Laurie Ford, 2010)가 경험한 사례는 다음과 같다. 세 명의 프로젝트 매니저가 팀원들에게 변화에 대해 발표했다. 두 명의 매니저는 변화에 대해 많은 질문을 받았고, 세 번째 매니저는 아무 질문도 받지 못했다. 질문을 받지 못한 매니저는 "침묵 속에 가로막혔다"(p. 25)고 보고했다. 반면, 질문을 많이 받은 두 명 중 한 명은 이를 저항하는 그룹에 대한 '심문'으로 인식한 반면, 다른 한 명은 "참여도가 높은 그룹과의 활기찬 회의"라고 표현했다. '질문하는 것'과 '질문하지 않는 것'이라는 정반대의 행동이 둘 다 저항으로 해석되었다. 또한, 같은 행동(질문하기)이 한 그룹에서는 저항으로, 다른 그룹에서는 적극적인 참여로 해석되었다(p. 25). 이 사례는 저항이 보편적으로 정의되거나 해석되는 개념이 아닐 수 있으며, 변화관리자의 행동과 해석이 저항이라는 개념을 형성하는 데 영향을 미칠 수도 있음을 시사한다.

또한, 저항에 대한 더욱 정교한 관점은 변화에 대한 반응이 단순히 '변화를 지지하는가, 반대하는가' 또는 '지지적(supportive)인가, 저항적(resistant)인가'로 구분될 수 없음을 시사한다. 우리의 태도는 하나의 연속선상에 존재하며, 같은 변화도 긍정적이거나 부정적인 반응을 동시에 유발할 수 있다. 예를 들어, 회계팀의 한 구성원은 쉽게 읽을 수 있는 보고서를 생성하는 새로운 소프트웨어 시스템 도입을 지지할 수 있다. 하지만 모든 데이터를 금요일 정오까지 제출해야 한다는 새로운 요구 사항에 대해서는 불만을 가질 수 있다. 그는 새로운 시스템이 시간을 절약해줄 것이라고 생각하며, 변화의 이점을 다른 사람들에게 설명하면서 설득하려 할 수도 있다. 하지만 동시에, 데이터 제출 마감 시간을 준수하는 것을 거부할 수도 있다. 이러한 예시는 한 가지 변화에 대해 일관되지 않은 의견을 가질 수 있음을 보여준다. 피더릿(Piderit, 2000)은 조직 구성원이 변화에 대해 양가적인 태도를 가질 가능성에 대해서도 고려해야 한다고 말한다. 복잡한 조직에서는 변화 역시 복잡하며, 여러 가지 요소로 구성될 수 있다. 이러한 복잡한 변화는 변화에 대한 다차원적인 신념(인지적 차원, 즉 "나는 어떻게 생각하는가?"), 변화에 대한 태도(정서적 차원, 즉 "나는 어떻게 느끼는가?"), 그리고 변화에 대한 행동(행동적 차원, 즉 "나는 어떻게 행동하는가?")을 만들어낼 수 있다. 이러한 관점에서 보면, 변화에 대한 반응은 신념, 감정, 행동이 뒤섞인 결과로 나타나며, 각각의 요소는 연속적인 스펙트럼상에서 다르게 나타날 수 있다는 점을 기억해야 한다.

저항에 대한 새로운 관점

제프리 포드, 로리 포드, 안젤로 다멜리오(Jeffrey Ford, Laurie Ford, & Angelo D'Amelio, 2008)는 조직개발 실무자가 저항에 대한 기존의 모델을 다시 생각하고, 이에 따라 다른 방식으로 접근해야 한다고 주장하며 세 가지 방향을 제안한다.

1. 우리는 저항이 우리의 해석에 따라 부여하는 레이블이라는 점을 기억해야 한다. 조직 구성원들이 스스로 "이제부터 나는 저항할 것이다"라고 선언하는 경우는 거의 없다. 그 대신, 그들은 답을 찾고, 질문을 던지며, 의견을 공유하고, 기타 다양한 방식으로 행동할 수 있으며, 이러한 행동이 변화관리자에게 저항으로 해석될 수 있다. 변화관리자가 대화를 시작할 때부터 저항이 있을 것이라고 가정하면, 실

제로 그들이 예상한 대로 저항을 발견하게 될 가능성이 크며, 어떤 상황에서는 저항으로 간주되지 않을 행동조차 저항으로 해석될 수 있다. 예를 들어, 이메일에 늦게 응답하거나 회의에서 뒷자리에 앉는 것 같은 행동도 저항으로 여겨질 수 있다. 변화관리자가 이후 변화 프로그램의 실패를 설명해야 할 때, "성공적인 변화는 자신의 공로로 여기고, 문제와 실패는 저항 같은 외부 요인 탓으로 돌린다"(J. D. Ford et al., 2008, p. 364). 이러한 정당화 과정은 변화관리자의 책임을 최소화할 뿐만 아니라, 변화 실패의 원인이 저항이라는 기존의 통념을 더욱 강화하는 역할을 한다. 따라서 저항이라는 레이블을 붙이는 대신, 변화를 수용하는 사람들과의 상호작용을 대화의 기회로 보고, 그들의 복잡한 관점을 존중하며, 변화 과정에서 변화관리자가 맡아야 할 역할을 받아들이는 것이 더 유용할 수 있다.

2. 변화관리자로서 우리는 저항을 피하려고 하면서도 오히려 그것을 유발하는 요인이 될 수 있다. 정보 왜곡, 비진정성(inauthentic behavior), 혹은 스스로의 모순된 태도를 통해 저항을 촉진할 수도 있다. 변화를 추진할 때, 변화의 장점만 강조하고 단점은 무시하거나 축소하는 것은 의도적이든 의도하지 않았든 변화에 대한 잘못된 정보를 제공하는 행위가 될 수 있다. 변화관리자는 변화의 필요성과 평가에 대해 진정성 있고 정확한 태도를 유지해야 한다. 조직 구성원들이 변화를 받아들이기 어렵다고 판단할까 봐 변화관리자가 특정 정보를 숨기거나 저항을 논의하는 것을 피할 경우, 조직 구성원들은 이를 간파하고 오히려 저항을 강화할 수도 있다. 또한, 변화관리자 스스로 모순된 태도를 보일 수도 있다. 항공우주 기술회사에서 관리자의 커뮤니케이션을 연구한 라슨과 톰킨스(G. S. Larson & Tompkins, 2005)는 "경영진이 추진하는 변화에 대한 구성원들의 저항은 사실 경영진이 변화와 기존 방식 사이에서 모호한 태도를 보이는 것에서 비롯될 수도 있다"(p. 17)라고 설명했다. 변화관리자들이 기존 방식과 새로운 변화를 동시에 장려하는 경우, 구성원들은 변화의 필요성을 느끼지 못하고 기존 방식이 계속 유지될 것으로 생각할 수 있다.

3. 우리는 저항이 변화 프로젝트에서 유용한 자원이 될 수 있음을 인식해야 한다. 실제로 저항은 여러 가지 이점을 제공할 수 있다(J. D. Ford & Ford, 2010; J. D. Ford et al., 2008).

- 저항은 변화의 목적을 더욱 명확하게 할 수 있다. 변화의 필요성에 대한 저항은 변화관리자가 그 변화를 왜 추진하는지 더욱 분명하게 설명하도록 유도할 수 있다. 피더릿(Piderit, 2000)은 "방향에 대한 다양한 의견이 있어야 그룹이 현

명한 결정을 내릴 수 있으며, 조직이 효과적으로 변화할 수 있다"(p. 790)고 설명했다. 변화의 목적에 대한 대화는 해결해야 할 문제가 올바르게 정의되었는지 확인하고, 변화의 필요성에 대한 공감대를 형성하는 역할을 할 수 있다.

- 저항은 변화에 대한 대화를 조직 내에서 지속시키는 역할을 한다. 조직 내에는 다양한 프로젝트, 프로그램, 계획, 문제, 도전 과제들이 존재하며, 새로운 변화는 구성원들의 관심을 얻기 위해 여러 요소와 경쟁해야 한다. 변화에 대한 관심이 부족해서 대화가 사라지는 것보다 저항이 존재하는 것이 최소한 변화 논의를 지속할 기회를 제공할 수 있다. 피더릿(2000)은 "결정적인 반대나 강력한 지지보다 솔직한 양가적 태도 표현이 오히려 대화를 촉진할 가능성이 크다"(p. 790)고 설명하며, 변화의 의미와 그에 대한 감정을 탐색하는 과정에서 지속적인 논의가 가치를 가질 수 있음을 보여준다.

- 저항은 변화의 질과 실행을 향상시킬 수 있다. 저항은 종종 변화를 진정으로 중요하게 여기고, 해당 변화에 대해 깊이 알고 있는 사람들에게서 나온다. 변화관리자가 "저항의 표현 속에서 변화 속도, 범위, 순서, 실행 방식 등을 조정할 수 있는 신호를 찾기 위해 의견, 불만, 비판을 면밀히 듣는 것"(J. D. Ford et al., 2008, p. 369)을 통해 긍정적이든 부정적이든 피드백을 반영하여 더 나은 해결책을 도출할 수 있다.

- 저항은 구성원들이 과거 변화 시도와 조직 자체에 대해 어떻게 느끼는지를 파악하는 추가적인 데이터를 제공할 수 있다. 변화관리자들이 "우리는 이미 그 변화를 시도했지만 실패했다"거나 "이번에는 왜 당신을 신뢰해야 하는가?" 같은 반응을 듣는다면, 과거의 변화 시도와 관련된 조직의 역사나 경영진의 과거 행동에 대한 구성원들의 우려를 간과했을 가능성이 있다. 실제로, 보르디아, 레스투보그, 지미슨, 그리고 이머(Bordia, Restubog, Jimmieson, & Irmer, 2011)의 연구에 따르면, 과거 변화에 대한 부정적인 인식은 조직에 대한 신뢰를 낮추고 변화에 대한 냉소적 태도를 증가시키는 중요한 요인이었다.

- 저항은 조직 구성원의 참여와 헌신을 반영하며, 이를 강화하는 역할을 할 수도 있다. 조직에 대한 애정과 성공에 대한 헌신이 강한 구성원일수록 자신이 위협적으로 느끼는 변화에 대해 더 강한 반응을 보일 수 있다. 하지만 이러한 저항은 유용한 기능을 할 수도 있다. "완전히 저항이 없는 세상에서는 어떤 변화도 지속되지 않으며, 조직에 해를 끼칠 수 있는 모든 메시지를 구성원들이 무비판적으로 받아들일 것이다."(J. D. Ford et al., 2008, p. 370) 즉, 저항은 조직을

보호하는 역할을 할 수도 있다.

변화를 수용하는 사람들에게 '저항'이라는 레이블을 붙이고, 그들의 비판과 제안을 무시하거나 피한다면, 그들의 의견을 변화의 이점으로 활용할 기회를 놓치게 된다. 반면, 저항을 조직 구성원과의 지속적인 대화 과정으로 바라보면, 변화에 대한 다층적인 신념을 더 진지하게 받아들이고, 구성원의 참여를 촉진하며, 변화 과정에서 변화관리자가 맡아야 할 역할을 더욱 현실적으로 평가할 수 있게 된다.

| 고객의 저항 다루기

진단 과정과 피드백 회의에서 클라이언트는 변화에 대한 부정적인 감정을 드러낼 수 있으며, 이는 새로운 데이터가 기존의 신념과 충돌할 때 흔히 발생하는 통제력 상실감과 관련이 있을 수 있다. 클라이언트가 데이터나 실행 조치를 받아들이기를 거부하는 것은 자연스러운 과정의 일부이며, 이는 피드백 환경에서 자주 나타난다. 변화관리자에게 저항은 좌절감을 줄 수도 있다. 블록(Block, 2011)은 변화관리자가 "우리의 사고가 명확하고 논리적이며, 표현이 세련되고 확신이 강하다면, 우리의 논리가 설득력을 가질 것이다"(p. 21)라는 환상을 가질 수 있다고 설명한다. 하지만 조직의 문제는 기술적인 측면(예: 전략이 명확하지 않거나, 프로세스 지연이 품질 문제를 유발함)과 개인적인 측면(예: 구성원들의 동기 부족)이 모두 얽혀 있는 경우가 많으며, 클라이언트의 피드백에 대한 반응도 마찬가지로 논리적이면서도 감정적인 요소를 포함할 가능성이 크다.

데이터 수집과 분석이 아무리 철저하게 이루어졌더라도 클라이언트의 감정적 반응은 피할 수 없다. 저항은 불확실성과 두려움에서 비롯되는 감정에 대한 반응이다. 하지만 저항이 항상 부정적인 것은 아니다. 실제로 저항은 건강한 대처 기제이자 보호 기제일 수도 있으며, 변화는 기존 상태를 위협하고 조직의 목표 달성 방식을 흔들 수 있다(Gallagher, Joseph, & Park, 2002). 저항을 인식하는 것은 중요한 기술이며, 이를 효과적으로 다루는 것은 더욱 고급 기술이다.

블록(Block, 2011)은 클라이언트의 저항이 나타나는 14가지 형태를 설명하고 있다.

1. **더 많은 세부 정보 요구**. 클라이언트가 지속적으로 추가적인 데이터, 설명, 정보를 요청한다. 그러나 추가 정보를 제공해도 충분하지 않으며, 더 많은 데이터를 원한다.

2. **과도한 정보 제공**. 클라이언트가 회의 내내 이야기하면서, 현재 상황뿐만 아니라 관련이 적은 다른 문제들까지 역사적 배경과 함께 장황하게 설명한다.

3. **시간 부족 호소**. 클라이언트가 프로젝트를 완료하거나, 데이터를 수집하거나, 진단과 피드백을 논의하거나, 개입을 계획할 시간이 부족하다고 불평한다.

4. **비현실성 주장**. 클라이언트가 제안된 해결책에 대해 이 그룹, 이 부서, 이 회사, 혹은 이 산업에서는 실현 가능하지 않다고 주장한다. 이는 "이론적으로는 가능하지만, 여기서는 불가능하다"는 식의 논리로 표현될 수도 있다.

5. **놀라지 않음**. 클라이언트가 피드백과 진단 결과를 수용하며, "이것은 전혀 놀랍지 않다. 나는 이미 알고 있었다"는 반응을 보인다. 이는 새로운 정보에 직면했을 때 느끼는 불편함을 회피하려는 전략일 수 있다.

6. **공격적 반응**. 클라이언트가 화를 내며 목소리를 높이거나 공격적인 언어를 사용하여 분노와 좌절을 표현한다. 이는 가장 명확한 저항 형태 중 하나로, 감지하기가 쉽다.

7. **혼란스러움 표현**. 클라이언트가 더 많은 설명을 요구하며, 기존의 설명이 불분명하다고 한다. 하지만 새로운 설명을 제공해도 여전히 이해되지 않는다며 추가 설명을 요구한다.

8. **침묵**. 클라이언트가 발표 내내 아무런 반응을 보이지 않는다. 컨설턴트는 클라이언트가 입을 열 때까지 계속해서 발표를 진행하고 싶어질 수도 있다. 대화를 유도하면 클라이언트는 "괜찮다", "좋다", "지금은 특별히 할 말이 없다. 계속 진행하라" 등의 반응을 보일 수도 있다.

9. **이론적 논의로 전환**. 클라이언트가 현재 상황을 개선하기 위한 논의보다 조직의 구조적 패턴이나 이론적 모델, 관련 문헌 등에 대해 논의하고 싶어 한다.

10. **도덕적 비난**. 클라이언트가 다른 사람들을 비난하며, 특정 그룹이 무엇을 해야 하고, 무엇을 이해하지 못하고 있는지를 지적한다. 이는 클라이언트 자신의 행동보다는 타인의 잘못을 강조하며 비협조적인 환경을 조성하는 방식이다.

11. **겉으로는 동의하지만 실행하지 않기**. 클라이언트가 컨설턴트의 제안을 표면적으로 수용하는 것처럼 보인다. 변화관리자에게는 이러한 태도가 긍정적으로 보일 수 있지만, 실제로는 의심과 불안이 내재되어 있다. 실행 단계가 되면 클라이언트는 변화를 미루거나, 실행하지 않기 위한 이유를 찾는다. 모든 것이 완벽해 보이고 전혀 의문이 제기되지 않는다면, 클라이언트가 표면적으로는 따르는 것처럼 보이지만 속으로는 반발하고 있을 가능성이 있다.

12. **방법론에 대한 끝없는 질문**. 블록(Block, 2011)은 "방법론에 대한 질문은 처음

10분 동안은 정당한 정보 요청일 수 있다"(p. 136)고 설명한다. 하지만 이후에도 계속해서 방법론에 대해 질문하는 것은 피드백을 무효화하거나 실행을 회피하려는 전략일 수 있다.

13. **문제가 사라진 척하기**. 피드백을 받아들이고 실행해야 할 시점이 되면, 클라이언트가 처음에 제기했던 문제가 갑자기 사라진다. 문제를 해결하기 위해 위험을 감수하기보다는 문제를 무시하거나 문제에 대한 입장을 바꾸는 것이 더 쉬운 선택이 된다.

14. **해결책을 압박적으로 요구하기**. 클라이언트가 문제의 원인이나 관련된 상황을 이해하기 위한 추가적인 논의를 거부하며, 즉각적인 해결책을 제시할 것을 요구한다. 하지만 문제를 충분히 이해하지 못한 상태에서는 효과적인 해결책을 도출하기 어렵다.

이러한 저항의 형태는 클라이언트가 변화 과정에서 불편함을 느끼거나 불확실성에 대한 두려움을 가질 때 나타날 수 있다. 실무자는 저항을 단순히 극복해야 할 장애물로 보기보다 클라이언트와의 생산적인 대화를 위한 기회로 활용할 수 있도록 접근하는 것이 중요하다.

클라이언트 저항의 의미와 대응 방식

이러한 저항의 표현은 본질적으로 피드백을 받아들이고 실행하는 과정을 회피하거나, 경시하거나, 방향을 바꾸거나, 무효화하거나, 내면화와 실행을 지연하려는 욕구에서 비롯될 수 있다. 만약 이러한 저항이 직접적으로 표현된다면 이를 이해하고 논의할 수 있겠지만, 간접적이고 은밀하게 표현될 경우에는 완전히 다른 대화처럼 보일 수 있다. 변화관리자가 표면적인 대화에만 대응하면서(예를 들어, 요청에 따라 추가 데이터를 제공하거나 해결책을 제시하는 방식으로) 저항의 근본적인 원인을 다루지 않는다면, 나중에 클라이언트가 실행을 미루는 미묘한 방식에 당황하게 될 것이다.

많은 변화관리자들은 피드백 회의에서 저항에 대비하지만, 한편으로는 저항이 나타나지 않기를 기대한다. 그들은 피드백을 기꺼이 받아들이고, 실행 기회를 반기며, 적극적으로 행동하려는 클라이언트를 만나기 원한다. 그러나 현실이 그렇지 않을 경우, 변화관리자는 실망감을 느끼고, 자신의 발표나 행동에서 무엇이 잘못되었는지 단서를 찾으려 한다. 이러한 과정에서 변화가 가능하다는 희망을 잃고, 이 프로젝트가 자신이 맡았어야 할 일이었는지 회의감을 가지게 된다. 반대로, 변화관리자는 자신의 작업이 완벽했다고 생각하며, 클라이언트가 변화를 받아들이지 않는 것을 비난하고, 프로젝트를 소홀히 하게 될 수도 있다. 더 효과적인 접근 방식은 저항이 조직개발 과정에서 자연스럽고 예상되는 부분임을 인식하고, 클라이언트가 저항하는 이유를 설명할 수 있도록 도울 적절한 언어를 찾는 것이다.

준비된 컨설턴트라면 블록(Block)이 설명한 저항의 형태를 인식하고, 클라이언트가 더욱 진정성 있게 저항을 표현할 수 있도록 돕는 질문이나 진술을 활용하는 방법을 익혀야 한다. 예를 들어, 겉으로 동의하는 클라이언트에게 "이 결과에 대해 어떤 우려나 걱정이 있습니까?"라고 묻는다면, 클라이언트가 이전에 편안하게 말하지 못했던 우려를 표현할 환경을 조성할 수 있다. 또한, 방법론에 대한 수많은 의문을 제기하는 클라이언트에게는 "이 주제를 분석한 방법에 대해 여러 가지 우려가 있으신 것 같습니다. 혹시 데이터에서 불편함을 느끼게 하는 부분이 있습니까?"라고 질문할 수 있다. 이렇게 직접적인 질문을 던지는 것은 많은 변화관리자들에게 어려운 일일 수 있다. 그러나 이를 통해 클라이언트가 솔직하게 저항을 표현하고, 그에 대해 논의할 기회를 제공함으로써 긴장을 완화할 수도 있다. 블록이 제시한 14가지 저항 유형을 다시 살펴보고, 그러한 저항을 보이는 클라이언트와 마주했을 때 어떻게 대응할 것인지 미리 고민해보는 것이 도움이 될 것이다.

한편, 클라이언트가 프로젝트를 계속 진행하지 않겠다고 거부한다고 해서 반드시 저항하는 것은 아닐 수도 있다. 피드백 회의에서 프로젝트를 계속하지 않겠다는 직접적이고 솔직한 발언은 변화관리자에게 실망스러울 수 있지만, 적절한 결론이 될 수도 있다. 클라이언트는 데이터를 충분히 이해했음에도 실행하지 않기로 선택할 수 있다. 다음 단계가 불분명할 수도 있고, 조직의 정치적 환경이 클라이언트가 행동을 취하기에 위험한 상황일 수도 있다. 이것은 실무자의 과정이 잘못되었음을 의미하는 것이 아니라 클라이언트가 의식적인 선택을 내린 것이며, 저항의 형태로 볼 수 없다(Block, 2011). 이런 경우, 실무자는 올바른 데이터를 수집하고 제공했으며, 클라이언트가 그 데이터를 바탕으로 계약을 마무리할 권리를 행사했음을 확신할 수 있다.

진단 및 피드백 제공에서의 윤리적 문제

조직개발 과정에서의 진단 및 피드백 단계는 변화관리자에게 여러 윤리적 딜레마를 발생시킬 수 있다. 첫 번째로, 피드백 회의에서 데이터를 사용하는 방식이 참여자의 익명성을 침해할 가능성이 있다. 클라이언트는 특정 인용문이 어느 인터뷰 참여자로부터 나온 것인지 알고 싶어 할 수도 있으며, 더 미묘하게는 그것이 오전 근무조와 야간 근무조 중 어느 쪽에서 나온 것인지, 혹은 오랜 근속자의 의견인지 신규 구성원의 의견인지 궁금해할 수도 있다. 또한, 클라이언트는 요약된 내용이나 일부 발췌된 의견이 아니라 모든 의견을 원문 그대로 읽고 싶어 할 수도 있다. 이러한 요청은 클라이언트가 데이터를 적절히 해석하고 실행에 옮길 수 있도록 돕고 싶어 하는 컨설턴트에게 딜레마를 제기하지만, 동시에 컨설턴트는 참여자들의 익명성을 보호할 책임이 있다.

데이터 분석 단계에서 실무자는 데이터를 해석할 때 자신의 문제 인식이나 관심사를 반영하지 않고 있는 그대로의 데이터를 충실히 반영해야 하는 윤리적 과제에 직면한다. 컨설턴트는 특정 데이터를 강조하거나, 생략하거나, 왜곡하고 싶은 유혹을 느낄 수 있다. 특히, 내부 컨설턴트의 경우 클라이언트가 어떤 데이터를 보게 될지, 그리고 이를 해결할 것인지에 대해 개인적인 이해관계를 가질 가능성이 크기 때문에 이러한 유혹은 더욱 강할 수 있다(White & Wooten, 1983).

피드백 회의에서 가장 큰 윤리적 딜레마는 컨설턴트가 클라이언트와 공모하여 어려운 피드백을 회피하거나 축소하는 경우에 발생한다. 이는 '객관성이 상실되는 상황'을 의미하며, 이는 "변화관리자가 클라이언트 조직의 문화에 동화되는 과정에서 발생할 수 있다"(White & Wooten, 1985, p. 149). 대부분의 컨설턴트는 의도적으로 클라이언트에게 개인적인 상처를 주거나 감정적 고통을 유발하고 싶어 하지 않는다. 데이터 수집 과정에서 조직 구성원들이 관리자를 무능하거나 냉담하다고 평가하고 있다는 사실을 발견하더라도 컨설턴트는 해당 내용을 전달할 경우 관리자가 감정적으로 반응할 것을 우려하여 이를 회피하고 싶어질 수도 있다. 물론 변화관리자는 어려운 대화를 감당해야 하는 경우가 많지만, 블록(Block, 2011)은 "클라이언트는 당신이 수집한 모든 정보를 받을 권리가 있다"(p. 220)고 강조한다.

요약

진단 및 피드백 단계는 수집된 방대한 데이터를 의미 있는 통찰로 변환하여 클라이언트가 제시한 문제를 더욱 깊이 이해하고 실행에 옮길 수 있도록 돕는 과정이다. 진단 단계에서 변화관리자는 연역적, 귀납적 혹은 통계적 기법을 사용하여 데이터를 정리하고 해석한다. 연역적 기법은 사전에 정의된 카테고리 라벨을 사용하여 데이터를 구조화하는 데 도움을 주는 모델을 활용하는 방식이다. 반면, 귀납적 분석 기법은 데이터를 바탕으로 기존에 정의되지 않은 카테고리를 생성하는 방식이다. 두 방법은 각각 장단점이 있으며, 실무자는 이를 적절히 활용해야 한다. 데이터에서 핵심 주제를 선정할 때, 변화관리자는 클라이언트에게 가장 유용하고 실행 가능성이 큰 데이터를 선택해야 한다. 가장 실행력을 높이는 데이터는 관련성이 있으며, 클라이언트가 영향을 미칠 수 있고, 서술적이며, 선별적이고, 충분하면서도 구체적인 정보를 포함해야 한다. 철저하게 계획된 피드백 회의에서는 이러한 주제를 클라이언트와 공유하게 된다. 피드백 회의는 클라이언트가 제시한 문제로 되돌아가 데이터를 통해 드러난 근본적인 문제나 추가적인 인사이트를 제공하여 클라이언트의 시각을 확장할 기회 다. 이 과정은 어려운 대화로 이어질 수 있으며, 클라이언트는 데이터 자체나 실행에 대한 저 항을 표출할 수도 있다. 저항이 나타날 경우, 변화관리자가 가장 효과적으로 대응하는 방법 은 표면적인 반응을 넘어 클라이언트가 진정으로 표현하고자 하는 근본적인 우려를 이해하 고 이를 끌어낼 수 있는 역량을 기르는 것이다. 컨설턴트가 윤리적으로 행동하기 위해서는 데이터를 올바르게 사용하고, 왜곡 없이 중요한 문제를 다루며, 어려운 문제를 피하거나 클 라이언트와 공모하지 않는 것이 필수다.

다음 사례연구에서는 데이터를 분석하고, 핵심 주제를 선택하며, 고객 피드백 회의를 구조 화하여 피드백을 제시하는 과정을 연습할 기회를 제공한다.

토론을 위한 질문

1. 어려운 피드백이나 받아들이기 힘든 피드백을 받아본 적이 있는가? 그것은 어떤 방식으로 전달되었는가? 피드백이 전달되는 방식은 여러분이 그것을 이해하고 내면화하는 데 어떤 영향을 미쳤는가?

2. 친구, 가족, 동료에게 말하기 어려운 피드백을 전달해야 했던 경험이 있는가? 어떻게 전달했으며, 상대방은 그것을 어떻게 받아들였는가? 만약 다시 한다면, 무엇을 다르게 할 것인가? 피드백을 주거나 받은 경험을 돌아보았을 때, 조직개발(OD) 상황에서 고객에게 어려운 피드백을 제공해야 할 경우에 적용할 수 있는 교훈은 무엇인가?

3. 이 장에서 언급된 저항의 형태들을 다시 살펴보라. 여러분이 경험했거나 느낀 다른 형태의 저항이 있는가? 저항의 한 가지 형태를 선택하여 만약 그것을 마주했을 때 사용할 수 있는 대응 방안을 작성해보라.

연습문제: 피드백과 저항

고객은 한 럭셔리 호텔의 CEO로, 올해 호텔이 5성급 평가를 받을 수 있기를 열망하고 있다. 그녀는 호텔의 고객 서비스와 품질을 향상시키기 위한 프로그램과 실천 방안을 도입하기 위해 구성원들의 일상적인 관점을 더 잘 이해하고자 조직개발 실무자인 당신에게 연락했다. 다음은 구성원들과 진행한 7개 포커스 그룹의 요약 데이터라고 가정하자. 총 72명의 구성원이 참여했으며, 포커스 그룹은 다음과 같이 동질적인 직군별로 구성되었다.

1. 객실 관리
2. 프런트 데스크, 리셉션, 컨시어지
3. 주방 및 레스토랑
4. 콘퍼런스 및 이벤트 담당
5. 유지보수 및 시설 관리
6. 예약 담당
7. 부서 관리직

구성원들은 부서 간 조율이 더 필요하다고 느끼고 있다.

"주방에서는 특별 행사 요청이 갑자기 들어오는 경우가 많은데, 사전에 충분한 공지가 이루어지지 않는 경우가 많습니다."

"프런트 데스크 구성원들은 예약 부서에서 제공하는 특별 요금 정보를 항상 숙지하지 못합니다. 고객이 단체 요금에 대해 문의할 때 두 가지 다른 답변을 받는 경우가 있어 불만이 접수됩니다."

"객실관리팀에서 요청한 작업 지시 사항을 유지보수팀에서 제대로 확인하고 후속 조치를 하지 않을 때가 있습니다."

여러 부서의 구성원들은 인력 부족으로 인해 업무의 질을 유지하는 데 어려움을 겪고 있다.

"유지보수팀에서는 올해만 세 명의 조경관리 구성원이 그만뒀지만 아직 충원되지 않았습니다."

"객실관리팀에서는 객실 청소에 집중해야 해서 공용 공간 청소를 줄여야 했습니다."

교육 부족이 여러 부서에서 문제로 지적되었다.

"정기적인 교육이나 최소한 구성원회의에서 업데이트라도 필요합니다. 예약 시스템이 점점 더 복잡해지는데, 변경 사항이 적용되기 전에 미리 공지받는 일이 거의 없습니다."

"유지보수 구성원들은 고객 서비스 교육을 더 받아야 합니다. 프런트 데스크에서는 무례한 태도를 보이는 유지보수 구성원에 대한 고객 불만을 자주 접수하고 있습니다."

1. 짝을 이루어 연습해보자. 한 사람은 조직개발(OD) 실무자 역할, 다른 한 사람은 고객 역할을 맡는다. OD 실무자는 고객에게 데이터를 제시하며 피드백 회의를 진행하고, 고객은 질문하거나, 반응을 보이거나, 원하는 방식으로 저항할 수 있다.

2. 연습이 끝난 후 다음 질문에 대해 논의해보자.

   - 클라이언트는 피드백에 어떻게 반응했는가?
   - 각자 기대했던 목표를 달성했는가?
   - 컨설턴트로부터 피드백을 받는 과정이 어땠는가?
   - 위의 데이터를 알고 있는 상태에서 피드백이 적절하게 전달되었다고 느꼈는가?

3. 피드백이 다음 기준을 얼마나 잘 충족했는지 평가해보자.

   - 행동을 평가하기보다 묘사하는 방식으로 전달되었는가?
   - 일반적인 표현보다 구체적인 사례를 제공했는가?
   - 긍정적인 피드백과 부정적인 피드백의 균형을 맞추었는가?
   - 처벌의 목적이 아니라 클라이언트를 돕는 방식으로 이루어졌는가?
   - 클라이언트가 통제할 수 있는 행동에 초점을 맞추었는가?
   - 데이터를 충실히 반영하고, 클라이언트와의 공모 없이 전달되었는가?
   - 행동을 유도할 수 있도록 동기부여하는 방식으로 전달되었는가?

일주일이 지난 후, 고객이 OD 실무자에게 다음과 같은 이메일을 보냈다고 가정해보자.

지난주에 전달해주신 데이터를 계속 생각해본 결과, 몇 가지 결론을 내렸습니다. 하지만 조치를 취하기 전에 데이터에 대한 명확한 설명이 필요하다고 생각합니다. 첫째, 각 부서 관리자들은 필요에 따라 추가 구성원을 채용할 수 있는 권한을 가지고 있으며, 실제로 채용을 미루고 있는 것은 그들입니다. 제가 시설관리팀에게 추가 조경 구성원을 채용하지 못하도록 한 것이 아닙니다. 둘째, 예약팀이 요금 변동 사항을 프런트 데스크에 공유하는 것이 우리의 기존 프로세스입니다. 프런트 데스크에서 예약팀에 정보를 제공하는 것이 아닙니다. 따라서 이 두 부서 간 조율 문제에 대한 지적은 다소 답답하게 느껴집니다. 이는 프런트 데스크의 잘못이 아닙니다. 셋째, 유지보수 구성원이 무례하다는 고객 불만에 대해서는 들어본 적이 없습니다. 우리는 정기적으로 고객 설문조사를 진행하고 있으며, 지금까지 이런 피드백을 받은 적이 없습니다. 이와 관련하여 다시 만나 논의하고 싶습니다.

다음 질문을 동료와 함께 토론해보자.

1. 이런 이메일을 받았을 때의 첫 번째 느낌은 어땠는가? 그 이유는 무엇인가?

2. 이 클라이언트가 저항하고 있다고 생각하는가? 그렇다면 그 이유는 무엇이며, 아니라면 왜 그렇지 않다고 생각하는가? 클라이언트의 반응을 이 장에서 설명한 저항의 유형과 연결할 수 있는가?

3. 클라이언트와 다시 만나 대화를 나눌 기회가 생긴다면, 어떤 방식으로 대응할 것인가?

사례연구 8: 로건초등학교의 데이터 분석

다음 데이터는 교장인 낸시(Nancy)의 요청으로 학부모, 교직원, 그리고 구성원들을 인터뷰한 내용을 바탕으로 발췌된 인용문이다.

1. 이 데이터를 정리하여 낸시에게 제시하라. 학년, 인터뷰 대상자의 역할, 근속 기간 같은 인구통계적 세부 사항을 주의 깊게 살펴보라.

2. 데이터를 다른 방식으로 정리해보라. 처음 분석했을 때와 다른 점이 있었는가? 어떤 방법이 더 효과적이라고 생각하는가?

3. 낸시와의 피드백 회의를 어떻게 구성할 것인가? 어떤 주제를 제시할 것이며, 그 이유는 무엇인가?

로건초등학교는 미국 남서부 교외 지역의 중산층 학군에 위치한 초등학교로, 총 6개 학년이 있다. 캠퍼스는 비교적 넓고, 5개의 건물(Wing)로 나뉘어 있으며, 각 건물에는 6~8개의 교실이 배치되어 있다. 1~3학년(저학년)은 A동과 B동에, 4~6학년(고학년)은 C동, D동, E동에 있다. 학교는 1980년대 후반에 건축되었으며, 최근에는 학부모협회(Parents Association)에서 모금한 기금으로 외벽을 밝은색으로 새롭게 도색하고, 3개의 벽화를 공들여 추가했다.

당신은 조직개발 실무자로 초빙되어 교장과 교직원 간의 관계를 개선할 수 있도록 지원하는 역할을 맡았다. 학교에는 38명의 교사, 8명의 구성원, 그리고 시간제 사서가 근무하고 있다. 교장인 낸시 메스타스(Nancy Mestas)는 이 학교에서 근무한 지 2년째이며, 교직원 간의 관계를 개선하고, 학년별로 교사들의 교수 방식에 일관성을 구축하며, 학교와 지역사회 간의 관계를 강화하고자 한다. 지난 1년 동안 낸시는 학교 운영에 여러 가지 급진적인 변화를 도입했다. 이에 따라 학교가 직면한 문제를 더 깊이 이해하기 위해 1주일 동안 교직원, 교사, 학부모 인터뷰를 진행하는 데 동의했다. 인터뷰를 진행하는 동안 모든 인터뷰는 익명으로 기록하며, 데이터는 주로 요약된 형태로 공유되고, 특정 개인을 식별할 수 있는 인용문은 포함하지 않기로 합의했다. 다음 주에 당신은 낸시와의 피드백 회의에서 데이터를 제시하고 논의할 예정이다.

월요일

"낸시는 아이들과 정말 잘 지냅니다. 쉬는 시간이나 체육 시간에 몇 번이나 나와서 아이들이 킥볼을 할 때 응원해주었어요. 아이들은 그녀를 '낸시 선생님'이라고 부릅니다. 교장선생님과 그렇게 친근하게 지내는 아이들은 처음 봅니다."(교사, 5학년)

"낸시는 우리가 모두 같은 교재와 자료를 사용하길 원하지만, 이 학교에서 그렇게 해본 적이 없습니다. 저는 이곳에서 9년 동안 일했으며, 항상 제가 원하는 책을 선택할 수 있었습니다. 낸시는 교실에서 우리가 누리는 자유가 무엇인지 이해할 필요가 있습니다."(교사, 3학년)

"교직원 회의는 대체로 생산적입니다. 다른 교사들과 만나서 하루 동안 쌓인 스트레스를 풀 좋은 기회죠."(교사, 5학년)

"낸시는 교직원 회의에서 참여를 좀 더 균형 있게 조정할 필요가 있습니다."(교사, 4학년)

"작년에 처음으로 열린 학부모 공개의 밤은 좋은 아이디어였습니다. 매달 발행되는 소식지도 마찬가지로 유용합니다."(학부모, 6학년 자녀)

"낸시의 스타일은 함께 일하기에 무척 편안합니다. 그녀는 매우 배려심이 많고 다가가기 쉬운 분이에요."(구성원, 근속 3년)

"낸시기 3학년 읽기 교재를 하이메(Jaime)에게만 맡겼을 때, 나머지 교사들은 전혀 상의받지 못했습니다. 저는 정말 불공평하다고 느꼈고, 낸시는 우리의 불만을 무시하는 듯했습니다. 일관성을 원한다는 건 알지만, 더 좋은 방법이 있을 거라고 생각합니다."(교사, 3학년)

"낸시는 우리에게 많은 지원을 해줍니다. 매번 학년별 회의에 참석하며, 5학년 교사로 일했던 경험을 바탕으로 여러 자료를 제공해주었습니다. 우리가 겪는 어려움을 이해하고 있다고 생각합니다."(교사, 5학년)

"낸시는 교직원을 많이 지원해주고 있습니다."(구성원, 근속 2년)

화요일

"교육구(district)의 새로운 학년 기준은 정말 답답합니다. 학년이 시작되기 불과 몇 주 전에 공지가 왔는데, 낸시는 이를 미리 알고 있었던 걸까요? 우리는 새로운 기준을 맞추기 위해 정말 급하게 준비해야 했어요. 저는 9월과 10월의 수업 계획을 불과 2주 만에 전면 수정해야 했습니다. 그런데 낸시는 '우리 모두 유연해야 한다'고만 말할 뿐이었어요."(교사, 2학년)

"교직원 회의에서는 제가 관심을 갖고 있는 주제들이 거의 다뤄지지 않습니다. 회의는 너무 경직된 방식으로 진행되며, 새로운 주제를 논의하려면 최소 이틀 전에 안건을 예약해야 합니다. 하지만 가끔은 갑자기 해결해야 할 문제가 생길 수도 있잖아요."(교사, 학년 미상)

"지난 1년 동안 이루어진 변화 중에서 인상적인 것들이 있습니다. 특히 매달 발행되는 학부모 소식지가 좋습니다. 덕분에 제 딸 사라가 학교에서 무엇을 하고 있는지 더 잘 알 수 있습니다."(학부모, 5학년 자녀)

"음성 메시지 기능이 추가된 것은 좋은 소통 수단입니다. 아들의 숙제에 대해 궁금한 점이 있을 때 언제든 교사에게 연락할 수 있어서 좋습니다."(학부모, 2학년 자녀)

"낸시가 제게는 쉽게 접근할 수 있는 분이라는 느낌이 들지 않습니다. 교과서 선정과 관련된 의견을 공유하려고 여러 번 연락을 시도했지만, 그녀는 항상 너무 바빠서 저를 만나줄 시간이 없었습니다."(교사, 3학년)

"사무실에서 낸시와 함께 일하는 것은 멋진 경험이었습니다. 이전 교장선생님과 비교하면 정말 큰 발전이에

요.”(구성원, 근속 5년)

“고학년 교사들이 대부분의 관심을 받는 것 같습니다. 우리는 낸시를 거의 만나볼 수 없습니다.”(교사, 1학년)

“한 가지 분명한 것은 낸시에게도 분명히 ‘선호하는 사람들’이 있다는 점입니다.”(교사, 3학년)

수요일

“예전보다 학교에서 어떤 일이 일어나고 있는지 알기가 훨씬 쉬워졌어요. 매달 나오는 학부모 소식지 같은 것들이 정말 좋은 정보원이 됩니다.”(학부모, 4학년 자녀)

“낸시가 우리 교실에 와서 아이들에게 책을 읽어줄 때 아이들이 정말 좋아합니다. 그녀는 저와 우리 반 아이들에게 매우 쉽게 다가와줍니다.”(교사, 5학년)

“낸시와의 업무 관계는 좋은 편입니다. 저는 이 학교에서 오랜 경험이 있고, 그녀도 그것을 존중해준다고 생각합니다. 다만, 가끔 중요한 변경 사항을 우리에게 미리 알리지 않는 경우가 있어요. (예를 들면 지난주 점심시간 일정 변경 같은 경우) 그런 점에서 문제가 생기기도 합니다.”(구성원, 근속 8년)

“낸시는 교과서 선정 문제에 대해 우리와 좀 더 솔직하게 소통했어야 한다고 생각합니다.”(교사, 3학년)

“낸시가 교육감이나 교육구 사무국과 얼마나 자주 교류하는지는 잘 모르겠지만, 그 관계를 좀 더 발전시킨다면 도움이 될 것 같아요. 우리 학생들이 매우 좋은 성과를 내왔기 때문에 예전에는 예산 책정 시에도 학교가 많은 신뢰를 받았거든요.”(교사, 4학년)

“새로운 수학 교육 기준을 적용하는 데 추가 예산이 지원되었으면 좋았을 텐데요.”(교사, 2학년)

“가끔은 ‘낸시가 누구지?’라고 생각할 때가 있어요. 교직원 회의나 공지 메일 외에는 그녀는 제가 이 학교에서 가르치고 있다는 사실조차 아는지 모르겠어요.”(교사, 2학년)

목요일

“저는 사서로서 일주일에 며칠만 근무하지만, 낸시가 저를 교직원 회의에 참석시켜 정규직 구성원처럼 대우해주려고 노력해준 점이 정말 고마웠어요.”(구성원, 근속 4년)

“교직원 회의는 분위기가 긴장되고 어색합니다. 전체 교사의 절반 정도만 적극적으로 참여하는 것 같고, 개인적으로는 회의에서 얻는 것이 별로 없어요.”(교사, 3학년)

“낸시는 대체로 잘하고 있다고 생각하지만, 교육구의 새로운 교육 기준과 관련해서 좀 더 강하게 대응하고, 추가 예산을 받으려고 더 노력했어야 한다고 생각해요.”(교사, 학년 미상)

“낸시가 올해 예술 활동 예산을 6학년 교사들에게 재배정하면서, 제가 지난 6년간 진행해온 봄철 미술 활동을 할 수 없게 되었습니다. 저는 이것이 옳지 않다고 생각해요.”(교사, 2학년)

“낸시는 정말 다가가기 쉬운 분이고, 우리의 고민을 잘 이해해주십니다. 그녀의 지원이 있어서 좋습니다.”(교사, 6학년)

“낸시가 올해 교사 배정을 하는 방식이 공정하지 않았다고 느낍니다. 저는 선호하는 학급을 명확히 밝혔지만, 고려되지 않았어요. 저는 복합 학급을 가르쳐본 경험이 없는데, 지원도 거의 없이 추가 업무가 많아졌습니다.”(교사, 2~3학년 복합반)

“첫 학부모 공개 행사에서 교장선생님과 제 아이의 교사를 만날 기회가 있었습니다. 음성 메시지 기능은 사용해본 적 없지만, 매달 발행되는 소식지는 꼼꼼히 읽는 편입니다.”(학부모, 1학년 자녀)

금요일

"교직원 회의는 잘 운영되고 체계적입니다. 다만, 모든 교사가 동등하게 참여하는 것은 아닌 것 같아 아쉽습니다. 낸시는 회의 며칠 전에 안건을 공유하는데, 이 방식은 효과적이며 미리 무엇을 준비해야 할지 알 수 있어 좋습니다."(교사, 6학년)

"한 가지 불만을 이야기하자면, 예산 문제입니다. 색종이조차 살 수 없어요! 모든 예산이 새로운 교육과정 기준을 지원하는 데 쓰이고 있어서 체험학습이나 기타 프로젝트를 위한 추가 예산이 전혀 없습니다."(교사, 5학년)

"낸시에게 공감이 갑니다. 교육구에서 새로운 요구사항을 적용해야 하는 동시에 예산이 삭감되었으니 상황이 정말 어렵죠. 하지만 그녀가 교육구를 상대로 좀 더 적극적으로 나섰으면 좋았을 텐데요."(교사, 1학년)

"제 딸과 관련하여 교장선생님과 몇 차례 일대일로 만날 기회가 있었는데, 다가가기 쉬운 분이라는 느낌을 받았습니다."(학부모, 2학년 자녀)

"며칠 전에 켈리의 담임선생님께 음성 메시지를 남겼는데 아직 답을 받지 못했습니다. 이 기능이 얼마나 유용한지 잘 모르겠어요."(학부모, 3학년 자녀)

"분기별 학부모 소식지를 간혹 받아보긴 했습니다. 조금 더 자주 나왔으면 좋겠어요."(학부모, 3학년 자녀)

"낸시는 높은 기준을 가지고 있으며 요구사항이 많아서 구성원들에게 높은 수준의 성과를 내도록 합니다. 다만, 교사들에게 전달되는 주요 공지 사항을 우리 구성원들에게도 공유해주었으면 합니다. 우리도 무슨 일이 일어나고 있는지 알고 싶거든요."(구성원, 근속 3년)

09 개입 서론

학습 목표

이 장에서는 다음과 같은 내용을 학습한다.

– 개입(Intervention)의 정의

– 개입이 실패하는 이유

– 개입 전략을 결정하는 방법

– 개입을 성공적으로 구성하고 조직하는 방법

– 개입에서 변화관리자의 역할

– 개입과 관련된 윤리적 문제 식별하기

영국에 본사를 둔 고객사는 전문 글로벌 시장에서 선도적인 3개 회사 중 하나였다. 지난 몇 년 동안 회사의 구조와 문화가 상당한 변화를 겪었고, 이는 시장점유율 증가와 더 빠른 제품 출시 주기로 이어졌다. 조직개발 컨설턴트들은 2년 동안 진행되지 못한 전략기획 워크숍을 돕기 위해 초청되었다. 회사의 향후 성장 목표를 고려할 때, 전략적 계획의 필요성이 한층 커졌기 때문이다. 이번 워크숍은 회사의 전략을 논의하고, 내부 기업문화에 미치는 영향을 평가하며, 고위 경영진의 역량 개발을 목표로 계획되었다. 컨설턴트들은 먼저 고위 경영진을 대상으로 개별 인터뷰를 진행했으며, 팀 전체가 워크숍의 목표에 몰입하고 있다고 판단했다. 이러한 목표를 개별적으로 논의한 적은 있지만, 팀 전체가 함께 논의한 적은 없었다.

워크숍에서 컨설턴트들은 참여자들의 조직문화와 팀 이슈에 대한 열정과 에너지가 급격히 감소한 것을 목격했다. 두 명의 지배적인 구성원이 팀빌딩과 문화 문제와 관련된 논의를 거부했으며, 상무이사와 생산이사가 연합을 형성하고 있음을 확인했다. 팀원들은 갈등을 일으키거나 이 두 사람을 대면하기를 꺼리는 모습이었다. 전략적 기획 작업만이 유일하게 허용된 주제가 되었으며, 회사의 최고 리더가 논의를 독점하고 결과를 결정하는 상황이 되었다. 워크숍이 끝나고 한 달 뒤, 컨설턴트들은 문화와 팀 역학뿐만 아니라 전략에 대해서도 작업해야 한다는 필요성을 다시 강조했지만, 팀은 이를 거부했다. 컨설턴트들은 개입 중에 조직 내 정치적 역학이 변화의 주요한 걸림돌임을 깨닫고 장기적인 목표가 달성되지 못했다는 사실을 인식했다(Beeby & Simpson, 1998).

• 이 팀은 변화할 준비가 되었는가? 어떤 점에서 그렇거나 그렇지 않은가?

- 개입이 실패한 이유는 무엇인가? 성공적인 개입을 위해 필요한 요소는 무엇인가?

성급한 관리자나 변화관리자는 목차를 훑어본 뒤 곧장 이 장으로 넘어와 진단 유형과 개입(intervention) 유형의 목록을 대충 살펴보고, 그중 하나를 빠르게 골라 바로 실행에 들어가고 싶어한다. 어찌됐든 개입 단계에서는 어떤 명백한 행동과 해결 지향적 활동을 요하기 때문이다. 그러나 이런 조급한 태도는 흔히 나타나며, 결과적으로 변화가 실패로 끝나는 경우가 많다. 대부분의 조직개발(OD) 실무자들은 개입을 컨설팅 활동의 핵심이자 변화가 겉으로 드러나는 주요 목표가 되는 시점으로 간주한다. 동시에 앞에서 논의했듯이, 데이터가 수집되고 논의·해석·내면화되는 과정을 거쳐야만, 클라이언트와 변화관리자가 상황에 가장 적합한 개입을 선택하고 있다는 확신을 가질 수 있다. 진단에 대해 합의가 이루어졌을 때에야 비로소 자연스럽게 다음 질문, 즉 "이 문제에 대해 우리는 무엇을 해야 하는가?"라는 물음에 답할 차례가 온다. 무엇을 할지 결정하는 것만으로도 충분히 어려운 과제이지만, 그것을 어떻게 잘 해낼 것인가를 고민하는 일은 더욱 어렵다. 왜냐하면 환경적·조직적·대인관계적 요인들이 효과적인 개입을 가로막는 장애물이 될 수 있기 때문이다.

그러나 앞서 언급했듯이, 개입 전략이 논의되거나 실행되기 훨씬 전에 이미 개입이 이루어지고 있다. 즉, 변화관리자에게는 "당신이 하는 모든 일이 개입이다"(Schein, 1999, p. 17). 사실, 개입은 단순한 질문 하나로도 이루어질 수 있다. 한 내부 컨설턴트가 조달 프로세스를 재정립하는 프로젝트팀과 함께 일한 사례가 있다. 팀이 작업을 발표하는 과정에서 컨설턴트는 명확한 질문을 던졌고, 발표자가 답변한 후 또 다른 구성원이 반박하면서 그룹이 아직 합의에 도달하지 못했음을 깨닫게 되었다. 활발한 토론이 이어지면서 그룹 내 불일치가 명확해졌다.

변화관리자는 데이터 수집 단계에서도 인터뷰나 포커스 그룹을 통해 개입할 수 있다. 사람들에게 그들이 의식적으로 인식하지 못했던 상황을 명확히 이야기하도록 유도할 수 있다. 피드백 회의 역시 개입의 한 형태로 작용하며, 새로운 정보를 제공하거나 클라이언트가 이미 알고 있는 내용을 확인하는 역할을 한다. 심지어 변화관리자가 조직에 등장하는 것 자체가 구성원들에게 개입이 필요하다는 신호를 보낼 수 있다. 다만, 개입 단계는 조직변화를 가장 공식적이고 구조적으로 다룰 수 있는 시점이다.

이 장과 이후 4개의 장에서는 OD 실무자가 사용하는 주요 개입 기법들을 논의할 것이다. 이 장에서는 개입이 성공하거나 실패하는 이유를 살펴보고, 실패한 개입을 관리할 때 발생하는 결과를 분석할 것이다. 또한, 실무자가 데이터를 기반으로 적절한 개입 전략을 선택하는 과정과 이를 구조화하여 성공 가능성을 극대화하는 방법에 대해 설명할 것이다. 개입 선택, 계획 및 실행을 성공적으로 수행하기 위해 실무자들이 경험에서 얻은 교훈도 공유할 것이다.

이후 장들에서는 다양한 개입 유형을 다룰 것이다. 개입은 개인, 팀, 여러 그룹 및 팀, 전체 조직, 그리고 다중 조직을 대상으로 할 수 있으며, 조직 설계, 팀빌딩, 멘토링, 코칭 등 매우 다양한 활동을 포함한다.

개입의 정의

아지리스(Argyris, 1970)는 "개입(Intervention)이란 관계가 지속적으로 형성되는 시스템에 들어가는 사람, 그룹, 또는 객체 사이에 들어가서 그들을 돕는 것이다"(p. 15)라고 정의한다. 이 정의에서 강조해야 할 중요한 세 가지 요소가 있다.

첫째, 개입은 지속적으로 운영되는 시스템에 이루어진다. 즉, 개입은 조직의 일상적이고 지속적인 흐름 속에 들어가며, 조직의 정치적 환경, 조직 목표와 업무량, 외부적 제약, 대인관계, 과거의 역사 등 조직에 내재된 모든 복잡한 요소들의 영향을 받는다. 개입이 진공 상태에서 이루어지는 것이 아니므로 변화관리자는 개입과 조직 환경 간의 관계를 신중하게 고려해야 한다.

둘째, 개입은 '사이에서' 이루어지며, 기존의 프로세스, 사고방식, 사람, 그룹 및 관계를 의도적으로 방해하거나 중단하는 역할을 한다. 개입은 종종 기존의 관행을 흔들어놓기 때문에 불편함을 유발할 수 있으며, 구성원들이 변화할 준비가 되어 있지 않을 경우 개입에 대해 저항할 가능성이 크다. 따라서 변화에 대한 준비 상태를 이해하는 것은 개입 계획에서 중요한 요소이며, 이는 이 장 뒷부분에서 다룰 것이다.

셋째, 개입의 목표는 조직, 그룹, 팀 및 개인의 효과성을 향상하거나 돕는 것이다. 문제해결, 관계 개선, 역할이나 목표 명확화, 그리고 역량 개발은 모두 개입의 가치 있고 일반적인 목표들이다. 그러나 부적절하게 선택되거나, 정의가 불명확하거나, 잘못 관리된 개입은 도움이 되지 않을 뿐만 아니라 오히려 조직에 해를 끼칠 수도 있다.

개입은 두 가지 상호 연관된 활동으로 구성된다. 첫 번째는 '행동 계획(action planning)'으로, 조직의 문제를 해결하기 위한 적절한 개입 전략을 수립하는 것이다. 두 번째는 '개입 실행(implementing the chosen intervention)'으로, 특정 개인, 팀 또는 조직에 가장 적합한 방식으로 개입을 구조화하여 실행하는 것이다. 개입은 단 한 번의 회의, 이벤트, 워크숍처럼 작을 수도 있고, 조직이나 그룹이 점진적으로 변화를 이루도록 돕는 일련의 이벤트로 구성될 수도 있다. 후자의 경우를 '개입 전략(intervention strategy)'이라 하고, 전자의 개별적인 개입을 '개입 활동(intervention activities)' 또는 '개입 이벤트(intervention events)'
라고 부른다.

개입 전략은 여러 개입 이벤트로 구성될 수 있다. 예를 들어, 이 장의 도입부에서 언급한 사
례에서는 컨설턴트들이 전략기획, 경영진 팀빌딩, 조직문화 변화 개입을 제안했다. 또한, 프
로세스 재설계 개입은 개인의 역량 개발과 관리 코칭을 포함할 수도 있다. 예를 들어, 그림
9.1은 새로운 재무팀을 위한 개입 전략을 보여주며, 그 주요 목표는 건강하고 원활하게 운영
되는 팀을 신속하게 출범시키는 것이다. 개입 전략은 총 세 가지 활동으로 구성되며, 각 활동
사이에는 3~4주의 간격을 둔다.

1. 첫 번째 활동에서는 팀 출범 워크숍을 진행하고 그룹의 전략계획을 논의한다.
2. 몇 주 후 진행되는 두 번째 활동에서는 팀 목표를 설정하고 역할을 명확히 하며,
   팀 관계를 지속적으로 구축한다.
3. 세 번째 활동은 팀이 약 2개월간 협업한 후 진행되며, 팀의 프로세스를 도식화하
   고 개선 방안을 논의한다.

이러한 개별 개입 활동들은 각각 독립적이지만, 특정한 순서로 조합되어 하나의 명확한 목
표를 향해 진행되는 전략적이고 체계적인 개입 전략으로 기능한다.

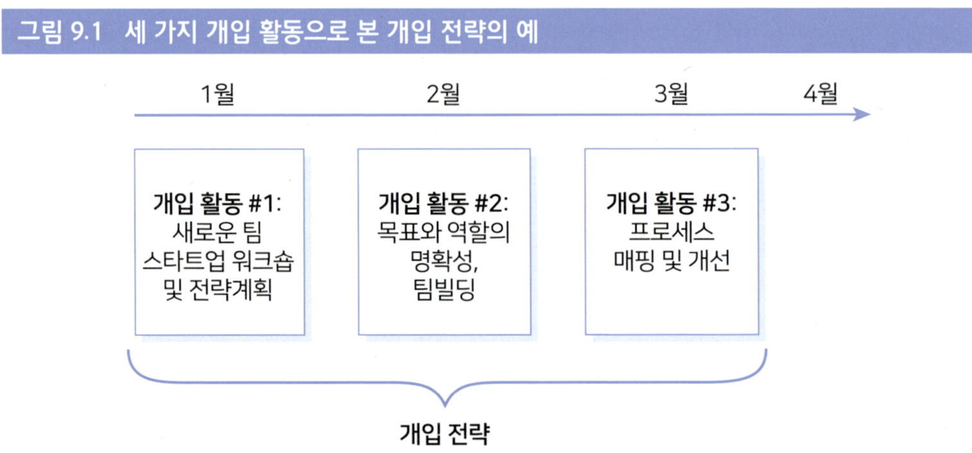

그림 9.1 세 가지 개입 활동으로 본 개입 전략의 예

클라이언트와 조직이 각각 다르듯이, 각 사례에서 적용되는 개입도 다르다. 표준적인 접근
방식과 개입을 수행하는 일반적인 방법이 존재하지만, 개입이 동일한 방식으로 적용되는 경
우는 없다. 각 개입은 클라이언트나 상황에 따라 어느 정도 조정되거나 변경될 수 있다. 개입
은 서로 다른 조직에서 다르게 작용할 수 있으므로 변화관리자에게는 개입을 유연하게 적용

하는 능력이 필수다. 조직의 구조, 프로세스, 연혁, 기술 수준, 그리고 조직 구성원들의 모호성에 대한 수용도나 유연성 같은 문화적 요인에 따라 한 그룹에서 효과적이었던 개입이 다른 그룹에서는 효과적이지 않을 수도 있다(Meglino & Mobley, 1977).

개입이 실패하는 이유

오늘날 많은 조직개발 실무자들이 실행하는 조직변화 개입은 변화에 대해 냉소적인 태도를 보이는 구성원이 많은 환경에서 실행되고 있다. 많은 기업이 대중매체에서 읽거나 다른 조직에서 들은 유행(Fad) 프로그램을 도입하려 한다. 이들은 전사적 품질 관리(TQM), 임파워먼트, 리엔지니어링 프로그램 같은 이니셔티브를 시작하지만, 거의 변화가 없거나 기대했던 성과를 얻지 못한 채 프로그램을 포기하는 경우가 많다(Beer & Eisenstat, 1996; Hedge & Pulakos, 2002a). 이러한 프로그램들은 비교적 자주 시작되었다가 중단되며, 많은 조직 구성원은 성공적인 개입보다는 실패한 개입을 더 자주 경험하게 된다.

이러한 환경은 오늘날 대부분의 OD 개입에 대한 기대 수준을 높이며, 실무자들에게 성공적인 프로그램을 실행해야 한다는 추가적인 압박을 가한다. 콘래드 잭슨(Conrad Jackson)과 마이클 매닝(Michael Manning, 1992)은 다음과 같이 언급했다.

> "컨설턴트가 아무리 훌륭하게 서비스를 판매하고, 아무리 순수한 동기를 가지고 심도 있는 진단을 수행하더라도 개입이 잘 설계되지 않고, 능숙하게 촉진되지 않으며, 클라이언트의 안정감 있는 참여와 함께 실행되지 않는다면, 클라이언트 시스템에서 의도된 변화가 일어날 가능성은 낮다."(p. 5)

실제로, 개입이 기대한 목표를 달성하지 못하고 지속적인 조직변화를 만들어내지 못하는 데는 여러 가지 이유가 있다(표 9.1 참조). 주요 원인으로는 다음과 같은 요소들이 포함된다.

표 9.1 개입이 실패하는 이유

1. 잘못된 문제
2. 잘못된 개입
3. 불분명하거나 지나치게 야심찬 목표
4. 프로그램이 아닌 이벤트 실시
5. 충분한 시간 투자 부족
6. 잘못 설계된 개입
7. 숙련되지 않은 변화관리자
8. 클라이언트에게 소유권이 이전되지 않은 경우
9. 변화에 대한 저항
10. 변화에 대한 준비 부족

1. **잘못된 문제를 해결하려 한 개입**. 많은 조직이 모든 관리자에게 교육을 받게 했지만, 결국 문제의 근본 원인은 비효율적인 성과관리 프로세스였다는 사실을 너무 늦게 깨닫는 사례가 많다. 또는 팀빌딩 개입을 수행하도록 변화관리자가 초청되었지만, 실제 문제는 관리자의 비효율적인 리더십이었던 경우도 있다. 잘못된 문제를 해결하려는 것은 종종 부실하거나 아예 존재하지 않는 데이터 수집 및 진단 과정의 결과다. 컨설턴트가 클라이언트가 정의한 문제를 그대로 수용할 경우, 클라이언트가 문제를 제한된 시각에서 바라보고 있는 것을 간과하고 추가적인 조사를 수행하지 않은 탓에 개입이 실행되더라도 거의 변화가 없거나 전혀 효과가 없는 경우가 많다. 와이스보드(Weisbord, 1976)는 식스 박스 모델을 언급하며, 개입이 잘못된 문제를 해결하려 할 때를 다음과 같이 설명한다.

   "개입이 레이더 화면[14]에서 덜 중요한 신호(blip)를 다루는 경우, 이는 잘못된 문제를 해결하려는 개입이 된다."(p. 445) 많은 관리자는 성과가 저조한 구성원을 해고하는 것이 문제해결 방법이라고 생각하지만, 후임자가 동일한 성과 문제를 겪는 경우가 많다. 이는 개인의 문제로 치부하기보다 조직 내 시스템적인 문제를 분석하지 않은 결과다. 우리가 적절한 데이터를 확보하지 않고 성급하게 결론을 내릴 때, 종종 잘못된 문제를 해결하는 오류를 범하게 된다.

2. **잘못된 개입이 선택됨**. 즉 해결해야 할 문제는 올바르게 파악되었지만, 여러 개입 방법이 가능했음에도 상황에 가장 적절한 개입이 선택되지 않았다. 예를 들어, 팀빌딩 개입이 적절한 선택처럼 보일 수 있지만, 실제로는 클라이언트 만족도에 가장 큰 영향을 미친 요소가 잘못 설계된 프로세스였고, 따라서 우선적으로 개선이 필요한 대상이었을 수도 있다. 또한, 개입이 고위 경영진 수준에서 시작되었지만, 최전선 영업사원들에 대한 교육이 더 큰 영향을 미칠 수도 있었다. 종종 변화관리자와 클라이언트는 개입을 효과적으로 실행하는 데 집중하느라 처음부터 적절한 개입이 선택되었는지 충분히 검토하지 않는 경우가 많다.

3. **목표가 모호하거나 불분명하거나 지나치게 비현실적임**. 개입 목표가 명확하게 설정되지 않았거나, 특정 개입 활동만으로 달성할 수 없는 목표였을 가능성이 있다. 또한 클라이언트가 현실적으로 달성하기 어려운 기대치를 가질 수도 있다. 예를 들어, 개입을 통해 매출이 두 배 증가하거나, 클라이언트 불만이 절반으로 줄거나, 구성원 이직률이 완전히 사라질 것이라고 기대하는 경우가 이에 해당한다.

---

14 와이스보드는 조직 진단을 '레이더 화면(radar screen)'처럼 여섯 개의 박스로 시각화 하여 보여준다. (역자주)

4. **개입이 단일 이벤트로 진행되었으며, 다중 목표를 가진 프로그램으로 실행되지 않음**. 많은 조직 문제는 여러 시점과 다양한 수준에서 접근해야 한다. 예를 들어, 소프트웨어 개발 프로세스의 속도를 높이기 위해서는 새로운 도구를 제공하는 문제를 논의해야 할 수도 있고, 소프트웨어 엔지니어들이 문제를 해결하는 방식에 변화를 줘야 할 수도 있으며, 관리자가 성과를 관리하고 성공을 측정하는 새로운 방법을 도입해야 할 수도 있다. 이러한 요소 중 단 하나만 다루는 워크숍을 진행한다고 해서 장기적인 변화가 이루어지지는 않는다. 또한, 개입이 단발성 이벤트로 간주될 경우, 후속 조치가 거의 이루어지지 않으며, 조직 구성원들은 빠르게 기존의 습관과 방식으로 되돌아가게 된다. 마지막으로, 이벤트로 수행된 개입은 조직의 전체적인 맥락을 충분히 고려하지 못할 수 있다. 정치적 요소, 다른 팀원들의 요구, 주요 이해관계자의 필요 등이 반영되지 않으면, 결국 구성원들은 기존의 방식으로 되돌아가게 된다(Massarik & Pei-Carpenter, 2002).

5. **변화를 위한 충분한 시간이 제공되지 않음**. 앞선 예시와 밀접하게 관련된 문제로, 클라이언트나 변화관리자가 개입을 성공적으로 실행하는 데 필요한 충분한 시간을 할애하지 않는 경우가 있다. 너무 빨리 포기하거나 너무 이른 시점에 과도한 기대를 하는 것도 문제의 원인이 된다.

6. **개입이 설정된 목표를 달성하기에 적절하게 설계되지 않음**. 성공적인 개입을 위해서는 초대 과정, 의제, 참여자 구성, 공간 배치 등 다양한 설계 기준이 중요하다. 예를 들어, 참석자 중 변화 실행에 대한 지식과 책임을 가진 적절한 사람들이 포함되지 않았을 수도 있다.

7. **변화관리자가 개입을 실행할 역량을 갖추지 못함**. 개입을 실행하는 실무자가 이전에 특정 개입을 실행한 경험이 없거나, 퍼실리테이션(facilitation) 역량이 부족할 수도 있다. 다이어(Dyer, 1981)는 "변화 실패의 한 가지 요인은 변화관리자가 자신이 감당할 수 없는 행동을 시도하는 것"이라는 실증적인 증거가 존재한다고 설명한다(p. 65).

8. **변화에 대한 책임이 클라이언트에게 이전되지 않음**. 조직 구성원들이 변화의 책임을 변화관리자에게 맡겨버리고, 스스로 변화를 주도하지 않는 경우가 있다. 변화관리자가 변화의 소유권을 참여자에게 이전하지 않으면, 개입이 종료된 후 변화는 지속되지 않는다. 변화관리자가 조직을 떠나는 순간, 구성원들은 이전 방식으로 돌아가게 된다.

9. **조직 구성원들이 개입을 저항하거나 이에 대한 의지가 부족함**. 문제의 본질에 대

한 합의가 이루어지지 않았거나, 조직 구성원들이 개입을 통해 잃을 것이 너무 많다고 인식하는 경우가 있다. 변화가 가져올 위험이나 개인적인 영향을 우려할 수도 있으며, 개입의 실효성에 대해 냉소적인 태도를 보이거나 참여 동기가 부족할 수도 있다.

10. **조직이 변화할 준비가 되어 있지 않음**. 조직이 혼란스러운 시기를 겪고 있어 구성원들이 변화에 집중할 여력이 없을 수도 있다. 또한, 구성원들이 권위적인 관리자와 정면으로 대립하는 데 감정적 비용을 감당할 준비가 되어 있지 않거나, 이를 너무 위험하다고 판단할 수도 있다. 내들러와 페코렐라(Nadler & Pecorella, 1975)는 조직이 과부하 상태일 때를 설명하며 다음과 같이 언급한다.

> "조직이 가능한 많은 자원을 투입하려는 열정 속에서, 너무 많은 활동이 동시에 진행되면서 변화 노력 간의 조정과 통합이 부족해지는 경우가 있다."(p. 365)

마지막으로, 무엇이 '실패한' 개입인지에 대한 판단은 관점에 따라 달라질 수 있음을 기억해야 한다. 이 장의 도입 사례에서처럼 어떤 클라이언트는 개입을 통해 팀이 불편한 갈등을 피하거나 과거의 분노를 표출하는 것을 막았다고 생각하며 개입이 성공적이었다고 평가할 수도 있다. 반면, 변화관리자는 이러한 문제들이 해결되지 않았고, 구성원들이 중요한 논의에 참여하지 않는 한 근본적인 문제가 지속될 것임을 알기 때문에 실망할 수도 있다. 반대로, 클라이언트가 개입을 어렵게 느끼거나 갈등과 부정적인 감정이 표출되었다는 이유로 실패했다고 판단할 수도 있다. 하지만 실무자는 장기적인 팀의 건강을 위해 근본적인 갈등을 드러내는 것이 성공적인 개입이었다고 평가할 수도 있다.

| 실패한 개입의 결과

만약 개입이 실패했을 때의 유일한 손실이 그것을 실행하는 데 소비된 시간뿐이라면, 그것만으로도 충분히 좌절스러운 일이겠지만, 실제로 실패한 개입이 초래하는 비용은 훨씬 더 클 수 있다. 변화관리자는 현재의 클라이언트를 잃을 뿐만 아니라 전문적 평판이 낮아지고, 기존 클라이언트가 자신의 경험을 다른 사람들과 공유함으로써 잠재적인 새로운 클라이언트를 잃을 수도 있다. 아지리스(Argyris, 1970)는 개입에 실패한 경험이 있는 컨설턴트들은 자신의 직관과 해석을 신뢰하지 못하게 되며, 자기의심이 커진다고 설명한다. 조직 구성원들 또한 앞서 언급한 다양한 이유로 변화 시도가 실패했을 경우, 비슷한 자기의심을 경험할 수 있다. 예를 들어, "우리가 변화하고 싶어도 실제로 변화가 가능할까?", "우리는 정말로 문제를 이해하고 있는 걸까?" 같은 의문을 가지게 될 수 있다. 아지리스는 변화관리자가 실패한 개입을 경험할 경우 겪게 되는 몇 가지 영향을 제시하며, 이는 조직 구성원들도 동일하게 경험할 가능성이 있다고 설명한다.

- **방어적 행동 증가**. 변화 시도는 모든 가능한 요소가 고려될 때까지 지연될 수 있으며, 모든 실패 가능성을 방어하려는 경향이 커진다.
- **적절한 대응 메커니즘 사용 감소**. 건강하지 않은 방식으로 갈등을 표출하거나 공격적인 태도가 증가할 수 있다.
- **심리적 피로 증가**. 구성원들은 또 다른 변화 프로젝트에 에너지를 쏟을 여력이 없어진다.
- **스트레스와 모호성에 대한 내성 감소**. 참여자들은 좌절감과 냉소주의를 경험할 수 있으며, 점점 더 경직되고 통제적이거나 과도한 요구를 하게 될 수 있다.
- **비현실적인 목표 수준 증가**. 변화에 대한 기대치가 지나치게 높아지거나, 반대로 실패를 피하기 위해 지나치게 낮은 목표를 설정할 수 있다.

이러한 영향 중 일부는 변화관리자가 조직 구성원들을 처음 만나기 전부터 이미 조직 내에서 나타날 수도 있다. 이는 이전 변화 시도의 잔여 효과로, 실패가 반복되는 악순환을 만들어낸다. 조직 구성원들은 점점 "우리는 결국 실패할 운명이다"라는 자기충족적 예언(self-fulfilling prophecy)에 빠질 수 있다. 하지만 변화관리자는 이러한 사고방식에 빠져서는 안 된다. 변화관리자는 "개입 철학에 대한 확신, 스트레스가 가득한 현실을 정확하게 인식하는 능력, 그리고 자신의 현실 경험에 대한 신뢰를 유지해야 한다"(Argyris, 1970, p. 141). 조직 개발의 핵심 가치는 변화가 가능하다는 근본적인 낙관주의에 있다. 즉 개인, 그룹, 조직은 변화의 과정에 있으며, 실패의 순환에 갇혀 있는 것이 아니라는 점이다. 또한, 성공 역시 반복될 수 있다. 실패의 패턴이 깨지면, 조직 구성원들은 성공이 무엇인지, 어떻게 이루어지는지를 다시 배우게 되며, 이를 지속적으로 재현할 수 있게 된다. 결국, 올바른 개입 전략을 선택하고 이를 효과적으로 관리하는 것이 얼마나 중요한지 간과해서는 안 된다.

올바른 개입 전략 선택 시 고려해야 할 사항

변화관리자는 수많은 관련 요소를 고려해야 하는 상황에서 어떻게 올바른 개입 전략을 선택하고 이를 현재의 클라이언트 상황에 맞게 조정할 수 있을까? 개입 초기 단계에서 많은 변화관리자는 적절한 개입을 제안하지 못할까 봐 두려워한다. 하지만 더 일반적인 문제는 실무자와 클라이언트가 너무 많은 개입 옵션을 생성한 후, 어떤 것을 선택해야 할지 확신하지 못하는 경우다. 아무리 진단이 철저하게 이루어졌더라도 다양한 상황적 요소들이 개입 선택에 영향을 미치기 때문에 어떤 개입이 가장 적절한지 항상 명확하지는 않다(Dyer, 1981).

실제로, 올바른 접근 방식을 선택하는 것은 단순히 클라이언트의 문제를 해결할 최적의 조직개발(OD) 기법을 찾는 것 이상의 의미를 가진다. 게리 존스(Gary Johns, 1993)는 "정치적 이해관계, 연합, 그리고 기타 맥락적 요소들이 개입 선택을 방해할 수 있기 때문에 가장 적절한 개입이 항상 실제로 채택되는 것은 아니다"라고 지적한다. 개입 전략은 다음과 같은 요소를 고려할 때 더 효과적으로 실행될 수 있다.

> 1. **개입을 데이터 및 진단과 일치시키기.** 어떤 개입을 선택할 때 가장 중요한 기준은 보워스, 프랭클린, 페코렐라(Bowers, Franklin, Pecorella, 1975)가 '일치성의 원칙(principle of congruence)'이라고 부른 개념이다. "변화 활동은 문제의 본질과 그 원인, 그리고 개입 대상이 되는 조직 단위의 특성과 적절히 일치해야 한다."(p. 406) 앞서 논의했듯이, 효과적인 개입을 저해하는 가장 큰 위험 중 하나는 개입이 진단 결과와 일치하지 않는 경우다. 이 경우, 잘못된 문세를 해결하거나 합의된 문제를 해결할 수 없는 개입이 수행될 가능성이 크다. 아지리스(Argyris)가 진단을 내릴 때 '타당한 정보(valid information)'가 반드시 필요하다고 강조한 점을 다시 떠올려보자. 이러한 문제는 종종 변화관리자가 조직의 특정 문제에 적합한 방법인지 충분히 검토하지 않고 개입을 결정할 때 발생한다(Kilmann & Mitroff, 1979, p. 26). 마사릭과 페이-카펜터(Massarik & Pei-Carpenter, 2002)도 같은 위험성을 지적하며, 많은 OD 실무자가 특정 개입 방식을 고집하는 경향이 있다고 말한다. "일부 실무자들은 특정 개입 방식을 사용하고, 그게 전부다. 클라이언트가 이를 받아들이기만 하면, 실무자는 맥락적 요구 사항을 명확하게 고려하지 않은 채 자신의 전문성을 적용하려 한다."(p. 109) 핸슨과 루빈(Hanson & Lubin, 1995)은 실무자들에게 다음과 같은 중요한 교훈을 남긴다.

"이 기법들이 얼마나 매력적이든, 컨설턴트는 항상 스스로에게 다음과 같이 물어야 한다. '이 개입이 고객의 학습 목표나 해결하려는 상황에 적절한가? 아니면 단순히 내가 선호하는 개입 방식일 뿐인가?' 클라이언트의 필요가 충족되어야지 컨설턴트의 필요가 아님을 기억하라."(pp. 114-115)

변화관리자는 동료나 외부 전문가와 논의함으로써 선택한 개입이 실제로 상황에 적합한지 테스트할 수 있다. 올바른 개입이 선택되었는지를 판단하는 한 가지 기준은 해당 개입으로 인해 문제가 해결될 확률이 높고, 그 문제가 다시 발생할 가능성을 최소화하는지 여부다(Argyris, 1970, p. 170).

2. **클라이언트의 변화 준비도 고려**. 준비도는 조직의 참여, 의지, 에너지, 시간, 능력, 변화 동기를 말한다(Armenakis, Harris, & Mossholder, 1993; McLachlin, 1999). 클라이언트가 변화할 준비나 의지가 없으면 컨설팅 계약의 목표는 변화 관리자의 것이지 클라이언트의 것이 아니며, 어떤 개입도 성공하기 어렵다. 클라이언트가 특정 방향으로만 변화하려 하거나, 한 개입을 다른 개입보다 선호한다면(두 선택이 동등하다면), 많은 컨설턴트는 클라이언트가 에너지를 가진 곳에서 시작하라고 제안한다(Block, 2011; Dyer, 1981; R. Harrison, 1970; Schein, 1999). 로저 해리슨(Roger Harrison, 1970)은 많은 컨설턴트가 "변화에 대한 저항 극복을 과도하게 강조하고, 클라이언트가 의식적으로 지시하고 기꺼이 문제 해결에 헌신할 수 있는 에너지와 자원을 변화에 활용하는 중요성을 간과한다(p. 199)"고 주장한다.

준비도가 동기나 의지의 문제일 때, 아르메나키스 외(Armenakis et al., 1993)는 변화 관리자가 다음 세 가지 영향 전략으로 조직의 변화 준비도를 높일 수 있다고 한다.

① 구두와 서면으로 설득력 있는 커뮤니케이션, 리더가 변화의 긴급성과 필요성 강조

② 변화 관련 회의나 이벤트 참여, 조직 구성원이 클라이언트 불만 보고서나 시장점유율 데이터를 통해 변화 이유를 스스로 발견

③ 내부 커뮤니케이션을 신뢰할 수 있는 외부 정보(뉴스 미디어, 컨설팅 회사 보고서, 학술 연구 등)로 뒷받침

준비도는 조직의 변화 능력이나 역량과도 관련이 있다. 예를 들어, 매니저가 조직 구성원에게 필요한 새 도구를 구매할 예산 권한이 없으면 팀은 변화할 수 없다. 그렇게 되면 조직 구성원이 변화를 효과적으로 실행할 기술이나 역량이 부족할 수 있다. 예를 들어, 공급업체와 적극적으로 가격 할인을 협상해야 하는 새 공급망 설계를 도입하기 전에 적절한 협상 교육이 필요할 수 있다.

학자들은 변화 준비도를 평가하는 여러 도구를 개발했다. 벡하드와 해리스(Beckhard & Harris, 1987)는 개입 대상(개인, 팀 등)을 변화 준비도와 능력에 따라 높음, 중간, 낮음으로 평가하는 대략적이지만 유익한 등급 시스템을 제공한다. 개입 시작 전에 준비도와 능력이 낮은 상황을 우선 해결해야 한다. 최근 홀트, 아르메나키스, 필드, 해리스(Holt, Armenakis, Feild, Harris, 2007)는 '변화 준비도 척도'를 테스트했다. 이는 (1) 조직 구성원이 조직이 적절한 변화 프로그램에 참여한다고 보는지, (2) 변화에 대한 경영진의 지원이 있다고 믿는지, (3) 조직이 변화에 성공할 수 있다고 믿는지, (4) 변화가 자신에게 개인적으로 유리하다고 믿

는지를 평가한다.

결론적으로, 클라이언트, 변화 관리자, 조직 구성원이 조직변화를 실행할 준비와 능력이 있다고 확신하면 올바른 개입이 선택된 것이다.

3. **어디서 먼저 개입할지 결정**. 어디서 시작할지는 가장 어려운 질문 중 하나다.

- 문제를 최전선에서 먼저 다룰 것인가, 고위 경영진과 함께할 것인가?
- 업무 문제를 먼저 해결할 것인가, 관계 문제를 먼저 시작할 것인가?
- 한 그룹에서 시범 프로젝트로 시작할 것인가, 처음부터 조직 전체에 걸쳐 실행할 것인가?
- 조직 구조인가, 프로세스인가?
- 가장 쉬운 변화부터 할 것인가, 가장 어려운 것부터 할 것인가?

불행히도 이 질문에 단계별 레시피는 없다. 하지만 전문가들은 "체계적으로 질문을 던지면 그렇지 않을 때보다 더 나은 판단과 선택이 가능하다(Beckhard & Harris, 1987, p. 73)"고 조언한다. 클라이언트의 목표, 조직문화, 동기, 이 장에서 확인된 기타 고려 사항에 대해 질문하면 선택지를 좁히고 적절한 출발점을 선택하는 데 도움이 될 것이다. 또한, 벡하드와 해리스(1987)는 기존 프로세스를 사용해 기존 시스템을 변화시키는 것은 조직 구성원이 현재 관행 밖으로 나와 변화를 만들기 어렵기 때문에 상당히 어려울 수 있다고 지적한다. 그들은 시범 프로그램 같은 '임시 시스템' 수립을 추천한다.

많은 컨설턴트는 개인적이거나 관계적 개입보다 업무 개입부터 시작하라고 추천한다. 로저 해리슨(Roger Harrison, 1970)은 경험상 대인관계 수준에서 먼저 개입하면 조직 구성원이 불편해하고 높은 부정적 반응을 보인다고 말한다. 그가 그룹의 업무와 프로세스(커뮤니케이션 패턴, 역할, 의사결정, 회의 등)에 전략의 초점을 맞추면 그룹은 거의 저항하지 않고 개입에 대한 불만이 멈춘다고 한다. "대인관계 수준에서 개입을 시작할 때 적대감, 수동성, 의존성을 보이던 구성원이 제가 초점을 도구적 수준으로 옮기면 극적으로 더 적극적이고 협력적이며 참여하게 된다."(R. Harrison, 1970, p. 200) 업무 수준에서 작업한 후, 변화 관리자는 클라이언트와 충분한 신뢰와 신빙성을 쌓아 더 깊은 개인적 문제를 논의할 수 있다. 샤인(Schein, 1999)은 주요 업무가 변화 관리자가 요청받은 가장 직접적인 기여라는 데 동의하며, 대인관계 문제는 관찰해야 하고 클라이언트가 구체적으로 원할 때만 개입 대상으로 삼아야 한다고 주장한다. 비어(Beer, 1980)는 프로세스 개입부터 시작하고 개인 개입으로 이어가는 것이 더 효율적이라고 주장한다. 개인이 새 프로세스를 경험할 기회를 주면 훈련 같은 개인 필요에 대한 데이터가 드러난다. 골렘비에프스키(Golembiewski, 1979b)는 군대 같은 일부 조직은 일부 개입의 대인관계 깊이에 "문화적으로 준비되지 않았다(p. 332)"며 구조, 업무, 정책 활동부터 시작하는 것이 더 나을 수 있다고 지적한다. 마지막으로, 해크먼 (Hackman, 2006)은 "구조와 맥락을 먼저, 팀 역학은 나중에 다루는 접근법을 선호한다. 저와 다른 사람의 연구에 따르면 심각한 구조적·맥락적 결함이 구성원의 길을 막고 있을 때 훌륭한 팀을 만드는 것은 거의 불가능하다(p. 124)"고 주장한다.

비어와 아이젠스탯(Beer & Eisenstat, 1996)은 다소 다른 관점을 제공한다. 업무 관련 개입은 조직 구성원이 더 적절하다고 보기 때문에 조직에 더 쉽게 '판매'된다고 동의하지만, "구조와 시스템의 더 단단한 요소에 초점을 맞춘 개입은 기술, 가치, 리더십 같은 더 부드러운 요소를 개발하지 않는다(p. 599)"며 통합적 접근을 추천한다. 일부 조직에서는 업무 개입만으로는 동반되는 대인관계 역학에 개입하지 않고는 많은 것을 이룰 수 없다.

 마지막으로, 많은 변화의 복잡성은 처음에는 작게 시작해야 할 수 있다. 여러 개입이 적절할 수 있지만, "조직이 지속적으로 혜택받을 수 있는 개입 수에는 한계가 있는 것 같다"(Mohrman, Mohrman, & Ledford, 1989, p. 150). 더 작은 범위나 시범팀으로 시작하는 것이 더 큰 변화도 성공할 수 있다는 클라이언트의 신뢰를 쌓을 수 있으며, 초기 활동에서 조직이 학습한 내용은 이후 실행에 도움이 될 수 있는 귀중한 통찰을 제공할 수 있다.

4. **개입의 깊이 고려**. 레디(Reddy, 1994)는 그룹에 다섯 가지 깊이 수준이 있다고 주장한다.

    ① 작업 내용
    ② 커뮤니케이션과 갈등 같은 명백한 그룹 문제
    ③ 연합과 권력 같은 숨겨진 그룹 문제
    ④ 가치와 신념
    ⑤ 무의식

처음 두 가지는 표면 수준으로 가장 쉽게 관찰되고, 마지막 세 가지는 종종 표면 아래에 있다. 개입은 이 수준 가운데 어느 부분을 대상으로 할 수 있지만, 로저 해리슨(Roger Harrison, 1970)은 변화 관리자가 클라이언트의 목표를 달성하는 데 필요 이상으로 깊이 개입하지 말아야 한다고 주장한다. 예를 들어, 역할 명확화와 새 기술 구축은 상대적으로 표면 수준의 개입이다. 더 깊은 예는 직무 만족도나 커뮤니케이션 패턴, 기대, 스타일, 매니저의 위임 능력을 다루는 개입일 수 있다. 더 깊이 들어가면 그룹의 개방성과 신뢰 수준, 팀원의 책임감이나 팀 성공에 대한 헌신을 대상으로 하는 개입이 있다. 해리슨은 개입이 깊어질 수록 다음과 같은 결과를 초래한다고 보았다.

- 개인 감정이 관여하므로 정보가 줄어든다.
- 조직 프로세스나 구조 변화와 비교해 개인이 개입 대상이 될 가능성이 커진다.
- 개인적 위험과 불확실성이 더 커진다.
- 개인이 변화 관리자의 기술에 더 의존하게 된다.
- 개입 결과가 타인에게 이전될 가능성이 줄어든다.

개입 목적이 역할 명확성이나 프로세스 설계 같은 표면 문제와 관련이 많을수록 깊은 개입이 덜 필요하다. 깊은 개입은 비교적 새롭거나, 드물게 만나거나, 수명이 짧거나, 상호작용보다는 기술적 작업을 하는 그룹에는 덜 적절할 수 있다(Reddy, 1994).

5. **활동 순서 고려**. 개입 전략이 여러 개별 활동으로 구성되어 있는 경우, 변화 관리자는 최대한의 이익을 위해 그 이벤트의 순서를 어떻게 정해야 할지 생각해야 한다. 비어(Beer, 1980, p. 217)는 전체 개입 전략에서 다양한 활동의 순서를 정할 때 고려해야 할 여섯 가지 사항을 나열한다.

- **진단 데이터 극대화**. 조직에 대한 더 많은 데이터를 제공하는 개입을 먼저 수행해야 그다음 단계의 개입이 더 잘 이루어질 수 있다.
- **효과성 극대화**. 초기 개입에서 변화에 대한 열정이나 성공에 대한 자신감을 쌓아 나중 개입이 더 효과적이게 한다.
- **효율성 극대화**. 개입은 가능한 한 시간, 에너지, 돈을 절약해야 한다.
- **속도 극대화**. 개입은 클라이언트의 변화 속도 욕구를 방해하지 않도록 구조화해야 한다.
- **관련성 극대화**. 주요 문제를 먼저 다루도록 개입을 선택해야 한다.
- **심리적 및 조직적 부담 최소화**. 초기 개입은 더 안전하고 불안을 적게 일으켜야 한다.

표 9.2는 올바른 개입 선택을 위한 다섯 가지 고려 사항을 요약한 것이다. 이는 지침이며, 특정 상황에서 서로 모순될 수 있다. 최선의 관행은 클라이언트와 긴밀히 협력해 문제와 클라이언트 조직에 가장 적합한 계약을 결정하는 것이다.

올바른 개입을 선택하는 또 다른 접근법은 표 9.3과 같다. 데이터에서 주요 주제나 클라이언트가 겪는 문제를 나열하고, 문제의 결과나 영향, 가능한 원인, 이를 다룰 가능한 개입을 기록한다. 가능한 개입을 나열하고 여기서 나열된 고려 사항과 함께 분석하면 변화 관리자와 클라이언트가 어떤 것이 상황에 가장 적절하고 덜 적절한지, 전체 개입 전략으로 적절히 조합될 수 있는지를 논리적으로 분류할 수 있다. 표 9.3과 같은 차트를 활용하면, 클라이언트가 개입을 살펴보고 상황에 가장 관련 있고 유용하다고 느끼는 항목을 우선순위화하는 데 도움이 된다.

<table>
<tr><td colspan="5">표 9.2   올바른 개입 선택하기</td></tr>
<tr><td colspan="5">

1. 개입을 데이터 및 진단과 일치시킨다.
2. 변화에 대한 클라이언트의 준비 상태를 고려한다.
3. 먼저 개입할 위치를 결정한다.
4. 개입의 깊이를 고려한다.
5. 개입 활동의 순서를 고려한다.

</td></tr>
</table>

표 9.3   개입 선택하기

데이터의 문제, 이슈 또는 테마	문제의 결과 또는 시사점	가능한 원인	가능한 개입
고객 할인 수준과 관련된 마케팅과 영업 간의 충돌	판매로 인한 매출 손실로 상당한 할인 혜택 제공	할인 승인 절차가 일관되지 않고 불분명함	그룹 간 개입 및 프로세스 설계
영업팀에서 고객에 대한 제안서 마감일이 누락됨	제안 콘텐츠에 대한 낮은 고객 만족도, 수익 기회 누락	제안서 콘텐츠를 완성할 책임자가 불분명함	역할 분장

개입 성공을 위한 구조화와 계획

선택된 개입이 무엇이든 개입 전략이 왜 그리고 어떻게 작동하려는지 의식하는 것이 중요하다. "효과적인 변화는 여러 행동 및 조직 목표에 일관되게 작용하는 계획되고 통합된 개입에 의해 이루어진다."(Nadler & Pecorella, 1975, p. 363) 효과적이고 장기적인 변화는 개입이 성공을 위해 제대로 구조화될 때 가장 가능성이 크다. 개입 활동의 구조와 조직개발 실무자가 이를 계획하고 진행하는 방식은 OD[15]가 기반으로 하는 근본 가치에 크게 의존한다.

친과 벤(Chin & Benne, 1976)은 변화에 대해 세 가지 접근법을 사용한다. 첫째는 경험적-합리적 접근법으로, 변화가 필요하다는 설득, 주장을 뒷받침하는 데이터 제공, 변화에 대한 필요성 정당화로 변화를 이룬다. 둘째는 규범적-재교육적 접근법으로, 사람들이 태도, 가치, 기술, 관계를 바꾸고, 그룹 규범이 옛 행동보다 새 행동을 장려할 때 변화가 일어난다고 본다.

---

15 이 책에서는 같은 의미를 지닌 두 용어, '조직개발'과 'OD'를 문맥에 따라 읽기 쉽도록 서로 교차하여 사용하였다. (역자주)

셋째는 권력-강제적 접근법으로, 정책, 법, 경제적 인센티브나 처벌, 죄책감, 당혹감을 기반으로 한다. OD 개입은 주로 규범적-재교육적 접근법이며, 참여자가 개입의 내용 작업을 수행하면서 개인과 그룹이 새로운 태도, 기술, 신념, 가치관을 개발할 수 있도록 구성된다.

OD 개입이 구조화되는 세 가지 중요한 원칙은 학습 기회 창출, 참여의 자유로운 선택 제공, 명확하고 명시적인 결과 제시다.

학습 기회 창출. OD의 목표는 조직 효과성을 개선하는 것이며, 학습과 성장은 핵심 가치다. 개입은 학습 기회로 개발되어야 함을 의미한다. 아지리스(Argyris, 1970)는 "가장 중요한 기준 중 하나는 시스템 역량을 향상시키는 선택을 만들어내는 것이다"(p. 170)라고 했다. 즉 개입은 즉각적인 문제를 해결할 뿐만 아니라, 조직 구성원이 문제해결 과정이 어떻게 일어나는지를 살펴 활동이 미래에 이런 문제를 해결하는 능력을 향상시키도록 해야 한다. 이는 경험적 연습, 그리고 개입의 내용과 과정에 대한 반성적 논의를 통해 일어날 수 있다. OD 실무자는 조직 구성원이 새로운 아이디어를 시도하고 결과를 분석할 수 있도록 낮은 위험의 실험과 탐구 기회를 개발할 수도 있다. 이런 경험적이고 반성적인 활동에 참여하며 조직 구성원은 자신의 선택과 패턴을 더 의식하게 된다.

자유로운 선택 제공. 자유로운 선택은 활동 참여 선택과 그 결과를 이끄는 정당한 선택을 모두 의미한다. "개입 활동은 그 내용적 관심과 목표가 무엇이든 클라이언트 시스템이 독립성과 자율성을 유지하도록 설계되고 실행되어야 한다."(Argyris, 1970, p. 17) 개입은 변화 담당자가 그룹에 원하는 것을 달성하기 위한 구조가 아니라, 클라이언트가 변화 담당자와 상의해 달성해야 한다고 생각하는 것을 이루기 위한 구조여야 한다. 가능한 한 참여자는 수치심이나 강압 없이 참석 여부를 선택할 기회가 주어져야 한다. OD 실무자는 클라이언트가 코칭 세션에 억지로 참여하도록 해서는 안 된다. 팀원 또한 원치 않는 개인적 배경이나 역사, 가치, 신념을 드러내라는 압력을 받아서는 안 된다. 리더 역시 태스크포스의 권고안을 받아들이지 않을 경우, 팀에서 소외될 위험에 몰리도록 설정되거나, 팀 갈등으로 인해 공격을 받게 돼서는 안 된다.

하지만 자유로운 선택이 반드시 개입의 모든 부분이 협력적 결정을 위해 열려 있다는 것을 의미하지는 않는다. 예를 들어, 프로세스 설계에 참여하는 조직 구성원은 새로운 기술을 선택하거나 추가 구성원을 고용할 능력이 없을 수 있으며, 프로세스를 설계한 후 어떤 승인이 필요할 수 있는지에 대한 정보가 필요할 수 있다. 여기서 자유로운 선택이란 "개입이 새 프로세스 개발을 위해 설계되고, 참여자에게 프로세스의 경계 조건(boundary conditions)[16] 이 알려졌을 때, 리더가 그룹이 자체적으로 개발한 후 미리 설계된 프로세스를 가져와 실행을 강요하지 않는 것"을 의미한다. 클라이언트는 때로 선호하는 결과가 유일한 합리적 해결책처럼 보이도록 개입 활동을 구조화하고 선택의 환상을 제공하려 한다. 이런 조작은 조직 구성원의 최종 해결책에 대한 헌신을 거의 또는 전혀 얻지 못한다.

명확하고 명시적인 결과 제공. 변화 관리자는 개입 활동이 무엇을 이루려는지 솔직해야 한다. 효과적인 클라이언트 관계는 클라이언트와 변화 관리자 모두의 진정성과 신뢰에 기반한다. 매니저가 자신의 리더십 스타일이 그룹에 미치는 영향을 더 잘 이해하도록 돕기 위한 것이 회의라면, 변화 관리자는 회의 목적을 숨기거나 미화해 매니저를 속여 참석하게 해서는 안 된다. 회의가 잘 맞지 않는 두 그룹 간의 대립이라면, 참여자는 그것이 개입 목표임을 알아야 한다. 참여의 위험은 참여자에게 알려져야 하며, 예측 가능한 범위 내에서 개입 전에 공유되어야 한다.

| 개입 설계의 실용성

개입의 모든 것은 일관되게 결과를 지향해야 한다. 불행히도 개입의 목표와 설계가 종종 충돌한다. 가장 명백한 위반은 예를 들어, 더 효과적인 협업을 원하는 그룹이 리더로부터 협업 방법을 1시간 동안 강의받는 경우다(매우 협업적인 이벤트를 모델링하지 않음). 그 대신, 협업이 목표라면 참여자에게는 처음부터 이를 연습할 기회가 주어져야 한다. 예를 들어, 세 명이 한 조가 되어 작은 과제를 수행할 수 있다. 이는 일반적인 회의의 시작과 대조된다. 변화 관리자와 클라이언트가 의제를 정의하고, 동기부여를 위한 연설을 하고, 참여자에게 좋아하는 휴가지 소개로 자신을 소개하라고 요청하는 방식이다.

방과 회의실 배치도 성공적인 개입을 위해 중요하다. 이동 가능한 의자를 원형으로 가까이 배치하면 고정 의자가 있는 강당에서 설계 세션을 여는 것보다 참여도가 높고 적극적으로 참여하는 그룹이 될 가능성이 크다(Block, 2011). 튜크(Tueke, 2005)는 "대부분 회의실은 가구 배치로 참여를 막기보다 유도해야 한다"(p. 75)고 주장하면서 강의식이나 극장식 좌석은 참여자가 서로 눈을 쉽게 마주치지 못하게 한다고 말한다. 튜크는 회의실 크기와 레이아웃, 의자의 물리적 배치, 조명과 음향 등을 어떻게 구성하여 참여를 유도할 수 있는지 설명하는 진행자를 위한 유익한 가이드라인을 개발했다.

요점은 세션의 설계가 세션에서 기대되는 것을 모델링해야 한다는 것이다. 변화가 목표라면, 각 회의는 의제와 공간 구조를 통해 이를 강화할 기회가 있다.

---

16 조직개발 개입에서 참여자들이 스스로 활동할 수 있는 범위와 한계를 의미한다. (역자주)

개입에서 변화 관리자의 역할

개입 단계는 변화 관리자와 클라이언트에게 역할을 협상할 수 있는 또 다른 기회를 제공한다. 변화 관리자가 "프로젝트에 적극적으로 참여할 것인가, 아니면 외부 전문가(고문) 역할을 할 것인가?"(Stroh & Johnson, 2006, p. 139) 스트로와 존슨(Stroh & Johnson, 2006)은 일부 컨설턴트가 대리 매니저처럼 매우 깊게 관여하는 역할을 맡는 반면, 다른 컨설턴트는 추천 후 관여를 크게 줄일 수 있다고 주장한다. 변화 소유권이 너무 많아도 부적절하고, 개입 단계에서 너무 적게 관여하는 것도 부적절하며, 적절한 관여 수준은 계약 범위에 따라 달라질 수 있다. 클라이언트가 참여할 수 있도록 변화 관리자가 그룹 전략 기획 회의를 진행하거나, 클라이언트가 문제에 대한 주인의식을 가지고 혼자 진행하기를 원할 수도 있다. 어떤 경우든 역할을 명확히 하면 "개입 실행에서 중복이나 공백을 피할 수 있다"(Hanson & Lubin, 1995, p. 65). 변화 관리자가 개입에서 맡는 역할은 다음과 같으며, 역할마다 관여 수준이 다를 수 있다(Golembiewski, 1979b, 2000b 참조).

1. **촉진적**: 대안, 프로세스, 결정을 명확히 해 클라이언트나 그룹이 원하는 결과를 달성하도록 돕는다.
2. **게이트키핑**: 그룹 간 또는 감독자와 팀 간 경계 조정자 역할을 하며, 협상하고 객관적 피드백을 준다.
3. **진단적**: 그룹이나 개인의 인식을 높이기 위해 본 것, 들은 것, 배운 것을 지적한다.
4. **건축적**: 인식, 학습, 변화가 일어날 수 있도록 상황, 이벤트, 대화를 설계한다.
5. **동원적**: 특정 접근법이나 관점을 옹호한다.

변화 관리자는 개입 단계에서 활동적일 가능성이 크지만, 시간이 지나면서 변화를 지속할 책임이 클라이언트에게 이전되어야 하므로 관여가 점차 제한되는 것이 가장 적절할 수 있다.

개입과 관련된 윤리적 문제

조직개발 계약의 행동 계획과 개입 단계는 윤리적 갈등에 가장 취약한 단계일 것이다(White & Wooten, 1983, 1985). "이 단계에서 당사자의 공모, 기술적 무능, 가치와 목표 갈등은 부적절한 변화 목표, 대상, 깊이, 방법 선택으로 이어지는 딜레마를 만들 수 있다. 이는 기술 부족, 객관성 부족, 또는 필요와 방향의 차이 때문이다."(White & Wooten, 1985, p. 141) 올바른 개입 선택의 중요성과 고려 사항은 이미 논의했다. 많은 OD 실무자에게 올바른 개입 선택은 윤리적 문제로 간주된다. 다른 윤리적 도전은 다음과 같은 가능성을 포함한다.

개입의 오도. 변화 관리자는 클라이언트를 기쁘게 하거나, 주어진 개입이 특정 결과를 달성할 것이라며 과대 약속하기 위해 개입의 시간, 비용, 어려움을 오도할 유혹을 받을 수 있다. 변화 주체는 클라이언트가 감당할 수 있는 비용으로 개입을 제한해야 하는 도전에 직면할 수도 있다. 이런 상황에서 다음과 같은 방법을 추천한다.

> "변화 관리자는 적절하지 않거나 범위나 영향이 너무 제한적인 프로그램을 시작하는 것보다 전혀 시작하지 않는 것이 낫다고 클라이언트에게 정직하게 말하는 것이 좋다."(Dyer, 1981, p. 65)

컨설턴트 기술 수준의 오도. 이 장의 서두에서 논의했듯이, 변화 관리자는 의식적이든 무의식적이든 데이터에 적절히 맞는 개입을 제안하기보다 익숙하고 편안한 개입을 제안하고 실행하려 할 수 있다. 반대 상황도 발생할 수 있다. 가장 적절한 개입은 변화 관리자가 경험이 없는 것일 때다. 이런 경우, 클라이언트를 시험 사례로 삼기보다 변화 관리자는 그런 개입을 진행한 적이 없음을 인정하고, 도움을 줄 수 있는 동료를 추천해야 할 책임이 있다.

고객과의 공모. 공모의 흔한 예는 데이터 없이 개입을 실행하기로 동의하는 것이다. 컨설턴트가 문화의 '토박이'가 되어 성공을 보고 싶어 하고, 클라이언트와의 동일시가 특정 개입의 구조에 영향을 미쳐 조직 구성원에게 오도되거나, 특정 조직 구성원을 배제하도록 구조화될 때도 공모가 발생할 수 있다.

고객 또는 조직 구성원의 강압과 조작. 개입 참여자에게 목적이 알려지지 않거나, 진정한 참여 선택을 위해 구조화되지 않을 수 있다.

개입 기술 개요

개입 기술은 여러 차원에서 각기 다르다. 다음 장에서는 대상에 따라 개입을 구분하며, 세 가지 큰 범주로 나눈다. (1) 개인, (2) 독립 그룹과 팀 또는 여러 그룹과 팀, (3) 전체 조직과 여러 조직에 적용되는 개입이다.

그림 9.2는 리더, 여러 매니저, 개별 팀원을 보여주는 일반적인 조직도를 제시하며, 논의하는 세 가지 개입 범주가 그 구조에 어떻게 적용되는지 보여준다. 개입 유형은 이 차트에 여러 방식으로 적용될 수 있다. 개인 개입은 차트의 모든 개인에게 적용되며, 단일팀을 둘러싼 원은 예를 들어 리더십 팀을 수평으로 그릴 수도 있다. 다음 장에서 이러한 개입 유형을 살펴보면 더 명확해질 것이다.

어떤 책도 OD 분야가 시작된 이래 만들어진 모든 개입의 다양성과 가능한 적응을 나열하거나 검토할 수 없다. 따라서 알려진 모든 개입 방법을 다루지는 않겠지만, 오늘날 가장 일반적으로 사용되는 개입에 대해 설명한다. 표 9.4는 다음 4개의 장에서 다루는 개입을 요약한 것이다. 또한 일부 개입은 하나 이상의 대상 영역에 적용될 수 있다(예: 팀과 조직 모두에 사용되는 경우). 이런 경우 가장 흔한 적용에 집중한다.

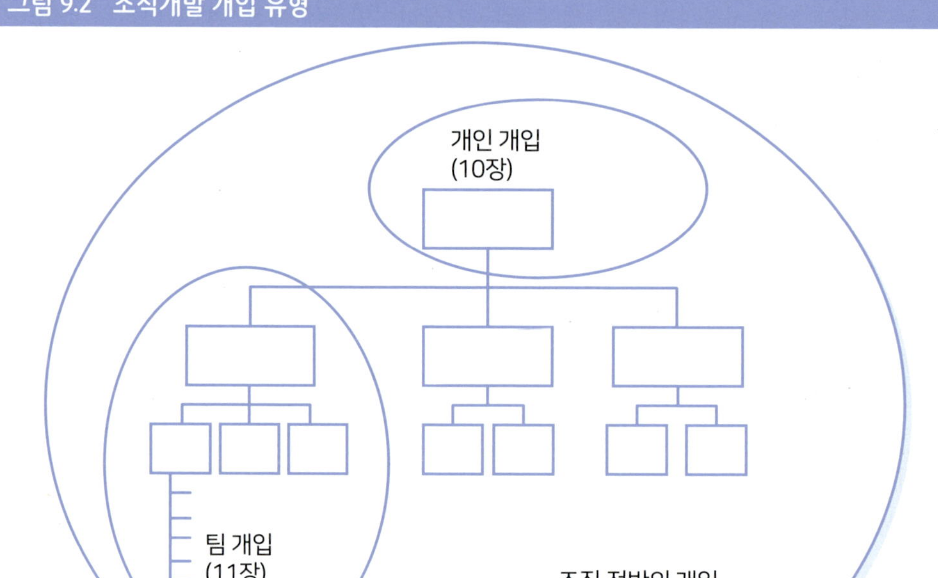

표 9.4   이 책에서 설명하는 조직개발 개입 방법

개인 개입	팀 개입	조직 전반의 개입
• 개별 도구 및 평가 • 코칭 • 멘토링 • 360°피드백 • 경력 계획 및 개발	• 팀 시작 및 전환 회의 • 대립 회의 • 역할 협상 및 역할 분석 • 업무 재설계 • 워크아웃 • 그룹 간/팀 간 개입	• 조직문화 평가 및 변화 • 조직 설계 및 구조 • **방향성 개입**: 전략 계획 및 실시간 전략 변경, 시나리오 계획, 탐색 회의 및 미래 탐색 • **품질 개입**: 종합 품질관리, 리엔지니어링, 식스 시그마 • 인수 합병에 대한 개입 • 대화형 OD 개입(월드 카페 및 오픈 스페이스 기술 포함) • 감사 문의 • 조직 전환/조직 간 개발

요약

개입은 개인과 조직변화를 이루기 위해 명시적으로 설계된다. 종종 개입 전략, 즉 전체 계획으로 구성되며, 개별 개입 활동이나 이벤트로 이루어질 수 있다. 오늘날 많은 조직 구성원이 조직변화에 냉소적인데, 이는 그들이 겪은 실패한 개입 수 때문일 수 있다. 흔한 이유로는 잘못된 문제를 해결하기 위해 개입을 사용하거나, 부적절한 개입을 선택하거나, 목표와 목적이 불분명하거나, 숙련되지 않은 변화 관리자와 협력하거나, 변화에 대한 준비가 안 된 조직에서 변화를 실행하는 등의 이유가 있다. 결과적으로 실패한 개입은 시간과 비용, 그리고 구성원의 동기에도 큰 손실을 초래한다.

올바른 개입 선택은 여러 고려 사항을 포함한다. 개입은 데이터와 진단에 맞춰져야 한다. 변화 주체는 조직의 변화 준비도와 어디서 먼저 개입할지를 고려해야 한다. 또한 개입은 해결하려는 문제에 맞는 적절한 깊이로 이루어져야 하며, 개입 전략은 전체적으로 최대의 효과를 위해 순서에 맞는 활동으로 구성되어야 한다. 어떤 개입이든 학습 기회로 구조화되고, 조직 구성원에게 선택과 함께 참여할 기회를 주며, 명확하고 명시적인 결과를 도출해야 한다. 초대부터 의제, 클라이언트의 초기 발표까지 모든 것이 개입의 확립된 목적으로 꾸준히 향하도록 일관되게 구조화되어야 한다. 변화 관리자와 클라이언트의 역할도 사전에 논의해야 한다. 클라이언트의 개입에 대한 참여와 소유권이 확립되고, 변화 관리자가 개입 목표 달성을 돕는 적절한 역할을 맡을 수 있도록 말이다.

마지막으로, 개입은 변화 관리자에게 새로운 윤리적 도전을 제시한다. 개입 또는 자신의 기술을 오도하거나, 부적절한 개입을 선택하는 클라이언트와의 공모, 조직 구성원에 대한 개입의 잠재적 오도 가능성이 포함된다.

토론을 위한 질문

1. 여러분이 참여했던 조직개발(OD) 개입 중에서 어떤 것을 성공적이라고 생각하는가? 개입의 성공에 기여한 요인은 무엇이라고 생각하는가? 실패했던 개입에 대해서는 왜 그렇다고 생각하는가? 여러분의 경험을 바탕으로 이 장에서 제시한 실패 이유 목록에 추가할 것이 있는가?

2. 이 장에서는 올바른 개입 전략을 선택할 때 고려해야 할 여러 가지 사항을 나열했다. 여러분의 관점에서 우선순위를 어떻게 정할 수 있는가? 먼저 어떤 개입을 실행할지 선택할 때 가장 중요한 고려 사항은 무엇이라고 생각하는가?

3. 개입과 관련된 잠재적 윤리 문제를 다시 살펴보라. 여러분의 견해로 이 중에서 가장 자주 직면하게 될 문제는 무엇인가? 실무자가 이러한 윤리적 우려를 피하기 위해 무엇을 할 수 있는가?

사례연구 9: 기업 재무 부서의 리더십 전환

도널드 L. 앤더슨(Donald L. Anderson)

아래 사례를 읽고 다음 질문에 답하라.

1. 조직개발 실무자의 역할에 대한 지식을 바탕으로, 앤절리크(Angelique)의 조직개발 컨설턴트로서 코디(Cody)의 역할은 무엇인가? 코디가 수행하기에 부적절한 역할은 무엇인가?

2. 만약 여러분이 코디 입장이라면, 앤절리크가 다음으로 무엇을 해야 한다고 추천하겠는가? 개인, 팀, 조직 전체 수준에서 어떤 조치를 취할 수 있는가?

앤절리크 워드(Angelique Ward)는 조용히 사무실 문을 닫고 책상에 차분히 앉았다. 그녀는 20년 경력 동안 처음으로 가장 논쟁적인 구성원회의를 마친 후, 머리를 숙인 채 눈을 감고는 잠시 낮잠을 자며 재정비하고 싶다는 생각을 잠깐 했다. 그녀는 이번이 자신이 경험한 가장 어려운 리더십 전환이 될 뿐만 아니라 개인적·감정적으로도 매우 힘들 것이라는 사실을 천천히 깨달았다.

지난달 디비전 플라스틱스(Divisional Plastics, Inc.)의 최고재무책임자 로런 맥기(Lauren McGee)가 그녀에게 기업 재무팀을 맡아달라고 제안하면서 별생각 없이 "이 팀은 당신의 도움이 많이 필요할 거예요"라고 언급했다. 앤절리크는 그것이 새로운 리더라면 누구에게나 하는 일반적인 동기부여의 말이라고 생각했지만, 점점 더 로런이 친절하고 절제된 표현을 한 것처럼 보였다. 이번 승진은 앤절리크가 오랫동안 꿈꿔왔던 기회였고, 그녀는 이에 대해 거절할 생각을 전혀 하지 않았다. 이전 직책인 지급 계정 책임자로서 그녀는 이 팀과 전임 리더 빌 버틀러(Bill Butler)를 조금 알았지만 깊이 알지는 못했다. 빌과 앤절리크는 동료였지만 많은 시간을 함께 보내지 않았고, 그녀는 팀 성과가 로런의 기대에 미치지 못한다는 것만 알고 있었다. 갑자기 빌이 떠나고 앤절리크가 그 자리를 맡게 되었다.

그녀는 그때 바로 로런의 사무실에서 자신이 새 팀을 맡을 때마다 해왔던 일을 이번 팀과 함께하기로 결심했다. 팀원들의 업무 스타일과 독특한 개성을 알아가고, 자신의 스타일이 팀원들의 의견을 구하고, 긍정적이고 낙관적이며, 협력을 장려하고, 모든 팀원이 최선을 다하도록 책임감을 부여하는 리더임을 보여줄 것이다. 그녀는 대학 시절 챔피언십에서 우승했던 축구팀을 떠올리게 하는 팀으로 만들고 싶었다. 그 팀은 각 개인의 장점을 끌어내고, 각자의 기술을 팀의 이익을 위해 활용했다. 그녀는 시작이 무척 기대되었다.

하지만 지금, 책상에 혼자 앉아 그녀는 평소의 긍정적인 태도를 유지하기 어려웠다. 앤절리크는 첫 구성원회의를 머릿속으로 되새겼다.

첫 구성원회의

"좋은 아침입니다, 여러분." 앤절리크가 말했다. "출근길에 빵집에 들러 도넛과 커피를 사 왔으니, 마음껏 드시고 시작합시다."

"요즘 누가 기름지고 글루텐 가득한 폭탄을 먹나요?" 가브리엘(Gabriel)이 모두가 들을 수 있을 정도로 중얼거렸다.

"크리머만 있고 무지방 우유는 없나요? 크리머는 전부 화학 물질이에요." 페이지(Paige)가 커피를 쓰레기통에 버리며 말했다.

앤절리크가 노트북을 준비하는 얼마 동안 아무도 말하지 않았다. 이마에 땀이 맺히며 몸이 뜨거워졌다. '그래, 커피와 도넛을 좋아하는 팀이 아니구나'라고 생각하며 다음 회의에는 건강한 간식을 가져오기로 마음먹었다.

돌이켜보면, 그게 회의에서 가장 생산적이고 긍정적인 부분이었다.

앤절리크는 전통적인 환영 인사를 하고, 농담을 몇 개 던지며 최대한 웃고 친절하게 보이려 했다. 새로운 리더에게 적응하기 힘들 거라 생각했기에 자신이 열린 마음과 신뢰를 줄 수 있는 사람으로 보이길 원했다. 하지만 회의실 안에 있는 12명의 얼굴을 보니, 그들은 그녀에게 눈길을 주지 않았다. 눈을 마주치면 멍한 시선을 받았는데, '아마 부끄러워하는 걸지도'라고 생각했다.

그녀는 계속 회의를 진행했다. 회사가 회계 연도의 중요한 시점에 접어들었기에 첫 회의에서 다뤄야 할 진짜 일이 있었다. 그녀는 다가오는 예산 프로세스 일정을 발표했다. 올해는 회사가 지출 부문에서 더 보수적이 되려 하기에 로렌이 예산을 더욱 면밀히 검토할 것임을 알았다. 이 팀은 각 부서의 예산을 모아 로렌, 이사회, CEO가 최종 승인할 단일 재무 개요를 만들 책임이 있었다.

"켈시(Kelsey), 이번 달 말까지 로렌과 공유할 단일 문서를 만드는 데 당신이 도와주길 바랍니다." 앤절리크가 말했다. 그녀는 이것이 켈시의 평소 역할임을 알고 있었다. 수동적이고 무관심했던 팀이 이 논의에서 처음으로 반응을 보였다. 신경을 건드린 것이었다.

"좀 혼란스러운데요." 발레리아(Valeria)가 침묵을 깨며 말했다. "이번에는 우리 모두 개별 파일을 켈시에게 주고 그녀가 당신과 함께 작업한다는 건가요? 지난번에 그렇게 했을 때 안 돼서 각자 따로 했어요."

"그게 가장 쉬울 거라고 생각하지만, 다른 제안이 있으면 들어볼게요." 앤절리크가 말했다.

"알겠어요." 발레리아가 잠시 멈췄다가 다시 말했다. "지난번에 파일이 너무 많아서 오류가 생겨 혼란스러웠어요. 아니, 솔직히 창피했어요." 모두가 켈시를 봤다.

"템플릿을 썼다면 괜찮았을 거예요." 켈시가 화가 나서 반박했다. 이 주제가 처음 다뤄지는 게 아님이 분명했다. "하지만 몇몇이 자기 템플릿을 만들어 제가 만든 계산을 망쳤어요." 앤절리크는 억눌렸던 팀의 감정이 터지려 한다는 걸 깨달았다.

"이봐, 난…." 앤절리크가 말을 멈췄다.

"난 네 템플릿을 썼어." 페이지가 말했다. "하지만 자본 지출 감가상각이 없어서 못 썼어."

"내 말이 그거야." 발레리아는 페이지가 동의하자 기뻤다.

"그건 너희가 직접 계산할 게 아니라서 없었어." 켈시가 여러 번 했던 말투로 입을 열었다. "작년에 말했듯이, 회사 차원에서 그 점을 고려하고 있어요." 페이지가 눈을 동그랗게 뜨고 입을 벌렸다가 멈추고 고개를 절레절레 흔들었다.

"내 생각엔…." 앤절리크가 개입하려 했다.

"당신이 원하는 대로 할게요." 엘리엇(Eliott)이 말했다. "하지만 언제 무엇을 기대하는지 분명히 해주세요. 지난번엔 날짜를 너무 자주 바꿔서 제가 기억할 수 없었어요." 이번엔 발레리아가 눈을 동그랗게 뜨고 중얼거렸다. 앤절리크는 "…아무것도 기억할 수 없어요"라는 말만 들었다.

"당신도 알다시피 날짜는 나도 어쩔 수 없어." 켈시가 방어적으로 말했다.

"만약 우리가…." 앤절리크가 다시 입을 열었다.

"난 파일을 따로 보낼게요." 타일러(Tyler)가 앤절리크를 보며 말했다. "농담이 아니라, 저는 모두가 하나의 템플릿을 쓰는 데 동의하지 않아요." 타일러는 폰으로 다시 타이핑했다.

켈시가 앤절리크를 쳐다보며 말했다. "대충 이렇게 돼요." 긴 침묵이 이어졌다.

"우리 앞에 도전이 있어요." 앤절리크는 팀을 하나로 모으기 위해 노력하면서 이렇게 말했다. "함께 팀의 이익을 생각하며 일해야 극복할 수 있어요."

앤절리크는 그 순간 누가 비웃었는지 알 수 없었다. 그러고는 또다시 아무도 말하지 않았다.

추가 데이터 수집

코디 셰퍼(Cody Schaeffer)는 앤절리크의 조직개발 컨설턴트였다. 앤절리크가 새 역할과 첫 회의에서의 곤혹스러웠던 경험을 전화로 말하자, 코디는 팀원 각자를 인터뷰하자고 제안했다. "목표는 팀의 역사, 잘되는 점, 개선할 점을 더 알아내는 거예요." 코디가 말했다. "팀 상태를 이해하면 다음 단계를 계획하는 데 도움이 될 거예요." 앤절리크가 동의했고, 이후 2주간 코디는 팀원 각자와 1시간 개인 인터뷰를 했다. 코디는 데이터를 익명으로 유지해 모두가 편하고 솔직히 말할 수 있도록 했다.코디는 팀원들에게 다음 질문을 제안했다.

- 이 팀에서 당신의 역할은 무엇인가?
- 이 팀이 정말 잘한다고 생각하는 것은 무엇인가? 팀의 강점은 무엇인가?
- 이 팀의 의사소통은 얼마나 잘되는가?
- 이 팀이 목표를 이루기 위해 얼마나 잘 협력하는가?
- 이 팀에서 무엇이 바뀌어야 한다고 생각하는가?
- 앤절리크의 리더십에 대해 어떤 질문이 있는가?

앤절리크는 이 질문들에 동의했고, 코디의 인터뷰 요약을 기대했다. 그러고는 3주 후 만날 약속을 잡았다.

앤절리크에게 피드백

3주 후에 앤절리크의 사무실에서 코디는 인터뷰 요약을 제시했다. 인터뷰에서 발췌한 인용문과 참여자들이 공유한 전반적인 주제를 정리했다.

"솔직히 이 만남이 걱정됐어요." 앤절리크가 인정했다. "지금 뭘 생각해야 할지 모르겠어요."

"제가 들은 내용을 살펴본 다음 여러분의 생각을 들어보겠습니다." 코디가 말하며 보고서를 건넸다.

강점

팀은 대체로 구성원들이 열심히 일하는 것으로 보인다.

- "최고의 친구는 아니지만, 여기 사람들은 열심히 일해요."
- "스트레스가 많은 환경이지만, 모두가 열심히 일하고 있어요."
  팀은 회사 내에서 큰 존경을 받는다. "우린 전문가로 알려져 있어요."
- "리더들이 우리 결정을 믿고 조언을 구해요."

팀 개선 기회

프로세스가 요구될 때 팀은 함께 일하는 데 어려움을 겪고 있다.

- "각자 자기 영역에서 따로 놀아요. 협력은 늘 서툴렀어요."
- "매번 프로세스를 반복해요. 단순화하고 소통이 더 필요해요."
- "프로세스에 대해 이메일 답장 받는 것도 힘들어요. 서로 소통이 안 돼요."

많은 팀원이 좀 더 협력적인 분위기를 원한다.

- "저는 '이봐, 이거 좀 봐줄래요? 이거 맞아요?'라고 말하며 아이디어를 나눌 동료가 있으면 좋겠어요."
- "공동체 의식, 팀 의식이 그리워요. 지금 우린 팀이 아니에요."

팀의 협력 부족으로 품질이 떨어진다.

- "똑같은 실수를 반복해요. 배운 게 없는 것 같아요."
- "매년 예산 프로세스, 형식, 템플릿에 대해 똑같은 얘기를 해요. 늘 정리가 안 되고, 늦고, 멍청한 실수를 해요."

팀의 과거로 인한 비난과 공포

과거 경영진의 소통 방식이 이 팀의 문화에 기여했을 수 있다.

- "빌은 달랐어요. 소통이 전혀 없었죠. 내가 잘하는지, 곧 잘릴지 몰랐어요. 늘 긴장했어요."
- "빌은 냉담하고 다소 비열했어요. 구성원회의도 열지 않았고, 오직 그와 직접 소통했어요. 그가 시키는 대로 했죠."

과거에는 위험을 감수하거나 실수하면 큰 처벌을 받았다.

- "스콧(Scott)이 해고당했을 때, 빌이 하라는 대로 해야 한다는 걸 알았어요. 더 잘 알아도 고개를 내밀면 총에 맞을 테니까요."
- "로렌이 실수를 할 때마다 빌이 우리 중 한 명을 쫓아왔어요. 우리는 서로를 비난하며 자신을 지켰죠. 우리는 서로 협력해야 할 때마다 항상 자신을 감추고 상대방의 잘못을 찾았어요. 방어 기제인데 멈출 방법을 몰라요."

앤절리크에 대한 질문 또는 의견

기대

- "목표가 뭔지 알고 싶어요. 올해와 내년에 뭘 기대하나요? 뭘 바꿀 건가요?"
- "그녀의 팀 비전은 뭔가요? 우리가 잘하는 점, 개선할 점이 뭔가요?"
- "일을 계속할 건가요, 구조를 바꿀 건가요? 우리를 남길 건가요, 새 일자리를 찾아야 하나요?"

스타일

"우리를 어떻게 관리할 건가요? 어떻게 소통하길 원하나요?"
"문제가 생기면 그녀에게 가야 하나요, 스스로 해결해야 하나요? 뭘 알려줘야 하나요?"

＊ ＊ ＊ ＊ ＊

"이게 오래된 일이라는 걸 알게 돼서 좀 안심돼요." 앤절리크가 말했다. "하지만 팀이 오랫동안 힘들었다니 슬프네요."

"맞아요." 코디가 덧붙였다. "하지만 좋은 신호도 많아요. 소통과 협력을 원하고, 희망이 엿보여요."

"자, 그럼 시작합시다. 어디서부터 할까요?" 앤절리크가 말했다.

10 개인 개입

학습 목표

이 장에서는 다음과 같은 내용을 학습한다.

- 개인 개입을 활용한 성공의 기반
- 개인 개입의 도구와 평가의 신중한 관리
- 코칭 및 멘토링 개입 과정과 중요성
- 360° 피드백 프로세스 과정과 긍정적인 결과내기
- 경력 계획과 개발 개입의 중요성

앤(Ann)은 메이저 출판사의 복잡한 운영을 감독하는 직책으로 승진했다. 그녀는 직속 구성원들 외에도 두 개의 저널관리위원회와 또 다른 사무실에서 근무하는 구성원들에 대한 관리 책임까지 맡게 되었다. 이 역할을 맡아 1년 동안 수행한 후 앤의 관리자가 내린 결론은 앤이 특정한 관리 및 대인관계 기술이 부족하며, 코치와의 일대일 세션이 도움이 될 것이라는 판단이었다.

첫 번째 세션에서 코치와 앤은 한 달에 한 번씩 총 6회의 코칭 세션을 가지기로 계약했다. 코치와 앤은 코칭 계약의 목표를 앤이 팀과 함께 일하는 기술을 향상시키고, 팀과 매니저로부터 성과에 대한 긍정적인 피드백을 얻는 것으로 정했다. 2~3시간씩 진행되는 각 세션에서 코치는 여러 가지 방법으로 앤을 도왔다. 앤은 자신의 업무 선호도가 팀워크에 어떤 영향을 미치는지 파악하는 데 도움이 되는 진단 도구를 완성했다. 앤과 코치는 팀원 개개인과 관계를 맺고 관리하는 방식, 전략적 결정을 내리는 방식, 팀 회의를 관리하는 방식에 대해 논의했다. 또한 앤이 갈등을 관리하고, 피드백을 받고 전달하는 방법, 동료들과 소통하는 방법 등 대인관계 기술에 대해서도 논의했다. 이러한 대화에서 코치의 역할은 행동 방법을 지시하거나 지시적인 조언을 하기보다 앤이 자기 생각을 명확히 하고, 다양한 선택지와 가능성을 볼 수 있도록 질문을 던지며, 앤이 말한 내용을 경청하여 반영하는 것이었다.

6회의 세션이 완료된 후, 앤과 코치는 6개월 동안 필요에 따라 전화와 이메일을 통해 원격으로 코칭을 계속하기로 합의했다. 앤은 자신의 진행 상황을 되돌아보면서 다음과 같이 개선된 점을 발견했다.

특히 더욱 효과적인 업무 보고 방식으로 전환하게 되어 자신의 매니저와 좀 더 협력적으로 일할 방법을 찾게 되었고, 매니저와의 업무 관계가 개선되었음을 인식하게 되었다. 앤의 매니저는 앤의 관리 역량이 향상된 것에 대해 긍정적인 피드백을 주었고, 팀 구성원들 또한 앤의 관리 능력에 대해 지지를 표명했다. 앤은 팀원들도 이제는 더 통합되고 일관된 방식으로 함께 일하고 있다는 점을 알아차렸다. 아마도 앤에게 가장 중요한 개선점은 저널 부서의 시장점유율이 증가하고 이직률은 감소했으며, 생산성이 향상되었고, 구성원들의 사기가 높아졌다는 사실일 것이다(Wade, 2004).

- 코칭의 목적은 무엇인가?
- 효과적인 코칭의 조건은 무엇이라고 생각하는가?

2장 조직개발(OD)의 역사에서 이미 설명했듯이, OD 초창기에는 T-그룹과 개인의 변화가 조직변화의 근간(조직을 구성하는 개인들이 변화하기 전까지는 조직이 변하지 않을 것이라고 보았다)으로 여겨졌다. 결국 조직은 사람이 아니라 개인으로 구성되어 있으므로 조직변화의 핵심은 무엇보다 개인의 변화에서 비롯되어야 한다는 것이었다. 이러한 관점은 변화를 위한 구체적 영역에 팀과 조직 수준의 개입을 포함하도록 다소 확장했지만, 여전히 개입을 통한 개인의 변화는 조직의 변화를 달성하는 데 필수적인 측면으로 남아있다. 이 장에서는 변화관리자와 OD 실무자가 개인의 성장과 발전을 촉진하기 위해 개인과 협력하는 몇 가지 방법을 살펴볼 것이다. 여기에는 개인 평가 및 진단 도구의 활용, 코칭, 멘토링, 360° 피드백, 경력 계획 및 개발 등이 포함된다.

개인 개입(individual intervention)은 개인의 성장, 개발 및 변화를 장려하는 데 매우 큰 영향을 미칠 수 있다. 하지만 궁극적으로 주의해야 할 두 가지 사항이 있다.

첫째, 피터 블록(Peter Block, 2008)의 말처럼 "우리는 이미 많은 개인이 변화한다고 해서 공동체가 변화하지 않는다는 것을 배웠다"(p. 5)는 것이다. 앞서 논의했듯이 조직은 많은 프로세스와 시스템, 그리고 강력한 문화적 가치와 신념을 가진 사람들로 구성되어 있기 때문에 개인의 변화는 조직의 변화를 달성하는 데 불충분한 방법일 수 있다. 이러한 시스템, 프로세스, 신념은 개인의 변화 시도와 상충하거나 방해로 작용할 수 있다. 예를 들어, 조직에서 구성원들에게 고객 서비스를 더 잘하는 방법을 가르치기 위해 교육 프로그램을 운영할 수 있지만, 경영진의 지원이나 업무 수행에 필요한 적절한 도구가 부족하다면 그러한 노력은 낭비일 것이다. 다르게 말하면, 조직은 제도화된 정기적이고 일상적인 관행을 개발하며, 이는 개인의 변화 시도를 저지하고, 기존 상태를 유지하려는 강력한 힘이 될 수 있다(George & Jones, 2001). 개인의 변화를 이루는 것이 조직에 필요한 변화의 중요한 일부일 수 있지만, 개인은 상호 연결된 시스템 속에서 활동하기 때문에 이것이 유일하게 필요한 변화일 가능성은 낮다. 개인 개입은 포괄적인 개입 전략의 일환으로 팀 또는 조직 수준의 개입으로 보완될 필요가 있다(9장 참조). 또한 개인 개입은 더 광범위한 변화 노력을 지원하기 위해 필요할 수 있다. 예를 들어, 리더십 코칭 프로그램은 이제 리더가 글로벌 팀을 관리하는 새로운 조직 설계를 보완하는 역할을 할 수 있다.

둘째, 우리 대부분이 개인적으로 경험했듯이 개인의 변화는 강요되거나 의무적으로 이루어질 경우 성공하거나 오래 지속되는 경우가 드물다. 체중 감량, 금연, 동료와의 커뮤니케이션 스타일 변화 등 개인의 성장은 대부분 스스로 변화하려는 동기가 있을 때 효과적이다. 개인 또는 개인들에게 가장 적합한 개입을 선택하기 위해서는 개인 변화 과정의 심리를 이해하면 사람들이 어떻게 반응하고 개인의 변화를 달성하는지 이해하는 데 도움이 된다.

개인 변화와 변화에 대한 반응

사람들이 직장에서 사고하는 방식에서 중요한 요소 중 하나는 스키마(schema)이다. 스키마란 우리가 삶과 일터를 대하는 방식을 좌우하는 익숙한 인지 개념과 신념을 말한다(George & Jones, 2001). 스키마는 우리가 업무 상황을 해석하고 이해하는 데 도움을 주는 익숙한 패턴을 형성하도록 도와준다. 예를 들어, 우리는 인터넷을 통해 접수된 새로운 제품 주문을 어떻게 처리할지, 팀에 새로 합류한 구성원의 역할을 어떻게 해석할지를 판단하기 위해 스키마를 발달시킨다. 스키마는 조직 구성원들이 단순히 업무 자체뿐만 아니라 그 업무가 조직, 동료, 물리적 환경 등과 관련된 다른 스키마들과 어떻게 연결되는지를 조직화하는 데도 도움이 된다. 변화는 이러한 기존 스키마를 위협하며 새로운 스키마의 개발을 요구하고, 그로 인해 익숙하고, 알고 있으며, 편안했던 것들을 다시 질문하게 만든다. 우리가 스스로 추구하는 개인적 변화(예: 어려운 결정을 내리고 이를 효과적으로 전달하는 능력을 향상시키고자 하는 경우)든, 외부에서 우리에게 주어지는 변화(예: 회사가 인수되어 업무가 변경되는 경우)든, 변화는 익숙한 것을 교란시킨다. 개인 변화는 기존에 알고 있던 스키마와 새롭고 낯선 스키마 사이의 불일치와 모순에서 비롯된다(George & Jones, 2001). 이 시점은 개인이 기존의 스키마를 버리고 새로운 스키마를 수용해야 함을 처음으로 인식하게 되며, 그로 인해 변화에 저항할 가능성이 높아지는 시기이기도 하다.

사람들이 변화에 다르게 반응한다는 것은 진부한 표현이지만 사실이다. 어떤 사람들은 새로운 기술을 배우거나 낯선 환경을 경험하는 데서 에너지를 얻으며, 더 나은 미래에 대한 가능성에 동기를 부여받기도 한다. 반면 어떤 사람들은 변화에 직면했을 때 불안하거나 좌절감을 느낄 수 있으며, 변화에 어떻게 적응해야 할지 확신이 없거나 현재의 즐거운 상태가 끝날 것을 슬퍼할 수도 있다. 많은 사람들은 이 모든 감정을 혼합하여 경험한다. 감정의 형태가 어떻든 개인의 변화는 흔히 감정적인(affective) 과정이며, 이는 개인이 전환의 단계를 거쳐 나아가는 과정이다. 브리지스(Bridges, 1980)는 이러한 단계를 '끝맺음(endings)', '중간 지대(neutral zone)', '새로운 시작(new beginnings)'이라고 불렀다.

끝맺음(endings). 모든 전환은 '끝맺음'으로부터 시작된다. 이는 과거를 인식하고 해방시키는 단계다. 끝맺음은 혼란과 두려움을 유발할 수 있다. 변화는 과거의 방식, 믿음, 업무 방식 등을 놓아버릴 것을 요구할 수 있으며, 때로는 관계나 익숙한 장소를 떠나야 할 수도 있다. 또한 자기정체성의 변화도 일어날 수 있다. 예컨대 경력의 전환이 사람들에게 '나는 누구였는가?'와 '내 일은 나에게 어떤 의미였는가?'를 재고하게 할 수 있기 때문이다. 스스로 '유능한 관리자', '경찰관', '교사', '마케팅 담당자', 또는 '책 편집자'로서 쌓아온 익숙한 정체성이 위협을 받고, 정체성의 중요한 부분을 잃는 듯한 느낌을 받을 수 있다. 끝맺음은 상실의 경험이며, 사람들은 이 과정에서 자연스럽게 '애도'하게 된다. 변화에 직면할 때 충격과 부정의 감정을 경험하는 것도 이 때문이다.

중간 지대(neutral zone). 중간 지대는 "과거의 방식도, 새로운 방식도 제대로 작동하지 않는" 시기다(Holbeche, 2006, p. 74). 변화가 진행되고 있다는 것을 인식하면서도 기존의 익숙한 루틴과 관행이 더 이상 제공되지 않는 상황은 혼란스럽고 답답할 수 있다. 사람들은 새로운 정보에 압도당하거나 정신이 산만해질 수 있으며, 그 정보들을 어떻게 해석하고 평가해야 할지 모를 수 있다. 어떤 일이 벌어질지 알 수 없는 상황에서 새로운 것을 시도하는 것은 불편하고 위험하게 느껴질 수 있다. 변화가 끝날 시점이 불분명할 경우, 전환이 끝없이 지속되는 것처럼 느껴질 수도 있다.

새로운 시작(new beginnings). 새로운 시작은 사람들이 새로운 방식으로 전환해나가는 과정에서 중단과 재시작을 반복하며 이루어질 수 있다. 변화하려고 노력하는 과정에서 개인적인 좌절이나 실망, 실패를 경험할 수 있으며, 변화가 생각만큼 쉽지 않다는 현실에 부딪힐 수 있다. 새로운 시작이 기대했던 만큼의 모습이 아닐 경우, 실망감이 찾아올 수도 있다. 브리지스(Bridges, 1980)는 "누군가가 출발선에서 튀어나오는 단거리 육상 선수처럼 새로운 시작을 기대하는 것은 비현실적이다"(p. 148)라고 말한다. 점차 시간이 지나면서 새로운 시작 또한 과거의 방식만큼이나 익숙하고 편안하게 느껴질 수 있다.

개인 개입은 조직 구성원이 변화 과정의 다양한 단계를 거쳐나갈 수 있도록 돕기 위해 설계되었다. 여기에는 변화의 필요성 인식하기, 변화 수용에 대한 동기부여, 과거의 장단점에 대한 존중, 새로운 기술 습득 등이 포함된다. 이러한 개입은 "사람들이 변화를 긍정적으로 수용하기 위해서는 변화에 적응하고 수용할 수 있는 안전한 기회를 제공하는 것이 중요하다"(Holbeche, 2006, p. 71)는 전제에서 이루어진다. 그러나 조직 내 개인 변화를 촉진하려는 많은 관리자나 변화관리자는 종종 구성원들에게 그저 "극복하라", "받아들여라", "어떻게든 해내라"는 식의 관점만을 취한다. 이러한 태도는 변화의 의미를 해석하고 이에 적응해나가는 과정에서 관리자들이 수행할 수 있는 중요한 역할을 간과하는 것이다(Isabella, 1992). 브리지스(1980)의 표현을 빌리자면, "우리를 전원을 뽑았다가 다시 꽂는 가전제품처럼 다루는 방식"은 개인 변화에 효과적인 방법이 아니며, "이탈(disengagement), 환멸(disenchantment), 정체성 상실(disidentification)을 겪으며 마주하게 되는 혼란과 상실감을 이해할 수 있는 방식"이 필요하다(p. 130). 개인 개입은 이러한 방향으로 나아가기 위한 하나의 단계가 될 수 있다. 이러한 개입은 끝맺음을 유도하고, 중간 지대에서의 성찰을 격려하며, 새로운 시작으로의 전환을 촉진할 수 있다.

개인 도구 및 진단 평가

진단 도구와 평가는 갈등 유형, 리더십 스타일, 업무 선호도, 학습 스타일, 업무 적성 등 다양한 영역에 대해 참여자에게 개인 피드백을 제공한다. OD 개입에서 흔히 사용되는 대표적인 개인 도구로는 마이어스-브릭스 유형 지표(Myers-Briggs Type Indicator, MBTI), 대인관계 행동진단(Fundamental Interpersonal Relations Orientation-Behavior, FIRO-B), Thomas-Kilmann Conflict Mode Instrument(TKI), DISC 등이 있다.

이러한 도구들은 흔히 비공식적으로 '검사(test)'라고 불리지만, 사실 이는 부정확한 표현이다. 조직개발 개입에서 사용되는 진단 도구에는 정답이나 오답이 존재하지 않기 때문이다. 개인 도구는 예컨대 "집단 상황에서 나는 주도적인 역할을 맡는 것을 좋아한다", "나는 대부분 혼자 일하는 것을 선호한다", "의사결정을 위해 통계 자료가 필요하다" 같은 문장에 대해 참여자가 동의 정도를 평가하도록 요구할 수 있다. 이러한 도구는 대부분 이론에 기반하며, 심리학자나 기타 연구 전문가들에 의해 타당도와 신뢰도를 철저하게 검증받은 후에 출판된다. 대개 종이 기반 또는 컴퓨터 기반으로 제공되며, 개인이 개별적으로 작성하게 되어 있고, 도구의 종류에 따라 몇 분에서 몇 시간까지 소요될 수 있다. 평가가 완료되어 점수가 산출되면, 이는 참여자에게 자기인식(self-awareness)을 높이고, 개인의 강점을 인식하며, 변화가 필요한 영역을 식별하도록 돕는 귀중한 피드백을 제공할 수 있다. 이러한 도구들은 보통 개인에게 초점을 맞추지만, 팀 환경에서도 종종 유용하게 활용될 수 있다. 이런 경우, 도구는 개별적으로 작성되며, 그 결과는 퍼실리테이터가 진행하는 회의에서 팀원 간에 공유된다. 예를 들어, 각자의 업무 스타일 선호도를 공유하는 것은 팀원들이 서로가 팀의 목표에 어떻게 접근하는지를 이해하는 데 도움이 될 수 있다.

파이퍼와 밸류(Pfeiffer & Ballew, 1987)에 따르면, 개인 도구(individual instruments)에는 여러 가지 장점이 있다. 이러한 도구는 개인이 개별적으로 작성하고 피드백도 대개 문서 형태로 직접 전달되기 때문에 개인이 자기인식과 개인 피드백을 비교적 위협 없이 받을 수 있는 방식이 될 수 있다. 종종 도구를 작성하는 과정 자체가 내향적인 참여자조차 참여하게 만들고, 결과에 대한 호기심을 자극하여 피드백을 진지하게 고려하게 하기도 한다. 도구 자체는 참여자에게 자신의 행동, 스타일, 선호도뿐 아니라 주변 사람들의 특성까지 이해할 수 있는 언어와 개념을 제공하며, 이는 일상적인 상호작용 속에서 자신의 스타일이 어떤 방식으로 드러나는지를 더 잘 인식하게 만든다. 일부 도구는 타인과의 비교를 가능하게 하는데, 이는 사람들이 고립감을 느낄 때 오히려 해방감을 줄 수 있다. 또한 이러한 도구는 정기적으로 반복 시행할 수 있기 때문에(예: 매년) 시간이 흐르며 발생하는 변화를 파악하는 데도 유용하다.

그러나 도구를 개입(intervention)으로 사용하는 데는 단점도 존재한다. 일부 사람들은 심리적으로 자신이 노출되거나, 분석되거나, 들키는 것을 두려워하거나 불쾌하게 여길 수 있으며, 도구를 통해 자신이 규정되거나 낙인찍히는 것으로 인식할 수도 있다. 퍼실리테이터가 그렇지 않다고 아무리 강조하더라도 참여자들은 여전히 정답이 있다고 여기고 사회적으로 바람직한 답변을 찾으려 할 수 있다. 또한 어떤 참여자는 자신이 "가장 바람직하다"고 생각했던 리더십 스타일이 도구 결과와 맞지 않는다는 사실에 실망하거나 부정하고 싶어질 수 있다. 퍼실리테이터는 이러한 상황에 대해 어떤 결과든 받아들이는 자세를 격려하고, 정답은 없다는 점을 강조함으로써 대응하려 할 수 있다. 그러나 일부 참여자에게는 오히려 정답이 없다는 사실이 상대주의적 사고나 무비판적 수용("내 스타일도 괜찮고, 당신 스타일도 괜찮다")으로 이어질 수 있으며, 이는 자신의 결함이나 비효과적인 행동(예: 분노에 찬 강한 반응이 구성원들이 솔직하게 말하는 것을 방해하는 경우 등)을 인식하는 데 방해가 될 수 있다. 일부 참여자는 감정적인 반응을 보이거나, 도구가 제공하는 피드백 양에 압도당할 수 있으며, 퍼실리테이터에게 피드백 해석이나 개인 코칭을 지나치게 의존하게 되는 경우도 있다. 특히 집단 환경에서는 도구가 다른 사람에게 꼬리표를 붙이거나 고정관념을 강화하는 데 악용될 위험이 있다[예: "ESTP라서 감정 반응이 없지", "2단계(Stage 2)의 관리자야"]. 또는 참여자가 아직 공유할 준비가 되지 않은 결과를 공개하도록 압박을 느낄 수도 있다. 표 10.1은 도구 사용의 장단점을 요약하고 있다.

 조직개발 앤더슨

장점	단점
• 자신을 이해할 수 있는 언어와 개념 제공	• 정답이나 이상적 스타일 추구
• 상대적으로 낮은 위협; 개인별 시행	• 꼬리표 붙이기 또는 고정관념 조장
• 타인과 비교 가능	• 직면보다 상대주의적 태도 조장
• 자기발견에 대한 참여 촉진	• 심리적 노출 및 '파악당한다'는 두려움
• 반복 시행을 통한 변경 사항 비교 가능	• 퍼실리테이터에 대한 의존성 유발
• 자신이 몰랐던 영역 탐색 가능	• 한 번에 너무 많은 정보량이 압도감을 줄 수 있음

파이퍼와 밸류(1987)는 도구를 효과적으로 활용하기 위한 절차를 제시하고 있다. 첫째, 도구를 시행하기 전에 안전하고 비판 없는 분위기를 조성하는 것이 중요하다. 참여자들은 왜 이 도구를 작성하는지, 결과가 어떻게 활용될 것인지, 누가 도구에 대한 응답과 최종 결과를 확인하는지 이해해야 한다. 퍼실리테이터는 도구의 정확성은 참여자의 응답에 달려 있으며, 정직하고 솔직한 응답이 중요하다는 점을 강조할 수 있다. 다음으로, 참여자들이 도구를 작성한 후에는 퍼실리테이터가 해당 도구의 배경에 대해 설명하는 것이 도움이 될 수 있다. 여기에는 도구의 이론적 기반과 참여자가 도구를 이해하는 데 도움이 될 수 있는 개념이나 아이디어가 포함된다. 셋째, 참여자는 실제 결과를 받기 전에 스스로 자신의 결과를 예측해보는 시간을 가질 수 있다.

참여자들이 결과를 받는 순간, 퍼실리테이터는 그들이 결과를 읽고, 흡수하고, 피드백을 숙고할 수 있도록 몇 분간 방해받지 않는 조용한 시간을 허용하는 것이 좋다. 참여자들은 자신의 예측 결과와 도구가 제시한 실제 결과를 비교해보거나, 작성된 설명이나 점수 해설을 읽어볼 수도 있다. 만약 도구가 해석하기 쉬운 편이라면, 퍼실리테이터는 단순히 점수표나 해석 자료를 결과와 함께 제공하는 방식으로도 충분할 수 있다. 그러나 어떤 경우에는 도구와 점수 결과가 복잡해서 해석이 어려울 수 있으며, 이러한 경우에는 결과 해석에 대한 훈련을 받은 사람과의 일대일 세션이 필요하다. 집단 환경에서는 참석자 전원의 동의가 있을 경우, 참여자들이 (원할 경우 익명으로) 자신의 결과를 전체 그룹과 공유할 수도 있다.

결과의 해석과 성찰은 이 과정에서 가장 중요한 단계다. 결국 목표는 임상적 진단이 아니라 자기인식과 학습에 있기 때문이다. 도구 자체는 참여자가 학습하고 성장할 수 있도록 돕는 수단일 뿐이다. 개인 차원에서 퍼실리테이터는 다음과 같은 질문을 통해 결과에 대한 성찰과 해석을 도울 수 있다.

• 결과가 당신의 예측과 일치했는가, 달랐는가? 어떤 점에서 달랐는가? 왜 그렇게 되었을까?

- 당신은 어떤 강점을 발견했는가? 어떤 점이 만족스러웠는가?
- 변화나 성장 기회는 어디에 있다고 보는가? 놀랍거나 실망스러운 부분이 있었는가? 불만족스러운 점은 무엇인가?
- 이러한 패턴들이 당신의 일상생활이나 업무에서 어떻게 나타나는가?
- 이 결과를 바탕으로 다르게 해보고 싶은 것이 있는가? 앞으로 어떤 행동을 취하고 싶은가?

전 과정에 걸쳐 퍼실리테이터는 비판하지 않고 열린 태도로 존중을 갖고 임해야 하며, 일부 참여자들이 강한 감정적 반응을 보일 수 있다는 사실에 민감해야 한다. 예시를 들 때조차 특정 결과가 상대적으로 더 좋거나 나쁜 것으로 보일 수 있으므로 퍼실리테이터는 이론과 결과 해석을 설명할 때 사용하는 언어에 특히 주의를 기울여야 한다.

도구 사용에는 여러 가지 윤리적 고려사항도 존재한다. 퍼실리테이터는 해당 도구의 시행과 해석에 대해 충분한 훈련을 받아야 하며, 참여자의 반응을 이해하기 위해 스스로 도구를 작성해본 경험이 있어야 한다. 만약 어떤 판단이나 진단이 오직 결과에만 근거하여 이루어지는 경우, 이는 신중하게 고려되어야 하며, 참여자가 점수를 공개하거나 특정 해석을 받아들이도록 강요받아서는 안 된다. 물론, 퍼실리테이터는 도구를 윤리적인 방식으로 확보하고, 도구의 구입과 복제 과정에서도 지적재산권 및 저작권법을 준수해야 한다.

| 마이어스-브릭스(Myers-Briggs) 유형 지표

조직개발 개입에서 가장 널리 사용되는 도구는 아마도 마이어스-브릭스 유형 지표(Myers-Briggs Type Indicator, MBTI)일 것이다. 에드워드 호프먼(Edward Hoffman, 2002)에 따르면, 실제로 매년 250만 명 이상이 MBTI를 경험하고 있다. MBTI는 1920년대 카를 융(Carl Jung)의 심리학 이론에 기반하여 개발되었는데, 융은 "모든 사람이 동일한 수많은 본능(원형, archetypes)을 내면에 가지고 있지만, 근본적인 방식에서는 서로 다르다"고 보았다(Keirsey & Bates, 1984, p. 3). MBTI는 성격을 네 가지 선호 차원을 기준으로 16가지 유형으로 분류한다.

- **외향(Extraversion, E) 또는 내향(Introversion, I)**: E-I 선호는 에너지를 얻는 방식에 대한 것이다. 외향형은 다른 사람들과 함께 시간을 보내면서 에너지를 얻는 반면, 내향형은 혼자 있는 시간을 통해 에너지를 충전한다. 큰 파티나 사교적 모임에서 외향형은 시간이 지날수록 더 활력을 느끼고, 내향형은 대체로 에너지가 떨어지는 것을 느낀다.

- **감각(Sensing, S) 또는 직관(Intuition, N)**: 두 번째 선호 쌍은 정보를 수집하는 방식을 나타낸다. 감각형은 사실, 데이터, 개인적인 경험을 신뢰하며, 현실적이고 실용적인 아이디어를 중시한다. 반면 직관형은 직감, '육감(gut feeling)', 상상에 기반한 추측을 신뢰하고, 가능성과 비전을 반영하는 아이디어를 중시한다.

- **사고(Thinking, T) 또는 감정(Feeling, F)**: T-F 선호는 개인이 의사결정을 내리는 방식을 나타낸다. 사고형은 논리, 일반 원칙이나 기준, 정책, 분석을 바탕으로 결정을 내리는 경향이 있는 반면, 감정형은 주관적이고 대인관계적인 고려, 가치, 조화, 사람에 대한 영향 등을 기준으로 결정을 내리는 경향이 있다.

- **판단(Judging, J) 또는 인식(Perceiving, P)**: 마지막 쌍은 사물을 마무리하고 정리된 상태를 선호하는지(J), 아니면 옵션을 열어두고 유연함을 선호하는지(P)를 나타낸다. J 유형은 마감일보다 훨씬 앞서 일을 계획하고 완료하려는 경향이 있으며, P 유형은 아이디어가 새롭게 떠오르는 유연함을 선호한다.

MBTI는 각 선호 범주에서 하나씩 선택되어 네 글자의 유형 결과를 제공한다. 예를 들어 ENFP, ISTJ, INTP 등이 이에 해당한다. 각 선호 쌍은 척도상 점수화되므로 어떤 사람은 내향형(Introversion)에 대해 강한 선호를 보일 수 있지만, 판단형(Judging)에 대해서는 약한 선호를 보일 수도 있다. 이러한 선호의 강도는 시간이 지나면서 변할 수 있지만, 여러 연구에 따르면 네 글자로 표현되는 선호 유형은 비교적 안정적으로 유지되는 경향이 있다. 동일한 개인에게 시간이 지나도 반복 측정 시 일관된 결과가 나타나는 신뢰도(재검사 신뢰도)는 높은 편이지만, 일각에서는 여전히 MBTI의 타당도에 대해 충분한 근거가 부족하다는 이유로 의문을 제기하고 있다(Carlson, 1985, 1989; Pittenger, 2005).

컨설턴트들은 MBTI가 팀빌딩, 교육, 경력개발 코칭, 갈등 해결 등의 다양한 분야에서 유용하다는 점을 발견해왔다(Clinebell & Stecher, 2003; Coe, 1992; E. Hoffman, 2002; McCaulley, 2000). 예를 들어, 갈등을 겪고 있는 개인에게 MBTI는 서로 다른 마감 기한에 대한 태도가 J-P 선호 차이에 기반하고 있다는 점을 설명하고, 대화를 시작할 계기를 제공할 수 있다. 한 팀 내에서 사고형(Thinking) 구성원이 다수를 차지할 경우, 이들은 논리적으로 결정을 내리려 하는데, 이는 감정형(Feeling) 구성원들에게는 차갑고 비정한 사람들처럼 보일 수 있다. 반대로, 강한 직관형(Intuition) 구성원들로만 이루어진 팀은 반드시 고려해야 할 사실과 데이터들을 간과할 수 있다. 이러한 경우 MBTI는 우리가 서로 다른 사고방식과 일하는 방식이 존재함을 인식하게 하고, 이러한 차이점이 오히려 유익할 수 있다는 점을 상기시키는 데 특히 도움이 된다. 개인은 자신의 선호가 강점이 될 수 있지만 동시에 약점이 될 수 있으며, 이러한 강점과 약점은 동료들에게도 마찬가지로 존재한다는 사실을 배우게 된다.

다른 많은 도구와 마찬가지로 MBTI의 단점 역시 도구 자체라기보다는 그것이 잘못 활용될 때 발생한다. 첫째, MBTI는 단지 재미있고 흥미롭고 위협적이지 않고 잘 알려져 있으며, 다른 사람이 했거나 컨설턴트가 이에 대한 교육을 받았기 때문에 사용되는 경우가 많다. 그러나 진정한 이유는 그것이 해당 상황에 적절하기 때문이어야 하며, 변화관리자는 MBTI를 사용하는 데 있어 명확한 목적과 관련 있는 이유를 가져야 한다. 둘째, MBTI 척도가 지닌 미묘한 차이에도 불구하고 대부분의 활용에서는 네 글자 선호 유형만 강조하는 경향이 있으며, 이는 사람들을 고정된 유형으로 분류하고, 대부분 사람이 특정 시점에 양쪽 선호 모두의 특징을 나타낸다는 현실을 무시하게 만든다. 셋째, 사람들은 MBTI에 과도하게 의존하거나, 모든 행동을 MBTI를 바탕으로 해석하려는 경향을 보일 수 있다(Pittenger, 2005). 일부 조직에서는 MBTI가 지나치게 인기를 끌면서, 도구를 단순히 경험한 개인이 다른 사람에게 '유형 관찰(type watching)'을 교육하려 하고, 이 과정에서 MBTI의 미묘함과 본래의 의미를 무시한 부정확한 설명이 이루어지기도 한다(McCaulley, 2000).

코칭

슐(Shull)과 동료 연구자들(2013, 2014)은 코칭이 이제 OD 실무자의 역할에서 필수적인 요소로 인식되고 있다고 지적한다. 코칭은 일대일 개입 방식으로, 개인이 특정한 개인적, 대인관계적 또는 기술적 영역을 개선하거나 원하는 미래 목표를 달성하기 위한 행동을 취하기 위해 퍼실리테이터와 함께 개인 변화의 과정을 다루는 방식이다. 과거에는 코치의 도움을 구하는 것이 약하거나 무능하다는 신호로 여겨졌으나, 오늘날에는 인식이 바뀌어 대부분의 미국 기업이 최고경영진에게 코칭을 제공하고 있다. 실제로 오늘날 가장 일반적으로 수행되는 코칭 형태는 임원 코칭(executive coaching)이다. 이러한 변화로 인해 1990년대에 코칭의 실천은 폭발적으로 성장했으며, 리더십 코치, 라이프 코치, 임원 코치, 경력 코치 같은 역할들이 조직개발 컨설턴트와는 구별되는 전문적 경력 영역으로 인식되기에 이르렀다(Schein, 2006a).

베넷과 부시(Bennett & Bush, 2009)는 조직 내에서 일반적으로 실행되는 코칭 형태를 네 가지로 구분한다. (1) 리더십 개발 코칭은 '핵심 인재나 승계 계획 대상자'를 중심으로 이루어지며, (2) 성과 코칭은 '성과가 저조한 개인 구성원'에 중점을 두고, (3) 경력 코칭은 '경력이나 직업 옵션을 탐색하거나, 직장을 변경하거나, 은퇴를 준비하는 데' 도움을 주며,

(4) 임원 코칭은 조직 내 최고위 리더들을 대상으로 한다(p. 3). 최근에는 관리자에게도 코칭 역할을 권장하는 목소리가 커지고 있으며, 관리자가 구성원의 성장과 개발을 적극적으로 지원할 때 구성원과 조직의 성과에 유의미한 이점이 있다는 점이 강조되고 있다(Hunt & Weintraub, 2002). 그러나 이 절에서는 관리자-구성원의 관계가 아닌, 코칭을 받는 사람과 관리자 관계에 있지 않은 내부 또는 외부 코치의 역할에 초점을 맞추어 논의할 것이다.

코칭은 다양한 목적을 위해 수행되며, 코치는 클라이언트에 따라 다양한 역할과 기법을 개발한다. 이 장의 서두에 나온 사례에서 앤은 업무에서의 효과성을 향상시키기 위해 여러 영역에서 코치와 함께 작업했다. 이는 코칭의 일반적인 목표이기도 하다. "코칭은 한 사람이 다른 사람을 돕는 과정이며, 이를 통해 그 사람이 자신의 타고난 역량을 발휘할 수 있도록 하고, 성과에 대한 자기책임감과 소유감을 높이며, 자기 코칭 능력을 기르고, 성취를 방해하는 내적 장벽을 인식하고 제거하게 한다"(MacLennan, 1995, p. 4). 다시 말해, 코치는 질문을 던지고 대화를 이끌어가는 '사운딩 보드(sounding board: 생각이나 감정을 말할 수 있는 신뢰할 만한 상대)' 역할을 하며, 이를 통해 개인이 자기 평가를 하고 사고 과정이나 장애물을 스스로 해결해나가도록 돕는다. 임원 코칭의 목표는 클라이언트가 다음과 같은 역량을 향상시키는 데 있다. "조직을 관리하는 역량기획, 조직화, 인사, 리더십", "자신과 타인을 관리하는 능력", "자신의 경력을 관리하는 능력", 그리고 "조직 또는 팀의 효과성을 향상시키는 능력"이다(Kilburg, 1996, p. 140). 코치는 클라이언트가 미래에 대한 개인 비전을 수립하도록 돕고, 현재 위치와 원하는 위치 사이의 간극을 정의하며, 해당 비전을 달성하기 위한 내적·외적 장애 요인을 분석하고, 단기 및 장기 목표를 설정하도록 지원할 수 있다. 위더스푼과 화이트(Witherspoon & White, 1996)는 클라이언트의 목표에 따라 여러 가지 코칭 역할이 있다고 말한다.

- **기술 코칭**(coaching for skills): 특정 과업을 중심으로 학습
- **성과 코칭**(coaching for performance): 더 넓은 범위에서 직무 기능 향상
- **개발 코칭**(coaching for development): 향후 역할을 위한 개발
- **임원 목표 코칭**(coaching for the executive's agenda): 코치가 제3자 관찰자로서 임원이 비즈니스 결정을 내리는 데 도움을 주는 역할

많은 이들이 코칭과 치료(therapy)의 차이에 대해 궁금해한다. 결국, 한 사람이 외부인의 입장에서 다른 사람을 돕는 관계에서는 치료적 또는 상담적 관계로 쉽게 전환될 수 있기 때문이다. 하지만 코치와 치료사는 클라이언트와 일하는 방식에서 본질적으로 큰 차이가 있다. "코치는 스스로를 파트너로 인식하며, 클라이언트와 함께 흥미로운 과제를 해결하기 위

해 협력하는 준비된 존재로 본다. 코치와 클라이언트가 다루는 문제는 생명과 직결된 중대한 사안이 아닌 경우가 많기 때문에 코치는 진단적이거나 분석적인 접근보다 덜 무겁고 덜 복잡한 방식을 사용한다"(Grodzki & Allen, 2005, p. 28). 코칭의 목표 역시 치료와는 다르다. 일반적으로 코칭은 클라이언트의 업무상 역량과 능력, 그리고 미래 목표를 더욱 효과적으로 달성하는 데 초점을 맞추며(Stone, 2007), 심리적 상태나 과거 문제에 대한 분석에는 큰 비중을 두지 않는다. 구딩(Gooding, 2003)의 표현을 빌리자면, "코치는 과거를 되짚기보다는 그 사람의 미래를 설계하는 데 도움을 주기 위해 고용된다"(p. 36). 코치는 클라이언트가 "활성화하지 않은 잠재력"을 인식하도록 돕고, 그가 좀 더 "자기주도적이고 생산적인" 존재가 되도록 지원한다. 반면 치료는 좀 더 "회고적" 사안이나 "무의식적 요소의 탐색"에 초점을 둔다(Grodzki & Allen, 2005, pp. 2829). 레빈슨(Levinson, 1996)은 "임원 코칭은 치료적 신뢰관계를 형성할 시간적 여유를 허용하지 않는다"(p. 115)고 말하며, 그의 코칭 스타일은 임원의 현재 상황에 집중하면서 현재의 문제에 기여하는 행동 패턴들을 다루는 데 초점을 맞춘다고 설명한다.

특히 임원 코칭은 코치에게 고유한 도전 과제를 제시한다. 코칭 관계는 일반적으로 대인관계이지만, 이는 조직이라는 더 큰 맥락(조직의 목표, 전략, 문화, 정치 등) 속에 존재한다. 따라서 코치는 클라이언트가 원하는 결과를 달성하도록 돕는 동시에 조직 내 정치적 흐름과 문화적 역학을 이해하고 헤쳐나갈 능력을 갖추어야 한다. 많은 경우 코치는 단순한 코치가 아니라 컨설턴트의 역할도 함께 수행한다.

> "오늘날의 임원 코치는 다양한 코칭 전형의 융합형이며, 그의 활동 무대는 전체 사회기술적(socio-technical) 비즈니스 시스템 관리다. 따라서 그는 조직의 정치적·행동적 요소와 전략적·철학적 요소가 얽혀 있는 구조 속에 효과적으로 개입할 수 있어야 한다."(Lyons, 2006, p. 15)

OD 분야 전반과 마찬가지로 코치가 되기 위해 특별한 학위 요건이나 자격증이 필수인 것은 아니지만, 코치 자격증 프로그램은 점점 더 확산되고 있다. 전문 출판물과 관련 협회로는 2003년 창간된 전문 코치 대상 잡지 『초이스(*Choice*)』, 코치 자격 인증을 제공하는 국제코치연맹(International Coach Federation: ICF), 그리고 전 세계 코칭 전문가들의 네트워크인 코치빌(CoachVille) 등이 있다. 훌륭한 코칭은 매우 대인 중심적인 활동이다. 우수한 코치들은 다음과 같은 역량을 갖추고 있다(Thorne, 2004, pp. 64-65).

- 뛰어난 의사소통 기술을 보유하고,
- 격려와 지지를 제공하며,

- 경청을 위해 시간을 들이고,
- 긍정적인 환경을 조성하며,
- 적극적으로 경청하고,
- 사람들이 스스로 문제를 해결하도록 돕는다.

에니스 외(Ennis et al., 2007)는 특히 임원 코치를 위한 포괄적인 역량 목록을 개발했으며, 여기에 포함된 기술로는 적절한 질문을 던지는 능력, 리더십 스타일과 이론 및 원리에 대한 지식, 자기주장력, 자신감, 대인 감수성(interpersonal sensitivity) 등이다. 임원 코치에게는 비즈니스 감각 또한 중요한 역량인데, 이는 오렌스테인(Orenstein, 2002)이 말하듯, 임원 코칭은 단지 개인의 성장만을 위한 것이 아니라 "모든 개인 개입은 동시에 조직 개입이기도 하기" 때문이다(p. 372).

코칭 과정은 일반적으로 이 책에서 다루어온 OD 프로세스에 따른다. 먼저, 코치와 클라이언트는 계약을 체결하기 위해 만나며, 이는 코칭 관계가 양측의 요구를 충족시킬 수 있도록 하기 위함이다. 예를 들어, 클라이언트가 코칭을 받을 의지가 없거나, 강제로 또는 압박 속에서 코칭을 받는 경우에는 코칭 개입이 적절하지 않을 수 있다(Gauthier & Giber, 2006). 계약서에는 코칭 관계의 목표와 기간이 명시되며, 코치 역할의 범위, 클라이언트를 도전시킬 수 있는지 여부 및 방식, 비밀보장, 그리고 코치가 변화 과정을 어떻게 평가할 것인지 등의 사항도 구체적으로 포함된다(Megginson & Clutterbuck, 2005). 코치는 이 장과 이후 장들에서 설명되는 다양한 개입 기법을 활용할 수 있으며, 여기에는 개인 도구를 사용한 평가 시행, 360° 피드백 수집, 시뮬레이션 및 역할극(role playing) 퍼실리테이션 등이 포함될 수 있다. 어떤 개입 방식을 사용하든, 코치는 거의 항상 코칭 대화(coaching conversation)부터 시작하여 클라이언트의 변화 동기와 원하는 미래에 대해 탐색한다.

허드슨(Hudson, 1999)은 코치가 클라이언트의 사고를 자극하는 질문을 던지고, 대화를 촉진하며, 클라이언트의 말을 반영하여 되돌려주는 방식으로 작용해야 한다고 말한다. 그러나 코치가 대화를 주도하거나 지나치게 구조화하는 것은 피해야 한다고 강조한다. 코칭 대화 중 코치는 목표 설정과 행동 계획 수립을 장려할 수 있다. 일부 코치는 세션 사이에 클라이언트가 고민해볼 수 있는 과제를 제공하기도 하며, 이후 세션에서 클라이언트는 그 과제를 수행한 결과를 공유하거나, 실행 후의 변화 또는 새롭게 얻은 통찰에 대해 성찰할 수 있다. 코칭 과정이 종료되면, 많은 코치들이 평가 세션(evaluation session)을 실시하여 자신의 코칭 실천을 개선하고자 하며, 이를 통해 코치의 스타일과 진행 방식에 대한 피드백을 요청한다.

베넷과 부시(Bennett & Bush, 2009, p. 4)는 조직 코칭 분야에서 나타나는 다섯 가지 주요 추세를 다음과 같이 설명한다.

1. **"코칭에 대한 필요성과 수요가 증가하고 있으며, 그 양상 또한 변화하고 있다"**: 코칭은 자기계발 방법으로 인기가 높아지고 있으며, 이제는 고위 임원층을 넘어 조직 전반의 다양한 구성원에게까지 확대되고 있다.

2. **"코칭이 하나의 학문 및 전문 영역으로 발전하고 있다"**: 코칭은 개발 옵션으로서 점점 더 많은 인지도를 얻고 있으며, 인사 및 조직개발 전문가들에게 하나의 전문화 영역으로 자리 잡아가고 있다. 점점 더 많은 클라이언트가 앞서 언급한 코칭 전문 기관 중 하나로부터 자격을 갖춘 코치를 요구하고 있다.

3. **"측정 가능한 성과와 품질에 대한 요구가 증가하고 있다"**: 조직이 임원, 관리자, 전문가들의 개발 수단으로 코칭에 더 많은 투자를 하면서, 이에 따른 성공이나 성과에 대한 객관적인 근거를 요구하는 경향이 높아지고 있다.

4. **"전문 기관 수와 영향력이 변화하고 있다"**: 앞서 언급한 ICF 외에도 많은 조직개발 관련 기관들이 연례 학회, 실무자 대상 교육 세션, 전문 저널의 기사 등을 통해 코칭 관련 내용을 포함하기 시작했다.

5. **"코칭이 상품화되고 있다"**: 조직들은 정기적인 코칭 개입을 의뢰하고 있으며, 코칭 서비스를 다른 전문 서비스와 동일한 구매 상품으로 인식하고 있다.

베넷과 부시는 향후 코칭 실천에 영향을 미칠 몇 가지 추가적인 추세도 언급하고 있다. 예를 들어, 기술을 활용한 비대면(virtual) 코칭, 집단 및 팀 코칭, 그리고 문화적·글로벌 인식의 증대와 이것이 코칭 과정에 미치는 영향 등이 앞으로 점차 중요해질 것이라고 전망한다.

멘토링

조직 내에서 멘토링 프로그램의 인기가 점점 높아지고 있다. 이는 종종 많은 수의 고령 구성원들이 은퇴하면서 그들이 지닌 조직의 지식과 경험도 함께 사라지는 상황에서 더욱 두드러진다. 멘토는 조언자, 안내자, 그리고 교사로서 일반적으로 멘티와 일대일 관계를 맺고 활동한다. 맥레넌(MacLennan, 1995)은 멘토를 "수행자가 배울 수 있도록 곁에 있는 사람"으로 정의하며, 교사, 역할 모델, 전문가로서 기능한다고 설명한다(p. 5). 도제 모델과 유사한 형태의 멘토링에서는 멘토가 과업 수행 방법을 직접 시연하거나 예시를 보여주고, 멘티가 과업을 수행하는 과정을 지켜보거나 완료된 작업을 평가한 뒤, 이에 대해 피드백이나 평가를 제공하기도 한다. 어떤 경우에는 기술을 보여주는 역할 모델링이 덜 중요할 수도 있다. 두 경우 모두, 멘토링은 일반적으로 숙련되고 지식이 풍부한 교사와 학습자 간의 전문가-수습자 관계를 포함하며, 외부 컨설턴트나 '고용된' 변화관리자와의 관계보다는 그러한 관계에 덜 의존한다. 오늘날에는 한 명의 멘티가 조직 내·외부의 다양한 멘토들과 관계를 맺으며, 여러 역할을 수행하고, 다양한 관점을 제공할 수 있는 조언자 네트워크를 구축하는 경우가 많다(Whiting & de Janasz, 2004).

멘토링 프로그램은 "학습 과정을 단축시키고, 관리자의 승진 속도를 높이며, 차세대 리더를 양성할 수 있다"(Stone, 2004, p. ix). 실무자들 사이에서 정의는 다양하고 역할이 서로 중첩되는 경우도 많지만, 코칭과 멘토링의 주요 차이점은 퍼실리테이터가 보유한 전문성의 정도와 학습자에게 전달되는 내용 지식에 있다. 멘토링은 코칭보다 학습자의 기술 개발에 더 강하게 초점을 맞추는 경향이 있다. 코치와 달리, 멘토는 멘티가 스스로 해답을 찾을 때까지 기다리기보다 명확한 조언이나 방향을 제공하기도 한다(Stone, 2004).

일부 조직은 공식적인 멘토링 프로그램을 운영하지만, 다른 조직들은 멘토링을 장려하되 멘토와 멘티가 자율적으로 관계를 형성하도록 맡기기도 한다. 보겔과 핀켈스타인(Vogel & Finkelstein, 2011)은 멘티가 멘토링 관계를 효과적으로 형성하고 발전시키기 위해 사용할 수 있는 일곱 가지 전략을 다음과 같이 제안한다.

1. **통찰력 기르기**: 다른 사람들이 걸어온 길에 대해 호기심을 갖고, 그들이 어떤 경험을 통해 성공을 이루었는지, 어떤 방식으로 어려움을 극복했는지 탐구하라.

2. **멘토를 찾는 레이더 감각 개발하기**: 자신과는 다른 다양한 경험을 가진 사람들과 관계를 맺을 방법을 모색하라.

3. **용기를 내어 적극적으로 행동하기**: 주도적으로 사람들을 찾아가고, 질문하라.

4. **사회적 기술 기르기**: 멘토와 신뢰를 쌓는 동시에, 멘토의 시간과 당신에게 투자하는 노력을 존중하라.

5. **노력과 탁월함 추구하기**: 자신의 업무에 대해 높은 기준을 갖고, 우수한 성과를 위해 최선을 다하라.

6. **학습에 대한 열정 보이기**: 모르는 것은 받아들이고, 도움을 요청하는 불편한 상황을 기꺼이 감수할 준비가 되어 있어야 한다.

7. **동료 관계 형성하기**: 시간이 흐르며 멘토-멘티 관계가 변화할 수 있음을 받아들이고, 서로를 지지하는 동료가 되며, 멘토에게 보답하려는 자세를 갖추라.

360° 피드백

다원적 피드백 시스템(multisource feedback systems) 또는 360° 피드백 시스템(360 feedback system)은 개인이 함께 일하는 다양한 사람으로부터 피드백을 받을 수 있도록 하는 방법이다. 이러한 유형의 피드백은 개인의 성찰과 변화에 강력한 자원이 될 수 있으며, 1990년대 들어 더욱 널리 확산되었다. 이는 고객의 피드백을 더욱 적극적으로 수집하려는 조직의 움직임과 더불어 『포춘(*Fortune*)』지에 실린 "360° 피드백이 당신의 인생을 바꿀 수 있다"는 기사(O'Reilly & Furth, 1994)의 영향도 있었다. 피드백 자료는 일반적으로 서면(컴퓨터 또는 종이 기반) 설문지를 통해 수집되며, 일대일 면담을 통해 피드백을 수집하는 방식도 흔히 사용된다. 대부분의 360° 피드백 시스템은 익명성을 기반으로 한다. 일반적으로 360° 피드백은 개인의 개발 목적, 특히 관리자나 조직의 리더들을 대상으로 사용되지만, 일부 조직에서는 이를 연간 성과 평가 과정이나 팀 개입의 일환으로 활용하기도 한다(Lepsinger & Lucia, 1997).

피드백의 주제는 방법에 따라 다양하며, 개인의 특성, 대인관계 기술, 업무 수행에 대한 피드백이 포함될 수 있다. 많은 조직은 자사의 가치관이나 리더가 갖추어야 할 특성을 반영하여 피드백 설문을 맞춤화하기도 한다. 접근 방식이 다르더라도 이들 방법의 공통점은 여러 출처로부터의 데이터를 집계한다는 점이다. 단 몇 명의 피드백 평가나 1~2건의 인터뷰에 의존하는 방식과 달리, 이 방법은 여러 가지 장점을 제공한다. 360° 피드백의 핵심 개념은 "다양한 출처로부터 수집된 관찰 결과가 개인에게 더 타당하고 신뢰할 수 있으며 (그만큼 더 의미 있고 유용한) 결과를 제공할 것"이라는 것이다(Church & Bracken, 1997, p. 150). 동료, 부하직원, 상사, 고객 등 다양한 관계자가 특정 개인에 대해 피드백을 제공할 때, 그 개인은 반복적으로 나타나는 주제나 일관된 평가를 통해 어느 한 상황이나 관계에 국한되지 않는 공통된 패턴을 발견할 수 있다. 또한, 피드백을 제공자 유형에 따라 구분해서 살펴보는 것도 유익할 수 있다. 예를 들어, 동료의 피드백과 상사 또는 부하직원의 피드백이 어떻게 다른지 살펴보는 게 가능하다. 이와 더불어, 특정 행동 특성을 관찰할 기회가 더 많은 그룹도 있을 수 있다. 예컨대, 부하직원은 관리자의 리더십 역량에 대해 더 많은 데이터를 갖고 있을 수 있고, 동료는 관리자가 조직 경계를 넘나들며 협업하는 능력을 더 잘 관찰할 수 있다(Brutus, Fleenor, & London, 1998). 개인은 이렇게 다양한 동료로부터 자신의 전문적 효과성에 대한 입체적인 평가를 받을 수 있다.

360° 피드백 과정은 피드백 수신자의 자기인식을 높일 것이라는 가정에 기반한다. 이 피드백은 타인이 자신을 어떻게 인식하고 있는지를 통찰하게 하며, 자기개념(self-concept)과

타인의 인식 간의 차이를 비교할 수 있도록 해준다. 이를 통해 피드백 수신자는 자신이 성장하거나 개발하고자 하는 영역에 대한 통찰을 얻을 수 있다. 따라서 360° 피드백은 평가자와 피평가자 모두가 이를 개발적 도구로 인식할 때 가장 효과적이다. 개인은 개발적 피드백을 수용하는 정도에서 차이를 보인다. 피드백을 자발적으로 요청하고, 이를 진지하게 고려할 의지가 있으며, 자신의 개인적·전문적 성공과 관련된 중요한 정보로 여기고, 타인이 자신을 어떻게 보는지를 이해하는 것이 중요하다고 인식할수록 피드백을 더욱 진지하게 받아들이고 행동으로 옮길 가능성이 크다. 또한, 피드백이 어떻게 사용되고 제시되는가 역시 피드백 수용 여부에 큰 영향을 미친다. 성과 평가 과정에서 360° 피드백을 사용하는 경우, 실버맨, 포그슨, 코버(Silverman, Pogson, & Cober, 2005)는 참여자들이 부정적인 피드백을 거부하거나, 저항하거나, 반박할 가능성이 크다고 지적한다. 이는 성과 평가가 더욱 심각한 결과를 초래할 수 있기 때문이다. 반대로, 개인에게 어떠한 결과나 후속 조치도 주어지지 않는 상황이라면, 피드백을 쉽게 무시하거나 행동에 옮기지 않고 넘어가게 될 수 있다(London, Smither, & Adsit, 1997).

안토니오니(Antonioni, 1996)는 성공적인 360° 피드백 과정을 통해 나타날 수 있는 다섯 가지 긍정적 결과를 다음과 같이 제시한다.

1. **평가자의 기대에 대한 인식 제고**. 360° 피드백 과정은 서로 간에 명시되지 않았거나 암묵적인 가정과 기대를 명확히 드러내는 데 도움이 될 수 있다.

2. **업무 행동과 성과의 향상**. 연구에 따르면, 안토니오니는 피드백 데이터를 훈련된 코치와 함께 검토할 경우 참여자가 피드백을 분석하고 행동 계획을 수립하는 데 도움을 받아 더 큰 개선 효과를 얻을 수 있다고 설명한다.

3. **'말하기 어려운 것들(undiscussables)'의 감소**. 평가자들이 일반적으로 공개적으로 말하지 않았던 사안에 대해 익명으로 피드백을 제공할 수 있기 때문에 360° 피드백은 이러한 주제를 대화의 장으로 끌어낼 수 있는 통로를 제공한다. 이러한 대화는 피드백 과정을 마친 후 직접적으로 이루어질 수 있다. 런던 외(London et al., 1997)는 피드백에 대해 평가자와 피평가자가 공개적으로 논의할수록 개인 변화와 개선이 더 크게 나타날 것이라고 제안한다.

4. **비공식적이고 정기적인 360° 성과 검토의 증가**. 360° 피드백 과정은 조직 내에서 동료들이 서로에게 솔직하게 피드백을 제공하는 것을 방해하는 장벽을 허무는 역할을 할 수 있다. 잘 수행될 경우, 구성원들은 더욱 빈번하고 비공식적인 방식으로 피드백을 주고받는 법을 배울 수 있다.

5. **관리자의 학습 증대**. 관리자는 피드백 응답에서 나타나는 반복적 패턴을 통해 단지 개인 차원의 변화뿐만 아니라, 조직 시스템 전반의 변화 필요성도 인식할 수 있게 된다.

360° 피드백은 개인 개입의 하나로, 변화관리자 또는 조직개발 실무자가 피드백 데이터 수집과 정보 제공 과정에 참여할 수 있다. 이때는 7장에서 설명한 인터뷰 기법이 유용하며, 피드백을 개인에게 제시할 때는 8장에서 다룬 피드백 수집 및 제시 방법에 관한 권고 사항도 여전히 적용 가능하다. 피드백 회의를 준비하고, 반복되는 주제에 대한 성찰을 유도하며, 강점을 인정하고, 저항을 인식하고, 어려운 사안을 정면으로 다루는 일은 모두 360° 피드백을 활용한 개인 피드백 미팅에서 중요한 요소다.

경력 계획과 개발

조직의 구조조정, 인수합병, 아웃소싱, 감원 등이 일상화된 오늘날의 환경에서 '경력(career)'이라는 개념은 과거와 크게 달라졌다. 이전에는 명확하고 안정적인 승진 경로가 존재했지만, 이제는 수평적 조직 구조, 역할 범위의 변화, 직무 이동성 증가, 수평 이동, 팀 기반의 업무 방식 등으로 변화하고 있다. 경력 정체성(career identity) 역시 과거에는 관리자급으로 승진하는 것을 당연한 목표로 여겼으나, 이제는 일과 가족의 균형을 추구하거나 잦은 지역 이동을 회피하려는 개인의 욕구로 바뀌고 있다(London & Stumpf, 1986). 같은 조직에서 오랜 기간 근무한 중기 경력자나 후기 경력자들은 이제 일과 경력에 대한 새로운 가정과 기대에 직면하게 되었고, 이로 인해 이러한 전환은 특히 스트레스를 유발할 수 있다.

많은 조직은 구성원 유지와 동기부여, 조직 내부의 인재 육성과 승진, 그리고 위로의 이동 기회 제공을 목적으로 내부 경력개발 시스템을 구축해왔다(Gutteridge, Leibowitz, & Shore, 1993). 일부 조직은 아예 경력 상담사를 채용하기도 한다(Niles, 2005). 조직의 경력개발 시스템이라는 개념은 구성원이 원하는 경력 성장 및 개인 개발과 조직이 전략적 목표를 달성하기 위해 필요로 하는 인재 개발 간의 균형을 이루고자 하는 조직의 노력에서 비롯되었다. 그럼에도 대부분 조직은 여전히 경력 성장과 개발에 대한 1차적인 책임은 개인에게 있다고 본다. 현대 조직 환경에서의 빈번한 감원과 구조조정, 경력 개념의 변화, 고용 '계약'의 변화를 고려할 때, 개인이 자신의 경력 계획과 개발을 의식적으로 관리하는 것은 그 어느 때보다 중요해졌다. 경력개발 프로그램이나 일대일 경력 개입은 인수합병, 구조조정, 감원 등과 같은 강제적 전환 상황 속에서 구성원들이 그 변화를 이겨내도록 도울 수 있다. 또한 앞으로 다가올 전환 상황을 사전에 예측하고, 예컨대 새로운 업무를 준비하기 위한 기술을 습득하는 등의 사전적 조치를 선택하도록 지원할 수도 있다.

| 고전적 관점: 경력 단계

경력개발에 대한 초기 연구와 저술들은 직장인의 생애 전반에 걸친 경력 전환이 선형적으로 진행된다는 관점에 초점을 맞추었다. 그러나 최근의 연구는 이러한 개념이 더 이상 적합하지 않음을 보여준다. 예를 들어, 샤인(Schein, 1978)의 저서 커리어 다이내믹(*career dynamics*)에서는 경력 생애주기를 9단계로 설명하고 있다.

1. **성장, 환상, 탐색(growth, fantasy, exploration)**. 이 단계에서 개인은 자신이 바람직하다고 여기는 경력에 기초하여 진로를 탐색하고 교육적 선택을 한다.

2. **직업 세계로의 진입(entry into world of work)**. 개인은 직장을 탐색하고, 면접을 보고, 첫 직장생활을 경험한다. 고용인의 역할로 전환하고, 고용주 아래에서 일하며, 초기 직무 과제를 수행하는 데 따르는 도전을 겪는다.

3. **기초 훈련(basic training)**. 이 단계에서 개인은 직무 기술을 개발하기 시작하며, 조직에 기여하는 구성원으로 자리 잡는다. 신입 조직 구성원으로서 단순히 직무 기술뿐 아니라 동료들과 협력하고 관계를 맺는 데 필요한 대인 기술도 배우는 학습 모드에 돌입한다. 이 시기의 개인은 자신의 역량을 개발하고 상사나 동료의 성과 기대치를 충족하는 것에 대해 큰 관심을 갖는다.

4. **초기 경력의 정회원(full membership in early career)**. 개인은 더 이상 훈련생이나 도제 역할이 아닌 주요 업무 과제를 맡게 된다. 장기간 함께 일하게 되는 동료들과의 협업 속에서 업무를 어떻게 받아들이고 처리할지를 배운다. 이들은 지금의 일이 장래에 하고 싶은 일인지, 아니면 다른 직무나 조직이 더 적합할지를 평가하게 된다.

5. **중기 경력의 정회원(full membership, midcareer)**. 개인은 자기신뢰와 직무 역량에 대한 자신감을 개발하고, 점점 더 많은 책임을 지게 되며, 전문적인 명성을 얻는다. 자신의 전문 분야에서 최신성을 유지하는 방법, 그리고 지속적으로 성장하고 개발하는 방법을 고민한다.

6. **중기 경력의 위기(midcareer crisis)**. 개인은 자신의 경력 선택과 옵션을 재평가하기 시작한다. 자신의 강점과 약점을 검토하고, 인생의 목표와 경력이 그 목표에 부합하거나 부합하지 않는지를 고민한다.

7. **후기 경력(late career)**. 이전 단계에서의 고민을 바탕으로 다음 단계에 대한 맞

춤화된 경로를 설정한다. 리더십 경로를 택한 사람은 부하직원의 업무와 성과를 관리하고, 조직 전반에 영향을 미치는 의사결정을 배우게 되며, 리더십을 선택하지 않은 사람은 자신의 전문 분야에서 폭넓거나 깊이 있는 전문성을 개발할 수 있다.

8. **쇠퇴 및 이탈**(decline and disengagement). 개인은 직무 역할을 변경하거나 책임을 줄이기 시작한다. 업무 외적인 활동에 점점 더 많은 관심을 가지게 된다.

9. **은퇴**(retirement). 개인은 풀타임 직무 중심의 일상에서 벗어나 비직무적 관심사 중심의 삶으로 전환한다. 이 과정에서 비경력적 측면에서의 자아정체성을 재평가하고, 기존의 직무 기술을 다른 방식으로 활용할지 여부를 결정할 수 있다.

샤인(Schein, 1978)은 "서로 다른 직종에 있는 사람들은 이 단계들을 서로 다른 속도로 이동하며, 개인적 요인 역시 그 속도에 강한 영향을 미친다"고 설명한다(p. 48). 어떤 개인은 한 단계에 오랜 시간 머무르기도 하고, 어떤 이들은 빠르게 여러 단계를 지나치기도 한다.

| 현대적 관점: 무경계 경력

이전에는 이러한 단계 이론이 대부분의 구성원 경력개발 경험을 잘 설명해주었지만, 오늘날에는 이러한 이론이 더 이상 대다수 구성원에게 적합하지 않다고 보는 시각이 많아지고 있다. 조직이 변화함에 따라 경력이라는 개념 자체도 함께 진화해왔다. 실제로 카펠리(Cappelli, 2008)는 "1950년대에는 조직의 급속한 성장과 숙련된 관리자에 대한 지속적인 수요로 인해 조직 내부에서 유능한 인재를 신속히 발굴하고 개발할 수 있는 역량이 요구되었다"고 설명한다. 그는 "기업들이 외부에서 인재를 영입하지 않게 되면서, 경력은 조직 내부에서 발전하게 되었다"고 말하며, 한 연구를 인용해 "임원이 은퇴할 때, 그중 40%는 한 회사에서 40년 이상 근무했다"는 점을 언급한다(p. 53). 이 시기에는 예측 가능한 승진 구조가 일반적이었고, 많은 구성원이 평균 2년 내외의 기간 동안 한 직무를 수행한 뒤 정의된 경력 경로에 따라 상위 직책으로 이동하는 방식이 일반적이었다.

그러나 시간이 지나면서, 관리자에 대한 수요와 공급 모두 예측하기 어려워졌고, 조직들은 내부 개발과 훈련에 대한 투자를 줄이기 시작했다. 1970년대의 규제 완화와 1980년대의 글로벌 경쟁 심화는 기업이 제품의 수명 주기와 수요를 예측하기 어렵게 만들었고, 이는 곧 미래에 어떤 역량이 필요할지 예측하는 것 또한 어려워졌음을 의미했다. 1990년대에 들어서면서 조직들은 숙련된 인재를 외부에서 영입하기 시작했고, 이에 따라 한 회사에 머무는 평균 근속 기간도 크게 감소했다. 대부분의 회사는 경쟁사로 이직할 가능성이 큰 구성원에게 막대한 교육 투자를 하기를 꺼려 했고, 구성원들 역시 경력 발전의 기회를 점점 더 찾기 어렵게 되었다. 2000년대에 이르러 많은 기업은 인재 수요의 불확실성 앞에 항복하게 되었고, 인재 계획이나 내부 교육 프로그램을 중단하게 되었다. 구성원들 또한 이 상황을 예측 불가능한 현실로 받아들일 수밖에 없었다. 조직들은 "수년에 걸쳐 인재를 육성하는 프로그램은 정확하다는 착각만 줄 뿐 더 이상 현실적이지 않다"(Cappelli, 2008, p. 9)고 판단했다. 카펠리(2008)는 최근 경영대학원을 졸업한 이들 중 30%가 현재 고용주 아래에서 자신이 다음 단계로 어디로 나아가야 할지조차 모른다고 지적한다(p. 95).

명확한 사실은 많은 조직들이 이제 "구성원에게 평생 고용 계약을 제공하면서 민첩한 조직을 기대할 수는 없다"(R. Hoffman, Casnocha, & Yeh, 2013, p. 50)는 결론에 도달했다는 것이다. 이에 따라 일부 저자들은 '투어 오브 듀티(tour of duty)' 모델을 주장하고 있다. 레이드 호프먼 외(Reid Hoffman et al., 2013)는 구성원의 기업가 정신을 활용할 수 있는 2~4년 단위의 단기 역할 중심 고용 계약이 구성원 유지율을 높이는 데 도움이 된다고 주장한다.

개인이 경력 및 직업을 바꾸거나, 혹은 일정 기간 노동시장을 떠나는 선택(예: 자녀 양육, 안식년, 여행, 학위 취득 등)을 할 수 있는 변화하는 일터 환경 속에서 일부 연구는 사람들이 앞서 제시된 경력 단계들을 순차적으로 거쳐나가기보다 이 단계들을 빠르게 순환하거나 이전 단계로 되돌아가는 경향이 있다고 보고한다(S. E. Sullivan, 1999). 즉, 개인이 하나의 명확한 경력 경로를 단계적으로 따라간다고 가정하기보다 어떤 학자들은 '무경계 경력(boundaryless career)'이라는 개념을 제안한다(Arthur & Rousseau, 1996). 이 개념은 단일 직무, 직무 기능, 직종, 조직을 초월하는 경력 형태를 말한다. 무경계 경력에서는 경력의 진전이 연령이나 직위보다 학습 이정표와 기술 역량에 의해 정의된다. 유연한 계약직, 시간제 근무, 단기 프로젝트 기반 업무가 증가함에 따라 구성원들은 자신의 다양한 역량을 활용해 여러 고용주를 위해 독립적으로 일하는 것을 선택할 수 있다. 따라서 무경계 경력에서는 한 조직이 아닌 여러 조직에서의 고용이 일반적이며, 고용 안정성은 조직에 오래 머무르거나 충성하는 데서 오는 것이 아니라, 개인이 실제로 업무를 잘 수행하고 조직 목표에 기여할 수 있는 능력에서 비롯된다(S. E. Sullivan, 1999).

한 조직 내에서도 무경계 경력의 개념은 상향 이동만이 유일한 성장 경로가 아님을 의미한다. 즉, 구성원은 다양한 영역에서 다양한 경험을 축적하는 방식으로 자신의 경력을 개발할 수 있다. 예를 들어, 제품사업부 A의 주니어 회계 담당자는 시니어 회계 직위가 생길 때까지 기다릴 필요 없이 제품사업부 B에서 유의미한 경험을 쌓고 난 뒤 제품사업부 C의 시니어 역할로 이동할 수도 있다. 또한 세대별로 경력 경로를 다르게 경험하고, 경력에 대한 기대 역시 상이하다는 연구 결과도 있다. 이에 따라 저자들은 기술 개발을 촉진하고 다양한 직무 경험을 통해 폭넓은 지식을 습득할 수 있는 순환근무 프로그램을 제공할 것을 고용주에게 권고한다.

사람들은 경력의 다양한 시점에서 서로 다른 도전과 요구를 경험하며, 많은 경우 이를 혼자 해결하는 과정에서 지원이 필요하다. 아널드(Arnold, 2001)는 다음과 같이 말한다. "개인의 관점에서 경력 관리란 무엇이 최선의 선택인지를 스스로 결정하거나 스스로 알아내는 것을 의미한다."(p. 120) 조직개발 실무자와 경력개발 전문가들은 개인 경력 개입을 통해 이러한 개인에게 지원을 제공할 수 있다. 다음 절에서는 경력 관련 개입의 구체적인 사례들을 소개하며, 이들은 다음과 같은 경력적 요구를 지닌 개인들에게 적절할 수 있다. (1) 경력 방향 선택 및 직업적 흥미 탐색, (2) 경력 목표 설정, (3) 경력 전환 및 새로운 고용 관계 개발

| 경력 방향 선택 및 업무 관심사 파악

현대의 일터 환경에서는 사신의 경력적 흥미와 능력에 대해 자각하는 것이 더욱 중요해지고 있다. 이를 돕기 위해 다양한 개인 평가 도구들이 개발되고 검증되어왔으며, 그 예로 직업선호도검사(Vocational Preference Inventory, VPI)와 진로탐색검사(Self-Directed Search, SDS) 등이 있다(Holland, 1985, 1997). VPI는 홀랜드(Holland)의 RIASEC 유형론에 기반하고 있으며, 이 이론은 성격 유형이 직업적 흥미 및 만족도와 연관된다고 주장한다. 홀랜드(1996)가 제시한 직업 선호의 여섯 가지 RIASEC 차원은 다음과 같다.

- **현실형(Realistic)**: 기계, 도구, 사물을 다루는 것을 선호함
- **탐구형(Investigative)**: 자연 및 사회 현상을 탐구하고 이해하는 것을 선호함
- **예술형(Artistic)**: 음악, 예술, 문학 활동을 선호함
- **사회형(Social)**: 돕고, 가르치고, 상담하는 것을 선호함
- **진취형(Enterprising)**: 타인을 설득하고 관리하는 것을 선호함
- **관습형(Conventional)**: 일상적인 과업과 질서 있는 활동을 선호함

경력 진행과 RIASEC 유형 간의 관계를 연구한 학자들은 사람들이 직업이나 경력을 바꾸는 경우가 종종 있지만, 대개 동일한 RIASEC 범주 내에서 변화가 이루어진다는 사실을 밝혀냈다. 또한, 초기 연구에서는 개인의 경력이 자신의 성격 유형과 일치할수록 경력 만족도가 더 높았다는 결과도 제시되었다(Holland, 1996). 이러한 직업흥미검사는 개인 맞춤형 코칭과 결합될 때, 개인이 자신에게 가장 만족스러울 수 있는 경력 선택을 예측하고 준비하는 데 도움을 줄 수 있다.

| 커리어 목표 설정

일부 개인은 아직 자신의 강점, 약점, 심지어 직무 선호도에 대한 인식이 충분히 형성되지 않은 상태일 수 있다. 이 경우 경력 선택의 폭이 너무 넓고 부담스럽게 느껴질 수 있다. 자신의 경력 진행에 대해 의식적으로 관심을 기울이지 않을 경우, 많은 사람들은 이 단계에서 목표 없이 다양한 직업을 떠돌게 되며, 수많은 선택지 속에서 방향을 잡지 못하게 된다. 이러한 개인에게는 '5년 후 이력서(5-year résumé)' 같은 활동이 유용할 수 있다(Laker & Laker, 2007). 이 활동에서는 개인이 지금으로부터 5년 후를 상상하고, 그 시점에서 자신을 어떻게 설명하고 싶은지에 따라 이력서를 작성한다. 이 이력서에는 일반적인 이력서에 포함되는 사항들, 예를 들어 학위, 교육 자격증, 전문 경력 등이 모두 포함된다. 참여자는 단기 및 장기 행동 계획을 수립하고, 목표를 달성하기 위해 필요한 자원이 무엇인지 식별한다. '5년 후 이력서' 활동은 개인이 자신의 경력 변화를 능동적으로 관리하도록 격려한다.

또 다른 사람들은 현재 자신이 원하는 만큼 경력적으로 성장하고 있는지 고민할 수 있다. 이들은 새로운 직무에서 신기술을 개발하거나 활용하고 있는지, 혹은 점점 더 큰 책임을 맡고 있는지에 대해 생각한다. 사람마다 성공을 평가하는 기준은 다르므로 이 같은 고민 역시 개인마다 고유하다. 주변에서 다른 사람들이 승진하는 모습을 보며, 자신은 경력이 정체된 것은 아닌지 의문을 가질 수도 있다. 이 경우 기존 방식이 더 이상 효과적이지 않기 때문에 새로운 루틴을 개발할 필요가 있을 수 있다. 홀(Hall, 1986)은 다음과 같이 말한다. "초기 경력에서의 과업은 탐색적 행동을 줄이고 경력 루틴을 정착시키는 것이며, 중기 경력에서는 습관적인 행동을 깨고 새로운 탐색을 유도하는 것이 필요하다."(p. 133) 그러나 경력의 어느 시점에서든 개인은 정체감을 느낄 수 있다. 이러한 개인에게는 대학 과정이나 전문 세미나를 통한 공식 교육이나 직무 순환(job rotation), 새로운 과제 수행을 통한 비공식 교육이 직무에 대한 흥미를 다시 일깨우고, 조직 내에서의 기여도를 높이는 계기가 될 수 있다.

| 경력 전환 및 새로운 고용 관계 개발

경력의 후반기에 접어든 개인들은 자신의 경력 및 삶의 경험을 다른 이들과 나누는 기회로부터 많은 혜택을 얻을 수 있다. 이러한 사람들에게는 멘토링이나 컨설팅이 적절하면서도 보람 있는 역할이 될 수 있으며, 많은 조직이 후기 경력자를 위해 인사 제도를 개발해왔다. 예를 들어, 주 4일 근무제, 퇴직 후 필요 시 계약 기반의 컨설팅 제공 등의 방식으로 근무 시간을 줄이되, 조직이 그들의 풍부한 지식과 경험으로부터 계속 이익을 얻을 수 있도록 한다. 이러한 제도는 단계적 은퇴를 가능하게 하면서도 조직과 개인 모두에게 유익한 방식이 된다.

요약

개인 개입은 역사적으로 조직변화의 토대가 되어왔으며, 조직개발의 역사 속에서 이는 팀 및 조직 전체 차원의 개입으로 확장되어왔다. 개인 개입의 목적은 개인의 성장, 개발, 변화를 촉진하는 데 있다. 그러나 사람마다 변화에 대한 반응은 다르며, 종종 끝맺음, 중간 지대, 새로운 시작이라는 전환 단계를 거치는 유사한 패턴을 따르기도 한다. 개인 개입은 이러한 전환을 관리할 수 있도록 돕는 도구가 될 수 있다. 진단 도구, 평가, 360° 피드백은 개인에게 자신의 스타일과 행동, 그리고 타인이 자신을 어떻게 인식하는지에 대한 정보를 제공할 수 있다. 이러한 정보는 자신의 강점과 효과성에 대해 성찰하게 하고, 자신이 변화하고 싶은 방향에 대해 고민하도록 유도할 수 있다. 코칭은 클라이언트가 중립 지대에서 벗어나 새로운 시작을 할 수 있도록 장려하여 단기 및 장기 목표를 달성하기 위한 실행 계획을 수립하도록 돕는 자원이 될 수 있다. 이와 마찬가지로, 멘토링은 멘토의 조언과 지도를 통해 개인이 새로운 기술을 배우고 자신의 행동을 되돌아볼 수 있도록 도와준다. 경력개발 개입은 사람들이 경력 생애주기의 다양한 시점에서 겪는 과제를 반영하며, 개인의 경력 단계와 흥미에 따라 달라지는 고유한 고민을 헤쳐나가는 데 도움을 준다.

개인 개입은 더 큰 개입 전략의 일부로 사용되는 경우가 많으며, 특히 팀의 효과성이나 조직 설계 같은 더욱 광범위한 조직 이슈가 관련되어 있을 때 그렇다. 다음 장에서는 이러한 팀 및 조직 차원의 개입에 대해 다룰 것이다.

토론을 위한 질문

1. 여러분이 겪었던 삶의 전환 경험에 대해 생각해보라. 끝맺음, 중간 지대, 새로운 시작 단계는 각각 어떤 느낌이었는가? 각 단계 사이를 어떻게 넘어갔는가? 여러분의 경험은 조직 내에서 큰 변화를 겪는 구성원들(예: 인수합병, 직무나 역할의 변화, 관리자 교체, 정리해고로 인한 팀원 상실 등)의 경험과 어떤 관련이 있다고 생각하는가?

2. 이 장에서는 한때 널리 사용되었지만 현재 환경에서는 적용하기 어려운 경력개발 모델을 검토했다. 이에 동의하는가? 이 단계 모델이 여러분의 경력개발을 정확히 반영한다고 생각하는가? 현재 여러분은 어떤 단계에 있다고 느끼는가? 앞으로 여러분의 경력은 어떻게 전개될 것으로 보는가?

3. 여러분은 멘토를 가져본 적 있는가, 혹은 직접 멘토가 되어본 적 있는가? 그 관계의 목적과 지속 기간은 어땠는가? 멘토는 여러분에게 어떤 도움을 주었는가, 또는 여러분은 멘티

에게 어떤 도움을 주었는가? 멘토링 관계에 대해 어떤 약속이나 합의(예: 어떻게 시작했는가, 얼마나 자주 만났는가, 멘토는 어떤 역할을 했는가)를 했는가? 그 경험은 여러분에게 어떤 의미였는가? 좋은 멘토란 무엇이라고 생각하는가?

연습 문제: 개인 개입(코칭)

당신은 병원 운영이사인 옐레나(Yelena)를 코칭하기로 합의했다. 그녀는 리더십 역량을 향상시키고 싶어 한다. 최근 그녀는 상사, 동료, 그리고 자신이 감독하는 구성원들로부터 피드백을 받은 360° 피드백 평가에 참여했다. 그녀는 특히 자신의 직속 팀과의 관계 개선을 위해 당신에게 도움을 요청했다. 그녀의 팀원들로부터 나온 일부 피드백은 다음과 같다.

위임(delegation)

"나는 옐레나가 너무 많은 일을 스스로 짊어지는 것 같아 걱정된다. 우리는 그녀를 돕고 지원하기 위해 여기 있는 사람들인데, 그녀는 때때로 부서의 많은 부담을 우리의 도움 없이 감당하는 것처럼 보인다. 우리는 기여할 수 있는 것이 많고, 더 많은 책임을 맡고 싶다."

의사소통(communication)

"옐레나는 우리와의 소통을 아주 잘한다. 매주 주간회의에서 부서 상황을 전반적으로 공유하고, 우리 각자의 프로젝트를 빠르게 점검하며, 우리의 의견을 경청한다. 주중에 무언가 발생하더라도 우리 모두에게 이메일을 보내 상황을 공유해준다."

비즈니스 지식(business knowledge)

"옐레나는 내가 아는 누구보다 보건의료에 대해 많이 알고 있다. 특히 많은 규제 사항들에 대해 최신 정보를 갖고 있으며, 그중 상당수는 매우 복잡하다."

성과 피드백 및 방향 제시(performance feedback and giving direction)

"개선의 기회가 있다면, 내가 잘하고 있는지에 대해 더 직접적인 피드백을 받고 싶다는 점이다. 우리는 연 1회 성과 평가 프로세스를 갖고 있지만, 내가 받는 피드백은 그것이 전부다. 또한 옐레나가 우리에게 더 분명하게 기대치를 전달하고 방향성을 제시해주면 좋을 것 같다."

이러한 피드백을 바탕으로 다음 사항들을 고려하여 옐레나를 위한 코칭 계획을 수립해보라.

1. 끝맺음, 중간 지대, 새로운 시작이라는 개념을 활용하여 당신이 직접 겪었던 개인적 전환 경험을 되돌아보라(예: 이직, 새로운 도시로의 이사, 전학, 체중 감량이나 금연 같은 개인적 변화 등). 과거의 방식을 끝내는 것은 어떤 느낌이었는가? 중간 지대에서의 경험은 어땠는가? 새로운 시작을 하게 되었을 때 어떤 감정이 들었는가? 당신은 이 장에서 다룬 전형적인 개인 변화의 감정들(혼란, 저항, 기대감 등)을 경험했는가?

2. 당신의 변화 경험을 바탕으로, 옐레나가 자신의 변화에 어떻게 접근하고 있을지 가늠해보라. 그녀가 기존에 선호하던 행동 패턴을 끝내고 새로운 방식들을 시도하려고 할 때, 무엇이 어려울 수 있을까?

3. 옐레나가 무엇에 집중해야 할지 이해할 수 있도록 돕기 위해 어떤 질문을 활용할 수 있을까?

아래 사례를 읽고 다음 질문에 답하라.

1. 이 팀에서 개인 평가를 실시한 목적은 무엇이었는가? 개인 도구의 목적은 무엇이어야 하는가?

2. 로리(Lori)는 이 도구와 그 의미를 어떻게 설명했는가? 그녀가 잘한 점은 무엇이며, 개선될 수 있었던 부분은 무엇이라고 생각하는가?

3. 로리는 도구의 결과를 활용하기 위해 어떤 활동을 했는가? 그 활동이 효과적이었다고 생각하는가? 그렇지 않았다면 이유는 무엇인가? 당신이라면 무엇을 다르게 했겠는가?

4. 마지막에 타이(Tai)가 던진 질문에 어떻게 응답하겠는가?

5. 이 개입의 결과로 이 팀에 어떤 변화가 있었는가? 팀은 이 활동을 통해 무엇을 배웠는가? 고객(의뢰자)의 목표는 달성되었는가?

프랭클린 메도우스(Franklin Meadows) 시립공원 및 레크리에이션 부서는 200개 이상의 시 관리 공공 공원, 골프장, 레크리에이션 시설을 담당하고 있다. 이 부서는 도시 트레일 시스템, 공공용지, 아동 및 청소년을 위한 여름캠프, 성인 소프트볼 리그를 관리한다. 켄(Ken)은 시의 공원 및 레크리에이션 책임자이며, 구성원들은 부서의 주요 부문을 담당하는 6명의 관리자로 구성되어 있다.

- 신디(Cindy): 공원 운영 관리자
- 타이(Tai): 골프장 관리자
- 애런(Aron): 레크리에이션 센터 관리자
- 타샤(Tasha): 트레일 및 자연 공간 관리자
- 펠릭스(Felix): 리그 및 활동 관리자
- 레이첼(Rachel): 공원 대여 및 특별 행사 관리자

부서의 분기별 관리자 연수회에서 켄은 팀빌딩 활동을 진행하기로 결정했다. 그는 시청 인사부의 로리에게 아이디어를 구했다.

"우리가 일반적으로 하는 방식인 업무와 목표 검토를 하고, 저녁 식사하러 가는 일상적인 팀빌딩과 다른 무언 가를 하고 싶습니다." 켄은 로리와 만났을 때 설명했다. "이 팀은 약 18개월 동안 함께 일해왔고 서로를 잘 알 고 있지만, 분위기를 조금 바꾸면 좋을 것 같습니다."

"이 팀에서 개선될 수 있다고 생각하시는 부분이 무엇인가요?" 로리가 물었다.

"대인관계 측면에서는 팀이 매우 탄탄하다고 생각합니다." 켄이 말했다. "하지만 팀원들이 서로에게 더 마음 을 열 기회가 있다고 생각하는데, 이는 항상 팀 상호작용을 원활하게 하는 데 도움이 된다고 봅니다."

"이 팀에 도움이 될 만한 평가 도구가 있습니다. 제가 최근에 팀 유형 알파벳 검사(Team Type Alphabet Assessment) 자격증을 취득했거든요." 로리가 말했다. "이것은 팀원들이 서로의 개인적인 업무 스타일에 대해 더 자세히 알 수 있는 방법입니다. 평가를 마치면, 제가 채점하여 각자에 대한 보고서를 출력해드리겠습 니다."

"흥미로운데요." 켄이 말했다. "팀원들에게 이메일을 보내서 우리가 상의했고 당신이 연수회를 도와줄 것이 라고 알려주시겠어요?"

"도움을 드리게 되어 기쁩니다." 로리가 말했다.

다음 날, 로리는 팀원들에게 다음과 같은 이메일을 보냈다.

공원부서 관리자 여러분께.

켄이 다음 달 오프사이트 미팅 진행을 제가 맡아서 해줄 것을 요청했습니다. 저는 그 시간에 팀빌딩을 집중 진행할 예정입니다. 우리가 논의할 팀 유형 알파벳 평가는 팀에서 여러분 개인의 선호도를 알려줄 것입니다. 아래 나열된 웹사이트에서 15~20분 정도 시간을 내어 테스트를 완료해주시기 바랍니다. 오프사이트 미팅에 서 여러분의 개별 결과를 제공해드리겠습니다.

– 로리

수련회에서

로리는 현장 회의 3일차 오후 늦게 팀과 함께 평가도구를 검토하기 위해 합류했다. 그녀는 팀원들이 긴 회의 로 인해 약간 지쳐있다는 것을 금방 알아차렸지만, 그녀가 가져온 활동으로 분위기가 전환되기를 바랐다. 팀 원들은 U자 형태로 배치된 여러 테이블에 앉아있었다. 켄이 로리에게 시작하라고 신호를 보냈다.

"여러분, 몇 주 전에 팀 유형 알파벳 검사를 했던 것 기억하시죠? 오늘은 여러분 각자의 결과를 살펴보겠습 니다."

"팀 유형 알파벳 검사는 여러분이 팀에서 선호하는 스타일이 무엇인지 알려줍니다. 이는 모든 상호작용에서 항상 이 유형의 스타일을 보인다는 뜻은 아니지만, 여러분이 야구팀이든 업무팀이든 팀의 일원일 때 선호하 는 스타일을 알려줍니다. 이론에 따르면, 기본적인 팀 유형 스타일은 여섯 가지가 있습니다." 로리는 회의실 화이트보드에 다음과 같이 적었다.

유형 E: 에너지. 팀의 조화와 협력을 추구함
유형 C: 통제. 주도하고 관심의 중심이 되기를 좋아함
유형 Q: 조용함. 관찰력이 있으며, 때로는 그룹 토론 참여를 주저함
유형 A: 자기주장이 강하며, 자신의 관점이 팀원들에게 전달되도록 함

유형 W: 궁금해함. 질문을 하고, 이론과 새로운 아이디어에 매료됨

유형 D: 상세함. 데이터를 검토하고 구체적인 세부사항에 집중하기를 즐김

"모음 하나 살 수 있나요?" 애런이 농담을 했다.

"이것들은 기본적인 설명일 뿐입니다." 로리가 말을 이었다. "각각에 대해 더 자세한 내용이 있습니다. 여러분의 자료에 각 스타일에 대한 더 긴 설명이 있습니다. 보고서에는 여러분의 주도적 스타일과 부차적 스타일이 포함될 것입니다. 이것들을 나눠드리고 생각할 시간을 드리겠습니다." 팀원들은 각자의 스타일을 조용히 생각하며 긴 보고서의 페이지를 넘기며 잠시 앉아있었고, 신디가 침묵을 깼다.

"통제라고요? 어쩐지 맞지 않는 것 같아요. 저는 항상 관심의 중심이 되고 싶어 하는 것 같지 않은데요. 그리고 왜 그게 통제라고 불리나요?" 신디는 얼굴을 찡그리며 팀원들을 바라보았다.

"이것은 모두 사람들의 스타일 선호도를 보여주는 수년간의 이론으로 뒷받침됩니다." 로리가 말했다. "연구에 따르면 여러분의 부차적 선호도는 약간 변할 수 있지만, 전반적으로는 인생을 통해 크게 변하지 않는 경향이 있습니다."

"하지만 통제라는 말이 제게는 매우 부정적인 설명처럼 들립니다." 신디는 목소리를 약간 떨며 덧붙였다. "저는 제가 항상 이 팀에 부정적인 영향을 미친다고 생각하지 않아요. 35번 항목을 보세요. '동의하지 않더라도 팀의 결정을 따를 것이다.' 저는 '매우 동의함'에 표시했어요. 이건 통제적인 사람의 특징과 맞지 않아요."

"중요한 것은 개별 항목에 어떻게 응답했는지가 아니라, 평가도구에서 전체적인 응답 패턴이 어떻게 맞아떨어지는지입니다." 로리가 말했다.

신디는 테이블을 내려다보며 책자를 닫았다. 그녀는 회의실 밖에서 생울타리를 다듬고 있는 조경 작업자를 바라보았다.

로리가 말을 이어갔다. "Q 스타일을 가진 모든 분은 일어나서 방 오른쪽으로 가주세요." 펠릭스가 방 오른쪽으로 가서 팀원들을 향해 혼자 서있었다.

"한 명뿐인가요? 좋아요. 이제 모든 A 유형은 방 왼쪽으로 가주세요." 레이첼과 애런이 방의 다른 쪽으로 가서 펠릭스를 마주 보았다.

"좋습니다. 이제 A 유형들은 Q 유형을 보면서 어떻게 생각하는지 말해주세요."

"음, 저는 펠릭스가 훌륭한 매니저라고 생각합니다." 애런이 말했다. "그의 부서는 최근에 매우 효과적이었어요. 이번 시즌에 리그 가입이 거의 20% 증가했죠."

"제 말은 이 팀에서 그의 Q 스타일에 대해 어떻게 생각하느냐는 거예요. 펠릭스, A 유형들에 대해 어떻게 느끼는지 말해주시겠어요? 그들이 토론을 지배하나요?"

"음, 때로는 그런 것 같네요." 그는 매우 불편해 보였다.

"저는 이게 정말 매혹적이라고 생각해요." 로리가 말했다. "팀 유형 알파벳 검사는 이러한 스타일이 우리의 일상생활에서 어떻게 나타나는지 정확히 설명합니다. 그렇다면 팀으로서 조용한 멤버와 지배적인 멤버가 있다는 사실을 어떻게 활용해볼 수 있을까요?"

타샤가 말했다. "이건 정말 흥미로워요. 우리가 때때로 토론에서 빙빙 도는 이유를 완벽하게 설명하는 것 같아요. A 유형들이 항상 먼저 말하는 경향이 있고 토론이 그 방향으로 흘러가지만, 1시간이 지나서야 우리의 Q 유형이 말하게 되면 그의 아이디어 덕분에 우리가 더 많이 배우고 더 나은 제안에 도달하게 되죠."

"E 유형다운 말이네요." 애런이 말하자 사람들이 웃었다.

“저는 E가 아니라 W예요.” 타샤가 약간 방어적으로 말했다.

“자신의 주요 스타일과 부차적 스타일을 공유하고 싶은 분 계신가요?” 로리가 토론의 초점을 다시 맞추려 하며 물었다.

“펠릭스는 Q니까 아마 먼저 하지 않을 거예요.” 레이첼이 말했다. “제가 할게요.”

“하지만 A 유형 중 한 명인 그녀가 토론을 지배하도록 놔두면 안 되지 않나요?” 타이가 로리에게 물었다. “다른 사람이 먼저 하도록 해야 하지 않을까요?”

“그러면 제가 A 유형이라서 다른 사람들이 말할 때까지 절대 말을 못 하나요?” 레이첼이 물었다. “그게 정말 요점인가요?” 또 다른 불편한 침묵의 순간이 지나갔다.

“제 부차적 스타일은 D인데, 제게 많은 의미가 있었어요.” 애런이 말했다. “아주 정확해요. 저는 데이터, 결과, 숫자에 집중하는 경향이 있죠. 사실 그게 제 주요 스타일처럼 보여요. 여러분도 아시다시피 저는 항상 차트와 그래프를 만들려고 하는 사람이에요.” 그는 다른 사람들을 향해 미소 지었다. “아마도 숫자 계산에 덜 집중해야 할 것 같네요.”

“음, 모든 사람의 스타일은 다르고, 모든 스타일은 그 자체로 인정받아야 합니다.” 로리가 말했다. “하지만 여러분의 다른 스타일들이 팀의 생산성에 어떤 영향을 미치는지 알고 있어야 합니다.”

“당신이 이 평가도구의 전문가잖아요. 우리의 스타일과 이 팀에 대해 아는 것을 바탕으로, 우리가 무엇에 주의를 기울여야 한다고 생각하시나요?” 타이가 물었다.

팀원들은 일제히 로리를 올려다보며 그녀의 답변을 기다렸다.

참고: 이 사례연구에 설명된 도구는 허구로 구성된 것임

11 팀 개입

학습 목표

이 장에서는 다음과 같은 내용을 학습한다.

- 팀의 정의와 성공적인 팀을 만드는 요소
- 팀 개발의 단계와 팀 진단 연구의 수행 방법
- 팀빌딩 활동의 차이점
- 그룹 간 개입을 통한 어려움 해결

오리건주 비버튼의 하이랜드파크중학교 교직원들은 오늘날 대부분의 초등학교 및 중등학교가 경험하는 어려움, 즉 학생, 학부모 및 지역사회의 요구에 지속적으로 적응해야 하는 어려움을 겪었다. 이를 위해서는 현재의 접근 방식과 결과를 인식하고, 내부 및 외부 환경을 이해하며, 현재와 희망하는 결과 사이의 격차를 평가하고, 실행에 합의할 수 있는 행동계획을 결속력 있게 개발하기 위해 유연한 조직 문제해결 능력을 배워야 했다.

교직원들은 일련의 워크숍에서 조직개발 컨설턴트와 협력하여 교직원 회의에서의 의사소통 및 참여를 개선하고, 더 나은 문제해결 방식을 개발하며, 문제를 인식하고 해결하기 위해 팀으로서 더 많은 주도권을 행사하고, 더 나은 대인관계를 개발했다. 컨설턴트는 먼저 시뮬레이션 활동을 통해 대면 상호작용을 극대화한 다음, 팀이 실제 조직 문제를 해결하도록 세션을 설계했다. 팀 구성원은 자신의 문제를 식별하여 진단하고, 실행계획을 개발하며, 팀으로서 상호작용하는 새로운 방법을 시도했다. 개입 활동의 결과, 팀의 결속력과 관계의 질이 상당히 향상되었다. 이직률은 인근 학교들과 비교했을 때 1/4에서 1/5 수준으로 감소했다. 교직원들은 교장의 관여 없이 자체적으로 교직원 회의를 소집하여 운영하기 시작했으며, 컨설턴트의 도움 없이 다음 개입 워크숍을 직접 설계하고 진행했다. 곧 학군 내의 다른 학교들도 이 학교 교직원들의 접근 방식을 채택하기 시작했다(Schmuck, Runkel, & Langmeyer, 1969).

- 이 팀의 문제가 많은 팀에서 흔히 발생하는 문제라고 생각하는가? 팀이 겪는 다른 일반적인 문제에는 어떤 것들이 있는가?
- 성공적인 팀은 어떻게 정의할 수 있는가?

팀을 대상 집단으로 하는 개입은 조직개발 개입에서 가장 일반적인 활용 사례 중 하나다. 조직에서 팀을 활용하는 것은 새로운 개념이 아니지만, 지난 수십 년 동안 업무팀과 그 운영 방식에 대한 관심과 활용이 증가해왔다. 조직들은 자율적 업무팀(self-directed work teams), 가상팀(virtual teams), 그리고 교차기능팀(cross-functional teams) 같은 새로운 형태의 팀을 도입해왔다. 이러한 새로운 팀 유형과 함께, 오늘날의 복잡한 업무 환경에서는 글로벌 환경에서의 협업과 문제해결이 더욱 요구된다. 이에 따라 조직들은 성공을 위해 팀에 크게 의존하고 있으며, 팀의 효과성에 주목해야 한다(Buzaglo & Wheelan, 1999). 다시 말해, "집단과 팀의 효과적인 운영은 조직의 효과적인 운영의 중심이 된다"(Woodman & Pasmore, 2002, p. 164). 또한, 팀은 조직의 효과성에서 핵심적인 역할을 할 뿐만 아니라, 전략 변화 같은 조직변화의 수행과 실행에서도 중요한 역할을 한다(Coghlan, 1994).

불행하게도 많은 리더들이 팀의 효과성에 충분한 관심을 기울이지 않는 경우가 많다. 이는 팀을 어떻게 개발해야 하는지 모르거나, 팀이 스스로 문제를 해결할 것이라고 가정하기 때문이다(Dyer, Dyer, & Dyer, 2007). 설령 팀의 효과성을 개선하려 하더라도 많은 리더와 변화관리자들은 9장에서 논의된 함정에 빠질 수 있다. 즉, 개입에서 잘못된 문제에 집중하거나, 부적절한 시기에 실행하거나, 팀이 실제로 중요하게 여기는 핵심 문제를 해결하지 못하는 등의 실수를 저지르는 경우가 많다.

이 장에서는 먼저 "팀이란 무엇인가?"를 정의하고, 현대 조직에서 사용되는 다양한 팀 유형을 살펴본 후, 효과적인 팀의 요소와 팀이 흔히 겪는 어려운 지점을 다룰 것이다. 또한, 역할 분석(role analysis), 업무 재설계(work redesign), 그리고 워크아웃(workout) 같은 팀 효과성을 향상시키기 위한 일반적인 팀 개입 방안을 살펴볼 것이다. 나아가, 팀은 종종 다른 팀과 접촉하거나 갈등을 겪기도 하므로 하나 이상의 팀이 관여하는 상황에서 적용할 수 있는 팀 간 개입(intergroup interventions)에 대해서도 논의할 것이다.

팀 정의

많은 실무자와 학자들은 집단과 팀을 구분하는 것이 유익하다고 본다. 카첸바흐와 스미스(Katzenbach & Smith, 1993)는 팀을 "공통된 목적, 성과 목표, 그리고 실행 방안에 헌신하며, 서로에게 공동 책임을 지는 보완적인 기술을 가진 소수의 사람들"이라고 정의한다(p. 45). 또한, 일부 연구자들은 팀에서 구성원 간 상호 의존성이 중요하다고 강조하며, 팀 구성원들은 목표를 달성하기 위해 서로에게 의존하고, 상호 책임감을 느껴야 진정한 팀으로 간주될 수 있다고 지적한다(Dyer et al., 2007; Levi, 2001). 이러한 개념을 반영하여 칼 라르손과 프랭크 라파스토(Carl Larson & Frank LaFasto, 1989)는 "팀은 두 명 이상으로 구성되고, 특정한 성과 목표 또는 달성해야 할 인식 가능한 목표를 가지고 있으며, 팀 목표나 목적을 이루기 위해 구성원 간 활동 조정이 필요하다"고 설명한다(p. 19).

즉, 집단은 다수의 개인으로 이루어질 수 있으며, 구성원들이 동일한 일반적인 업무를 수행하지만, 개별 과업을 수행하는 과정에서 다른 구성원에게 의존하지 않는다면 이는 팀이 아니라는 의미다. 예를 들어, 대형 강의실에서 수업을 듣는 학생들은 하나의 집단으로 볼 수 있지만, 수업 프로젝트 같은 과제를 수행하기 위해 소규모 그룹으로 나뉘어 협력하게 된다면, 이들은 공통된 목표를 달성하기 위해 상호 의존하며 서로에게 책임을 지는 팀이 되는 것이다.

팀의 일반적인 다른 특징들은 다음과 같다.

- 구성원들은 의사결정과 목표 설정에 참여한다.
- 구성원들은 팀 과업을 수행하는 과정에서 빈번하게 소통한다.
- 팀은 조직 내에서 명확하게 정의되며, 외부에서도 공식적인 정체성을 가진다.
- 구성원들은 명확한 역할을 가지고 있으며, 각 역할이 어떻게 상호 연관되는지를 인식한다.

바너(Barner, 2006)는 현대의 팀이 과거의 팀과 크게 다르다고 설명한다. 대부분 사람들은 팀을 한 명의 관리자를 중심으로 운영되는 단일 집단으로 인식하며, 구성원들이 평등한 관계를 맺고, 동일한 작업장에서 근무하며, 유사한 문화적 배경을 공유한다고 생각하는 경향이 있다. 그러나 오늘날의 팀은 훨씬 더 임시적인 방식으로 운영되며, 특정한 목적을 위해 단기간 구성되거나, 단일 관리자가 없는 자율 팀일 가능성이 크다. 과거와 달리, 현대 팀에서는 구성원들이 다양한 기능과 계층을 대표하면서 수직적 권력관계가 개입될 수 있다. 또한, 팀은 지리적으로 분산되어 있을 수 있으며, 이에 따라 서로 다른 국가 출신의 구성원들과 다양한 문화적 배경을 가진 사람들이 함께 협력하는 경우가 많다. 그뿐만 아니라, 현대의 팀은 단일 팀 내에서 특정 역할을 수행하는 것이 아니라, 여러 개의 팀에서 다양한 역할을 수행해야 할 수도 있다(Katzenbach & Smith, 1993). 이러한 변화들은 우리가 기존에 가졌던 "팀의 개념"에 도전할 뿐만 아니라, 팀 내부 운영의 복잡성을 증가시키며, 팀 효과성을 향상시키기 위한 개입 과정 또한 더욱 어렵게 만든다.

성공적인 팀을 만드는 요소

연구자들은 높은 성과를 내는 효과적인 팀을 구분하는 특징을 찾아내기 위해 많은 연구를 수행해왔다. 다양한 조직 환경과 상황에서 여러 유형의 팀을 조사한 결과, 칼 라르손과 프랭크 라파스토(1989)는 높은 성과의 경영팀, 프로젝트팀, 스포츠팀, 정부팀, 군조직팀의 구성원들을 대상으로 심층 인터뷰를 진행했다. 그들은 성공적인 팀을 구별하는 여덟 가지 특징을 도출했다.

1. **명확하고 고무적인 목표**. 목표가 명확하게 이해되며, 팀원들에게 도전적인 과제로 인식된다.

2. **성과 중심의 구조**. 팀원들은 명확한 역할을 가져야 하며, 효과적인 의사소통 과정을 구축해야 하고, 사용 가능한 데이터를 활용하여 진행 상황을 평가하고 필요한 경우 수정 조치를 취할 수 있어야 한다. 또한, 각자의 역할이 어떻게 상호 연관되는지를 이해해야 한다.

3. **유능한 구성원**. 팀은 목표 달성에 기여할 수 있도록 적절한 기술적 지식과 대인관계 기술을 갖춘 구성원들로 이루어져야 한다.

4. **통합된 헌신**. 팀원들은 팀을 위해 노력과 에너지를 기꺼이 투입할 의지가 있어야 한다.

5. **협력적인 분위기**. 팀원들은 서로에 대한 신뢰를 형성해야 하며, 이를 바탕으로 협력할 수 있어야 한다.

6. **탁월성의 기준**. 고성과 팀은 개인의 성과에 대해 높은 기준을 설정하며, 구성원들은 이러한 목표를 달성해야 한다는 압박을 느낀다.

7. **외부 지원과 인정**. 팀이 과업을 수행하기 위해 필요한 자원을 제공받는 것은 물론, 외부로부터 보상과 인정을 받을 필요가 있다.

8. **원칙 중심의 리더십**. 리더는 팀의 업무를 완수할 수 있도록 필요한 동기부여와 방향성을 제공해야 한다.

많은 경우, 팀은 이러한 요소 중 하나에서 실패한다. 저성과 팀들은 표 11.1에 나열된 특징을 지속적으로 보이며, 고성과 팀이 갖춰야 할 요소 중 하나 이상을 결여하는 경향이 있다.

많은 연구자들은 성과가 낮은 팀이 다음과 같은 공통된 문제를 경험한다는 것을 확인했다.

- 팀의 목표에 대한 혼란
- 팀 목표와 달성 방법에 대한 불명확성
- 개별 구성원들이 자신의 고유한 역할이나 상호 의존성을 이해하지 못해 업무 인수인계가 누락되거나 중복되는 문제
- 리더로부터의 기대 사항이 명확하지 않음
- 의사결정 과정이 길어지거나 의사결정 권한이 불분명함
- 의사소통 및 정보 공유에 대한 기대가 서로 맞지 않음
- 길고 비효율적인 회의
- 갈등을 효과적으로 관리하지 못하는 문제

특별한 유형의 팀

오늘날 새로운 팀 모델이 활용되는 것과 더불어, 많은 조직에서는 특정 과업을 수행하기 위해 특수한 유형의 팀을 운영한다. 그중 특히 주목할 만한 세 가지 유형은 자율경영팀, 가상팀, 그리고 교차기능팀이다. 각 팀은 현대 조직이 직면한 고유한 문제를 해결하는 역할을 하지만, 동시에 극복해야 할 독특한 어려움도 수반한다.

| 자율경영팀

자율경영팀은 흔히 '자율관리팀(self-managed work team)'이라고도 한다. 이러한 팀은 오랜 역사를 가지고 있지만, 특히 1980년대에 널리 확산되었다. 당시 경제적 긴축으로 인해 많은 조직의 중간관리층이 감소하면서 기업들은 새로운 업무 조직 방식을 모색해야 했고, 그 결과 의사결정 권한이 조직의 하위 계층, 특히 팀 단위로 위임되었다(Orsburn & Moran, 2000). 자율적 업무팀은 다음과 같이 정의된다.

> "서로 의존적인 관계를 맺고 있으며, 고도로 훈련된 구성원들로 구성된 집단으로,
> 스스로를 관리하고 수행하는 업무에 대한 책임을 진다. 이들은 경영진과 협력하여
> 자체적으로 목표를 설정하며, 목표 달성 방법과 업무 수행 방안을 직접 계획한다.
> 자율경영팀의 구성원들은 다양한 기능을 수행하며 최소한의 감독만 받으면서 업무
> 를 수행한다."(Ray & Bronstein, 1995, pp. 21-22)

자율경영팀에 대한 흔한 오해 중 하나는 이들이 원하는 대로 모든 것을 해버릴 수 있다는 것이다. 이에 따라 많은 관리자와 리더들은 팀에게 권한을 부여하면 생산성이 저하되고, 게으름이 만연할 것이라는 두려움을 갖는다(Hitchcock & Willard, 1995). 그러나 실제로 자율

경영팀은 목표 설정, 업무 프로세스 및 일정 조정, 역할과 책임의 분배, 성과 모니터링 및 목표 미달 시 조치 취하기 등 다양한 책임을 수행한다. 일부 팀은 팀원 채용이나 성과 평가와 같이 과거에는 관리자가 전담하던 역할을 맡기도 한다.

자율경영팀으로의 전환은 업무에 대한 개인적·문화적 인식에 도전하게 된다. 이는 의사결정 방식과 생산성, 성과에 대한 궁극적인 책임이 누구에게 있는가 같은 문제를 포함한다. 따라서 관리자와 구성원 모두에게 새로운 학습 과정이 필요하다. 여기에는 "권한이 부여된 경영철학 아래에서 어떻게 행동해야 하는지 학습하는 것, 필요한 역할과 기술을 익히는 것, 그리고 기존의 습관과 행동을 버리는 것(예: 관리자가 문제를 해결해주기를 기다리는 태도)"이 포함된다(Druskat & Dahal, 2005, pp. 204-205). 자율경영팀의 구성원들은 팀 프로세스에 대한 주인의식을 갖고 이를 집단적으로 관리할 동기를 가져야 한다. 충분한 학습과 실습, 그리고 팀 개발에 대한 지속적인 학습, 연습, 관심이 없다면, 자기주도적인 팀과 리더는 쉽게 과거의 방식으로 돌아가 리더가 팀의 행동을 지시하고 의사결정을 내리는 오래된 습관으로 빠르게 되돌아갈 수 있다. 이러한 전환 과정에서 관리자들의 태도와 행동은 매우 중요한 요소이며, 이는 자율경영팀 도입의 "가장 큰 위협"이 될 수도 있다(Ray & Bronstein, 1995, p. 215). 따라서 관리자들은 기존의 감시와 감독 중심의 "가부장적" 행동에서 벗어나 코치나 멘토로서의 역할로 전환해야 한다(Yeatts & Hyten, 1998).

자율적 업무팀이 성공적으로 운영되기 위해서는 강한 리더십의 헌신, 경영진과 구성원 간의 상호 신뢰, 새로운 역할(때때로 불분명한 역할)에 대한 수용, 그리고 팀의 교육 및 개발에 대한 시간과 재정적 투자 의지가 필요하다. 또한, 자율경영팀은 몇 가지 특수한 도전 과제에 직면할 가능성이 크다. 예를 들어, 경영진의 저항, 팀 내 갈등 관리, 권한과 통제 문제, 팀 의사결정 과정, 피드백을 주고받는 방식 등이 이에 해당한다. 가장 성공적인 자율경영팀은 초기 도입 이후에도 지속적으로 성장하고 발전할 수 있도록 지원하는 구조를 갖추고 있다.

| 가상팀

앞서 조직 내 팀이 점점 더 다양해지고 지리적으로 분산되고 있다는 점을 언급한 바 있다. 이러한 팀들은 조직이 글로벌 고객 환경에 대응하고, 전 세계에 분포된 전문 지식을 활용할 수 있도록 돕는다. 이러한 팀들은 종종 '가상팀'이라고 불리며, 이는 "구성원들이 전자적 수단을 통해 협력하며, 대면 상호작용이 최소화된 팀"으로 정의된다(Malhotra, Majchrzak & Rosen, 2007, p. 60). 예를 들어, 샌프란시스코, 덴버, 런던에 있는 팀원들이 콘퍼런스콜과 이메일 채팅을 통해 고객 문제를 해결하고 협력할 수 있으며, 필요할 경우 베이징에 있는 전문가를 추가로 참여시킬 수도 있다. 가상팀은 대면회의를 거의 개최하지 않으며, 대부분의 팀 회의를 컴퓨터 기반 커뮤니케이션이나 기타 기술을 통해 진행한다. 따라서 가상팀의 가장 큰 특징은 전자적 도구를 활용하여 소통하고 정보를 공유하는 것이다. 이러한 도구에는 전화 회의나 이메일 같은 기존의 보편적인 기술이 포함될 수 있지만, 많은 조직에서는 팀원 간 신속하고 원활한 협력을 촉진하기 위해 인터넷 기반 채팅, 인스턴트 메시지, 소셜 네트워킹 기술, 휴대용 통신 기기, 인터넷 협업 도구 등을 점점 더 많이 활용하고 있다.

팀원들이 한 장소에 함께 있지 않을 경우, 물리적 거리와 시간대 차이를 넘어 업무를 조정하는 것이 핵심적인 과제가 된다. 또한, 팀을 구축하고 발전시키는 과정에서 팀원들이 "공유된 미래를 형성하기 위해 필요한 수준과 깊이의 대화를 나눌 수 있는 경로와 기회를 만드는 것" 역시 중요한 도전 과제다. 하지만 "문화적 다양성, 지리적 거리, 그리고 팀원 간 고립 문제는 효과적인 협력을 더욱 어렵게 만들 수 있다"(Holton, 2001, p. 36). 또한, 전자적 기술을 통해 신뢰를 형성하거나 개인적인 관계를 구축하는 것이 쉽지 않을 수 있다. 많은 사람은 이메일이 오해와 의사소통 오류를 쉽게 유발할 수 있으며, 이러한 오해가 같은 전자적 수단을 통해 해결되기 어려워 갈등이 심화될 가능성이 크다고 느낀다.

다이어(Dyer)와 동료 연구자들(2007)은 가상팀이 대면팀보다 더 자주 겪는 네 가지 주요 문제를 다음과 같이 정리했다.

- **신뢰와 상호 이해 부족**. 팀원들은 서로 다른 문화를 대표할 수 있으며, 이러한 문화적 차이가 반영될 때 갈등, 불신 또는 고정관념이 형성될 우려가 있다.
- **기대 위반**. 팀원들은 기술 사용 방식, 기술을 통한 감정 표현, 요청에 대한 응답 시간 등의 차이를 경험하면서 예상과 다른 상황에 부딪힐 수 있다.
- **훈련 부족 및 커뮤니케이션 기술 활용 미숙**. 효과적인 가상팀은 사용 가능한 기술을 적극적으로 활용하며, 상황에 맞게 적절히 적용할 줄 아는 역량을 갖추고 있다.
- **비효율적인 팀 리더십**. 다이어와 연구자들(2007)은 가상팀을 이끄는 것이 상당한 시간과 노력이 필요한 일이라고 지적한다. 또한, 말호트라(Malhotra)와 그의 동료 연구자들(2007)은 가상팀 리더가 신뢰를 구축하고, 진행 상황을 평가하며, 팀원들의 적극적인 참여를 보장해야 하는데, 이 모든 과정을 원격 기술을 활용하여 수행해야 한다는 점에서 특별한 도전 과제가 따른다고 설명한다.

이러한 문제를 해결하기 위해 몇몇 연구자는 다양한 개선 방안을 제안하는데(Connaughton & Daly, 2004), 여기에는 다음과 같은 방법이 포함된다. 관계 형성을 위해 대면 만남의 기회를 마련하는 것, 팀원들이 개인적인 수준에서 서로를 이해할 수 있도록 자유로운 대화 및 '가벼운 잡담' 기회를 제공하는 것, 회의 빈도 및 진행 방식 같은 팀의 커뮤니케이션 규범에 대해 합의하는 팀 회의를 개최하는 것, 문화적 차이에 대한 논의 또는 교육 세션을 진행하는 것 등이다.

| 교차기능팀

교차기능팀은 많은 조직에서 운영의 복잡성이 증가하고, 신속한 업무 진행, 집중력, 문제해결 능력이 요구됨에 따라 등장한 개념이다(G. M. Parker, 1994). 교차기능팀은 "조직 내 다양한 기능적 전문성을 가진 소수의 개인들로 구성된 집단"으로 정의된다(Webber, 2002, p. 201).

교차기능팀의 구성원들은 보통 동일한 부서에 속하지 않으며, 다양한 부서, 사업 부문 또는 지역을 대표하는 경우가 많다. 이들은 특정한 프로젝트나 문제를 해결하기 위해 일정 기간 함께 구성되며, 일반적으로 프로젝트팀 리더에게 보고하지만, 동시에 일상적인 업무를 관리하는 소속 부서의 관리자에게도 보고해야 한다. 교차기능팀의 대표적인 사례로는 제품개발팀이 있다. 여기에는 마케팅, 영업, 고객 서비스, 재무, 제품 엔지니어링 등의 다양한 부서에서 온 구성원들이 참여하며, 각자의 전문성을 바탕으로 협력하여 하나의 목표를 수행한다.

교차기능팀의 가장 큰 장점은 바로 그 자체가 도전 과제가 될 수도 있다. 다양한 기능적 배경이 지식과 문제해결 능력을 향상시키지만, 동시에 의사소통의 어려움을 초래할 수 있다. 교차기능팀의 다양한 관점은 팀의 문제해결 능력을 강화할 수 있다(Webber, 2002). 하지만 각 구성원이 서로 다른 기준, 용어, 가치관을 사용하기 때문에 팀 회의가 조직 내 '다문화적' 경험처럼 느껴질 수 있으며, 의사소통과 공통된 이해를 형성하는 데 어려움을 겪을 수 있다(Proehl, 1996). 단기 프로젝트에 적합하지만, 팀원들의 시간 투입과 헌신 수준이 다를 수 있다.

교차기능팀은 단기간에 프로젝트를 수행한 후 해체될 수 있는 유연성을 가지고 있다. 그러나 조직 내 구성원들은 각자의 본업이 따로 있기 때문에 팀에 대한 헌신 수준이 다를 수 있으며, 이로 인해 팀 내 갈등과 기대 수준의 불일치가 발생할 수 있다. 이는 해당 프로젝트가 팀원의 주요 업무와 직접적으로 관련되지 않고, 팀원들이 여러 가지 책임을 동시에 수행해야 하며, 기능별 관리자들이 팀 활동을 얼마나 지원하는지에 따라 참여 정도가 달라지기 때문"이다(Proehl, 1996, p. 7). 단일 리더 체제가 명확한 방향성을 제공할 수 있지만, 이중 보고 체계로 인해 혼란이 발생할 수 있다. 교차기능팀은 한 명의 리더를 두어 팀의 방향성을 제시할 수 있다. 그러나 이는 구성원들에게 두 명의 관리자(기능 관리자와 팀 리더)를 동시에 따라야 하는 부담을 주게 된다. 특히 성과 평가, 보상(급여 인상 등)과 관련된 의사결정에서 어떤 관리자가 결정 권한을 가지는지 불명확할 경우, 조직 내 혼란과 좌절감을 초래할 수 있다. 교차기능팀이 효과적으로 운영되기 위해서는 이러한 일반적인 문제를 초기 단계에서 해결하는 것이 중요하다.

교차기능팀의 성공에 대한 연구들은 이러한 일반적인 도전 과제들을 팀 형성 초기부터 해결하는 것이 중요함을 보여준다. 팀 리더는 초기 단계에서 공통된 팀의 미션과 정체성을 확립함으로써 다양한 기능 분야에서 온 팀원들이 팀에 대한 소속감, 헌신, 그리고 성공에 대한 책임감을 느낄 수 있도록 해야 한다. 파커(G. M. Parker, 1994)는 팀의 권한과 책임에 대한 모호성과 혼란을 줄이기 위해 명확하고 포괄적인 팀 목표를 설정할 것을 특히 강조한다. 또한, 웨버(Webber, 2002)는 팀 리더 교육이 필요하며, 팀 리더가 기능 관리자들과 조기에 협력하여 팀원들의 시간 할당 기대치를 명확히 조정하고, 성과 평가 및 보상 체계를 사전에 합의하는 것이 중요하다고 제안한다.

팀 개발

전통적인 형태의 단일한 공간에서 함께 근무하는 팀(team intact and collocated)을 논하든, 앞서 살펴본 다양한 팀 유형을 논하든, 연구자들은 대부분 팀이 공통된 방식으로 성장하고 발전한다고 설명해왔다.

가장 잘 알려진 집단 발달 이론 중 하나는 터크만(Tuckman, 1965; Tuckman & Jensen, 1977)이 제안한 모델이다. 그는 기존 연구들을 광범위하게 검토한 결과, 집단이 다섯 단계의 발달 과정을 거친다는 점을 발견했다. 이와 유사한 모델을 휠런(Wheelan, 2013)도 제안했으며, 단계의 명칭만 다를 뿐 기본 개념은 유사하다. 표 11.2는 이 두 가지 집단 발달 모델을 비교하여 정리한 것이다.

모든 팀이 반드시 이러한 단계에 따라 발전하는 것은 아니며, 모든 팀이 순차적으로 단계를 이동하는 것도 아니다. 일부 팀은 특정 단계에서 정체될 수도 있으며, 경우에 따라 이전 단계로 되돌아갈 수도 있다. 예를 들어, 팀이 내부 갈등을 해결하지 못하면, 팀원들은 방어적인 태도를 보이게 되고 초기 단계의 특징을 다시 나타낼 우려가 있다. 이러한 모델들이 다소 단순화된 면이 있지만, 실무자들에게는 유용한 시사점을 제공할 수 있다. 변화관리자가 팀 발달 단계를 이해하는 것이 일반적으로 발생하는 팀의 문제를 정확히 파악하고, 팀의 효과성을 높이며, 생산성이 높은 다음 단계로 발전할 수 있도록 적절한 개입 방안을 제시하는 데 도움이 될 수 있다.

<table>
<tr><th colspan="3">표 11.2 팀 발달 단계</th></tr>
<tr><th>터크만(1965);
터크만과 젠슨
(Tuckman &
Jensen, 1977)</th><th>휠런
(2013)</th><th>단계별 특성</th></tr>
<tr><td>형성하기
(forming)</td><td>의존성 및
소속감</td><td>팀원들은 탐색 단계에서 처음 상호작용하며 관계를 형성하기 시작한다. 이 시기에는 일반적으로 신뢰 수준이 낮고, 그룹의 목적과 목표에 대한 불안과 혼란이 높은 상태다. 팀원 간에는 기대, 그룹 규칙, 구조 등에 대한 논의가 이루어질 가능성이 크다. 이 단계에서의 커뮤니케이션은 조심스럽고 탐색적이며, 신중한 태도를 보이는 경향이 있다. 의견 충돌은 거의 나타나지 않으며, 팀은 대체로 팀 리더에게 강하게 의존한다. 리더의 권위는 거의 도전받지 않으며, 팀원들은 대체로 리더의 의견에 순응하는 경향을 보인다.</td></tr>
<tr><td>혼돈발생
(storming)</td><td>반의존성과
갈등</td><td>팀원들이 서로 간에 또는 팀 리더와 의견 차이를 표출하기 시작하며, 팀 내에서 심리적 안전감이 높아질수록 이러한 경향이 더욱 두드러진다. 목표, 역할, 가치 등에 대한 갈등이 심화될 수 있으며, 팀의 응집력이 약해져 하위 집단이나 연합이 형성될 가능성이 있다. 이전에 합의했던 팀 규범이나 규칙이 깨질 수도 있다. 팀원들은 갈등을 해결하고 다음 단계로 나아가려 시도할 수도 있고, 반대로 건강하지 못한 갈등 속에 머물러 있을 수도 있다.</td></tr>
<tr><td>규범수립
(normomg)</td><td>신뢰와
구조화</td><td>팀은 갈등을 조정하고, 집단 규범, 역할, 목표 등에 대한 합의를 시도한다. 응집력이 증가하며, 초기 단계에서의 조화로운 분위기가 신뢰, 협력, 헌신이 더해진 형태로 재형성된다. 팀은 업무 성과 달성에 다시 초점을 맞추며, 리더에 대한 의존도는 줄어든다. 갈등관리 기술이 효과적으로 활용되며, 팀원들은 자신의 의견을 자유롭게 표현할 수 있는 환경을 갖추게 된다.</td></tr>
<tr><td>성과내기
(performing)</td><td>업무 수행</td><td>팀원들은 시너지를 발휘하며, 목표를 달성하기 위해 성공적인 협업 방식을 반복적으로 실행한다. 목표, 역할, 업무 프로세스에 대한 명확한 합의와 이해가 이루어진다. 높은 생산성과 목표 달성이 이루어지는 시기이며, 팀의 에너지는 업무 수행에 집중된다. 팀은 자체적으로 성과를 평가하고, 효과성을 점검하며, 개선할 기회를 논의한다. 팀 리더는 점점 더 업무를 위임하거나 일상적인 의사결정을 팀에게 맡기는 경향을 보인다.</td></tr>
<tr><td>해산하기
(adjourning)</td><td>해당 없음</td><td>팀의 업무가 완료되면, 팀이 해체되거나 일부 팀원들이 팀을 떠나게 된다.</td></tr>
</table>

팀빌딩 개입

팀의 효과성을 향상시키기 위한 개입은 두 가지 기본 철학에서 비롯될 수 있다. 일부 연구자들은 팀 개발 프로그램과 팀 개입을 구분하는 것이 유용하다고 본다(Barner, 2006).

팀 개발 프로그램은 팀이 더욱 건강한 집단으로 성장할 수 있도록 사전에 장려하는 접근 방식이다. 이러한 프로그램은 "팀 구축을 위한 교육적 접근을 활용하며, 팀 실습 및 시뮬레이션을 적극적으로 활용하는 방식"으로 운영된다(Barner, 2006, p. 48). 예를 들어, 팀 개발 개입은 새로운 팀이 초기 확립기에 필요한 지원을 받을 수 있도록 돕거나, 기존 팀이 표 11.2에서 논의된 발달 모델의 1단계에서 2단계로 전환할 수 있도록 솔직한 의사소통과 건강한 의견 표출 및 갈등 관리를 장려할 수 있다. 팀 개발 프로그램은 집단 과정 전반에서 지속적으로 팀과 협력하며, 팀이 건강하게 발전할 수 있도록 지원하는 역할을 한다. 즉, 팀 개발 개입은 팀이 반드시 "갈등 상태에 있거나, 기능 장애를 겪거나, 무능력하거나, 불신이 팽배한 상황"일 때만 필요한 것이 아니다(Byrd, 2000, p. 157). 오히려, 이미 건강한 팀이 더욱 효과적인 패턴을 형성하도록 돕는 기회가 될 수도 있다.

반면, 팀 개입은 "팀 구축을 위한 문제해결 접근법을 활용하여 기존의 작업 그룹이 높은 성과를 방해하는 장애물과 제약을 식별하고 해결할 수 있도록 돕는 것"이다(Barner, 2006, p. 48). 이러한 개입은 문제가 발생한 후 대응하는 성격이 강하며, 팀이 겪고 있는 특정한 문제를 해결하는 데 초점을 맞춘다. 예를 들어, 역할 충돌(role conflict)로 인해 팀 성과가 저하되고 있다면, 이를 해결하기 위한 개입이 필요할 수 있다. 바너(Barner, 2006)는 이를 해양 항해에 비유하며 다음과 같이 설명한다. "팀 개발 프로그램은 배가 도크에 정박해 있을 때 새로운 설계를 하는 것과 같지만, 팀 개입은 배가 바다 위에서 물이 새고 있을 때 이를 수리하는 것과 같다."(p. 49) 즉, 팀 개입은 팀의 효과성을 저해하는 명확한 문제나 장애를 해결하기 위해 변화관리자가 투입되는 상황에서 주로 이루어진다. 팀이 특정 문제로 인해 정체된 상황에서 이를 해결하고 다시 원활하게 운영될 수 있도록 변화관리자의 도움이 필요한 경우가 이에 해당한다.

| 팀빌딩의 정의

건강한 팀의 개발이든, 팀의 문제해결이든 이러한 대부분의 개입은 일반적으로 '팀빌딩'이라는 용어로 불린다. 여기서 팀빌딩이란 "작업 그룹이 업무를 효과적으로 수행하고, 구성원 간의 관계를 유지하며, 팀이 더 넓은 조직 시스템에 기여하는 능력을 향상시키려는 활동"을 의미한다(Coghlan, 1994, p. 21).

그러나 팀빌딩은 사람마다 다르게 해석할 수 있다. 일부에서는 팀빌딩을 업무 환경 외부에서 팀원들이 함께 즐기면서 서로를 더 잘 알게 되는 가벼운 활동으로 간주하기도 한다. 어떤 이들에게는 팀을 중심으로 관계를 형성하는 모든 이벤트가 팀빌딩이라는 의미를 가진다. 이러한 개념을 바탕으로 여러 컨설팅 회사들이 설립되었으며, 오늘날 많은 기업이 경영진을 대상으로 스쿠버다이빙이나 요트 항해를 가르치거나 유명 셰프와 함께 풀코스 요리를 준비하는 등의 활동을 통해 팀워크를 향상시키는 프로그램을 제공하고 있다. 일부 클라이언트는 조직개발 실무자들에게 팀빌딩 활동을 회의 일정에 포함해줄 것을 요청하며, 회의 후에 저녁 식사, 음주 혹은 특정 활동을 함께 진행하는 것을 제안하기도 한다. 이러한 이벤트는 일반적으로 참여자들에게 즐거움을 주고, 동료애를 형성하는 데 도움이 될 수 있다. 그러나 휠런(Wheelan, 2013)은 이에 대해 "연구 결과에 따르면 암벽 등반, 급류 래프팅, 눈을 가린 채 신뢰를 시험하는 걷기 활동, 또는 당나귀를 타고 농구하는 것이 생산성을 높이는 데 어떠한 효과도 미치지 않는다"고 지적한다(pp. 119-120).

또한, 어떤 사람들은 팀빌딩 세션을 "팀원들이 둘러앉아 서로를 비판하거나, 개인적인 문제를 깊이 파고들거나, 업무와 무관한 다양한 주제에 대해 감정을 표출하는 시간"으로 생각하기도 한다(Dyer, 1994, p. 15). 그러나 이러한 활동들은 팀이 겪는 좀 더 심층적이고 지속적인 문제, 예를 들어 대인관계 및 역할 갈등 해결, 의사소통 패턴 개선, 의사결정 능력 향상, 업무 프로세스 혼란 해결 같은 문제를 다루는 데는 효과적이지 않다. 팀빌딩 개입의 핵심은 더욱 근본적인 문제들을 해결하는 데 초점을 맞추는 것이다.

일부 클라이언트에게 팀빌딩은 부정적인 인식을 줄 수도 있는데, 이는 팀빌딩 활동이 종종 목표를 달성하지 못하는 경우가 많기 때문이다. 실제로 일부 연구에서는 팀빌딩 개입이 팀의 성과에 아무런 영향을 미치지 못한다는 결과를 제시하기도 했다(Salas, Rozell, Mullen, & Driskell, 1999). 반면, 다른 연구에서는 팀빌딩이 성과에 미치는 영향이 매우 복잡하며, 그 효과는 팀이 함께한 기간, 팀이 협력하는 시간의 양, 개별 과업의 지속 기간, 그리고 개입이 이루어진 시점 등에 따라 달라진다고 보고했다(Bradley, White, & Mennecke, 2003; Woolley, 1998). 팀빌딩 개입이 장기적인 전략의 일부가 아니라, 단 한 번의 '만능 해결책(fix-all)'으로 실행될 경우 기대에 미치지 못할 가능성이 크다(Boss, 1983). 고성과 팀을 구축하는 데는 시간이 필요하며, 단 한 번의 팀빌딩 개입으로 팀의 상황이 완전히 "해결되었다"고 생각하는 것은 비현실적인 기대다. 이를 두고 러쉬머(Rushmer, 1997)는 "이러한 생각은 마치 OD 컨설턴트가 마법 지팡이를 휘둘러 짧은 시간 안에 모든 문제를 해결하는 마법사 같은 존재라고 상상하는 것과 같다. 이는 분명히 순진한 생각이다"라고 비판했다(p. 317).

마지막으로, 보스(Boss, 1983)는 팀빌딩 개입 이후 퇴행(regression) 패턴이 나타날 우려가 있다고 지적했다. 즉, 팀의 응집력, 협업 에너지, 신뢰 관계가 다시 이전의 방식으로 돌아가는 현상이 발생할 수 있다. 이는 특히 개입 후 지속적인 후속 조치가 이루어지지 않거나, 변화를 유지할 수 있는 지원 체계가 부족하거나, 리더십의 지원이 없거나, 조직의 정책이나 프로세스가 함께 변화하지 않을 경우 더욱 두드러지게 나타난다. 따라서 성공적인 팀빌딩 개입을 위해서는 개입 이후 이러한 요소들이 충분히 고려되어야 한다.

| 팀 개입을 위한 데이터 수집

예상할 수 있듯이, 팀빌딩 개입은 데이터 수집 방법론으로 시작되며(7장에서 설명된 방법 중 하나 이상 활용), 이를 통해 개입의 초점을 결정한다. 팀을 대상으로 한 대표적인 데이터 수집 방법으로는 팀 진단 설문과 팀 진단 회의가 있다. 팀 진단 설문은 다양한 형태로 활용될 수 있지만, 일반적으로 팀원들에게 다음과 같은 항목에 대해 개별적으로 평가하도록 요청한다. "구성원들은 팀 목표에 대해 명확히 이해하고 있다", "구성원들은 각자의 역할을 명확히 알고 있다", "팀은 효과적인 의사결정 전략을 활용한다", "팀은 효과적인 갈등 관리 전략을 활용한다."(Wheelan, 2013, pp. 55-57) 실무자들은 팀의 현재 상황과 필요에 맞춰 맞춤형 설문을 설계하는 경우가 많다. 좀 더 체계적으로 검증된 실증적 팀 진단 도구로는 웨이먼, 해크먼 그리고 리먼(Wageman, Hackman, & Lehman, 2005)이 개발한 도구가 있으며, 이는 팀 구조, 목표, 리더십, 응집력 등의 요소를 평가할 수 있도록 설계된 15~20분 정도 소요되는 설문지로 구성되어 있다. 이와 같이 체계적으로 설계되고 검증된 도구를 활용하면 진단의 신뢰도를 높이고, 다른 고성과 팀과의 비교가 가능해진다. 널리 사용되는 팀 진단 도구 중 하나는 베스트셀러 팀의 다섯 가지 역기능(The Five Dysfunctions of a Team: Lencioni, 2002)에서 유래한 것이다.

렌시오니(Lencioni)는 팀이 흔히 겪는 다섯 가지 주요 장애 요소인 신뢰 부족(absence of trust), 갈등 회피(fear of conflict), 헌신 부족(lack of commitment), 책임 회피(avoidance of accountability), 성과에 대한 무관심(inattention to results)이 팀 성과를 저해한다고 주장한다(p. 188). 이를 진단하기 위해 개발된 15개 문항의 팀 평가 도구는 팀의 문제를 파악하는 데 도움을 준다. 예를 들어, "팀원들은 논의할 때 열정적으로 의견을 나누며 거리낌 없이 표현하는가?", "팀원들은 동료를 실망시키지 않기 위해 깊이 신경 쓰는가?" 같은 문항을 포함한다(Lencioni, 2002, pp. 192-193). 이 모델과 평가 도구는 팀 내 유용한 논의를 촉진할 수 있지만, 일부 연구자는 과학적 타당성이 충분히 검증되지 않았다는 점을 지적하기도 한다(Hackman, 2006).

또 다른 데이터 수집 방법으로는 팀 진단 회의가 있으며, 이는 팀이 직접 자신의 기능을 평가하는 방식으로, 보통 대면 형식으로 진행된다. 이 과정에서는 퍼실리테이터의 유무와 관계없이 팀원들이 스스로 팀의 강점과 약점을 논의하고, 이를 개선하기 위한 실행계획을 수립한다. 여기에는 하나 이상의 팀빌딩 개입이 포함될 수도 있다. (팀 진단 회의에서 사용할 수 있는 몇 가지 논의 질문 예시는 표 11.3에 제시되어 있다.) 진단 과정의 한 가지 변형된 방식으로 팀원들이 팀의 효과성을 저해하는 문제들을 개별적으로 기록한 후 소규모 그룹이 이를 주제별로 정리하고, 팀 전체가 문제 영역을 논의 및 우선순위를 설정한 뒤 이를 해결하기 위한 추가 문제해결 회의를 진행하는 방식이 활용되기도 한다.

이 방법의 가장 큰 장점은 팀 자체가 분석 범주를 정의하고 문제를 선택한다는 것으로, 설문조사에서 제공하는 사전 정의된 범주에 의존할 필요가 없다. 이러한 데이터 수집 및 진단 방법을 활용하면, 팀빌딩 개입을 팀에게 가장 중요한 우선순위 영역에 집중할 수 있도록 도와준다. 데이터 수집이나 진단 활동이 완료되면, 표 11.4에 제시된 징후 중 하나라도 발견될 경우, 팀빌딩 개입이 적절한 조치가 될 수 있다.

팀빌딩 개입에는 다양한 형태가 존재하며, 대부분의 변화관리자들은 팀의 필요에 맞춰 유연하게 조정하여 활용하는 경향이 있다. 다음 섹션에서는 고성과 팀의 일반적인 요구사항과 관련된 주요 팀빌딩 개입을 다룬다.

표 11.3 팀 진단 회의에서 활용할 질문

- 이 팀의 강점은 무엇인가?
- 우리는 목표 대비 얼마나 잘 수행하고 있는가?
- 우리 팀의 성공에 기여한 요인은 무엇인가?
- 목표 달성을 방해하는 요소는 무엇인가?
- 우리는 문제를 얼마나 효과적으로 해결하는가?
- 우리는 효과적으로 의사결정을 하는가?
- 우리 팀 회의는 얼마나 효과적인가?
- 우리는 각자의 고유한 역할과 책임을 얼마나 잘 이해하고 있는가?
- 우리는 함께 협력하여 업무를 얼마나 효과적으로 수행하는가?
- 우리는 서로 간의 의사소통을 얼마나 원활하게 하고 있는가?
- 우리는 다른 팀과 얼마나 잘 협력하는가?
- 우리는 의견 차이나 갈등을 얼마나 효과적으로 다루는가?
- 우리는 팀 리더와 얼마나 잘 협력하는가?
- 우리가 해결해야 할 가장 중요한 문제는 무엇인가?

표 11.4 팀 개입이 필요한 징후

다이어(Dyer, 1994, p. 79)는 팀 개입이 필요하다는 신호로 다음 12가지를 제시했다.

- 생산성 저하 또는 부서 성과 하락
- 구성원들의 불만이나 불평 증가
- 구성원 간 갈등이나 적대적인 분위기
- 역할 및 업무 배분의 혼란, 잘못된 신호, 관계의 불명확성
- 의사결정의 오해 또는 실행 부진
- 무관심 및 구성원들의 전반적인 참여 부족
- 복잡한 문제해결을 위한 주도성, 창의성, 혁신성 부족
- 비효율적인 회의, 낮은 참여율, 효과적인 의사결정 부족
- 신속하게 업무팀으로 발전해야 하는 신규 그룹의 느린 시작
- 관리자 또는 팀 리더에 대한 지나친 의존 또는 부정적인 반응
- 고객이나 사용자로부터 서비스 품질에 대한 불만 증가
- 원인 불명의 지속적인 비용 증가

여기에는 팀 형성과 변화, 직무 설계 및 업무 프로세스 분석, 역할과 책임, 문제해결 등이 포함된다.

1. 팀 시작 및 전환 회의
2. 직면 회의(confrontation meetings)
3. 역할 협상 및 역할 분석
4. 업무 재설계
5. 워크아웃

이러한 개입 방법 중 일부는 신생 팀에 효과적이지만, 일부는 업무 이력이 있는 기존 팀에 가장 효과적이다. 표 11.5는 이러한 팀 개입 접근법의 다섯 가지 측면을 비교한 것이다.

표 11.5 팀 개입 접근 방식 비교

개입	신규 팀	기존 팀
팀 시작 및 전환 회의	×	
직면 회의		×
역할 협상 및 역할 분석	×	×
업무 재설계		×
워크아웃		×

| 팀 시작 및 전환 회의

많은 조직에서 팀은 자주 구성되고, 업무를 수행하며, 발전한 후 해체되고, 팀원들은 새로운 프로젝트로 이동한다.

이러한 특성은 팀의 주요 장점 중 하나로, 팀원들의 기술과 경험을 결합하여 문제를 해결한 후 다시 다른 팀이나 과제로 이동할 수 있기 때문이다(Katzenbach & Smith, 1993). 그러나 팀은 초기 형성 과정에서 어려움을 겪을 수 있으며, 효과적인 팀 구축을 위해 충분한 시간과 에너지를 투자하지 않고 곧바로 업무 수행이나 문제해결에 뛰어드는 경우가 많다. 이러한 경향은 특히 일시적이거나 임시적 방식으로 운영되는 팀에서 더욱 두드러진다. 이들은 팀의 초기 형성 단계에 시간을 투자할 필요성을 크게 느끼지 않을 수 있기 때문이다. 또한, 리더가 교체되거나, 새로운 팀원이 합류하거나, 기존 팀원이 떠날 때도 팀은 원래의 생산적인 방식으로 돌아가기 위해 조정 기간이 필요하다. 이러한 전환 과정에서 팀원들은 기존의 목표와 프로세스가 계속 유지될 것인지에 대해 의문을 가질 수도 있다. 또한, 팀원 구성의 변화에 따라 역할이 조정될 필요가 있을 수도 있다. 팀 형성의 초기 단계에 의도적인 주의를 기울이지 않으면, 대부분 팀들은 오랜 기간 방향을 찾지 못한 채 혼란을 겪게 되며, 팀의 목적, 역할, 작업 방식 등을 시행착오를 통해 스스로 정리해나가야 하는 상황에 놓일 수 있다. 이 과정에서 팀에 대한 관심과 관리가 부족하면 팀원들은 점점 무관심해지고 소극적으로 변할 우려가 있으며, 결국 생산성 저하로 이어질 수 있다.

신규 팀을 위한 팀 시작에 대한 개입이나, 새로운 리더가 부임한 경우의 전환 회의 개입은 팀이 신속하게 출발할 수 있도록 돕는 효과적인 방법이다. 이에 대해 웨스트(West, 2004)는 다음과 같이 설명한다. "팀의 초기 형성 단계는 이후 발전과 효과성에 큰 영향을 미치며, 특히 위기가 발생할 때 더욱 중요해진다. 시작 개입은 팀의 정신을 형성하고, 명확한 방향성을 설정하며, 팀의 작업 방식을 정립하는 데 도움이 될 수 있다."(p. 77) 구조적으로 잘 설계된 팀 시작 및 전환 개입은 다음과 같은 효과가 있다.

- 팀이 신속하게 운영될 수 있도록 합의와 규범을 빠르게 설정할 수 있다.
- 팀원 간 의견 충돌과 오해를 초기에 드러내고 해결할 기회를 제공할 수 있다.
- 목표나 운영 방식 같은 기본적인 팀 기능을 명확히 할 수 있다.
- 팀원들이 대인관계를 구축하는 과정을 시작하도록 지원할 수 있다.
- 팀원들에게 명확하고 구체적인 역할을 부여할 수 있다.

골렘비우스키(Golembiewski, 1979a)는 신규 팀이나 전환기에 있는 팀을 위한 효과적인 설계 가이드라인을 제안했다. 신규 팀의 경우, 기존 합의에서 벗어나게 하는 '해빙(unfreezing)' 과정보다 팀의 구조를 개발하는 데 초점을 맞추는 것이 중요하다. 그리고 신규 팀이 한 번에 처리해야 하는 정보의 양을 제한하는 것이 필요할 수도 있다. 즉, 논의의 범위를 설정하여 팀이 과도한 정보에 압도되지 않도록 설계해야 한다. 팀 개발 및 팀빌딩 활동에서 자주 휴식 시간을 제공하는 것도 효과적일 수 있다. 이를 통해 팀원들이 실무를 수행하며 실험할 기회를 갖고, 새로운 경험과 지식을 바탕으로 다시 팀 개발 세션에 참여할 수 있도록 안내할 수 있다.

팀 시작 또는 전환 회의의 예시 구성안은 표 11.6에 제시되어 있다.

| 직면 회의

직면 회의는 벡하드(Beckhard, 1967)에 의해 처음 개념화되었다. 이 회의는 반나절에서 하루 동안 진행되는 세션으로 어떤 유형의 팀에도 적용될 수 있지만, 처음에는 경영진을 대상으로 한 세션으로 설계되었다.

1. 팀원 소개
   - 경력 이력 및 배경, 학력, 가족, 개인 관심사 또는 취미

2. 리더와의 대화
   - 팀에 대한 리더의 비전과 기대
   - 리더십 스타일, 중요하게 여기는 요소(hot buttons), 선호하는 업무 방식, 가치관
   - 리더와의 개인적인 '서로 알아가기' 인터뷰
   - 팀원들의 기대 및 리더에게 필요한 사항

3. 팀 헌장, 미션, 목적 탐색

4. 팀 목표 및 과업 탐색
   - 우선순위
   - 일정 및 주요 과업 단계
   - 성과 측정 기준(유형, 개수, 업데이트 빈도, 목표, 결과 공유 방식)

5. 팀원들의 역할 및 책임 탐색
   - 팀원들의 역할, 직책, 업무 기능
   - 구성원 간 상호 의존 관계

6. 업무 수행을 위한 팀 규범 및 지침 합의
   - 의사결정 방식은 어떻게 정할 것인가?
   - 업무를 수행하는 기본 방법은 무엇인가?(개별 과업, 소위원회, 전체 그룹이 모든 주제를 다룰 것인가?)
   - 모든 팀원이 문제를 논의하고 우려 사항을 제기할 기회를 어떻게 보장할 것인가?
   - 의사소통 방식 및 의견 차이를 해결하는 방법은 무엇인가?
   - 업무 완료를 어떻게 보장할 것인가?
   - 성과가 나지 않는 경우, 이를 어떻게 수정할 것인가?(Dyer, 1994, pp. 132-135)

7. 팀 회의에 대한 합의
   - 기대되는 참석률
   - 회의 빈도
   - 회의 시간
   - 회의 장소
   - 일반적인 논의 주제
   - 회의 안건

앞서 설명한 팀 진단 회의의 일종이며, 새로운 팀보다는 일정 기간 함께 일한 기존 팀에서 더 효과적으로 활용될 수 있다. 개입의 명칭만 보면 팀 내 갈등을 직접 다루거나 노출할 목적을 가진 것처럼 보일 수 있지만, 여기서 '직면'하는 대상은 광범위하게 정의된 팀의 장애 요소(team's obstacles)를 대면하는 것이다. 직면 회의에서는 팀이 스스로의 효과성과 건강성을 평가하고, 주요 비효율성과 불만족 요소를 해결하기 위한 실행계획을 수립한다. 벡하드는 직면 회의가 적절한 상황으로 다음과 같은 경우를 제시했다.

- 전체 경영진 그룹이 팀 운영 방식을 검토할 필요가 있는 경우

- 활동을 수행할 시간이 매우 제한적인 경우

- 최고경영진이 이른 시일 내에 조직의 상태를 개선하고자 하는 경우
- 최고경영진 내에서 충분한 응집력이 형성되어 있어 회의 후속 조치가 이루어질 가능성이 큰 경우
- 최고경영진이 문제해결에 대한 실질적인 의지를 가지고 있는 경우
- 조직이 현재 중대한 변화를 겪고 있거나, 최근에 큰 변화를 경험한 경우

백하드(1967)는 "주요 조직변화 이후 스트레스가 높은 시기에는 많은 혼란이 발생하며, 조직 내 에너지가 비효율적으로 소모되어 생산성과 조직의 건강성에 부정적인 영향을 미친다"고 설명한다(p. 153). 직면 회의는 빠르게 진행되는 방식이므로 조직 전체를 대상으로 한 설문조사보다 적은 시간과 비용으로 효과적인 데이터 수집 및 공유가 가능하다. 직면 회의는 다음과 같이 7단계로 구성된다(Beckhard, 1967).

1단계: 분위기 조성(45분~1시간). 세션은 리더가 기대사항을 설정하여 개방적이고 솔직한 논의를 장려하는 것으로 시작된다.

2단계: 정보 수집(1시간). 참여자들은 7~8명으로 구성된 소그룹으로 나뉘며, 일반적으로 다양한 직급과 기능을 대표하는 인원으로 구성된다. 각 소그룹은 생산적인 목표 달성을 방해하는 장애 요인을 나열하고, 조직 개선을 위한 제안을 작성한다.

3단계: 정보 공유(1시간). 각 소그룹의 대표자가 전체 그룹을 대상으로 결과를 공유한다. 퍼실리테이터는 제안된 내용을 카테고리별로 정리하기 시작한다.

4단계: 우선순위 설정 및 그룹별 실행계획 수립(75분). 그룹을 기존의 기능별 단위(예: 부서별)로 재편성한다. 각 그룹은 3단계에서 공유된 문제 중 우선적으로 해결해야 할 과제를 선정하고, 가장 중요한 이슈를 결정한다.

5단계: 조직 차원의 실행계획 수립(1~2시간). 각 소그룹이 선정한 우선순위를 전체와 공유한다.

6단계: 최고경영진의 즉각적인 후속 조치(1~3시간). 대면 회의가 종료된 후 최고경영진이 별도의 회의를 열어 팀이 제시한 우선순위를 논의한다. 이후 어떤 후속 조치를 지원할 것인지에 대한 합의를 이룬 후, 며칠 내에 참여자들에게 최종 결정 사항을 공유한다.

7단계: 진행 상황 검토(2시간). 대면 회의가 열린 후 4~6주 뒤 모든 참여자와 함께 후속 미팅을 개최하여 진행 상황을 점검한다.

대면 회의는 팀원들의 적극적인 참여와 주인의식을 장려하는 효과가 있다. 그러나 벡하드는 다음과 같은 경우에는 이 접근 방식이 실패할 가능성이 크다고 지적한다. 팀 리더가 팀원들의 의견을 경청하거나 수용하지 않는 경우, 회의에서 결정된 우선순위에 대한 후속 조치가 이루어지지 않는 경우, 지나치게 공격적인 목표를 설정하여 결국 달성하지 못하는 경우가 그러하다.

| 역할 협상 및 역할 분석

팀원들은 본질적으로 서로 의존하며, 연관된 업무 활동을 수행하는 존재이기 때문에 각자의 업무가 전체 팀 목표와 어떻게 맞물리는지 알지 못해 답답함을 느끼는 경우가 많다. 이는 팀원들이 오랫동안 함께 일한 경우이든, 이제 막 협업을 시작한 경우이든 역할이 불분명할 때 자주 발생하는 문제다. 다음은 팀에서 흔히 발생하는 역할 관련 혼란의 예시다.

- 팀원들이 서로의 업무 내용을 명확히 이해하지 못해 문제가 발생했을 때 누구에게 문의해야 할지 모르는 경우
- 동일한 업무를 수행하는 중복 작업이 발생하여 여러 팀원이 같은 활동을 수행하는 경우
- 필수적인 업무가 존재하지만, 어느 팀원도 해당 업무를 담당하지 않는 경우
- 수행하는 업무가 팀의 목표와 어떻게 연결되는지 명확하지 않은 경우
- 팀이 새로운 비전, 목적, 전략을 설정했지만, 기존의 역할이 그대로 유지되는 경우
- 새로운 팀원이 합류했을 때 업무를 할당하는 공식적인 프로세스가 없는 경우
- 업무 배분이 공정하지 않아 누군가는 좋은 과제를 맡고, 누군가는 과제가 너무 많거나 너무 적다고 느끼는 경우
- 팀 리더가 유사한 활동에 여러 명을 배정하여 팀원들이 누가 실제로 해당 업무를 책임지는지 또는 이 과제들이 서로 연관이 있는지 혼란스러워하는 경우

그 결과, 일부 팀원들은 동일한 업무를 맡기 위해 경쟁하는 반면, 어떤 업무는 방치되는 상황이 발생하며, 이러한 혼란 속에서 불가피하게 마감 직전의 위기가 나타날 수 있다(Dyer, 1994). 이러한 역할 관련 문제는 팀에서 흔히 발생하는 몇 가지 유형의 역할 문제로 분류할 수 있다(Adair, 1986).

1. 역할 갈등(팀원 간)

한 명의 팀원이 서로 양립할 수 없는 두 가지 역할을 동시에 맡을 때 발생한다. (예:

프로젝트팀을 이끄는 팀원은 최적의 해결책을 찾아야 하지만, 관리자는 특정 해결
책을 동시에 요구하는 경우)

2. 역할 갈등(다수 팀원 간)

여러 팀원이 동일한 역할을 맡았을 때, 서로의 업무가 충돌하는 경우가 발생한다.
(예: 같은 클라이언트군을 담당하는 두 명의 영업사원이 동일한 영업 지역을 배정받
았을 때)

3. 역할 불일치

특정 역할에 대한 기대가 팀원들 간에 일관되지 않은 경우 발생한다. (예: 일부 팀원
은 운영 관리자가 회의를 진행할 것이라 기대하지만, 다른 팀원들은 운영 관리자가
회의록을 조용히 기록하는 역할을 할 것으로 기대하는 경우)

4. 역할 과부하

한 사람이 너무 많은 역할을 동시에 수행해야 하는 경우 발생한다. (예: 여러 개의 위
원회에 소속되어 모든 위원회 간 연락 담당자로 역할을 수행하는 경우, 또는 프로젝
트팀과 모든 하위 팀에서 활동해야 하는 경우)

5. 역할 과소

특정 역할이 충분한 업무나 책임을 포함하지 않아 제대로 활용되지 않는 경우 발생
한다.

6. 역할 모호성

특정 역할의 책임과 기대가 역할을 맡은 사람이나 팀원들에게 명확하지 않은 경우
발생한다.

잘 작성된 직무 기술서는 이러한 문제 중 일부를 해결하는 데 도움을 줄 수 있지만, 여전히
일부 역할 문제는 해결되지 않은 채 남을 가능성이 크다. 이를 해결하기 위해 역할 협상(role
negotiation) 연습과 역할 분석 차트(responsibility charting)라는 개입 방법을 활용하면,
역할에 대한 혼란, 갈등 그리고 좌절감을 해소하는 데 도움이 될 수 있다.

| 역할 협상 연습

역할 협상 연습(role negotiation exercise) 또는 역할 분석 기법(role analysis technique)
은 팀원들이 리더의 개입 없이 스스로 역할과 책임을 협상하는 방식이다. 이 과정은 팀원
들의 적극적인 참여를 유도하며, 역할과 책임에 대한 팀 내 합의를 구축하는 데 도움이 된

다. 이를 통해 각 팀원은 문서화된 역할의 직무 기술서를 가지게 되며, 동시에 다른 팀원들의 기대와 필요를 이해할 수 있다. 이 개입 방법은 비교적 간단하며, 짧은 시간 안에 실행할 수 있고, 특별한 사전 교육 없이도 진행할 수 있다(Dayal & Thomas, 1968; Dyer, 1994; Golembiewski, 2000e; R. Harrison, 1972; West, 2004).

1단계: 역할 정의 작성

각 팀원은 개별적으로 플립 차트 용지에 자신의 역할과 책임을 적는다. "이는 해당 팀원이 자신의 직무를 어떻게 이해하는지, 무엇이 기대되는지, 업무 마감 기한과 수행 방식이 어떻게 되어야 하는지를 공유하는 과정이다."(Dyer, 1994, p. 120)

2단계: 역할 공유 및 질의응답

팀원들이 자신의 역할을 작성한 플립 차트를 회의실 벽에 게시한다. 모든 팀원이 이를 읽고, 필요한 경우 해당 역할을 정의한 팀원에게 질문하여 역할을 명확히 이해할 수 있도록 한다.

3단계: 역할 조정 요청 작성

각 팀원은 다른 팀원들에게 요청하고 싶은 사항을 별도의 종이에 작성한다. 요청 사항은 (a) 더 많이 해야 할 것, (b) 덜 해야 할 것, (c) 그대로 유지해야 할 것의 세 가지로 분류된다. 모든 팀원은 다른 팀원들의 역할에 대해 피드백을 제공해야 한다.

4단계: 역할 협상 및 합의 도출

각 팀원이 자신의 역할에 대한 피드백 목록(3단계에서 작성된 요청 사항 포함)을 수령한다. 이 목록을 플립 차트에 정리하여 공개적으로 공유할 수도 있고, 개별적으로 배포할 수도 있다. 이후, 팀원들은 일대일 또는 전체 팀 단위로 논의하여 각자의 역할을 유지할 것인지, 변경할 것인지 협상한다. 이 단계가 가장 중요한 과정이며, 팀원들은 일정 부분 타협하고 변화할 의지를 가져야 한다. 로저 해리슨(Roger Harrison, 1972)은 "원하는 행동 변화를 이끌어내기 위해서는 상호적인 교환(quid pro quo)이 필요하다. 그렇지 않다면 논의 자체가 의미가 없다"고 설명한다(p. 90). 따라서 팀원들은 자신의 필요를 명확히 표현하는 법을 배우고, 그 필요를 충족할 수 있을지 여부를 협상하는 과정을 경험하게 된다. 해리슨은 또한 역할 협상 연습 후 팀원들이 협의를 통해 합의한 사항을 일정 기간 유지할 것을 제안하며, 만약 효과가 없다면 다시 협상하는 것이 바람직하다고 조언한다. 그는 시간이 지나면서 팀이 이러한 역할 협상을 지속적인 업무 활동의 일부로 자연스럽게 수행하는 방법을 익히게 될 것이라고 보았다.

역할 협상이 효과적으로 이루어지려면 개방적이고 안전한 환경이 조성되어야 하며, 의견 충돌을 자유롭게 표현하고 이를 극복할 수 있는 분위기, 자신의 필요와 기대를 명확히 표현하는 능력, 그리고 팀원들 간의 상호적인 헌신이 필요하다. 역할 협상이 단순한 과정처럼 보일 수도 있지만, 실제로는 단순히 누가 어떤 업무를 맡을지를 문서화하는 것이 아니다. 역할 분석과 조정 과정에서는 개인의 정체성과 정치적 역학 관계가 복잡하게 얽혀 있기 때문이다. 예를 들어, 만약 내가 회사 제품의 기계 설계 검토를 전담하던 역할을 맡고 있었는데, 팀이 해당 업무를 모든 팀원이 공유하도록 결정하고, 나는 내가 검토한 설계에 대해서만 공급업체와 협력하는 역할을 맡게 되었다고 가정하자.

이 경우 나는 전문적 정체성의 일부를 잃었다고 느낄 수도 있고, 심지어 강등되었다거나, 예전만큼 중요한 기여를 하지 못하는 것처럼 보일 수도 있다. 따라서 역할 분석과 역할 명확화 개입을 수행하는 변화관리자는 개인의 정체성과 역할 변화가 팀원들에게 미치는 영향을 충분히 인식하고, 이에 대한 세심한 배려와 관리를 수행할 때 더 성공적인 결과를 얻을 수 있다.

| 역할 분석 차트

역할 분석 차트(responsibility charting) 기법은 벡하드와 해리스(Beckhard & Harris, 1977)가 팀의 의사결정 프로세스를 명확하게 정리하여 각 팀원이 어떤 행동과 결정에 책임이 있으며, 어떻게 관여해야 하는지를 이해할 수 있도록 돕는 기법이다. 이 기법을 활용하면, 특정 상황이 발생하기 전에 팀원들이 사전에 어떤 역할과 수준으로 관여해야 하는지 명확히 정의할 수 있어 불필요한 갈등을 줄이는 효과를 얻을 수 있다. 역할 분석 차트는 역할 협상과 마찬가지로 단순해 보이지만 강력한 효과를 가진다. 팀의 주요 활동을 정리한 표나 격자를 작성하고, 각 팀원이 해당 활동을 수행하는 데 어떤 역할을 맡을지 지정하는 방식으로 진행된다. 이 표를 작성하는 과정은 팀 내 갈등이나 혼란을 해소하는 데 중요한 역할을 하며, 기존에 검토되지 않았던 어려움을 표면화하는 계기가 될 수 있다. 표 11.7은 역할 분석 차트의 예시를 보여준다.

표의 맨 위 행에는 팀원들의 이름이 나열되며, 왼쪽 열에는 팀의 주요 활동 목록이 정리된다. 각 팀원의 이름 아래 해당 팀원이 맡은 역할을 나타내는 문자를 입력하거나, 해당되지 않을 경우 빈칸으로 남긴다. 각 역할을 나타내는 문자 및 의미는 다음과 같다.

- R(Responsible): 해당 작업을 수행할 책임이 있는 사람

- A/V(Approval or Veto): 해당 작업과 결정에 대한 승인 또는 거부권을 가진 사람

- S(Support): 해당 작업을 지원하는 역할을 수행하는 사람(시간, 자원 제공 등)

- C(Consulted): 의사결정 과정에서 조언을 제공해야 하거나 논의에 포함되어야 하는 사람
- I(Informed): 작업 진행 상황이나 최종 결과에 대한 정보를 받아야 하는 사람

실무자들 사이에서는 어떤 문자 이니셜과 역할을 포함할지에 대한 다양한 변형이 존재한다. 예를 들어, 일부는 역할 분석 차트를 'RACI 차트'라고 부르며, 여기에서는 S(지원 역할)를 제외하기도 한다.

표 11.7 역할 분석 차트

활동	팀원 1	팀원 2	팀원 3
행사계획 수립			
예산 확보			
필요 물품 구입 및 임대			
연사 및 공연팀 섭외			
시나리오 작성 및 사회			

골렘비우스키(Golembiewski, 2000d)는 R(책임)과 A(승인/거부)에 'D'를 추가하여 특정 의사결정의 책임을 강조하는 방식(R-D, A-D) 또는 'Imp'를 추가하여 실행 책임(implementation responsibility)을 나타내는 방식을 제안했다.

벡하드와 해리스(1977)는 역할 분석 차트를 사용할 때 고려해야 할 몇 가지 제약 조건 또는 규칙을 제안했다. 각 활동에는 반드시 단 한 명의 책임자(R)만 지정해야 한다. 하나의 작업에 둘 이상의 책임자(R)가 지정된다면, 해당 작업을 세분화하여 각 팀원의 책임 범위를 명확히 문서화해야 한다. 승인자(A)가 과도하게 많을 경우, 불필요한 승인 절차가 있을 가능성이 크다. 팀의 업무 흐름을 효율적으로 만들기 위해 승인 절차를 간소화하는 것이 바람직하다. 특정 작업에 대해 너무 많은 사람이 자문(C) 역할을 맡을 경우, 불필요하게 많은 팀원이 개입하게 된다. 과도한 자문 요청은 팀원들에게 승인권이 없는 비공식적 승인자(surrogate or informal approvers) 역할을 하게 만들 수 있으며, 이로 인해 팀의 실행 속도가 느려질 위험이 있다. 따라서 역할 분석 차트를 효과적으로 활용하기 위해서는 각자의 역할을 명확히

정의하고, 불필요한 승인 절차나 과도한 자문 요청을 줄이는 것이 중요하다.

| 업무 재설계

해크먼과 올드햄(Hackman & Oldham, 1980)은 업무 재설계(work redesign)를 다음과 같은 질문에 대한 해답으로 설명한다. "어떻게 하면 업무를 효과적으로 수행할 수 있도록 구조화하면서도, 동시에 업무 수행자들이 개인적으로 보람과 만족을 느낄 수 있도록 설계할 수 있을까?"(p. 71) 업무가 잘 설계되면 사람들은 업무에 더 큰 동기를 느끼며, 팀이 목표하는 결과에 더욱 효과적으로 기여할 수 있다. 따라서 업무 재설계는 개인의 동기를 높이는 개입임과 동시에 팀의 효과성을 향상시키는 개입이 될 수 있다.

해크먼과 올드햄(1980)은 "어떤 과제는 개인이 수행하는 것이 가장 효과적일 수 있지만, 특히 복잡한 과제는 팀이 수행하는 것이 더 적절한 경우가 많다"고 설명한다. 그러나 이는 팀과 과업이 효과적으로 설계되었을 때만 성립하는 원칙이다. "그룹을 위한 업무 설계는 단순히 '좋은 개인 직무 설계를 팀 버전으로 바꾸는 것'이 아니다. 팀 업무를 설계할 때는 개인-직무(person-job), 개인-그룹(person-group), 그리고 그룹-직무(group-job) 관계를 고려해야 하며, 이러한 요소들이 어떻게 조화를 이루는지도 검토해야 한다."(p. 67)

해크먼과 올드햄의 작업 그룹 효과성 모델은 효과적인 작업 그룹을 평가하는 세 가지 기준을 제시한다. 팀원 구성, 팀 목표 그리고 개별 역할은 다음 세 가지 차원에서 평가될 수 있다.

1. 그룹 과업 수행을 위한 노력 수준

팀의 과업이 얼마나 잘 설계되었는지는 팀원들이 과업에 얼마큼의 노력과 에너지를 투입할 수 있는지에 영향을 미친다. 효과적으로 설계된 과업은 다음과 같은 특징을 가진다.

① 기술 다양성(skill variety): 팀원들이 과업 수행을 위해 다양한 기술을 활용할 기회가 제공된다.

② 과업 정체성(task identity): 수행하는 업무가 하나의 완전하고 의미 있는 작업으로 인식된다(Hackman & Oldham, 1980, p. 171).

③ 과업 중요성(task significance): 수행하는 업무가 팀 내부 또는 외부의 다른 사람들에게 중요한 영향을 미친다.

④ 자율성(autonomy): 팀원들이 업무의 수행 방식, 순서, 우선순위를 스스로 조정할 자유를 가진다.

⑤ 피드백(feedback): 팀이 자신의 성과에 대한 충분하고 진실한 정보를 얻을 수 있다.

이러한 다섯 가지 설계 기준은 업무 자체의 속성을 평가하는 핵심 요소이며, 해크먼과 올드햄(1975)이 개발한 직무 진단 설문(Job Diagnostic Survey) 같은 방법을 통해 진단할 수 있다. 이 기준 중 하나라도 크게 부족할 경우, 팀원들은 업무를 덜 의미 있고 개인적으로 덜 만족스러운 것으로 인식하게 되어 동기 저하 문제가 발생할 가능성이 크다.

2. 과업 수행에 적용되는 지식과 기술의 수준

그룹 구성은 작업 집단의 효과성을 촉진하거나 방해할 수 있는 중요한 설계 요소다. 팀원들은 팀이 요구하는 기술과 과업을 수행할 적절한 역량을 갖추어야 하며, 팀은 필요한 작업량을 감당할 수 있을 만큼의 인원을 갖추되, 너무 많은 인원이 포함되어 오히려 생산성이 떨어지지 않도록 해야 한다. 또한 팀원들은 갈등을 관리하고 다양한 작업 방식과 성격을 가진 사람들과 협력할 수 있는 대인관계 기술도 갖추어야 한다. 팀원들이 맡은 과업을 수행할 준비가 되어 있지 않다면, 그들은 좌절감을 느끼고 생산성은 저하될 것이다. 반대로 팀의 인원이 너무 많으면, 각 팀원이 맡게 되는 과업의 비중이 작아져 업무에 대한 동기부여가 약해질 수 있다.

3. 성과 과정에 대한 집단 규범의 적절성

이 항목은 팀이 성과 과정을 어떻게 운영할 것인지에 대해 일관되게 합의된 규범을 가지고 있는지를 다룬다. 예를 들어, 팀이 업무 프로세스를 일관되게 사용하는 방식, 성과를 측정하는 방법, 성과나 결과가 기대에 미치지 못할 때 어떤 방식으로 조정할 것인지에 대한 합의가 이에 해당한다. 팀은 반복적인 일상 업무 수행 방식에 대해 매번 의사결정을 하느라 시간을 낭비하지 않도록 일정 수준의 표준화가 필요하다. 그러나 동시에, 표준화된 프로세스를 변경해야 할 시점을 인식하고 이를 유연하게 조정할 수 있는 유연성도 갖추어야 한다.

따라서 작업 집단을 설계하는 데 가장 큰 과제는 팀원들이 그룹 과제에 맞는 독특한 전략의 활용을 장려하는 규범을 만들도록 지원하고, 과제 요구사항이나 제약조건이 변할 때 그 규범이 유연하게 변화할 수 있도록 하는 것이다(Hackman & Oldham, 1980, p. 181).

다음은 해크먼과 올드햄(1980)이 제시한, 변화관리자가 팀과 협력하여 과업을 더욱 효과적으로 설계하는 데 도움이 되는 몇 가지 원칙이다.

1. 과업 결합(combining tasks). 반복되는 일상적인 작업만 수행하는 것이 아니라

여러 가지 작업을 결합함으로써 팀원들이 다양한 활동을 수행하도록 하면, 단조로움을 줄이고 다양한 기술을 활용할 수 있게 되어 기술 다양성(skill variety)이 증가한다.

2. **자연스러운 작업 단위 구성(forming natural work units).** 서로 연관된 활동을 한 사람이 수행하도록 작업 단위를 구성하면, 과업 정체성(task identity)과 과업 중요성(task significance)을 높일 수 있다. 이러한 작업 단위는 지리적 위치, 고객 분류, 산업군 등 다양한 방식으로 조직될 수 있다.

3. **클라이언트와의 관계 형성(establishing client relationships).** 팀원들이 클라이언트와 직접 접촉할 수 있도록 하면, 자신의 업무가 클라이언트에게 미치는 영향을 인식하고, 클라이언트가 자신의 결과물을 어떻게 사용하고 어떤 반응을 보이는지를 직접적으로 피드백 받을 수 있어 업무가 더욱 의미 있게 된다.

4. **직무의 수직적 확장(vertically loading the job).** 업무가 수직적으로 확장될 때, 즉 팀원이 더 많은 과정 단계를 담당하고, 그 과정이 언제 어떻게 수행될지를 결정할 수 있는 권한을 가질 때, 자율성이 높아진다.

5. **피드백 채널 개방(opening feedback channels).** 관리자는 다양한 이유로 팀의 성과에 관한 피드백이나 데이터를 공유하지 않는 경우가 많지만, 이 정보를 팀이 이용할 수 있도록 제공하면 동기부여를 크게 높일 수 있다. 예를 들어, 팀이 월간 클라이언트 만족도 조사의 결과에 즉시 접근할 수 있다면, 해당 달의 작업과 클라이언트 피드백 사이의 연관성을 스스로 파악할 수 있게 된다.

마지막으로 해크먼과 올드햄은 다음과 같이 지적한다. 개별 직무와 그룹 성과에 실질적인 영향을 주기 위해서는 팀이 조직 전체 시스템의 맥락 속에서 충분한 지원을 받아야 한다. 이를 위해서는 다음과 같은 조건이 필요하다. 우수한 성과를 인정할 수 있는 적절한 보상 체계, 팀원들이 효과적인 대인관계 기술 및 과업 기술을 학습할 수 있도록 돕는 교육 및 훈련 시스템, 예산, 일정 등 그룹의 활동에 영향을 미치는 제약 조건에 대해 경영진이 명확히 커뮤니케이션하는 시스템 등이 그것이다.

| 워크아웃

워크아웃(workout)은 원래 GE에서 개발된 문제해결 방법론이지만, 현재는 많은 조직의 팀들이 사용할 수 있도록 변형되어 활용되고 있다. 제너럴모터스는 이 프로세스를 'GoFast', 유니레버는 'Cleanout', 암스트롱은 'Trailblazing'이라 부르고 있다(Ulrich, Kerr, &

Ashkenas, 2002, p. 286). 이 프로세스는 단일팀, 교차기능팀 또는 여러 기능 부서가 함께 참여할 경우에도 활용할 수 있다. 원래 설계된 형태에서는 회사 전체에서 수십 명에서 수백 명에 이르는 구성원들이 참여할 수 있어 이를 '전사적 개입'이라 부르기도 한다. 이러한 개입의 다른 예들은 다음 두 장에서 더 자세히 다루어진다. 여기에서 설명하는 형태는 좀 더 축소된 미니 워크아웃 시나리오로, 팀원들이 자신들의 내부 프로세스를 개선하기 위한 문제해결 방법론으로 활용할 경우에 적합하다. 팀 내에서 워크아웃은 구성원들의 참여를 유도하고, 조직변화를 자발적으로 이끌어내는 데 효과적인 개입 수단이 될 수 있다.

워크아웃의 목적은 불필요한 업무를 식별하고 제거하는 것이다. 워크아웃에서 다루는 내용의 대상은 많은 시간이나 자원을 소모하지만 거의 가치를 더하지 못하는 업무, 관료적인 성격을 띤 업무, 또는 프로세스 오류나 기타 결함으로 인해 기대에 미치지 못하는 업무가 포함된다. 워크아웃 과정에서 이러한 문제를 식별할 책임은 리더에게만 있는 것이 아니다. 실제 업무를 수행하는 팀원들이 업무를 가장 잘 이해하고 있으므로 그들의 의견이 가장 중요하다. 예를 들어, 한 팀원이 동일한 안건을 다루고 참석자만 약간 다른 두 개의 회의를 구별하여 시간 절약과 중복 제거를 위해 두 회의를 통합할 것을 제안할 수 있다. 또 다른 팀원은 매주 작성하지만 거의 읽히지 않는 보고서를 지적하며 작성 빈도를 조정할 것을 제안할 수 있다. 팀원들은 이처럼 개선 기회를 제안할 뿐 아니라 해결책을 설계하고, 상위 경영진에게 변경 사항을 제안할 책임도 함께 갖는다. 이 프로세스는 다음과 같은 방식으로 비교적 단순하게 설계되어 있다.

> 관리자와 구성원들로 구성된 소규모 그룹(기능 간 또는 직급 간 구성 혹은 둘 다)이 중요한 비즈니스 이슈를 다루고, 이에 대한 권고안을 도출한 후 타운 미팅(Town Meeting)에서 고위 리더에게 이를 제시한다. 공개적인 논의 후, 리더는 즉석에서 (on-the-spot) '예/아니오'로 결정을 내리고, 승인된 항목에 대해서는 실현 권한을 부여하며, 그 후에는 정기적으로 진행 상황을 검토하여 실제로 성과가 달성되었는지를 확인한다(Ulrich et al., 2002, p. 23).

워크아웃 세션의 기획은 적절한 비즈니스 문제를 선정하는 데서 시작된다. 이 문제는 보통 성과가 미흡한 프로세스와 관련된 주제다. 워크아웃에는 성과에 직접적인 이해관계를 가진 사람들, 그리고 문제해결에 기여할 의지가 있는 팀원들이 선발되어 참여한다. 워크아웃은 1~3일 동안 진행되며, 이 기간 동안 프로세스를 재설계하거나 기타 변경 사항을 제안하게 된다. 워크아웃 이전에 고위 경영진의 지원이 필수다. 이는 그들이 변화에 열린 태도를 가지고 있고, 팀의 제안에 귀 기울일 준비가 되어 있어야 함을 의미한다. 만약 경영진의 지원이 미온적이라면, 향후 실행 과정에서 발생하는 장애물들을 극복할 때 팀이 뒷받침을 받지 못할 가능성이 크다. 워크아웃 세션은 일반적으로 다섯 단계의 과정을 따른다(Ulrich et al., 2002).

1. 소개(introduction)

참여자들은 워크아웃의 목적, 목표, 구조에 대해 학습한다. 모든 참여자는 이 회의를 자신의 부서나 영역을 방어하는 자리가 아니라, 다양한 해결책을 개발하고 실행할 기회로 인식하도록 독려받는다.

2. 브레인스토밍(brainstorming)

소그룹은 이번 워크아웃에서 어떤 성과를 도출해야 할지에 대한 아이디어 목록을 작성한다.

3. 아이디어 전시(gallery of ideas)

각 그룹은 가장 우수한 10가지 아이디어를 선정하여 게시하고, 전체 그룹은 이를 읽고 그중 3~4가지를 투표로 선정하여 남은 세션 동안 집중적으로 다룰 주제로 정한다.

4. 실행계획 수립(action planning)

선정된 아이디어를 발전시키기 위해 팀이 구성되며, 실행해야 할 행동, 필요한 변화, 예상 비용과 편익 등을 식별하고, 프로젝트 실행계획과 일정표를 수립한다. 이 과정에서 프로젝트 스폰서와 팀 리더도 함께 지정된다. 장시간 워크아웃 세션의 경우, 이 단계에서 프로세스 재설계가 현장에서 바로 이루어지기도 한다.

5. 타운 미팅(town meeting)

타운 미팅은 워크아웃 참여자들이 상위 경영진에게 자신들의 아이디어를 발표하는 자리다. 참여자들은 원하는 변화의 내용, 예상 비용, 위험 요인, 조직에 대한 이점 등을 설명한다. 고위 리더들은 팀의 사고를 명확히 하고 도전하고 검증하기 위한 질문을 던지며, 그 자리에서 바로 '예/아니오'의 결정을 내려야 한다. 경우에 따라 결정을 위임하거나, 참석한 다른 관리자들의 의견을 묻는 방식을 택하기도 한다. 승인된 계획은 즉시 후원되고, 실행 준비가 시작되어야 한다. 일부 워크아웃 세션은 고위 리더가 플립 차트나 프로젝트 계획서에 서명하는 상징적인 행동으로 마무리되며, 이는 리더의 공개적인 약속을 나타낸다.

워크아웃 세션 이후에는 고위 리더가 프로젝트 진행 상황을 정기적으로 점검한다. 워크아웃 직후에는 참여자들의 높은 열의와 에너지가 있지만, 변화의 어려움이 시작되면서 부정적인 분위기나 낙담으로 전환될 수 있다. 이때 리더는 실행 팀이 에너지를 유지하고 프로젝트에 집중할 수 있도록 지속적으로 격려하고 지원해야 한다.

그룹 간 개입

지금까지 하나의 팀[17] 개발에 초점을 맞추어 살펴보았다. 그러나 알다시피, 팀은 고립된 상태로 존재하지 않는다. 팀은 일반적으로 조직 내외의 다른 팀들과 상호작용한다. 예를 들어, 동부 해안 생산팀은 서부 해안 생산팀과 협업하고, 고객 서비스팀은 영업팀을 위한 보고서를 작성하며, 고객 관리팀은 내부 프로젝트팀에 전달할 계약서를 작성한다. 이처럼 업무 과정에서 다양한 이유로 팀 간에 갈등이 발생할 수 있다. 팀 사이에 경쟁 관계가 형성되거나 경쟁적으로 변할 수도 있다. 일부 부서 간 경쟁은 유익할 수도 있다. 예를 들어, 두 영업팀이 서로 더 나은 성과를 내려 한다면, 이는 구성원들에게 더 열심히 일하게 하고 지역별 매출을 높이도록 동기를 부여할 수 있다. 그러나 조정이 필요한 상황에서 갈등이 건강하지 않은 수준으로 심화되면, 성과는 크게 저하될 수 있다. 많은 조직은 이러한 팀 간 갈등을 개별적인 문제로 여기지만, 실제로는 심리학과 사회학 분야에서 오랜 연구를 통해 사회 집단 간에 갈등이 발생하는 이유와 해결 방안이 제시되어왔다.

같은 조직에 속해 있고 공동의 목적을 위해 일하는 팀들이 왜 갈등을 겪는 것일까? 사실 그 이유는 매우 다양한데, 한 연구에서는 참여자들이 국가나 종교 집단처럼 큰 단위의 집단 간에 존재하는 250가지가 넘는 독특한 갈등 유형을 식별하기도 했다(Cargile, Bradac, & Cole, 2006). 이 연구에서 제시된 갈등 유형 중 조직 환경과 밀접하게 관련된 몇 가지 일반적인 원인은 다음과 같다.

- **경제적 차이**: 예산이나 승진 기회 등 제한된 자원을 두고 벌어지는 경쟁
- **신념 차이**: 업무를 어떻게 수행해야 하는지에 대한 문화적 신념의 차이
- **과거의 불공정**: 한 집단이 다른 집단으로부터 부당한 대우를 받았다는 인식
- **자기중심주의**: 한 집단이 다른 집단보다 우월하다는 감정을 가지고, 이를 유지하기 위해 타 집단을 배척하는 태도
- **의사소통 문제**: 다른 팀과의 정보 교환이나 대화가 원활하지 않은 경우

---

17 원서의 이 '그룹 간 개입'의 항목에서 '팀'이라는 용어를 반복적으로 사용하고 있는데, 여기서는 그룹과 의미 구분없이 사용하고 있다. (역자주)

또한 단순히 팀이나 기능을 나누고, 고유한 정체성과 팀 또는 부서 이름을 부여하는 행위 자체가 팀 간 갈등의 씨앗이 될 수 있다는 점도 고려해야 한다. 1950년대에 진행된 일련의 고전적인 연구에서 셰리프(Sherif)와 그의 동료들(Sherif & Sherif, 1979 요약 참조)은 아이들로 구성된 그룹에서 팀이 구성된 순간부터 내집단·외집단 간 갈등이 빠르게 발생한다는 사실을 발견했다. 이후의 여러 연구들에서도 사람들은 자신이 속한 팀을 더 선호하고, 다른 팀 구성원에 대해서는 부정적인 감정을 가지는 경향을 보였다. 이는 그러한 감정을 가질 만한 실질적인 보상이 전혀 없었음에도 나타난 현상이다(West & Markiewicz, 2004). 시간이 지나면서 구성원들은 다른 팀을 위협적인 존재로 인식하게 되고, 이로 인해 불안과 적대감이 증폭된다. 반면, 자신이 속한 팀 내부에서는 더 협력적이고 응집력 있는 관계가 형성된다. 이러한 결과는 조직 구조 자체가 갈등을 유발할 가능성을 보여준다.

'우리 대 그들(us-vs-them)'이라는 사고방식은 서로 다른 정체성을 지닌 팀들이 자신들의 이해관계가 다른 팀과 충돌한다고 인식할 때 나타난다. 조직 전체보다 자기 팀에 더 강한 정체성을 느낄 경우, 다른 팀을 경쟁 상대로 여기게 될 수 있다(van Knippenberg, 2003). 작은 갈등도 점차 커져 팀 간의 신뢰와 협력을 감소시키고, 다른 팀 구성원들에 대한 고정관념을 강화할 수 있다. 이러한 현상은 일반적인 조직 팀뿐 아니라 최근 증가하고 있는 인수합병 상황에서도 특히 주목할 만하며, 이에 대한 내용은 12장에서 더 자세히 다룰 예정이다.

일정 수준의 경미한 팀 간 갈등은 자연스럽고 피할 수 없는 측면이 있지만, 갈등이 극단적인 양상을 보이기 시작할 경우에는 개입이 권장될 수 있다. 팀 간 갈등이 발생했을 때, 팀들이 그것을 해결하지 못하거나, 해결하려 하지 않거나, 해결에 실패하는 경우, 다음과 같은 행동 패턴이 나타날 수 있다.

- 두 팀 구성원들은 함께 시간을 들여 협업해야 하는 상황임에도 상대 팀과의 상호작용을 피하거나 회피한다.
- 두 팀이 공동으로 원하는 산출물이나 결과물이 지연되거나, 축소되거나, 차단되거나, 한쪽 혹은 양쪽 모두 불만족스러운 방식으로 변경된다.
- 필요한 서비스 요청이 팀 간에 이루어지지 않는다.
- 팀 간 제공된 서비스가 만족스럽지 않게 수행된다.
- 팀 간 상호작용의 결과로 적대감이나 분노의 감정이 발생한다.
- 협업이 필요한 상대 팀으로부터 좌절감, 거부당한 느낌, 오해받는 느낌을 경험한다.
- 상대 팀과의 문제를 함께 해결하려는 노력보다 그들과의 상호작용을 회피하거나 우회하거나, 내부적으로 불평을 늘어놓는 데 더 많은 시간이 소비된다.

그러나 이러한 부정적인 행동 패턴은 결코 불가피한 것이 아니며, 다행히도 여러 연구는 이를 완화할 수 있는 다양한 개입 방법을 제시하고 있다.

이러한 상황에서 조직개발 개입의 궁극적인 목적은 다음과 같다. 팀 간 장벽을 허물고, 공동의 정체성과 목적을 형성하도록 장려하며, 협력적인 프로세스를 향상시킴으로써 팀 간 갈등을 줄이는 것이다. 연구자들은 아래와 같은 방법들을 통해 팀 간 갈등을 줄일 수 있음을 입증했다(표 11.8에 요약됨).

표 11.8 그룹 간 갈등을 줄이는 방법

1. 팀 간 접촉을 증가시킨다.
2. 상위 목표를 설정한다.
3. 범주를 재구성하고, 공동의 내집단 정체성을 개발한다.
4. 공동의 적을 찾는다.
5. 팀원들을 교환한다.

1. 팀 간 접촉 증대(Dovidio, Gaertner, & Kawakami, 2003)

단순히 팀원 간의 소통이 증가하는 것만으로는 오랜 시간 지속되었거나 적대적인 팀 간 갈등을 완전히 해결하기에는 부족하다. 그러나 팀 구성원들이 동등한 지위를 가지고 공동의 목표를 추구하는 것 같은 특정 조건이 충족될 때 해결될 가능성이 더 크다. 특히 팀 구성원들이 접촉을 더 많이 하게 되어 우호적인 개인적 관계를 형성할 때 긴장이 완화되고, 팀 구성원은 긍정적인 감정을 팀의 다른 구성원들과 연관시키기 시작한다.

2. 상위 목표 설정(D. W. Johnson & Lewicki, 1969; Sherif, 1979)

상위 목표란 "모든 집단에 긴급하고, 강력하며, 매우 매력적인 목표"이며(Sherif, 1979, p. 261), "단일 집단의 자원과 노력만으로는 달성할 수 없는 목표"를 의미한다(Johnson & Lewicki, 1969, p. 10). 즉, 단지 목표를 공유하는 것만으로는 충분하지 않으며, 각 집단이 독자적으로는 도달할 수 없는 목표여야 한다. 팀들이 협력적 상황에서 공동의 중요한 목표를 달성하기 위해 함께 노력하고, 상호 의존적인 과업에 대해 상대 팀 구성원이 열심히 일하는 모습을 직접 목격할 때, 갈등이 줄어들게 된다. 이러한 상위 목표는 갈등을 줄이는 데 가장 효과적일 수 있으며, 특히 갈등을 겪고 있는 팀 중 어느 한쪽이 아닌 제3자에 의해 제시될 때 그 효과가 크다. 상위 관리자나 경영진이 이러한 역할을 수행하기에 가장 적합한 위치에 있다.

3. 범주의 재구성

이는 "공동의 내집단 정체성(common in-group identity)" 개발을 의미한다(West & Markiewicz, 2004, p. 62). 예를 들어, 두 팀 모두 같은 조직의 구성원이라는 점을 강조하며, 두 팀이 공유하는 정체성이나 공통점을 찾아내고 부각시키는 방식이다.

4. 공동의 적 또는 외부 위협 찾기

두 팀 모두에게 위협이 되는 공동의 적이나 외부 요인을 인식하게 하면 갈등이 줄어들 수 있다. 일각에서는 이러한 공동의 적 접근법은 갈등을 일시적으로만 줄이며, 적이 제거되면 팀 간 갈등이 다시 발생할 수 있다고 지적하기도 한다(Blake, Shepard, & Mouton, 1964). 이는 근본적인 차이가 해결되지 않은 채 남아 있기 때문이다. 그러나 조직 맥락에서 공동의 적을 찾는 것은 비교적 쉬운 작업일 수 있다. 예를 들어, 두 팀이 같은 조직을 위해 일하고 있고, 조직의 비즈니스를 빼앗으려는 외부 경쟁자들과 맞서고 있다는 점을 강조할 수 있다. 이는 위에서 언급한 공동의 정체성 강조 방식과 결합하여 활용할 수 있다.

5. 팀 간 구성원 교환

팀 간 순환 프로그램을 운영하거나, 다른 팀의 구성원을 회의에 초대하거나 참관하게 하는 방식을 사용할 수 있다. 이러한 방식은 상대 팀이 어떻게 일하는지를 더 잘 이해하고, 그에 대한 존중을 키울 기회가 되며, 팀 간 학습의 기회도 제공할 수 있다.

| 그룹 간 갈등을 해결하기 위한 개입

팀 간 갈등을 줄이기 위해 널리 사용되는 방법 중 하나는 블레이크와 그의 동료들(Blake et al., 1964; Blake, Mouton, & Sloma, 1965)이 처음 보고한 것으로, 매우 적대적인 노사 갈등을 완화하기 위해 처음 고안된 개입 기법이다. 이 개입은 양측 팀의 구성원들이 참여하는 2일간의 회의에서 총 여덟 가지 활동으로 구성된다.

1. 양측 리더의 지지를 바탕으로, 외부 컨설턴트가 회의의 목적을 설명한다. 이 세션은 구체적인 프로세스 문제나 두 팀 간의 분쟁을 해결하는 것을 목표로 하지 않는다. 그 대신, 상대방에 대한 이해를 증진하고, 관계 개선에 대한 몰입을 높이는 것이 주된 목적이다. 이 세션을 통해 모든 갈등이 완전히 해결되지는 않겠지만, 갈등 완화를 위한 첫걸음을 내딛고, 두 팀 간의 구체적인 차이점들에 대한 후속 작업이 이어질 수 있도록 하는 계기가 되어야 한다(소요 시간: 30분).

2. 다음으로, 각 그룹이 별도로 모여 두 가지 목록을 작성한다. 첫 번째 목록은 자신들이 자신을 어떻게 인식하는지, 특히 상대 그룹과의 관계 맥락에서 어떻게 보고 있는지를 기술한 것이다. 두 번째 목록은 상대 그룹에 대해 자신들이 어떻게 인식하고 있는지를 작성한다. 블레이크 외(1964)의 설명에 따르면, 이 과제는 "관계의 특성이나 질, 즉 전형적인 행동과 태도를 묘사하는 것"이다(p. 161). 저자들에 따르면, 대부분 그룹은 자신들에 대해 쓰는 것보다 상대 그룹에 대해 쓰는 것을 더 쉽게 느낀다. 그러나 자신의 집단 이미지를 개발하는 과정은 그 집단이 자신의 동기와 행동을 성찰하는 데 매우 중요한 단계다. 이 과정을 통해 구성원들은 자신들 또한 관계 형성에 있어 영향을 미치는 존재임을 함께 인식하게 된다. 이 활동의 변형된 방식으로 벡하드(1969)는 다음과 같이 다른 주제를 제시하기도 한다. 첫 번째 목록에는 "자신이 상대 집단에 대해 생각하는 것", 두 번째 목록에는 "상대 집단이 자신들에 대해 무엇이라 말할 것이라 생각하는지"를 작성하게 한다(소요 시간: 최대 5시간).

3. 그런 다음 서로의 목록을 교환한다. 이제 A 그룹은 B 그룹이 자기그룹을 어떻게 인식하는지, 그리고 B 그룹이 자기 그룹에 대해 어떻게 생각하는지를 보게 되고, B 그룹도 마찬가지로 A 그룹의 인식을 확인할 수 있다. 이로써 각 그룹은 자신들이 가진 자기 이미지(self-image)와 상대가 인식하는 이미지 사이의 유사점과 차이점을 비교해볼 수 있다. 예를 들어, 양쪽 모두 A 그룹을 유능하고 전문성을 가진 콘텐츠 전문가들로 인식할 수 있다. 하지만 A 그룹은 B 그룹을 "행동이 느리고 결정을 내리지 못하는 팀"으로 보는 반면, B 그룹은 자신들을 "신중하고 양심적이며, 결정을 내리기 전 다양한 옵션을 숙고하는 팀"이라고 볼 수 있다(소요 시간: 최대 1시간).

4. 각 그룹은 상대 그룹에게 질문을 통해 인식을 명확히 할 수 있는 시간을 가진다. 이때 상대의 해석을 부정하고 싶은 욕구가 생기겠지만, 모든 구성원은 먼저 이해하고 설명을 요청하는 데 집중해야 한다(소요 시간: 최대 2시간).

5. 그룹들은 다시 별도의 회의실로 돌아가 자기진단과 성찰의 시간을 갖는다. 각 그룹에는 다음과 같은 두 가지 질문이 주어진다. "상대 그룹이 우리를 그렇게 인식하게 된 데는 우리가 어떤 행동이나 태도를 보였는가?", "우리가 우리 자신에 대해 내린 결론에 이르게 된 신념과 행동은 무엇인가?"(Blake et al., 1965, p. 43) 예를 들어, B 그룹은 왜 A 그룹이 자신들을 '행동이 느린 팀'으로 보는지 분석해 보아야 한다. 이제 각 그룹은 상대가 자신들을 어떻게 인식하는지 이해할 뿐 아니

라, 그 관계에 있어 자신들의 역할과 오해 또는 차이의 근원을 분석하기 시작한다 (소요 시간: 최대 4시간).

6. 각 그룹은 진단 내용을 정리한 목록을 상대 그룹과 교환한다. 이후에는 통합 대화 시간이 이어지며, 구성원들은 서로의 진단을 분석하고, 추가적인 통찰을 공유하거나 과거의 행동을 새롭게 해석하기도 한다. 이 과정을 통해 팀원들은 새로운 수준의 이해와 합의에 도달하거나, 여전히 깊게 남아 있는 차이들을 발견하게 될 수도 있다(소요 시간: 최대 3시간).

7. 마지막으로 두 그룹은 관계 내에서 남아 있는 핵심 쟁점 목록을 작성한다. 여기에는 커뮤니케이션을 증진시키기 위한 회의 구조 변경, 근본적인 가치 차이의 명확화와 공통점 찾기를 위한 계획 수립, 또는 신뢰, 존중, 개방성에 대한 상호적인 약속이 포함될 수 있다(소요 시간: 최대 2시간).

8. 양측 그룹은 향후 실행을 위한 계획에 합의한다. 이 계획에는 두 그룹의 구성원들로 이루어진 리더 또는 태스크포스가 일련의 회의를 개최하여 문제를 해결해나가는 방식이 포함될 수 있다(소요 시간: 최대 1시간).

| 그룹 간 개입의 변형

다이어 외(Dyer et al., 2007)는 이러한 개입 기법에 대해 몇 가지 변형 방식을 제시한다. 한 가지 변형에서는 A 그룹이 B 그룹에 대해 토론하는 장면을 B 그룹이 참석한 가운데 진행하게 하되, B 그룹은 오직 경청하고 관찰만 할 수 있다는 규칙을 둔다. 그 후에는 역으로 B 그룹이 토론을 진행하고 A 그룹은 듣기만 하는 방식이다. 이 방식은 서로에 대한 의견을 직접 들을 기회를 제공한다는 장점이 있지만, 의견이 첨예하게 충돌할 경우 위험 요소도 있다. 또다른 변형에서는 각 그룹이 별도로 회의를 진행하되, 긍정 탐구 접근법을 사용하여 상대 그룹과의 이상적인 관계를 묘사하도록 한다. 이 설계는 구성원들이 기존 관계를 대체할 새로운 비전을 상상하고 고려해보도록 독려하는 장점이 있다. 세 번째 접근에서는 두 팀이 모두 수용할 수 있는 사람들로 구성된 태스크포스를 구성한다. 이 태스크포스는 협업의 장애 요인을 해결하는 책임을 부여받는다. 이 구조는 신속하게 문제를 해결할 가능성이 있지만, 전체 구성원이 개입하지 않기 때문에 태스크포스의 권고안이 널리 수용되지 않을 위험도 있다. 다이어와 동료 연구자들은 모든 경우에 향후 분쟁을 해결할 구조적인 장치를 마련할 것을 권장한다. 예를 들어, 정기적으로 팀 간 관계를 점검하는 태스크포스나 검토위원회가 그 역할을 할 수 있다.

또한, 때로는 하나의 팀이 두 개 이상의 팀과 관계나 갈등을 가지고 있거나, 자신들이 어떻게 인식되고 있는지에 대한 피드백을 원할 때도 있다. 이러한 경우에는 '조직 거울(organization mirror)'이라고 불리는 개입 기법이 효과적일 수 있다(French & Bell, 1999). 이 개입은 중심 팀(focal team)이 다른 여러 팀과의 관계에서 겪고 있는 문제들을 간접적으로 조명할 수 있게 해준다. 이 개입에서 다른 팀의 대표자들이 초대되어 대화에 참여하고, 중심 팀의 구성원들은 원 바깥에 앉아 관찰하고 메모한다. 한편 다른 팀의 대표자들은 원 안쪽에서 중심 팀에 대한 인식을 자유롭게 논의하며, 퍼실리테이터는 구체적인 사례를 요청한다. 그런 다음 중심 팀 구성원들과 다른 팀의 대표자들이 소그룹을 구성하여 식별된 이슈를 함께 다룬다. 이 개입은 중심 팀이 자신들의 성과와 대인관계에 대한 피드백을 효과적으로 받을 수 있는 방식이 될 수 있다.

마지막으로, 알더퍼(Alderfer, 1977)는 "마이크로코즘 그룹(microcosm group)"이라는 개입 방식을 제시했다. 이는 조직 내 분화된 단위 간에 수직적·수평적 정보 흐름을 증대시키기 위한 구조적 혁신 방식이다(p. 194). 이 그룹은 조직 전체 인구를 대표하는 표본 구성원들로 새롭게 구성된다. 예를 들어, 이들은 회사의 6개 영업 부문을 대표할 수도 있고, 또는 조직의 주요 부서 각각에서 선발된 구성원들일 수도 있다. 알더퍼는 한 마이크로코즘 그룹이 전사적 구성원 설문조사의 설계와 해석을 도왔던 사례, 또 다른 논문에서는 대규모 조직에서 인종 간 관계 개선을 위해 마이크로코즘 그룹이 활용된 사례[18]를 소개한다(Alderfer & Smith, 1982 참조). 이러한 그룹은 조직 구조로 인해 형성된 경계를 허물고, 정보 및 프로세스 관련 문제해결에 도움을 줄 수 있다. 마이크로코즘 그룹의 장점은 다양한 집단으로부터 대표자들을 모은다는 점에 있다. 이는 이전에 소개된 대부분의 팀 간 개입이 두 팀 간 갈등만을 다루는 것과 달리, 여러 집단을 아우를 수 있다는 면에서 확장성이 뛰어나다.

요약

오늘날 대부분 조직은 팀을 중심으로 운영되고 있으며, 팀은 조직의 기반을 이루는 핵심 단위다. 그러나 많은 팀이 공통적으로 반복되는 문제들에 시달리는 경우가 많다. 성과가 높은 팀은 여러 특성 중에서도 특히 명확한 목표를 가지고 있으며, 지식과 역량을 갖춘 구성원들이 팀의 성공을 위해 상호 헌신하고, 각자의 역할이 명확히 정의되어 있다는 공통점을 가진

---

18 마이크로코즘 그룹은 조직의 축소판 같은 그룹을 만들어 조직 내 다양한 배경을 가진 구성원들이 함께 모여 상호작용하고 학습하는 환경을 제공하는 조직개발 기법이다. 알더퍼와 스미스의 연구 당시 많은 조직은 인종 간 갈등과 불평등 문제로 어려움을 겪고 있었고, 이러한 문제를 해결하기 위해 마이크로코즘 그룹을 활용한 개입 방법을 개발하여 이 기법이 조직개발 분야에서 다양성과 포용성을 증진하는 데 시사점이 있음을 밝히는 중요한 연구가 되었다. (역자주)

다. 하지만 현실에서는 이러한 이상적인 조건이 항상 갖추어지지 않는다. 팀은 목표나 역할에 대한 혼란, 구성원 간 또는 팀 간의 갈등 등 다양한 문제로 어려움을 겪을 수 있으며, 이러한 문제들은 팀의 효과성을 저해하는 신호로 간주될 수 있다. 이처럼 반복적으로 나타나는 문제들은 팀빌딩 개입을 통해 개선될 수 있는 영역이며, 팀이 어떻게 구성되어 있는지, 그리고 어떻게 성장하고 발전하는지를 이해하는 것은 변화관리자가 적절한 개입을 설계하는 데 중요한 기초가 된다. 이 장에서는 대표적인 다섯 가지 팀 개입 방안을 다루었다. 팀 시작 및 전환 회의, 대면 회의, 역할 분석, 작업 재설계, 그리고 워크아웃이 그것이다. 아울러 팀 간 관계의 효과성을 높이기 위한 개입 방안, 특히 팀 간 갈등을 해결하기 위한 접근도 함께 살펴보았다. 여기서 소개된 개입과 그 변형들은 효과적인 팀을 구축하고 지원하는 데 활용할 수 있는 다양한 방법 중 일부에 지나지 않는다. 팀이 실제로 성공적인 조직변화의 중추적인 역할을 한다면, 이러한 개입 기법들은 변화관리자가 반드시 익혀야 할 핵심 역량이 될 것이다.

토론을 위한 질문

1. 당신이 속해 있었던 몇몇 팀을 떠올려보자. 그 팀들은 좋은 경험이었다고 생각하는가? 그렇다면 무엇이 그 경험을 좋게 만들었는가(혹은 좋지 않게 만들었는가)? 팀 구성원들은 상호 의존성을 어떻게 인식하고 행동으로 옮겼는가? 그 팀들에 어떤 개입이 도움이 되었을 것이라고 생각하는가? 그 이유는 무엇인가?

2. 당신이 새 팀에 합류할 때 가장 중요하게 생각하는 것은 무엇인가? 새로운 팀을 시작하는 리더를 돕기 위해 팀 시작 회의를 어떻게 구성하겠는가? 새로운 교차기능팀, 자기관리팀, 혹은 가상팀을 위해 팀 시작 개입을 어떻게 활용하겠는가?

3. 당신은 팀 간 갈등을 경험하거나 목격한 적이 있는가? 그 갈등은 어떻게 발생했는가? 그 갈등에 대해 무엇이 이루어졌거나, 또는 무엇이 이루어졌어야 했다고 생각하는가? 이 장에서 다룬 개입 기법 중 하나를 사용해 이를 어떻게 해결할 수 있었을지 설명해보자.

연습문제: 팀 개입(퍼실리테이션 및 팀 개발)

젭스 플리크 오토(Jeb's Fleet Auto)는 기업 및 정부 클라이언트를 대상으로 대량 맞춤형 자동차와 트럭을 유통하는 업체다. 이 회사는 주요 자동차 제조사로부터 자동차와 트럭을 대량으로 구매한 후, 고객의 요구사항에 따라 차량을 맞춤 제작하고 이를 고객의 현장에 납품한다.

젭스 플리크 오토에서 중요한 프로세스 중 하나는 계약 프로세스다. 계약서에는 이 회사 소속 정비사들이 차량을 어떻게 맞춤화할 것인지에 대한 상세한 설명과 고객이 회사에 차량 대금으로 지불할 금액에 대한 정확한 문구의 재무 조건이 포함되어야 하기 때문이다.

고객 계약서를 작성하는 문서화된 절차는 다음과 같다.

영업 담당자가 계약서 초안 작성 요청 → 계약 담당자가 계약서 초안 작성 → 계약 담당 상급 관리자가 예외 사항 승인 → 법무팀이 계약서 승인 → 재무팀이 계약서 승인 → 영업 담당자가 고객에게 계약서 서명 요청

이 과정에서 최근 두 가지 문제가 발생했다.

1. 계약 프로세스는 원래 5일 이내에 완료되는 것을 목표로 하지만, 현재는 15일 이상 소요되고 있다. 계약 담당 상급 관리자, 법무·재무 부서가 회사의 책임을 줄이기 위해 계약서에 삽입할 새로운 문구 요건을 요구하고 있어 승인 단계가 예상보다 훨씬 더 오래 걸리고 있다.

2. 고객이 계약서 초안에서 주요 오류들을 발견하고 있다. 가장 흔한 오류는 가격 책정 항목에 있으며, 고객이 요청한 차량 사양에도 오류가 존재한다. 최근에는 차량 사양 오류로 인해 대형 고객 주문이 반품되었고, 이로 인해 회사는 상당한 금전적 손실을 입었다.

OD 컨설턴트로서 당신의 역할은 팀이 계약 프로세스의 이러한 문제들을 해결하기 위한 합의에 도달하도록 돕는 것이다. 다음의 질문들을 고려해보자.

1. 11장에서 다룬 개념 중 이 사례에 적용하거나 고려해야 할 중요한 개념은 무엇인가?

2. 이 팀을 돕기 위해 어떤 개입을 설계하겠는가? 워크숍이나 특정 이벤트를 만들 것인가? 그렇다면 그 구조는 어떻게 설정하겠는가? 당신의 역할은 무엇이겠는가?

3. 이 팀과 협력하는 데 예상되는 어려움은 무엇인가? 논의를 시작하기 위해 어떤 질문들을 던질 것인가?

4. 영업 담당자, 계약 담당자, 상급 계약 관리자, 법무팀, 재무팀 간에 이 프로세스를 주제로 퍼실리테이션된 논의를 역할극 형식으로 시도해보라. 논의가 끝난 후, 어떤 점이 잘되었고, 다음에는 무엇을 다르게 할 것인지에 대해 성찰하라.

아래 사례를 읽고 다음 질문들을 고려하라.

1. 이 조직에는 어떤 문제들이 존재하는가? 이러한 문제들은 구성원들의 역할에 따라 어떻게 다르게 나타나는가? 구성원들이 짐(Jim)이 제안한 해결책에 반대하는 이유는 무엇인가?

2. 제시된 데이터를 바탕으로 다음 단계에서 무엇을 할 수 있을지에 대해 고객에게 추천하라. 짐을 위해 당신이 관찰한 내용을 요약하고, 가능한 해석을 제시하며, 다음 단계를 위한 접근 방안을 제안하라.

브리핑 문서: DocSystems Billing, Inc.

회사 소개

닥시스템즈 청구 회사는 미국 전역의 소규모 의료 클리닉 네트워크를 대상으로 보험 청구 서류를 처리하는 회사다. 개인 소유의 개업의 병원뿐 아니라 심장병 전문의, 물리치료사 같은 전문의들도 닥시스템즈와 계약을 맺고, 복잡한 의료보험사 및 네트워크 체계를 통과해야 하는 청구 서류 처리를 위임한다. 닥시스템즈는 처리하는 건당 고정 요금을 청구하거나, 제공자와의 계약에 따라 총 청구 금액의 일정 비율을 수수료로 받는다.

콜센터 소개

• 온사이트 콜센터에는 총 40명의 정규직 구성원이 근무하고 있다. 이 중 30명은 의료보험 전문 구성원으로, 중간 수준의 복잡도를 가진 사례를 다룬다. 나머지 10명은 선임 보험 컨설턴트로, 매우 복잡한 사례를 담당한다. 수석 컨설턴트 대부분은 처음에는 기본 청구 업무부터 시작해 의료보험 전문 구성원으로 경력을 쌓은 뒤 현재 직책에 이르렀으며, 닥시스템즈에서의 근속 기간은 평균 17년에서 23년에 이른다.

• 또 다른 100명의 청구 전문 구성원들이 외부에 아웃소싱된 콜센터에서 근무하고 있다. 닥시스템즈는 초기 청구 처리와 기본적인 컴퓨터 입력 업무를 외주로 운영하고 있으며, 계약 구성원 중 다수는 아웃소싱 이전까지는 닥시스템즈의 내부 구성원이었다.

• 콜센터는 1년 전 다른 회사에 아웃소싱되었다. 대부분의 기존 닥시스템즈 구성원들은 새로운 회사에서 일할 기회를 제공받았지만, 급여와 복리후생 조건은 기존과 비교해 훨씬 열악했다. 아웃소싱된 회사가 구성원들을 부당하게 대우한다는 소문이 현재 닥시스템즈에 남아 있는 구성원들에게 퍼진 상태다.

콜센터 개편

약 3개월 전, 내부에 남아 있는 40명의 구성원을 대상으로 두 개의 새로운 팀으로 재편이 이루어졌다. 초기에는 두 명의 관리자가 있었고, 알렉스(Alex)는 선임 보험 컨설턴트 팀을, 다나(Dana)는 의료보험 전문 구성원 팀을 각각 관리했으며, 이 둘은 모두 상위 관리자 짐에게 보고했다. 새로운 구조에서는 알렉스와 다나가 각각 20명씩, 즉 전문 구성원과 선임 컨설턴트를 절반씩 나누어 관리하는 방식으로 변경되었다(다음 그림 참고).

이로 인해 일부 구성원은 기존 관리자 팀에 남게 되었고, 일부는 새로운 관리자 밑으로 옮겨가게 되었다. 경영진은 이번 팀 통합을 통해 경험이 많은 구성원과 덜 숙련된 구성원 간에 지식이 공유되기를 기대했다.

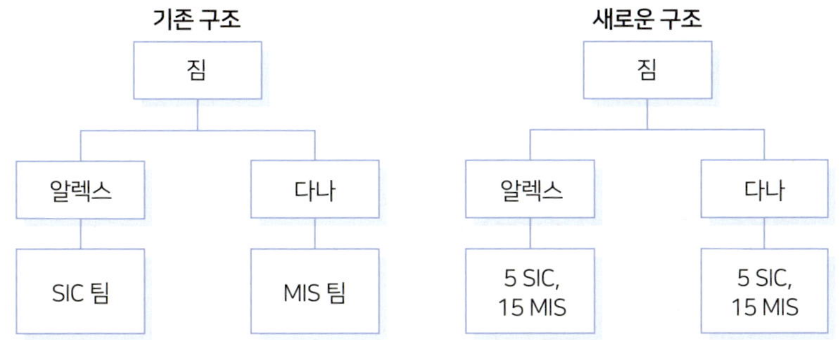

역할 및 업무 프로세스

청구 전문 구성원

청구 전문 구성원은 초기 컴퓨터 입력 작업을 수행하고 대부분 사례를 처리한다. 일반적으로 이 과정은 닥시스템즈의 개입이나 지원 없이 이루어지지만, 가끔 복잡한 이슈가 발생하기도 한다. 예를 들어, 심장 전문의가 시행한 특정 시술이 닥시스템즈 데이터베이스상 둘 이상의 범주에 해당할 경우, 청구 전문 구성원은 이를 정확히 어떻게 분류해야 할지 혼란스러울 수 있다. 이를 위해 아웃소싱 조직과 닥시스템즈 간에는 자동응답 전화 시스템이 구축되어 있어 청구 전문 구성원과 의료보험 전문 구성원 중 누구에게든 전화하여 문의할 수 있다. 의료보험 전문 구성원은 일반적인 8시간 근무 중 최소 4~5시간은 상담 대기 상태(on call)여야 한다. 또한, 사례를 공식적으로 상위 부서에 이관하는 절차도 마련되어 있어 복잡한 건은 시스템을 통해 의료보험 전문 구성원에게 넘겨 처리하도록 할 수 있다.

의료보험 전문 구성원(MIS)

의료보험 전문 구성원에게도 이와 유사한 절차가 적용된다. 이들은 라운드 로빈 방식(round-robin basis)[19] 으로 보험 사례를 배정받는다. 이들이 다루는 사례는 주로 보험회사로부터 추가 정보 요청으로 반려(kicked back)된 사례와 환자가 불만, 민원 또는 이의 제기를 한 사례로 두 가지 유형으로 나타난다. 이들은 청구 전문 구성원과 마찬가지로 사례가 정확하게 처리되어 제출될 수 있도록 작업하며, 문제가 발생하면 상위 직급인 선임 보험 컨설턴트에게 질문할 수 있다. 또한, 사례가 너무 복잡하다고 판단될 경우에는 공식적으로 이관하여 선임 보험 컨설턴트가 처리하도록 요청할 수도 있다.

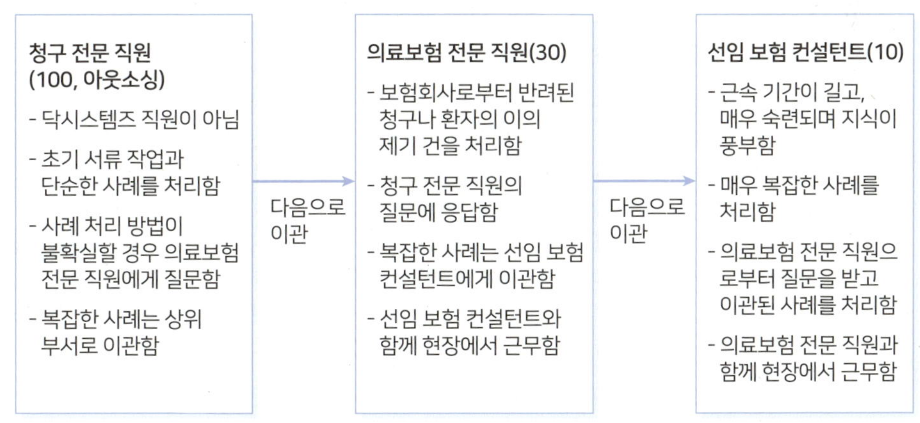

---

19 업무나 작업을 여러 담당자에게 순차적으로 할당하는 순환 할당 방식을 가리킨다. 의료보험 전문 구성원(MIS)들에게 보험 사례가 순서대로 돌아가면서 할당되었다는 의미다. (역자주)

선임 보험 컨설턴트(SIC)

선임 보험 컨설턴트는 모든 종류의 사례를 처리할 수 있지만, 주로 가장 복잡한 사례를 중심으로 업무를 수행한다. 또한 의료보험 전문 구성원들의 질문에 응답하는 역할도 한다. 이들은 대개 의료보험 전문 구성원들이 혼자 처리할 수 없어 공식적으로 이관한 사례를 중심으로 업무를 받는다.

네 가지 장면으로 살펴본 닥시스템즈 사례

주요 인물

짐(Jim): 닥시스템즈 고객 서비스 선임 이사

데이브(Dave): 닥시스템즈 조직개발 컨설턴트

로지(Rosie): 닥시스템즈 의료보험 전문 구성원

카를로스(Carlos): 닥시스템즈 선임 보험 컨설턴트

미셸(Michelle): 닥시스템즈 선임 보험 컨설턴트, 카를로스의 동료

장면 1: 첫 클라이언트 미팅

데이브와 짐은 짐의 사무실에 있는 커다란 타원형 탁자에 앉아 조직개발 개입과 다가오는 팀 회의 계획에 대해 논의하고 있다.

짐: 이번 팀 회의 퍼실리테이션에 자네 도움이 필요해.

데이브: 어떤 문제 때문인지 말해줄 수 있을까?

짐: 기본적으로는 콜센터의 운영 방식을 재설계하려고 해. 그런데 몇 가지 문제가 있어. 첫 번째 문제는 처리 시간과 관련된 거야. 우리의 고객인 의사들은 당연히 최대한 빠르게 대금을 받길 원하지. 그래서 청구 전문 구성원들은 보험사에 청구 요청을 입력할 때 정말 빠르게 처리해야 해. 그리고 의사들은 환자 문제나 이의 제기도 빠르게 처리되기를 원해. 이 과정에서 각자의 역할은 업무를 신속히 마무리하는게 핵심이야. 시간이 가장 중요한 성공 지표인데, 지금은 가장 큰 실패 요인이기도 해.

데이브: 현재 결과는 어때?

짐: 지금은 고객의 80% 정도만 우리의 서비스에 만족한다고 해. 내가 본 업계 자료에 따르면, 이건 최하위 수준이야. 처리 속도를 개선하지 않으면 고객을 잃게 될 위험이 커.

데이브: 병목 현상이 어디서 발생하는지 분석은 해봤어?

짐: 했지. 우선 알아야 할 것은 업무량이 엄청나다는 거야. 매주 청구 전문 구성원들은 총 2천 건에 가까운 청구 건을 처리해. 의료보험 전문 구성원들은 각자 주당 약 50건, 선임 보험 컨설턴트들은 주당 10건 정도를 처리하지. 10건이나 50건이 많지 않다고 느낄 수도 있지만, 복잡한 사례는 하나를 처리하는 데 2~4시간씩 걸릴 수 있어. 우리가 시간 약속을 못 지키면, 고객이나 환자들이 불만을 느끼지. 그래서 우리는 진행 상황을 지표로 모니터링하고 있어. 처리 시간이 4시간을 넘으면 '레드' 상태가 되고, 자동화 시스템에서는 그 사례가 긴급 목록에 올라. 우리가 확보한 과거 데이터를 보면, 사례가 레드로 전환된 경우는 고객 불만이 생겼거나, 서비스 수준을 충족하지 못한 상황을 의미해. 레드 케이스가 많을수록 고객을 잃거나 계약 불이행으로 인해 금전적 보상을 해야 할 위험이 커져.

데이브: 아웃소싱과 관련된 건 어때? 외주 계약에도 그들만의 처리 시간 기준이 있어?

짐: 있어. 그리고 사실 그들은 꽤 잘해주고 있어. 보통은 큰 문제 없어. 진짜 문제는 사례가 우리 쪽으로 이관될 때 생겨. 우리가 처리해야 할 사례는 수는 적지만 복잡해서 더 많은 시간이 걸리지. 어떤 의사들은 우리와 특별한 서비스 계약을 맺고 있어서 그들의 요청이나 환자 문제는 최우선으로 처리돼야 해. 그들은 추가 비용을 지불하고, 그에 걸맞은 서비스를 기대하지. 특히 플래티넘 등급의 의사들에게는 2~3시간 이내에 문제해결 결과를 제공하기로 계약돼 있어.

데이브: 현재 평균 처리 시간은 어때?

짐: 현재는 15시간이야. 다시 말하면, 그들은 반나절도 안 되는 시간 안에 해결되기를 기대하는데, 우리는 이틀 만에 답을 주고 있어.

데이브: 지연의 원인이 뭐라고 생각해?

짐: 첫째로, 사례가 의료보험 전문 구성원들에게 너무 오래 머물러 있어. 그들의 사례는 다른 누구보다 더 빠른 속도로 '빨간불'로 바뀌고 있어. 우리를 힘들게 하는 건 바로 업무량이야. 한 명당 한 번에 10건에서 20건의 사례를 동시에 처리해야 해. 청구 전문 인력들로부터 계속 걸려오는 전화까지 감당해야 한다는 점을 더하면, 이들이 감당하기엔 너무 벅찬 상황이야.

데이브: 왜 선임 보험 컨설턴트에게 업무를 이관하지 않는 거지?

짐: 가끔은 그러기도 해. 하지만 일단 한 번 손을 대기 시작하면, 어차피 시작한 거니까 그냥 끝내야겠다고 생각하는 것 같아. 단지 인력을 더 충원하면 되지만, 지금은 여유가 없어.

데이브: 이 문제를 해결할 방법에 대해 뭔가 아이디어가 있나?

짐: 있어. 사실 그게 도움을 요청하려고 연락한 이유 중 하나야. 난 가장 숙련된 10명의 선임 컨설턴트가 30명의 의료보험 전문 구성원이 담당한 사례 업무를 도울 수 있기를 원해. 우리는 팀 간의 협업을 더 늘리고 싶어. 그래서 우리가 이야기했던 이틀간의 회의를 계획한 거고. 자네가 그 회의에서 팀이 디자인 세션을 통해 의견을 내고, 새로운 협업 프로세스가 어떻게 작동할지 함께 구상할 수 있도록 촉진해 주길 바라고 있어.

데이브: 난 그 세션을 촉진하는 데 기꺼이 도울 의향이 있고, 그들을 설계 과정에 참여시키는 것이 올바른 접근이라고 생각해. 하지만 먼저, 그들의 일을 더 잘 이해할 수 있도록 실제로 어떻게 일하는지를 보는 게 도움이 될 것 같아. 의료 전문가 한 명과 선임 컨설턴트 한 명이 내가 몇 시간 동안 관찰하도록 허락할 것 같아?

짐: 아마도 전혀 괘념치 않을 거야. 우리 팀에서 가장 성과가 좋은 로지와 카를로스를 만나보는 게 좋을 거야. 그들에게 이메일을 보내서 자네와 만날 시간을 조율해도 괜찮은지 물어볼게. 로지와 카를로스는 우리 프로젝트 디자인 팀에도 참여할 예정이라서 지금 그들과 친해지는 게 좋을 거야.

장면 2: 로지에 대한 관찰

의료보험 전문 구성원인 로지는 데이브가 자신의 책상으로 다가오는 것을 보고 고개를 든다.

데이브: 안녕하세요, 로지. 저는 데이브예요.

로지: 만나서 반가워요. 앉으세요. 질문에 도움이 되었으면 좋겠네요.

데이브: 관찰을 허락해줘서 고마워요. 처음에 조율할 때도 말했지만, 시간을 너무 많이 뺏고 싶진 않아요. 단지 당신이 하는 일을 좀 더 이해하고 싶어서 그래요. 그래야 우리가 이 프로젝트를 함께 잘 풀어나갈 수 있으니까요. 이 모니터들은 각각 어떤 용도인가요?

(데이브는 로지의 책상에 나란히 놓인 3개의 컴퓨터 모니터를 가리킨다.)

로지: 이건 이메일용이고, 이건 사례 데이터베이스, 그리고 이건 현재 대기 중인 전화들을 보여주는 모니터예요.

데이브: 사례 데이터베이스가 있는 화면 말인데요. 숫자랑 색깔들은 뭘 의미하죠?

(데이브는 화면에 줄줄이 나열된 사례 번호, 환자 이름, 보험회사 이름으로 가득 찬 것을 본다. 대략 절반은 검은색이고 절반은 빨간색이다. 30건이 넘는 사례가 화면에 나와 있다.)

로지: 이건 제가 처리 중인 모든 사례예요. 숫자는 사례 번호를 나타내고, 빨간색 글씨는 그 사례가 지연되고 있다는 뜻이에요. 마지막 열은 상태를 보여줘요. 그래서 보시면 대부분 "환자 응답 대기" 또는 "의사 응답 대기"라고 되어 있죠. 그런 경우엔 제가 회신을 기다리고 있는 중이에요. 지금 바로 마무리해도 되는 것도 몇 개 있어요. 그래서 당장은 제가 할 수 있는 게 별로 없어요. 음, 마지막 세 건 정도는 지금 시작할 수 있을 것 같긴 하네요. 어떤 내용인지 한번 볼게요.

(로지는 빨간색 사례 중 하나의 화면을 클릭한다.)

로지: 이건 'DED-1'이라고 되어 있는데, '환자 상태로 인해 거절됨'을 뜻해요. 무슨 일이 있었는지는 잘 모르겠지만, 우리가 이 사례를 잘못된 보험회사에 보낸 것 같아요. 그 회사가 사례를 거절하고 우리에게 다시 보냈죠. 이 환자는 또 다른 건강보험회사 하나와 너 계약되어 있어서 두 보험회사를 다뤄야 해요. 의사에게 전화를 걸어야겠어요.

(데이브는 화면들을 바라보며, 살펴야 할 세부 정보의 양에 압도되어 넋을 잃고 본다. 로지가 너무 빠르게 타이핑하고 클릭해서 데이브는 따라갈 수 없다. 로지는 현재 사례를 "의사 응답 대기"로 표시한다.)

데이브: 확실히 한 번에 처리해야 할 일이 굉장히 많은 것처럼 보이네요. 사례를 상위로 이관하는 일은 자주 있나요?

로지: (재빨리 고개를 들어 데이브를 바라보며) 굳이 그럴 필요 없어요. 저는 제 일을 잘 알고 있어요. 이건 제가 맡은 사례들이고, 제가 직접 처리하고 싶어요. 게다가, 청구 전문 인력들이 아웃소싱됐을 때 어떤 일이 있었는지 우리 모두 알잖아요. 제가 제 일을 넘기고 아무 일도 하지 않길 바라겠어요?

데이브: 짐이 말한 모델에 대해서는 어떻게 생각하세요? 선임 컨설턴트들이 당신의 업무량이 많을 때 도와주는 방식 말이에요.

로지: (단호하게) 그러니까 감시자가 지켜보는 거라 이 말이죠?

장면 3: 카를로스에 대한 관찰

같은 날 오후, 데이브는 선임 보험 컨설턴트인 카를로스의 자리로 간다.

데이브: 시간 내주셔서 감사합니다. 닥시스템즈에서 얼마나 일하셨어요?

카를로스: (커피를 따르며) 다음 달이면 19년이 되네요. 청구부터 보험, 그리고 관리까지 안 해본 게 없죠. 예전엔 우리가 상대해야 할 보험회사가 딱 세 군데뿐이었고, 의사들도 직접 만났어요. 그런데 지금은 고객도, 환자도, 보험회사도 너무 많아서 정말 놀라울 정도예요.

(카를로스는 커피에 설탕과 크림을 넣고, 로지 자리에서 몇 칸 떨어진 자기 책상으로 돌아간다. 로지처럼 카를로스의 책상에도 반원 형태로 3개의 모니터가 놓여 있고, 로지의 모니터에서 봤던 것과 동일한 정보가 표시되고 있다.)

데이브: 주로 어떤 유형의 사례를 다루세요?

카를로스: 음, 지금은 이 목록이 전부예요.

(카를로스는 사례 모니터를 가리킨다. 세 건의 사례만 빨간색으로 표시되어 있다.)

카를로스: 이건 환자가 너무 화가 나서 이관된 사례예요. 그 환자는 세 명의 서로 다른 의사에게 진료를 받았는데, 그중 두 명만 우리 고객사 명단에 있었어요. 보험회사가 혼란스러워해서 과잉 지급을 했고, 우리도 실수로 환자에게 그중 한 의사의 진료비를 청구해버렸죠. 보시다시피 사례 기록은 세 화면 분량이에요.

(카를로스는 사례 기록을 스크롤하며 길게 이어진 코멘트 목록을 보여준다.)

데이브: 정말 살펴볼 게 많네요. 이런 사례들을 동시에 몇 개씩 다루세요?

카를로스: [책상 위에 발을 올리며] 아, 그렇게 나쁘진 않아요. 보통 하루에 새로운 사례 하나 정도예요. 살펴보는 데 몇 시간 걸리긴 하지만, 대부분은 감당할 만하죠. 그렇지, 미셸?

(카를로스는 칸막이 너머로 동료에게 소리친다. 미셸이 자리에서 일어나 데이브에게 자신을 선임 보험 컨설턴트라고 소개한다.)

카를로스: 미셸이랑 저는 알렉스 팀을 떠나 다나 팀으로 왔어요. 음, 기술적으로는 다나 팀으로 '떠밀린' 거지만요. (둘 다 웃는다.)

미셸: 그래요. 정말 즐거운 경험이었죠, 안 그래요? 처음에 성공하지 못하면, 다시는 성공 못 하게 조직을 재편하라잖아요.

카를로스: (데이브를 향해 목소리를 높이며) 알다시피, 우린 새 팀으로 배치된 지 3개월 됐어요. 다나는 지난주 목요일에야 처음으로 구성원회의를 열었죠. 그전에는 팀에서 우리를 환영한다는 전화 한 통 없었어요.

(미셸은 종이 한 장을 꺼낸다. 종이는 빽빽한 표시로 가득 차 있고, 맨 위에는 "다나는 어디에?"라고 적혀 있다. 종이에는 산꼭대기에 있는 사람을 그린 만화가 있고, 위에는 "다나"라는 이름이, 산 아래에는 물음표가 달린 15명의 막대 그림 인물이 있다.)

데이브: 그럼 지난주까지 새 팀장과 말 한마디도 안 나눴다는 건가요?

카를로스: 뭐, 어쨌든. 알렉스 팀에 있을 때가 훨씬 나았어요. 하지만 뭐 어차피 급여는 똑같잖아요. 5시에 퇴근하든 6시 30분에 퇴근하든, 사례가 3건이든 30건이든. 지난 3년간 표준 2% 인상률을 유지했고, 올해도 마찬가지일 거예요.

데이브: 짐이 디자인 팀에 제안한 모델에 대해서는 어떻게 생각하세요? 그러니까, 선임 컨설턴트들이 의료보험 전문 구성원들의 업무량을 도와주는 방식 말이에요.

카를로스: 그의 입장은 이해해요. 하지만 종일 전화 받으면서 똑같은 환자 상태 문제는 다루고 싶지 않아요. 그건 예전에 다 해봤어요. 그리고 솔직히, 그냥 사례가 오래되기만을 기다리면서 나더러 처리하라고 넘겨주는 게으른 의료 전문가들의 업무를 내가 대신 맡고 싶지도 않아요.

장면 4: 디자인 세션

수요일 아침 8시 30분. 짐이 킥오프 프레젠테이션으로 디자인 세션 회의를 시작한다. 참석자는 데이브, 로지, 카를로스, 그리고 콜센터 그룹 중 하나의 매니저인 알렉스다.

짐: 바쁜 일정 중에 시간을 내어 이 프로그램 작업에 참여해줘서 정말 고맙습니다. 우리는 분명히 좋은 해결책을 찾아낼 수 있을 거라고 믿습니다. 여러분은 이 부서에서 최고의 성과를 내는 사람 중 하나고, 우리 회사에서 무엇이 효과 있고 무엇이 효과 없을지 가장 잘 알고 있는 분들이니까요.

짐은 회의의 처음 몇 시간을 할애해 콜 응답 시간의 중요성을 리뷰하며, 자신이 수집한 데이터를 차트로 보여준다. 여기에는 고객 만족도 지표(작년, 올해 누계, 지난달), 콜 응답 시간(분 단위로 지난 12개월간 월별 표시), 사례량(지난 12개월간 신규 사례 개수 및 종결 사례 개수), 그리고 빨간색 사례 수(월별 데이터)가 포함되어 있다.

그런 다음 데이브는 짐이 처음부터 제안해온 접근 방식에 따라 회의를 진행한다. 그 방식은 선임 보험 컨설턴트들이 의료보험 전문 구성원들과 협업해 사례를 처리하는 것이다. 새 프로세스에서는 선임 컨설턴트들이 새로운 직무로 '현재 빨간색 사례 목록을 모니터링하고, 본인의 지식과 경험상 더 빠르게 처리할 수 있다고 판단될 경우 해당 사례를 의료보험 전문 구성원들로부터 넘겨받아 직접 처리하는 역할'을 하게 된다. 이 새로운 프로세스는 모든 선임 컨설턴트가 목록을 정기적으로 확인하고 새로운 빨간색 사례들을 읽어보도록 요구한다.

데이브는 로지와 카를로스가 개인적으로 자신에게 털어놨던 반대 의견은 회의에서 전혀 드러내지 않았으며, 오히려 둘 다 매우 활기차고 변화에 대해 실험적으로 임하려는 자세를 보이고 있다는 점을 기록해둔다. 긍정적인 분위기 속에서 그룹은 점심 휴식 시간을 갖는다. 점심 후, 데이브는 팀이 도달한 합의를 점검한다.

데이브: 그러면 카를로스, 우리가 제안한 해결책에 대해 어떻게 생각하세요?

카를로스: 절대 안 될 거예요.

데이브: 왜요?

카를로스: 몰라요. 그냥 지금 말할 수 있어요. 이건 절대 안 될 거예요.

(그룹이 조용히 데이브를 바라본다.)

데이브: 오늘 아침에는 더 확신에 차 있는 것처럼 보였어요. 마음이 바뀐 이유가 뭐죠?

카를로스: 점심시간에 나가서 미셸이랑 다나 팀의 다른 몇 명이랑 얘기했어요. 그 사람들은 이 아이디어를 싫어해요. 우리한테 일이 더 늘어날 뿐이고, 의료보험 전문 구성원들이 까다로운 사례를 떠넘기는 방식이라고 생각하죠. 뭐, 로지를 비하하려는 건 아니에요. 자기 사례는 잘 처리하잖아요. 하지만 왜 우리가 개입해야 하죠? 우리도 우리 일 하느라 바쁜데요. 사람들은 기본적으로 게을러요. 새로운 사례를 처리하라고 강제하지 않으면 자발적으로 하려고 하진 않을 거예요.

1시간 동안 논의가 이어졌지만, 그룹은 거의 진전을 이루지 못한다. 오전에 이루어졌던 합의는 무너져버린다. 회의가 끝나기까지 몇 시간밖에 남지 않은 가운데, 참석자들은 해결책에 도달하는 데 대한 희망을 서서히 버리기 시작하고, 짐이 개입한다.

짐: 자, 제안 하나 할게요. 일단 오늘은 여기까지 하고, 다음 주에 다시 모여서 논의합시다. 모두 의견 주셔서 고맙습니다. 이 문제를 우리가 해결할 수 있을 거라고 믿어요. 어려운 상황이지만, 이 프로젝트에 참여해줘서 감사해요. 데이브, 몇 분만 남아줄 수 있겠어요?

(그룹은 조용히 퇴장하고, 데이브는 자신의 서류들을 정리하기 시작한다.)

짐: (고개를 저으며) 나는 우리가 해결책을 찾아가고 있다고 생각했어. (목소리를 높이며) 도대체 왜, 문제가 있으면 그냥 솔직하게 말하지 못하는 걸까? 왜 이런 과정을 거쳐야 했던 거지?

데이브: 당신이 답답해하는 거 알아. 사실 나도 좀 답답해지고 있어. 분명히 팀도 답답해하고 있지. 하지만 나는 이런 생각도 들어. 차라리 한 달 후에 '왜 새 모델이 작동하지 않지?'라고 고민하게 되는 것보다 지금 이들의 반대 의견을 듣게 된 게 낫다는 거지.

짐: 난 정말 모르겠어. 이제 우리는 어떻게 해야 하지?

데이브: 오늘 팀 얘기를 잘 들었고, 로지와 카를로스를 개별적으로 만났던 것도 다시 생각하고 있어. 지금은 업무 구조와 두 팀의 조직 구성에 대해서도 함께 고민 중이야. 금요일 아침 8시에 만나서 얘기해. 지금까지 들은 것들과 우리가 앞으로 어떻게 해야 할지에 대한 내 생각을 정리해 올게.

짐: 금요일 8시 좋아. 당신의 관점을 듣는게 정말 기대돼.

12 조직 전체 및 다중 조직 개입

학습 목표

이 장에서는 다음과 같은 내용을 학습한다.

- 현대의 대규모 개입의 특징 분석
- 세 가지 전략적 변화 개입 방법
- 세 가지 품질 및 생산성 개입 방법
- 인수합병 시의 개입 전략 평가
- 초조직(transorganization) 또는 조직 간 개발
- 대화형 조직개발 컨설팅과 다양한 개입 방식

동종 산업에 속한 규모가 크고 오랜 역사를 지닌 기업 콤켐(ComChem)이 소규모 화학 제조 업체 MPC를 인수하면서, 양 조직의 문화 모두에 많은 도전 과제가 발생했다. MPC는 구성 원 수가 단 25명에 불과한 가족 경영 기업이었고, 모든 구성원은 창립자이자 경영자인 부부 와 긴밀한 유대관계를 맺고 있었다. 이 회사는 지역 소규모 커뮤니티에 깊이 뿌리내리고 있 었으며, 리틀 야구팀을 후원하거나 지역 자선단체에 재정적 기부를 하는 등의 활동을 해왔 다. 중요한 의사결정에는 구성원들 대부분이 참여했으며, 회사 전반에 걸쳐 형식적·비형식 적 커뮤니케이션이 활발하게 이루어졌고, 구성원들은 연례 구성원 감사 만찬을 통해 그들의 기여를 인정받고 존중받았다. 조직 분위기는 격식을 차리지 않으면서도 전문성을 유지했고, 소규모 지역 업체들을 주요 고객으로 삼아 특정 시장 틈새를 공략한 결과, 고객의 충성도도 높았다. 콤켐 역시 가족 소유의 기업으로 출발했지만, 더 큰 지역사회를 기반으로 대기업 고 객층을 대상으로 사업을 펼쳐왔다. 고객 서비스는 콤켐 구성원들이 중요하게 여기는 가치였 으며, 구성원들에게는 다양한 특전과 복지가 제공되었다. 예를 들어, 언제든지 사용할 수 있 는 게임룸이나 무료 점심 케이터링 서비스 등이 있었다.

인수 계약이 체결된 이후, 콤켐의 임원들은 인수 과정에서 구성원들을 지원하기 위해 MPC 사업장을 자주 방문했지만, 그 누구도 그곳에 상주하도록 발령받아 일하는 사람은 없었다. 전환 과정에서 MPC 구성원들이 불편함을 느낀 측면으로는 조직의 목표와 향후 방향성에 대 한 정보 부족, 신제품 가격 책정의 불명확성, 그리고 직무 역할에 대한 혼란 등이 있었다. 하 지만 이러한 불만은 오래가지 않았다. 예를 들어, 목표가 아직 결정되지 않았다는 점에 대해

구성원들에게 솔직하게 설명했고, 양사의 고위 관리자들은 두 회사를 통합하는 작업이 어렵다는 사실을 공개적으로 인정했기 때문이다. 힘든 전환 기간 동안 인내해준 구성원들에게 감사의 뜻을 전하기 위해 모든 구성원에게 현금 보너스를 지급했고, MPC 사업장에 농구장을 비롯한 다양한 편의 시설을 추가하여 구성원들이 환영받고 존중받고 있으며 콤켐의 '기존' 구성원들과 동등하다고 느낄 수 있도록 했다. MPC 구성원들은 콤켐에서도 고객과 구성원 모두 잘 대우받고 있다는 사실을 보며, 새로운 조직의 가치가 자신들이 익숙했던 가치와 유사하다는 것을 확인할 수 있었다(Shearer, Hames, & Runge, 2001).

• 당신은 어떤 요인이 인수합병의 성공 또는 실패를 결정한다고 생각하는가?

이 장과 다음 장에서는 조직 전체 또는 둘 이상의 조직을 대상으로 한 변화를 목적으로 설계된 주요 조직개발 개입 방법들에 대해 다룬다. 일반적으로 이러한 대규모 조직 개입은 거의 모든 구성원에게 영향을 미치는 이슈들을 다루기 위해 설계된다. 예를 들어, 조직의 전략, 미래 방향, 외부 환경과의 상호작용, 공급업체나 지역 및 국가 정부 같은 타 소직과의 관계, 인수합병, 고객 만족, 제품 품질 등이 이에 해당한다. 이 두 장에서는 OD 실무자들을 대상으로 한 설문조사(Covin, 1992; Massarik & Pei-Carpenter, 2002), 조직개발 분야 개요서(Bunker & Alban, 1997), 그리고 실무 및 학술 문헌에 자주 언급되는 대규모 개입 방식들을 설명한다. 특히, 이 장에서는 다음과 같은 내용을 다룬다.

- 전략적 변화 개입
- 품질 및 생산성 개입: 전사적 품질 관리(Total Quality Management), 리엔지니어링(reengineering), 식스 시그마(Six Sigma)
- 인수합병에서의 개입
- 조직 간 또는 초조직개발
- 대화형 조직개발 개입(dialogic OD interventions)
- 긍정 탐구(Appreciative Inquiry)

먼저, 조직이 원하는 미래에 집중할 수 있도록 설계된 전략적 변화 개입에 대해 살펴본다. 그다음 두 가지 개입 방식에서는 OD 실무자의 역할과는 다소 관련성이 적어 보일 수도 있는 주제들을 다루지만, OD 실무자들이 기여할 수 있는 기회를 제공하는 주제이기도 하다. 이어서, 다수의 조직이 관련되는 특수한 형태의 전체 조직 개입을 살펴본다. 마지막으로, 5장에서 처음 소개한 대화형 조직개발에 대한 논의를 확장하여 대화적 개입과 긍정 탐구를 중심으로 살펴본다. 이 부분에서는 대화형 조직개발 개입이 어떤 모습으로 이루어지는지, 이러한 프로그램이 성공하기 위한 조건은 무엇인지, 그리고 이와 같은 참여 방식에서 실무자의 역할이 어떻게 변화하는지를 살펴볼 것이다. 대화형 조직개발 개입은 전적으로 전체 조직을 대상으로 하는 개입은 아니지만, 이제 여러분이 대화형 조직개발의 사고방식과 접근법뿐 아니라 개인, 팀, 전체 조직 수준에서의 개입에 익숙해졌기 때문에 이 시점에서 함께 검토할 것이다.

이러한 '대규모' 개입은 여러 가지 이유로 수행된다. 조직은 비용 절감, 생산성 향상, 제품 개발 주기의 단축, 방향성의 명확화, 사기 진작, 참여 확대 등의 엄청난 압력에 직면해 있다(Covin, 1992). 때때로 조직은 3~5년짜리 전략계획을 수립하거나, 조직문화 변화 실행계획을 추진하거나, 다른 조직을 인수하거나 합병할 때처럼 의식적이고 의도적으로 대규모 개입을 추진하기도 한다. 그러나 변화는 경제적, 규제적, 또는 고객의 요구사항으로 인해, 혹은 경쟁사의 신제품 출시로 인해 자사가 빠르게 대응해야 할 필요가 생겼을 때, 혹은 예기치 않은 리더의 퇴직처럼 조직 내부에서 발생한 변화로 인해 조직에 비의도적으로 강요되기도 한다(Cummings & Feyerherm, 1995). 과제가 복잡하거나 시급할 때, 또는 여러 사람이 협력해야만 달성할 수 있는 경우, 조직은 종종 대규모 개입을 선택한다(Bunker & Alban, 1992).

이유가 무엇이든 간에, "대규모 시스템에서 조직개발 개입의 목적은 조직, 독립 사업부, 또는 대형 부서의 특성과 성과에 지속적인 변화를 만드는 데 있다"(Cummings & Feyerherm, 1995, p. 204). 여기서 '특성'이란 대규모 조직 개입이 조직의 기능, 구조, 프로세스 같은 핵심적인 측면에 중대한 영향을 미친다는 것을 의미한다(Ledford, Mohrman, Mohrman, & Lawler, 1989). 따라서 대규모 개입은 가시적이며, 조직 전반에 걸쳐 이루어지고, 조직의 리더들과 구성원들로부터 상당한 헌신과 주의를 요구한다.

대규모 개입의 특징

오늘날의 대규모 개입은 크게 세 가지 특징을 보인다. (1) 다양한 참여자의 광범위한 참여, (2) 개입 진행의 장기화, (3) 컨설턴트 역할의 변화다. 물론 이러한 특징들이 모든 대규모 개입이나 개별 사례에 동일하게 적용되는 것은 아니지만, 최근 OD 현장에서 나타나는 주요 경향을 반영한다.

참여(participation). 대규모 개입, 특히 이후에 다룰 방향 설정형 개입은 과거에 비해 더 다양한 이해관계자들이 참여하는 경향이 있다. 1990년대 초반, 전사적 개입의 활용 방식에 변화가 생겼는데, 이는 전략 계획이나 조직 설계와 같이 과거에는 리더십만의 몫이었던 의사 결정에 더욱 폭넓은 참여를 허용하게 되었다. 이전에는 조직변화가 위에서 아래로 이루어졌으며, 최고위 리더들이 결정을 발표하고 하위 구성원들이 이를 수용하고 실행하기를 기대하

는 방식이었다. 그러나 이러한 방식은 조직의 하위 계층에 있는 사람들로부터의 동의와 지지를 거의 이끌어내지 못했다. 변화의 수용률과 전환 주기를 높이고, 더 나은 의사결정을 도출하기 위해 많은 대규모 개입들은 조직의 여러 계층을 아우르는 참여를 포함하기 시작했다(Bunker & Alban, 1992, 1997, 2006).

현재의 대규모 개입은 수백 명에서 수천 명에 이르는 대규모 집단을 포함하는 경우가 많다. 예를 들어, 4천 명에서 1만 3천 명까지 참여한 대규모 집단 개입 사례는 루켄스마이어와 브리검(Lukensmeyer & Brigham, 2005)을 참조할 수 있다. 더 나아가 여러 조직이 관련되거나, 심지어 전체 사회나 국가가 영향을 받는 경우도 있다. 실제로, 단일한 글로벌 조직 내에서도 수천 명의 구성원을 참여시키는 개입은 이제 드문 일이 아니다. 조직의 여러 계층과 역할을 개입에 포함하면, 문제를 다양한 관점에서 살펴볼 수 있어 더 나은 지식에 도달할 수 있으며, 동시에 참여자들이 평소 만나본 적 없던 조직 구성원들의 문제, 관점, 도전에 대해 학습할 기회도 제공된다. 또한, 공급업체나 고객 등 외부 이해관계자들이 개입에 참여하면서 조직 내·외부의 경계도 점차 모호해지고 있다. 집단의 규모가 크고 처음에는 다루기 어려워 보일 수도 있지만, 대규모 개입은 아이디어 생성과 대화를 위한 소규모 하위 그룹들로 구조화되는 경우가 많다. 따라서 전체 조직을 대상으로 한 개입은 상당히 크고 복잡할 수 있다.

시간축(timeline). 변화의 속도가 요구됨에도 전체 조직을 대상으로 한 많은 개입은 단일한 개입 활동으로 구성되는 경우가 드물다. 오히려 여러 개의 활동이 장기간에 걸쳐 진행되는 경우가 많다(Covin, 1992에 따르면 개입 기간은 종종 1년 이상 지속된다). 따라서 비교적 소수의 목표를 해결하기 위해 여러 개의 개별 개입 활동이 설계되어 실행될 수 있다.

실무자의 역할(practitioner role). 실무자의 역할 또한 변화하고 있다. 많은 대규모 집단 개입에서는 조직 구성원들이 데이터 생성과 분석의 주체가 되며, 실무자는 "이슈를 구조화하고, 격려하며, 초점을 맞추는 커뮤니티 조정자의 역할"(Bunker & Alban, 1992, p. 581)을 수행한다. 실무자가 직접 데이터를 수집하고 해석하기보다는 조직 구성원들이 데이터를 직접 생성하고, 그 데이터를 분석하고 해석하는 방법을 배울 수 있도록 돕는 방식이다.

전략적 변화 개입

이번 섹션에서는 조직 구성원들이 미래를 위해 조직을 어떻게 발전시켜나가야 할지를 이해하고 정의하도록 돕는 개입 방식들을 살펴본다. 여기에는 다음과 같은 개입들이 포함된다. (1) 전략적 계획 수립과 실시간 전략 변화, (2) 시나리오 플래닝, (3) 탐색 회의와 미래 탐색.

이들은 모두 조직 구성원들이 미래에 대해 합의하고 계획을 수립하도록 돕는다는 점에서 일반적인 목표는 비슷하지만, 그 결과와 진행 과정에서는 차이가 있다.

| 전략적 계획 수립과 실시간 전략 변화

전략적 계획에 대한 정의는 수십 가지가 있으며, 그만큼 많은 이들이 이를 어떻게 수행해야 하는지에 대한 의견을 제시해왔다. 바일(Vaill, 2000)은 전략적 계획을 다음과 같이 정의한다.

> 조직의 근본적인 목적을 달성하기 위한 계획에는 목적을 설정하고 명확히 하는 과정, 그 목적을 달성하는 데 도움이 될 목표를 결정하는 과정, 그리고 그 목표를 추진하기 위한 주요 수단과 '경로'(전략)를 결정하는 과정이 포함된다(p. 965).

전략적 계획은 조직의 목적, 제품, 비전, 방향성, 실행계획 등에 대한 의사결정을 포함한다. 또한 고객과 시장에 대한 선택과 절충을 포함하며, 조직의 경쟁 우위와 현재 환경 속에서 직면한 도전에 대한 내부적인 분석도 필요하다(Porter, 1996). 전략에는 조직의 미션에 대한 논의(즉, 조직의 존재 목적과 그 목적이 포함하는 제품, 시장, 고객에 대한 정의)뿐만 아니라, 전략을 구체적이고 측정 가능한 활동으로 전환하기 위한 목표 및 세부 실행계획(목표치, 일정, 방법론)도 포함된다. 전략은 기간에 상관없이 거의 모든 형태로 수립될 수 있다. 조직들은 종종 연간 전략뿐만 아니라 3년에서 5년, 혹은 10년 이상을 내다보는 전략도 수립하는데, 이는 조직과 산업의 특성에 따라 달라진다. 빠르게 변화하는 기술 중심의 조직은 몇 년짜리 단기 계획을 선택할 수 있으며, 반면 변화가 적고 안정된 산업의 조직은 더 장기적인 시간 범위를 선택하는 경향이 있다.

경영학자들 사이에서는 전략 수립의 복잡성에 대해 많은 논의가 이루어져왔다. 그러나 아무리 완벽한 전략계획이라 해도 실제 실행 단계에 들어서면 여러 가지 도전에 부딪힌다. 비어와 아이젠스타트(Beer & Eisenstat, 2000)는 전략 실행의 여섯 가지 '침묵의 살인자(silent killers)'를 제시하며, 이들은 모두 OD 실무자들의 주요 관심사와 밀접하게 연관되어 있다고 설명한다.

1. 하향식 또는 방임형 고위 경영진 스타일
2. 불명확한 전략과 상충하는 우선순위
3. 비효율적인 고위 경영진 팀
4. 열악한 수직적 커뮤니케이션
5. 기능, 사업, 다양한 경계 간의 협조 부족
6. 하위 리더십의 기술 및 개발 부족

OD가 이러한 실행상의 문제들을 해결하는 데 기여할 수 있는 잠재력이 있음에도 OD 실무자들은 전통적으로 조직의 전략 수립 과정에 깊이 관여하지 않아왔다. 전략 수립은 일반적으로 최고경영진의 활동 영역으로 여겨져왔으며, 이는 OD의 지적 전통 또는 비즈니스 지식 부족이라는 평판, 그리고 많은 경영진이 OD가 경제, 재무, 마케팅 중심의 전략 영역에 기여할 바가 적다고 여겨온 인식에서 비롯되었을 수 있다. 그러나 전략의 효과적인 실행에 초점을 맞춘 내부 변화관리자의 역할은 전략계획의 성공을 결정짓는 핵심적인 요소가 될 수 있다. 내부 OD 실무자는 전략 수립 과정 자체에 기여할 수 있을 뿐만 아니라, 경영진이 전략을 수립할 때 다음과 같은 다양한 고려사항을 인식하도록 도울 수 있다.

- 개인과 팀이 전략적 방향 변화에 적응하는 방식
- 전략이 조직 설계에 미치는 영향
- 조직 프로세스의 전략 지원 및 방해
- 전략을 지원 및 방해하는 조직문화의 요소(언어, 의례 등)
- 성과관리 및 보상 시스템과 전략의 연관성
- 전략적 추진 과제의 구체적 목표 전환
- 전략적 목표 달성을 위한 부서 간 협업

| 전략 기획 사례연구

비어와 아이젠스타트(1996)가 소개한 전략 기획 과정의 사례를 살펴보자. 알파테크놀로지스(Alpha Technologies)는 전 세계에 지사를 둔 17억 달러 규모의 기술 기업으로, 인수합병을 통해 시간이 지남에 따라 여러 개의 서로 다른 사업 부문들로 구성되었다. 이로 인해 경영진에게는 통합된 전략을 수립하는 것이 주요 과제가 되었다. 이에 대응하여 회사는 경쟁사, 시장 상황, 고객 니즈, 제품 라인에 대한 심층 분석을 요구하는 전략 기획 프로세스를 개발했다. 각 부문 전략은 경영진이 서로 협의하여 수립했으나, 조직 내부의 변화 저항으로 인해 이러한 전략을 효과적으로 실행하기가 어렵지 않을까 하는 우려가 점점 커졌다.

이에 따라 전략적 인적자원관리(SHRM) 프로세스가 도입되어 전략 실행의 내부 역학을 이해할 수 있도록 했다. 이 프로세스에서는 고위 경영진 바로 아래 계층의 구성원들로 구성된 소규모 팀이 조직 전반에서 데이터를 수집하도록 임명되었다. 이들이 수집한 데이터는 조직이 전략을 실행하는 데 도움이 되거나 방해가 될 수 있는 요인들을 파악하는 데 사용되었으며, 분석 영역은 조직 관행이나 자원부터 경영 역량에 이르기까지 다양했다. 3일간의 세션 동안 데이터 수집팀은 수집한 정보를 고위 경영진에게 공유했고, 리더들은 이 데이터를 경청하며 함께 진단하고 그에 따른 실행계획을 수립했다. 팀은 조직문화, 고객 및 구성원 같은 이해관계자의 만족도, 리더십의 효과성, 경력 개발 및 교육, 부서 간 협업 능력 등 다양한 항목을 분석했다.

특히 한 사업 부문에서는 솔직하고도 어려운 피드백이 공유되었다. 구성원 태스크포스는 해당 부문이 현재는 성공적인 성과를 내고 있지만, 여러 대인관계적·내부적 요인들로 인해 미래에는 그 성공이 위협받을 수 있다고 보고했다. 여기에 포함된 요인으로는 낮은 사기, 하향식 관리 스타일, 부서 간 상호작용 부족, 상하 간 커뮤니케이션의 미흡 등이 있었다. 이에 따라 부문의 사장은 자신의 리더십 행동에 변화를 주기로 동의했고, 부서 간 협업을 위한 관리 팀이 구성되었으며, 고위 경영진 역시 팀 내부 역량 강화를 위해 노력했다. 다른 부서들에서는 인력 배치나 역할 변경이 이루어졌고, 또 다른 경우에는 부문 전체의 방향성과 전략에 대한 이견이 표면화되기도 했다. 태스크포스 구성원들은 데이터를 공유하는 것이 불안했지만, 일단 이슈가 제기되고 나자 정직한 피드백에 대한 보복은 없었다고 보고했다.

이러한 과정은 구성원들이 "말하기 어려운 주제에 대해 말할 수 있게" 해주었으며(Beer & Eisenstat, 1996, p. 608), 이는 SHRM 프로세스 외부에서는 여전히 어려운 과제로 남아 있다. 구성원들의 참여 수준이 높아지고 고위 경영진과의 연결이 강화되면서, 피드백과 참여의 통로가 열렸다. 최고경영진은 회사 전체의 전략 의제를 개발하는 데 SHRM 프로세스가 상당한 역할을 한다고 말한다. 이 과정은 여전히 개선 중이고 완벽하다고 할 수는 없지만, "이러한 개입의 강점은 고도로 구조화되어 있고 컨설턴트 주도로 이루어지기 때문에 정교한 탐색 기술이 부족한 구성원들로 이루어진 조직일지라도 집단적으로 어려운 이슈를 제기하고 다룰 수 있게 해준다는 데 있다"(Beer & Eisenstat, 1996, p. 617).

| 통합적 전략 변화 과정

전략 기획과 OD의 연계 역사는 그리 길지 않지만, 양자를 통합할 기회는 풍부하며, OD는 전략 수립 과정에서 "주제 전문성, 과정 전문성, 개입 전문성"(Worley et al., 1996, p. 10)을 제공한다는 점은 분명하다.

월리 외(Worley et al., 1996)는 OD 실무자들이 전략 기획에 실질적인 가치를 더할 수 있도록 고안된 네 단계의 전략 수립 및 실행 프로세스를 개발했다. 이들은 이 과정을 통합적 전략 변화(Integrated Strategic Change, ISC)라고 명명했으며, 이 접근법은 전략 개발과 함께 더욱 어려운 과제로 여겨지는 전략 실행(예컨대 조직 설계, 구성원의 동기부여와 역량 개발, 조직 전반의 협업과 팀워크)까지 함께 고려한다. 이 과정에서 전략은 독립적으로 존재하지 않으며, 효과적인 실행을 위한 변화 계획을 통해 조직 전체가 전략을 중심으로 정렬되도록 한다.

ISC 프로세스는 다음 네 단계로 구성되며, 처음 두 단계는 전략 수립 활동, 다음 두 단계는 전략을 효과적으로 실행하기 위한 변화관리 활동으로 구성된다.

1. **전략 분석**. 첫 번째 단계는 전략 분석이다. 이 단계에서는 조직이 전략적 변화를 수용할 준비가 되어 있는지를 평가하고, 전략계획 수립 시 고려되는 조직의 가치와 우선순위를 이해하며, 조직의 현재 강점, 약점, 기회, 위협(SWOT)에 대한 진단을 수행한다. 또한 조직의 전략적 방향성(미션, 목표, 핵심 프로세스 등)에 대한 진단도 포함된다.

2. **전략 수립**. 다음 단계는 전략을 구체적으로 수립하는 것이다. 이 과정에서는 조직의 비전과 전략 선택 사항들을 결정하며, 새로운 전략에서 어느 정도 수준의 변화가 필요한지를 판단한다. 경영진은 조직의 환경, 성과, 핵심 역량을 분석하여 기존 전략을 소폭 수정하는 것이 적절한지 아니면 근본적인 변화가 필요한지를 결정한다. 또한 기존 프로세스를 개선하거나 조정할 것인지, 제품 포트폴리오에서 어디에 투자하거나 축소할지를 포함한 미래 방향에 대해 결정한다.

3. **전략 변화 계획 설계**. 전략 변화 계획은 전략이 채택되었을 때 시행되거나 변화될 주요 활동뿐만 아니라, 그 전략이 조직 내부와 외부의 이해관계자들에게 어떤 영향을 미칠 것인지도 개요로 제시한다.

4. **전략 변화 계획 실행**. 변화 계획의 실행에서는 리더십이 특히 중요한 역할을 한다. 리더들은 변화의 비전과 전략을 효과적으로 전달해야 하며, 변화의 필요성과 주요 전략적 결정들이 어떻게 도출되었는지에 대한 논리를 함께 전달해야 한다.

| 실시간 전략 변화

실시간 전략 변화(Real-Time Strategic Change)는 OD 실무자들이 변화의 속도를 높이기 위해 개발한 개입 방식이다(R. W. Jacobs, 1994). 이 개입은 조직 전반의 헌신이 요구되는 다양한 주제 영역에 적용될 수 있으며, 여기에는 전략계획의 실행에 대한 조직 구성원들의 주인의식과 지속적인 실천(Dannemiller & Jacobs, 1992)도 포함된다. 실시간 전략 변화는 전략을 수립하는 과정 그 자체는 아니지만, 전략계획과 그 기반에 대한 인식과 헌신을 높임으로써 전략 실행을 지원할 수 있다. 철학적으로는 이 장 후반에서 다룰 탐색 회의(search conference) 방법론과 유사한 점이 많지만, 목표는 약간 다르다.

실시간 전략 변화에서는 참여자들이 현재의 우려 사항, 즉 비용 절감, 제품 품질, 고객의 시장 요구에 대한 민감성과 반응성 제고 같은 "실제 비즈니스 이슈"를 다룬다(Dannemiller &

Jacobs, 1992, p. 484). 이 방식은 조직 전반에 걸쳐 수백 명에 달하는 구성원들이 참여할 수 있으며, 단순히 자신의 부서나 그룹에 국한된 것이 아니라 조직 전체가 직면한 문제를 함께 해결하고 기회를 논의하는 과정을 포함한다.

이 과정에서 말하는 "실시간"이란 개인, 집단, 조직 전체 차원에서의 변화가 동시에 계획되고 실행되는 것을 의미한다(R. W. Jacobs, 1994, p. 21). "전략 변화"란 조직 구성원들이 고객 및 공급자의 요구, 경쟁사의 전략, 산업 동향, 시장의 도전과 기회 등 조직의 내·외부 환경에 관련된 중요한 이슈들을 함께 다룬다는 뜻이다(R. W. Jacobs, 1994, p. 22). 참여자들은 조직 전체에 걸친 변화와 그 변화가 내부에 미치는 영향을 논의한다. 이렇게 전략적 의사결정에 많은 구성원을 참여시키면, 문제와 추가적인 전략적 기회들을 더 이른 시점에 파악할 수 있게 된다. 이 개입은 다음과 같은 상황에서 특히 전략계획 과정에 효과적으로 작용한다(R. W. Jacobs, 1994).

1. 리더십 팀이 조직의 내부 또는 외부로부터의 변화 요인에 기반하여 새로운 전략 방향이 필요하다고 판단했을 경우

2. 행사 이전에 리더십 팀이 전략 초안을 마련해놓은 경우

3. 리더십 그룹이 행사 참여자들로부터 전략에 대한 피드백을 수용할 의지가 있고, 그 피드백을 바탕으로 전략을 수정할 준비가 되어 있는 경우

4. 이 행사에 참여하는 이들이 조직 전체이거나 변화를 견인할 수 있는 충분한 수의 구성원(critical mass)이 참여하는 경우

실시간 전략 변화 이벤트는 일반적으로 3일간의 일정으로 구성된다. 첫째 날은 "전략 정보에 대한 공통 데이터베이스를 구축하는 데" 집중한다(R. W. Jacobs, 1994, p. 56). 참여자들은 기능, 역할, 부서를 다양하게 대표하는 '최대 혼합' 그룹으로 나뉘어 앉는다. 이들은 조직에서 지난 1년간 겪었던 좌절스럽거나 화가 났던 경험, 그리고 다가오는 1년에 대해 예상되는 바(긍정적이든 부정적이든)를 공유한다. 참여자들은 자신들이 바라보는 현재 조직의 모습에 대한 공통된 주제를 정리하고, 조직 리더들의 솔직한 시각을 듣는다. 현재 상태에 대한 공동 인식이 형성된 이후, 조직 구성원들은 최고경영진으로부터 전략계획에 대해 더 자세히 배우고, 이해를 명확히 하기 위해 질문한다. 이어서 고객이나 주제 전문가들이 발표를 통해 참여자들의 관점을 확장시켜주기도 한다. 참여자들은 전략이 성공하기 위해 자신 또는 다른 부서가 어떤 변화를 해야 하는지에 대해 명확하게 논의한다. 개인 또는 그룹별 논의, 주제 게시, 투표 등의 과정을 통해 조직 구성원들은 자신의 소그룹 관점과 전체 그룹의 아이디어 및 인식 사이를 오가며 상호작용하게 된다. 이벤트의 마지막에는 기존 팀 단위로 돌아가

다른 그룹으로부터 받은 피드백을 바탕으로 전략을 어떻게 지원할 것인지에 대해 결정하고, 자신들이 실행을 약속할 후속 행동계획을 수립하게 된다. 제이콥스(R. W. Jacobs, 1994)는 실시간 전략 변화 이벤트가 현재 상태에 대한 불만족, 미래에 대한 비전, 실행계획을 결합함으로써 대규모 집단이 동시에 이 경험을 공유할 때 변화에 대한 저항을 극복할 수 있게 해준다고 설명한다. 조직이 전략 기획 과정을 따르는 동안 OD 실무자들이 기여할 영역은 분명히 존재한다.

> 조직이 전략 기획 과정에 OD의 관점을 통합함으로써 전략적 방향성을 언제, 어떻게 근본적으로 변화시켜야 할지를 더욱 명확히 이해할 수 있게 된다. 이러한 통합이 이루어지지 않는다면, 조직은 앞으로도 실행되지 않는 정교한 전략을 계속해서 만들어내거나, 기업 성과와는 미약한 관련만을 가진 조직변화를 실행하는 상황이 반복될 것이다(Worley et al., 1996, pp. 153-154).

점점 더 많은 OD 실무자들이 전략 기획 역량을 개발하고 있다. 특히 전략의 실행 및 변화관리 측면에서 전문성을 갖춘 전략 기획 프로세스 전문가로서, 전략 내용 개발 과정에 기여할 가치를 지닌다. 통합적 전략 변화와 실시간 전략 변화는 OD 실무자들이 이러한 기여를 실현할 수 있는 대표적인 두 가지 방법론이다.

| 시나리오 플래닝

시나리오 플래닝은 1960년대 후반에서 1970년대 초 로열 더치/셸(Royal Dutch/Shell)에서 1970년대 중반의 경제 및 석유 수요 조건에 대비한 전략 수립을 더욱 효과적으로 하기 위해 개발된 경영 방법론이다. 다양한 대안적 시나리오를 정의하고 구체화하는 과정을 통해 이들은 자신들이 예측했던(그리고 실제로 일어나게 된) 석유 위기에 대비할 수 있었다(Wack, 1985a, 1985b). 앞서 논의한 바와 같이, 현대의 환경은 빠른 변화 속도와 높은 불확실성으로 특징지어지며, 이는 지난 10여 년간 시나리오 플래닝의 활용을 더욱 확산시키는 배경이 되었다. 세계화, 경쟁 심화, 경제 변화는 하나의 예측 가능한 미래를 정의하거나 이에 대응하는 것을 거의 불가능하게 했다. 따라서 시나리오 플래닝은 조직이 발생 가능한 여러 미래 상황들을 고려하고, 그중 어느 것이 가장 가능성 있는지 평가한 뒤, 다양한 미래 시나리오에 대비한 계획과 행동을 수립하도록 장려한다. 고도의 불확실성 환경 속에서 시나리오 플래닝은 의사결정을 지원하고, 기존의 고정된 사고방식을 도전적으로 검토하게 하며, 조직학습을 촉진하고, 조직의 민첩성을 높여주는 역할을 수행한다(Chermack & Lynham, 2002, p. 373). 조직은 다음과 같은 여러 상황에서 시나리오 플래닝의 이점을 얻을 수 있다(Schoemaker, 1995).

- 불확실성이 관리자들의 예측 및 적응 능력에 비해 높을 때
- 과거에 너무 많은 비용이 드는 예상치 못한 사건들이 발생했을 때
- 조직이 새로운 기회를 인식하지 못하거나 창출하지 못하고 있을 때
- 전략적 사고의 질이 낮을 때
- 산업이 이미 큰 변화를 겪었거나, 곧 겪을 것으로 예상될 때
- 다양한 의견이 존재하며, 각각의 의견에 타당성이 있을 때

시나리오 플래닝은 다른 예측 방법들과 마찬가지로 미래의 가능성 있는 상황을 예측하기 위해 데이터를 수집하는 과정을 포함한다. 그러나 시나리오 플래닝은 "방대한 데이터를 몇 가지 가능한 상태로 단순화함으로써"(Schoemaker, 1995, p. 26) 조직 구성원들이 그 시나리오를 고려하고 대응할 수 있도록 돕는다. 따라서 시나리오 플래닝은 다음과 같은 기법들과는 구별된다. 즉, 조직이 미래에 대한 자체 계획을 수립하는 전략계획, 하나의 특정 사건(예: 컴퓨터 백업 시스템의 고장)에 대비해 리스크를 관리하거나 비상계획을 세우는 리스크 완화 또는 비상계획, 조직이 바라는 미래 모습을 가치에 기반해 설정하고 구성원들을 고무시키기 위해 사용하는 비전 선언문 등과는 다르다. 또한 시나리오 플래닝은 단일한 미래가 아닌, 가능한 미래의 다양성을 다루는 것에 초점을 둔다는 점에서 이러한 접근들과 차별화된다.

시나리오 플래닝은 "초점이 되는 이슈의 미래를 형성하는 데 가장 중요하게 작용할 수 있는 미지의 요소들을 식별함으로써 불확실성을 수용하는 것"이다(Steil & Gibbons-Carr, 2005, p. 17). 시나리오 플래닝은 다양한 선택지가 존재하고, 그중 어떤 선택지가 실현될 가능성이 높은지에 대한 불확실성이 큰 상황에서 가장 효과적으로 작동한다. 예를 들어, 도시 계획가들은 올해 강우량이 저수지를 최대 용량까지 채우지 못할 경우를 대비해 비상계획을 수립할 수 있을 것이다(예: 급수 제한, 요금 인상 등). 그러나 그 도시의 인프라가 25년 뒤에도 도시의 수요를 충분히 감당할 수 있을까? 환경 조건, 상류 지역의 수자원 사용량, 세수, 교통, 주택 가격, 금리, 인구 증가 또는 감소, 수자원 관련 법률 등은 도시의 미래 수요에 어떤 영향을 미칠 것인가? 또한 이러한 요인 중 어떤 것이 가장 중요한 고려 요소가 될까? 이러한 주제에 관한 일부 데이터는 아마 존재하겠지만, 이 요소들이 상호작용하여 하나의 가능한 미래 상태를 만들어낼 방식은 정확히 예측할 수 없을 가능성이 크다.

시나리오 플래닝 과정에서는 설득력 있는 미래 상황을 묘사하는 상세한 이야기 또는 내러티브(시나리오)가 개발된다. "시나리오란 '무엇이 일어날 수 있는가?' 또는 '만약 이런 일이 일어난다면, 어떤 일이 벌어질까?'에 대한 잘 구성된 답변이다"(Lindgren & Bandhold,

2003, p. 21). 시나리오는 현실적으로 상상 가능하고 신뢰할 수 있을 만큼의 세부 정보를 담고 있어야 하며, 의사결정자들이 미래와 그것이 조직에 미칠 영향을 시각적으로 떠올릴 수 있도록 도와주는 설득력 있는 이야기로 구성되어야 한다. 시나리오는 극적인 상상력과 함께 사고를 유도하는 분석적 요소를 모두 포함해야 한다. 예를 들어 도시 계획의 맥락에서, 계획가는 25년 후 도시의 모습을 상상하며 시나리오를 구성할 수 있다. 예를 들어, 이 지역의 세 주요 고용주(모두 첨단기술 기업)가 성장하면서 인구가 급격히 증가한 상황을 상정해볼 수 있다. 금리는 안정적으로 유지되었고, 온화한 기후와 매력적인 비즈니스 환경 덕분에 2만 5천 명의 신규 주민이 유입되어 도시의 인프라에 큰 부담이 생겼다. 두 번째 시나리오는 이 세 고용주가 합병한 후 대규모 일자리가 사라지고 주민이 남부 도시권으로 이주하는 상황을 가정한다. 이로 인해 도시의 물 수요는 안정적으로 유지되고, 물의 잉여분을 인근 지역에 판매할 기회가 생긴다. 이 두 시나리오는 완전히 다른 미래 상황을 묘사하면서도 향후 대응이 필요한지 여부에 영향을 줄 수 있는 '관찰해야 할 조건들'을 함께 제시하고 있다.

시나리오 플래닝에는 다양한 변형 방식이 있지만, 권장되는 방법론은 다음의 네 가지 주요 활동으로 구성된다(Ralston & Wilson, 2006).

1. **시작하기**. 시나리오를 작성하기 전에 시나리오 플래닝 팀을 구성해야 한다(일반적으로 임원진의 지지를 받는 10~12명 정도의 구성원이 적절함). 이 팀은 논의할 시간 범위와 중점 주제를 결정해야 하며, 전체 플래닝의 진행 과정과 기대 성과에 대해 합의해야 한다.

2. **환경 분석 기반 마련**. 팀 구성원들은 사실 및 트렌드에 대한 정량적 데이터, 그리고 조직 구성원들이 바라보는 미래에 대한 정성적 데이터를 수집한다. 이 단계에서는 인구 통계 트렌드, 사회·환경 패턴, 경제·정치·기술적 이슈 등 외부 요인을 폭넓게 탐색한다.

3. **시나리오 개발**. 앞서 논의한 요소들은 이제 예측 가능성과 조직에 미치는 영향력이라는 두 기준으로 분석 및 비교된다. 이 과정을 통해 극단적인 미래 대안들을 포괄할 수 있는 3~5개의 스토리라인 또는 시나리오가 작성된다. 각 시나리오는 여러 주요 변수에 따라 비교되는 표 형식으로 정리된다. 린드그렌과 밴드홀드(Lindgren & Bandhold, 2003)는 좋은 시나리오라면 다음의 일곱 가지 특성을 갖추어야 한다고 설명한다.

- **의사결정 가능성(decision-making power)**. 시나리오에는 그것이 현실화되었을 경우 의사결정을 내릴 수 있을 만큼 충분한 세부 정보가 포함되어야 한다.
- **개연성(plausibility)**. 시나리오는 현실적이고 신뢰할 수 있어야 한다.
- **대안성(alternatives)**. 시나리오는 각각 실현 가능한 미래 상태로 간주될 수 있는 다양한 선택지와 옵션을 내포해야 한다.
- **일관성(consistency)**. 시나리오는 자체 내러티브 안에서 논리적 일관성을 가져야 한다. 예컨대, 고용이 감소하는데 소득이 증가하는 상황을 제시할 경우, 그것을 설명해줄 근거가 필요하다.
- **차별성(differentiation)**. 시나리오는 서로 충분히 달라야 하며, 진정한 대안적 상황을 묘사해야 한다(이상적으로는 서로 대립되는 수준이어야 한다).
- **기억 용이성(memorability)**. 시나리오 수는 제한되어야 하며, 각 시나리오는 기억하기 쉽도록 극적인 내러티브를 포함해야 한다.
- **도전성(challenge)**. 시나리오는 조직이 현재 가지고 있는 미래에 대한 신념을 도전적으로 검토하게 해야 한다.

4. **시나리오에서 의사결정으로 이동**. 시나리오 플래닝 팀과 리더십 팀은 각 시나리오의 의미와 그에 따른 조직의 기회, 위협 요소를 논의한다. 현재의 전략적 의사결정은 검토 및 토론을 거치며, 어떤 행동을 취할 것인지에 대한 결정과 함께 그 실행을 모니터링하고 전달하기 위한 측정 기준과 절차가 합의된다.

시나리오 플래닝은 개념적으로는 설명하기 쉽지만, 실제로 수행하고 촉진하기에는 매우 어려운 작업이다(Ogilvy, 2002). 팀이 시나리오 플래닝을 효과적으로 수행하려면 팀 구성원들 간의 건강한 관계가 필요하며, 여기에는 "인내심, 타인에 대한 존중, 유머 감각, 풍부한 지식과 경험, 그리고 다른 사람의 말을 경청하는 능력"이 포함된다(Ogilvy, 2002, p. 180). 시나리오 플래닝 개입은 불확실하고 알려지지 않은 사건들에 대해 창의적으로 사고하는 것뿐만 아니라, 서로 상반되는 미래에 대한 아이디어와 사건을 신중하게 고려하는 역량도 요구한다. 예를 들어, 조직 구성원들은 조직의 제품이 미래에 쓸모없거나 퇴보할 수 있다는 가능성을 이성적으로 받아들이는 데 어려움을 겪을 수 있다. 시나리오 플래닝의 목적 중 하나는 이러한 불편한 가능성을 논의의 주제로 끌어내는 데 있다. 와크(Wack, 1985a)는 시나리오 플래닝에 대해 다음과 같이 결론을 내린다.

시나리오는 세상을 보는 또 다른 방식을 제시함으로써 관리자를 편협한 시각에서 벗어나게 한다. 시나리오는 관리자에게 현실을 재인식할 수 있는 매우 소중한 능력을 부여한다. 불확실한 비즈니스 환경 속에서는 관리자가 평소 인지하지 못하는 요소들이 더 많다. ··· 시나리오 분석이라는 체계적인 접근을 통해 도출되는 인식은 나의 경험에 비추어볼 때, 기존의 암묵적인 관점보다 더 풍부하고, 종종 결정적으로 다른 인식이었다(p. 150).

| 탐색 회의와 미래 탐색 회의

탐색 회의(search conferences)와 미래 탐색 회의(future search conferences)는 조직을 원하는 미래로 이끌기 위해 다양한 이해관계자들이 단기간에 모여 합의와 실행계획을 수립하는 개입 방식이다. 이러한 기법들은 에머리와 퍼서(M. Emery & Purser, 1996), 그리고 와이스보드와 야노프(Weisbord & Janoff, 2000; Weisbord, 1992)에 의해 선구적으로 개발되고 상세히 설명되었으며, 악셀로드(Axelrod, 1992), 카훈(Cahoon, 2000) 등 다른 학자들은 이 개념을 변형하거나 새로운 적용 사례를 제안하기도 했다. 두 형식 간에는 약간의 차이점이 있으며(특히 회의 기획자가 갈등을 다루는 방식에서 차이가 있음. 자세한 내용은 M. Emery & Purser, 1996, p. 215 참조), 두 방법 모두 고도로 참여적인 환경 속에서 미래의 공동 비전을 목표로 한 헌신을 촉진하고, 그 미래를 실현하기 위한 실행계획에 에너지를 집중하도록 돕는 데 목적이 있다. 아래에서는 미래 탐색 회의가 어떻게 작동하는지를 중심으로 설명한다.

| 미래 탐색: 사례

산타크루즈(Santa Cruz) 카운티는 샌프란시스코에서 남쪽으로 약 1시간 거리의 북부 캘리포니아에 위치한 지역이다. 1960년대 당시, 이 지역은 약 2만 5천 명의 인구를 가진 농업 중심 지역이자 소규모 은퇴 커뮤니티였다. 그러나 이후 수십 년에 걸쳐 인구가 점점 유입되면서, 부동산 가격이 급등하게 되었다. 결국 인구는 25만 명에 달하게 되었고, 점점 더 비싸지는 부동산 가격으로 인해 많은 주민이 더 이상 이 지역에 거주할 수 없게 되었다. 특히 농업 종사자들에게는 값비싼 주택 문제가 심각하게 대두되었다. 지역 리더들은 여러 차례 회의를 개최했지만, 주택 문제에 대해 합의된 접근방식을 도출하지 못했다.

이에 따라, 지역사회의 다양한 그룹을 대표하는 리더들로 구성된 컨소시엄이 미래 탐색 회의를 통해 문제를 더 깊이 있게 다루기로 결정했다(Blue Sky Productions, 1996). 이들은 총 72명의 다양한 시민을 초청해 3일간 회의를 개최했으며, 주택 문제뿐 아니라 공통된 지역 이슈 전반을 다루고자 했다. 참여자들은 지역사회의 단면을 반영하도록 선정되었으며, 청년부터 노인, 경영자부터 농장 노동자, 사회복지기관 관계자들까지 다양하게 구성되었다.

이 회의는 "주택을 중심으로 하나 되는 공동체: 산타크루즈 카운티의 미래를 위한 탐색"이라는 주제로 열렸다.

회의에서 참여자들은 개인으로서, 그리고 카운티 주민으로서의 공통된 과거를 되짚어보며, 지역의 역사와 자신들의 위치에 대해 논의했다. 이후 현재 카운티의 상황과 참석자들이 속한 이해관계자 그룹이 현재 다루고 있는 문제들에 대해 논의했다. 마지막으로, 각 이해관계자 그룹은 앞으로 자신들이 무엇에 집중하고자 하는지를 탐색했고, 10년 후의 미래 카운티 모습을 상상하며 이를 가상의 TV 프로그램이나 감독회의 형식으로 표현한 창의적인 시나리오를 제시했다. 이후 단기 및 장기 목표를 포함한 실행계획을 수립하고 이에 대한 구성원들의 실행 의지가 확립되었다.

18개월 후, 참석자들은 회의에서 논의되었던 여러 가지 중요한 목표들을 달성했다. 이들은 농장 노동자 주택 대출 프로그램에 대한 자금 지원을 확대하고, 임대 지원 기금을 창설했으며, 550만 달러 규모의 저소득층 주택 건설 프로젝트를 진행 중이다. 또한, 참여자들은 주택 외 이슈들에도 적극 대응했다. 이해관계자 그룹 내에서 다양성 교육 프로그램을 시작하고, 시민행동단을 구성했으며, 추가 과제 그룹에 다른 지역 주민의 참여를 유도했고, 지역 중심지 재활성화 계획도 수립했다. 한 참여자는 이렇게 회고했다. "미래 탐색 회의가 효과가 있었냐고요? 당연하죠. 그건 살아 있는 민주주의의 모델이었어요."

| 미래 탐색 회의의 특징

규모, 기간, 주제. 미래 탐색 회의는 보통 약 60명 규모의 참여자가 모여 2.5일에서 3일간 진행되는 회의로, 참여자들이 공통으로 느끼는 문제나 관심사에 대한 실행계획을 수립하는 것이 목적이다. 이 회의는 일반적인 의미에서 문제해결 회의는 아니다. 예를 들어, 카운티의 노숙자 문제를 어떻게 해결할지, 혹은 회사의 인기 제품 배송 주기를 어떻게 줄일지에 대해 구체적인 방안을 마련하기 위한 회의는 아니다(물론 이러한 주제는 후속 실행계획의 주제가 될 수 있다). 그보다는 "ABC 카운티의 미래를 위한 탐색"이나 "ABC 기업의 미래"처럼 조직이나 지역의 미래에 대한 긍정적 에너지를 촉진하는 주제가 선정된다. 또한, 이 회의는 역할 조정이나 업무 프로세스를 협상하는 팀빌딩 회의도 아니다.

참여자 구성. 미래 탐색 회의는 "하나의 방 안에 전체 시스템을 담는 것(get the whole system in the room)"을 목표로 한다. 즉, 이해관계자의 다양한 단면을 대표하는 인원들이 초대되어야 한다. 예를 들어, 교육구의 미래를 주제로 하는 회의라면 행정가, 학생, 학부모, 교사, 구성원, 지역 기업인, 선출직 및 공공기관 관계자 등이 참여할 수 있다(Bailey &

Dupre, 1992; Schweitz & Martens, 2005 참조). 이처럼 다양한 이해관계자 집단이 참여하는 것은 탐색 회의의 핵심적인 특징이며, 그 이유는 다음과 같다. 첫째, 참여는 더 나은 정보 제공과 의사결정을 가능하게 한다. 참여자들은 자신이 아는 정보를 공유함으로써 기존에 알지 못했던 다른 집단의 관점, 목표, 문제를 이해하게 된다. 이 과정에서 새로운 관계가 형성된다. 둘째, 참여는 실행 가능성을 높인다. 해결책이 해당 이해관계자들에 의해 도출되었기 때문에 이미 자연스럽게 실행 의지가 내포되어 있다. 별도의 '설득 작업'이 크게 필요하지 않다. "시장은 하나의 문을 열고, 풀뿌리 활동가는 또 다른 문을 열며, 일반 시민은 제3의 문을 연다. 함께할 때 이들이 만드는 약속의 범위는 어느 한 사람만으로는 결코 가능하지 않다."(Weisbord & Janoff, 2000, p. 66) 와이스보드와 야노프(2000)는 참여자 중 25~40% 정도는 조직 외부에서 초대되는 것이 바람직하다고 권고한다. 무엇보다 중요한 것은 참여자들이 해당 주제에 관심을 가지고 있고, 그 결과에 이해관계를 지니고 있어야 한다는 점이다.

데이터 수집과 해석. 미래 탐색 회의는 데이터 수집 및 해석을 전통적인 OD 실무자 방식과는 다르게 접근한다. 와이스보드는 "탐색 회의에서는 사람들이 직접 상호작용하며, 자신들의 데이터를 수집하고 해석한다"고 설명한다(Manning, 1994, p. 88 인용). 참여자들은 외부 데이터를 가져올 수도 있지만, 자신의 경험이 가장 강력한 데이터 원천이 되는 경우가 많다. 참여자들이 직접 데이터를 해석하는 과정을 통해 자신들의 콘텐츠와 그룹 프로세스를 관리할 책임을 스스로 지게 되며, 이는 회의 이후 컨설턴트의 도움 없이도 실행을 이어가는 데 필요한 중요한 역량이 된다.

넓은 맥락에 대한 탐색. 이 회의는 참여자들이 미래를 계획하기에 앞서 공유된 과거와 현재에 대해 폭넓은 대화를 나누도록 설계되어 있다. 이 과정을 통해 각자가 어떻게 과거의 여정을 지나 현재에 이르렀는지, 그리고 각자의 관점이 어떻게 형성되었는지 이해하게 된다. 이처럼 넓은 맥락을 바탕으로, 참여자들은 자신들이 함께 만들어갈 미래에 대해 의미 있는 대화를 나눌 수 있게 된다.

구조. 미래 탐색 회의는 고위 임원들의 발표, 교육 또는 연설이 거의 또는 전혀 없다. 그 대신, 다음에 설명하는 3일간의 패턴을 따르는 경향이 있다(Weisbord & Janoff, 2000).

| 1일차(오후)

오후의 첫 번째 주제는 과거에 초점을 맞추는 것이다. 참여자들은 이질적인 그룹에 들어가 앉으며, 한 번도 만난 적 없는 사람들과도 함께하게 된다. 벽에 붙어 있는 긴 종이에 참여자들은 '개인적', '세계적', 그리고 회의의 초점이 되는 회사, 커뮤니티 문제에 초점을 맞춘 세 개의 범주 아래 5년에서 10년 단위의 시간 틀에 맞춰 자신의 경험을 적는다. 예를 들어, 2000년대에 회사에서 무슨 일이 일어났는지, 2010년대에 개인적인 삶에서 무슨 일이 있었는지 등을 설명하는 한두 문장을 모든 참여자가 즉시 일어나 적는다. 모든 참여자는 자신의 경험을 공유한다. 혼합 그룹으로 돌아가 참여자들은 데이터의 공통 주제를 분석하고 서로에게 결과를 발표한다. 그런 다음 주제는 즉시 그들에게 영향을 미치는 현재 트렌드로 전환된다. 활동은 트렌드와 그들 간의 관계를 보여주는 커다란 그래픽 디스플레이인 '마인드 맵'이다. 그날의 마지막 활동으로 참여자들은 가장 영향력이 있다고 생각하는 주요 트렌드에 투표한다. 매우 짧은 시간 안에 참여자들은 공유된 과거를 확립하고, 현재 영향력 있는 트렌드에 대한 분석을 수행했다. 중요한 것은 함께 작은 과제를 완료함으로써 협력하고 서로의 관점을 이해하는 방법에 대해서도 배웠다는 것이다.

| 2일차(오전)

다음 날 아침, 참여자들은 이해관계자 그룹(예: 고객은 다른 고객, 공급업체는 다른 공급업체와 함께 작업)으로 다시 자리를 잡는다. 이제 공통된 역할을 공유하는 다른 사람들과 함께 작업하면서 전날의 영향력 있는 트렌드를 분석하고 각 이해관계자 그룹이 트렌드와 관련하여 현재 무엇을 하고 있는지, 미래에 무엇을 하고 싶은지를 더 큰 그룹과 공유한다. 다음으로 같은 그룹은 두 개의 목록을 작성한다. 첫 번째 목록은 '자랑스러운 것들', 즉 조직 또는 초점 문제와 관련하여 현재 자랑스럽게 생각하거나 잘 작동하는 것들의 목록이다. 두 번째는 '후회하는 것들', 즉 후회하거나 잘 작동하지 않는 것들의 목록이다. 오전 프로그램이 끝날 때까지 이해관계자 그룹은 시스템 성공에서 자신의 위치를 인정했다. 각 그룹이 성공을 인정했을 뿐만 아니라 후회하는 것들도 인정했기 때문에 그룹들은 동등한 위치에 놓이게 되고 서로 어떻게 관련되어 있는지 알게 된다.

| 2일차(오후)

오후에는 대화가 미래로 전환되고, 참여자들은 다시 다양한 이해관계자 그룹으로 재배치된다. 각 그룹은 하나의 결과물을 만들게 된다. 즉, 10년에서 20년 후의 원하는 모습을 창의적으로 표현하며, 미래를 상상하고, 거기서 오늘을 돌아보며 깨달음의 경험을 취하는 방식이다. 발표는 "연극이나 시를 쓰거나 노래를 부르는 등의 형태"로 이루어진다(Manning, 1994, p. 89). 창조적인 힘을 풀어놓는 것은 현재의 낙담시키는 문제들로부터 참여자들의 에너지를 해방시키는 경향이 있다. 참여자들은 종종 이것이 콘퍼런스에서 가장 활력을 불어넣고, 재미있고, 강력한 부분이었다고 말한다. 각 발표를 들은 후, 그룹들은 자신들이 들은 공통 주제, 가능한 프로젝트, 그리고 원하는 미래와 관련하여 발견한 모든 불일치 영역의 목록을 작성한다.

| 3일차

마지막 날은 합의 도출과 실행계획 개발에 전념한다. 전체 콘퍼런스 그룹은 전날의 주제, 프로젝트 및 불일치 목록을 검토한다. 개인과 이해관계자 그룹은 미래에 대해 자신들이 내려야 할 선택의 현실에 직면하며, 일부 식별된 대안을 지지하지 않을 수도 있다. 이러한 불일치는 콘퍼런스 동안 해결되지 않고 목록에 남겨진다. 목표는 미래에 대한 공통 비전을 바탕으로 그룹이 지지할 수 있는 구체적인 행동을 식별하는 것이다. 프로젝트나 주제에 동의하면, 이해관계자 그룹이나 임시 그룹이 단기 또는 장기 실행계획을 개발하기 위해 모인다. 참여자들은 회의나 웹사이트 또는 뉴스레터를 통해 콘퍼런스 이후의 의사소통과 후속 조치를 위한 계획을 개발한다.

이러한 구조를 따르는 미래 탐색 회의는 전 세계 수백, 아니 수천 개의 조직에서 사실상 모든 산업과 조직에서 활용되어왔다. 이 방식은 짧은 시간 내에 다양한 관점의 그룹이 미래에 대한 공통 비전을 개발하도록 장려하는 탁월한 개입이 될 수 있다. 대부분의 다른 개입과 마찬가지로, 회의적인 참여자나 후원자가 참여를 강요받을 때, 기본 가치에 큰 차이가 있을 때, 또는 불신으로 인해 의도적으로 다양한 이해관계자 그룹이 포함되지 않을 때 이 방식은 잘 작동하지 않을 수 있다.

품질 및 생산성 개입

조직 품질과 구성원 생산성을 다루는 세 가지 개입은 이 책에서 논의된 대부분의 다른 개입보다 유행 심리에 더 많이 시달린다고 할 수 있다. 전사적 품질 관리(TQM), 리엔지니어링, 그리고 식스 시그마는 모두 한때 큰 인기를 얻었으나, 이후 그 기법들이 대중과 학술 언론으로부터 비판을 받은 시기도 있었다. 엄밀히 말해서 이들 중 어느 것도 우리가 논의한 것과 같은 전통적 OD 개입으로 개발되지 않았지만, 변화관리자들이 자주 그 적용에 관여하기 때문에 대부분의 OD 실무자들이 적어도 이것들에 대해 어느 정도 익숙해질 필요가 있다.

| 전사적 품질 관리

전사적 품질 관리(TQM)는 이 세 가지 접근방식 중 가장 먼저 개발되었고, 일본으로부터 미국 제조업에 가해지는 품질 문제에 대한 대응으로 1980년대에 광범위한 관심을 얻었다. TQM은 팀 내 구성원 참여를 통해 프로세스를 관리하고 개선하기 위해 품질 원칙과 도구를 사용한다. 이 점에서 품질은 단순히 오류 없는 제품을 제조하는 책임만이 아니다. 그 대신, 품질은 모든 곳에 있다. "전사적 품질 관리는 기업의 모든 활동에서 품질 관리를 동기 부여하고 지원하며 가능하게 하는 조직 구조를 만들고 구현하는 것으로 정의할 수 있다."(Heilpern & Nadler, 1992, p. 138) 그러나 TQM이 의미하는 바에는 많은 차이가 있으며, 다수의 사람이 TQM 노력의 일부로 간주하는 다음과 같은 고도로 전문화된 도구와 기법이 있다.

> 벤치마킹, 지속적인 개선, 카이젠(Kaizen), 동시 병행 엔지니어링, 적시 생산, 임파워먼트, 포카요케(Poka-Yoke), 미세공정관리, 전환 주기(cycle time), 유연 생산(flexible manufacturing), 린 생산(lean production), 고객 중심, 부가가치, 파트너로서의 공급업체, 교차 기능 네트워킹, 통계적 공정 관리 및 전사적 시스템 관리 같은 관행들이 있다. TQM은 매우 다양한 관행을 포괄하기 때문에 컨설턴트마다 다른 의미를 가진다(Boje, 1993, pp. 4-5).

TQM은 고객이 조직의 투입 및 프로세스 단계의 출력을 받는 시스템 사고(systems thinking, 4장에서 논의한 대로)를 포함한다. TQM에서 프로세스는 각 프로세스의 정확성과 생산성을 차트로 표시하기 위해 '통계적 공정 관리(SPC)'라는 통계 기법을 사용하여 체계적으로 측정되며, 특정 분석 기법을 사용하여 문제를 검토하고 해결한다. TQM은 구성원들이 이러한 기법을 배우기 위한 상당한 교육뿐만 아니라 모든 구성원이 품질에 대한 주인의식과 책임을 가지고 고객 품질에 대한 모든 프로세스의 영향을 고려하도록 많은 조직에서 문화적 변화를 요구한다. 또한 측정 도구, 보상 및 커뮤니케이션을 포함한 관리 프로세스는 모두 TQM 사고방식의 채택에 영향을 받는다. TQM 프로그램을 효과적으로 구현하는 데는 5~7년이 걸릴 수 있다(Heilpern & Nadler, 1992). TQM은 다섯 가지 기본 활동으로 구성된다(M. Adams, 1992).

1. 모든 수준에서 클라이언트가 가치 있게 여기는 것을 파악한다. 최고경영진은 조직의 품질 노력에 대해 지지해야 하며, 조직의 제품과 서비스에 대한 평가를 위해 주요 고객 및 잠재 고객과 정기적으로 만나야 한다. 또한, 전사적 품질 관리는 인사나 재무처럼 조직 내부의 다른 부서를 지원하는 부서 같은 내부 고객의 요구를 충족시키는 것 역시 강조한다.

2. 제공하는 제품과 서비스를 식별한다. 클라이언트에게 어떤 제품이나 서비스를 중요하게 여기는지, 해당 제품이나 서비스를 어떻게 사용하는지, 그리고 어떤 개선이 이루어지면 그 제품이나 서비스가 더 가치 있게 되는지를 질문해야 한다.

3. 프로세스를 정의한다. 현재 사용 중인 실제 프로세스를 문서화하기 위해 플로 차
   트 기법이 사용된다. 이때는 재작업, 테스트, 품질 점검 등 모든 결함이 포함되어
   야 한다. 구성원 팀은 프로세스를 문서화하고, 해당 프로세스에서 자주 발생하는
   문제나 오류를 지적할 수 있다.

4. 프로세스를 단순화한다. 품질 분임조(quality circle)처럼 임시로 구성된 교차기
   능팀이 실행에 가장 가까운 위치에서 프로세스 개선 활동을 주도할 수 있다. 불필
   요한 프로세스 활동은 다른 활동과 통합하거나 제거함으로써 필요한 단계 수를
   줄일 수 있다.

5. 지속적으로 개선한다. 통계적 공정관리 도구(SPC)와 근본 원인 분석 도구에서 도
   출된 데이터가 프로세스에 결함이 있음을 입증할 때, 점진적인 프로세스 변화가
   정기적으로 이루어질 수 있다. SPC 차트는 프로세스 내의 표준편차를 보여주며,
   프로세스가 이 수준을 초과할 때 오류가 발생하는 위치를 이해하고 수정하기 위
   한 조치가 가능하다. 경영진은 직감이나 추정에 의존하지 말고, 정량적 차트 같은
   데이터를 기반으로 의사결정을 내려야 한다.

TQM 비판론자들은 높은 실패율(Spector & Beer, 1994에 따르면 구현의 약 4분의 3이 기
대에 미치지 못함), "수사와 현실(rhetoric and reality)" 사이의 큰 격차(Zbaracki, 1998),
그리고 구성원 참여 전략이라는 명목하에 통계 자료를 활용한 관리 통제 수단으로 기능하
며 테일러주의의 연장선에 있다는 점(Boje & Winsor, 1993)을 지적한다. 그러나 TQM 지
지자들은 매년 개최되는 말콤 볼드리지 국가품질상 대회를 통해 문서화된 바와 같이, TQM
접근법을 활용한 조직에서 나타난 실질적인 개선 사례들을 근거로 TQM의 효과를 옹호하고
있다.

| 리엔지니어링(Reengineering)

해머와 챔피(Hammer & Champy, 1993)는 자신들의 저서 『리엔지니어링 기업혁명』에서
기존의 경영 유행과 품질 향상 노력이 기업의 생산성과 수익성을 크게 개선하지 못했다고
주장한다. 이들은 대부분 조직에서 연구개발, 엔지니어링, 제조, 운송, 고객 서비스 등 다양
한 기능이 각각 독립된 부서로 분절되어 있다는 점을 지적한다. 이러한 조직 구조는 각 부서
가 개별적으로는 성공을 거둘 수 있지만, 다른 부서의 효율성을 희생시키는 비효율성을 낳
게 된다. 기존 프로세스에 대해 점진적인 개선(예: 제조나 운송 부문에서 몇 시간이나 몇 달
러를 절약할 수 있는 소규모 기술 향상)을 시도하는 대신, 기업은 전체 운영을 근본적으로 재
고하고 재구조화함으로써 더 많은 시간과 비용을 절약할 수 있다. 예를 들어, 그들은 한 기업

이 신용 처리 프로세스를 재설계한 사례를 제시한다. 이 기업은 신청서 접수, 신용 조회, 대출 작성 등을 각각의 부서가 처리하던 방식에서 벗어나, 한 사람이 전체 과정을 처음부터 끝까지 담당하도록 시스템을 재설계했다. 적은 수의 부서를 관여시키고 한 사람에게 전체 프로세스를 관리하는 책임을 부여함으로써 처리 시간을 크게 단축할 수 있었다. 해머와 챔피는 리엔지니어링은 자동화, 인력 감축, 조직 개편과는 다르다고 말한다. 리엔지니어링은 전체 조직 운영을 새롭게 창조하는 재구축 과정이다. 해머와 챔피의 책이 촉발한 리엔지니어링 운동은 오늘날까지 지속되고 있으며, 현재는 비즈니스 프로세스 리엔지니어링 또는 리디자인이라는 이름으로 불리기도 한다. 다만, 최근에는 새로운 기술과 인력 감축을 동반하는 경우가 많다.

리엔지니어링 노력은 리더, 프로세스 책임자, 리엔지니어링 팀, 그리고 조직 전체의 리엔지니어링을 감독하는 위원회와 '총책임자(czar)'로 구성된다. 조직의 주요 프로세스가 정의되고 매핑되어 현재 수행되고 있는 작업을 이해하는 데 활용된다. 리엔지니어링이 필요한 프로세스를 판단하는 데는 세 가지 기준이 있다. 첫째, 제대로 작동하지 않는 프로세스, 둘째, 조직의 고객에게 영향을 미치는 프로세스, 셋째, 재설계 시 큰 영향을 줄 수 있는 프로세스 등이다. 조직이 리엔지니어링할 프로세스를 선택하면, 리엔지니어링 팀은 장벽을 제거하고, 새로운 프로세스 단계를 만들며, 새로운 직무 역할을 개발하거나 책임을 전환하고, 그 외 다양하고도 가능한 변화를 고려할 책임을 진다. 이들은 "프로세스 수행에 관여하는 사람 수는 가능한 한 적어야 한다"(Hammer & Champy, 1993, p. 144) 같은 핵심 리엔지니어링 원칙을 어떻게 구현할 것인지를 고심한다. 리엔지니어링 운동은 OD에서 강조하는 바와 같이, 단일 부서나 시스템의 개선보다 더 큰 조직의 프로세스와 관행을 구조적·체계적으로 사고해야 한다는 널리 퍼진 신념과 관련이 있으나 OD와의 중요한 가치 충돌도 존재한다. 리엔지니어링의 주요 가치는 참여보다 조직의 수익성과 프로세스 통제에 더 초점이 맞춰져 있다(Moosbruker & Loftin, 1998). 해머와 챔피(1993)는 대부분의 리엔지니어링 프로그램이 가진 두 가지 주요 결함으로 다음을 지적한다. 첫째, 조직문화가 변화 노력을 가로막도록 내버려둔다, 둘째, 프로그램을 상향식이 아닌 하향식으로 운영하지 못한다는 점이다. 그 결과, "현장 구성원들과 중간관리자들은 성공적인 리엔지니어링 노력을 시작하거나 실행할 수 없게 된다"(p. 207). 따라서 영향받는 사람들의 참여 없이 강행된 많은 리엔지니어링 노력은 주요 전환을 효과적으로 관리하지 못하고 실패했다. 그 결과 OD 실무자들은 과거에 리엔지니어링이 감원, 적정 규모화 혹은 해고를 완곡하게 표현한 다른 용어들과 함께 이루어졌던 경험 때문에 조직 구성원들이 리엔지니어링 개입을 접할 때 부정적인 인식을 가지게 되었고(Church et al., 1994), 이로 인해 구성원들의 불만도 크게 증가했다. 이러한 배경 속에서 다수의 관찰자는 리엔지니어링 프로그램이 가져올 수 있는 실질적인 개선 효과에 조직개발의 가치와 프로세스(예: 참여, 개방적 커뮤니케이션, 구성원 참여, 공유 리더십)를 통합할 필요성을 강조하게 되었다(Cheyunski & Millard, 1998; Moosbruker & Loftin, 1998).

| 식스 시그마

식스 시그마는 1980년대 후반 모토롤라(Motorola)의 품질 개선 이니셔티브에서 비롯되었으며, 해리와 슈뢰더(Harry & Schroeder, 2000)가 『식스 시그마』라는 제목의 책을 출판하면서 대중적인 주목을 받게 되었다. 모토롤라의 경영진은 더 높은 품질의 제품을 더 낮은 비용으로 생산할 수 있다고 확신했고, 이는 수많은 식스 시그마 프로젝트를 통해 반복적으로 입증되었다. 식스 시그마 프로그램을 도입한 지 4년 만에 모토롤라는 생산성 향상과 비용 절감을 통해 22억 달러를 절약한 것으로 계산했다. 이 프로그램은 GE, 얼라이드시그널(AlliedSignal), 포드, 소니 등 수많은 기업에서 활용되었다.

'식스 시그마'라는 용어는 두 가지 의미를 가진다. 첫째는 통계적 측정치로서의 의미이고, 둘째는 통계적 기법을 활용하거나 식스 시그마 수준의 성과를 목표로 하는 비즈니스 프로세스 개선 전략으로서의 의미다. 통계적 측정치로서 식스 시그마(6σ)는 100만 번의 기회 중 결함이 3~4건 미만이라는 것을 의미한다. 대부분 프로세스는 약 3 시그마 또는 4 시그마 수준에서 운영되며, 이는 100만 번의 기회 중 약 1만 건에서 6만 건의 오류가 발생한다는 뜻이다. 예를 들어, 4σ(정확도 99%)에서는 우체국이 매시간 약 2만 통의 우편물을 잘못 배달하지만, 6σ 수준에서는 그 수가 7통으로 줄어든다.

식스 시그마는 또한 조직의 프로세스를 측정하고 개선하기 위해 수행되는 프로젝트를 의미하기도 한다. 챔피언, 마스터 블랙벨트, 블랙벨트, 그린벨트라 불리는 여러 중요한 역할들을 통해 조직의 인프라에 통합된다. 블랙벨트와 그린벨트는 개선 프로젝트를 주도하고, 챔피언과 마스터 블랙벨트는 장애물을 제거하며 지원과 멘토링을 제공한다. 블랙벨트는 그린벨트 팀원들과 협력하여 특정 문제에 품질 도구를 적용하고, 이를 통해 조직의 수익성과 생산성을 직접적으로 향상시킨다. 식스 시그마에서 사용하는 품질 도구는 다른 품질 프로그램들에서 오랫동안 사용되어온 도구들과 유사하다. 하지만 해리와 슈뢰더에 따르면, 식스 시그마는 이러한 도구들의 적용을 강조하며, 기존의 업무 프로세스에 대해 철저히 의문을 제기함으로써 조직의 수익성에 극적이고도 측정 가능한 영향을 만들어낸다는 점이 다르다. 해리와 슈뢰더(2000)는 식스 시그마 프로그램을 도입하고 지속시키기 위해 세 가지 단계가 필요하다고 말한다.

1. **조직이 식스 시그마를 도입할 준비가 되어 있는지 솔직하게 평가하는 것**. 여기에는 전략적 방향, 재무 및 성장 목표 달성 가능성, 새로운 환경에 효과적·효율적으로 적응할 수 있는 능력에 대한 평가가 포함된다. 조직문화(경영진, 관리자, 구성원 포함)가 필요한 에너지를 쏟고 헌신할 준비가 되어 있는가?

2. **필요한 자원을 투입할 의지**. 식스 시그마 프로그램을 시작하는 데는 직접적·간접적·재정적 영향이 수반된다. 직접적 및 간접적인 인건비에는 전담 인력의 수, 경영진, 팀원, 프로세스 책임자가 프로세스를 측정하고 개선하는 데 들이는 시간이 포함된다. 이 외에도 상당한 교육 비용이 발생한다.

3. **프로그램의 목적, 범위, 기간에 대한 성찰**. 이는 조직이 어떤 영역에서 무엇을 어느 기간 내에 달성하고자 하는지를 평가하는 것을 포함한다. 또한 하나의 영역에서 시범 프로그램을 실행할지, 아니면 조직 전체에 걸쳐 동시에 도입할지를 판단하는 것도 포함된다.

전사적 품질 관리, 리엔지니어링, 식스 시그마는 모두 프로세스 개선 노력을 통해 고객 만족도와 생산성을 향상시키는 것을 목표로 한다. 하지만 각각의 프로그램에 대해 비판자들은 성과가 나타나지 않거나 일시적이었던 경우, 그 인기가 빠르게 사그라들었다고 지적했다. 그러나 대부분 사람들은 이러한 실패가 프로그램 자체의 문제 때문은 아니라고 본다. 많은 경우, 이러한 실패는 실무자들이 해당 프로그램을 조직변화 개입으로 인식하지 않았기 때문이며, 이 책에서 다룬 조직문화와 이해관계자의 도전 과제를 간과한 데서 비롯되었다. 이러한 점에서 많은 관찰자들은 OD의 원칙이 품질 운동에 기여할 바가 크다고 본다.

인수합병에서의 개입

전체 인수합병(M&A) 중 50~75%가 재무적 혹은 전략적 목표를 달성하지 못한다는 추정이 있다(Marks, 2002; Marks & Mirvis, 2001; Nahavandi & Malekzadeh, 1993). 이러한 낮은 성공률에 대한 부정적 평가에도 불구하고 1990년대와 2000년대에는 인수합병 활동이 크게 증가했다(Daly, Pouder, & Kabanoff, 2004; Tetenbaum, 1999). HP와 컴팩(Compaq), 다임러와 크라이슬러(Daimler & Chrysler), 엑슨(Exxon)과 모빌(Mobil)의 합병은 모두 언론의 주목을 받았으며, 각각 고유한 도전과제를 마주하게 되었다.

모의 실험(Weber & Camerer, 2003 참조), 실증 연구(Daly et al., 2004 참조) 및 합병 사례연구(Horowitz et al., 2002 참조)는 모두 합병이 기대에 미치지 못하는 주요 이유가 문화적 요인의 간과와 문화 간 양립 불가능성에 있음을 보여준다. 50년도 더 전에 블룸버그와 위너(Blumberg & Wiener, 1971)는 "합병의 재정적 및 경제적 구성 요소는 규범 개발, 역할 변화, 리더십 스타일, 의사결정 프로세스 및 목표 지향에 대한 기대 같은 것들을 포함하는 전체 문제의 일부다"(p. 87)라고 언급했지만, 후자의 범주는 대부분 관심을 받지 못한다. 시간이 지나도 이 점에서 크게 변한 것은 없는 것 같다. 조직은 전략적 적합성 평가, 재무 모델 평가, 가능한 시장 및 고객 반응 고려, 제품 로드맵 숙고 같은 초기 실사 활동에 시간, 자본 및 에너지를 투자하는 경향이 있지만, 이 장의 시작 부분에 나오는 드문 예와 달리 사람들에게 미치는 합병의 가능한 영향을 이해하는 데는 상대적으로 적은 투자를 하는 경향이 있다(Tetenbaum, 1999). 많은 임원이 성공적인 합병 및 인수 통합이 근본적으로 사람들에게 달려 있다는 것을 점점 더 인식하고 있음에도 이것은 사실이다(Cartwright & Cooper, 1993). 경영진은 재무적·전략적 측면이 변화에 덜 민감하다고 판단하여 이를 우선적으로 검토하지만, 문화나 사람에 관한 문제는 별도의 관리 없이도 저절로 해결될 것이라 가정하는 경우가 많다.

지식과 서비스 중심 경제인 오늘날의 인수합병에서는 고객과 지식재산권을 확보하는 것만큼이나 피인수 조직의 구성원을 효과적으로 통합하는 것이 중요하다. 이들을 적절히 통합하지 못하면, 유능한 인재들이 합병된 회사에 소속감을 느끼지 못하고 결국 떠나게 된다. 실제로 특별한 통합 노력이 이루어지지 않는 한, 고위 관리자 중 최대 75%가 3년 이내에 회사를 떠나는 경향이 있다(Tetenbaum, 1999). 흔히 회자되는 "120일 계획" [20]이나 "평소 같은 사업운영(business as usual)" [21]이라는 문구와 달리, 인수합병은 상당한 혼란을 초래한다. 조직 간에 새로운 구조 속에서 구성원들과 관리자들이 새로운 역할과 기회를 두고 경쟁하면서, 정치적 현실이 빠르게 드러나고, 심지어는 관심의 중심이 되기도 한다. 구성원들은 자신들의 고용 안정성, 새로운 회사에서 성공할 역량을 갖추고 있는지의 여부, 보상과 복리후생이 기존과 유사할지, 새로운 기업 정체성에 편안함을 느낄 수 있을지 등을 걱정하게 된다. 이로 인해 종종 생산성과 사기는 심각하게 저하된다(Holbeche, 2006).

두 개의 조직이 통합될 때, 다양한 차원에서 문화 충돌이 발생할 수 있다. 두 회사가 다음과 같은 측면에서 유사한지 혹은 상이한지에 따라 갈등이 생긴다.

---

20 '120일 계획'은 인수합병 후 통합 과정에서 자주 사용되는 단기 실행계획으로서 30, 60, 90, 120일 단위로 목표와 이정표를 구체적으로 설계하는 전략이다. 인수합병이 완료된 후, 새로운 조직이나 사업 단위를 성공적으로 통합하기 위해 초기 120일(약 4개월) 동안 집중적으로 실행해야 할 계획을 말한다. (역자주)

21 평소처럼 사업을 운영한다는 원칙을 강조하는 의미로 인수합병 후 조직변화로 인한 구성원들의 불안을 줄이기 위해 "일상 업무는 계속된다"는 메시지를 전달하며, 변화 속에서도 일상적인 운영이 중단되지 않도록 유지하는 데 초점을 맞춘 안정성과 연속성을 강조한다. 이러한 사실은 인수가 애초에 좋은 아이디어인지 여부를 결정하는 데 도움이 될 수 있다. 문화적 실사를 진지하게 받아들이는 일부 조직은 평가 결과 문화적 요인으로 인해 통합이 너무 어렵고 논쟁적일 것이므로 가치가 없다고 판단되면 인수 거래에서 실제로 물러난다(Tetenbaum, 1999). 이러한 수준의 평가는 특히 기밀 유지 문제로 인해 어려울 수 있다. 왜냐하면 OD 실무자 또는 인사 부서가 협상 및 실사의 초기 단계에서 종종 배제되기 때문이다. (역자주)

- 합의 기반 의사결정 vs. 자율적 의사결정
- 위험 감수 vs. 위험 회피
- 공식적 vs. 비공식적
- 신속한 합의에 중점 vs. 철저한 분석에 중점
- 표준 규칙 중시 vs. 유연성 중시
- 중앙집권적 통제 중시 vs. 지역별 통제 중시
- 위계적 구조 vs. 수평적 구조
- 장기 지향 vs. 단기 지향
- 대면 커뮤니케이션 선호 vs. 이메일 커뮤니케이션 선호

두 조직의 문화를 성공적으로 통합하기 위해서는 인수합병 계약이 체결되기 전부터 상당한 노력이 필요하다. 인수합병 과정의 각 단계에서, 리더들은 문화적 이슈에 일정 수준의 관심을 기울여야 한다.

1. **계약 전 단계**. 계약 전 단계에서 "인적 실사(human due diligence)"는 인수 기업과 피인수 기업 양측의 문화적 적합성을 평가하는 과정을 포함한다. 디츠, 트레이시와 심슨(Deetz, Tracy & Simpson, 2000)이 주장한 것처럼, "조직은 다른 조직과의 합병을 고려하기 전에 자사의 기업 철학, 목표 및 비전을 점검해야 한다"(p. 175). 자사의 문화를 아는 것은 인수의 사각지대 또는 잠재적인 문제 영역을 식별하는 데 도움이 된다. 마찬가지로 인수 기업은 대상 기업 문화에 존재하는 강점과 약점을 알아야 한다. 예를 들어, 혁신과 문제해결을 중시하는 문화가 강한 조직에서 자신들이 개발하지 않은 솔루션을 구성원들이 불신하는 경우, 유사한 사고방식을 가진 다른 문화와 융합하는 데 어려움을 겪을 수 있다. 하딩과 라우스(Harding & Rouse, 2007)는 또한 최고경영진의 구조와 기능, 경영 및 의사결정 과정을 평가하고 대상 조직의 최고 팀과 개인의 기술 및 역량을 검토할 것을 권고한다.

새로운 문화로의 전환은 거래가 발표되는 순간 시작된다. 임원, 관리자 및 통합 팀은 인수 발표로 충격을 받은 구성원들의 반응에 대비하고 계획해야 한다. 커뮤니케이션 계획에는 직접 메시지 전달(Deetz et al., 2000), 통합의 어려움에 대한 솔직한 논의(Marks & Mirvis, 2001), 구성원들이 자신의 우려와 아이디어를 표현할 수 있는 양방향 대화, 새로운 문화적·조직적 정체성으로의 전환을 용이하게 하기 위한 인수 기업에 대한 교육이 포함되어야 한다.

2. **계약 후, 결합 단계**. 인수합병이 발표되고 두 조직의 구성원들이 공개적으로 이에 대해 논의할 수 있게 되면, 두 조직의 문화적 특성을 더욱 깊이 탐색하고 '문화적 격차 분석'이라 불리는 작업을 진행할 수 있다(Trompenaars & Prud'homme, 2004). 이 과정에서 통합 팀이 중심적인 역할을 수행할 수 있다.

많은 저자들은 효과적인 인수합병 통합이 양측 기업의 경영진, 관리자, 구성원들로 구성된 통합 팀에 의해 추진되어야 한다고 제안한다. 통합 팀의 역할은 두 조직을 효과적으로 결합하기 위해 매일 이루어지는 의사결정과 행동을 처리하는 것이며, 이는 통합 하위 팀 간의 갈등을 조율할 수 있는 존경받는 리더에 의해 운영되어야 한다. 또한, 테텐바움(Tetenbaum, 1999)은 조직문화에 대한 깊은 지식과 강력한 역량을 갖춘 문화 리더가 통합 팀에 포함되어야 한다고 제안한다. 팀이 논의하기 어렵더라도 문화적 동화(acculturation)의 수준이나 유형은 반드시 명시적으로 다루어야 할 주제다. 나하반디와 말렉자데(Nahavandi & Malekzadeh, 1993)는 다음과 같은 네 가지 문화동화 시나리오를 제시한다.

- **동화**(assimilation). 피인수 기업이 자신의 문화적 관행을 포기하고 인수 기업의 문화를 수용할 때 발생한다.
- **통합**(integration). 피인수 기업과 인수 기업이 각각 문화적 정체성의 일부를 유지함과 동시에 일부는 포기하고, 상호 간에 문화적 요소를 공유하는 경우다.
- **분리**(separation). 피인수 기업이 원래의 문화적 속성을 대부분 유지하면서 인수 기업 내의 하나의 사업부나 독립된 부문으로 남는 경우다.
- **탈문화화**(deculturation). 피인수 기업이 자신의 문화적 속성을 포기하되, 인수 기업의 문화를 받아들이려 하지 않는 상태로, 일반적으로 피인수 조직의 해체로 이어진다.

나하반디와 말렉자데는 문화적으로 강한 조직을 인수하는 경우 통합 또는 분리 전략이 더 효과적이며, 반대로 문화적으로 약한 조직을 인수하는 경우에는 동화 또는 탈문화화 전략이 더 성공적일 가능성이 크다고 설명한다. 통합 팀은 종종 피인수 기업에 대한 존중 차원에서 문화통합을 진행하고 있다고 주장하지만, 실제 행동은 문화동화 전략을 따르고 있는 경우가 많다. 또한 피인수 기업의 구성원들은 통합 팀이 아무리 그렇게 하기를 원하더라도 이전 문화를 기꺼이 포기하려 하지 않을 수 있다. 카트라이트와 쿠퍼(Cartwright & Cooper, 1993)는 "많은 인수합병이 실패하거나, 처음부터 충분히 피할 수 있었던 문제를 겪는 이유는 당사자 중 한쪽이 인수합병이라는 '결혼'의 조건에 대한 상대의 인식이나 해석을 인지하지 못하거나, 공유하지 않거나, 받아들이지 않기 때문이다"(p. 65)라고 말한다. 문화동화

시나리오에 대해 정직한 결론을 내리고 이를 투명하게 소통하는 것은 통합 팀이 적절한 결정을 내리는 데 도움이 될 뿐 아니라, 두 조직 구성원들과의 신뢰를 유지하는 데도 도움이 된다.

3. **결합 이후 단계**. 두 조직이 법적으로 통합된 이후에는 통합 팀이 조용히 해산되고, 조직이 통합되었음을 선언하며, 구성원들에게 원래의 업무로 복귀하라고 요청하는 일이 흔하다. 부오노(Buono, 2003)는 "결합 이전 단계의 통합 계획 팀이 너무 일찍 해산되는 일이 계속되고 있으며, 너무 많은 조직이 인수합병 과정을 사람들의 삶과 미래에 직접 영향을 미치는 혼란스러운 일련의 사건이 아닌, 공학적 과업으로 간주하고 있다"(p. 91)고 지적한다. 많은 관찰자는 인수합병 이후 통합 과정이 너무 오래 지속되면 장기적인 모호함과 혼란이 초래될 수 있다고 우려하기 때문에 이러한 현상이 발생한다고 본다. 그러나 이는 불행한 일이다. 왜냐하면 바로 이 시점이야말로 진정한 문화통합 작업이 시작되는 시기이기 때문이다. 새로운 팀들은 팀 형성과 문화적 도전에 대처하는 학습 과정에서 지침과 지원이 필요하다. 이러한 통합 작업은 인수합병의 규모와 복잡도에 따라 2년 이상 걸릴 수도 있다. 그런데 통합 팀이 통합 활동과 그에 따른 과제에 자원을 제공하고 관심을 기울이지 않으면, 관리자들은 지원을 받을 수 있는 경로가 거의 없다. 연구에 따르면 인수합병 이후 리더십 이직률은 세 배로 증가하며(Krug, 2009), 이는 혼란한 상황 속에서 요구되는 지속성을 더욱 어렵게 만든다.

전환 과정을 더욱 원활하게 만들기 위해 도움이 되는 활동들이 있다. 예를 들어, 인수가 공식적으로 완료된 이후에도 커뮤니케이션을 지속함으로써 구성원들이 새로운 문화를 수용할 수 있도록 지원하고, 조직의 비전, 전략, 목표에 대한 교육을 계속 제공해야 한다.

두 조직의 문화를 성공적으로 통합하려면 상당한 수준의 관심과 전담 자원이 필요하다. 결합 초기 단계에서 피인수 기업과 인수 기업 양측의 문화에 대한 분석은 통합 과정에서 논쟁이나 갈등이 발생할 가능성이 큰 주제에 대한 유용한 정보를 제공할 수 있다. 조직은 수많은 문화적 속성과 다양한 하위문화를 가지고 있기 때문에 동화 전략이 무엇이든 간에 아마도 문화적 갈등은 피할 수 없을 것이다. 그러나 문화적 차이의 차원과 정도에 대해 민감하게 인식한다면, 잠재적인 갈등을 더 잘 이해하고, 그것이 발생했을 때 관리자와 구성원들이 어떻게 대응할지를 준비할 수 있다.

결합 이후 단계에서는 조직이 인수합병을 통해 기대한 가치를 실현하기 위해 팀 및 부서 수준에서 통합이 어떻게 전개되고 있는지에 대한 주의가 필요하다. 갤핀과 헌든(Galpin &

Herndon, 2008)은 인수합병 경험이 있는 21개 산업 분야의 경영진을 대상으로 한 연구 결과를 보고했는데, 응답자의 거의 절반(49%)은 자신들의 조직이 "합병 수습이 필요하다"고 답했다. 즉, "우리 회사는 부실하게 수행된 인수합병 통합으로 인해 운영, 생산성, 서비스, 성과 등 여러 측면에서 문제를 겪고 있다"(p. 7)는 것이다.

마크스와 미르비스(Marks & Mirvis, 1992)는 "합병 이후의 무기력은 최고경영진이 합병이 완료되었다고 선언하는 순간 시작된다"(p. 19)라고 솔직하게 말한다. 법적 절차가 완료된 첫 날은 결코 끝이 아니라 개인, 팀, 부서, 조직을 통합해나가야 하는 도전의 시작일 뿐이다. 표 12.1은 결합 이후, 즉 통합 단계에서 일반적으로 발생하는 여러 문제를 정리한 것이다. 다음 절에서는 이러한 네 가지 통합 수준에서 도움이 될 수 있는 조직개발 개입 전략의 다양성을 살펴본다.

표 12.1 통합에서 발생하는 네 가지 수준의 일반적인 문제점

개인 수준 통합	팀 수준 통합	팀/부서 간 통합	조직 전체 통합
• 구성원들이 정보를 찾고 업무를 준비하는 데 너무 많은 시간을 소모함	• 피인수 기업 구성원들이 팀의 목표, 목적, 프로세스를 이해하지 못함	• 새로 구성된 팀들이 서로 다른 목적을 가지고 일하며, 업무 인수인계가 누락되거나 중복 업무가 발생함	• 조직 전반에 걸쳐 정체 상태가 발생하고, 시간이 지나도 변화가 이루어지지 않으며, 경쟁 기회를 실현하지 못함

| M&A 통합에서의 조직개발

인수합병(M&A)에서 발생하는 과제의 양, 다양성, 복잡성 때문에 OD 실무자는 그에 걸맞은 다양한 개입 전략을 식별해야 한다. 일부 OD 실무자들은 조직문화의 비호환성 문제에 집중하는 반면, 어떤 사람들은 개인의 전환에 따르는 도전과제를 먼저 다룬다. 그러나 OD 실무자가 개인, 팀, 조직 전체 중 어느 한 수준의 접근만을 고집할 경우, 여러 수준과 대상에 걸쳐 구성원을 통합하는 일의 중요성을 간과하게 된다. 인수합병에서의 OD 개입이 지니는 고유한 특징은 이러한 다양한 수준에 존재하는 도전과제를 겨냥해 다양한 접근법을 결합해야 한다는 점이다.

통합의 초기 단계에서 OD 실무자는 조직 진단과 분위기 파악을 위한 탐색적 설문조사를 데이터 수집 수단으로 활용하는 것을 고려하면 좋다. 이는 갈등의 원인을 파악하고 개입의 우선순위를 정하는 데 도움을 준다. 설문 질문은 다음과 같은 각 개입 수준별로 잠재적인 문제

신호를 탐색할 수 있도록 구성되어야 하며, 이를 통해 OD 실무자와 클라이언트는 조직의 구체적인 요구에 부합하는 개입을 선택하고 맞춤화할 수 있다. 예를 들어, 비어드와 주니가(Beard & Zuniga, 2006)는 통합 팀이 가장 적절한 개입 전략을 설계할 수 있도록 도와주는 문화 진단(culture assessment)의 개발 과정을 설명한다.

| 목표 1: 개인 수준의 통합

지난 20여 년간의 연구에서 반복적으로 지적된 바와 같이, 인수합병(M&A) 활동은 구성원들에게 상당한 심리적 스트레스를 유발한다. 이는 상실감, 분노, 불안, 불확실성, 슬픔 등 다양한 감정으로 설명된다. 이러한 감정을 경험하는 개인은 갈등의 증가, 낮은 동기부여, 심리적·신체적 건강 악화 등의 반응을 보이기 쉽고, 이는 조직 차원에서 결근, 이직, 생산성 저하 등으로 나타난다(Cartwright & Cooper, 1993; Seo & Hill, 2005).

인수합병 초기에 구성원들은 지극히 개인적인 우려를 하게 된다. "사람들이 인수합병에 처음 반응할 때 가장 먼저 자신의 이해관계를 생각한다. 그들은 이번 거래가 자신의 일자리, 생계, 경력에 어떤 영향을 미칠지에 대해 집착하게 된다."(Marks & Mirvis, 1992, p. 20) 생존자가 확인되고 나면, 그 다음으로는 직무 수행에 필요한 실무적 요소들이 기본적인 차원에서 중요해진다. 기술 장비, 사무실 시설, 전화, 출입증, 간판, 명함 등은 정확하고 신속하게 처리되지 않으면 생산성을 쉽게 저해할 수 있다. 과거에는 단순하게 처리할 수 있었던 정책 및 절차 관련 질문들도 이제는 시간과 노력을 많이 들이게 되는 방해 요소가 된다. 이에 따라 구성원들의 시간과 주의력은 일상적인 업무 활동에서 벗어나 기본적인 업무 환경을 갖추고, 절차적 질문에 대한 해답을 찾는 데로 분산된다. 그러나 개인 통합 과정에 있어 더욱 심각한 문제는 정보의 공백 속에서 구성원들이 익숙한 방식으로 회귀하려는 자연스러운 경향이다. 즉, 이전의 프로세스, 도구, 시스템으로 돌아가려는 것이다. 이러한 점에서 개인 통합의 매우 명확한 장애 요인 중 하나는 온보딩(onboarding)과 오리엔테이션 활동을 제대로 수행하지 못하는 것이다.

개인 수준의 통합을 위한 개입

팀 메리필드(Tim Merrifield, 2006, p. 11)는 시스코(Cisco)의 연구개발 인재 통합 경험을 반영하여 "실사 과정 초기에 개인에게 초점을 맞추는 것은 상당한 장기적 이점을 가져올 수 있다"고 말한다. 전문가들은 상담 및 사회적 지원, 개인의 이탈 방지 노력, 비슷한 감정을 경험하는 사람들과 불확실성과 불안감을 공유할 수 있는 애도 모임, 리더와의 양방향 커뮤니케이션 등 개인이 전환기에 겪는 스트레스에 대처하는 데 도움이 되는 여러 가지 방법을 제시한다. 그러나 모든 커뮤니케이션이 유용한 것은 아니다. 특히 합병 중 정보 적절성에 대한 한 연구에서 연구자들은 커뮤니케이션 세션이 신중하게 설계되고 구성원들이 진정으로 걱정하는 문제(예: 의사결정 방식 및 직업의 어떤 측면이 변경될 것인지)와 관련된 경우에만 직무 만족도를 높인다는 것을 발견했다(Zhu, May, & Rosenfeld, 2004).

구성원과 관리자가 그룹 학습에 참여하는 집단적 사회화 전술(온보딩 세션, 신입 구성원 오리엔테이션 및 신임 관리자 오리엔테이션에서 발생하는 것 같은)은 동료와 교류할 기회를 제공한다. 이러한 활동은 적어도 한 연구에서 신규 입사자의 몰입도(즉, 직업 및 조직과의 연결 증가)를 높이고 이직률을 줄이는 것으로 나타났지만(Allen, 2006), 이 연구는 인수 온보딩에 특별히 초점을 맞추지는 않았다.

| 목표 2: 팀 수준 통합

인수합병 이후 새로운 팀이 구성되면서, 관리자와 팀원들은 "업무 단위의 임무, 구조, 시스템에 대한 고위급 결정의 결과를 마주하게 된다"(Marks & Mirvis, 1992, p. 21). 새로 인수된 구성원들은 새 팀의 목적, 목표, 방향이나 자신의 역할에 대해 이해하지 못할 수 있다. 인수로 인해 팀의 임무나 미션이 변경되었을 수 있으며, 인수 이전의 팀원들조차 자신의 책임이나 새로운 팀원이 기존 역할 및 프로세스와 어떻게 어우러질지에 대해 의문을 가질 수 있다. 그 결과 팀원들은 누가 어떤 결정을 내리는지 파악하기 위해 고군분투하고, 중요한 인수인계가 누락되며, 역할이나 책임을 이해하거나 존중하지 못한 채 불필요하게 중복된 작업을 하거나 비효율적인 커뮤니케이션 패턴에 빠지는 등 길고 비생산적인 시행착오의 반복으로 이어질 수 있다.

그러나 관리자들은 팀 구성원이 한두 명만 바뀌는 비교적 작은 변화조차 팀 역학에 변화를 가져오며, 기존 구성원들은 떠난 구성원이 하던 일을 누가 맡을지, 새로운 구성원이 어떤 역할을 할지 질문하게 된다는 사실을 인식하지 못하는 경우가 많다. 관리자는 업무 성과에 대한 압박으로 인해 새로운 구성원을 단순히 팀에 배치한 후, 시간이 지나면 자연스럽게 적응할 것이라 기대하는 경향이 있다. 그러나 신입 팀원과 기존 팀원 모두 브리지스(Bridges, 1980)가 말한 '끝맺음'과 '새로운 시작'의 고전적인 단계를 거치고 있으므로 이러한 전환에 대해 의식적으로 주의를 기울이지 않으면 팀 통합 과정이 느려질 수 있다.

팀 통합을 위한 개입 전략

11장에서 다양한 팀 개입 전략을 이미 다루었기 때문에 여기서 반복할 필요는 없다. 그러나 인수합병 상황에서는 팀 구성원, 목표, 목적, 역할, 회의·의사결정·리더십·커뮤니케이션 같은 팀 규범에 대한 기대치가 어떻게 변화되었는지를 조기에 명확히 하기 위해 팀 개입을 이른 시점에 시행하는 것이 더욱 중요하다. 특히 팀 시작 또는 전환 회의 같은 개입은 인수합병 과정에서 팀을 빠르게 출범시키는 데 효과적이며, 피인수 구성원들이 새로운 팀에 소속감을 느끼는 데 도움을 줄 수 있다.

| 목표 3: 팀/부서 간 통합

최근 연구는 한 집단이 함께한 시간이 길수록 그 집단의 역사적 정체성을 상실하는 데 따른 상실감이 크고, 인수합병에 대한 저항감도 커지며, 구성원들이 과거 정체성을 보호하고 유지하려는 활동을 더 적극적으로 수행한다는 사실을 입증하고 있다(Jetten & Hutchison, 2011). 흥미롭게도, 이 연구에 참여한 사람들은 인수합병 이전의 그룹 이름을 계속 사용할 수 있을 때 저항감을 덜 느꼈다고 보고했다. 마찬가지로, 콜먼과 루난(Colman & Lunnan, 2011)은 이전 기업에 대한 강한 소속감이 있는 구성원일수록 새로운 프로세스나 접근방식에 대해 더 많이 저항하며, 이를 이전보다 열등한 것으로 인식하는 경향이 있다는 사실을 밝혔다. 이러한 발견은 사회 정체성 이론(social identity theory)을 뒷받침한다(Tajfel & Turner, 1985). 이 이론은 우리의 정체성 중 상당 부분이 자신이 속한 사회적 집단에 의해 형성된다고 본다.

물론 이러한 소속감이 주는 실용적인 장점도 있다. 강한 팀 정체성을 지닌 구성원들은 팀의 목표에 더 적극적으로 참여하며, 공동의 성과 달성을 위해 협력할 가능성이 크다. 그러나 인수합병 상황에서는 이러한 내집단 정체성이 부족주의적 결과를 낳을 수 있다. 내부 팀 간의 경쟁이 협력을 압도하는 것이다. 맥기 쿠퍼(McGee-Cooper, 2005)는 인수합병 상황에서 "신규 구성원과 기존 구성원이 대립하게 된다"고 지적한다. 회사는 신규 구성원을 이질적이고 '위험한' 존재로 인식하고 집단은 새로운 아이디어와 문화적 차이에 맞서기 위해 내부 결속을 강화한다"(p. 14). 많은 연구들은 팀 간 또는 팀 내부의 갈등이 문화적 차이에서 비롯된다고 지적한다. 이러한 차이는 직접적인 대립 상황에서 반감을 불러일으키며, 때로는 악순환을 유발한다(Bijlsma-Frankema, 2001, p. 194). 새로운 조직 내에서 협력하기보다는 팀이나 기능 조직들이 서로 경쟁 관계로 인식하게 되고, 이는 특히 피인수 조직이 독립 부서로 유지되거나 기존의 부서 구조가 새로운 조직에 그대로 유지될 경우 더욱 두드러지게 나타난다. 인수 이전의 구조에 새로운 기능을 덧붙이면, 부서 간 역할과 책임의 경계가 모호해지며, 업무 분담과 인수인계, 의사결정 권한, 정보 공유 방식에 대한 혼란이 발생할 수 있다.

또한, 새로운 조직의 리더들은 통합 조직의 전략, 계획, 목표에 대해 공통된 이해와 공동의 헌신을 보여주어야 한다. 이는 리더십 및 경영진 집단 간의 관계가 매우 중요하다는 점을 강조하는데, 이러한 관계 속에서 문제들이 공개적으로 공유되고 논의되며 결정되어야 한다. 피인수 조직의 관리자들은 특히 구성원들이 과거에서 현재로의 전환에 대해 정보를 요구할 때, 이를 효과적으로 전달해야 한다는 도전에 직면한다. 한 연구에서는 피인수 관리자들이 상충된 역할을 수행해야 한다고 지적했다. 즉, 이들은 과거의 프로세스, 네트워크, 관계를 유지해야 하면서도 동시에 새로운 맥락 속에서 이를 적응시키고 재구성해야 한다는 것이다(Chreim & Tafaghod, 2012). 크레임과 타파고드(Chreim & Tafaghod, 2012)는 인수 통합에서 이들 관리자에게 중요한 성공 요인은 인수 기업 관리자들과 피인수 기업 관리자들 간의 관계의 질이었다고 밝혔다. 성공적인 통합에서는 관리자 간에 긍정적이고 건설적이며 빈번한 상호작용이 있었고, 반면 실패한 사례에서는 신규 관리자와 기존 관리자 간에 무관심하거나 비생산적인 상호작용이 나타났다.

팀/부서 간 통합을 위한 개입 전략

OD 실무자는 인수 이전에 존재했던 기존 팀과 새로 인수된 팀 간의 집단 갈등을 관리하는 데 있어 리더들을 지원할 수 있다. 예를 들어, 조직 거울 활동(집단 간 유사점과 차이점에 대한 인식을 퍼실리테이터의 안내 아래 서로 교환하는 세션), 공동 문제해결 워크숍, 마이크로코즘 그룹(각 집단의 일부 구성원이 모여 문제해결책을 협상하는 소규모 그룹) 등은 팀 간 접촉을 늘리고, 타 집단에 대한 고정관념을 줄이는 데 효과적일 수 있다. 조직 구성원들이 더욱 효과적으로 협력하는 법을 배우도록 돕기 위해 테텐바움(Tetenbaum, 1999)은 양측 조직 구성원들이 협업해야만 달성할 수 있는 상위 목표를 설정할 것을 권장한다(이는 11장에서 다룬 바 있다). 단순한 팀 간 접촉만으로는 갈등을 줄이기 어렵지만, 양측이 공동으로 소유하고 헌신하는 목표를 설정하면 갈등 완화 가능성이 커진다. 양측 리더는 OD 실무자의 전략적 계획 수립 및 목표 설정 퍼실리테이션을 통해 공동 전략에 합의할 수 있다. 리더십 개발 활동은 리더와 관리자들이 기능 간 도전 과제를 관리하는 역량을 강화하는 데 기여할 수 있다. 예를 들어, 어도비(Adobe)가 2005년 매크로미디어(Macromedia)를 인수한 이후, 통합된 조직은 새로운 시장에서 경쟁력을 확보하기 위해 교차 팀 협업 역량을 강화하는 것이 필수였다. 모리스(D. Morris, 2009)는 어도비가 '어도비 리더십 체험'이라는 프로그램을 개발하여 인수 전후의 리더 모두에게 공통의 리더십 속성과 가치를 설정하고 기대치를 명확히 했다고 설명한다.

리더십 개발 세션에는 인수 기업과 피인수 기업 관리자를 연결하는 버디 시스템을 도입하여 네트워크 형성과 경영진 간 접촉을 촉진하는 활동도 포함할 수 있다.

| 목표 4: 조직 전체 수준의 통합

대규모 인수합병에서는 법적 통합이 이루어지기 전에 리더와 인수합병 이행팀이 두 조직을 운영 측면에서 어떻게 통합할지를 결정하는 경우가 일반적이다. 이에는 프로세스를 어떻게 통합할 것인지, 어떤 구성원을 잔류시키고 어떤 구성원을 제외할 것인지, 보고 체계를 어떻게 구성할 것인지 등에 대한 초기 결정들이 포함된다. 바케마와 쉬벤(Barkema & Schijven, 2008)은 이 단계에서 조직이 감당할 수 있는 범위를 초과하는 많은 의사결정이 요구된다고 지적한다. 그 결과, 일부 결정은 현실적인 기준에 따라 신속히 내려지기도 한다(예: "두 개의 제품 유지보수 부서는 그냥 그대로 두자"). 통합 단계에서 조직의 문제해결 역량이 점차 증가함에 따라 더욱 효과적인 의사결정을 위한 새로운 정보들이 드러나기 시작한다(예: 두 제품 유지보수 부서 간의 중복 영역이 점점 명확해짐). 이 연구는 인수합병의 성공을 위해서는 통합 완료 이후에도 지속적인 모니터링과 조정이 핵심 역량이라는 점을 시사한다. 실제로 바케마와 쉬벤(2008)은 "인수자는 처음 통합을 시도할 때 최적의 통합을 달성하지 못하는 경우가 일반적이다"(p. 702)라고 말하며, "사업 재조정은 인수의 잠재력을 충분히 실현하는 데 중요한 역할을 한다"(p. 715)고 강조한다. 특히 이들은 인수 후 조직 설계에 관한 의사결정은 "단발성 게임(one-shot game)이 아니라, 초기 통합을 훨씬 넘어서까지 이어지는 과정이다"(p. 715)라고 지적한다. 통합 과정에서 새로운 역량이나 기회가 드러날 수 있으며, 이는 인수의 진정한 이점을 실현하기 위해 과거의 조직 설계 결정을 다시 검토해야 할 필요성을 야기한다.

조직 전체 통합을 위한 개입 전략

인수 과정 초기와 인수 이후 몇 년에 걸친 조직 설계 작업은 매우 중요하다. 메트라이프(MetLife)의 조직 설계 및 인수 과정을 다룬 자신스키(Jasinski, 2010)는 "조직 설계를 인수 초기부터 실행까지 적용하면, 구조, 프로세스, 지배구조, 지표, 인재 등이 새롭게 통합된 조직의 전략을 수행하는 데 최적의 방식으로 구성되고 정렬되도록 하는 강력한 촉매 역할을 한다"(p. 6)고 주장한다. 위 연구 결과를 뒷받침하듯, 메트라이프의 사례에서는 "조직 설계 활동이 인수합병 통합 계획 단계에서 정점을 찍고, 통합 직후에는 감소했다가 그 설계의 장기적 효과가 나타나고, 조정이 필요한 시점에 다시 급증한다"(p. 9)고 한다.

인수 후 몇 개월이 지나 일상적인 통합 과제가 사라지기 시작하면, 리더들은 다음과 같은 질문을 던지기 시작할 가능성이 크다. "이번 인수에서 가치를 실현하지 못하고 있는 영역은 어디인가?", "남아 있는 미개발 잠재력은 무엇인가?", "우리 조직이 진화하는 다음 단계는 무엇이 되어야 하는가?" 이러한 광범위한 질문들은 전략, 보고 구조, 프로세스 등 다양한 요소를 재검토하도록 리더들을 자극한다. 역량 있는 OD 실무자는 리더들과 협력하여 이러한 조직 설계 과제를 구조화된 방식으로 함께 해결해나갈 수 있다.

미래와 조직의 비전에 대한 질문은 인수하는 조직과 피인수 조직의 구성원들을 참여시킬 수 있는, 참여적 대규모 집단 개입의 효과를 시사할 수 있다. 표 12.2는 이 절에서 언급된 개입 중 일부만 요약한 것이다. 이는 이 수준에서 발생할 수 있는 문제의 유형을 모두 포괄하는 목록도 아니며, 변화관리자가 이를 해결하기 위해 사용할 수 있는 조직개발 개입의 포괄적인 목록도 아니다. OD 실무자는 인수합병의 복잡성 때문에 인수합병의 통합 단계에서 다양한 접근을 통해 가장 큰 가치를 더할 수 있다. 이러한 접근은 명확히 높은 접촉도와 자원이 많이 소요되는 노력이 요구되는 상황에서 개인, 팀, 부서, 조직 전체의 발전을 위해 동시에 주의를 기울이며 다양한 표적을 다루는 것이다. 하나의 가능한 접근은 인수 조직과 피인수 조직 양 측의 변화관리자들로 구성된 '통합 조직개발팀'을 구성하여 협력하는 방식이다. 각 조직과 표적 영역에 전문성을 가진 변화관리자들이 힘을 모아 통합 이후의 종합적인 조직개발 전략을 수립할 수 있다. 이 접근은 변화관리자들이 그들이 지원하려는 클라이언트의 입장에서 상황을 직접 경험해볼 수 있다는 장점이 있다. 즉, 팀을 형성하고, 역할과 프로세스를 협상하며, 문화적 차이를 관찰하고, 조직 간 협력을 수행하는 과정에서 클라이언트와 유사한 도전을 경험하게 된다.

<table>
<tr><td colspan="5">표 12.2   일반적인 통합 문제를 해결하는 OD 개입 방법</td></tr>
<tr><td></td><td>개인 수준 통합</td><td>팀 수준 통합</td><td>팀/부서 간 수준 통합</td><td>조직 수준 통합</td></tr>
<tr><td>목표</td><td>• 인수 과정에서의 스트레스와 기초적 욕구에 대해 구성원들을 지원하고, 구성원 몰입을 개발</td><td>• 생산적인 팀을 형성</td><td>• 리더와 팀 간의 협력적 상호작용을 개발</td><td>• 교착 상태를 제거하고 미래의 가능성을 촉진</td></tr>
<tr><td>개입</td><td>• 온보딩 세션
• 신입 구성원 오리엔테이션
• 신임 관리자 오리엔테이션
• 양방향 소통 세션</td><td>• 팀 시작 회의
• 팀 전환을 촉진하기 위한 관리자 개발</td><td>• 집단/팀 간 개입
• 상위 목표를 공동으로 개발하기 위한 전략적 계획 및 목표 설정
• 교차 기능 네트워크와 공유 가치를 촉진하기 위한 리더십 개발</td><td>• 조직 설계
• 대규모 집단 개입</td></tr>
</table>

초조직 또는 조직 간 개발

조직개발에서의 특별한 상황 중 하나는 다수의 조직이 공동의 목적을 가지고 네트워크나 협력적 관계를 형성할 때 조직개발 개념을 적용하는 경우다(Cummings, 1984). 이러한 관계는 '초조직 시스템' 또는 '메타조직'이라 불린다(Ahrne & Brunsson, 2008). 많은 연구자들은 이러한 형태의 관계가 점점 더 빈번하게 나타나고 있다고 지적하지만, 조직개발 분야는 이러한 관계에서 발생하는 고유한 도전과제를 이해하는 데 다소 느리게 대응해왔다(Clarke, 2005; Cummings, 1984). 아르네와 브룬손(Ahrne & Brunsson, 2008)은 유럽에만도 20만 개 이상의 메타조직이 존재한다고 추정한다.

다수의 조직은 다음과 같은 목적을 위해 조직 간 관계에 진입할 수 있다(이는 '초조직 시스템' 또는 '협력 네트워크'라고도 불린다). 자원을 교환하거나 통합하기 위해, 공동의 목적을 향해 함께 일하기 위해, 또는 새로운 제품이나 서비스를 공동으로 생산하기 위해(Alter & Hage, 1993, p. 2) 관계를 맺는다. 때로는 이들 다중 조직 시스템이 개별 조직이 독립적으로 해결할 수 없는 문제나 과제를 해결하기 위해 형성되기도 한다. 이는 각 조직이 해당 문제를 해결할 자원이 없거나, 조직들이 상호의존적인 관계에 있어 협력 없이는 문제를 해결할 수 없는 경우일 수 있다(Chisholm, 2000). 이러한 다중 조직 관계의 예시는 다음과 같다.

- 신제품 또는 서비스 개발을 위한 합작 투자
- 산업 표준을 개발하기 위한 컨소시엄
- 생산 네트워크
- 교육 또는 보건 분야의 공공-민간 파트너십
- 협동조합 또는 공동구매 네트워크
- 무역 협정, 산업 협회, 또는 노조
- 공동 연구 및 개발 컨소시엄
- 영리 및 비영리 조직의 로비 협회

이러한 각 유형의 초조직 시스템은 조직되는 방식에서 서로 다르다. 예를 들어, 합작 투자를 개발하는 경우 두세 개의 조직이 주기적으로 만나 각자 어떤 책임을 맡을지, 그리고 각 조직의 목표를 달성하기 위해 어떻게 협력할지를 결정할 수 있다. 예컨대 한 조직은 연구개발을 담당하고, 다른 조직은 제조를 담당할 수 있다. 반면, 무역 협회나 산업 표준 컨소시엄 같은 다른 상황에서는 각 참여 조직의 대표들로 구성된 또 다른 새로운 조직이 형성되기도 한다(유엔은 이런 사례에 해당한다). 또 다른 경우에는 조직들이 이름만으로 참여하거나, 공동구매 네트워크처럼 경제적 관계만 유지할 수도 있다.

예를 들어, 치솔름(Chisholm, 2008)은 1990년대 루마니아에서 형성된 '루마니아 고아를 위한 협력 동맹(Collaborative Alliance for Romanian Orphans)'이라는 시스템을 설명한다. 전 세계 수백 개의 조직이 컨소시엄 형태로 참여하여 국립 기관에 남겨진 약 14만 명의 고아에게 구호를 제공했다. 이들은 긴급 구호와 보건 시스템 개선이라는 공동의 목표를 공유했고, 단기간에 수백 명의 의료 전문가를 교육시키고 수만 명의 아동을 돌보았다. 슈만과 톰블리(Shuman & Twombly, 2010)는 이러한 협력 네트워크가 민첩성이라는 장점이 있다고 제안하는데, 이는 네트워크에 참여하는 각 조직이 개별 조직은 가지지 못한 고유의 역량을 발휘하기 때문이다.

초조직 시스템은 식별, 회합, 조직화의 세 단계를 통해 발전한다(Cummings, 1984). 이 각 단계는 고유한 관심 주제를 내포한다.

1. **식별 단계(identification)**: 초조직 시스템을 형성하는 이유에 집중하며, 해당 문제나 이슈에 이해관계가 있는 구성원들을 찾아 초대하는 과정이다. 서로 다른 집단은 문제를 서로 다르게 인식하기 때문에 문제의 범위와 경계에 대해 서로 다른 생각을 가질 수 있으며, 따라서 적절한 구성원을 식별하고 관계의 범위를 설정하는 것이 어려울 수 있다.

2. **회합 단계(convention)**: 두 번째 단계는 각 구성원의 문제 인식, 참여 동기 및 목표에 대한 의견을 수렴하고, 문제해결을 위한 행동에 대한 몰입을 형성하는 과정이다.

3. **조직화 단계(organization)**: 구성원들은 자신들이 바라는 미래상을 탐색하고 이에 대해 합의한다. 또한 그 미래를 실현하기 위해 각자 수행할 행동에 대한 합의도 이뤄진다. 일부는 이전에 언급된 탐색 회의 방법론을 사용해 이 과정을 진행하기도 한다(Clarke, 2005; Trist, 1985). 참여자들은 의사소통 방식, 참여 규범, 의사결정, 리더십, 구조 등과 같은 주제에 대해 실질적인 운영 방식을 수립한다. 예를 들어, 초조직 시스템이 구성원들의 명시적 허가 없이 어떤 결정과 행동을 대신 수행할 수 있는지를 정한다.

한 가지 관점에서 보면, 이러한 단계에서 발생하는 문제들은 11장에서 다룬 단일 집단 개입 전략들(예: 신규 팀 구성 활동이나 팀빌딩 개입)을 통해 해결할 수 있다. 그러나 초조직 시스템은 전통적인 조직개발 개입을 적용하기 어렵게 만드는 특성을 나타내며, 많은 경우 완전히 다른 접근을 요구한다. 예를 들면 다음과 같다.

1. **위계와 구조**는 일반적인 조직과 초조직 시스템에서 다르다. 많은 경우, 구성원들은 위계적 관계 없이 동등한 입장에서 참여하며, 분쟁을 조정할 상위 수준의 관리자가 존재하지 않는다. 구성원들은 자신의 활동을 자율적으로 수행해야 한다(Chisholm, 2000). 일부 연구자들은 초조직 시스템에 대해 "조직화가 부족하다"

고 표현한다(L. D. Brown, 1980; Cummings, 1984). 이는 참여자들이 느슨하게 연결되어 있고, 목적이 모호하며, 정책이나 공식 절차가 거의 없거나 전혀 없다는 것을 의미한다. 이러한 상황에서는 변화 전략이 시스템의 조직화 수준을 높이는 방향이어야 한다(L. D. Brown, 1980, p. 190). 예를 들어, 공유된 규범과 가치를 강화하고, 예측 가능성과 일관성을 만들기 위해 구조, 역할, 기술을 설계하는 것 등이 포함된다(Cummings, 1984, p. 399).

2. **구성원 관계**는 대부분 조직과는 다르다. 일반 조직에서는 구성원들이 조직과 유사한 관계를 형성하지만, 초조직 시스템에서의 구성원 관계는 다양하다. 예컨대 협동 생산 네트워크나 국제 정치기구처럼 자발적으로 참여하는 경우, 구성원의 참여와 몰입은 주요 관심사가 된다. 이런 경우에는 구성원들의 참여 동기와 각 개인의 목표 및 목적을 아는 것이 도움이 된다. 서로 다른 구성원들은 서로 다른 목표와 기대를 가지고 있을 수 있으며, 이 중 일부는 충돌할 수도 있다. 참여가 자발적이지 않고 법이나 규정에 의해 강제되는 경우도 있는데, 이러한 상황에서는 갈등이 더 분명하게 드러날 수 있다(Cummings, 1984). 어느 경우든 초조직 시스템의 구성원들은 동시에 자신이 속한 '소속 조직'의 구성원이기도 하며, 종종 그 조직에 보고하거나 조직을 대신하여 행동하기 위해 공식적인 허가를 받아야 한다. 따라서 협상과 합의는 여러 차례의 논의 과정을 수반하게 된다. 변화관리자는 이러한 시스템에서 결정 절차를 정의하는 데 도움을 줄 수 있으며, 구성원들이 어떤 수준의 합의가 필요한지 명확히 이해하도록 도울 수 있다.

3. **신뢰와 협업**은 초조직 시스템에서 특히 중요한 고려 사항이며(Vangen & Huxham, 2003), 정치적 문제 또한 발생할 가능성이 크고 매우 민감할 수 있다. 예를 들어, 경쟁자들이 시장의 요구에 따라 협력적으로 연합하여 공동 산업 표준을 설정하기로 결정할 수 있지만, 각 조직은 자신의 성공이라는 개별적 이해관계를 가지고 있다. 구성원들은 타 구성원의 동기나 숨겨진 의도(선택, 기여, 의견 등)에 대해 의심을 품을 수 있다. 로비 활동, 표 교환, 권력 다툼, 연합 형성이 발생할 가능성도 크다. 뱅겐과 헉샴(Vangen & Huxham, 2003)은 이러한 시스템 내에서 신뢰와 협업은 점진적이고 순환적인 과정(신뢰 형성, 위험 감수, 권력 불균형 및 역학의 관리, 그리고 소규모 점진적 성공을 기반으로 한 추가 신뢰 형성)을 통해 개발될 수 있다고 말한다. 또한 이러한 시스템에서는 매우 높은 수준의 신뢰관계를 구축하는 것이 불가능할 수도 있으며, 시스템은 그러한 상황을 어떻게 관리할지를 학습해야 한다고 지적한다.

슈만과 톰블리(2010)는 이러한 네트워크 관계가 '네트워크 안무가'라 불리는 리더십 역할을 통해 유지된다고 설명한다. 이는 참여자들을 조직하고 네트워크 관계를 개발 및 유지하는 역할이다. 예를 들어, 전략적 제휴에서는 각 파트너 조직을 대표하는 구성원들이 안무가 역할을 수행한다고 볼 수 있다. 안무가는 각 당사자 간의 촉진자이자 연결자로서의 역할을 하며, 네트워크 구성원들이 이 관계로부터 지속적으로 가치를 얻을 수 있도록 보장하는 기능을 한다. 안무가는 다음과 같은 역량을 갖추어야 한다. (1) 창업가: "비전을 유지하고, 무언가 새로운 것을 창조하고 성장시키는 데 내재된 불확실성을 편안하게 받아들일 수 있어야 한다."(p. 78) (2) 열정적인 옹호자: "협업의 비전에 대해 타인을 설득할 수 있어야 한다." (3) 코치 및 멘토: "고위 리더십과 협력하여 그들의 행동과 결정이 어떤 영향을 미치는지 이해하도록 이끄는 역할을 수행해야 한다."(p. 8) (4) 지치지 않는 소통가: "전통 조직 내의 사일로를 연결하고 조직 간의 연결고리를 만들어낼 수 있어야 한다."(p. 8)

초조직 시스템, 네트워크 또는 다른 어떤 명칭을 사용하든 간에 조직 간 설계가 점점 확신됨에 따라 변화관리자들은 안무가와 네트워크 구성원들이 생산적이고 협력적인 관계를 맺도록 지원하는 데 있어 기회와 동시에 도전에 직면하게 될 것이다.

대화형 조직개발 자문과 개입

5장에서 다루었듯, 대화형 조직개발(dialogic OD)은 전통적 조직개발과는 철학적 전제와 기반이 근본적으로 다른 접근 방식이다. 대화형 OD 과정은 조직개발의 전체 참여 과정, 특히 계약 체결을 포함한 클라이언트와의 관계 맺기 방식에서도 기존 접근과는 다른 특징을 보여준다. 당연하게도, 대화형 OD 개입은 전통적 OD 개입과는 형식도 다르고 퍼실리테이션 방식도 다르다.

대화형 OD에서는 상호작용(interaction)과 대화(conversation)가 우선이며, 참여자들이 자신에게 가장 중요한 이슈와 주제를 스스로 제기하고 이에 대한 소유권과 책임을 지는 방식이 중심이 된다. 대부분의 대화형 OD 개입에서는 퍼실리테이터와 클라이언트조차 사전에 어떤 주제가 제기될지 모를 수 있으며, 따라서 다른 개입 방식들보다 덜 구조화되고 계획되지 않은 느낌을 줄 수 있다. 부셰(Bushe, 2013)의 표현을 빌리자면, 대화형 OD에서는 변화 과정을 설계할 때 다음의 두 가지 핵심 요소가 반드시 일어나도록 해야 한다.

> 변화를 실제로 실천하고 구현하게 될 사람들(리더와 이해관계자 포함)이 어떤 변화가 필요할지를 함께 논의한다. 구성원들은 개인 혹은 집단 단위로 자신이 책임지고자 하는 변화가 무엇인지 스스로 식별한다(p. 14).

대화형 OD 개입의 형식은 바로 이러한 조건들을 만들어내기 위해 설계된다. 여기에서는 대화형 OD에서 OD 실무자의 역할, 대화형 OD 개입의 사례, 그리고 OD 실무자들이 어떻게 이 접근방식을 성공적으로 도입할 수 있는지를 다룬다.

대화형 OD 개입에서의 OD 실무자 역할

대화형 OD와 진단적 OD(diagnostic OD)의 중요한 차이 중 하나는 OD 실무자의 역할이다. 알다시피, 진단적 OD에서는 OD 실무자가 시스템에 대한 정보를 수집하고, 피드백을 제공하며, 시스템을 변화시키기 위한 개입을 퍼실리테이션하는 중심적인 역할을 수행한다. 그러나 대화형 OD에서는 이 역할의 관점이 다르다. OD 실무자는 "클라이언트 시스템이 스스로를 참여시키는 장을 구성하고 이벤트를 퍼실리테이션하는 사람"으로, 진단이나 개입 또는 대인 및 집단 상호작용의 중심인물이 되는 것과는 다른 역할을 맡는다(Bushe & Marshak, 2009, p. 358). 일부는 이 역할을 "이벤트의 기획자 및 설계자"로 묘사하며, 그 책임이 "소집 또는 주최"의 역할에 가깝다고 설명한다(Bushe, 2013, pp. 15-16). 이는 참여자들이 몰입된 공동체로서 스스로 해석하고 결과를 공동으로 조직할 수 있도록 적절한 조건을 조성하는 역할이다. 마샤크와 헤라클레스(Marshak & Heracleous, 2005)도 대화형 조직개발 OD 접근에서 퍼실리테이터는 "조직 현상을 담론적 관점(discursive orientation)에서 바라보아야 하며", "실시간으로 진행되는 과정에 대한 관찰·해석·개입"을 수행해야 한다고 본다 (p. 75). 때로는 의제, 토론 주제, 자문 과정이 "그 순간(in the moment)"의 자문 기회로 발생하기도 하며(Marshak, 2013b), 이때 변화관리자는 실시간으로 나타나는 담론의 패턴을 포착하고 해석해 언어화하는 역할을 수행한다. [5장에서 이러한 접근을 '대화형 과정 자문 (dialogic process consultation)'이라 명명한 것을 기억하자.]

전통적인 퍼실리테이션 기법이 문제적 갈등을 다루고 행동 계획에 대한 최종 결론을 도출하도록 장려하는 데 비해 대화형 OD의 퍼실리테이션은 참여자들이 결론을 미루고 미래 지향적 가능성에 대해 사고하게 하는 질문들을 실험하도록 격려한다. 예컨대 "결근율을 줄이려면 어떤 행동을 해야 할까?"라는 질문과 "사람들이 직장에서 편안함을 느끼는 관행이란 무엇인가?", 혹은 "어떤 리더십이 건강한 습관을 만들고 유지하며 성장시킬 수 있는가?"라는 질문은 매우 다른 대화를 유도하게 된다(Storch & Ziethen, 2013, p. 26). 적절한 질문은 적절한 대화를 이끌어내는 데 중요하다.

대화형 OD 실무자들은 이러한 사고와 대화가 가능하도록 하는 '장'을 만들어낸다. 대화형 OD에서 소집되는 이벤트에서는 퍼실리테이터가 "기존의 일상적인 상호작용 방식을 일시적으로 중단하고, 새롭고 생성적인 대화가 일어날 시간과 공간을 창조한다"(Bushe, 2013, p.

15). 여기서 말하는 장은 단순히 회의가 열리는 물리적 공간을 의미하는 것이 아니라, 창의적 사고와 몰입된 참여가 일어나도록 설계된 구조를 의미한다. 이러한 이벤트는 수십 명에서 수백 명의 사람을 포함할 수 있으며, 퍼실리테이터의 역할은 공동체가 자유롭게 이슈와 관점에 대해 대화할 수 있는 조건을 조성하고, 행동으로 나아갈 수 있도록 에너지를 촉진하는 것이다. 퍼실리테이터는 적절한 사람들이 참여하도록 초대하고, 대화를 이끌 수 있는 유익한 질문을 구성하며, 다양한 해석을 가능케 하는 느슨한 구조와 집단의 행동을 유도할 수 있는 방향성 사이에서 균형을 맞추는 역할을 한다.

| 대화형 OD의 실천 사례

이 책에서는 이미 여러 대화형 OD 개입 사례를 다루었다. 예컨대 미래 탐색, 탐색 회의, 실시간 전략 변화, 그리고 이전 장에서 설명한 워크아웃 등이 있다. 이 외에도 월드 카페와 오픈 스페이스 테크놀로지는 자주 인용되는 대표적인 대화형 OD 실천 사례들이다. 다음은 이들 각각이 어떻게 작동하는지를 간략히 설명한 것이다.

| 월드 카페

월드 카페(World Café)는 구성원들에게 중요한 이슈에 대해 대규모 그룹이 함께 토론하도록 설계된 개입으로, "사람들은 이미 가장 어려운 도전 과제조차 마주할 수 있는 지혜와 창의성을 내면에 지니고 있다"는 전제에 기반한다(J. Brown, 2005, p. 4). 월드 카페는 일상적인 조직 내에서 새로운 동료들을 대화에 초대하고, 아이디어를 논의하고, 지식을 공유하고, 사고에 도전하고, 질문을 던지고, 타인을 설득하는 방식으로 스스로 조직화되는 원리를 활용한다. 월드 카페는 조직을 "진화하는 대화의 연결망(an evolving web of conversations)"으로 바라보며(J. Brown, 2005, p. 11), 공통의 관심 이슈를 탐색하면서 이러한 대화 네트워크를 증진시키도록 장려한다.

참여자는 최소 12명에서 수백 명까지 구성될 수 있으며, 이들은 소규모 테이블(4~5인) 단위로 나누어 앉는다. 테이블에는 카페처럼 테이블보나 꽃이 놓여 있고, 그림을 그릴 수 있는 종이도 마련된다. 테이블에서 참여자들은 대화를 이끄는 초점 질문(focal question)에 따라 토론을 진행한다. 초점 질문의 예시는 다음과 같다(J. Brown, 2005, p. 173). "이 상황에서 어떤 기회를 엿볼 수 있는가?", "우리의 사고방식 속에서 어떤 가정을 시험하거나 도전해야 할까?", "이 이슈에 대해 변화를 만들어내려면 무엇이 필요할까?", "성공이 완전히 보장된다면, 우리는 어떤 대담한 행동을 선택할 수 있을까?" 약 20~30분간의 대화를 마친 후, 대부분 참여자는 다른 테이블로 이동하여 새로운 사람들과 새로운 대화를 시작한다. 단, 한 명은 테이블에 남아 호스트 역할을 하며 이전 대화 내용을 새 구성원들에게 설명한다. 몇 차례 라운드가 반복되면 대화 속에서 패턴이 드러나기 시작하고, 전체 그룹이 다시 모여 각 테이블에서 발견된 통찰을 공유한다.

월드 카페는 다음의 일곱 가지 통합 설계 원칙에 기반한다(J. Brown, 2005, p. 174).

- 맥락 설정하기
- 환대하는 공간 만들기
- 중요한 질문 탐색하기
- 모두의 기여 장려하기
- 다양한 관점을 교류하고 연결하기
- 함께 경청하여 패턴, 통찰, 더 깊은 질문 찾아내기
- 집단적 발견을 찾아내고 공유하기

월드 카페는 참여자들이 중요한 이슈에 대해 대화를 나누고, 이러한 대화를 반복적으로 순환시킴으로써 서로의 아이디어를 축적하게 한다. 그 결과 집단적 통찰과 실천을 위한 에너지가 형성된다. 개별 테이블에서 전체 그룹에 통찰을 전달하고 공유하는 방식은 다양하지만, 중요한 점은 이 과정을 통해 전체 집단에 대한 인식과 이해가 더욱 증대된다는 점이다.

| 오픈 스페이스 테크놀로지(Open Space Technology)

대규모 콘퍼런스에 참석해 많은 사람과 네트워킹을 즐겼던 경험이 있거나, 논의 주제가 뜨거웠던 워크숍에 참여했던 경험이 있다면, 아마도 휴식 시간이 가장 즐겁고 생산적이며 유용했다는 공통된 감정을 느꼈을 것이다. 이러한 관찰이 바로 오픈 스페이스 테크놀로지의 출발점이 되었다.

> 이 회의 설계 방식은 다양한 사람이 모여 복잡하고 잠재적으로 갈등이 있는 주제를 창의적이고 생산적인 방식으로 다루어야 할 때, 아무도 정답을 모르고 질문을 다루기 위해 여러 사람의 지속적인 참여가 요구될 때(Owen, 2008, p. 15) 자주 활용된다.

반대로, 이미 결론이 내려진 상황에서는 오픈 스페이스를 사용하는 것이 적절하지 않다. 참여자들은 원형으로 둘러앉아 모임의 중심 질문이나 주제(예: "고객 서비스를 향상시킬 수 있는 기회는 무엇인가?", "우리 도시에 더 활기찬 도심 환경을 만들기 위해 무엇을 할 수 있을까?")에 대해 아이디어를 제안한다. 이 아이디어들은 종이에 적혀 벽에 게시되고, 각 주제에 대해 자발적으로 책임을 맡아 논의 그룹을 이끌고자 하는 사람이 나타나면, 해당 주제에 관

심과 열정을 가진 참석자들이 모이도록 장소와 시간을 공지한다. 이들은 주어진 시간 동안 해당 주제에 대해 논의하고, 해결책을 토론하며, 실행계획을 도출한다. 때로는 다른 주제와 통합하거나, 세부 주제로 나누거나, 후속 모임을 약속하거나, 혹은 아무것도 하지 않고 그룹을 해산할 수도 있다. 이 시점에서 일어나는 일에 대한 소유권은 참석자가 갖게 된다.

이 설명을 듣고 매우 유동적이고 유연한 설계라고 느꼈다면, 그 판단이 맞다. 이 방식에서는 퍼실리테이터나 클라이언트의 통제보다 참여자의 권한 부여와 참여 기회가 훨씬 더 중요하다. 오픈 스페이스는 '네 가지 원칙(Four Principles)'과 '하나의 법칙(One Law)'이라는 일련의 가치에 기반하여 운영된다. 이 원칙들은 다음과 같은 점을 참여자와 퍼실리테이터 모두에게 상기시켜준다. 그 원칙이란 "자발적 참여가 대화의 질을 높인다. 회의가 언제 시작되든, 얼마나 지속되든 와주는 사람들만으로도 충분히 진전이 일어날 수 있다"는 내용이다. 그리고 '두 발의 법칙(Law of Two Feet)'은 사람들 스스로 더 많은 흥미, 열정 혹은 책임감을 느끼는 다른 대화로 자유롭게 이동할 수 있도록 한다.

오픈 스페이스의 네 가지 원칙

1. 누가 오든 오는 사람이 바로 그 자리에 있어야 할 적절한 사람이다.
2. 일어난 일은 반드시 일어날 수밖에 없었던 유일한 일이다.
3. 시작되는 때가 바로 적절한 시작 시점이다.
4. 끝났을 때가 바로 끝나는 시점이다.

하나의 법칙

두 발의 법칙[22]

오웬(Owen, 1997)은 오픈 스페이스를 "기본 뼈대만 있는(bare bones)" 퍼실리테이션 방식이라 표현하며, 개인이 스스로 조직화하려는 욕구를 진지하게 반영하는 방식이라고 설명한다. 퍼실리테이터, 클라이언트, 참여자 모두 이 방식이 원하는 결과에 도달할 수 있다는 프로세스에 대한 신뢰를 가져야 한다. 그리고 오웬(2008)은 적절한 조건이 갖춰질 경우 다음과 같이 된다고 말한다. "참여자들은 스스로 흥분되고, 에너지가 넘치며, 앞으로 나아갈 준비가 되어 있음을 느끼게 된다."(p. 161)

---

22 참여자는 언제든지 자신이 가장 기여할 수 있거나 배우고 싶은 곳에 머물러야 한다는 뜻으로 만약 지금 있는 세션이나 대화가 의미 없다고 느껴진다면, 자유롭게 다른 세션으로 이동할 수 있다. 이렇게 해서 각자가 학습과 기여가 극대화되는 자리를 스스로 선택할 수 있게 된다. 즉, "당신의 두 발을 사용해서, 당신에게 가장 가치 있는 곳에 머무르라"는 원칙이다. 이 원칙 덕분에 오픈 스페이스에서는 강제성이 사라지고, 참여자들이 자율적으로 움직이며 에너지가 모이는 대화가 가능해진다. (역자주)

| 대화형 OD의 성공적 도입

대화형 OD를 성공적으로 도입한다는 것은 이 책에서 다뤘던 전통적 조직개발의 '진리들'을 재검토하는 일을 의미한다. 단지 새로운 개입 방식을 사용하는 데 그치지 않고, OD 실무자들에게 전통적인 조직개발에서의 진입과 계약 방식 자체를 다시 생각해보도록 요구한다. OD 실무자는 진단적 OD 방식과 대화형 OD 방식을 어떻게, 혹은 어떤 방식으로 통합할 수 있을지 고민해야 하며, 이러한 접근이 성공적으로 이루어질 수 있도록 하는 상황적 조건들에 주의해야 한다. 또한 변화관리자는 지금까지 전통적 OD 실천에서 다뤘던 것과는 다른 역량과 기술을 필요로 한다.

진입과 계약: 스폰서 역할과 대화적 마인드셋의 명확화

5장에서 다룬 내용을 떠올려보면, 전문가 모델, 의사-환자 모델, 기술자 모델과 이와 대조되는 OD 컨설팅 모델을 소개했다. 조직개발 모델에서는 실무자와 클라이언트가 공동으로 진단, 문제해결, 개입, 변화 유지 과정을 함께 수행한다. 하지만 현실에서는 이러한 조직개발의 전제와 다른 선입견이 여전히 존재하는데, 이는 클라이언트들이 급격한 변화를 추진하거나 전에 없던 문제를 해결해야 하는 압박 속에서 외부 전문가에게 문제를 위임하거나 해결책을 지시받기를 기대하기 때문이다. 아베부흐(Averbuch, 2015)는 이러한 상황이야말로 대화형 OD 개입이 적합한 순간이라고 말한다. 즉, 다수의 사람이 협력적으로 참여하여 혁신적인 해결책을 도출하고 실행할 여지가 있을 때다. 그러나 동시에, 리더들은 그룹의 다양성과 결과의 예측 불가능성 때문에 더 큰 압박을 느끼고, 통제력을 포기하는 데 주저할 수 있는 시점이기도 하다.

대화적 개입의 리더 또는 스폰서는 더 넓은 공동체와 리더십을 공유하고, 그 결과를 지켜보며, 진정성 있고 투명한 방식으로 참여할 수 있어야 한다. 리더의 아이디어는 질문을 받을 수 있고, 참여자들은 스폰서의 제안을 설득력 있게 느끼지 않을 수도 있다. 이러한 계약 과정에서 실무자는 스폰서의 역할이 무엇을 요구하는지 명확하게 설명해야 하며, 이 역할은 스폰서에게 위험하거나 취약함을 느끼게 할 수 있다. 따라서 아베부흐(2015)의 설명에 따르면, 대화형 OD 개입에서의 계약은 그 노력의 의도와 공동의 목표를 분명하게 정의해야 하며, 스폰서와 실무자는 다음과 같은 전제에 함께 동의할 수 있어야 한다. (1) 알지 못한다는 기본 태도, (2) 다양한 이해관계자들을 대화적이고 수평적인 대화에 참여시키고, 위계적 소통이나 일방적 지시 체계를 지양하는 방식, (3) 결과와 과정이 모두 발생적으로 공동 창조되는 것, (4) 미래에 집중하는 것(p. 237)이다. 이러한 가치들을 명확하게 구체화하는 것은 스폰서에게 대화형 OD의 근본적인 사고방식을 이해시키는 데 도움이 된다. 이를 명시하지 않으면 다음과 같은 상황이 벌어질 위험이 있다.

> "집단의 역량이 강화되고 스폰서가 더 이상 이를 감당하지 못하는 지점에 도달했을
> 때, 스폰서가 다시 통제권을 회수하고 명령을 내리기 시작할 수 있다. 이 경우 사람
> 들은 속았다고 느끼고 배신감을 경험하게 되며, 프로젝트를 시작하지 않았을 때보
> 다 더 나쁜 결과를 초래할 수도 있다."(Averbuch, 2015, p. 229)

따라서 대화형 OD 접근과 그에 따른 사고방식에 대한 명확한 계약은 이러한 상황을 예방하
는 데 중요한 역할을 한다.

전통적 OD와 대화형 OD의 통합

철학적 차이와 운영 방식의 차이를 고려할 때, 전통적인 OD 방식과 대화적 접근을 과연 결
합할 수 있을지 의문이 들 수 있다. 그러나 몇몇 저자는 이 둘의 통합 가능성을 긍정적으로
본다.

오스윅(Oswick, 2009)은 진단적 OD와 대화형 OD가 하나의 컨설팅 개입 내에서 결합될 수
있다고 제안한다. 그는 이러한 접근이 "고정적이고 규범적인 이해가 아니라, 좀 더 잠정적이
고 다양한 관점으로 탐색 중인 과정을 이해하게 만들 수 있다"고 말한다(p. 372). 또한 그는
"이 두 접근이 더 대규모의 야심 있는 OD 프로그램 내에서, 서로 분리된 단계이지만 연속적
으로 사용될 수도 있다"고 덧붙인다(p. 373).

예를 들어, 초기에는 대화적 형식을 통해 그룹이 취할 수 있는 행동의 범위를 넓히고, 이후
의견의 차이를 명확히 하며, 전통적인 진단이나 문제해결 방식을 활용해 실행 가능한 소수
의 행동으로 좁혀가는 방식이 될 수 있다.

길핀-잭슨(Gilpin-Jackson, 2013)은 진단적 OD와 대화형 OD 둘 중 하나를 선택하는 방
식이 아니라, 이 둘을 하나의 연속선상에 놓인 스펙트럼으로 본다. 그녀는 조직의 변화 준비
도는 낮았지만 프로젝트의 복잡성은 높았던 상황에서 진단적·대화형 OD의 혼합 사례를 설
명한다. 이 사례에서 진단적 데이터는 전통적 방식으로 수집되어 임시적이고 잠정적인 결론
이 도출되었고, 이후 퍼실리테이션된 개방형 세션을 통해 여러 관점이 제시되며 집단이 함
께 행동 방식을 결정해나갔다. 길핀-잭슨은 또 이렇게 말한다. "진단적 OD와 대화형 OD 사
이의 회색지대를 잘 다루는 기술은 실무자가 그 상황에 따라 스펙트럼을 얼마나 잘 오갈 수
있는가에 달려 있다."(p. 62) 예컨대, 현실이 복잡하고 모든 구성원이 이를 명확히 이해하지
못한 경우에는 진단적 OD를 활용하고, 실행에 대한 몰입과 의지를 강화할 필요가 있을 때는
대화적 접근을 활용하는 것이다. 이런 전략이 가능하려면, 조직의 리더가 대화적 개입의 예

측 불가능한 결과에 대한 직접적인 통제를 일부 포기할 수 있어야 하며, 이러한 접근을 점진적 혹은 제한적으로 도입할 수도 있다.

성공적인 대화형 OD 개입을 위한 조건

또한 부세(Bushe, 2013)는 성공적인 대화형 OD 개입을 위한 조건들을 명확히 제시하고 있는데, 이는 표 12.3에 정리되어 있다. 이 조건들은 다음과 같은 점을 강조한다. 변화관리자와 스폰서 간의 관계가 중요하며, 이들이 대화가 일어날 수 있는 적절한 이벤트와 장을 함께 설계하고 실행해야 한다는 것이다.

표 12.3 성공적인 대화형 OD 개입을 위한 주요 조건

- 필요한 자원들을 동원하고 변화의 발생을 지원할 수 있는 권한을 가진 스폰서의 존재
- 효과적인 스폰서-변화관리자 간의 협력적 관계
- 문제나 도전 과제를 가능성중심적·미래지향적 주제로 재구성하여 공동체 구성원들에게 개인적으로 의미 있는 이슈로 전환함
- 해당 이슈를 다룰 적절한 공동체를 식별하고, 이들이 행사에 참여하도록 유도하는 방법 마련
- 공동체 구성원 간의 관계를 구축하여 변화 이슈에 대한 참여 의지를 높이는 행사 개최
- 새로운 사고를 유도하고 공동체로부터 자발적인 변화 제안을 촉진하기 위해 생성적 이미지를 창출하거나 활용하는 행사 개최
- 자발적으로 발생하는 변화를 지원할 수 있는 여유 자원 확보
- 스폰서가 자발적으로 발생한 변화를 추적하고 확산시킬 수 있도록 하는 과정 마련

출처: Bushe, G. R. (2013), Dialogic OD: A Theory of Practice, *OD Practitioner*, 45(1), 1117쪽. 사용 허가를 받아 재수록함.

대화형 실무자에게 필요한 기술

5장에서 살펴보았듯, 전통적 OD 실무자에게 요구되는 기본 역량에는 다양한 개입 유형에 대한 지식, 컨설팅 기술, 데이터 수집 및 분석 능력, 조직행동에 대한 이해 등이 포함된다. 이러한 역량은 변화를 시스템 이론의 관점(즉, 하나의 비교적 안정적인 상태에서 다른 안정된 상태로의 이동)으로 바라볼 때 필요하다. 이런 관점에서 실무자의 역할은 조직이 그 전환을 성공적으로 통과할 수 있도록 개입을 통해 안내하는 것이다.

그러나 대화형 OD에서는 사고방식이 지속적이고 유동적인 상호작용을 통해 일어나는 적응적 변화(adaptive change)로 전환되며, 이로 인해 근본적인 사고방식과 실천뿐 아니라 요구되는 역량 또한 달라진다. 스토치(Storch, 2015)는 다음과 같이 설명한다.

> 대화를 위한 역량(예를 들어 라포를 형성하는 것, 열린 질문을 던지는 것, 가설을 세우는 것, 경청하는 것, 그리고 타인의 삶의 맥락에서 세상을 어떻게 바라볼지 상상

하는 것)이 필요하다. 그리고 이러한 역량을 바탕으로 하여 변화를 이끌어내는 대화
를 가능케 하는 방식으로 사람들과 연결되는 능력이 중요하다(p. 201).

스토치는 피어스와 피어스(Pearce & Pearce, 2000)의 논의를 따르며, 대화형 OD 실무자
에게 다음과 같은 추가적인 역량도 요구된다고 주장한다.

전략적 과정 설계. 변화를 위한 하나 혹은 연속적인 프로세스를 설계하고, 이를 통해 초기 단
계에서 최소한의 일관된 구조 또는 내러티브를 형성할 수 있어야 한다. 스토치(2015)는 변
화 과정의 설계는 보통 다음과 같은 질문을 중심으로 이루어진다고 말한다. "목표한 결과
를 달성하기 위해 어떤 종류의 대화가 필요하며, 이 대화는 어떻게 이루어질 수 있는가?"(p.
202) 대화형 OD 개입에서는 디자인팀이 함께 설계하고, 다양한 사람이 설계 과정에 광범
위하게 참여하는 경우가 많기 때문에 실무자는 다양한 이해관계자와 협업할 수 있는 역량과
편안함을 갖춰야 한다.

이벤트 설계. 이벤트 설계에서는 구조화된 접근과 발생적이고 유연하고 적응적인 접근 사이
에서 균형을 잡을 수 있어야 한다. 스토치(2015)는 다음과 같이 강조한다. "다른 사람들과
함께 '지금 이 순간'에 머물 수 있는 능력, 그들의 우려와 의미 형성에 응답하면서도 변화에
대한 불안감을 해소하기 위해 정답이나 잘못된 확신을 제공하지 않고, 새로운 가능성을 만
들어내는 대화를 퍼실리테이션하는 역량이 필수다."(p. 204) 월드 카페나 미래 탐색 같은 기
본적인 접근방식을 아는 것도 중요하지만, 이벤트의 현재 요구에 맞게 전형적인 방식을 벗
어나야 할 시점을 판단할 수 있는 실천적 역량 또한 중요하다.

대화적 퍼실리테이션 기술. 대화적 과정 자문처럼 진행 중인 사건의 흐름에 개입하기 위해서
는 외향적 역량과 내향적 역량이 모두 필요하다. 외향적 역량의 예시는 다음과 같다. 참여자
의 발언을 재구성(reframe)하여 대화가 생산적으로 이어지도록 돕는 능력, 상황이나 주제에
대해 새로운 사고를 유도하는 질문을 던지는 능력이다. 반면, 내향적 역량이란 실무자가 자
신의 감정, 생각, 반응, 욕구를 의식적으로 인식하는 능력을 말한다. 일부 연구자들은 대화형
OD 실무자가 경청, 즉흥성, 비선형적 사고 같은 역량을 강화하기 위해 전문 연극 훈련을 받
는 것이 도움이 될 수 있다고 제안한다.

이러한 역량은 창의성을 높이고 '지금 이 순간'에 온전히 몰입하는 데 효과적이라는 것이다
(Stager Jacques, 2012). 이러한 역량은 특히 조직변화가 다중의 의미가 존재하는 환경 속
에서 공동 구성(co-constructed)되어야 한다고 믿는 상황에서 중요하다. 대화형 OD 실무
자는 조직 구성원의 말뿐만 아니라 자기 내면의 목소리도 깊이 경청하고, 진정성 있게 반

응하며, 과정에서 발생하는 것에 즉각적이고 응답적으로 개입할 수 있어야 한다. 스토치 (2015)는 이 과정을 "즉흥적·반응적 몰입(spontaneous responsive engagement)"이라 부른다(p. 207).

여기에 더해, 부셰와 마샤크(Bushe & Marshak, 2015a)는 실무자가 사회적 구성주의 이론 (social construction theory) 및 복잡성 이론(complexity theory) 같은 해석주의적 사회과학 이론들에 대한 지식도 갖추어야 한다고 덧붙인다. 이들은 대화형 OD 실무자가 클라이언트 조직 내에서 이루어지는 대화에 스스로 영향을 미치고 있다는 점을 인식해야 하며, 실무자 자신 또한 그 시스템의 일부이지 외부인이 아님을 자각해야 한다고 강조한다. 또한 실무자에게는 자기인식을 개발하고 진정성 있게 참여할 수 있도록 하는 윤리적 의무가 있다.

대화형 OD의 추가 발전 영역

지난 10년간 많은 연구와 저술이 대화형 OD의 개념을 발전시켜왔지만, 이 분야는 이론과 실천 양면에서 앞으로도 계속 성장할 가능성이 큰 영역이다. 현재 다양한 대화형 OD 접근 방식이 활용되고 있으나, 어떤 접근이 어떤 상황에 가장 효과적인지에 대해서는 아직 충분히 밝혀지지 않았다. 앞서 설명한 것처럼, 이론가들은 대화형 OD를 수행하기 위한 기본적인 실무자 역량을 일부 정의해왔지만, 어떤 추가적인 역량이 성공적인 대화형 OD 개입을 위해 필요한지, 또는 실무자들이 이러한 역량을 어떻게 개발할 수 있는지에 대해서는 아직 명확하지 않다. 우리는 이제야 비로소 대화형 OD 실천과 전통적 OD 방식이 언제, 어떻게 결합되거나 조정될 수 있는지 이해해가기 시작한 단계에 있다. 더불어, 대화형 OD를 성공적으로 수행하기 위해 필요한 조건들이 무엇인지, 그리고 어떤 경우에는 이 접근이 적절하지 않을 수 있는지에 대해서도 추가적인 탐색이 요구된다.

긍정조직학과 긍정 탐구

조직의 효과성에 대한 대부분의 논의(이 책을 포함한 많은 저술)는 조직의 건강을 암묵적으로 의학적 모델로 이해하고 있다. [8장에서 설명했듯, 우리는 여전히 '진단(diagnosis)' 단계를 언급하고 있다.] 문제는 결핍, 질병, 제거해야 할 암 같은 것으로 간주된다. 우리의 언어는 문제, 간극, 장벽, 장애물, 혼란, 위기, 오류, 갈등, 실수 같은 표현들로 가득하다. "여기서 무엇이 잘못되고 있는가?"에 초점을 맞춘 팀 회의는 사람들 간에 해롭고 파괴적인 행동과 관계에 집중하도록 만들며, 이러한 대화는 종종 우울, 비관, 에너지 저하의 순환을 만들어낸다. 조직 구성원들은 문제를 극복 불가능하고 희망 없는 것으로 여기게 될 수 있다. 팀이 지속적으로 잘못된 점을 들여다보는 습관은 결국 어떤 해결책을 도입하더라도 그 변화조차 약점과 결점의 시각으로 바라보는 태도로 이어지며, 에너지는 고갈되고 사기는 저하된다. 또 하나의 문제해결 회의에 자발적으로 참여하려는 사람이 드문 것도 놀라운 일이 아니다.

이와 반대로, 잘 작동하고 있는 점, 우리 팀과 조직이 가진 강점, 긍정적인 관계, 동료에게 감사함을 느낀 순간, 회복력을 보였던 때, 탁월한 성과를 달성했던 순간에 주목하는 회의를 생각해보자. 대화가 전개되고, 아이디어가 넓어지고 확장되면서 '상향 나선(upward spiral)'이 형성되고, 기쁨과 자부심 같은 긍정적인 감정이 표현된다(Fredrickson, 2003). 당신이라면 어떤 회의에 참석하고 싶은가?

긍정조직학(Positive Organizational Scholarship, POS)은 마틴 셀리그먼(Martin Seligman)이 창시한 긍정심리학(positive psychology)의 한 분야로, 긍정적인 현상과 그 결과를 탐색함으로써 조직개발의 새로운 접근을 제안한다(Cameron, 2005). 이는 시스템의 문제점이나 병리적 현상에 집중하기보다 시스템의 긍정적이고 적극적인 건강에 주목한다. 긍정조직학은 "인간 조건을 개선하려는 욕구는 보편적이며, 이를 실현할 수 있는 역량은 대부분의 시스템 안에 잠재되어 있다"는 입장을 지지한다(Cameron, Dutton, & Quinn, 2003, p. 10). POS는 회복탄력성, 의미 있는 경험, 감사, 긍정적 관계 같은 현상과 이러한 요소들이 조직의 효과성에 어떤 영향을 미치는지를 탐구한다.

물론, 이는 부정적인 요소의 존재를 부정하는 것이 아니다. 다만 POS는 오류, 불만족, 낮은 사기 등의 일반적인 부정적 현상에 대한 탐구 대신 긍정성을 하나의 대안으로 제시한다. 이러한 맥락에서의 '긍정적(positive)'이라는 개념은 다음의 세 가지 구성 요소로 이루어진다(Cameron, 2005, p. 317).

1. 긍정적 편향(affirmative bias): 부정적 현상에서 벗어나 위협, 문제, 약점이 아닌 강점, 역량, 가능성에 초점을 맞춘다(Lewis, 2011, p. 17).

2. 선함(goodness) 또는 인간 조건의 최상 상태(best of the human condition)에 대한 강조: 조직 구성원이 조건 없이 타인을 돕고, 비난을 멈추며, 실수에 대해 용서를 베풀고, 정보를 개방적으로 공유하는 '덕 있는 행동(virtuous actions)'을 이끌어내고자 한다.

3. 긍정적 일탈(positive deviance): 단순히 만족스럽거나 효과적이고 효율적인 상태를 넘어 번영하고 탁월함을 추구하며, 비범한 결과를 창출하는 상태로 나아가는 것을 의미한다.

조직이 이 세 가지 영역을 발전시키면, 사회적 자본을 향상시키고, 긍정적인 감정을 증진시키며, 강점을 강화함으로써 고품질의 관계와 회복탄력성 있는 문화를 형성하게 되고, 결과적으로 조직 성과를 높이는 '풍요의 문화(culture of abundance)'(Lewis, 2011, p. 24)를 만들어낸다. 이러한 효과는 여러 연구에서 입증되고 있다.

캐머런, 모라, 로이쳐, 칼라코(Cameron, Mora, Leutscher, Calarco, 2011)는 금융 서비스 기업과 보건 의료 조직을 대상으로 긍정적 현상과 조직 성과 간의 관계를 조사한 두 건의 연구를 보고했다. 이들이 실시한 설문조사는 참여자들이 직장에서 존엄성, 존중, 배려, 지원, 영감, 용서, 의미를 얼마나 경험하는지를 측정했으며, 문항에는 "우리는 서로에게 감사를 표현한다", "우리는 진심으로 서로를 배려한다", "우리는 서로의 재능을 존중한다", "우리는 서로에게 영감을 준다", "우리는 비난하지 않고 오류를 바로잡는다", "우리는 우리의 일에서 더 큰 목적을 발견한다" 등이 포함되었다. 금융 서비스 회사에서는 약 2천 건의 설문 결과를 분석하고 이를 재무 성과와 비교한 결과, 긍정적 관행이 재무적 성과로 측정되는 조직 효과성에 중요한 기여 요인이라는 결론이 도출되었다(p. 277). 보건 의료 조직에서도 일부 부서는 긍정적 관행을 조직적으로 도입했고, 이러한 부서들은 그렇지 않은 부서에 비해 환자 만족도와 조직 분위기 등에서 더 나은 성과를 보였다(p. 282). 연구자들은 긍정적 관행이 조직 성과를 향상시키는 방식으로 세 가지 주요 효과를 설명했다. (1) 증폭 효과는 긍정적 관행이 긍정적 감정을 유도하여 상향 나선을 형성하고, 이는 다른 구성원들도 자발적으로 긍정적 관행을 따르게 하는 환경을 만들어낸다. (2) 완충 효과는 구성원들이 어려운 시기에도 회복력을 유지하도록 돕고, 고통과 스트레스의 부정적 영향을 완화한다. (3) 헬리오트로픽 효과(heliotropic effect)는 사람들이 부정적인 사회 시스템보다 긍정적인 사회 시스템에 자연스럽게 끌리는 경향을 바탕으로, 긍정적 관행이 조직 내 몰입과 소속감을 강화하는 데 기여한다.

팀과 개인의 개발 측면에서는 갤럽(Gallup)이 클리프톤과 하터(Clifton & Harter, 2003)의 조직 연구를 바탕으로 진행한 강점 기반 접근이 핵심적 역할을 해왔다. 갤럽 강점찾기(StrengthsFinder) 접근방식(Buckingham & Clifton, 2001; Rath, 2007)은 개인이나 팀이 자연스럽게 발휘하는 재능을 중심으로 개발을 유도하며, 약점을 보완하는 데 중점을 둔 전통적 방식과 구분된다.

이 접근은 학습자에게 "학습의 초점을 재능에 최대로 집중하고, 삶의 활동을 재능 중심으로 통합하며, 약점을 보완하도록 관리(보완적 파트너 찾기 등)"할 것을 권장한다(Clifton & Harter, 2003, p. 120). 클리프턴과 하터(Clifton & Harter, 2003)는 자동차 제조 조직과 보건 의료 조직 내 팀들을 대상으로 강점 기반 개발을 적용한 연구에서, 두 조직 모두 강점에 초점을 맞춘 팀들이 구성원 몰입 수준에서 향상을 보였다고 보고했다. 특히 자동차 조직에서는 강점 중심의 고성과 팀이 대조군에 비해 생산성이 50% 더 높아진 것으로 나타났다.

이 철학에 부합하는 팀과 조직 개입 방법 중 하나는 '긍정 탐구(appreciative inquiry)'라 불리는 방식이다(Cooperrider & Whitney, 2005; Srivastva, Cooperrider, & Associates, 1990). 일반적인 문제해결 접근으로 문제를 식별하고, 가능한 원인과 그 부정적인 영향을 브레인스토밍하고 해결책을 도출한 뒤, 가능한 해결책을 평가하고, 이상적인 해결책을 실행하는 일련의 표준 과정을 따른다면, 긍정 탐구는 팀의 강점에서 시작한다. 팀 내에서 잘 작동하고 있는 점, 성공을 거둔 경험을 인식하고 감사를 표현함으로써 긍정적인 에너지가 분출되며, 팀은 스스로의 소중한 기여를 더 깊이 이해하게 된다. 이러한 대화는 자연스럽게 더 즐겁고, 격려되며, 활기찬 분위기를 만들어낸다. 쿠퍼라이더와 휘트니(Cooperrider & Whitney, 2001)는 "변화의 씨앗(즉, 사람들이 생각하고 말하는 것, 사람들이 발견하고 학습하는 것, 대화를 형성하고 미래에 대한 이미지를 불러일으키는 모든 것)은 우리가 처음 던지는 질문들 속에 이미 암묵적으로 담겨 있다"(p. 20)고 말한다. 다음은 "이 팀에서 지금 어떤 문제가 생기고 있는가?"라는 질문에 대해 팀이 보일 수 있는 반응, 그리고 그 대안으로 제시된 긍정 탐구 질문들을 비교해볼 수 있는 예다.

- 자신이 속한 조직에서 경험했던 가장 의미 있었던 순간, 가장 몰입되었고 생기있고 활력을 느꼈던 순간은 언제였는지 말해보라.
- 겸손함은 잠시 내려놓고 자기 자신, 자신의 일, 그리고 자신의 조직에서 가장 가치 있게 여기는 것이 무엇인지 말해보라.
- 조직이 가장 잘 작동할 때 그것에 생명을 불어넣는 핵심 요소는 무엇인가?
- 지금으로부터 10년 후, 자신이 항상 꿈꾸던 모습 그대로의 조직을 상상해보라. 무엇이 달라졌는가? 그리고 자신은 그 조직을 이루는 데 어떤 기여를 했는가?(Cooperrider & Whitney, 2005, p. 14)

이러한 질문을 바탕으로 이뤄지는 대화는 더 나은 팀 또는 조직을 만들어가는 데 있어 개방성과 희망, 그리고 참여의 분위기를 형성하게 된다. 또한 이러한 질문은 창의적인 사고를 자극하고, 집단이 현재의 문제에만 갇혀 허우적거리는 것을 방지해준다.

긍정 탐구의 창안자들은 이 접근이 전통적인 액션 리서치 패러다임과 철학적으로 대조된다고 본다. 액션 리서치는 과거의 문제를 엄밀한 데이터 수집과 분석을 통해 조사하고, 해결책을 실행한 뒤 그 효과를 측정하는 방식이다. 반면 긍정 탐구는 '긍정적 질문의 힘'과 "인간 시스템은 자신들이 가장 지속적으로, 적극적으로, 그리고 집단적으로 질문을 던지는 방향으로 성장하고 미래를 구성한다"(Ludema, Cooperrider, & Barrett, 2001, p. 191)는 관점에 기반한다. 따라서 이는 4장에서 다룬 사회구성주의적 조직변화 모델과 깊이 맞닿아 있으며, 조직과 팀이 전개되고 끊임없이 형성되어가는 과정에서 언어와 소통의 힘을 활용하는 접근이다. 변화관리자에게 긍정 탐구는 사고방식의 전환을 요구한다. 즉, 조직을 문제해결의 대상인 기계적·과학적 시스템으로 보는 것이 아니라, "양육하고 긍정해야 할 살아 있는 영적·사회적 시스템—창조의 신비"로 바라보아야 한다는 것이다(Cooperrider & Whitney, 2005, p. 46). 우리는 문제를 파악하고 해결책을 찾는 훈련은 충분히 받아왔지만, 이러한 새로운 개입 방식은 사고방식 자체, 질문을 던지는 방식, 그리고 팀의 에너지를 향하게 하는 방식 또한 새롭게 바꿀 것을 요구한다.

긍정 탐구 과정은 '4-D 사이클'이라 불리는 네 단계 또는 네 개의 국면으로 구성된다(Cooperrider & Whitney, 2005).

1. **발견(Discovery)**. 이 단계는 팀 관련 이해관계자들이 강점, 모범 사례, 성과, 보람 있는 경험에 대한 대화에 참여하는 것으로 구성된다. 주제는 결핍이나 문제에서 벗어나 팀이 더 자주 경험하길 원하는 것과 이미 잘 작동하고 있는 것에 초점을 맞추도록 전환된다.

2. **꿈(Dream)**. 참여자들은 미래를 향해 나아가며, 바람직한 모습이 어떠할지를 상상하고, 그 비전을 구체화하여 서로 나눈다.

3. **설계(Design)**. 팀은 바람직한 미래를 향해 나아가기 위한 비전과 구체적인 실행 방안을 협력적으로 구성한다.

4. **운명(Destiny)**. 마지막 단계에서는 실행계획이나 보고서보다 자발적으로 행동하고자 하는 이들(팀 외부 사람들도 포함)의 참여를 통해 풀뿌리 네트워크를 구성하고 확산시키는 데 초점을 둔다. 여기서 핵심은 사람들이 스스로 선택하고 권한을 가지고 행동할 수 있도록 하는 것이다.

긍정 탐구 접근을 활용한 결과 긍정적인 효과가 나타났다는 연구들이 다수 존재한다. 부셰와 카삼(Bushe & Kassam, 2005)은 문헌 연구에서 긍정 탐구가 가장 성공적이고 변화적인 결과를 만들어낸 경우는 조직에 대한 새로운 지식, 새로운 사고방식, 혹은 새로운 실행 방식을 만들어냈을 때였다고 보고했다. 바렛과 쿠퍼라이더(Barrett & Cooperrider, 1990)는 호텔 경영팀의 변화에 대한 강력한 사례연구를 제시한다. 이 팀은 갈등과 방어적 태도가 극심했으며, 문제해결과 갈등 조정 노력은 정체되었고, 갈등은 공격적이고 대립적인 수준에 이르렀다. 저자들은 과거의 부정적 상황에 초점을 맞추기보다 구성원들이 서로 '무엇이 달라질 수 있을지'에 대한 이미지를 나누기 시작하도록 독려했다. 구성원들은 새로운 호텔 환경을 상상하기 시작했고, 자신들이 공유하는 비전에 어울리는 호텔과 팀의 변화 방향에 대해 논의했다. 시간이 지나면서 개인 간의 갈등은 줄어들었고, 집단은 자신들의 관념적 차이를 공동의 미래를 위해 해결하는 법을 배워나갔다.

어떤 이들은 긍정 탐구 접근을 순진하다고 여기며, 팀이나 조직이 자신의 문제를 솔직하게 인정하고 분석하지 않는다면 어떻게 성공할 수 있느냐는 의문을 가질 수 있다. 그러나 긍정 탐구는 문제의 존재 자체를 부정하는 것이 아니라, 그것들을 새로운 대화의 주제로 재구성하려는 시도다. 예를 들어 한 컨설팅 그룹은 대형 항공사의 고객 서비스 부서와 협업했다. 그들은 모두 수하물 분실, 지연, 잘못된 처리 문제들이 심각하다는 데 동의했지만, 그 문제에만 집중하는 대신 컨설턴트들은 이들과 함께 '탁월한 도착 경험'을 클라이언트에게 제공하기 위한 논의로 방향을 전환했다(Whitney & Trosten-Bloom, 2003, p. 134). 그 이후의 대화는 수하물 문제에만 머무르지 않고, 탁월한 도착 경험을 구성하는 다양한 요소를 탐색하는 쪽으로 전개되었다. 관심과 에너지가 지속되었는데, 그 이유는 이 주제가 매력적이었고, 사고와 참여를 유도했으며, 새로운 미래에 대한 대화를 고무시켰기 때문이다.

요약

이 장에서는 조직 전체의 특성과 성과를 변화시키는 것을 목표로 하는 다양한 조직 차원의 개입 기법들에 대해 살펴보았다. 이러한 범주의 개입들은 최근 몇 년 사이 더 많은 수와 다양한 유형의 이해관계자들을 참여시키는 방식으로 설계되어왔으며, 이는 조직변화에 대한 참여와 몰입을 증진하기 위해 '전체 시스템을 한 자리에 모으는' 접근을 반영하고 있다. 이러한 경향은 한 조직의 전략 계획 회의 같은 단일 이벤트이든, 수천 명의 시민이 여러 국가에서 함께 참여하는 탐색 회의 같은 대규모 이벤트이든 동일하게 나타난다. 다루는 주제의 규모와 범위로 인해 대규모 개입은 가장 실행하기 어려운 유형 중 하나일 수 있다. 그러나 현대 조직 환경에서의 성공이 곧 대규모 변화에 성공하는 것을 의미한다면, 이러한 개입은 어떤 성공적인 조직이든 반드시 갖추고 있어야 할 대표적인 특징이 될 가능성이 크다.

이 장에서는 OD 실무자가 대규모 변화에 개입할 수 있는 다양한 개입 유형을 살펴보았다. 이는 전통적인 품질 프로그램이 될 수도 있고, 인수합병이라는 점점 더 주목받는 영역일 수도 있으며, 혹은 초조직개발 같은 복잡한 이슈일 수도 있다. 조직변화의 기반과 실천에 대한 지식을 바탕으로, OD는 품질 운동에도 많은 기여를 할 수 있다. 인수 이후 통합의 과제를 이해하는 OD 실무자는 개인, 팀, 팀 간, 그리고 조직 전체 수준에서 성공적으로 개입할 수 있다. 대화형 OD의 관점을 채택하면서 생겨나는 관점의 전환은 실무자에게 개인, 팀, 조직 전체에 이르는 다양한 수준에서 더 넓고 새로운 방식의 컨설팅과 변화 실천에 참여하도록 이끈다. 이 영역은 이론과 실제 모두에서 앞으로 더욱 성장할 가능성이 크다.

토론을 위한 질문

1. 10장에서 살펴본 전환의 단계들을 다시 떠올려보자. 그 전환 모델은 인수합병 상황에서 어떻게 적용될 수 있을까? 구성원들이 새로운 회사로의 전환에 성공적으로 적응할 수 있도록 돕기 위해 어떤 아이디어를 생각해볼 수 있을까?

2. 자신이 잘 알고 있는 조직들 사이에서의 초조직개발 사례를 하나 떠올려보자. 이 책에서 다룬 계약 체결, 자료 수집, 피드백, 개입 유형 등의 실천들이 그 사례에 어떻게 적용될 수 있을까? 또는 어떻게 수정되어야 할까?

3. 대화형 OD 실행을 성공적으로 수행하기 위한 조건에 대해 당신이라면 어떤 내용을 추가하겠는가? 특정 조직이나 문제, 상황에 따라 이 접근이 더 효과적일 수도, 덜 효과적일 수도 있다고 생각하는가? 당신이 잘 아는 조직을 떠올렸을 때, 그 조직은 대화형 OD 방식에 얼마나 수용적일 것 같은가? 대화형 OD 실무자로서 이러한 개입을 할 때 가장 도전적인 측면은 무엇일 것 같은가?

사례연구 12: 크로스로드센터(crossroads center)의 미래

아래 사례를 읽고 다음 질문들을 고려해보라.

1. 현재 크로스로드센터의 상황을 어떻게 요약할 수 있는가?

2. 클라이언트는 무엇을 성취하고자 하는가? 목표 달성에 있어 클라이언트가 직면한 도전 과제는 무엇인가?

3. 이 클라이언트를 지원하기 위해 대화형 OD 접근을 활용한 개입을 어떻게 설계할 수 있을까?

크로스로드센터는 성인 및 청소년을 위한 비영리 약물 및 알코올 치료센터로 16년 전에 설립되었다. 센터는 주요 도시에서 1시간 정도 떨어진, 조용한 전원 지역에 위치해 있다. 센터는 크림색 건물 여섯 채로 구성되어 있으며, 이 건물들은 넓은 공원과 산책로, 오리 연못을 둘러싸고 있다. 본관에 작고 눈에 잘 띄지 않는 표지판이 하나 붙어 있는 것을 제외하면, 대부분의 지역 주민은 이 센터를 마치 일반적인 사무실 건물이나 소형 아파트 단지로 인식할 만큼 외관상 특별한 차이가 없다.

센터는 환자의 연령에 따라 두 개의 분리된 부문으로 운영된다. 첫 번째는 성인 치료 시설로, 이곳에서는 주로 심리학자와 면허 소지 치료사들이 제공하는 심리적 지원이 이루어진다. 이곳을 이용하는 성인 환자들은 보통 건강보험 제공기관을 통해 센터에 대해 알게 되며, 건강보험 기관이 최대 30일간의 입원 치료와 30회의 외래 치료 비용을 전액 부담한다. 센터는 최대 120명의 성인을 동시에 수용할 수 있다.

두 번째는 청소년 입소 치료 시설로, 환자들은 이곳에 함께 거주하며 임상심리학자, 의사, 간호사, 중독 상담자, 치료사 등으로 구성된 네트워크의 지원을 받는다. 또한 센터는 상주 교사들을 두어 환자들이 거주하는 동안 교육 지원을 받을 수 있도록 하고 있으며, 치료 기간은 환자의 필요에 따라 최대 8주까지 가능하다. 입소 치료 시설은 인력과 주거 공간이 추가로 필요하기 때문에 운영 비용이 훨씬 많이 든다. 따라서 이 시설에 거주하는 환자 수는 보통 30~40명 정도다. 청소년 치료 시설의 재원은 보험 외에도 다양한 기금, 재단, 연방 및 주 정부 지원으로 마련된다.

대린 스폴디(Darrin Spoldi)는 약 3년 전 이 센터의 총괄관리자로 임명되었다. 그의 짧은 재임 기간 동안 센터는 전국 재단으로부터 3개의 신규 보조금을 확보했고, 센터가 치료한 환자 수를 3분의 1만큼 증가시켰다. 대린은 지난주 리사 로드리게스(Lisa Rodriguez)에게 급하게 연락했다. 센터가 새로운 법률로 인해 위기에 처했고, 최악의 상황을 피할 수 있는 조언이 필요했다.

"와줘서 정말 고마워요." 센터 외부 산책로를 걸으며 대린이 말했다. "우린 지금 절박한 상황이에요. 곧 뭔가 조치를 취하지 않으면 센터 문을 닫아야 할지도 몰라요."

"지난주 통화했을 때 꽤 걱정하시는 듯했어요." 리사가 말했다. "그런데 몇 달 전 통화했을 땐 모든 게 잘 돌아가고 있다고 하셨잖아요."

"맞아요." 대린은 인도 가장자리에 자란 잡초를 내려다보며 조용히 말했다. "그때 막 대규모 보조금을 받았고, 이곳에서 근무하는 동안 그 어느 때보다 재정이 탄탄하다는 생각이 들었죠. 아이러니하게도 말이죠. 불과 얼마 전까지만 해도 모든 것이 순조로웠거든요. 실제로 몇 주 전에는 치료사들을 추가로 고용한 이후 1년 동안 진행한 청소년 재입원율에 대한 연구도 마무리한 참이었어요."

"재입원율? 그게 뭐예요?" 리사가 물었다.

"환자들의 재방문율이에요. 우리는 환자들이 센터를 떠난 후에도 어떻게 지내는지, 이곳에서 배운 기술을 잘 유지하고 있는지, 아니면 추가 치료를 위해 다시 센터로 돌아와야 하는지를 추적 조사해요. 그 결과, 이 지역 내의 우리와 유사한 센터들 가운데 우리 환자들의 약물 및 알코올 재사용률이 가장 낮다는 사실을 알게 되었어요. 실제로 몇 년 전과 비교했을 때 그 비율이 15% 정도 개선되었죠."

"이런 결과가 나온 이유가 뭐라고 생각하세요?" 리사가 물었다.

"의심할 여지가 없어요. 바로 우리 교사들과 치료사들 덕분이죠." 대린이 자신 있게 말했다. "우리가 진행한 연구에서 대부분 환자들이 치료사들에게서 엄청난 지지를 받았다고 말했고, 교사들이 상주하며 학업을 계속 이어갈 수 있도록 도와준 덕분에 퇴원 후 학교에 복귀했을 때 적응에 거의 어려움이 없었다고 했어요. 약 1년 반 전에 치료사 세 명을 추가로 채용했는데, 그때부터 변화가 눈에 띄게 달라졌죠. 저는 이곳의 치료 수준이 얼마나 뛰어난지 잘 알고 있어요. 여러 치료 시설에서 일해봤지만, 여기가 제가 본 모델 중 가장 성공적인 곳이에요."

"지금 센터에서 어떤 일이 걱정을 일으키고 있는지 이야기해주세요." 리사가 말했다.

"오해는 말아요. 지금은 차분해 보일지 몰라도 아마도 너무 많은 생각을 하다 보니 무감각해졌을 뿐이에요. 이건 단순한 '걱정'이 아니에요. 제 경력에서 가장 큰 위기입니다." 대린은 말했다. "이번 회계연도에 주 의회가 사회복지 예산을 변경한 소식 들으셨을지도 모르겠네요. 그 예산안에는 주 정부 자금을 받는 치료 시설에 대해 일정 비율 이상의 구성원이 공인된 의과대학 출신의 의학 학위를 보유해야 한다는 규정이 포함되어 있어요. 이 규정은 아마도 숙련되지 않은 기술자들이 주로 운영하고, 실제 의학적 서비스를 제공하는 전문가는 거의 없는 일부 시설들을 겨냥한 조치였던 것 같아요. 작년에 요양 시설에서 발생한 학대 사건과 관련된 논란이 있었고, 이를 계기로 지역 시민단체들이 추가적인 규제를 요구했죠. 그 결과, 우리처럼 운영이 잘되고 있는 시설들조차 똑같은 기준을 적용받게 된 거예요. 어쨌든 이 법안은 최근 주지사의 서명을 받아 발효되었고, 이제 모든 시설은 법 시행일로부터 소급하여 6개월 이내에 요건을 충족하지 않으면 모든 주 정부 자금을 포기해야 해요."

"그럼 크로스로드센터에는 어떤 의미가 있는 건가요?" 리사가 물었다.

"말하자면, 앞으로 6개월 동안은 주 정부의 자금을 계속 받을 수 있지만, 그 기간 안에 요건을 충족하지 못하면 지난 6개월치 자금을 모두 주에 반환해야 한다는 뜻이에요." 대린이 설명했다.

"그 요건을 충족하려면 무엇이 필요한가요?"

"현재 우리 센터의 교사들과 치료사로 구성된 인력 구조는 법에서 요구하는 최소 기준에 미달해요. 이들 대부분은 높은 수준의 학위를 가지고 있지만, 법적 정의에 따르면 의학적 전문 인력은 아니에요. 이들을 해고하기만 하면 문제는 해결되겠죠." 대린이 말했다. "하지만 이들은 우리 조직에서 핵심적인 존재들이고, 제가 말했듯이 환자들은 이들의 치료에 대해 높은 평가를 하고 있어요. 이건 받아들일 수 있는 해결책이 아니라고 생각해요. 또 다른 방법은 주 정부 자금을 거절하는 건데, 그러면 현재 보유한 자금만으로는 센터를 운영할 수 없어요. 연방정부 자금과 우리가 받은 보조금만으로는 인력 감축은 물론, 치료 가능한 환자 수를 3분의 1 수준으로 줄여야 하고, 도움이 필요한 수많은 사람을 돌려보내야 해요. 지난 몇 주 동안 정말 많은 고민을 했지만, 누구에게도 받아들여질 수 있는 해결책을 찾지 못했어요."

"지역사회는 센터에서 무슨 일이 벌어지고 있는지, 문을 닫게 될지도 모른다는 사실을 알고 있나요?"

"우리는 지난 몇 년 동안 지역사회에서 조용히 지내려고 노력했어요. 제가 오기 전에는 군의회에서 센터를 폐쇄하거나 이전하자는 목소리도 있었고, 당시엔 지역의 지지를 받지 못한 상태였죠. 정확히 어떤 문제였는지는 모르겠지만, 이사회와 군의회 사이에는 아직도 앙금이 남아 있어요. 물론 실제로 폐쇄 조치는 없었고, 이사회는 제게 지역 활동은 당분간 자제하는 게 좋겠다고 권했어요. 그래서 지역사회가 우리가 얼마나 많은 지역 주민, 청소년과 성인들을 치료해왔는지 알고 있는지도 확신이 없어요." 대린은 말을 맺었다.

"지금까지 어떤 조치를 취하셨나요?" 리사가 물었다.

"몇 주 전에 고위 관리자들끼리 소규모 회의를 열었어요. 저를 포함해서 여덟 명 정도였죠. 그냥 계속 같은 얘기를 반복했어요. 주 정부 자금 없이 센터를 운영할 방법을 찾을 것인지, 아니면 주의 요건을 충족시켜서 현재의 자금을 유지할 것인지 사이에서 왔다 갔다 하면서요. 결론은 내지 못했지만 이번 주에 다시 만나기로 했어요. 그래도 분명히 말할 수 있는 건, 구성원들의 태도가 정말 훌륭하다는 거예요. 사기도 높고, 관리자들도 적극적으로 참여하고, 해법을 찾기 위해 열의를 가지고 있어요. 제가 예전엔 금방 포기해버리는 집단들과도 일해봤지만, 이 팀은 참여도도 높고, 몰입해 있고, 똑똑해요. 서로가 서로를 지탱해주고 있죠." 대린이 말했다.

"정리해보자면, 지역에서 성공적으로 운영되고 있는 센터 하나가 예기치 못한 결과를 낳은 주 법령 때문에 문을 닫을 위기에 처했고, 그로 인해 많은 환자와 구성원들, 지역사회 전체가 영향을 받게 되는 상황이에요. 제 생각에는 이 센터가 계속 운영되기를 바라고, 또 그 성공에 이해관계를 가진 집단이 꽤 많은 것 같아요. 물론 환자들과 구성원들이 있고, 그들의 가족들, 당신들이 성과를 낼 수 있도록 지원해온 보조금 기관과 재단들, 지역사회, 심지어 주의회까지요." 리사가 말했다.

"맞아요." 대린이 조용히 대답했다.

리사는 말을 이었다. "지금 당신 어깨 위에 정말 많은 것이 얹혀 있네요. 개인적으로도 큰 영향을 받고 있는 게 느껴져요. 혹시 더 큰 집단을 모아서 함께 방향을 고민해보는 건 어떨까요? 내부 구성원들만 포함할 수도 있고, 다른 집단의 대표들도 초대할 수 있을 거예요."

"좋은 생각 같네요." 대린이 동의했다. "지금은 솔직히 다음에 무엇을 해야 할지 전혀 감이 없는 상태라 어떤 제안이든 듣고 싶어요. 더 이야기해주세요. 누구를 초대해야 하나요? 얼마나 시간이 걸릴까요? 어떻게 구성할 수 있을까요?"

"좀 더 고민해볼게요. 제안서를 빠르게 준비해서 최대한 빨리 시작할 수 있도록 할게요." 리사가 말했다.

"몇 주 만에 처음으로 희망이 생기는 기분이에요." 대린이 미소 지었다. "당신의 제안서를 기대하고 있을게요."

NOTE

1. 이 절의 확장판은 원래 Anderson, D. L. (2012), Organization development interventions and four targets of post-acquisition integration, *OD Practitioner*, 44(3), 1924쪽에 실렸던 내용이다.

13 조직문화 및 조직 설계 개입

학습 목표

이 장에서는 다음과 같은 내용을 학습한다.

– 조직문화의 구성요소 이해와 경쟁가치모형을 중심으로 조직문화 유형 이해

– 조직 설계와 조직 구조를 분리하여 이해

– 구조, 수평적 역량, 스타 모델 등 핵심적인 설계 개념 이해

타이코플로우컨트롤(Tyco Flow Control)사의 밸브 및 제어장치 사업부는 기존의 조직 설계가 더 이상 시대에 부합하지 않는 상황에 직면해 있었다. 이에 따라 회사는 핵심 고객군에 집중하고, 제품을 구매하는 주요 산업 부문(예: 석유 및 가스, 광산, 수자원, 화학 산업)별로 조직을 재편하기로 결정했다. 과제는 지리적으로 광범위한 경계를 넘어 협업할 수 있는 통합된 글로벌 조직을 구축하는 것이었고, 모든 의사결정을 멀리 떨어진 본사 조직에 의존하지 않도록 하는 것이었다. 8천 명의 구성원이 전 세계 300개 이상의 지역에 분포해 있는 상황에서 이는 결코 간단한 일이 아니었다. 회사는 조직 설계 프로세스를 관리할 핵심 팀(인사, 조직개발, 전략, 사업부 리더 포함)을 구성함과 동시에 디자인 결정을 내릴 더욱 확장된 팀도 꾸렸다. 이 확장된 팀은 기술과 배경이 다양한 구성원들로 이루어졌으며, 조직 내 다양한 계층을 대표하고 있었다. 이처럼 폭넓은 참여를 유도한 결정은 궁극적으로 조직이 지향하는 바, 즉 협력적이고 매트릭스형 환경에서 일할 수 있는 역량을 조직 구성원들에게 시범적으로 보여주기 위함이었다. 확장 팀은 초기 조직 설계에 필요한 몇 가지 결정을 내렸고, 더 많은 참여를 유도하기로 결정했다.

3일간의 조직 설계 워크숍에서는 75명의 구성원이 설계 대안과 모델에 대해 토론했다. 이들은 권한, 권력, 통제 같은 민감한 주제에 대해서도 논의했으며, 정치적으로 매력적일 수 있으나 회사에 맞지 않는 결정은 피하고자 신중을 기했다. 새로운 조직 단위의 리더가 선발되었고, 이후 수개월에 걸쳐 진행된 인력 배치 과정은 리더의 개인적 취향이나 친분이 아니라 해당 역할에 요구되는 역량에 맞추어 인력을 배치하는 개방된 절차를 통해 이루어졌다. 조직 재설계가 시행된 지 6개월 후, 리더들은 다시 모여 현실의 조직 운영과 초기 설계 간의 문제점과 과제를 공유했다. 이를 통해 지역과 글로벌 역할 간의 권한 및 거버넌스 이슈를 해결하고, 필요에 따라 조직 설계를 점검하고 조정할 기회가 마련되었다.

초기 설계 논의가 이루어진 이후 3년 동안 몇 가지 중요한 성과가 달성되었다. 5년 동안 글로벌 계약을 원했지만 타이코(Tyco)가 이를 수용하지 않아 성사되지 않았던 주요 고객과 마침내 글로벌 협약을 체결할 수 있었다. 글로벌 제품 로드맵이 마련되었고, 새로운 글로벌 제조 운영에서는 시설 활용의 효율성이 향상되었다. 아마도 가장 지속적인 영향은 설계 작업에 참여했던 리더들의 성장일 것이다. 협력적 과정을 통해 리더들은 자신들에게 영향을 미치는 변화에 직접 참여하면서 전략적 재설계 과정에 어떻게 참여하는지를 배우게 되었다(Rice & Nash, 2011).

- 이와 같은 대규모 변화에서 나타나는 주요 도전 과제는 무엇이 있을까?
- 어떤 실행이 이러한 조직 설계 프로젝트를 성공으로 이끌었을까?

이전 장에서는 전체 조직 또는 복수의 조직을 대상으로 하는 대규모 전략적 변화 활동을 다루었다. 이와 마찬가지로, 이 장에서는 매우 규모가 큰 팀이나 조직 전체에 적용되는 두 가지 개입 유형, 즉 조직문화 진단(organizational culture assessment) 및 변화, 그리고 조직 설계(organization design)에 대해 심층적으로 살펴본다.

오늘날 조직 설계와 조직문화는 성과를 가로막는 장벽을 제거하고 조직 구성원들을 정렬하기 위해 긴밀히 함께 작동한다. 많은 연구자는 마일스, 스노, 피엘슈타트, 마일스 그리고 레틀(Miles, Snow, Fjeldstad, Miles, & Lettl, 2010)의 견해에 공감한다. 이들은 "전통적인 조직 설계로는 21세기 기업과 국가들이 직면한 기회와 도전에 효과적으로 대응할 수 없으며, 자율적으로 조직되고 협업할 수 있는 많은 행위자를 동원할 수 있는 새로운 조직 설계가 필요하다"(p. 101)고 지적한 바 있다. 조직이 경쟁우위를 위해 설계를 변경할 때, 그에 필요한 협업을 가능하게 하기 위해 조직문화도 함께 변화해야 한다. 더글러스(Douglas, 1999)는 "문화는 조직의 구조에 큰 영향을 미친다. 문화는 활동의 일관성, 질서, 구조를 제공하며, 의사소통 패턴을 설정하고, 권력의 성격과 사용 방식을 결정한다. 조직의 문화는 재설계 활동을 돕거나, 혹은 방해할 수 있다"(p. 622)고 언급했다. 샤인(Schein, 2017)은 문화와 설계 간의 관계는 더욱 미묘하며, 이는 조직의 성숙도에 따라 달라질 수 있다고 지적했다. 그는 "신생 조직에서는 설계, 구조, 건축, 의례, 이야기, 공식적인 진술이 문화 형성과 강화에 모두 작용한다. 그러나 조직이 성숙하고 안정된 이후에는 같은 요소들이 미래의 리더들에게 제약이 되기도 한다"(p. 196)고 말한다.

조직 설계와 조직문화는 조직개발(OD) 실무자에게 고도의 학습이 요구되는 복합적인 개념일 수 있다. 만약 이러한 개념들에 대한 소개가 흥미롭게 느껴졌다면, 더 깊이 있는 이해를 위해 관련 분야의 저서를 참고하는 것도 좋을 것이다.

조직문화 진단과 조직변화

2장에서 논의했듯이, 조직문화 또는 기업문화라는 개념은 1980년대부터 경영진과 변화 실무자들 사이에서 본격적으로 주목받기 시작했다. 그 이후로 문화 진단과 문화 변화에 대한 관심은 급속히 확산되었다. 문화를 구성하는 의미를 좀 더 구체적으로 살펴보는 것은 중요한 일인데, 그 이유는 문화라는 개념이 조직 내에서 매우 다양한 행동, 활동, 의미, 상징 등을 포괄할 수 있기 때문이다. 다음은 조직문화를 구성하는 요소들에 대한 예시다.

- **언어, 은유, 전문 용어**. 조직 구성원들이 서로를 어떻게 부르고 어떤 용어를 사용하는지를 포함한다. 예를 들어, 일부 소매업체에서는 구성원을 "동료(associates)"라고 부르고, 일부 기업 환경에서는 "개인 기여자(individual contributors)"라고 하며, 디즈니랜드 같은 곳에서는 "출연진(cast members)"이라고 부르기도 한다. 조직 구성원들은 그들만이 이해할 수 있는 약어나 용어들을 개발하기도 한다.

- **소통(패턴과 매체)**. 누가 누구에게, 어떤 주제로, 어떤 매체를 통해 소통하는지를 말한다. 일부 대규모 조직에서는 최고 리더가 전 구성원에게 이메일을 보내는 반면, 어떤 조직은 대면 소통을 선호하기도 한다. 이러한 선택은 상황이나 주제에 따라 달라질 수도 있다.

- **물리적 상징물**. 예를 들어, 벽에 걸린 사진이나 포스터, 로비 인테리어, 복장 스타일 등이 있다. 어떤 조직은 사무실 크기, 가구 스타일, 전화기 모델이나 휴대폰 요금제까지도 누가 어떤 것을 사용할 수 있는지에 대한 명확한 규칙을 가지고 있기도 하다.

- **이야기, 신화, 전설**. 과거의 이야기 중 구성원들에게 의미 있게 남아 교훈이나 학습을 전달하는 사례들을 말한다. 예를 들어, 파산 같은 극단적인 사건을 겪은 조직은 유사한 실수를 반복하지 않기 위해 특정 이야기나 전제들을 반복하며 새로운 의사결정에 참고하기도 한다.

- **의식, 의례, 의전**. 이는 공식적이거나 비공식적인 모임 또는 반복되는 행사로, 일종의 정형화된 '대본'에 따라 진행되는 경우가 많다. 예를 들어, 회사 야유회나 연말 파티, 동아리의 입회식, 연례 영업회의, 정기적인 구성원회의, 성과 평가와 같이 반복적으로 열리는 행사 등이 이에 해당한다.

- **가치, 윤리, 도덕적 규범**. 한 조직에서 '옳은 일'을 한다는 것은 신속하게 처리하는 것을 의미할 수 있지만, 다른 조직에서는 모든 가능한 선택지를 철저히 분석하는 것을 의미할 수 있다. 조직은 종종 선언된 가치(espoused values), 즉 외부

에 명시적으로 표현되는 가치를 갖고 있으며, 동시에 암묵적인 가치(underlying values), 즉 조직 구성원들이 자각하지 못한 채 의사결정에 영향을 미치는 내면의 가치도 존재한다.

- **의사결정 방식**. 어떤 정보가 있어야 의사결정을 내리는지, 누구와 상의하는지, 의견이 자유롭게 제시될 수 있는지, 최종 결정을 누가 내리는지, 그 결정이 어떻게 전달되는지 등의 요소들이 조직의 의사결정 방식을 구성한다.

조직문화의 요소들은 복장 스타일, 사무공간, 언어 선택과 같이 눈에 보이는 형태로 드러나기도 하고, 조직의 가치관, 윤리적 신념, 선호도처럼 보이지 않거나 숨겨진 형태일 수도 있다. 어떤 믿음이 더 깊게 내면화되어 있고, 어떤 가정이 더 암묵적일수록 그것을 변화시키기는 더욱 어렵다. 그림 13.1은 이러한 문화 요소들을 시각적으로 보여준다.

그림 13.1　조직문화

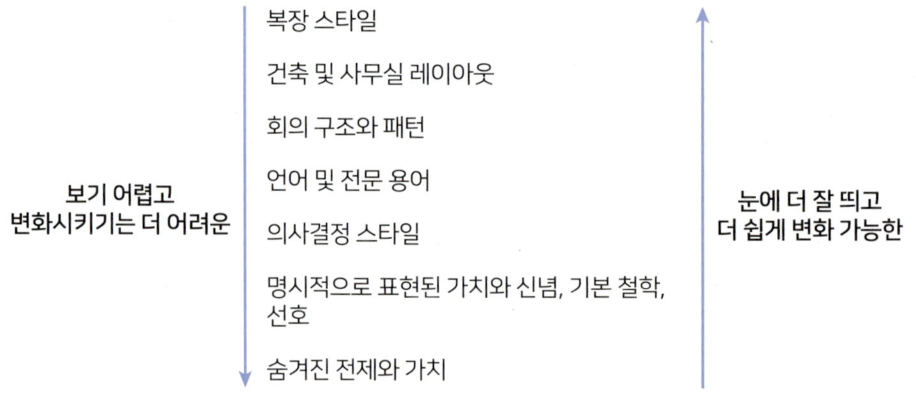

보기 어렵고
변화시키기는 더 어려운

복장 스타일

건축 및 사무실 레이아웃

회의 구조와 패턴

언어 및 전문 용어

의사결정 스타일

명시적으로 표현된 가치와 신념, 기본 철학, 선호

숨겨진 전제와 가치

눈에 더 잘 띄고
더 쉽게 변화 가능한

조직문화 전문가들 사이에서는 문화를 어떻게 진단할 수 있고, 또 어떻게 진단해야 하는가에 대해 다양한 관점이 존재한다. 조직문화에 관한 대표적인 연구자 중 한 사람인 에드거 샤인(Edgar Schein, 2006b)은 다음과 같이 말한다. "많은 조직이 일반적인 문화 진단이 자신들에게 도움이 될 것이라고 생각하지만, 문화 진단이 변화 추진 계획과 연결되어 있지 않다면 그것은 거의 무의미하다."(p. 457)

샤인의 문화 진단은 포커스 그룹(focus group)을 포함하는데(아래에서 자세히 다룸), 이는 문화가 집단과 팀에 의해 형성되기 때문이다. 따라서 그는 문화를 이해하기 위한 데이터 또한 개인 설문이 아니라 집단으로부터 수집되어야 한다고 주장한다. 그의 문화 진단은 질적 접근 방식이며, 이는 문화 연구에서 오랫동안 우세했던 방식이다.

반면, 또 다른 문화 연구 분야의 저명한 학자들은 조직문화 진단 도구(Organizational Culture Assessment Instrument; OCAI)를 활용한 정량적 접근을 통해 성과를 거두었다(Cameron & Quinn, 2006). 이 방식은 조직 구성원들이 개인 설문에 응답함으로써 변화관리자들이 조직문화를 이해할 수 있도록 돕는다. 경쟁가치모형(Competing Values Framework)은 조직을 내부 지향 vs. 외부 지향, 유연성 선호 vs. 통제 선호 등의 차원으로 비교함으로써 조직문화를 네 가지 이상화된 문화 유형으로 설명한다. 이 모델은 그림 13.2에 제시되어 있다(Cameron & Freeman, 1991; Cameron & Quinn, 2006; Denison & Spreitzer, 1991 참조).

그림 13.2 네 가지 조직문화 유형

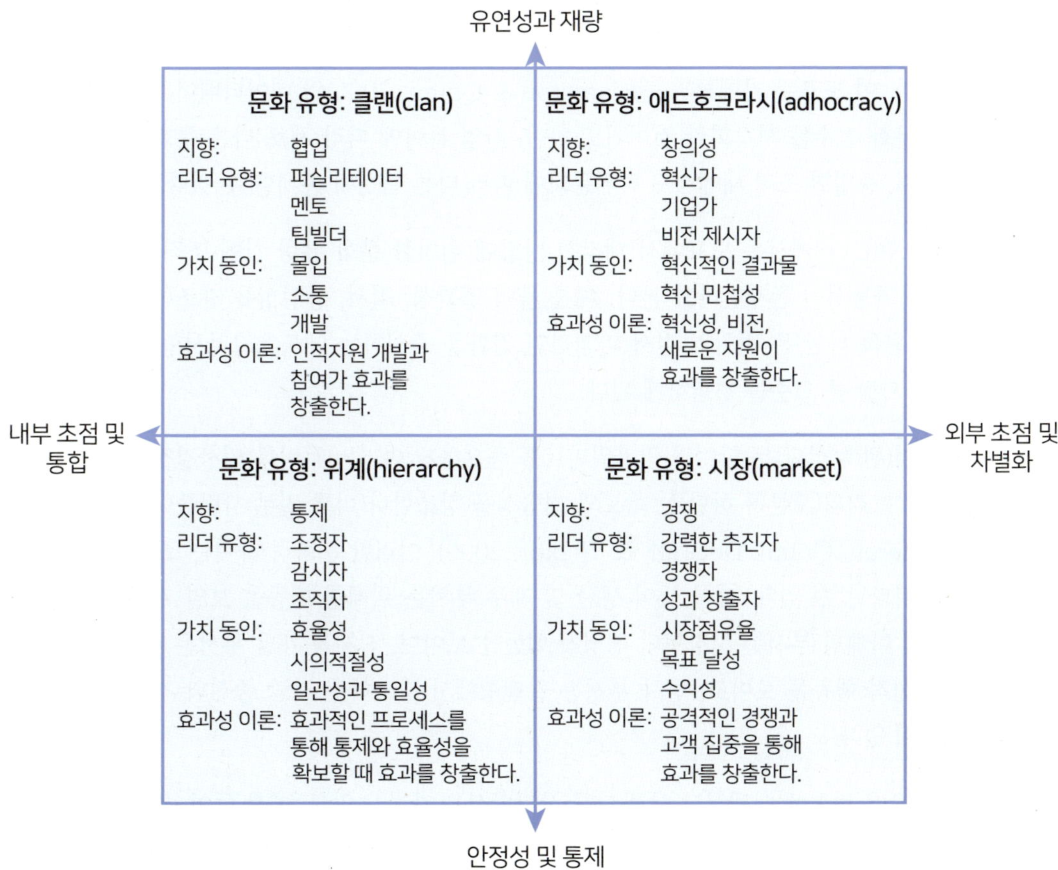

출처: Cameron, K. S., & Quinn, R. E. (2011). *Diagnosing and Changing Organizational Culture: Based on the Competing Values Framework*. San Francisco, CA: Jossey-Bass.

- **클랜(clan)**. 구성원들은 가족처럼 집단에 강하게 소속감을 느끼며, 팀과 팀워크를 매우 중요시한다. 조직 구성원들은 충성심이 강하고 서로 친밀한 관계를 유지한다.
- **애드호크라시(adhocracy)**. 혁신이 가장 중요한 가치이며, 구성원들은 높은 수준의 자율성과 독립성을 가진다. 이 조직은 최첨단 제품과 서비스를 개발하고 시장을 선도하는 데 중점을 둔다.
- **위계(hierarchy)**. 전통과 형식성이 지배적인 가치다. 안정성, 규칙, 효율적인 프로세스가 핵심적으로 강조된다.
- **시장(market)**. 조직 구성원들은 경쟁적이고 근면하며 높은 요구 수준을 가지고 있다. 생산성과 경쟁 우위 확보가 주요 목표로 강조된다.

모든 조직은 이 네 가지 문화 유형을 일정 비율로 혼합하여 가지고 있다는 점을 이해하는 것이 중요하다. OCAI 결과를 통합하여 도식화하면, 그림 13.3에 제시된 것과 같은 문화 도표가 생성된다. 이 도표는 카메론과 퀸(Cameron & Quinn, 2006)의 데이터베이스에서 평균적인 조직문화 점수를 시각화한 것이기도 하다. 산업 분야에 따라 서로 다른 문화 프로파일이 나타나며, 동일한 조직 내에서도 하위문화에 따라 다른 특성이 존재할 수 있다.

경쟁가치모형(CVF)에서는 도표에서 대각선 방향에 위치한 문화 유형 간에 조직 내에서 가장 큰 충돌 가능성이 존재한다고 본다. 예를 들어 일관성, 질서, 통일성을 강조하는 위계형 조직(도표 왼쪽 하단)은 변화와 질서 파괴적인 전환을 중시하는 애드호크라시형 조직(오른쪽 상단)과 가장 큰 모순을 경험하게 된다.

클랜형 리더(왼쪽 상단)는 참여와 임파워먼트를 중요하게 여기는데(비록 의사결정이 느릴지라도), 시장형 리더(오른쪽 하단)는 속도와 긴급성을 강조한다(비록 일부 사람들이 뒤처지더라도; Cameron, Quinn, DeGraff, & Thakor, 2006). 이러한 문화적 차이는 조직 내 부서 간에서도 나타날 수 있다. 예를 들어 생산 및 재무 부서는 위계형 행동을 보일 가능성이 크고, 영업 및 마케팅 부서는 시장형의 경쟁적 행동을 보이며, 신제품 개발 부서는 애드호크라시형의 혁신적 행동을 보이고, 인사 부서는 클랜형에서 강조하는 사람 중심의 가치를 드러내는 경향이 있다.

각 문화 유형은 변화에 대해서도 서로 다른 사고방식을 가지고 있다. 예를 들어, 위계형 문화에서는 변화가 일반적·점진적으로 이루어지며, 이는 예컨대 계약서 문구를 새로운 법률 용어에 맞게 수정하는 정도일 수 있다. 반면, 애드호크라시형 문화에서는 변화가 조직 전체의 계약 접근 방식을 재설계하는 식의 변혁적 변화로 나타날 가능성이 크다. 시장형 문화는 경쟁

그림 13.3 경쟁 가치 모형 도표 예시

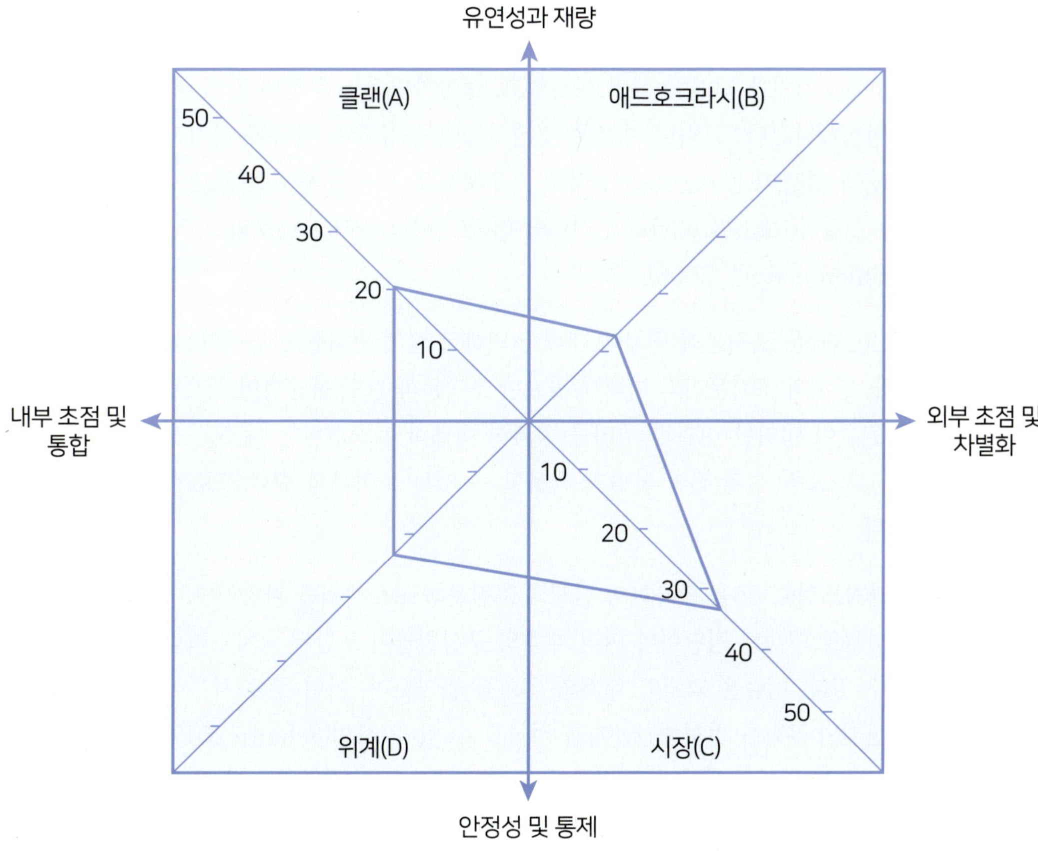

출처: *Diagnosing and Changing Organizational Culture: Based on the Competing Values Framework*, K. S. Cameron & R. E. Quinn, San Francisco, 2011, CA: Jossey-Bass.

위협에 신속히 대응하는 변화에 중점을 두며, 클랜형 문화는 장기적 관점을 가지고 구성원의 참여와 합의를 이끌어 변화가 조직에 정착될 수 있도록 하는 데 초점을 맞춘다.

조직은 이 네 가지 문화 유형 중 어느 하나에 완전히 들어맞는 경우는 드물고, 대신 각 문화 유형의 요소들을 정도의 차이를 두고 함께 가지고 있는 경우가 많다. 그러나 조직문화의 요소와 외부 환경 간에 불일치가 있을 경우(예: 조직 내부의 절차는 위계형처럼 형식적인데 외부 환경은 애드호크라시형의 혁신을 요구할 경우), 문화는 문제로 작용하거나 변화의 고려 대상이 될 수 있다. 따라서 OCAI는 변화관리자에게 조직 전체의 문화적 가치의 전반적인 패턴을 이해하고, 조직 구성원들과 함께 조직문화 변화에 대해 논의할 기회를 제공한다.

조직이 성장하고 진화함에 따라, 조직은 각기 다른 문화 유형에 주의를 기울이게 된다. 스타트업 초창기에는 신제품 개발과 혁신(adhocracy)이 성공의 핵심 특성일 수 있다. 시간이 지나 조직이 복잡해질수록 표준화된 프로세스(control)가 필요해진다. 예를 들어 애플은 창업 초기에는 기업가 정신 중심의 회사였고, 성장하면서는 구성원 간의 유대감과 응집력(clan)을 형성해나갔다. 그러나 새로운 경쟁사들이 등장하며 위협이 커지자, 조직의 규율(hierarchy)과 경쟁 대응(market)이 더욱 중요해졌고, 이러한 변화는 스티브 잡스(Steve Jobs)에서 존 스컬리(John Scully)로의 리더십 전환(그리고 다시 잡스로의 회귀)으로 나타나기도 했다(Cameron et al., 2006).

경쟁가치모형(CVF)은 조직문화 변화에 대해 논의하고 실제 변화를 만들어가는 하나의 방법이 될 수 있다. 현재의 조직문화와 미래에 필요한 조직문화 간의 불균형이 존재할 때, CVF는 리더와 구성원들이 이러한 전환의 의미를 명확히 이해하고 표현하는 데 도움을 준다. 카메론과 퀸(2011)은 조직 설계 전환과 함께 적용할 수 있는 조직문화 변화 프로세스를 다음과 같이 제안한다.

1. 경쟁가치모형(CVF)을 활용하여 현재의 조직문화 프로파일을 파악한다.
이는 리더들로 구성된 집단이나 여러 계층의 구성원들이 포함된 교차조직팀을 통해 수행할 수 있다. 이들은 과거와 현재의 문화를 돌아보며, 어떤 주요 사건이나 의사결정이 현재의 문화를 형성해왔는지를 성찰할 수 있다. 샤인(Schein, 2017)은 하위문화 간 차이를 파악하기 위해 인터뷰나 포커스 그룹을 포함한 자료 수집 과정을 제안한다. 이 과정에서 구성원들은 문화에 영향을 미쳐온 주요한 의례, 관행, 그리고 내면의 가정과 가치들을 식별할 수 있다.

2. 다음으로 조직의 미래 혹은 바람직한 문화 프로파일을 정의한다.
구성원들은 현재 문화의 어떤 요소들이 강점으로 작용해 성공에 기여해왔는지, 그리고 어떤 부분에서 변화나 적응이 필요한지를 논의할 수 있다. 샤인은 집단의 가치에 대해 논의하는 과정에서 그 가치가 어떻게 조직의 발전을 방해하는지를 깨닫게 되는 통찰이 자주 등장한다고 강조한다.

3. 문화 변화가 '의미하는 것'과 '의미하지 않는 것'을 명확히 한다.
예컨대, 위계를 줄이겠다는 문화 변화는 정책이나 규칙을 없애겠다는 뜻이 아니며, 시장문화에 대한 관심을 높이겠다는 것은 동료의 의견을 무시하거나 냉혹하게 행동하겠다는 뜻이 아니다. 클랜문화에 대한 관심을 높인다는 것은 모든 계층의 구성원이 더 많이 참여하게 된다는 의미일 수 있지만, 성과 기준을 낮춘다는 의미는 아니다.

4. 조직 내에서 기존 강점을 기반으로 실행계획을 수립한다.

구성원들은 현재 조직의 강점을 강화할 수 있는 기반을 구별하고, 비록 그것이 작더라도 문화 변화를 보여줄 수 있는 즉각적인 조치를 제안할 수 있다.

5. 리더십 개발, 보상 및 평가 지표, 조직 전체의 소통 등 변화의 실행을 뒷받침할 수 있는 지원 체계에 대해 논의한다.

샤인(2004, 2006b)은 문화를 정의하고 어떻게 변화시켜야 할지를 탐색하는 포커스 그룹 중심의 조직문화 변화 프로세스를 개발했다. 이 프로세스는 먼저 최고 리더십의 노력을 이끌어내는 데서 시작하며, 이후 앞서 언급된 문화의 요소들(예: 의사소통 패턴, 의례, 상징물 등)을 탐색하는 일련의 포커스 그룹을 운영하는 방식으로 진행된다. 이 과정에서 조직의 다양한 부서로부터 구성된 하위 팀들은 다음과 같은 활동을 수행하도록 요청받는다.

1. 조직의 현재 문화를 설명한다. 이때 구체적인 상징물, 의례, 언어 사용 사례 등을 포함한다.

2. 조직이 명시적으로 천명한 가치를 정의한다.

3. 그러한 가치들이 상징물의 존재를 충분히 설명하는지, 혹은 그 이면에 숨겨진 추가적인 문화적 가치, 즉 암묵적 가정이 존재하는지를 분석한다.

4. 이러한 명시적 가치나 내재적 가치가 조직이 목표를 달성하는 데 어떤 방식으로 저해하거나 강화하는지를 설명한다.

5. 팀 간에 존재하는 하위문화적 차이점을 공유한다.

6. 부정적인 문화적 가치를 변화시키기 위한 실행계획에 대해 논의하고 합의한다.

조직문화의 변화 요소가 식별된 이후에는 이러한 새로운 가치들을 조직 내에 어떻게 실제로 도입할 것인지에 대한 결정이 필요하다. 문화는 그 기저에 암묵적인 신념과 가치를 가지고 있기 때문에 어쩔 수 없는 것이라거나, 조직이 "가지고 있는(have)" 어떤 것이라고 생각하기 쉽다. 그러나 문화는 조직 내 사람들이 "행동하는(do)" 무엇이라는 점을 인식하는 것이 중요하다. 다시 말해, 우리가 어떤 문화적 가치를 반복할 때마다 그것은 실제로 우리가 다른 선택을 할 수 있었음에도 그 문화를 다시 강화하는 행위가 되는 것이다.

샤인(Schein, 1990b, 2004)은 새로운 문화적 가치를 명시적으로 강화하고, 과거의 문화를 폐기하는 행동을 통해 문화는 변화될 수 있으며, 이러한 변화는 무엇보다 리더십의 가시적인 행동에서 시작되어야 한다고 주장한다. 이에 대한 예시는 다음과 같다.

- 리더는 새로운 문화적 가치를 구현하는 관리자나 구성원을 채용하거나 승진시키고, 이를 공개적으로 인정하고 보상할 수 있다.
- 새로운 문화적 가치와 행동을 따르지 않는 구성원에게는 징계 조치를 취하거나 조직에서 배제할 수 있다.
- 기존의 상징물, 의례, 행사 등은 제거하거나 중단하고, 이를 대신할 새로운 것들로 대체할 수 있다.
- 리더는 스태프 회의, 구성원 이메일, 일대일 미팅 등 모든 기회를 활용해 새로운 문화적 가치에 대해 이야기할 수 있다.
- 리더는 행동을 통해 새로운 문화를 모범적으로 보여줄 수 있으며, 그 행동이 왜 그렇게 이루어졌는지를 구성원들에게 설명할 수 있다(Deetz et al., 2000).
- 리더는 새로운 가치와 관련된 성공 또는 실패 사례를 이야기할 수 있다.

카메론 외(Carmeron et al., 2006)는 네 가지 문화 유형이 포함된 경쟁가치모형을 활용한 개별 리더십 평가 도구를 제안하며, 각 문화 유형별로 요구되는 리더십 역량을 측정한다. 이 평가는 다음과 같은 역량 항목에 대한 피드백을 제공한다.

- **클랜**: 팀워크를 통한 리더십, 인간관계를 통한 리더십, 인적자원 개발을 통한 리더십, 협력과 공동체를 통한 리더십, 연민과 배려를 통한 리더십
- **애드호크라시**: 혁신과 기업가 정신을 통한 리더십, 미래지향적 리더십, 개선과 변화를 통한 리더십, 창의성과 유연성을 통한 리더십
- **위계**: 합리적 분석을 통한 리더십, 명확한 정보 전달을 통한 리더십, 높은 신뢰성을 통한 리더십, 프로세스를 통한 리더십, 측정을 통한 리더십
- **시장**: 경쟁력을 통한 리더십, 고객 관계를 통한 리더십, 속도를 통한 리더십, 집중력 있는 실행을 통한 리더십, 결과 지향적 리더십

이 평가는 개별 리더십 개발 활동에만 국한되지 않고, 조직 전체에 걸쳐 요구되는 리더십 변화의 방향을 알리는 대규모 개발 프로그램을 설계하는 데도 활용될 수 있다.

학자들과 OD 실무자들에 의해 개발된 정량적·정성적 조직문화 진단 방법론은 매우 다양하고 뛰어난 것들이 많다. 어떤 방법론을 선택하든 그 평가의 목적과 활용 방식에 대해 명확하게 인식하는 것이 중요하다. 조직의 모든 문제를 '문화'의 문제로 귀속시키는 것은 흔한 유혹이지만, 이는 많은 리더에게는 너무 추상적인 개념일 수 있으며, 변화관리자에게는 더 구체

적으로 진단할 수 있는 문제를 불필요하게 넓게 설정하는 결과를 초래할 수 있다. 또한, 조직 문화는 조직 구성원들의 행동에 영향을 미치는 지역적 또는 국가적 문화 안에서 존재하며, 이 문화들이 조직문화에 다양한 영향을 끼친다. 따라서 구성원의 행동을 설명하거나 변화의 대상으로서 '문화'를 설정하는 것은 제한적일 수 있다. 예를 들어, 싱가포르의 한 엔지니어링 매니저가 늦은 밤까지 일하는 이유가 단순히 싱가포르라는 지역문화 때문인지, 해당 회사의 조직문화 때문인지, 아니면 엔지니어라는 직무 특성 때문인지 혹은 그 외 다른 이유 때문인지를 구분하기는 쉽지 않다. 문화는 현재 벌어지고 있는 현상을 바라보는 하나의 유용한 렌즈일 수는 있지만, 유일한 설명 방식은 아니다. 문화적 개입은 일반적으로 다른 유형의 개입과 상호보완적인 역할을 하며, 단독으로만 실행되지 않는 경우가 많다.

조직 설계

많은 조직은 정기적으로 조직 개편을 하면서 구성원들의 직함이나 직무 기술서를 바꾸거나, 부서를 신설하거나 통합하거나 분리하곤 한다. 하지만 이러한 구조적 변화는 종종 기대한 결과를 내지 못하기도 한다. 이는 대개 조직이 다른 문제에 대한 즉각적인 반응으로 조직 설계를 다루거나, 조직 구조의 변경이 가져올 더 큰 영향을 고려하지 않은 채 성급하게 변경을 추진할 때 발생한다.

그러나 실제로 조직 설계를 진지하게 다루어야 할 필요가 있는 경우도 많다. 예를 들어 조직이 새롭게 신설된 사업부일 수도 있고, 상당히 성장했을 수도 있다. 규모나 복잡성이 커지면서 기존 모델이 더 이상 맞지 않게 되었거나, 전략 변화나 대규모 인수합병을 계기로 기존의 구식 모델을 재검토해야 할 수도 있다. 또 다른 경고 신호는 부서 간 장벽이 프로세스의 효율성을 방해하거나, 조직이 고객에게 가치를 제대로 전달하지 못하고 있는 상황, 혹은 구성원들이 업무 수행 중 내부의 장애물 때문에 좌절감을 느끼는 경우다(Ashkenas, Ulrich, Jick, & Kerr, 2002).

이러한 도전 과제들은 단순한 조직 구조 개선이 아닌 설계적 관점에서 접근할 때 해결할 수 있다. 조직 설계 분야의 대표적인 전문가 중 한 명인 제이 갤브레이스(Jay Galbraith, 1977)에 따르면, 설계 노력의 목적은 조직의 전략, 목표, 구조 간의 일관성을 구축하는 것이다.

> 조직 설계는 조직이 존재하는 목적 또는 목표, 노동 분업 및 부서 간 조정의 방식, 그리고 그 일을 수행할 사람들 간의 일관성을 창출하기 위한 의사결정 과정으로 간주된다(p. 5).

이 말은 곧, 조직은 자신들의 전략, 고객, 그리고 고객에게 가치를 제공하는 핵심 프로세스에 대해 명확히 이해하고 있어야 한다는 것을 의미한다. 만약 전략이 명확하게 정의되지 않았다면, 설계에 앞서 전략 개입이 선행되어야 할 수도 있다. 실제로 갤브레이스, 다우니, 케이트(Galbraith, Downey, Kates, 2002)는 "설계 프로세스는 항상 전략 검토에서 시작해야 한다"(p. 12)고 권고한다. 케슬러와 케이트(Kesler & Kates, 2011)는 조직 설계를 리더십 역량으로 보며, 많은 리더가 전략 수립이나 인재 관리에는 관심과 개발 노력을 기울이지만, 조직 설계에는 상대적으로 관심이 부족하다고 지적한다. 그러나 조직 설계는 전략 실행에 중대한 영향을 미치는 요소다.

'구조(structure)'와 '설계(design)'라는 용어는 종종 같은 의미로 사용되지만, 실제로는 동일하지 않다. 조직의 구조는 일반적으로 조직도상에 박스가 어떻게 그려지는지를 의미하는 반면, 설계는 구조뿐 아니라 구조를 뒷받침하는 여러 다른 요소까지 포함하는 더 넓은 개념이다. 조직 설계는 여러 구성요소로 이루어져 있으며, 이 요소들은 서로 정렬되어야 하며, 서로를 지지함으로써 유능하고 효과적인 조직을 만들어낸다(Galbraith, 1995; Galbraith et al., 2002). 이러한 설계 구성요소는 크게 두 가지 방식으로, 갤브레이스의 스타 모델(Star Model)과 맥킨지의 7S 모델(McKinsey 7S Framework)로 설명되어왔다.

갤브레이스는 조직 설계의 다섯 가지 구성요소를 스타 모델이라고 명명하며, 이를 그림 13.4에 제시하고 있다.

- **전략(strategy)**: 조직의 방향성과 장기 비전
- **구조(structure)**: 기능 간 역할, 책임, 관계
- **프로세스와 수평적 역량(process and lateral capability)**: 의사결정 과정, 통합 역할, 부서 간 협업 메커니즘
- **보상 시스템(reward systems)**: 보상과 인정, 목표 설정 및 측정 시스템
- **인적자원관리 관행(people practices)**: 채용, 성과 평가, 교육 및 개발

이 다섯 가지 구성요소는 각각 나머지 네 가지 요소를 지원해야 하며, 서로 정렬되어 있어야 한다. 만약 스타 모델의 어느 한 요소라도 다른 요소들과 맞지 않으면, 조직의 성과는 저하된다. 예를 들어, 전략이 구성원들에게 명확하게 전달되지 않는다면, 개인이나 팀은 자신들의 목적과 상위 목표에 대해 혼란을 느낄 것이다. 또, 보상 시스템이 목표와 목적을 지원하는 구체적이고 명확한 인정 체계를 제공하지 않는다면, 조직은 잘못된 활동에 보상을 주게 될 수도 있다. 조직 설계는 업무의 효과적인 수행을 방해할 수도 있다. 물론 "똑똑한 사람들은 그

들이 마주한 장벽을 어떻게든 우회해서 일을 처리하기 마련이지만… 그 과정에서 시간과 에너지를 낭비하게 된다"(Kates & Galbraith, 2007, p. 2).

두 번째 조직 설계 모델은 피터스와 워터맨(Peters & Waterman, 1982)의 저서 *In Search of Excellence*에 등장한다. 이들은 조직이 단순히 구조만으로 이루어진 것이 아니라고 설명한다.

그림 13.4 스타 모델

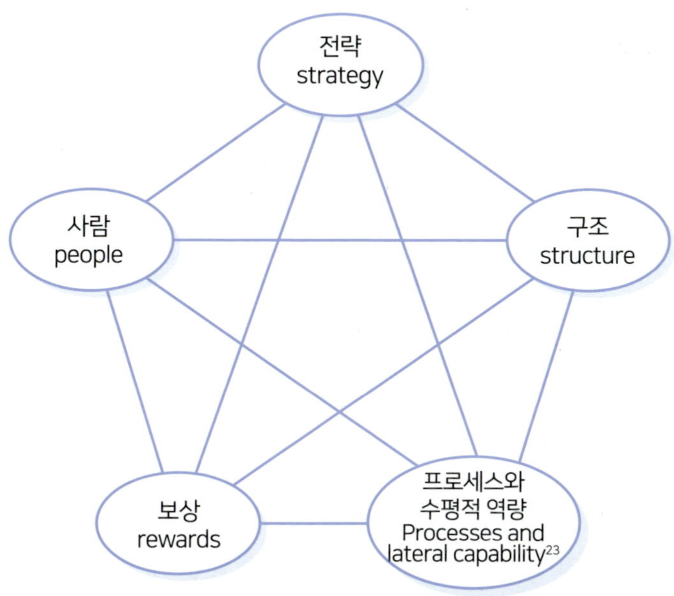

출처: *Designing Organizations: An Executive Guide to Strategy, Structure, and Process*, J. R. Galbraith, 2002, New York, NY: Wiley. John Wiley & Sons, Inc.의 허락을 받아 재인용.

"우리의 연구 결과, 조직화에 대한 합리적인 접근을 위해서는 최소한 일곱 가지 변수, 즉 구조, 전략, 구성원, 스타일(경영 방식), 시스템과 절차, 핵심 가치와 공유된 가치(문화), 현재와 미래의 기업의 강점 또는 기술을 상호 의존적으로 고려하고 다루어야 한다는 것을 알게 되었다."(p. 9)

---

23 조직 내 의사결정, 운영, 정보 흐름 등을 조율하는 절차와 체계, 수평적 역량: 기능 간 협업을 가능하게 하는 통합적 역할과 메커니즘, 예컨대 부서 간 소통이나 공동 프로젝트 수행 역량 등. (역자주)

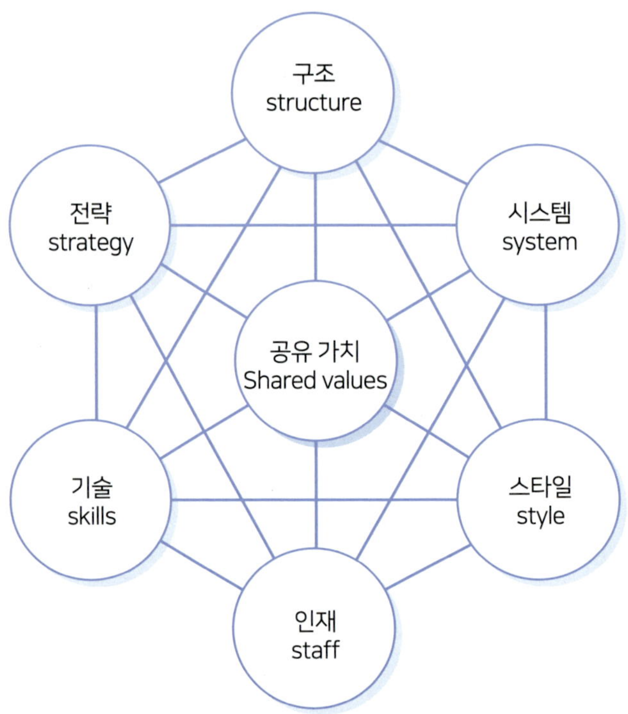

출처: "Structure Is Not Organization," Robert H. Waterman, Jr., Thomas J. Peters, Julien R. Phillips, 1980, *Business Horizons*, 23(3), 14쪽.

이 프레임워크는 이후 저자들이 세계적으로 유명한 컨설팅 회사에서 수행한 작업을 바탕으로 맥킨지 7S 모델로 알려지게 되었다(그림 13.5 참조). 스타 모델과 마찬가지로, 7S 모델도 조직 설계에서 전략과 구조 외의 다양한 요소가 서로 연결되어 있음을 인정한다. 워터맨(1982)은 "모든 요소가 정렬되어 있을 때, 회사는 정렬된 상태다. 보기에는 구조가 멀쩡해 보여도 요소들이 정렬되어 있지 않다면 그 조직은 아직 조직되지 않은 상태다"(p. 70)라고 설명한다. 이후 히긴스(Higgins, 2005)는 7S 모델을 8S 모델로 확장했는데, 여기서 '기술(Skills)'을 '자원(Resources)'으로 대체하고, 일곱 가지 구성요소 간 상호작용의 결과로서 '전략적 성과(Strategic Performance)'라는 항목을 추가했다.

스탠포드(Stanford, 2005)는 조직 설계 변화에 대해 다음과 같은 5단계 프로세스를 제안한다.

1. **변화 준비하기**. 현재의 조직 구조를 평가하고, 조직 전략을 검토하며, 새로운 설계를 위한 목표를 개괄하는 단계다.

2. **재설계 방안**. 조직 설계의 변화는 매우 파급력이 클 수 있다. 새로운 구조가 도입
   된다는 이야기가 퍼지면, 구성원들은 새 팀, 새 관리자, 새 직무로의 전환에 대해
   불안을 느낄 수 있다. 갤브레이스 외(2002)에 따르면, 새로운 설계의 기준에 대해
   다수의 이해관계자로부터 피드백을 받는 것은 변화의 성공 가능성을 검토하는 데
   도움이 된다.

3. **상위 수준의 설계 개발하기**. 여러 대안을 구상하고, 이후 설명될 검증 기준에 따라
   이를 평가하는 단계다. 이때 구조뿐만 아니라 구조가 프로세스, 보상 시스템, 성
   과 지표, 인재 선발, 역량 개발 등에 어떤 영향을 미칠지도 함께 고려되어야 한다.

4. **전환 관리하기**. 설계 변경 계획을 구성원들에게 전달하고, 이들이 전환 과정을 잘
   이겨낼 수 있도록 지원하는 단계다.

5. **설계 검토하기**. 새로운 구조의 결과를 평가하고, 성과를 측정하며, 필요한 경우
   수정이나 추가적인 변화를 수행하는 단계다.

| 일반적인 조직 구조

대표적인 조직 구조 유형으로는 기능별 구조, 사업부 구조, 매트릭스 구조, 네트워크 구조,
그리고 경계 없는 구조 및 프로세스 기반 구조의 다섯 가지가 있다. 이들 각각은 가장 순수한
형태를 기준으로 설명되며, 각각 장단점이 존재한다. 실제 조직에서는 이 구조들이 다양한
방식으로 변형되거나 결합되어 사용되기도 한다(Galbraith, 1995).

기능별 구조

기능별 구조는 아마도 가장 널리 알려진 일반적인 계층형 구조일 것이다. 이 구조에서는 부
서가 수행하는 업무 유형에 따라 조직된다. 예를 들어 마케팅, 재무, 영업, 제조, 제품개발 등
의 부서가 존재하고, 각 부서는 각각의 전문 임원이 총괄하며, 이들은 최고경영자(CEO)에게
보고한다. 마케팅 부서에서 일하는 구성원들은 마케팅에 특화된 동료들과 함께 마케팅 관련
업무에 집중하기 때문에 이 구조의 주요 장점은 업무 분업을 촉진하고 전문 분야에 집중할
수 있도록 도와준다는 데 있다. 또한 이 구조는 운영 효율성이 매우 높을 수 있다. 예를 들어,
마케팅 예산이 중앙에서 통제되면 하나의 인쇄업체와 통합 계약을 체결하여 모든 홍보 브로
슈어를 제작할 수 있고, 부서 내에서 표준화된 업무 프로세스를 정립하여 중복 업무를 줄일
수 있다(Galbraith, 1995). 그림 13.6은 기능별 구조의 예시를 보여준다.

기능별 구조의 단점은 부서 간 조정과 조직 복잡성을 증가시킨다. 일반적으로 기능 간 조정
은 고위관리자 수준에서 이루어지는데, 이는 정보 공유를 더디게 만들 수 있으며, 수평적 역

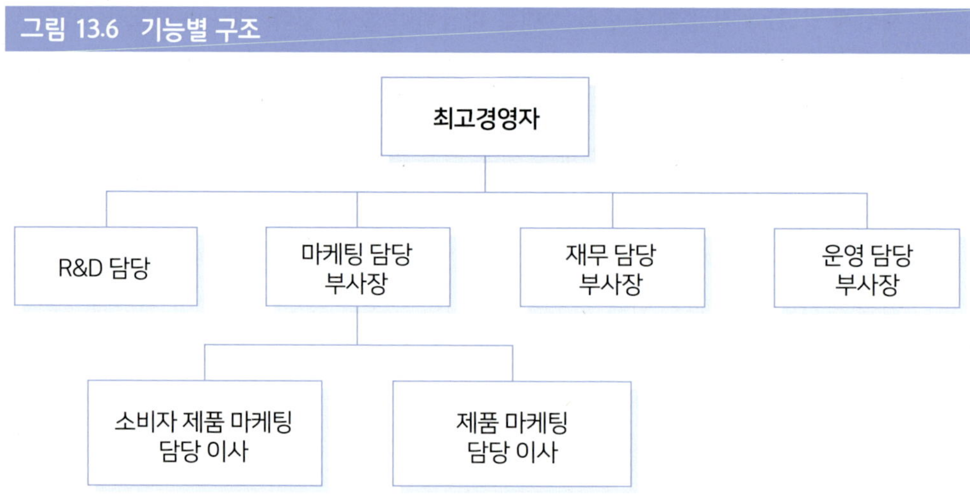

량이나 통합 메커니즘이 개발되어 있지 않다면 그 한계는 더 커질 수 있다.

조직이 점점 더 복잡해지고, 다양한 제품, 서비스, 시장을 다루게 될수록 기능별 구조는 필요한 의사결정과 정보 흐름을 효과적으로 감당하기 어려워질 수 있다. 따라서 기능별 구조는 제품군이 적고 제품 수명이 긴 소규모 조직에 가장 적합하다(Galbraith, 1995). 이러한 이유로 많은 전문가는 한때 지배적인 구조였던 기능별 구조가 오늘날에는 적합하지 않게 되었다고 평가한다. 그 이유는 대부분 조직에서 속도와 빠른 제품 전환 주기가 표준이 되었기 때문이다.

사업부 구조

사업부 구조(Unit Structure)는 기능별 구조의 대안으로, 시장, 제품, 서비스 또는 지역을 기준으로 책임을 분할하는 방식이다. 예를 들어, 한 금융 서비스 회사는 사업부 구조를 채택하여 자동차 대출, 주택담보 대출, 퇴직연금 계좌, 일반 은행 서비스와 같이 고객에게 제공하는 다양한 제품별로 부서를 구성할 수 있다. 고객 계좌를 하나의 부서에서 처리하는 대신, 각 부서에 자동차 대출 담당자, 재무 상담가, 처리 및 청구 부서가 별도로 존재할 수 있다. 사업부 구조가 완전히 구현되면, 각 사업부는 자체적인 인사, 정보기술, 재무, 영업, 마케팅 부서를 갖게 된다. 그림 13.7A부터 13.7C는 제품, 고객, 지역을 기준으로 조직된 세 가지 유형의 사업부 구조 예시를 보여준다. 그림 13.7A는 제품 부문을 기준으로 조직된 사업부 구조를 보여주며, 앞서 언급된 은행 조직이 그 예시다.

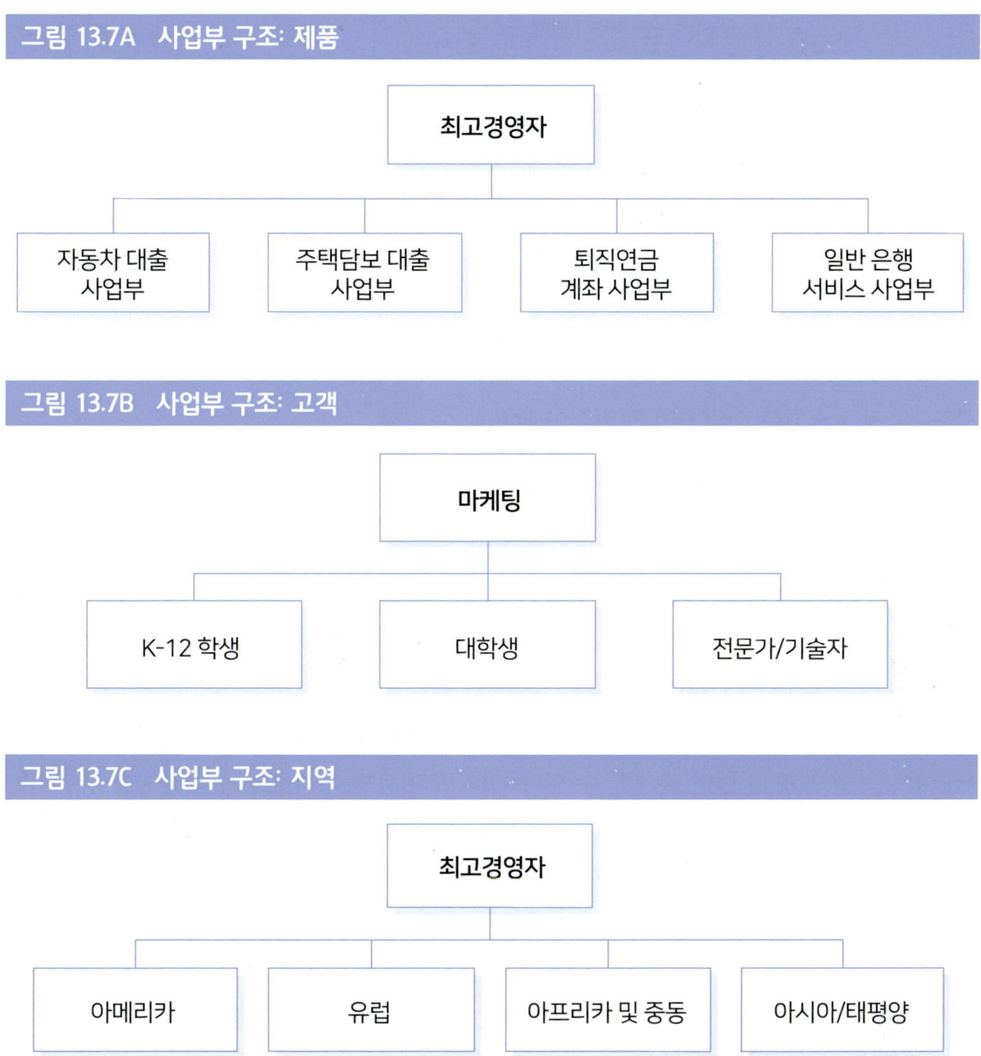

이 경우 자동차 대출 부서에는 자동차 대출만 전문적으로 다루는 전문가들이 집중되어 있어 단일 부서 내에서 명확한 조정과 집중이 가능하다. 주택담보 대출 같은 다른 성격의 문제로부터 주의가 분산되지 않기 때문에 효과적이며, 각 부서가 필요한 자원을 자체적으로 보유하고 있어 의사결정이 빠르게 이루어질 수 있다. 그림 13.7B는 고객 세분화를 기준으로 조직된 마케팅 조직의 예시로 K-12 학생, 대학생, 전문가/기술자 독자를 대상으로 하는 책을 출판하는 출판사가 해당한다. 이 구조는 각 부서가 특정 시장의 고유한 니즈에 집중할 수 있다는 장점이 있다. 그림 13.7C는 대륙별로 조직된 지리적 사업부 구조의 예시다. 이 구조에서는 자원을 업무가 실제로 이루어지는 지역에 가까이 배치할 수 있으며, 현지 맞춤화와 지역 고객의 요구에 대한 이해라는 이점을 제공한다.

하지만 사업부 구조에는 단점도 존재한다. 여러 부서가 존재하기 때문에 역량과 자원을 가장 효율적으로 공유하지 못하고 중복된 업무가 발생할 수 있다(예: 부서별로 정보기술 자산을 중복 구매하는 경우). 또한 부서 간 정보 공유나 지식 이전이 원활하지 않을 수 있다. 조직 외부의 고객이 둘 이상의 사업부와 거래할 경우, 각기 다른 정책이나 절차(예: 청구 및 결제 방식)를 경험하게 되며, 부서 간 정보 공유가 이루어지지 않을 경우 고객의 불만과 혼란이 커질 수 있다. 예를 들어, 주택담보 대출 부서가 자동차 대출 부서와 정보를 공유하지 않는다면, 소비자의 대출 신청 정보가 부서별로 중복 입력되어야 할 수도 있다. 혹은 글로벌 고객의 경우, 각 지역 사업부 간의 연계된 접점이 필요할 수 있다.

매트릭스 구조

매트릭스 조직 형태는 1960~1970년대에 처음 개발된 구조로, 앞서 소개된 기능별 구조와 사업부 구조의 단점을 보완하고, 이들 구조의 장점을 동시에 극대화하고자 하는 시도에서 출발했다. 매트릭스 구조에서는 전문 기능과 사업 단위가 일정 부분 동시에 존재한다. 예를 들어, 한 기술 기업이 개인용 컴퓨터, 프린터, 소프트웨어, 휴대용 기기를 제조한다고 하자. 이 기업이 그림 13.8과 같이 매트릭스 구조를 운영한다면, 각 사업 부문 내에 엔지니어링, 마케팅, 운영 등의 팀이 존재할 수 있다. 이러한 기능별 부서들에는 각 부서를 총괄하는 리더가 있어 회사 전반의 전략을 조율하게 된다. 예컨대, 마케팅 리더는 모든 사업 부문에 걸쳐 일관된 마케팅 전략이 유지되도록 책임을 지고, 프린터 부문의 리더는 프린터 제품의 사업 성과를 책임진다. 매트릭스 구조에서 중요한 점은 조직이 두 가지 관점(예: 기능과 지역, 혹은 제품과 고객 세그먼트 등)을 동시에 유지한다는 것이다. 이때 구성원들은 이러한 두 관점을 관리하는 두 명의 상사에게 각각 보고하는 것이다(엄밀히 말하면 점선 관계는 매트릭스 구조가 아니라는 주장도 있다).

그림 13.8은 가장 기본적인 형태의 매트릭스 구조를 나타내고 있지만, 매트릭스 구조가 대중화된 이후 수십 년 동안, 특히 글로벌 비즈니스를 수행하는 조직에서는 이 구조가 훨씬 더 복잡하게 발전해왔다. 이러한 조직은 구조 안에 강력한 지리적 차원을 통합해야 할 필요가 있기 때문이다. 예를 들어, 그림 13.8의 조직에 3개의 지리적 지역 부문이 CEO에게 보고하도록 추가했다고 가정해보자. 각각의 지역 부문은 또 다른 사업 부문과 연결되어 유럽 지역의 프린터 마케팅 부서나 일본 지역의 소프트웨어 엔지니어링 부서를 구성할 수도 있다. 갤브레이스(2009)는 이러한 구조의 확장형으로서 4차원 매트릭스 구조를 탐구하며, 이러한 복합 구조가 계획 수립, 리더십, 인사 정책에 어떤 도전 과제를 야기하는지도 논의한다.

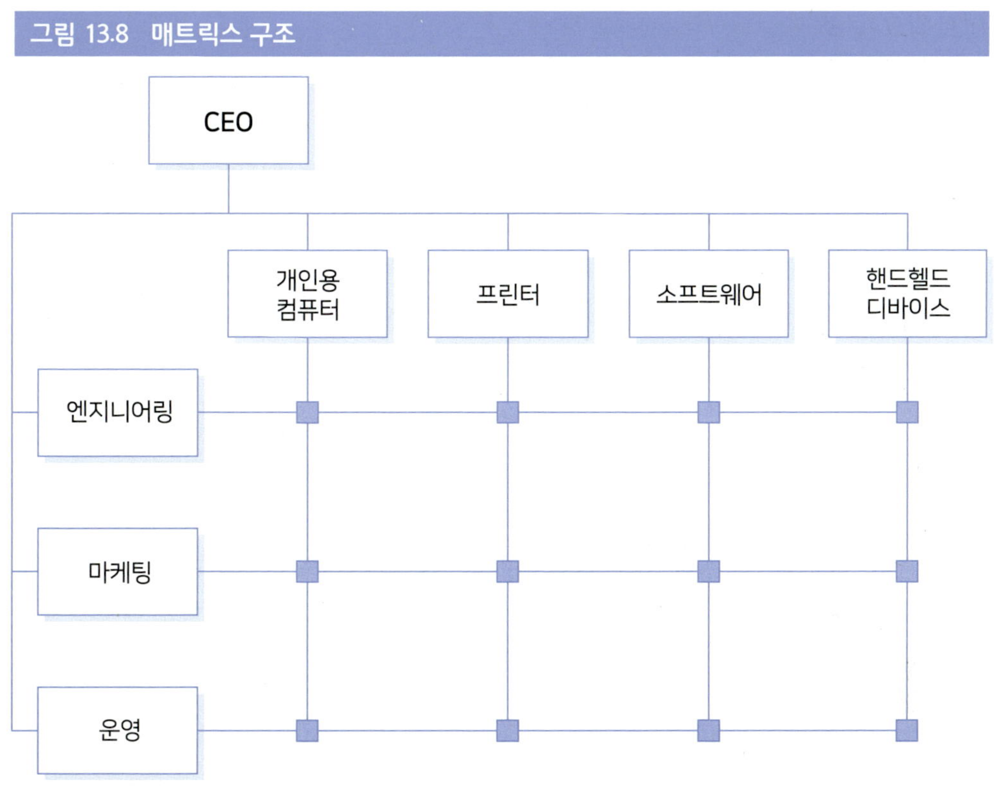

데이비스와 로렌스(Davis & Lawrence, 1977)에 따르면, 매트릭스 조직은 세 가지 조건에서 특히 효과적으로 작동한다. 첫째, 특정 분야의 기술 전문성과 특정 시장의 고객 요구처럼, 다양한 초점이 동시에 요구되는 상황에서 매트릭스 구조는 효과적이다. 둘째, 업무가 특히 복잡하거나 상호 의존적인 경우, 추가적인 조정이 필요한 상황에서 매트릭스 조직이 잘 작동한다. 사람들이 여러 방식으로 서로 얽혀 있을 때, 매트릭스 구조는 의사소통 방식 개선에 도움이 될 수 있다. 위의 예시처럼, 제품 라인 차원과 기능 차원 모두에서 정보가 공유될 수 있기 때문이다. 셋째, 자원을 최대한 효율적으로 공유해야 할 때 매트릭스 구조가 적합하다. 역량이 부족하고 자원이 제한적인 상황에서는 가장 희소한 자원을 필요한 곳에 재배치할 수 있는 유연성이 매트릭스 구조의 장점이 된다. 예컨대 마케팅 관리자가 개인용 컴퓨터 부문에서 휴대용 기기 부문으로 이동할 수도 있다.

그러나 매트릭스 구조는 구현이 어렵고 개인에게 역할 갈등을 초래할 수 있다. 두 명의 관리자 사이에서 요구 사항이 충돌할 경우, 구성원은 갈등에 휘말릴 수 있으며, 의사결정 과정도 여러 단계의 관리자 승인을 거쳐야 하는 복잡한 절차로 인해 느려질 수 있다. 이러한 이유로 관리자들 사이에서 권한 다툼이나 힘의 균형 문제가 발생하기도 한다.

네트워크 구조

매트릭스 구조와 마찬가지로, 네트워크 구조는 기존의 전통적인 계층적 기능별 구조를 해체한다. 실제로 네트워크 구조는 조직의 기능을 핵심 역량으로까지 축소하고, 핵심이 아니거나 내부 수행이 비용 효율적이지 않은 업무는 공급업체와 파트너 네트워크를 통해 외부에서 제공받는다(Miles & Snow, 1992). 일부 네트워크 유형에서는 조직이 제품을 내부에서 설계하되, 제조와 배송은 외부 제조업체와 물류회사에 위탁하여 고객에게 전달한다. 또한 회사는 지역 유통업체나 제3자 공급업체와 협력하여 고객에게 제품을 판매하도록 할 수도 있는데, 이들 유통업체는 사내 영업조직이 아닌 독립된 외부 주체다.

어떤 네트워크 조직에서는 외부 공급업체가 조직의 인력, 프로세스, 기술과 매우 밀접하게 통합되어 이들이 내부 조직인지 외부 조직인지 경계가 모호해지는 경우도 있다. 조직은 외부의 공급업체, 제조업체, 유통업체에 조직을 대신하여 자체 프로세스와 기술을 통합해 운영할 것을 요구하기도 한다. 조직은 다양한 외부 파트너 간의 조정을 담당하는 허브 또는 중개자 역할을 수행한다(Miles & Snow, 1986). 이러한 네트워크 유형의 예시는 그림 13.9에 제시되어 있다. 이 외에도 다양한 형태의 네트워크 구조가 존재한다(Miles & Snow, 1992).

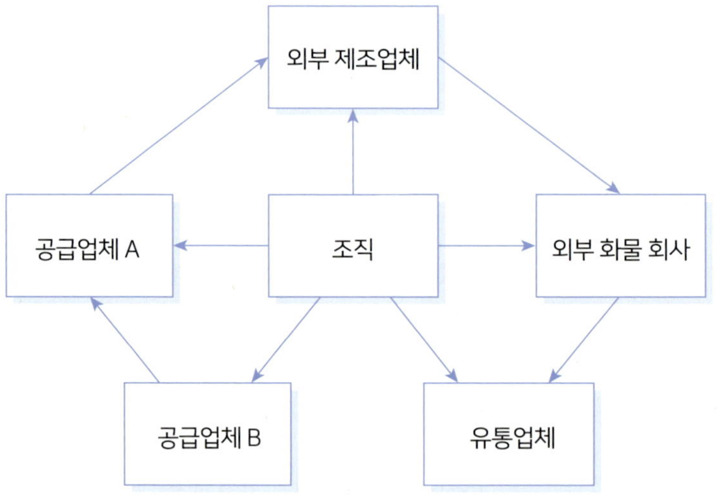

네트워크 조직은 비용 효율성과 유연성 측면에서 이점을 가지며, 조직이 핵심 목적에 집중할 수 있도록 돕는다. 반면, 조직이 외부 기업의 성과나 건전성에 의존해야 할 경우, 조직이 직접 통제할 수 없는 위험에 노출될 수 있다. 또한, 내부에서 외부로 업무 소유권이 넘어가는 전환 과정에서 조직의 지식이나 프로세스가 충분히 체계화되어 있지 않다면 효과적인 공유와 협력이 어려워질 수 있다.

경계 없는 구조와 프로세스 구조

경계 없는 구조와 프로세스 설계는 유연성을 핵심 목표로 하여 조직을 설계하는 방식으로, 1990년대에 널리 알려지게 되었다(Bahrami, 1992). 이 설계는 주로 창의성과 혁신이 필요하고, 빠른 제품 개발 주기와 신속한 시장 출시가 경쟁력 유지에 필수적인 첨단기술 기업에서 나타났다. 경계 없는 설계는 전통적인 위계 구조를 허물고, 교차기능적이고 종종 자율 관리되는 팀들로 대체하며, 비즈니스 변화에 따라 이 팀들이 형성되고 재구성된다. 역할, 직위, 직무, 팀은 더 이상 조직 구조 속에 고정적으로 내재되지 않고, 조직의 필요에 따라 협의되고 유연하게 운영된다. 팀을 신속하게 구성하고, 목표를 설정하며, 변화에 적응하고, 관계를 구축하는 능력은 경계 없는 조직에서 핵심적인 기술이다.

경계 없는 조직보다 약간 더 구조화된 형태로는 프로세스 단계에 따라 설계하는 방식이 있다. 예를 들어, 고객 요구사항을 수집하고 신제품을 개발하는 프로세스를 담당하는 부서, 고객 수요를 창출하고 주문을 처리하는 부서, 주문을 제조하고 제품을 고객에게 전달하는 부서 등이 있을 수 있다. 각 프로세스 단계에는 프로세스 리더가 책임을 맡는다.

이처럼 경계를 허무는 구조는 프로세스 흐름을 방해하는 장벽이 적고, 프로세스를 수정하는 결정을 현장 수준에서 빠르게 내릴 수 있다는 점에서 신속한 순환 주기가 필요한 조직에 적합하다. 업무 흐름과 각 부서의 고객 연결 관계가 모든 조직 구성원에게 더욱 명확하게 보이는 장점이 있다. 갤브레이스(2002)는 프로세스 기반 구조가 한때 인기 있었던 조직 구조였으나, 많은 프로세스가 자동화되거나 아웃소싱 되면서 이 구조가 예정된 직무에 인력을 배치하는 방식과는 맞지 않게 되었다고 지적한다. 그림 13.10은 경계 없는 구조 또는 프로세스 기반 구조의 예시를 보여준다.

그림 13.10 경계 없는 구조 또는 프로세스 구조

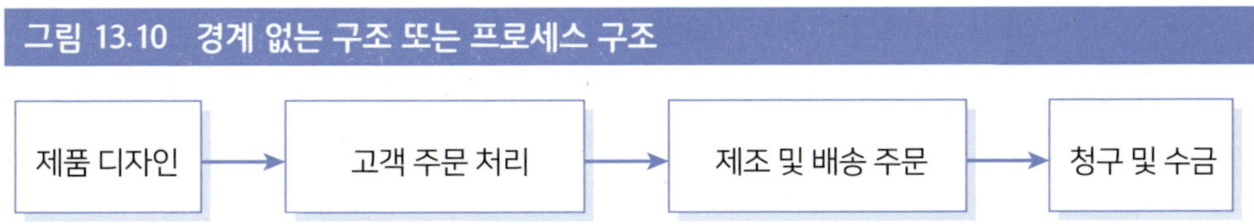

경계 없는 조직에서는 리더십과 관리의 역할이 특히 도전적이다. 전통적인 위계 구조에서 사용되던 기존의 관리 방식이 더 이상 적용되지 않기 때문이다. 수직적 의사결정 권한에 익숙한 조직에서는 경계 없는 구조가 이질적이고 낯선 운영 방식으로 느껴질 수 있다. 샤미르(Shamir, 1999)는 경계 없는 조직에서의 리더십은 통합적 기능을 수행한다고 설명하며, 허쉬혼과 길모어(Hirschhorn & Gilmore, 1992)는 리더가 권한, 과업, 정치, 정체성 간의 긴장을 관리해야 한다고 지적한다. 이러한 조직의 리더는 팀을 구성하고, 팀 간 협상을 주도하며, 역할 갈등을 조율하고, 집단 간 경쟁 이해관계를 균형 있게 조정해야 한다. 또한 팀이 해체되고 재구성되는 상황에서도 구성원들이 조직과의 연결감을 유지할 수 있도록 격려해야 한다.

| 수평적 역량

앞서 살펴보았듯이, 각 조직 구조는 장단점이 공존한다. 한 조직의 전략에 적합한 구조가 다른 조직에는 적절하지 않을 수 있으며, 어떤 구조든 특정 문제는 해결하면서 동시에 새로운 문제를 야기할 수 있다. 예를 들어, 많은 조직에 적절하고 효과적인 기능적 구조는 기능 간 정보 공유에 어려움을 줄 수 있다. 지리적 구조에서는 지역 영업팀이 자국 고객에 집중할 수 있다는 장점이 있지만, 다른 지역에서 이미 해결된 문제에 대한 정보를 공유받기 어려워 중복된 문제해결 시도가 발생할 수 있다.

이처럼 선택된 구조의 한계를 보완하기 위해 조직 설계자는 수평적 역량을 개발한다. 수평적 역량은 구조에 의해 생성된 그룹 또는 부서 간 연결을 강화할 수 있도록 해주는 수평적 메커니즘이다. 조직 구조가 공통 목표를 가진 부서와 그룹을 통해 수직적 조직 체계를 만든다면, 수평적 실천 방식은 이들 사이의 경계를 넘어 정보를 공유할 수 있도록 돕는다.

갤브레이스와 동료 연구자들(2002)은 다섯 가지 유형의 수평적 역량을 제시하고 있으며, 이 중 일부는 자연스럽거나 비공식적으로 발생할 수 있지만, 나머지는 의도적이고 공식적인 설계가 필요하다.

1. **네트워크**. 네트워크는 부서 간 정보 공유를 촉진하는 역할을 한다. 예를 들어, 교육 프로그램이나 사내 행사에서 다른 부서의 구성원을 알게 되었고, 나중에 해당 부서의 도움이 필요할 때 그 인맥을 활용할 수 있다.

2. **수평 프로세스**. 수평 프로세스는 주요 부서를 횡단하는 핵심 조직 프로세스다. 예를 들어, 신제품 개발 프로세스는 서비스, 영업, 마케팅, 운영, 연구개발 등의 부서를 아우를 수 있다.

3. **팀**. 교차기능팀(cross-functional teams)을 구성하면, 팀원들은 각자의 소속 부서와 팀 간의 관계를 동시에 유지할 수 있다. 특정 제품의 영업을 담당하는 팀이 여러 지역의 대표들로 구성되어 공통 문제를 해결하고 모범 사례를 공유할 수 있다.

4. **통합 역할**. 통합 역할은 조직 내에서 정보 공유를 공식적으로 담당하는 직책이다. 예를 들어, 고객지원 부서에 속한 마케팅 연락 담당자가 고객 불만을 정기적으로 수집하고, 마케팅 부서와 회의를 거쳐 신제품 출시나 마케팅 활동 정보를 다시 고객지원팀에 전달하는 역할을 수행할 수 있다.

5. **매트릭스 구조**. 위에서 다룬 매트릭스 구조는 단순한 조직 구조가 아니라 하나의 수평적 역량이기도 하다. 매트릭스 구조는 구조 내 여러 수준에서의 관계를 공식화하여, 예를 들어 제품 중심 구조와 지역 중심 구조의 장점을 함께 추구하려 한다. 이는 결과적으로 구조 내 그룹 간 공식적인 정보 공유를 가능하게 만든다.

위의 목록에서 더욱 정교한 수평적 역량일수록 더 많은 시간, 에너지, 복잡성의 비용이 수반된다. 따라서 어떤 수평적 역량을 도입할지는 조직의 필요와 상황에 따라 결정되어야 한다.

| 좋은 설계의 검증

조직 구조 선택 시 복잡성과 절충점을 고려하여 변화관리자는 새로운 조직 설계안을 평가할 때 검증 기준이 필요하다. 내들러와 투시먼(Nadler & Tushman, 1992)은 변화관리자가 조직의 전략 및 과업 요구를 충족시키는 동시에, 조직의 사회적·문화적 환경에 적절하게 부합하는지 여부를 기준으로 설계를 평가할 것을 제안한다. 전략적 요인에는 다음 사항을 충족하는 설계를 포함한다.

- 전략 실행 지원
- 업무 흐름 촉진
- 효과적인 관리 통제 허용
- 실행 가능하고 측정 가능한 직무 생성

사회적·문화적 요소는 다음과 같은 질문을 포함한다.

- 현재의 인력은 이 설계에 잘 적응할 수 있는가?
- 이 설계가 집단 간 권력관계에 어떤 영향을 미치는가?
- 설계가 구성원들의 가치관과 신념에 부합하는가?
- 설계가 조직의 분위기와 운영 방식에 어떤 영향을 주는가?

굴드와 캠벨(Goold & Campbell, 2002)은 조직이 잘 설계되었는지를 평가하기 위한 아홉 가지 검증할 내용을 제시했다. 이것은 설계가 적절한지를 평가하는 판단 기준으로 활용될 수 있다. 이 중 처음 네 가지는 조직의 목표, 전략, 역량, 계획과의 '적합성(fit)'에 초점을 두고 있다. 나머지 다섯 가지는 '우수한 설계'의 기준으로, 조직이 적절한 수준의 균형을 이루는 데 도움이 되며, 조직 고유의 과제를 반영해 설계를 조정해야 할 수 있음을 시사한다.

1. **시장 우위 검증(Market Advantage Test)**. 조직의 구조가 시장에 서비스를 제공하려는 방식과 일치하는가? 예를 들어, 조직이 지역별로 고객 세그먼트를 다르게 다룬다면, 지역별 사업부가 타당할 수 있다. 어떤 고객 세그먼트도 빠져서는 안 되며, 하나의 세그먼트를 여러 부서가 중복으로 담당하는 일도 없어야 집중도를 극대화하는 데 도움이 된다.

2. **모회사[24] 가치 창출 검증(Parenting Advantage Test)**. 모회사는 조직 전반에 가장 큰 가치를 제공할 수 있는 방식으로 조직되어야 한다. 예컨대, 모회사의 핵심 가치가 혁신이라면, 혁신이 조직 전체에서 극대화될 수 있도록 설계되어 있는가?

3. **사람 중심 검증(People Test)**. 설계가 조직 구성원의 역량과 에너지를 잘 뒷받침하는가? 예를 들어, 설계가 엔지니어링 책임자가 재무까지 관리해야 하는 구조를 요구하는데, 이 두 가지 전문 역량을 동시에 가진 후임자를 찾기 어렵다면, 이는 위험한 구조다. 또한 새로운 구조가 유능한 구성원의 지위 하락이나 좌절감을 유발한다면 역시 위험할 수 있다.

4. **실현 가능성 검증(Feasibility Test)**. 이 설계가 대규모의 문화적 전환을 요구하는가? 예를 들어, 규칙과 위계에 익숙한 문화에서 매트릭스 구조를 도입하려 한다면 문화적 저항이 발생할 수 있다. 혹은 고객 산업별 실적 보고를 요구하는 설계인데, 이를 위한 정보시스템 개편이 지나치게 비싸거나 어렵다면 실현 가능성이 작다.

5. **전문 문화 검증(Specialist Cultures Test)**. 어떤 부서는 특정 하위문화를 유지하는 것이 정당할 수 있다. 예컨대, 기존 제품 중심 부서는 점진적 혁신을 중요시하지만, 신제품 부서는 빠른 혁신과 짧은 제품 수명주기에 집중해야 할 수 있다. 이 둘의 R&D를 통합하면 문화 충돌이 발생할 수 있다.

6. **어려운 연결 검증(Difficult-Links Test)**. 새로운 구조에서 부서 간의 연결은 어떻게 형성될 것인가? 갈등이 생겼을 때 누가 권한을 가질 것인가? 예를 들어, 6개

---

24 모회사는 기업 포트폴리오 전체를 관리하는 상위 조직(지주회사적 성격)을 뜻하며, 단순히 본사(headquarters)와는 결이 다른 의미를 지님. (역자주)

부서가 각각 독립적인 교육 기능을 가지고 있다면, 교육 자원(강의실, 강사 등)을 어떻게 조율할 것인가?

7. **불필요한 위계 검증(Redundant Hierarchy Test)**. 특정 관리 계층이 각 부서 단위에 집중, 방향 설정, 조율 기능을 제공하는 게 정말 필요한가? 한 관리 계층의 목적과 역할이 아래 계층과 동일하다면, 그 계층은 불필요할 수 있다.

8. **책임성 검증(Accountability Test)**. 설계가 단일 단위에 통제권을 집중시키는가, 아니면 여러 부서에 권한과 책임이 분산되어 있는가? 협업이 잘되지 않는 부서들 사이에서 책임을 전가하는 상황이 발생하지는 않는가?

9. **유연성 검증(Flexibility Test)**. 새로운 제품을 설계해야 할 때, 조직은 어떻게 반응하게 될까? 전략이 변경될 경우, 조직이 어떻게 작동해야 할지 명확한가? 설계가 오히려 업무 흐름을 방해하거나 혼란을 초래하지는 않는가?

모든 조직 설계가 이 기준을 모두 충족하는 경우는 거의 없다. 굴드와 캠벨(Goold & Campbell, 2002)은 조직 설계가 반복적 과정이어야 한다고 강조하며, 특정 설계가 어떤 검증에서 실패할 경우, 이를 수정하고 다시 검증 목록을 점검해볼 것을 권장한다. 그럼에도 갤브레이스(1973)가 말했듯이 "조직을 설계하는 데 있어 단 하나의 최선의 방법은 존재하지 않는다"(p. 2). 따라서 일정 수준의 절충은 불가피하다. 이와 관련하여 갤브레이스(2002)는 다음과 같이 조언한다. "경영진이 자신들이 선호하는 옵션의 부정적 측면을 인식할 수 있다면, 스타 모델의 다른 요소들을 활용해 그 단점을 보완하면서 장점은 유지하도록 설계할 수 있다."(p. 15) 즉, 조직 설계가 전략을 어떻게 반영하고 있는지를 인식하고, 동시에 스타 모델의 다른 요소들을 활용해 설계상의 결함을 보완하려는 접근이 가장 바람직한 방법이다.

요약

이 장에서는 조직 설계와 조직문화 개입에 관한 주요 개념들을 소개했다. 조직문화는 건축 양식이나 복장 스타일 같은 가시적인 상징물뿐만 아니라, 언어 사용의 패턴이나 암묵적인 가치 같은 비가시적인 방식으로도 드러난다. 경쟁가치모형은 변화 개입 이전에 조직문화를 진단하는 하나의 방법으로 활용될 수 있다. 조직 설계는 문화에 영향을 미침과 동시에 문화를 반영한다. 따라서 스타 모델 같은 도구를 활용하면, 조직의 전략, 구조, 프로세스 및 수평적 역량, 보상 체계, 인적자원관리 관행 사이의 정렬 상태를 리더들이 점검하는 데 도움이 된다. 조직 설계와 문화의 혁신을 통해 경쟁 우위를 확보하려는 노력이 지속되는 한 이 영역에 대한 이해는 OD 실무자들에게 계속해서 중요한 역량이 될 것이다.

1. 조직문화는 유익한 개념이면서도 동시에 파악하기 어려운 개념일 수 있다. 당신이 잘 아는 조직, 예를 들어 대학 환경일 수도 있고, 지금 여러분이 수강하고 있는 강좌의 클래스를 생각해보라. 외부인에게 그 조직의 문화를 어떻게 설명하겠는가? 이 조직을 다른 조직과 비교해보라. 두 조직은 물리적 공간, 언어 사용, 암묵적 가정과 가치 등의 차원에서 어떻게 다른가? 어떤 문화 유형이 이 조직들을 가장 잘 설명한다고 생각하는가?

2. 당신은 조직문화가 변화될 수 있다고 생각하는가? 그렇다면 왜 그렇게 생각하는가? 아니라고 생각한다면 그 이유는 무엇인가?

3. 당신이 속한 조직의 구조를 되돌아보라. 13장에서 설명된 구조 유형 중 어떤 것이 그 조직을 가장 잘 설명하는가? 당신의 경험에 비추어보았을 때, 해당 구조의 장단점은 무엇이 있는가? 다른 구조가 해당 조직에 더 잘 맞았을 것이라고 생각하는가? 그렇다면 왜 그렇게 생각하는가?

연습문제: 조직 전체 수준의 개입(조직 설계)

이 장에서는 조직 설계에 대한 스타 모델을 학습했다. 여기서는 그 개념을 가상의 조직에 적용해보는 활동을 수행하게 된다.

ProRunnerGear.com은 온라인 및 전문 매장을 운영하는 고급 러닝화, 의류, 그리고 전문 러너를 위한 액세서리 판매업체다. 주요 고객층은 전문 러너, 경쟁 수준의 러너(예: 고등학교 또는 대학교 육상 선수), 그리고 고급 취미로 즐기는 러너들이다. 이 회사는 고객의 다양한 니즈를 충족시키는 혁신적인 제품을 폭넓게 제공함으로써 러닝 선수들이 가장 먼저 찾는 브랜드가 되는 것을 목표로 한다. 가격은 가장 저렴하지는 않지만, 탁월한 고객 서비스를 제공하고 다른 곳에서는 찾기 힘든 제품들을 보유하고 있다. 빠른 배송 시스템과 유연하고 쉬운 반품 정책 또한 장점이다. 경쟁사는 다른 온라인 소매업체, 전문 러닝 매장, 일부 제품에 대해서는 대형 유통업체들까지 포함된다.

1. 아래 제시된 구조 유형 중 하나를 기반으로 ProRunnerGear.com의 대안적 조직도를 작성하라(단, 조직의 규모나 위치에 대해 몇 가지 가정을 세워야 할 수 있음).

   ① 기능별 구조
   ② 지역별 구조

③ 고객별 구조

④ 매트릭스 구조

2. 위에서 작성한 조직 구조의 장단점을 구별하라.

3. 당신이 만든 조직 구조 내에서 각 부서가 어떻게 상호작용할 수 있을지 서술하라. 이 부서들이 서로 연결되고 정보를 공유할 수 있도록 하기 위해 어떤 수평적 역량이 필요할지 설명하라. 또한, 아래 네 가지 중 어떤 수평적 역량을 당신의 조직 설계에 통합할지와 그 이유를 서술하라.

① 네트워크

② 수평 프로세스

③ 팀

④ 통합 역할

4. ProRunnerGear.com이 다른 조직 구조 유형으로 전환하기로 결정했다고 가정하라. 그 경우 가장 큰 도전 과제는 무엇이 될 것이라 생각하는가?

사례연구 13: ASP 소프트웨어의 인적자원 재구성

아래 사례를 읽고 다음 질문에 대해 생각해보라.

1. 클라이언트는 지금까지 변화가 관리된 방식에 대해 어떻게 느끼고 있는가?

2. 경영진 또는 구성원들은 이 변화에 대해 어떻게 느끼고 있을 것 같은가?

3. 지금까지 수잔(Susan)이 변화관리를 잘한 점은 무엇인가? 다르게 할 수 있었던 점은 무엇인가?

4. 이 장에서 소개된 개념들을 활용하여 ASP 소프트웨어 인사 부서의 현재 및 미래 조직 설계를 어떻게 설명할 수 있을까? 수잔에게 어떤 개입 전략과 개입 활동을 권하겠는가? 이러한 활동을 어떻게 구조화할 수 있을까? 수잔, 경영진, 그리고 컨설턴트는 각각 어떤 역할을 맡아야 할까?

네이선 밀러(Nathan Miller)의 집무실 책상 위에 놓인 전화가 울렸다.

"안녕하세요, 네이선? 저는 ASP 소프트웨어의 인사 담당 부사장 수잔 맥널티(Susan McNulty)입니다. 귀하의 연락처는 켄달(Kendall) 컨설팅의 조안 오만(Joan Orman)에게 받았습니다."

네이선은 미소를 지었다. 조안은 그가 몇 년 전 켄달에 있을 때 함께 일했던 유능한 동료였다. 이후 조안은 성장 중인 그의 조직개발 컨설팅에 많은 의뢰인을 소개해주었다.

"물론이죠. 무엇을 도와드릴 수 있을까요?" 네이선이 물었다.

ASP는 네이선에게 익숙한 회사였다. 그 지역에서는 드물게 존재하는 하이테크 기업으로, 지역 내 대형 고용주 중 하나였다. ASP는 『포춘』에서 정한 500대 기업을 위한 소프트웨어 제품을 개발하며, 제품 개발 부서에

약 750명의 소프트웨어 엔지니어가, 그리고 영업 부서에는 약 500명의 영업 담당자가 소속되어 있었다. 마케팅, 인사, 재무 등 기업 운영에 필요한 다른 지원 부서를 포함하며, 이 회사는 지역에서 거의 1,500명을 고용하고 있었다.

"사실 저희 ASP에서 인사 부서를 재구성하고 있는데, 팀빌딩 활동이 필요할 것 같아서 조안에게 추천할 만한 사람을 물어봤더니, 당신을 소개해주더군요. 혹시 도움을 주실 수 있을까요?"

"글쎄요." 네이선이 잠시 멈췄다. "도와드릴 방법이 있을 것 같습니다. 팀빌딩도 가능하겠지만, 함께해볼 수 있는 다른 접근법들도 있을 거예요. ASP에서 지금 무엇을 하고자 하시는 건지, 어떤 맥락인지 조금 설명해주실 수 있을까요?"

"물론이죠." 수잔이 말했다. "지금 저희는 기능 중심의 모델에서 '고객 전담 관리 서비스 모델'로 전환하고 있어요. 당연히 이 모델은 많은 팀워크가 요구되죠. 게다가 소규모 인력 감축도 있었기 때문에…" 그녀는 강조하듯 말을 멈췄다.

네이선은 조용히 들었다. 그는 '고객 전담 관리 서비스 모델'이 정확히 무엇을 의미하는지 확신할 수 없었지만, 수잔에게는 분명히 중요한 사안처럼 보였다.

수잔은 말을 이었다. "그래서 팀 중심으로 전환하는 지금 시점에 변화팀에서는 팀빌딩 활동이 중요하다고 생각했어요. 혹시 시간 괜찮으시면 직접 만나서 저희 모델에 대해 설명드리고, 어떻게 도와주실 수 있을지 함께 논의하면 좋겠어요. 화요일 오후 2시 30분쯤 어떠세요?"

"좋습니다. 본사 위치는 잘 알고 있어요. 로비에서 당신을 찾으면 될까요?" 네이선이 물었다.

"네, 좋아요. 그럼 화요일에 봬요."

"와주셔서 정말 기뻐요. 직접 뵙게 되어 반갑습니다."

ASP 소프트웨어 본사는 시내 외곽에 위치한 4층짜리 건물이었다. 건물은 평범한 유리와 철 구조로 이루어져 있었고, 대리석 바닥의 로비 한가운데에 반짝이는 크롬 재질의 ASP 로고가 눈에 띄게 배치되어 있었다. 로비는 구성원들과 방문객으로 붐비고 있었고, 네이선은 방문자 배지를 착용한 채 수잔이 내려올 때까지 기다리고 있었다.

4층 회의실에서 수잔과 네이선은 12개의 가죽 의자가 둘러싸인 대형 마호가니 테이블에 마주 앉았다. 네이선의 눈에 들어온 것은 체리 우드 프레임에 담긴 등산가들의 사진이었다. 사진 아래에는 이렇게 적혀 있었다.

"팀워크: 손을 내미는 것이 모든 차이를 만든다."

또 다른 사진에는 급류를 타고 있는 카약 선수가 있었고, 문구는 이랬다.

"목표: 비전 없는 노력은 아무 의미도 없다."

회의실에는 화상회의 장비와 리모컨으로 작동하는 내장형 스크린도 있었으며, 트랙 조명이 그림들을 집중 조명하고 있었다.

"초대해주셔서 감사합니다. 변화가 흥미로우면서도 도전적인 것 같네요." 네이선이 말했다.

"네, 저도 그렇게 생각해요. 경영진이 이 새로운 구조를 받아들인 것이 정말 기뻐요. 이번 변화가 우리 인사팀의 생산성과 명성을 높이는 데 도움이 될 거라고 생각해요." 수잔이 말했다.

"모델이 바뀌었다고 하셨죠? 그게 무슨 뜻인지 설명해주시겠어요?" 네이선이 물었다.

"그럼요." 그녀는 조직도 한 장을 네이선에게 건넸다.

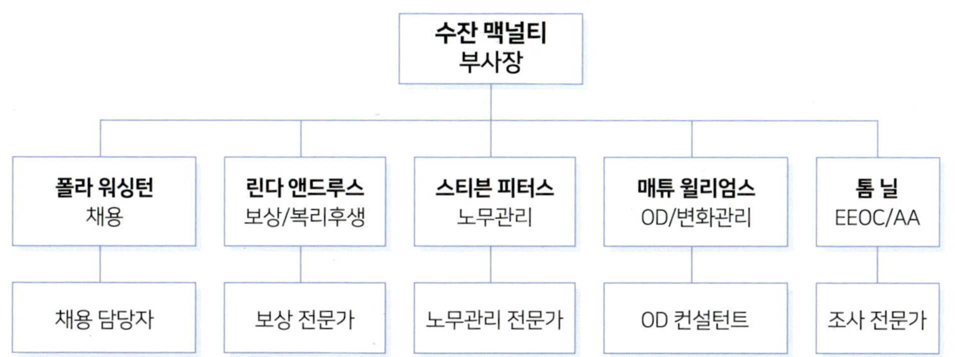

"이 조직도는 현재 우리가 기능별로 어떻게 조직되어 있는지를 보여줘요. 제 팀에는 매니저가 다섯 명 있고, 각자 맡은 기능이 달라요. 폴라(Paula Washington)는 채용 기능을 담당하고 있고, 모든 인재 확보 업무를 총괄하죠. 폴라는 다섯 명의 리크루터를 관리하고 있어요. 리크루터들은 매니저들과 협력해서 채용 공고를 열고, 지원자를 탐색하고, 예비 면접을 진행하며, 최종 채용 제안까지 처리하죠. 린다(Linda Andrews)는 보상, 복리후생, 인센티브 제도를 담당하고 있어요. 주식 보상, 임원 보상, 직급 체계, 그리고 경영진이 요청하는 기타 보상 관련 분석까지 포함돼요. 현재는 두 명의 보상 전문가가 린다에게 보고하고 있어요. 스티븐(Steven Peters)은 여덟 명의 노무관리 전문가를 두고 있는데, 이들은 자신들이 지원하는 관리팀과 함께 일상적인 업무를 처리하고, 성과 평가를 돕고, 구성원들의 불만이나 문제를 처리하죠. 매튜(Matthew Williams)는 조직 개발과 변화관리 전문가이고, 네 명의 OD 컨설턴트가 그의 팀에 있어요. 이들은 다양한 프로젝트를 맡고 있지만, 주로 관리팀에 자문을 제공하고, 회의를 퍼실리테이션하며, 교육을 개발하고 진행해요. 마지막으로 톰(Tom Neill)은 미국고용기회위원회(EEOC) 관련 업무를 담당하고 있어요. 법적 보고 및 법규 준수뿐 아니라, 괴롭힘이나 부당 대우 같은 불만사항에 대한 조사도 포함돼요. 그의 팀에는 데이터 분석과 보고를 담당하는 조사 전문가 세 명이 있어요."

"제 경험상 꽤 일반적인 인사 부서 조직 구조 같네요." 네이선이 말했다. "무엇이 변화의 계기가 되었나요?"

"음." 수잔이 말을 시작했다. "우리 내부 고객, 즉 부서 내의 '고객'이 인사팀으로부터 받는 서비스에 그다지 만족하지 않았어요. 우리 회사가 직면한 가장 큰 과제 중 하나는 채용이에요. 연간 약 200개의 신규 포지션을 채용해야 해요. 여기에 이직으로 생기는 결원까지 합치면, 리크루터 한 명당 언제나 20개 이상의 포지션을 맡고 있어요. 당연히 경영진 입장에서는 그 상황이 답답하죠. 어떤 매니저가 사람을 채용해야 하면, 먼저 폴라 팀에 연락해서 포지션을 오픈해야 하고, 그다음엔 린다 팀에 연락해서 보상 수준을 논의해야 해요. 이들 누구도 스티븐 팀에서 구성원 관계 이슈를 담당하는 평소 접점 관리자는 아니에요. 이 자체로도 번거로운데, 진짜 문제는 그다음 채용 때는 다시 폴라에게 연락해야 하고, 또 다른 리크루터가 배정될 수 있다는 거예요. 요즘 많은 회사에서 나타나는 흐름인데, 매니저들은 HR 관련 업무를 한 번에 해결해줄 수 있는 '한 사람(one-stop contact)'을 원해요. 게다가 지금보다 훨씬 더 빠르게 포지션을 오픈하고, 후보를 인터뷰하고, 채용 제안을 내보내야 해요. 최고의 인재를 놓치지 않으려면요. 시장 경쟁이 치열하거든요."

수잔은 말을 이었다. "동시에, 우리 경영진 대부분은 사업의 전략적 측면에 관여하지 않고 있어요. 비즈니스 방향성과 잘 맞는 HR 프로그램을 설계하는 데 참여하지 않는 거죠. 소프트웨어 업계는 빠르게 움직여야 하고, 늘 새로운 인재를 찾고, 충성도와 인재 유지율, 생산성을 높일 수 있는 보상 방안을 고민해야 하거든요. 그런데 저 혼자만 전략적 방향에 관여해왔고, 나머지 HR 팀은 주로 일상적인 활동에 치중되어 있어서 조직에 기여할 수 있는 가치를 충분히 발휘하지 못하고 있어요."

"흔히 듣는 이야기 같군요." 네이선이 말했다. "어떤 변화들을 계획하고 계신가요?"

"이게 새로운 조직도예요." 수잔은 다른 도표 한 장을 네이선에게 건넸다.

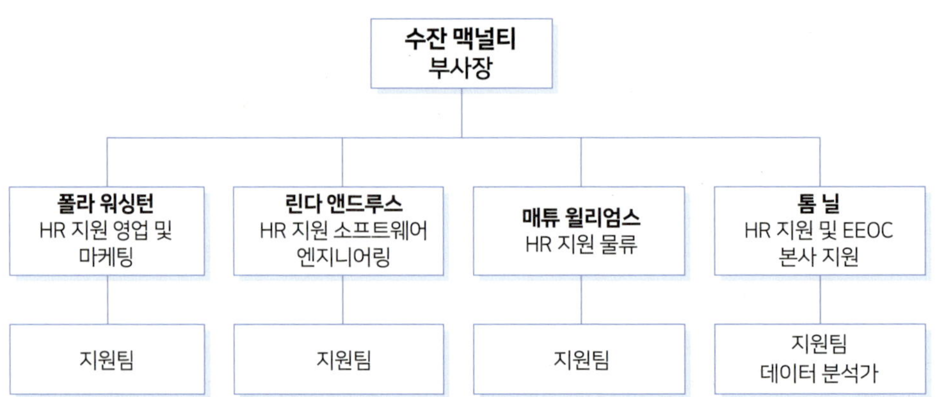

"이번 새 모델에서는 ASP 소프트웨어 비즈니스를 운영하는 다양한 내부 부서를 지원하는 팀을 중심으로 조직을 재편했어요. 저희는 이들을 내부 '고객'이라고 부르죠. 예를 들어, 폴라는 이제부터 영업 및 마케팅팀만 전담하게 되고, 그녀를 지원하는 팀은 '제너럴리스트(generalists)'라고 부르는 네 명의 팀원으로 구성될 거예요. 이들은 각각 영업 및 마케팅 관리팀의 일부 구성원을 전담해 지원하게 됩니다. 이 방식의 장점은 폴라가 영업 및 마케팅 부문 부사장과의 주요 소통 창구 역할을 하게 되어 영업 및 마케팅 전략을 더 깊이 이해하고 개발하는 데 관여할 수 있다는 점이에요. 그 결과 보상, 채용, 변화관리 등 인사 전략이 영업 전략과 정렬되죠. 린다도 소프트웨어 엔지니어링 부서를 같은 방식으로 지원하게 되고, 매튜는 물류를 맡게 됩니다. 이런 방식으로 우리는 훨씬 더 고객 중심적이고, 전략적이며, 비즈니스 요구에 민감하게 반응할 수 있게 됩니다. 새로 입사한 구성원은 경력 개발, 보상 등 경력 전반에 걸쳐 한 명의 HR 제너럴리스트와 계속 일하게 될 거예요. 그리고 톰에게는 EEOC 기능을 유지하도록 요청했어요. 이건 그의 전문 영역이기도 하고, 다른 기능들과 통합하는 게 타당하지 않았거든요. 그 대신 그는 재무나 법무 같은 회사 전체 기능을 지원하는 역할도 함께 맡게 될 거예요."

"이 변화가 공식적으로 발표된 건가요?" 네이선이 물었다.

"거의요. 지난주 첫 회의를 열어서 변화가 있을 거라는 이야기를 했고, 대부분 구성원들은 일반적인 수준에서는 알고 있었지만, 구체적인 내용은 몰랐어요. 오늘 두 번째 회의를 열어서 이름이 포함된 조직도를 발표했어요." 수잔이 대답했다.

네이선은 새 조직도의 상자가 줄어든 것을 알아차렸다. "인력 감축도 언급하셨죠?"

"눈치 빠르시네요." 수잔이 말했다. "이번 조직 모델을 논의하면서, 당사의 지출이 감당 가능한 수준보다 약 10% 많다는 결론을 내렸고, 그래서 총 인력을 네 명 줄이기로 했어요. 해당 인력은 몇몇 부서에서 나올 거예요. 노무 전문가 두 명, EEOC 데이터 분석가 한 명, 그리고 리크루터 한 명이 포함됩니다."

네이선은 머릿속으로 빠르게 계산했다. 계산해보니 한 자리가 누락되어 있었다.

"현재 인원이 22명인데, 이전에는 27명이었다고 하셨죠. 한 명이 빠진 것 같은데요?"

"좋은 지적이에요." 수잔이 미소 지었다. "아직 발표하지도, 확정하지도 않았지만, 스티븐에게 HR 운영 총괄 역할을 맡아달라고 요청한 상태예요. 경영진 네 명 모두 스티븐에게 직접 보고하게 될 거예요. 그는 HR 조직의 일상적인 운영을 책임지게 됩니다. 제 역할은 약간 바뀌는데, CEO인 데이빗 카우프먼(David Kaufman)

이 제게 몇 가지 추가 책임을 맡아달라고 요청했고, 주요 고객 응대도 도와달라고 했거든요. 직책은 그대로이지만, 더 이상 일상적인 문제를 하나하나 챙길 시간이 없게 되어 스티븐에게 새 역할을 맡게 했어요. 그에게는 좋은 성장 기회가 될 것이고, 저로서도 시간을 절약할 수 있으니까요. 다음 주 월요일에 전체 조직 회의가 예정되어 있는데, 그 자리에서 스티븐의 새로운 역할에 대해 공식적으로 발표할 생각이에요."

"전반적으로 사람들의 반응은 어떤가요? 관리자나 실무자들 모두요." 네이선이 물었다.

"경영진 쪽은 안도하는 분위기예요. 한 명 줄인다는 얘기를 이미 알고 있었고, 남은 네 명은 각자의 새로운 역할에 적응 중이에요. 일자리는 보장됐다는 점에서 안심하고 있죠. 물론 아직 스티븐의 승진에 대해서는 모릅니다. 제너럴리스트들 사이에는 의견이 좀 다양해요. 인력 감축에 대한 불안이 아직 가시지 않은 것 같고요. 기존 팀들이 서로 굉장히 끈끈했기 때문에 어떤 사람들은 새로운 역할을 기대하고 있는 반면, 어떤 이들은 새로운 팀원이나 상사에 대해 걱정하고 있죠. 특히 리크루터 출신들은 고객 관리자들과 더 많이 접촉할 수 있는 확장된 역할에 대해 기대하고 있는 반면, 노무 전문가 중 일부는 채용 업무를 맡는 것에 대해 달가워하지 않고 있어요."

"그 노무 전문가들이 예전에 채용 업무를 해본 적이 있나요?" 네이선이 물었다.

"한두 명은 이전 회사에서 그런 경험이 있었지만, 대부분은 처음이에요. 그래서 초기에 약간의 교육이 필요할 것 같아요. 저는 그들이 적응하고 배우는 시간을 충분히 가지도록 할 생각이에요."

"다른 부분은요? 이번 변화에 특히 만족하거나 불만일 수 있는 사람은 누가 있을까요?" 네이선이 물었다.

"노무 전문가들 사이에서 스티븐은 아주 인기 있는 관리자였어요. 반면 매튜는 자신이 담당하게 된 노무 전문가 중 한 명과 과거에 다소 마찰이 있었어요. 그 관계가 좀 껄끄럽긴 한데, 배치할 수 있는 자리가 거기밖에 없어서 그렇게 됐죠. 그래도 매튜는 충분히 전문적인 태도로 잘 해낼 거예요."

"스티븐과 다른 관리자들 간의 관계는 어땠나요?" 네이선이 물었다.

"스티븐은 팀원으로서도, 또 자기 그룹의 리더로서도 매우 인기 있었어요. 특별한 문제는 없어요." 수잔이 고개를 저으며 말했다. "다만 그를 잘 모르는 사람들, 예컨대 리크루터나 보상 담당자들에게는 약간의 변화일 수 있겠죠. 예전 팀원들도 이제는 다른 방식으로 그를 대해야 하니까요. 그래도 스티븐은 워낙 사람들에게 좋은 인상을 주는 친화력 있는 사람이니까 빠르게 리더십을 확보할 거라 믿어요."

"이번 변화에 대해 기대하는 성과는 어떤 것들이 있을까요?" 네이선이 물었다.

"우리는 지금까지 리크루터의 성과를 두 가지 방식으로 측정해왔어요. 하나는 관리자에게 제시된 '자격을 갖춘 후보자 수'이고, 다른 하나는 채용 공고를 낸 시점부터 채용 제안을 하기까지 걸리는 시간이에요. 제너럴리스트들에게도 같은 방식으로 성과를 측정할 거예요. 그래서 일부는 채용 경험이 없다 보니 걱정되는 것 같더라고요. 현재 우리는 평균적으로 약 77일이 걸려요. 공고를 올리고, 후보자를 찾고, 면접을 보고, 제안을 하는 데까지요. 저는 제너럴리스트들이 이걸 절반으로 줄이길 기대하고 있어요. 즉, 각 제너럴리스트가 채워야 할 채용 건수를 할당받고, 채용 완료까지의 시간으로 성과를 측정하게 될 겁니다. 전반적으로는 내부 고객의 만족도가 높아지고, 불만은 줄어들기를 바라고 있어요. 또 지금보다 더 적은 인력으로도 더 많은 일을 처리할 수 있어야 해요. 왜냐하면 이제 각 사람이 자신의 고객 부서에 대해 직접 책임을 지게 되니까 일 처리하러 이 팀 저 팀을 오갈 필요가 없어지거든요."

"그럼 제 역할과 관련해서는요? 기대하시는 구체적인 성과가 있으신가요?" 네이선이 물었다.

"꼭 그런 건 아니에요. 저는 앞으로 어떻게 진행해야 할지에 대한 당신의 조언이 필요해요. 우리가 지금 해야 할 일은 이 변화를 최대한 빨리 넘어서, 내부 고객 관리자들에게 실질적인 결과를 보여주기 시작하는 거예요.

구성원들은 여전히 함께 일하던 동료들을 잃은 것에 대해 꽤 속상해하고 있고, 지난 몇 주간 소문도 아주 무성했거든요. 지난주와 이번 주 회의를 통해 우리 계획을 공유하고 조직도를 보여주면서 그런 분위기를 어느 정도 진정시키긴 했지만, 여기까지 오는 데 너무 많은 시간을 허비했어요. 이제는 사람들을 새 팀에 배치하고 즉시 채용을 시작할 수 있도록 빠르게 움직여야 해요." 수잔이 강조했다.

"처음 통화 때 팀빌딩 활동을 생각하고 있다고 하셨죠?" 네이선이 떠올리며 물었다.

"맞아요. 이번에 새로 편성된 팀들은 대부분 서로 가까이서 함께 일해본 적이 거의 없어요. 앞으로는 각자 자기 업무만 하던 방식이 아니라, 각 비즈니스 기능을 지원하는 팀의 일원으로서 서로 협력해야 하거든요. 물론 자기 책임 영역은 유지되겠지만, 정보를 공유하고, 전략과 방향을 함께 설정하고, 새롭고 익숙하지 않은 역할도 맡아야 해요. 이런 상황에서 팀빌딩 활동이 정말 도움이 될 것 같아요. 사람들끼리 서로를 더 잘 알 수 있고, 어쩌면 좀 더 사교적인 분위기 속에서 친해질 수도 있을 테니까요. 그리고 우리가 전화 통화한 이후에 생각난 건데, 마이어스-브릭스(Myers-Briggs) 같은 성격유형검사를 해보는 것도 괜찮지 않을까 싶어요. 서로의 업무 스타일을 이해하는 데 도움이 되지 않을까요? 그런데 어디서부터 시작해야 할지 모르겠어요." 대화가 잦아들 무렵, 수잔이 마지막 질문을 던졌다.

"그래서 이런 얘기들을 다 듣고 나서 도와주실 수 있을 것 같나요?" 수잔이 물었다.

"도움이 될 수 있을 만한 몇 가지 아이디어가 떠오르네요." 네이선이 말했다. "제가 생각하는 진행 방향을 제안서로 정리해볼게요. 그걸 바탕으로 함께 조율해나가면 좋겠어요."

"정말 고마워요. 당신이 아주 높은 평가를 받고 있다는 얘기를 들었어요. 당신의 통찰력과 조언에 감사드리고, 제안서를 기대하고 있을게요." 수잔이 말했다.

14 변화 유지, 평가 및 개입 종료하기

학습 목표

이 장에서는 다음과 같은 내용을 학습한다.

– 개입 이후 변화를 지속시키기 위한 다양한 접근 방식
– OD 개입의 성공을 평가하는 방법과 평가 가능한 변수
– OD 개입을 윤리적으로 종료하는 방법

컨설턴트들은 캘리포니아주 샌디에이고시의 통신과 전기 부서를 대상으로, 생산성과 구성원 만족도를 향상시키기 위한 포괄적인 조직개발 개입을 실시했다. 시청 내 각 작업 그룹은 팀 구성 세션에 참여하여 문제해결 과제를 수행하고 팀 구성원들의 역할을 명확히 하는 시간을 가졌다. 고위 관리자들은 문제해결에 대한 일대일 코칭을 받았으며, 회의 운영, 구성원 성과 평가 등에서 더 효과적인 관리자가 되는 방법을 배우는 교육 과정에도 참여했다. 컨설턴트들은 각 팀에 팀 의사결정, 문제해결, 집단 역학, 커뮤니케이션에 대한 관찰 피드백을 제공했다. 개입이 완료된 후, 컨설턴트들은 그 결과를 평가하면서 이 부서를 도시 내외의 유사 부서들과 비교했다. 컨설턴트들은 구성원 생산성에 대한 정량적 지표를 수집하고, 구성원 설문조사를 진행했으며, 결근율 및 이직률에 관한 데이터를 수집하고, 시민으로부터 해당 부서에 대한 만족도 피드백도 수렴했다. 개입 이전과 비교했을 때, 비용은 줄어들었고, 구성원 효율성은 상당히 향상되었으며, 직무 만족도도 증가했다. "조직개발 프로젝트를 통해 특정 목표를 달성하기 위해 시간, 에너지, 자금을 투자한 사람들은 그 목표가 실제로 달성되었는지를 알기 위해 어느 정도의 평가 노력을 기울이지 않고서는 그 성과를 알 수 없다."(Paul & Gross, 1981, p. 77)

• 조직개발 개입을 마무리할 때, 그 노력이 성공했는지를 평가하기 위해 어떤 요소들을 중요하게 고려해야 한다고 생각하는가?

앞선 장들에서는 변화 실행을 위해 사용할 수 있는 개인, 팀, 조직 수준의 다양한 개입 방식들을 살펴보았다. 이 장에서는 이러한 변화가 실행된 이후에 무슨 일이 일어나는지를 다룬다. 변화가 지속되고 장기적으로 효과를 발휘할 수 있도록 하기 위해 어떤 추가적인 지원 시스템이나 프로세스, 또는 변화가 마련되어야 할까?

나아가, 클라이언트와 변화관리자는 이러한 변화를 위한 개입이 실제로 효과가 있었는지 어떻게 알 수 있을까? 이러한 질문에 답하기 위해 우리는 변화의 지속과 평가에 있어 효과적인 접근 방식에 대해 전문가들이 제안하는 내용을 살펴볼 것이다.

조직개발 프로세스 모델의 마지막 단계는 개입 종료에 관한 것이다. 이는 클라이언트의 환경으로부터 물러나고, 협업을 종료하는 과정이다. 외부 컨설턴트뿐만 아니라 개입 이후에도 조직에 남아 있는 내부 컨설턴트에게도 마찬가지로, 변화 프로세스에 대한 소유권을 클라이언트에게 성공적으로 이전하고, 개입의 종료를 명시적으로 선언하는 것이 중요하다.

개입 후의 변화 지속

앞 장에서 설명한 개입 방식들은 모두 개인 변화(예: 더 효과적인 관리자가 되는 법을 배우는 등), 팀 변화(팀 내 새로운 역할 등), 조직변화(부서의 새로운 구조 같은) 등을 달성하기 위한 방법들을 설명한 것이다. 그러나 여기까지의 성과에 지나치게 자신감을 가지지 않도록 주의할 필요가 있다. 많은 전문가는 이후에 직면하게 될 어려움에 대해 경고한다. 센게 외(Senge et al., 1999)는 이렇게 말한다.

> 이제부터 진짜 어려움이 시작된다. 당신이 처음 심었던 '새싹들'이 뿌리를 내리기 시작하면, 이들은 포식자, 경쟁자, 다른 생명체 등 새로운 환경 요소들과 마주하게 된다. 이제 당신의 과업은 단지 몇 개월 동안 생명을 유지하는 것이 아니라, 수년에 걸쳐 생명을 지속시키는 일이다(p. 240).

실제로 변화가 시도된 이후, 그것을 유지하는 일은 매우 어렵게 느껴질 수 있다. 예를 들어, 팀의 새로운 역할은 이전의 역할보다 불편하게 느껴질 수 있고, 비록 과거의 역할이 잘 작동하지 않았더라도 사람들은 예전 방식으로 돌아가고 싶어 할 수 있다. 새로운 부서 구조는 누가 어떤 결정을 해야 하는지를 둘러싼 혼란과 실수를 불러올 수 있다. 이전과 다른 방식으로 동료와 의사소통하는 것이 처음에는 어색하게 느껴질 수도 있다. 이러한 경우, 변화 이전의 방식으로 되돌아가는 '후퇴'가 일어날 가능성이 존재한다. 이러한 후퇴는 여러 가지 이유로 발생한다.

첫째, 우리는 종종 변화관리자나 외부 컨설턴트가 지켜볼 때 변화 유지를 위해 동기부여를 받는다. 그러나 관찰자가 떠나고 나면, 우리는 이전 방식의 익숙함에 다시 안주하게 된다. 리더들도 변화관리자의 권고를 따르기 위해 변화에 지지를 보내기는 하지만, 개입이 종료된 이후에는 그 변화를 계속 추진하지 않게 되는 경우가 많다.

둘째, 변화는 일반적으로 더 많은 에너지, 감정, 집중력을 요구하는 어려운 상태이기 때문에 요청을 받았을 때는 주의를 기울이지만, 그러한 수준의 에너지를 지속하기란 쉽지 않다.

> 작업 그룹의 구성원들은 개인적인 행동과 습관을 바꾸고, 그 변화를 유지해야 한다. 이는 지속적인 집중과 주의, 그리고 새로운 행동을 유지하려는 훈련된 태도를 요구한다. 특히 일상적인 업무의 도전 속에서 이를 유지하기란 더욱 어렵다 (Longenecker & Rieman, 2007, p. 7).

일상적인 업무 부담과 변화에 지속적으로 의식적인 주의를 기울여야 하는 심리적 요구는 상당한 헌신을 요구하기 때문에 개인, 팀, 조직 차원의 변화를 유지하는 일은 지나치게 벅찰 수 있다.

셋째, 조직 구성원들은 새로운 방식에 적응하는 초기 단계에서 자연스럽고 능숙하지 못할 수 있다. 여기에도 학습이 필요하며, 구성원들이 계속 배우는 동안 결과를 얻기까지 몇 주 또는 몇 달이 걸릴 수 있다. 시행착오와 불가피한 초기 실수의 어색한 단계를 인내심 있게 견뎌 내지 못하면, 많은 조직 구성원은 변화가 실패했다고 판단하고 예전 방식으로 되돌아간다.

넷째, 보상 체계나 조직문화의 가치, 기대, 신념 같은 조직의 시스템적 요인이 너무 강력하여 변화의 완전한 수용을 방해할 수 있다. 예를 들어, 자신의 아이디어를 더 적극적으로 제시하라는 코칭을 받은 관리자가 다음 성과 평가에서 "대립적이다"라는 평가를 받게 되면, 다시 예전의 습관으로 돌아갈 가능성이 있다. 또한 고위급 의사결정에 부서를 더 많이 참여시키려는 리더가 승진에서 제외되고 "결단력이 약하다"는 평가를 받으면, 이전 방식으로 되돌아 갈 수 있다. 내부 불만이 커지면, 프로세스 개선을 통해 폐지되었던 맞춤형 보고서를 재도입해야 하는 상황이 생기기도 한다. 이처럼 조직 내 다른 구성원들이나 시스템, 구조, 프로세스들이 변화에 대해 고착화된 장애물로 작용할 수 있다.

이러한 상황에서는 이미 달성된 성과를 유지하고 안정화하는 방법, 변화 유지에 대한 장벽을 극복하는 방법, 변화 초기의 어려운 단계를 통과하는 방법이 요구된다. 핵심 과제는 '새로운 방식'을 조직 내에 정착시키는 기술을 개발하는 것이다. 대부분 전문가들은 변화를 유지하기 위해서는 변화가 조직 내에 "제도화(institutionalized)"되어야 한다고 제안한다. 변화가 제도화되었다는 것은 구성원들이 변화 프로그램을 더 이상 특별한 과제나 프로젝트로 인식하지 않는다는 뜻이다. 코터(Kotter, 1996)는 다음과 같이 말한다. "결국 변화가 지속되기 위해서는 그것이 '우리가 이곳에서 일하는 방식'이 되어야 하며, 그 변화가 조직 단위나 기업 전체의 혈류 속으로 스며들어야 한다."(p. 14) 여기서 "우리가 이곳에서 일하는 방식(the way we do things around here)"이라는 표현은 조직문화를 정의하는 한 방식이기도 하다. 다시 말해, 변화 프로그램은 조직문화의 일부로, 즉 조직 구성원들의 일상적 관행, 프로그램, 가치, 신념 속에 통합될 때 가장 효과적으로 제도화된다. 변화에 참여하는 구성원 수나 변화의 규모에 따라 이것은 몇 년에 걸쳐 성숙되어야 할 수도 있는 상당한 과업이 될 수 있다. 많은 저자들은 변화를 "고정"시키고, 그것이 조직 내에서 되돌릴 수 없도록 "고착"되게 만드는 것이 중요하다고 강조한다. 이러한 접근은 변화를 지속시키는 데 도움이 되지만, 동시에 몇 가지 단점도 있다.

| 변화를 지속하는 데 따르는 위험성

안정성을 지나치게 강조하면, 조직 구성원들은 새로운 현상 유지 상태에 안주하고 고집스럽게 매달리는 경향을 보이게 되며, 이는 이후 변화 시도를 저해할 수 있다. (변화 초기에 조직 구성원들의 저항에 좌절했던 변화관리자들이 나중에는 구성원들이 새로운 방식에 지나치게 집착한다고 불평하는 아이러니한 상황이 자주 발생한다.) 즉, 지나친 안정성도 해로울 수 있으며, 마찬가지로 지나친 변화도 해로울 수 있다. 다시 말해, "현재의 관행이 일상화되면 잠재적으로 더 중요한 발전을 저해할 수 있다. 현재의 방법을 유지하려는 욕구는 구성원들이 새로운 기술과 경험을 습득하는 것을 막아 사기를 저하시키고 성과를 손상시킬 수 있다"(Buchanan et al., 2005, p. 191). 조직 내에서는 안정성과 변화 사이의 긴장이 지속되며, 이 둘은 모두 조직의 장기적인 생존에 기회이자 위협이 될 수 있다. 더 이상 효과적이지 않은 가치, 아이디어, 방법, 관행에 지나치게 집착하면 변화에 적응하지 못하게 되며, 반대로 변화가 지나치면 생산성이 떨어지고 구성원들 사이에 좌절감과 혼란이 증가할 수 있다.

롤러와 월리(Lawler & Worley, 2006)는 성공적인 현대 조직의 특징은 더 이상 변화를 '고정(freeze)'시키는 능력이 아니라고 말한다.

> 복잡하고 빠르게 변화하는 환경에서 성과를 내기 위해 조직을 안정적으로 만드는 것은 실패를 부르는 공식이다. 조직의 효과성을 이끄는 주요 동인은 유동적이고 역동적이다. 따라서 전략과 조직의 주요 요소와 프로세스 또한 마찬가지로 유동적이고 역동적이어야 한다(p. 18).

즉, 르윈(Lewin)의 고전적 모형에서 제안하는 것처럼 조직을 '재동결(refreeze)'하려 하기보다 스스로 변화를 학습해가는 조직을 개발하는 것이 해법일 수 있다. 변화 후 조직이 새로운 방향으로 평가하고 적응하도록 장려하는 실천이 장기적으로 더 효과적일 수 있다.

변화의 목적은 이전에는 존재하지 않았던 자산, 즉 변화하는 경쟁 환경에 적응할 수 있는 학습하는 조직을 만들어내는 것이다. 조직은 스스로의 행동을 지속적으로 모니터링할 수 있어야 하며, 다시 말해 학습하는 방법을 학습해야 한다(Beer, Eisenstat, & Spector, 1990, p. 164).

핵심은 원하는 방향을 지지하는 관행을 개발하고, 변화의 장벽을 제거하는 것이며, 변화가 정체되지 않도록 적절하고 필요한 수정이 이뤄질 수 있게 정기적인 평가와 갱신의 기회를 구현하는 것이다.

| 변화를 지속시키는 메커니즘

벡하드와 해리스(Beckhard & Harris, 1977)는 변화의 정기적 유지와 갱신을 장려할 수 있는 일곱 가지 실천 방안을 제안한다. 이들은 이러한 실천이 리더가 변화의 효과성을 이해하는 데 도움을 줄 뿐 아니라, 조직 구성원들이 각자의 역할에 따라 변화의 일부 측면만 보고 있을 수 있는 상황에서 변화에 대한 정보를 공유할 기회를 제공한다고 설명한다. 이 제안들은 대부분 팀이나 조직 차원의 변화에 초점을 두고 있으나, 개인에게도 적용이 가능하다.

1. **정기적인 팀 회의**. 가장 기본적인 변화 지속 메커니즘은 팀 구성원들이 모여 변화가 어떻게 작동하고 있는지를 공유하고, 결과와 관점을 나눌 수 있는 정기적인 회의이다. 벡하드와 해리스(1977)는 이러한 회의가 구성원들에게 "지난 회의 이후 무엇을 했고, 무슨 일이 있었는지, 앞으로 중간 단계에서 어디로 향할지를 숙고하게 만든다"고 설명하며(p. 101), 변화를 일회성 이벤트가 아니라 지속적인 과정으로 인식하도록 유도한다고 강조한다.

2. **조직 센싱 회의(Organization sensing meetings)**. 특히 대규모 조직변화의 경우, 최고 리더는 변화가 어떻게 작동하고 있는지를 조직 구성원으로부터 직접 듣는 것이 유익하다. 이 회의는 센싱(sensing)[25]을 위해 최고 리더가 조직 전반의 여러 부서에서 온 구성원들과 직접 만나 소통하는 과정을 의미한다. 이 회의는 무작위로 선정된 구성원들이나 동일 직급 또는 역할을 가진 구성원들로 구성될 수 있다. 이러한 회의가 징계나 처벌이 아닌 정보 수집 목적이라는 전제가 지켜진다면, 위계를 최소화하고 변화에 대한 리더와 구성원 양측의 이해를 높이는 데 유용한 수단이 될 수 있다.

---

25 sensing은 '감지'로 번역될 수 있으나, 감지가 감각에 가까운 지엽적 의미로 해석되는 부분을 피하고, 'sensing'이 감지와 감지한 것에 대한 의미 해석을 내포한 개념이므로 이 의미를 유지하고자 '센싱'을 음역하여 번역함. (역자주)

3. **정기적인 그룹 간 회의**. 특히 새로운 역할, 프로세스, 관계가 형성되는 그룹 간 변화의 경우, 관련 집단 구성원들이 정기적으로 모이는 회의는 변화 내용을 재검토하고 갱신할 기회를 제공한다.

4. **리뉴얼 콘퍼런스**. 조직의 리더나 구성원들이 모여 변화를 평가하고 논의하는 특정한 행사로, 종종 외부 장소에서 개최된다. 벡하드와 해리스(1977)는 많은 조직이 이러한 외부 회의를 전략 기획 주기의 일환으로 매년 개최하며, 시장이나 조직 환경의 변화를 평가하고, 이에 대한 조직의 대응을 고려하여 미래를 계획한다고 설명한다. 이러한 회의는 부서나 팀 수준에서도 효과적으로 운영될 수 있다.

5. **목표 기반 성과 검토**. 성과 검토는 부서와 개인을 특정한 측정 가능한 목표에 비추어 평가하는 것이다. 벡하드와 해리스(1977)는 "효과적인 목표 지향 계획 과정이 자리 잡고 있다면 조직은 활기를 띠며, 우선순위에 대해 비교적 명확하게 인식하고 있는 경우가 많다"(p. 103)고 주장한다. 명확하고 일관된 목표를 설정하고, 이를 뒷받침하는 보상 체계를 갖추는 것은 변화 유지에 대한 명확한 지지를 제공한다. 이러한 목표와 기대 성과를 성과 계획서에 문서화함으로써 조직 구성원들은 변화에 기여하는 가장 중요한 활동에 집중할 수 있다.

6. **외부 컨설턴트의 정기 방문**. 변화를 지원했던 변화관리자가 조직을 재방문하는 것은 조직이 자신의 진척 상황을 객관적으로 돌아보는 데 도움이 될 수 있다.

   우리는 주요 변화 이후 최소 1년간 이러한 검토 방문을 요구하는 게 조직의 리더십이 후속 회의를 가지도록 '강제'하는 역할을 한다는 점을 발견했다. 이는 그들이 지난 회의에서 약속했던 내용을 되돌아보고, 진척 상황을 점검하며, 미래에 대한 우선순위 계획을 의식적으로 고민하게 한다(Beckhard & Harris, 1977, pp. 103-104).
   변화관리자의 재방문은 지난 회의 이후 무엇이 변화했는지(또는 변화하지 않았는지)에 대해 조직이 성찰할 수 있도록 촉진한다.

7. **보상**. 최선의 의도나 정기적인 검토가 있더라도 조직 구성원들이 변화에 반하는 행동에 대해 보상이나 인정을 받는다면 변화는 지속되지 않는다. 승진, 보상, 단순한 칭찬이라 할지라도 그것이 변화와 반대되는 행동에 대해 주어질 경우 문제가 된다. 인정 체계는 어떤 활동과 가치를 지지하는지를 세심히 분석해야 하며, "특히 압박을 받을 때도 새로운 방식과 다른 행동 방식을 유지하는 사람들에게 인정을 제공하는 보상 체계"가 마련되어야 한다(J. C. Jackson, 2006, p. 184). 버크(Burke, 1993)도 다음과 같이 동의한다.

조직을 변화 방향으로 이끄는 데 기여한 사람들에게 공식적이고 공개적으로 인정해 주는 것은 새로운 행동을 강화하고 안정시키는 데 도움이 될 뿐 아니라, 조직 내 다른 사람들에게도 '올바른' 행동이 무엇인지에 대해 분명한 신호를 보낼 것이다(p. 154).

아르메나키스, 해리스, 필드(Armenakis, Harris, Feild, 1999)는 변화의 제도화를 위해 변화관리자가 활용할 수 있는 일곱 가지 실천 방안을 제안했다.

1. **적극적인 참여**. 변화가 형성되어가는 과정에서 조직 구성원들이 참여적 의사결정 방식이나 연습과 관찰을 통한 학습을 통해 변화에 영향을 미칠 기회를 갖도록 하는 것은 변화의 수용과 실행에 대한 주인의식을 고취시키는 데 도움이 된다.

2. **설득력 있는 커뮤니케이션**. 변화의 진행 상황에 대한 정기적인 소통, 변화의 근거와 목적에 대한 반복적 설명, 그리고 지속적인 동기부여는 주저하는 조직 구성원들을 독려하고 변화의 메시지를 강화할 수 있다.

3. **내부/외부 정보 관리**. 설문조사 결과, 벤치마킹 지표, 기타 다양한 데이터는 변화의 필요성을 뒷받침하고 조직의 변화 접근 방식에 대한 신뢰를 높이는 데 기여할 수 있다.

4. **인적자원관리 실무**. 앞서 언급된 보상뿐만 아니라 구성원 선발, 성과 평가, 교육 및 개발 활동 등 인사관리 전반의 관행이 변화에 뒷받침되어야 한다.

5. **확산 실행**. 변화가 조직의 한 부문에서 시범적으로 시행된 후 다른 부문으로 확대될 경우, 시범 부서의 구성원들이 다른 부서에 변화의 메시지를 전파하는 데 중요한 역할을 할 수 있다.

6. **의례 및 행사**. 구성원 회의, 리더십 콘퍼런스, 은퇴식, 포상 행사 등의 활동은 변화를 상징적으로 강화할 기회를 제공한다. 아르메나키스 외(1999)는 어느 조직의 최고 리더십 회의에서 새로운 합작 사업을 설명하며 동기부여 메시지가 담긴 새 배지를 구성원들에게 지급한 사례를 소개한다.

7. **공식화 활동**. 조직 구조, 정책, 절차 등에서의 변화가 필요할 수 있으며, 이는 변화가 일관되게 정착되도록 지원하고 변화 수용을 방해하는 요소들을 제거하는 데 기여한다.

이러한 메커니즘은 개입이 끝난 뒤에야 급히 마련해야 하는 마지막 수단으로 남겨져서는 안 된다. 오히려 개입 계획 수립 단계에서부터 이들을 반영하고, 변화에 대해 논의할 때 신중하게 고려함으로써 조직의 모든 시스템, 구조, 프로세스, 문화적 신념이 동일한 목표를 향해 유기적으로 작동하도록 할 수 있다. 롤러와 월리(2006)에 따르면, 가장 성공적인 조직은 이러한 실행 방안을 숙달하는 데 그치지 않고, 다음 변화가 자연스럽게 형성되도록 유도하는 법을 배우는 조직이다. "이는 실험을 장려하고, 새로운 실천 방식과 기술에 대해 학습하며, 환경을 모니터링하고, 성과를 평가하며, 성과의 지속적인 향상을 약속하는 조직을 만드는 것을 의미한다."(p. 21) 이러한 변화 유지에 대한 관점은 변화된 실천을 제도화하고 안정화하는 데 초점을 맞추기보다 효과적으로 변화하는 법을 조직의 일상적인 활동의 일부로 배우는 데 그 중심이 있다.

평가

평가라는 단어는 많은 사람에게 부정적인 인상을 불러일으킬 수 있다. 이는 아마도 과거 또는 현재 피드백을 받았던 좋지 않은 경험에서 비롯된 것일 수 있다. 예를 들어, 교사가 학생의 에세이에 붉은 펜으로 가차 없이 표시한 기억이라든가, 관리자가 구성원의 연간 성과 목표에 대한 진척 상황을 평가했던 경험 등이다. 평가는 조직개발 개입의 마지막 단계 중 하나이지만, 종종 생략되기도 한다. 실무자나 클라이언트 모두 무엇을 평가해야 할지, 어떻게 평가해야 할지 확신이 없는 경우가 많지만, 이러한 정보는 클라이언트와 실무자 개인분만 아니라 조직 전체에도 OD 개입이 어떤 영향을 미쳤는지를 판단하는 데 있어 매우 유용하다. "컨설턴트가 반드시 답해야 할 질문은 '조직 X에 대한 개입이 실제로 변화를 만들어냈는가?'이다."(Randolph & Elloy, 1989, p. 634) 겉보기에 단순한 이 질문은 실제로 많은 도전 과제를 내포하고 있다.

| 평가의 어려움

많은 OD 실무자들과 변화관리자는 효과적이고 철저한 평가를 수행하는 데 있어 다양한 도전과 장벽으로 인해 평가를 시행하지 않는다. 버크(1993)는 이 점을 다음과 같이 표현한다.

> OD 실천의 평가 과정은 연례 건강검진에 비유될 수 있다. 모두가 그것이 필요하다는 데는 동의하지만, 매우 동기부여된 연구자를 제외하고는 그것을 실제로 실행하는 수고와 비용을 감수하려는 사람은 거의 없다(p. 168).

사실 OD 실무자들이 자신들의 활동을 평가하려는 노력을 본격적으로 기울이기 시작한 것은 비교적 최근의 일이다. 1970년대에는 OD를 어떻게 평가해야 할지 충분히 알지 못한다는 점과 OD 프로그램에 대해 공식적인 평가를 수행하는 실무자가 거의 없다는 점이 문제로 지적되었다. 이에 따라 OD가 실제로 효과가 있는지를 확인하려는 학술 연구자들의 다양한 논문과 메타분석들이 쏟아져 나왔다(Armenakis, Feild, & Holley, 1976; Morrison, 1978; Porras & Berg, 1978a, 1978b 참조). 대부분의 연구는 평가 연구의 엄밀성을 높여야 한다고 권고했다. 1980년대 이후에는 OD 평가 방법론과 평가 빈도 모두 개선되었다는 분석도 있었으나(Vicars & Hartke, 1984), 오늘날에도 여전히 평가하는 것은 쉬운 일이 아니다. 게다가 많은 변화 시도가 단기적으로 그치거나 조직이 다시 변화 이전 상태로 회귀하는 경향이 있기 때문에 OD가 장기적으로 효과가 있다는 것을 보여주는 사례는 매우 드물다. 실제로 "OD의 효과가 지속된다는 점을 입증한 연구는 거의 없으며, 단기적인 변화 성과를 보여주는 평가 연구들이 선호되는 경향이 있다"(Boss, Dunford, Boss, & McConkie, 2010, p. 437).

다음은 평가를 어렵게 만드는 주요 장벽들이다(Martineau & Preskill, 2002 참조).

- **자원의 소요**. 계약 체결, 자료 수집, 자료 분석, 계획 수립, 개입 실행이라는 긴 사이클을 거친 후, 많은 실무자와 클라이언트는 평가에 추가 자원을 투입하는 데 주저한다. 평가는 조직 구성원들이 인터뷰에 참여하거나 설문에 응답하고, 데이터를 수집하고 분석하는 등의 시간과 노력을 필요로 한다.

- **결과에 대한 두려움**. 클라이언트는 투입한 자원이 아무런 성과도 내지 못하거나 상황이 오히려 악화될 가능성을 두려워할 수 있다. 변화관리자는 부정적인 피드백이나 기대한 결과를 얻지 못한 프로젝트를 진행했다는 전문적 평판이 생기는 것을 두려워할 수 있다.

- **에너지 소모**. 많은 클라이언트와 변화관리자들은 변화를 만들어내는 데 에너지를 쏟고 싶어 하지, 그것을 평가하는 데까지 에너지를 투입하고 싶어 하지 않는다. 때때로 변화관리자만이 결과에 관심을 가지며, 클라이언트를 설득해 데이터 수집에 필요한 에너지를 쓰게 만드는 데 어려움을 겪기도 한다.

- **성과가 이미 입증되었다고 여김**. 클라이언트나 변화관리자가 과거 경험이나 타인의 보고를 바탕으로 개입이 효과적이었다고 이미 확신하는 경우, 굳이 스스로 평가할 필요성을 느끼지 못할 수 있다.

- **무엇을 평가해야 할지 모름**. 계약 체결 단계에서 명확한 목표가 설정되지 않았다면, 클라이언트와 변화관리자는 무엇을 평가해야 할지 확신하지 못할 수 있다. 예컨대 "갈등관리의 향상"이나 "더 나은 팀 회의" 같은 결과는 모호하거나 평가하기 어려울 수 있다.

- **선택적 과정으로 간주됨**. 평가는 과정상 필수 단계라기보다 있으면 좋은 '부가적' 단계로 여겨지기 쉽다.

- **실무자의 훈련 부족**. 많은 실무자는 평가 방법에 대해 공식적인 훈련을 받지 않는다. 일부 평가 방법론은 통계 지식이나 정성적 자료 분석에 대한 배경을 요구하는데, 이러한 역량이 실무자에게 부족할 수 있다.
- **연구 설계 및 실행의 어려움**. OD 초기 역사에서 사회과학의 양적·실험적 연구 설계 선호는 독립변수를 분리해 평가할 수 있는 진정한 실험군을 찾는 일을 어렵게 만들었다. 이러한 관점은 1970년대 이후 크게 변화했지만, 초기 OD 평가의 부족을 설명해준다.

조직개발 노력에 대한 평가를 수행하는 데 있어 또 하나의 어려움은 조직 개입이 매우 복잡하다는 점이다. 따라서 조직의 결과가 OD 프로그램의 특정 활동에 직접적으로 기인했는지를 확정적으로 밝히기 어려울 수 있다. 아르메나키스 외(1976)는 많은 실천가들이 OD 평가에서 다음과 같은 방법론적 어려움을 겪는다고 지적했다. 무엇이 '개선'에 해당하는지를 평가하는 데 따르는 어려움, 진정한 비교 집단의 부재, 외부 영향력을 통제하는 문제, 그리고 개입과 결과 사이에 수년의 시간차가 발생할 수 있다는 점 등이다.

| 평가해야 하는 이유

평가를 수행하는 데 따르는 여러 가지 어려움에도 불구하고 OD 개입을 평가해야 할 타당한 이유는 다음과 같다.

1. **평가는 초점을 제공한다.** "평가는 변화 목표의 정의, 기대되는 변화 결과의 명확화, 그리고 이러한 변화 결과를 어떻게 측정할 것인지에 대한 명확화를 강제한다."(Burke, 1993, p. 171) 평가에 대한 체계적인 접근은 클라이언트와 변화관리자에게 개입의 원래 목표로 다시 돌아가 그 결과가 구체적으로 무엇이었는지 분명히 하도록 유도하며, 그 목표가 달성되었는지를 문서화하게 만든다.
2. **평가 결과는 지지를 이끌어낼 수 있다.** 클라이언트는 OD 노력이 가치 있었다는 데 더 큰 확신을 갖게 되고, 향후 이와 같은 노력을 더 적극적으로 지지할 가능성이 커진다. 변화관리자는 평가 결과(허락을 받을 경우)를 '성공 사례' 파일로 보관하여 성공적인 개입 포트폴리오의 일부로 활용할 수 있다.
3. **결과는 변화에 대한 피드백을 제공한다.** "평가는 조직 개선과 개발의 다음 단계에 대한 계획 수립을 촉진한다."(Burke, 1993, p. 171) 평가는 변화의 장애물을 밝혀내고, 그 결과를 통해 향후 개선의 방향을 제시할 수 있다.
4. **클라이언트와 변화관리자의 성장을 제공한다.** 평가는 변화관리자에게 개입 전략

중 어떤 요소가 예상대로 작동했거나 그렇지 않았는지를 이해할 수 있도록 돕는
다. 변화관리자는 이 경험으로부터 배움을 얻고, 다음 개입(해당 조직에서든 다른
조직에서든)에서 이를 수정할 수 있다.

여러 측면에서 평가는 단순히 개입의 종료 단계라기보다 새로운 시작으로의 전환으로 보는
것이 가장 적절하다. 5장에서 소개한 OD 프로세스 도식(그림 5.2)에서는 마지막 단계에서
다시 진입 단계로 이어지는 화살표가 있는데, 이는 개선 작업이 반복적이고 지속적인 과정
임을 상징한다. 맥린, 설리번, 로스웰(McLean, Sullivan & Rothwell, 1995)은 평가를 형
성적(formative)이면서도 총체적(summative)이라고 보았는데, 형성적 평가는 개입 도중에
수행되거나 미래의 개입을 염두에 두고 수행되는 것이며, 총체적 평가는 개입의 효과성을
되돌아보며 평가하는 것이다. 이처럼 평가는 또 하나의 데이터 수집 단계로 볼 수 있으며, 이
데이터를 바탕으로 새로운 계약을 체결하고 클라이언트에게 피드백을 제공하며, 차후 개입
전략 개발에 활용될 수 있다.

| 평가 대상

평가는 조직의 과정과 개입 결과 또는 성과 양측에 대해 통찰을 제공할 수 있다. 또한, 조직
개발(OD) 개입 자체도 평가 대상이 될 수 있다. 포라스와 베르크(Porras & Berg, 1978b)는
특정 개입 상황에서 무엇을 평가할 것인지 결정할 때 실무자들이 고려할 수 있도록 과정 변
수와 결과 변수의 폭넓은 목록을 개발했다(그림 14.1 및 14.2 참고).

과정 변수에 대한 평가는 개입이 행동, 사람, 과업과 관련된 절차에 어떤 변화를 가져왔는지
를 측정하는 것이다. 여기에는 동기부여, 갈등 해결, 의사결정, 집단 내 신뢰, 참여 등과 같은
주제가 포함된다. 또한 조직 구성원이 자신에게 요구되는 활동을 실제로 수행하고 있는지,
구성원들이 적절하게 훈련을 받았는지 등의 영역도 포함된다. 이러한 영역의 개선은 특정
개입의 직접적인 목표가 될 수 있지만, 전반적인 최종 목표는 일반적으로 조직적 성과에 있
다. 다시 말해, 팀빌딩 활동의 장기적인 목적은 팀 기능 향상을 통한 더욱 생산적이고 효과적
인 팀으로의 전환이다. 과정 변수는 결과 변수에 기여한다. 결과 변수는 일반적으로 생산성,
고객 만족도, 비용, 수익, 품질, 생산 주기, 구성원 이직률 같은 조직 차원의 산출물에 해당한
다. 많은 조직개발 활동이 과정 변수에 직접적으로 영향을 미치지만, 대부분의 클라이언트
는 결과 변수에 관심을 가진다. 과정 변수와 결과 변수를 모두 측정하면 OD 활동과 조직 성
과 간의 논리적 연결고리를 보여주는 데 도움이 될 수 있다(비록 그것이 잠정적인 결과일지
라도). 또한 이러한 측정은 의도하지 않았더라도 긍정적 또는 부정적인 다른 변화를 드러낼
수 있으며, 이는 이후 개입의 참고 자료가 될 수 있다.

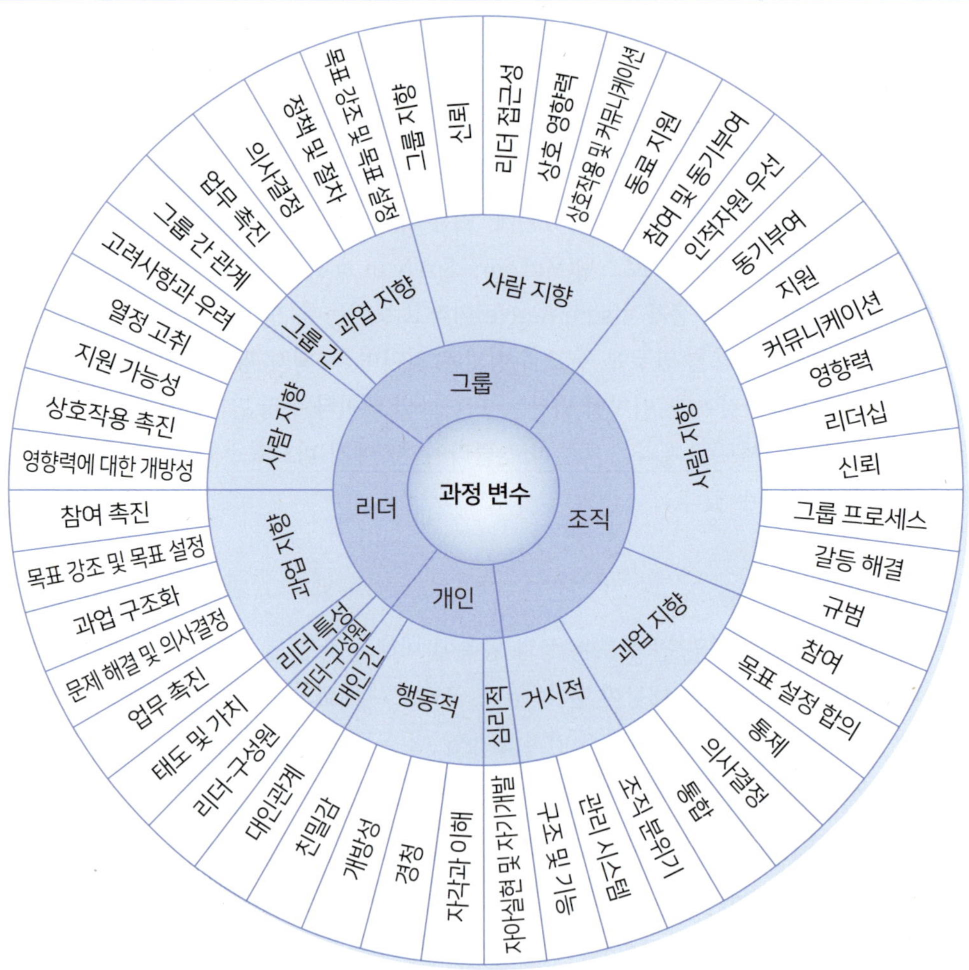

출처: "The Impact of Organization Development," J. I. Porras, P. O. Berg, 1978, *Academy of Management Review*, 3, pp. 249–266. © 1978 Academy of Management (NY). 본 교재 형식의 재수록은 Copyright Clearance Center를 통한 Academy of Management (NY)의 허가를 받음.

OD 개입 자체도 평가 대상이 될 수 있다. 클라이언트와 실무자는 OD 과정이 얼마나 잘 수행되었는지를 평가할 수 있으며, 여기에는 계약, 자료 수집, 자료 분석, 피드백, 개입 전략 등에 대한 클라이언트와 실무자의 만족도가 포함된다. 실무자는 자신이 OD의 가치에 얼마나 충실했는지를 평가할 수도 있다. 홀비치(Holbeche, 2006)는 학습에 대한 평가를 권장하며, "조직 내에서 어떤 새로운 학습과 지식이 내재화되었는가, 그리고 그것이 어떻게 이루어졌는가?"(p. 427)라는 질문을 제시한다. 변화관리자와 클라이언트 간의 관계 자체도 평가의 주제가 될 수 있다. 이는 다음 절인 분리(separation)에서 다룬다.

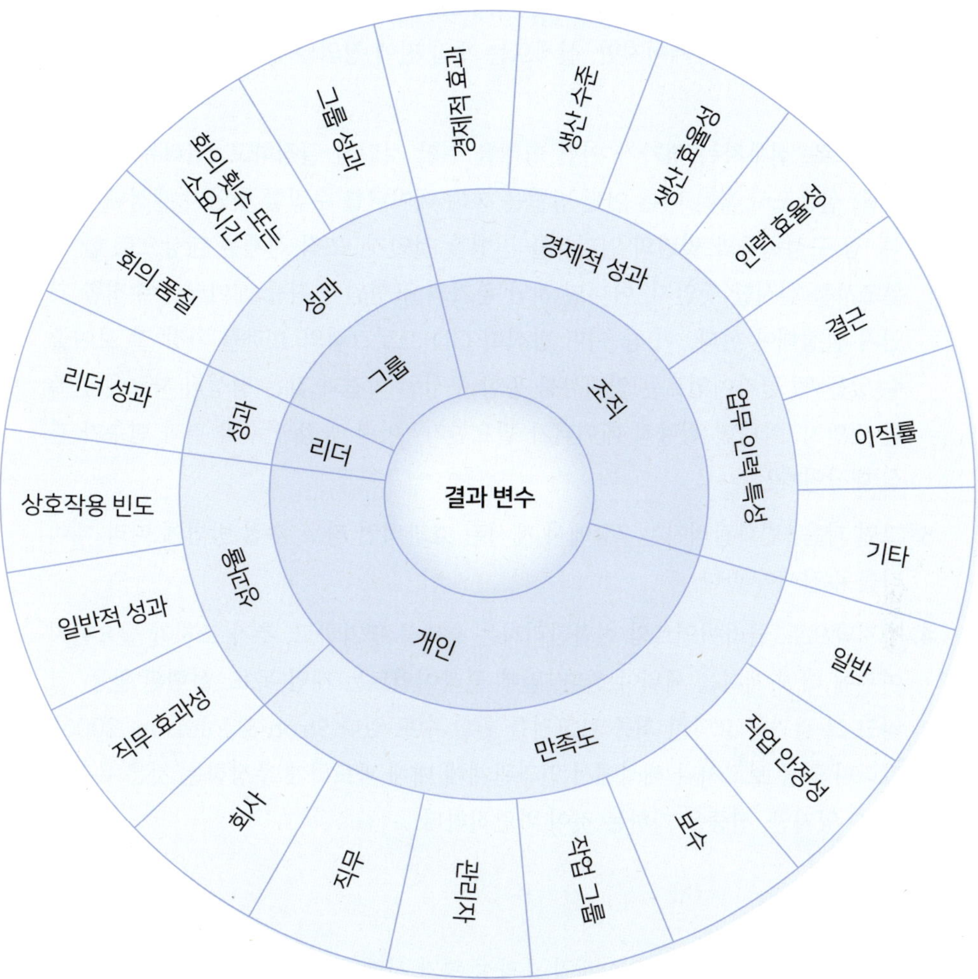

출처: "The Impact of Organization Development," J. I. Porras, P. O. Berg, 1978, *Academy of Management Review*, 3, pp. 249-266. © 1978 Academy of Management (NY). 본 교재 형식의 재수록은 Copyright Clearance Center를 통한 Academy of Management (NY)의 허가를 받음.

평가 프로세스

평가 과정은 7장에서 다룬 자료 수집 전략을 개발하는 과정과 크게 다르지 않다.

1. 우선, 클라이언트와 변화관리자는 처음 설정한 개입 목표를 다시 확인하고, 개인, 팀 또는 조직 수준에서 원하는 변화를 가장 잘 보여줄 수 있는 데이터가 무엇일지를 결정해야 한다. 일부 전문가들이 추천하듯이(Livingston, 2006), 각 수준에서

평가를 진행할 수도 있다. 또한 결과를 평가하는 목적과 해당 데이터를 어떻게 활용할 것인지에 대해서도 논의해야 한다. Park(2018) [26]은 "평가 계획 수립은 조직개발 평가의 초기 단계이지만, 실제로는 개입 전에 정의되어야 한다"(pp. 77-78)고 지적한다.

2. 다음으로, 실무자는 평가가 어떤 형태를 취할 것인지 결정하고, 인터뷰, 포커스 그룹, 설문조사 혹은 다른 어떤 방법을 통해 데이터를 수집할 것인지 결정해야 한다. 팀 구성원들과 일련의 인터뷰를 진행할 것인지, 조직 전체를 대상으로 한 설문조사를 실시할 것인지, 아니면 지난 분기의 구성원 이직률 데이터를 수집할 것인지 결정해야 한다. 이 중 어떤 방식이 OD 프로그램의 효과를 가장 잘 보여줄 수 있을까? 클라이언트는 인터뷰를 통한 구성원 의견과 같은 정성적 자료에 만족할 것인지, 아니면 정량적 데이터가 필요한가? 어떤 과정 변수와 결과 변수가 관심 대상인가?

3. 그런 다음, 변화관리자는 7장에서 제시된 효과적인 자료 수집 방법에 따라 데이터를 수집해야 한다.

4. 마지막으로, 클라이언트와 변화관리자는 결과를 평가하고, 추가 조치가 필요한지 여부에 대해 계획을 세워야 한다. 일부 클라이언트는 개입 목표, 실행된 활동, 그리고 그 결과를 요약한 최종 보고서를 원할 수도 있다(Stroh & Johnson, 2006). 그러나 최종 보고서나 해석에서 인과관계에 대해 과도하게 주장하는 것은 유혹적일 수 있지만, 신중을 기하는 것이 바람직하다.

| 평가 사례

다음은 지난 40여 년간 발표된 OD 개입 효과성 평가 사례 중 일부다.

- 보워스(Bowers, 1973)는 조직개발의 효과성을 평가하려는 가장 초기의 시도 중 하나에서, OD 개입을 받은 23개 조직의 1만 4천 명 이상의 구성원으로부터 수집된 데이터를 분석했다. 이 조직들은 다음 네 가지 유형 중 하나 이상의 OD 개입을 경험했다. 서베이 피드백, 대인관계 프로세스 컨설팅(퍼실리테이터가 팀의 관계 및 유지 이슈를 돕는 팀 개발 개입에 해당), 과업 프로세스 컨설팅(팀이 과업 수행의 장애물을 제거하도록 지원), 실험실 훈련(또는 T-그룹)이 그 유형들이다. 비교를 위해 일부 조직은 관리자에게 데이터만 전달되고 후속 조치가 없거나, 최고경영진에게만 데이터가 전달되고 조직 구성원들과는 공유되지 않은 통제집단으로

---

26 Park, 2018은 원문 참고문헌 목록에 기재되어 있지 않음. (역자주)

설정되었다. 모든 조직은 동일한 조직 설문 도구를 사용하여 개입 전후에 조직 분위기, 리더십 만족도, 직무 및 팀 만족도 등을 평가했다. 보워스는 서베이 피드백이 "조직 분위기 전반에 긍정적인 변화를 일으켰으며"(p. 42), 대인관계 프로세스 컨설팅은 소폭의 변화를 가져왔고, 과업 프로세스 컨설팅은 거의 또는 전혀 변화를 만들어내지 못했으며, 실험실 훈련은 오히려 감소를 초래했다고 결론지었다.

- 포라스와 베르크(1978b)는 기존에 발표된 35개의 OD 프로젝트에 대한 메타분석을 수행하여 앞서 설명한 다양한 과정 변수와 결과 변수에 대한 OD 개입의 효과를 살펴보았다. 이들은 OD가 단지 과정(process)에만 영향을 미친다는 일반적인 가정과 달리, "OD가 사람 중심의 과정 변수와 과업 중심의 변수 모두에 미치는 영향이 동일하게 나타났으며, OD가 주로 사람 중심의 과정 변수만 변화시키고 과업 중심의 변수에는 상대적으로 영향이 적다는 통념은 사실이 아니다"(p. 264)라고 기술했다.

- 오사투케, 무어, 워드, 다이렌포스, 그리고 벨턴(Osatuke, Moore, Ward, Dyrenforth, & Belton, 2009)은 미국 재향군인회 보건관리국(U. S. Veterans Health Administration)과 함께 '직장 내 예의, 존중, 몰입(CREW: Civility, Respect, and Engagement in the Workforce)'이라는 개입 프로그램을 실행했다. 이들은 서베이 피드백 모델을 사용하여 개입이 이루어지기 전후에 17개 작업 그룹의 600명 이상의 구성원들을 대상으로 직장 내 예의에 대한 인식을 평가했다. 8개 항목으로 구성된 척도가 사용되었으며, 예를 들어 "나의 작업 그룹에서는 사람들이 서로를 존중하며 대한다", "이 조직은 차별을 용납하지 않는다" 같은 문항이 포함되었다. 각 작업 그룹에서 구성원들은 스스로 예의를 개선하는 방법에 대한 아이디어를 창출했고, 각 현장의 OD 전문가의 지원을 받았다. 어떤 조치를 취할지는 각 작업 그룹이 자율적으로 결정했다. 약 6개월 후, 동일한 예의 관련 설문이 다시 진행되었고, 저자들은 개입이 이루어진 그룹과 그렇지 않은 그룹을 비교했다. 그 결과, 이러한 개입이 구성원들의 직장 내 예의에 대한 인식에 유의미한 영향을 미쳤다는 결론을 내렸다.

- 1973년 OD 작업이 시작된 법집행기관을 대상으로 한 광범위한 장기 종단 연구에서 보스 외(Boss et al., 2010)는 "OD 개입이 조직에 긍정적이고 지속적인 변화를 만들어낼 수 있다는 증거를 제공한다"(p. 459)고 밝혔다. 이 조직에서 이루어진 개입에는 전사적 조직 개입(조직 설계 및 재구조화, 서베이 피드백), 팀 개입(팀빌딩 세션, 대면 회의), 개인 개입(코칭, 관리자 교육) 등이 포함되었다. 설문조사는 개입 전에 진행하고, 4년에 걸친 개입 과정 중에 실시한 것과 개입 후 10년간 실시한 것을 포함하

여 29년이 지난 시점까지 총 일곱 차례에 걸쳐 수행되었다. 그 결과는 비교 집단과도 대비되었다. 연구진은 이 조직에서 이직률이 감소하고, 리더십에 대한 만족도가 증가했으며, 조직문화의 건강성에 대한 평가가 개선되었고, 외부 집단과의 협력에 대한 판단 역시 긍정적으로 변화되었음을 발견했다. 이 기간 동안 조직에 남아 있었던 한 참여자는 다음과 같이 회상했다. "OD 프로젝트가 처음 시작되었을 때, 나는 꽤나 회의적이었어. 뭔가 유행처럼 지나가는 수단처럼 들렸거든. 그런데 직접 결과를 눈으로 보게 되었지."(p. 458) 물론 연구진은 30년에 걸친 지속적 변화에 영향을 줄 수 있는 여러 요인이 존재함을 인정하지만, 이 특정 변화가 성공할 수 있었던 요인으로 다음 내용을 꼽는다. 신중한 계약 체결, 효과적인 컨설턴트-클라이언트 관계, 헌신적인 리더십, 교육 등의 지원 시스템 개발, 개인의 책임감과 헌신 등이다. 이들은 다음과 같은 결론을 내렸다. "OD 개입은 구성원들이 자신의 목표에 명확히 집중하도록 돕고, 대인 문제를 선제적이고 예방적인 방식으로 해결하게 하며, 참여적 관리나 대인 신뢰를 희생하지 않고도 조직의 중대한 변화를 이끌 수 있도록 돕는다."(p. 465)

| 평가 윤리

평가는 OD 과정에서 데이터 수집 및 진단 단계와 유사한 윤리적 문제를 야기할 수 있다. 평가 단계에서 가장 큰 윤리적 도전 과제는 데이터에 대한 오해 및 왜곡된 해석이다(White & Wooten, 1985). 이러한 왜곡은 변화관리자와 클라이언트 모두에게서 어느 정도 무의식적으로 발생할 수 있는데, 이는 양측 모두 이 개입이 긍정적인 차이를 만들어냈기를 강하게 원하기 때문이다. 이들은 변화가 있었음을 보여주는 데이터만 수집하거나 보고하고, 부정적인 결과를 보여주는 데이터는 무시할 수도 있다. 또한, 인터뷰에 참여한 구성원들의 익명성 보장도 평가 데이터 수집 단계에서 중요한 이슈다. 조직 구성원들은 눈에 띄는 변화가 없다고 말하거나, 변화 노력에 대해 부정적인 의견을 가지고 있거나, 혹은 변화를 위해 요구된 행동을 하지 않고 있다는 사실이 드러날 경우 불이익을 받을까 두려워할 수 있다.

| 평가의 미래

로스웰(Rothwell, 2018, pp. 184-185)은 OD 평가의 미래에 대해 다음과 같은 아홉 가지 예측을 제시했다.

1. OD 개입은 점점 더 자주 평가될 것이다.
2. OD 실무자는 조직 구성원이 측정 가능한 변화 목표를 개발하도록 촉진하는 역량을 더욱 갖추게 될 것이다.

3. OD 개입은 개인, 팀/그룹, 부서/사업부, 조직 수준에서 추적될 것이다.

4. OD는 조직의 균형성과표(Balanced Scorecard)와 개인의 핵심성과지표(KPI)에 연결된 변화 영향도를 통해 측정될 것이다.

5. OD 평가는 변화하는 환경에 유연하게 대응할 수 있도록 설계될 것이다.

6. OD 평가는 기술 기반 평가 도구를 활용하게 될 것이며, 온라인 설문조사, 포커스 그룹, 인터뷰, 대시보드 등이 포함될 것이다.

7. OD 평가는 단순히 '무엇이 잘못되었는가'에 초점을 맞추는 관행에서 벗어나 '무엇이 잘되고 있는가'를 포함할 것이다.

8. OD 평가는 정량적 방법에만 집착하는 것에서 벗어나 정성적 방법도 포함하는 진정한 혼합 기법의 평가로 발전할 것이다.

9. OD 평가는 점차 평가와 진단의 연결성을 강화하여 변화 노력이 왜 시작되었는지에 대한 이유와 실제 성과 간의 관련성이 밀접하게 연계될 것이다.

개입 종료: 분리와 떠나기

컨설팅 관계는 본질적으로 일시적이며, 어느 시점에서는 프로젝트를 고객에게 이관해야 한다. 업무 관계의 종료 과정에 주의를 기울여야 하는 이유는 "너무 많은 OD 프로젝트가 비생산적으로 질질 끌거나, 적절한 후속 조치 없이 갑작스럽게 종료되기도 하기 때문이다"(Van Eron & Burke, 1995, p. 395). 고객이 추가 작업이나 두 번째 프로젝트를 요청하더라도 클라이언트-컨설턴트 관계가 지속될 수는 있지만, 계약 단계에서 정의된 현재의 개입은 종료된다. 계약 단계가 컨설팅 관계의 전개 방식에 대한 분위기를 설정하는 것처럼, 개입의 종료 과정 또한 후속 프로젝트로의 전환에 대한 분위기를 설정한다. 전문성과 윤리를 갖춘 개입의 종료는 OD 전문가에게 중요한 역량이다.

종료는 고객과 컨설턴트, 또는 상호 합의에 의해 시작될 수 있다. 이상적으로는 상호 합의에 따라 종료되는 것이 바람직하지만, 변화관리자나 클라이언트가 조기에 종료할 만한 이유가 있을 수도 있다. 목표가 달성되고 원래 계약에 명시된 합의사항이 이행되었다면, 업무 관계의 종료 시점은 양측 모두에게 명확할 수 있다. 특히 업무 관계가 원활히 진행되지 않는 경우에는 종료가 유도되거나 선제적으로 시작되어야 할 때도 있다. 다음과 같은 신호들은 업무 관계의 종료가 필요함을 암시할 수 있다(Weisbord, 1973/1994, p. 412).

• 고객이 일을 계속 미룬다.

- 합의가 이루어졌지만 양측 모두에게서 잊힌다.
- 컨설턴트가 고객보다 결과에 더 감정적으로 얽매여 있다.
- 고객이 더 나아졌고, 이제는 외부의 도움이 필요하지 않다.

종료는 암묵적으로 흐지부지되지 않도록 명시적이고 계획적으로 이루어져야 한다. 비생산적인 업무 관계를 길게 끌거나 어색하게 연장하는 것은 고객과 변화관리자 양측 모두에게 손해이므로 와이스보드(Weisbord, 1973/1994)는 "테스트를 통해 계약을 명시적으로 종료하는 것을 환영한다. 질질 끄는 고통보다는 깔끔한 종료가 낫다"(p. 412)고 말한다. 와이스보드의 언급처럼, 종료는 종종 계획이나 사전 고려 없이 이루어진다. 고객과 변화관리자는 주간 프로젝트 현황 회의에서 더 이상 논의할 주제를 찾지 못한다. 고객은 정보나 동기가 부족해 다음 단계를 실행하지 않고, 변화관리자에게 몇 주 후 상황이 더 명확해질 때까지 기다리라고 말한다. 결국 양측 모두 다른 프로젝트나 우선순위에 집중하게 되면서, 업무 관계는 서서히 사라진다.

그 대신 변화관리자와 클라이언트는 명시적인 종료 절차를 거치는 것이 도움이 되며, 이를 위해 종료 피드백 회의를 계획할 수 있다. 종료 회의는 클라이언트와 변화관리자가 다음과 같은 주제들을 함께 논의하도록 안내한다.

- 우리는 OD 과정에서 무엇을 배웠는가?
- 컨설턴트–클라이언트 관계에서 무엇을 배웠는가?
- 초기에 제시한 문제는 무엇이었으며, 더 깊이 조사하면서 그것이 어떻게 변화했는가?
- 클라이언트는 변화관리자와 다시 협력할 의사가 있는가?
- 클라이언트는 이러한 문제를 스스로 해결할 수 있는 역량을 어느 정도 갖추게 되었는가?
- 이러한 참여에서 가장 성공적인 측면은 무엇이었는가?
- 가장 도전적인 부분은 무엇이었는가?
- 만약 다시 한다면 무엇을 다르게 할까?
- 비슷한 문제를 다시 마주하게 된다면, 다음번에는 무엇을 고려해야 할까?

클라이언트와 변화관리자는 서로에게 강점과 개선 기회에 대해 피드백을 줄 수도 있다. 이는 관계와 참여의 성공에 특히 도움이 되었던 행동이나, 개선을 방해했을 수도 있는 구체적인 요소들에 대한 것이다. 또한 종료 회의에서는 컨설팅 이후의 전환 계획도 논의되어야 한다. 변화관리자가 향후 클라이언트 조직과 어떤 방식으로든 관여할 것인지의 여부와 그 방식에 대해 명확히 해야 하기 때문이다. 예를 들어, 변화관리자가 팀 회의에 더 이상 참석하지 않거나 한 달에 한 번만 참석할 수도 있다. 이러한 변화는 팀원들이 당황하거나 갑작스럽게 느끼지 않도록 사전에 논의되어야 한다. 마지막으로, 컨설팅 종료 후 클라이언트가 후속 조치를 취하거나 추가 업무를 의뢰하고자 할 경우, 어떻게 연락할지에 대해서도 논의되어야 한다.

| 종료의 윤리

종료 과정에서도 윤리적 고려가 필요하다. 이는 종료가 과도하게 지연되거나, 반대로 너무 성급하게 이루어질 때 모두 해당된다. 참여하는 개입을 너무 오래 연장하는 것은 윤리적으로 문제가 될 수 있다. 화이트와 우튼(White & Wooten, 1985)은 다음과 같이 말한다.

> 변화 노력이 지속·유지 단계로 접어들면서, 의존성을 줄이는 문제는 대부분의 변화관리자에게 어려운 이슈다. 이는 노력의 감소와 변화관리자 서비스의 제공 중단을 의미한다. 특히 윤리적으로 중요한 문제는 변화관리자가 지원 관계 또는 서비스를 계속 유지하는 것이다(p. 161).

의존성을 줄이기 위해 분리는 윤리적으로 필요할 수 있으며, 계약된 서비스가 완료되었거나 클라이언트가 더 이상 실질적인 혜택을 얻지 못하는 상황에서 계속해서 대가를 받는 것은 바람직하지 않다. 더불어 변화관리자가 클라이언트 시스템에 너무 오래 참여하게 되면, '현지화'되어 객관성을 잃게 될 수 있고, 변화관리자와 클라이언트 모두에게 심리적으로 분리가 어려워질 수 있다. 이 경우 변화관리자 스스로 클라이언트에게 심리적 또는 경제적으로 의존하게 될 위험도 있다.

반대로 너무 이른 종료도 윤리적으로 문제가 될 수 있다. 이는 클라이언트를 적절한 지원 없이 변화관리 과정을 혼자 감당하도록 내버려두는 상황이기 때문이다. 클라이언트가 충분한 진전을 보이지 않거나 관계가 원활하지 않다고 느낄 경우, 변화관리자가 상황이 어려워지자 퇴로를 찾으려 하는 경우도 있다. 반대로 클라이언트가 스스로 문제를 해결할 준비가 되었다고 착각하는 경우도 발생할 수 있다.

> 특히 어려운 점은 조직이 문제를 진단하고 해결하는 데 필요한 프로세스를 포함하여 변화의 장기적 측면을 수행할 역량이 있는지를 평가하는 것이다. 클라이언트 시스템의 상태를 잘못 판단하면 변화관리자의 조기 이탈로 이어질 수 있다(White & Wooten, 1985, p. 162).

따라서 변화관리자와 클라이언트가 각각 왜 종료하려 하는지 그 동기를 솔직하게 평가하는 것은 종료가 윤리적으로 이루어지기 위해 반드시 필요한 과정이다.

요약

OD 프로세스의 마지막 단계는 변화의 지속을 위한 체계 구축, 변화의 평가, 그리고 업무 관계 종료로 이루어진다. 이 각각의 단계는 변화관리자가 개입 과정 동안 달성된 이상적인 추진력을 조직이 스스로 유지할 수 있도록 기회를 마련하고, 변화 과정의 완전한 소유권을 조직이 가져갈 수 있도록 함으로써 변화관리자가 환경에서 분리될 수 있도록 돕는다. 변화의 지속은 조직이 과거의 방식으로 되돌아가는 것을 방지하기 위해 새로운 시스템, 구조 혹은 프로세스를 구축하는 것을 의미한다. 변화 실행을 방해하는 요인들은 이해되고 제거되어야 하며, 변화를 논의·검토·평가·재조정할 수 있는 정기적인 기회가 마련되어야 한다. 업무 관계의 평가는 개입 전략이 다루고자 했던 과정과 결과를 평가하는 것으로, 이는 과거에 달성된 성과를 되짚어보는 동시에 향후 새로운 개입이나 변화를 위한 피드백을 수집하는 또 다른 데이터 수집 단계로 이해하는 것이 가장 바람직하다.

마지막으로, 모든 업무 관계는 끝나게 마련이다. 종료 회의는 이번 개입을 평가하고, 배운 점과 성취한 내용을 논의할 명확한 기회를 제공한다. 윤리적이고 진정성 있게 관계를 종료하기 위해서는 변화관리자와 클라이언트가 각자의 종료 동기를 점검하여 클라이언트가 아직 변화관리에 필요한 역량을 갖추지 못한 상태에서 너무 이르게 종료하지 않도록 하고, 반대로 개입이 불필요하게 길어져 서로에게 의존적인 관계가 형성되지 않도록 해야 한다.

토론을 위한 질문

1. 오늘날의 조직은 경쟁에 뒤처지지 않기 위해 끊임없이 변화하고 적응해야 한다. 이러한 환경에서 '변화의 지속'이라는 개념은 여전히 가치가 있는가? 당신이 목격한 다른 변화 지속 방법에는 어떤 것들이 있는가?

2. 당신이 잘 아는 조직에서 OD 컨설턴트가 개입을 수행한다고 가정해보자. 개입의 효과성을 평가하기 위해 어떤 결과 변수나 과정 변수(그림 14.1 및 14.2 참조)를 사용할 것인가?

3. 왜 변화관리자는 하나의 참여가 끝나기 전에 다음 참여를 시작하지 말아야 하는가? 관계가 어쨌든 계속된다고 해도 종료 과정을 밟는 데 어떤 가치가 있는가?

연습문제: 변화 지속하기

다음은 당신이 고객과 함께 실행한 개인, 팀, 조직 수준의 변화 사례다. 각각의 사례에서 변화가 지속될 수 있도록 어떤 방법을 조언하겠는가?

1. 외상매입 부서에서는 송장을 전자결제로 처리할 수 있는 새로운 기술 시스템을 도입했으며, 모든 분석가는 새로운 결제 프로세스에 대해 교육을 받았다.

2. 두 명의 동료는 갈등 상황에서 이를 관리자에게 바로 알리기 전에 먼저 직접 만나 자율적으로 해결할 수 있는지 확인하기로 합의했다.

3. 한 조직은 고객의 문제를 처음부터 신속하고 정확하게 해결할 수 있도록 서비스 기술자들이 필요한 조치를 취할 수 있게 권한을 부여하는 '고객 우선' 전략을 도입했다.

4. 한 관리자는 과도하게 업무를 혼자 떠맡는 대신, 자신의 팀에게 더 많은 과업을 위임하기 위해 노력하고 있다.

5. 의사, 간호사 실무자, 그리고 전문의들이 각 환자에게 개별 의료인이 아닌 팀 전체의 진료가 제공될 수 있도록 협업 기반의 '360° 관점' 프로세스에 참여하는 방법에 대해 교육을 받았다.

6. 독립적으로 운영되던 두 부서는 앞으로는 각각 따로가 아니라 공동으로 프로젝트에 협업하기로 합의했다.

7. 한 임원은 즉흥적으로 발표하는 방식 대신 사전 리허설을 철저히 수행함으로써 자신의 프레젠테이션을 개선하려고 노력하고 있다.

8. 한 조직은 폐기물 감축, 재활용 및 환경적으로 책임 있는 실천을 장려하기 위해 지속가능성 프로그램을 시행했다.

사례연구 14: 그린사이클 퍼블리싱

도널드 앤더슨(Donald L. Anderson)과 제니퍼 톰슨(Jennifer A. Thompson)

아래 사례를 읽고 다음 질문에 대해 생각해보자.

1. 이 팀 구성원들 간의 협업을 개선하기 위해 아서(Arthur)에게 어떤 개입을 제안하겠는가?

2. 이 장에서 다룬 개념에 기반하여 제안한 변화를 어떻게 지속시킬 수 있을지 방안을 제시하라.

그린사이클 퍼블리싱(Greencycle Publishing)은 환경과 지속가능성 운동에 초점을 맞춘 논픽션 전문 도서를 출판하는 출판사다. 이 회사가 출판하는 도서는 환경 실천과 보존, 환경 자원 계획, 비즈니스 윤리와 지속가능성, 글로벌 환경 정치, 기업의 사회적 책임 같은 이 회사의 핵심 주제 영역에 부합한다.

2002년 데이빗 그린(David Green)이 설립했으며, 지금도 CEO이자 발행인으로 활동하고 있다. 그린은 출판업계에서 25년에 걸쳐 도서 기획 편집자, 영업 및 마케팅 디렉터, 편집장 등 다양한 역할을 맡아온 풍부한 경력을 지닌 인물이다. 그린사이클에서 출판되는 모든 도서는 데이빗 그린의 승인을 거쳐야 하는데, 그는 모든 출판 제안을 검토하고, 모든 계약서에 서명하며, 출판업계와 환경운동의 트렌드에 대해 예리한 안목을 지니고 있다. 관찰자들은 그를 성공적이고 지적인 사업가이자 강한 존재감을 지닌 인물로 묘사하며, 다소 호탕한 성격은 많은 이들에게 위압감을 준다고 말한다. 그린은 '큰 그림'을 그리는 사고를 하는 인물이며, 처음에 승인하는 일을 제외하면 개별 도서 출판의 세부 사항에는 거의 관여하지 않으려 한다.

경쟁이 치열한 시장에 남아 있는 몇 안 되는 소규모 출판사 중 하나인 그린사이클은 자사 웹사이트와 몇몇 대형 온라인 소매업체를 통해서만 도서를 판매하며, 주로 입소문 마케팅에 의존하고 있다. 데이빗 그린은 "우리는 책을 팔지만 동시에 아이디어도 판다. 우리는 다음 출간할 책만큼만 가치가 있다. 그렇기에 혁신적이고 앞서가는 저자들을 찾아 그들의 작품을 출판하는 것이 중요하다. 그래야 업계를 선도하는 획기적인 책을 지속적으로 출간할 수 있다"고 말한 바 있다. 그린사이클은 저자에 대한 헌신과 콘텐츠 및 디자인 모두에서 최고 품질의 도서를 제작하겠다는 집념으로 업계에 잘 알려져 있다.

전자 출판물을 찾는 소비자가 늘어나고, 많은 저자들이 인터넷에서 콘텐츠를 직접 출판함에 따라 출판업계는 성공적인 도서를 발굴하고 홍보해야 한다는 엄청난 압력을 받고 있다. 지난해 이 회사는 122권의 책을 출판했고, 올해는 평균 주당 3권, 연간 150권의 출판이 예산 목표에 포함되어 있다. 출판 타이틀 수의 성장률에도 불구하고 마진과 수익은 여전히 빠듯한 상태다.

조직 구조

그린은 편집 및 제작 과정의 일상적인 관리는 편집 책임자 아서 토머스(Arthur Thomas)에게 맡기고 있다. 아서의 역할은 편집 측면, 즉 도서의 콘텐츠와 제작 전반을 감독하는 것이다. 그의 관할 아래에는 '기획 부서'와 '제작 부서'라는 두 개의 주요 부서가 있다.

다음은 각 부서의 역할과 책임에 대한 설명이다.

기획 편집자

기획 편집자는 늘 미래를 생각한다. 이들의 주요 업무는 향후 수개월 또는 수년 동안 그린사이클이 환경 전문 출판사로서의 명성을 유지할 수 있도록 꾸준한 도서 출간 계획을 확보하는 것이다. 이를 위해 기획 편집자의 핵심적인 책임은 그린사이클이 주로 다루는 주제에 전문성을 가진 주요 저자들로부터 도서 기획안을 제안받는 것이다. 이 업무에서 네트워킹은 매우 중요하며, 편집자들은 정기적으로 업계의 주요 콘퍼런스에 참석해 잠재적인 저자들을 만나고, 콘퍼런스의 판매 부스에서 그린사이클 도서를 홍보한다. 각 편집자는 잠재 저자들과 협업하여 매년 60~70권의 도서를 기획하는 것을 기준으로 일정 부분 보상을 받는다(이는 일부 저자들이 집필을 중단하거나, 약속된 출판 일정에 맞추지 못하거나, 그린사이클의 출판 기준을 충족하지 못하는 경우를 고려한 수치다). 집필 과정 전반에서 기획 편집자는 저자와 협력해 원고가 그린사이클의 요구 사항을 충족하도록 관리한다. 예컨대 사진, 삽화, 기타 그래픽이 재인용되는 경우에는 재출판 허가를 받도록 한다. 각 기획 편집자에게는 행정 업무 지원, 저자 문의 응답, 계약서 작성 등을 돕는 편집 어시스턴트가 배정되어 있다.

마지막으로, 저자가 최종 원고를 제출하면, 기획 편집자는 제출된 원고가 완성된 상태인지 확인하고, 이를 기획 편집자, 제작 편집자, 아서 토머스, 데이빗 그린이 모두 참석하는 공식적인 '출간 회의'에서 논의한다.

이 회의에서 원고는 정식으로 제작 편집자에게 인계되며, 이후의 작업은 제작 부서가 맡게 된다.

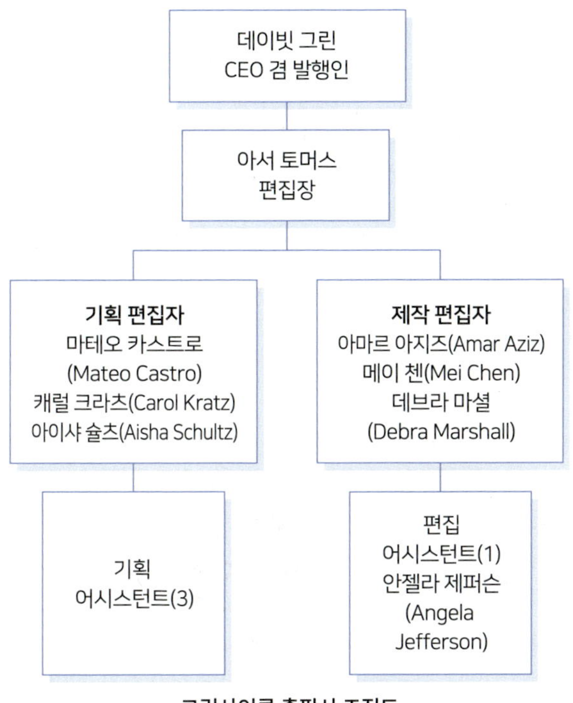

그린사이클 출판사 조직도

제작 편집자

제작 편집자의 업무는 출간 회의 이후부터 시작된다. 이 회의가 끝나면 본격적인 제작 일정이 시작되며, 제작 편집자들은 제출된 원고를 최종 도서로 완성하는 과정 전반을 책임진다. 이 작업은 매우 세심한 주의가 요구되며, 제작 편집자는 책의 모든 단어와 페이지를 여러 차례 꼼꼼히 읽어야 한다. 제작 편집자는 프리랜서 카피 편집자, 편집 디자이너, 교정자, 색인 작성자 등 외부 전문가 네트워크와 협력하여 제작을 진행한다. 이들은 각 도서의 진행 상황을 면밀히 추적하며, 일정이 지연되지 않도록 관리한다. 단계마다 원고가 프리랜서에게 전달되며, 카피, 디자인, 교정 등의 과정을 거친 후 다시 제작 편집자에게 반환된다. 이 모든 과정에서 책의 품질에 대한 최종 책임은 항상 제작 편집자에게 있다. 제작 편집자의 가장 큰 우선순위는 마감일 준수와 최종 도서의 품질 보장이다. 조악한 레이아웃이나 문법 및 철자 오류는 제작 과정에서 가장 피해야 할 품질 저하 요인이며, 이와 같은 실수는 저자와 고객의 신뢰를 떨어뜨릴 뿐 아니라 그린사이클의 명성에 치명적인 타격을 줄 수 있다. 각 제작 편집자는 한 번에 25~30권의 원고를 동시에 관리하며, 인쇄 직전 마지막 품질 점검을 담당하는 사람이 자신이라는 것을 명확히 인식하고 있다. 이들은 제작 어시스턴트 한 명을 공동으로 활용하며, 어시스턴트는 원고 확인을 돕고, 저자와의 문의 사항을 조율한다.

데이빗 그린은 그린사이클의 제작 프로세스가 업계에서 가장 빠른 수준이라고 자부한다. 그는 이러한 빠른 제작 속도가 그린사이클의 재정적 성공에 핵심적인 요인이라고 여기며, "하루 일정이 지연되면, 그만큼 책이 시장에 판매되지 못하는 하루가 된다"고 강조한다. 일정이 지연될 경우, 그린이 격분한다는 소문은 업계에서 유명하다.

장면 1: 출판 기획팀 회의

마테오 카스트로(Mateo Castro), 캐럴 크라츠(Carol Kratz), 아이샤 슐츠(Aisha Schultz)는 매주 회의를 하기 위해 노력한다. 회의에서는 각자 데이빗 그린에게 제안할 신간 도서들에 대해 논의하고, 집필 중인 책들 가운데 일정에 위협이 되는 요인을 점검하며, 다음 출간 승인 회의에서 제작팀에 넘길 준비가 된 책들의 진행 상황을 공유한다. 만약 출간 승인 회의에 편집자 중 한 명이 출장을 가게 될 경우, 나머지 둘이 대신 해당 책을 소개할 수 있도록 하기 위해서이기도 하다. 하지만 셋 중 한 명은 늘 콘퍼런스에 참석 중이거나, 가는 길이거나, 돌아오는 길이기 때문에 이처럼 셋이 다 같이 모이는 건 드문 일이다. 오늘처럼 모두 사무실에 있는 날은 드물어서 호사처럼 느껴진다. 출판 기획팀 회의는 대개 그린사이클 출판사 건물의 위층에 있는 호화로운 이사회 회의실에서 열린다.

> **마테오**: 좋은 아침이에요, 출판 기획팀! 오랜만에 다 같이 사무실에 있네요. 환경정치학회 콘퍼런스는 어땠어요?

> **캐럴**: 정말 힘들었죠. 비행기가 지연돼서 어젯밤 늦게 도착했는데요. 전시용 책 한 박스가 콘퍼런스 호텔로 가는 중에 분실돼서 월요일 밤에 3시간 동안 그거 찾느라 고생했어요. 결국 호텔 지배인 사무실에서 찾았고, 새벽 2시까지 전시 부스를 설치했죠. 다음날 7시 반에는 부스를 운영해야 했고요.

> **아이샤**: 저도 2주 전 시애틀에서 똑같은 일이 있었어요. 지난주는 오스틴에 다녀왔는데, 이번엔 책이 아니라 주문서랑 브로셔가 다 사라졌죠. 마케팅팀이 박스에 잘못된 콘퍼런스명을 적어놔서 반송됐대요.

> **캐럴**: 집에 돌아와서 진짜 너무 좋아요. 두 번 연속 출장을 다녀오느라 딸을 8일 동안 못 봤거든요. 아무튼 콘퍼런스 자체는 괜찮았어요. 지금 책을 쓰고 있는 저자 중 한 명과 기업의 지속가능성 시리즈 두 번째 책에 대해 얘기했는데, 데이빗이 좋아할 것 같아요.

> **마테오**: 좋은 소식이네요. 전 그렇게 운이 좋진 않았어요. 뭔가 하나라도 확정되지 않으면 이번 분기 보너스를 못 받을 것 같아요. 요즘 스트레스가 엄청나요.

> **캐럴**: 이번 주에 출간 승인 회의에 올라갈 책 진행하는 사람 있어요?

> **아이샤**: 워너(Warner)가 어제 원고를 제출했다는 메일을 받았어요. 오래 지연됐지만 이제 드디어 출간 준비가 됐죠. 이번 주에 회의에서 발표할게요.

> **마테오**: 데이빗이 그거 보면 정말 좋아하겠네요.

> **아이샤**: 그럴 거예요. 요즘 계속 저에게 압박을 주고 있었거든요. 저자들이 마감일을 자꾸 어기면 진짜 답답한데, 전 딱히 어떻게 할 수 있는 게 없잖아요. 제작팀이 기적이라도 일으켜서 빨리 인쇄까지 마무리해줬으면 좋겠어요.

> **캐럴**: 어, 그래요…. 아마 그러겠죠. (모두 웃음)

장면 2: 제작 편집팀 회의

제작 편집팀은 아마르 아지즈, 메이 첸, 데브라 마셜로 구성되어 있다. 매주 열리는 제작 편집팀 회의는 실제로는 자주 취소되는데, 보통은 한 명 이상의 제작 편집자가 책 일정에 직접적인 영향을 주는 큰 문제를 처리하느라 바쁘기 때문이다. 제작 편집팀 회의에서는 현재 제작 중인 책 목록을 점검하며, 특히 일정에서 밀릴 위험이 있는 책에 집중한다. 이런 경우, 다른 제작 편집자나 제작 어시스턴트가 일을 나누어 맡기도 하지만, 여유 시간이 있는 경우는 드물다. 프리랜서에게 업무를 맡길 수도 있지만, 추가 비용이 들기 때문에 일반적으로는 불가능하다. 제작 편집팀 회의는 대개 팀원 중 한 명의 사무실에서 열리며, 오늘도 데브라의 책상에서 회의가 시작된다.

데브라: (책장 위의 여러 상자 중 하나를 꺼내며) 시리얼 먹을 사람? 아직 아침도 못 먹었어.

메이: 휴게실 냉장고에 어젯밤에 먹다 남은 피자 있을 거예요.

아마르: 피자 데이를 놓쳤다고? 아쉽네. 어제 6시 반에 남편 마중 나가느라 먼저 나갔거든.

메이: 괜찮아요. 우리 모두 가끔씩 서로 커버해주잖아요.

아마르: 우린 책상에서 피자 사 먹고, 출판 기획팀은 회삿돈으로 스테이크 먹는다니까. 공평하죠, 그쵸?

데브라: 그 얘기는 꺼내지도 마. 자, 다들 어떻게 돼가고 있어요? 지금이라도 일정 맞출 가능성 있는 책 진행하는 사람? (웃음)

안젤라: (급히 들어오며) 늦어서 죄송해요.

데브라: 괜찮아요, 아직 아무 얘기도 안 했어요.

안젤라: (마닐라 봉투를 데브라에게 건네며) 여기, 워너 책 관련 자료예요.

데브라: 이게 뭐예요? (봉투를 열자 클립으로 묶인 컬러 사진 열두 장이 들어 있다.) 메모도 없이요?

안젤라: 아이샤의 어시스턴트가 그냥 이거 워너 책 관련된 거라며 저한테 줬어요. 아이샤랑 얘기하신 줄 알았죠. 그녀가 담당하는 저자잖아요.

데브라: 난 이 사진들에 대해 아무것도 몰라요. 아트 로그엔 뭐라고 돼 있어요?

안젤라: (데브라의 컴퓨터를 사용해 전자 파일을 열어보며) 아무것도 없어요. 양식을 아예 안 썼네요.

데브라: 이런 랜덤한 사진들을 책 어디에 넣어야 할지 내가 어떻게 알아요? 이 책은 이미 일정에서 밀렸고, 데이빗은 몇 주째 분노 상태인데, 양식조차 안 썼다고요?

아마르: 요즘은 다들 아트 로그 안 써요.

메이: 맞아요. 마테오는 그냥 아무 말도 없이 원고를 제 책상에 던져놓고 갔어요.

데브라: 그리고 그 친구들도 사진을 클립으로 묶으면 안 된다는 거 알잖아요. 클립 자국이 스캔에 다 남는다고요. 디자인팀 애들 또 난리 나겠네요.

메이: 출판 기획팀은 우리가 마법이라도 부릴 수 있는 줄 알아요. 문제는 전부 우리가 해결해야 한다고 생각하죠. 이런 식이면 또 밤늦게까지 야근하면서 피자 먹어야 해요.

장면 3: 편집장 사무실

(노크하는 소리)

아서: 들어오세요.

데브라: 아서, 꼭 드릴 말씀이 있어요.

아서: 그래요, 데브라. 무슨 일이죠?

데브라: 워너 책 말인데요.

아서: 아, 그거요. 잘 돼가고 있나요? 데이빗이 그 책 빨리 인쇄 들어가길 엄청 바라고 있어요.

데브라: 음, 일정이 늦을 것 같아요. 출판 기획팀이 사진을 그냥 우리한테 던져놓고 갔거든요. 이제부터 저는 사진이 어디에 들어가야 하는지, 인쇄 허가가 제대로 되었는지, 저자가 의도한 게 뭔지 알아내느라 몇 시간은 써야 할 것 같아요. 이미 레이아웃은 다 끝났는데, 지금 와서 사진을 스캔하고 수정하려면 추가 비용도 들고요. 이 모든 게 마지막 순간에 갑자기 밀려 들어오니까, 이번 일정은 맞추기 힘들 것 같아요.

아서: 그 친구들은 그렇게 하면 안 되는 거 알잖아요.

데브라: 그러니까요! 그런데 아트 로그도 안 쓰고, 자료도 죄다 늦게 와요!

아서: 안젤라가 좀 도와줄 수 있을까요?

데브라: 아서, 안젤라도 우리만큼 바빠요. 이 책 하나만의 문제가 아니에요. 원고들이 전반적으로 너무 엉망인 상태로 넘어오고 있어요. 론칭은 했다지만, 우리가 받은 상태는 도저히 '준비 완료'라고 할 수 없어요. 어떤 책은 챕터가 빠져 있고, 목차 파일도 불완전하고, 저작권 허가 서류도 누락됐어요. 원래 그 친구들이 했어야 할 일을 우리가 정리하는 데 몇 시간이 더 들어가요.

아서: 알겠어요. 출판 기획팀 편집자들이랑 이 문제에 관해 얘기해볼게요. 당신 일이 이미 많은데 그쪽 일까지 떠맡게 해선 안 되죠.

데브라: 출판 기획팀 어시스턴트가 셋이나 있잖아요. 우린 어시스턴트 한 명을 같이 쓰고 있고요. 그쪽에서 한 명이라도 좀 도와주면 좋겠어요.

아서: 알아볼게요.

장면 4: 편집장 사무실

아이샤: 아서, 잠깐 이야기 좀 나눌 수 있을까요?

아서: 물론이죠, 아이샤. 들어오세요. 무슨 일이죠?

아이샤: 제작 편집팀 쪽이 완전 엉망이에요. 데브라가 제 사무실로 들이닥쳐서 워너 책 사진을 제 책상 위에 집어던졌어요. 그러더니 책이 늦어졌다고 하면서, 제가 아트 로그를 작성하기 전까진 더 이상 작업 안 하겠대요. 아서, 제가 사진 뒷면에 챕터 제목 다 써놨어요. 그냥 사진을 보고 해당 챕터 보면 어디에 들어가야 하는지 금방 알 수 있어요. 사진을 클립으로 묶은 건 저자가 그렇게 보낸 게 문제긴 했지만, 이건 늘 있는 일이에요. 저자에게 다른 사진을 요청하거나 편집 과정에서 수정하면 되는 일이에요. 정말이지 대수롭지 않아요. 그냥 이메일 하나만 보내면 될 일이에요. 진짜요.

아서: 아트 폼이 완전히 작성되지 않았더라도 제작 편집팀이 작업할 수 있는 충분한 정보는 있었던 것 같네요.

아이샤: 맞아요, 확실히요. 아서, 이 책이 얼마나 중요한지 저도 잘 알아요. 우리 모두 인쇄 일정 맞추려고 열심히 여기까지 끌고 왔잖아요. 그런데 이게 단지 양식 하나 작성하지 않은 걸로 이렇게 크게 문제 삼아야 하나요? 진짜 우선순위가 뭐예요? 항상 이래요. 책을 론칭한 지 한참 지났는데도 제작 편집팀은 계속 질문하면서 다시 우리한테 찾아와요. 자기네가 좀 알아볼 생각은 전혀 안 하고요. 저자한테 사진 관련해서 다시 연락하래요? 진심이에요? 전 제 일만 하기에도 벅찬데, 제작 편집팀 일까지 다 떠맡을 순 없어요.

> **아서**: 이해해요. 그쪽이랑 이야기해보죠. 우리는 당신이 새 책 확보에 집중해주길 원하지 제작 편집 업무까지 하길 바라는 게 아니에요.

장면 5: 아서의 구성원회의

아서 토머스의 구성원회의는 보통 그의 사무실에서 열린다. 모든 기획 편집자와 제작 편집자들은 반드시 참석해야 하며, 심지어 밤늦게 호텔에서 전화로 참여해야 할 때도 있다. 이 회의는 종종 긴장된 분위기 속에서 진행되는데, 아서가 이 시간을 이용해 일정이 지연된 책들에 집중하기 때문이다. 데이빗 그린이 특히 이들 책에 대해 질문할 가능성이 크다.

> **아서**: 다음은 맥린(MacLean) 건에 대해 이야기하죠. 캐럴, 이건 당신 담당이죠?
>
> **캐럴**: 네, 저번 주에 그와 통화했어요. 우리 모두 상황이 궁금했잖아요. 그런데 그는 책의 마지막 장들을 조금 다른 방향으로 정리하겠다고 했어요. 서부 지역의 수자원 권리에 대한 법적 이슈에 초점을 맞추겠대요. 원고는 다음 달 1일까지 주겠다고 약속했어요.
>
> **아서**: (한숨을 쉬며) 그건 우리가 지난번에 합의했던 내용과는 좀 다르군요. 마테오, 마셜 건은 어때요?
>
> **마테오**: 잘 모르겠어요. 아직 연락할 시간이 없었어요. 하지만 마지막에 통화했을 땐 거의 다 되어간다고 했어요.
>
> **아서**: '거의'라는 게 무슨 뜻이죠? 확인해서 알려줘요. (제작 편집자들은 아서가 기획팀에게 실망하는 모습을 보며 웃음을 가까스로 참는다.) 제작 쪽으로 넘어가죠. 메이, 로페즈(Lopez) 건은 어때요? (기획 편집자들은 서로 의미심장한 눈빛을 주고받는다.)
>
> **메이**: 2주 늦어질 겁니다. 디자인과 레이아웃을 처음부터 다시 해야 해요. 이 책이 '환경 정책' 시리즈로 들어갈 거라고 알고 있어서 그 시리즈에 맞는 레이아웃을 만들었는데, 마지막 순간에 바뀌었어요. 그래서 지금은 고유한 디자인으로 다시 작업해야 해요. (메이가 캐럴을 노려본다.)
>
> **캐럴**: (메이와 눈을 마주치지 않고 아서를 바라보며) 사실 이건 몇 주 전에 우리가 이야기했던 내용이에요. 왜 지금 갑자기 문제가 되는지 잘 모르겠네요.
>
> **메이**: 맞아요, 그런데 당신은 그때 나한테 다시 알려주겠다고 해놓고는 끝내 아무 말도 없었잖아요.
>
> **캐럴**: 당신이 이미 디자인 작업에 들어갔다는 걸 알았더라면 정말 도움이 됐을 텐데요.
>
> **아서**: 알겠어요. 아무튼 최대한 빨리 마무리합시다. 오늘 회의는 이걸로 끝내죠.

회의가 끝나자 팀은 아서의 사무실을 빠져나갔다. 그는 문을 닫고 책상으로 돌아가 자신의 메모들을 훑어보았다. 일정이 지연되고 있는 책들의 목록은 회의 때마다 점점 늘어나고 있다. 데이빗은 이번 책의 지연 소식을 들으면 분명히 격분할 것이다. 지금 같은 상황을 더 이상 두고볼 수는 없다. 뭔가 조치를 취해야 한다. 하지만 무엇을?

15 조직개발의 글로벌 이슈

학습 목표

이 장에서는 다음과 같은 내용을 학습한다.

– 글로벌하고 다문화적인 환경에서 조직개발(OD)이 제시하는 고유한 도전 과제
– 글로벌 문화 차원의 특성
– 글로벌 환경에서 조직개발의 가치, 개입, 문화의 작용
– 각국 조직개발 실무자들의 조직개발 실행 비교
– 조직개발 활동에서 글로벌 차이를 고려한 유의사항

서구권 대학의 학생 컨설팅 팀들이 4년 동안 중국으로 가서 한 클라이언트와 협업했다. 클라이언트는 쿤룬(Kun Lun)이라는 외식업 및 호텔업체의 창립자이자 회장인 리우하이밍(Liu Hai Ming)이었다. 리우는 '쿤룬 방식'이라 부르는 경영 철학을 가지고 있으며, 이는 공동체에 대한 봉사, 가족에 대한 명예, 구성원에 대한 책임 같은 중국의 가치와 유교적 이상을 기반으로 한다. 그는 이러한 가치에 본인의 기업가 정신, 고객 서비스에 대한 헌신, 그리고 비즈니스 감각을 결합했다.

중국 조직과 협업하면서 학생 팀들은 종종 긴장감을 느꼈다. 그들은 사전에 중국의 비즈니스 관행과 사회적 관습을 학습하며 준비했다. 매년 반복된 컨설팅 주기는 초기 관계 형성, 자료 수집과 진단 활동, 실행계획 회의에서의 피드백 제공, 개입 실행, 결과 평가, 그리고 개입 종료 순서로 진행되었다. 해가 거듭될수록 클라이언트와의 관계에서도 새로운 돌파구가 생겨났다.

컨설팅 참여 첫해, 리우와 학생들 모두 관계 형성에 조심스러운 태도를 보였다. 학생들은 중국 문화에서 '체면' 개념이 중요하다는 것을 배우고 있었고, 이는 타인이나 집단과의 관계 조화를 해칠 수 있는 행동이나 언어를 매우 신중히 여긴다는 것을 의미했다. 구성원들이 고용주에 대해 부정적인 말을 꺼리는 경향이 있을 것임을 인지하고, 인터뷰는 조직의 강점과 성과에 초점을 맞춘 긍정 탐구(Appreciative Inquiry) 모델에 따라 진행되었다.

둘째 해에는 조직 구성원들과의 인터뷰를 통해 쿤룬 방식이 조직 전체에 제대로 전파되지 않고 있다는 사실이 드러났다. 이에 학생들은 공유 리더십 접근 방식을 도입할 것을 권고했

다. 피드백 발표 중 학생 컨설팅 팀의 리더는 클라이언트로부터 질문이 들어올 때마다 팀 동료들에게 발언권을 넘기는 모습을 보였다. 어느 순간 리우는 학생들이 바로 자신들이 전달하고자 했던 공유 리더십의 개념에 대해 실제로 시범을 보이고 있다는 점을 깨달았고, 구성원 모두가 리더십 역할을 나누고 있다는 사실을 인식하면서, 자신도 이 방식을 조직 전반에 적용할 수 있겠다고 말했다.

셋째 해의 인터뷰에서는 조직 시스템과 실천 방식이 쿤룬 방식을 지속적으로 강화하려면 일관되어야 한다는 점이 강조되었다. 발표에서 컨설턴트들은 갤브레이스(Galbraith, 2002)의 조직 설계 스타 모델에 나타난 다섯 요소 간의 연결을 설명하기 위해 '정렬(alignment)'이라는 표현 대신, 유교적 개념인 '조화(harmony)'를 사용했고, 관리자들은 이 개념을 쉽게 이해했다.

넷째 해에는 컨설팅이 전과 다른 방식으로 진행되었다. 학생 팀은 이전에 수집한 데이터를 활용하여 관리직 대상 역량개발 워크숍을 설계했으며, '문제해결'이라는 부정적인 접근보다 '프로세스 개선'이라는 긍정적인 접근에 다시 초점을 맞췄다. 학생들은 대담한 시도로 회의실을 재배치하여 기존의 형식적인 구조 대신 소그룹 토론 형식을 도입했다. 이는 문화적으로 금기시되는 일이었지만, 그간 구축된 신뢰관계 덕분에 클라이언트 조직은 신중하게 이를 수용했다.

이 컨설팅 참여가 성공할 수 있었던 것은 전적으로 학생 컨설팅 팀이 서구의 관행을 중국의 문화적 맥락에 맞게 조정하고, 문화적 관습, 가치, 신념에 세심한 주의를 기울였기 때문이다 (Nyberg & Jensen, 2009).

- OD 실무자와 클라이언트가 서로 다른 문화적 배경을 가졌을 때, OD 프로세스에서 어떤 도전 과제를 마주하게 될까?
- 문화적 환경이 낯선 곳에서 OD 실무자는 어떻게 접근해야 한다고 생각하는가?

조직들이 운영 일부를 해외로 이전하거나 다른 나라에 자회사를 설립하는 방향으로 나아가면서, 점점 더 많은 사람이 다른 대륙에 거주하는 팀 구성원과 함께 일하거나 협업하는 상황에 직면하고 있다. 프리드먼(Friedman, 2007)은 자신의 저서 『세계는 평평하다(The World Is Flat)』에서 다음과 같이 말했다.

이제 그 어느 때보다 더 많은 사람이, 더 다양한 종류의 일에서, 세계의 더 많은 다양한 구석에서, 더 많은 사람과, 더 동등한 조건으로 실시간으로 협업하고 경쟁할 수 있게 되었다(p. 8).

프리드먼(2007)은 또한 미래의 직업들이 "다른 사람들과 협업하거나, 특히 전 세계의 다양한 인력을 고용하는 기업 내부 또는 기업 간 협업을 조율하는 일"을 포함할 것이라고 강조한다(p. 285). 다음 장에서 다룰 가상 팀의 증가와 직장에서의 기술 변화와 함께, 업무의 세계화는 OD의 세계화에도 영향을 미쳤다. 이제 OD 개입은 더 이상 소규모 사무실 건물에 함께 모여 있는 프로젝트팀에만 국한되지 않는다. 오늘날 많은 OD 실무자들은 여러 나라와 문화를 가진 클라이언트나 팀, 대면뿐만 아니라 가상 환경에서도 함께 일하는 경우가 많다.

대부분의 OD 실무자는 문화가 서로 다르며 문화적 민감성이 중요하다는 사실을 인식하고 있다. 따라서 많은 실무자가 글로벌 환경에서, 혹은 다른 문화적 배경을 지닌 클라이언트 및 조직 구성원들과 함께 일해야 하는 상황에 다소 불안함을 느끼며 접근하게 된다. 실무자는 자신의 문화적 선호에 따라 자신감 있게 밀고 나가야 할까? 즉, 대상자들이 쉽게 받아들이지 않을 수 있는 모델과 관행을 적용함으로써 결과적으로 그 문화를 실무자에게 맞춰 변화하게 만드는 방식 말이다. 아니면 보편적으로 통용되는 (그런 것이 존재한다면) 개입만 적용하는 것이 더 나은 접근일까? 혹은 문화적 맥락에 맞게 개입을 조정해야 할까(이 경우 익숙하지 않은 접근을 시도하게 될 수도 있다)? 만약 대상자들 자체가 여러 문화를 가진 구성원들로 이루어져 있다면 어떻게 해야 할까? 이러한 문제의식은 연구자들과 실무자들에게 더 광범위한 질문을 던지게 했다. 예를 들어, OD는 북미에만 제한되는 것인가? 어떤 문화적 부적합성 때문에 OD가 사실상 불가능한 나라들도 존재하는가?

이 장의 목적은 조직개발에 대한 글로벌하고 문화적인 관점을 탐색하는 것이다. ('글로벌 OD'라는 용어는 주로 실무자와 클라이언트가 서로 다른 문화 출신일 때의 상황을 지칭하며, 다양한 문화에서 OD 개입이 어떻게 실행되는지를 설명하기 위해 사용된다.) 먼저 실무자, 클라이언트, 조직 구성원들이 서로 다른 문화적 관점을 지니고 있을 때 발생하는 복잡한 문제들을 살펴볼 것이다. 다음으로, OD 개입이 다양한 국가에서 어떻게 실행되었는지에 대한 사례를 살펴보고, 마지막으로 실무자들이 글로벌하고 다문화적인 환경에 접근할 때 유의해야 할 사항들을 제안할 것이다.

지금까지의 연구는 대부분 단일 문화 내에서 OD 개입이 어떻게 적용되는지에 초점을 맞추어왔다. 다양한 국가 출신의 구성원들로 이루어진 글로벌 팀에 대해 OD 개입을 어떻게 조정하고 실행해야 하는지에 대해서는 거의 알려진 바 없다. 지난 수십 년간 수행된 연구들은 글로벌 문화를 바라보는 일련의 프레임워크와 관점을 제공해주지만, 오늘날처럼 빠르게 변화하는 글로벌 환경에서는 개별 문화에 대한 확고한 결론보다 문화적으로 민감한 사고방식을 기르는 것이 더욱 중요할 수 있다. 이 장의 마지막 부분에서 다시 이 점으로 돌아올 것이다.

글로벌 환경에서 조직개발이 직면한 도전 과제

초기 글로벌 OD에 관한 글 중 하나인 「문화가 조직개발에 적대적인가? 영국의 사례」에서 프리츠 스틸(Fritz Steele, 1977)은 자신의 OD 프로젝트에서 나타나는 공통된 패턴을 언급하며 다음과 같이 말한다. "솔직히 말해서, 나는 영국 내 어떤 기업과도 효과적인 OD 계약을 체결한 적이 없다." 그는 이러한 경험이 자신에게 "영국에서 OD 작업이 얼마나 지지를 받을 수 있을지에 대해 강한 의구심을 갖게 했다"고 밝혔다(pp. 23-24). 그는 OD와 영국 문화 사이의 문화적 부적합성을 뒷받침하는 근거로 다음과 같은 문화적 가정을 제시했다. 예를 들어, 영국 문화는 안정성, 당혹스러운 주제의 회피, 위계질서에 대한 강한 존중, 예측 가능성에 대한 선호, 과거에 대한 존중 등의 가치를 중시한다는 것이다. 이와 유사하게, 다른 여러 저자도 다양한 문화에서 OD 개입의 효과성에 대해 광범위한 일반화를 제시한 바 있다.

여러 저자는 글로벌 환경에서 OD의 적용 가능성을 이해하고 실제로 OD를 실행하는 것이 특히 어려운 이유로 다음과 같은 여러 가지 요인을 제시한다.

1. **문화에 기반한 이론과 실천**. 경영 및 조직개발 이론은 그 이론을 지지하는 실무자나 학자들만큼이나 문화적으로 제한되어 있다. "경영 아이디어가 보편적이라는 순진한 가정은 대중 서적에만 존재하는 것이 아니라 학술 논문에서도 발견된다."(Hofstede, Hofstede, & Minkov, 2010, p. 338) 이러한 이론들은 종종 미국 연구자들의 시각을 바탕으로 미국의 데이터나 연구 참여자를 통해 개발된 것이다. 따라서 조직개발 분야에서 사용되는 많은 실천 방식, 접근법, 이상적인 경영 유형은 특정 문화적 가정을 반영하며, 이는 다른 환경에서는 적용되지 않을 수 있다. 단일 국가 내에서 수행되는 전통적 OD는 자칫하면 민족 중심적인 관점을 반영할 수 있으며, 이는 여러 문화와 경계를 넘어 협업해야 하는 글로벌 조직에는 거의 도움이 되지 않는다(Evans, 1989).

2. **평가의 어려움**. 다양한 문화적 환경에서 OD 개입의 효과를 평가하는 일은 일반적인 OD 평가와 동일한 도전 과제를 포함한다. 14장에서 살펴본 바와 같이, 실무자들은 변화 과정에서 실제로 개입이 효과를 냈는지를 입증하는 데 어려움을 느끼며, 평가에는 시간과 자원이 필요하지만 이러한 자원이 항상 확보되는 것은 아니다. 또한 변화에 대한 장기적 연구도 거의 존재하지 않는다. 따라서 OD가 다른 문화에서 효과적인지를 평가하는 문제는 단일 문화에서의 효과를 평가하는 것만큼이나 어려운 문제다.

3. **의미의 다양성**. '글로벌 OD'나 '국제 OD'라는 용어는 여러 가지 의미를 지닐 수 있다. 예를 들어, 둘 이상의 국가에서 수행되는 OD, 어떤 한 나라에서 다른 나라로 수정 없이 혹은 수정하여 전파된 OD 개입, 혹은 여러 국가의 구성원들이 협업하는 형태의 OD 개입을 모두 포함할 수 있다(Neumann, Lau, & Worley, 2009). "OD가 중국에서 효과적인가?" 같은 질문은 OD가 다양한 환경에서 수행되는 여러 방식을 지나치게 단순화할 수 있다.

4. **단일한 실천과 가치에 대한 숨겨진 가정들**. 키스 존슨, 토머스 헤드, 그리고 피터 소렌센 주니어(Keith Johnson, Thomas Head, & Peter Sorensen Jr., 1995)는 OD 개입이 글로벌 환경에서 어떻게 실천되고 있는지를 파악하려는 과정에서 나타나는 여러 가지 가정과 일반화를 지적한다. 첫 번째는 '실천의 통일성 가정'으로, 이는 모든 OD 개입이 동일한 방식으로 실행된다고 가정하는 것이다. 예를 들어, 우리가 서베이 피드백이나 긍정 탐구를 다른 나라에 적용한다고 할 때, 모든 퍼실리테이터가 이러한 개입을 동일하게 구현하며 모든 사례가 같은 방식으로 이루어진다고 가정하는 경향이 있다는 것이다. 그러나 조직개발 이론이나 실천은 단일하지 않다. 두 번째는 '고유 가치 가정'으로, OD의 가치들이 보편적이며 변하지 않는다고 보는 가정이다. 세 번째는 '가치의 통일성 가정'으로, 다양한 OD 개입의 근본 가치들이 모두 동일한 핵심 가치를 반영하고 있다고 보는 것이다. 마지막으로, '보편 가치 가정'은 OD와 국가 문화가 모두 보편적으로 공유되는 가치를 갖고 있다고 보는 관점이다.

5. **문화 일반화와 행동 예측**. 문화에 대한 일반적인 결론들은 넓은 수준에서 정확할 수 있지만, 그러한 일반화는 개인의 행동을 정확히 예측하는 데 무리가 있다. "날씨처럼, 문화는 지역 단위에서 정확하게 예측하기 어렵고, 집합적 수준에서 더 예측하기 쉽다. 예를 들어, 당신은 다음 달에 당신 집 앞에 비가 올지 알 수는 없지만, 어떤 달이 우기인지, 해안과 평야 중 어느 쪽이 강수량이 많은지는 알 수 있다."(Taras, Steel, & Kirkman, 2011, p. 192) 따라서 문화 차이에 대한 관점은 특정 개인이 특정 개입에 대해 어떤 반응을 보일지를 정확히 예측하는 데는 큰 도움이 되지 않는다.

6. **문화의 다양성과 변화**. 조직 내에 하위문화가 존재하듯, 국가 문화 역시 하위문화를 가진다. 예를 들어, 캘리포니아에서 효과적인 것이 뉴욕에서는 효과적이지 않을 수 있으며, 러시아의 한 지역에서 효과적인 것이 다른 지역에서는 그렇지 않을 수 있다. 동일한 아프리카나 아시아 국가 안에서도 어떤 조직에서 수용되는 것이 다른

조직에서는 거부될 수 있다. 이와 더불어 문화는 시간이 지나며 변화한다. 문화는 이문화 접촉, 이주, 관광, 기술 발전 등 다양한 이유로 영향을 받아 변화한다. 어떤 문화 가치는 강하게 고수되기도 하고, 어떤 가치는 느슨하게 받아들여질 수도 있다. 마지막으로, 문화는 끊임없이 변화하기 때문에 특정 국가에서 OD가 효과적인지를 판단하는 결론은 일시적인 것에 불과할 수 있다. 이러한 문화의 다양성과 변화는 특정 개입이 성공할 가능성에 대한 확실한 결론을 내리는 것을 더욱 어렵게 만든다.

글로벌 문화 차원의 유형들

조직개발 실무자들은 글로벌 문화적 차이와 다양한 개입 방식에 대한 조직 구성원들의 상이한 반응을 이해하는 과정에 여전히 적응하고 있다. 여러 연구에서는 국가 간 문화를 비교하면서, 호프스테드(Hofstede, 2001)가 처음 제시하고 이후 호프스테드 외(Hofstede et al., 2010)가 확장한 문화 차원을 활용해 비교했다. 이 문화 차원에는 권력 거리(power distance), 불확실성 회피(uncertainty avoidance), 개인주의-집단주의(individualism-collectivism), 남성성-여성성(masculinity-femininity), 단기지향-장기지향(shortterm-longterm orientation), 쾌락 추구-절제(indulgence-restraint)가 포함된다.[27] 처음 네 가지 차원은 호프스테드의 대표작 『문화의 결과(*Culture's Consequences*)』(2001)에서 소개되었고, 나머지 두 가지는 후속 연구를 통해 추가된 것이다. 호프스테드 연구의 초기 데이터는 1960년대 후반에서 1970년대 초반에 걸쳐 IBM의 40개(최종적으로는 53개) 자회사에서 근무하던 구성원들을 대상으로 수집되었으며, 이후 이 조사는 수십 차례에 걸쳐 재현·확장·응용되어왔다.

호프스테드의 연구가 논란이 없었던 것은 아니다. 1990년대에는 'GLOBE(Global Leadership and Organizational Behavior Effectiveness) 프로젝트'라는 새로운 연구가 진행되었으며, 이 연구에서는 호프스테드의 문화 차원을 18개로 확장했다(House, Hanges, Javidan, Dorfman, & Gupta, 2004). 현재 연구자들 사이에서는 어떤 연구가 문화 차이를 더 정확하게 설명하는지, GLOBE 연구가 미국 중심적 시각을 갖고 있는지, 사회적 관행을 연구하는 것이 더 적절한지 아니면 가치를 연구하는 것이 더 적절한지, 조직문화와 국가 문화 사이의 차이가 이 연구들에서 어떻게 포착되는지, 그리고 GLOBE의 새로운 차원이 정말로 새로운 개념인지에 대한 논쟁이 계속되고 있다(Hofstede, 2006; Javidan, House, Dorfman, Hanges, & de Luque, 2006 참조). 어떤 경우든 이들 연구는 개인의 행동을 예측하기 위한

---

27 KOOFA는 Hofstede 이론을 기반으로 시작한 The Culture Factor Group의 진단, 해석, 적용의 정식 서비스를 제공하고 있다. (역자주)

것이 아니라 국가 단위의 문화를 넓은 범주로 분류하는 데 목적이 있다는 점에서 이해하는 것이 타당하다.

다음은 호프스테드가 제시한 여섯 가지 문화 차원과 여러 국가가 그의 지표상 어느 위치에 있는지를 보여주는 예시다.

| 권력 거리

권력 거리는 "한 국가 내 기관 및 조직의 권력을 덜 가진 구성원들이 권력이 불평등하게 분배되어 있음을 기대하고 받아들이는 정도"로 정의된다(Hofstede et al., 2010, p. 61). 권력 거리가 높은 국가에서는 조직 내 위계가 더 뚜렷하게 존재한다. 구성원들은 상사에게 반박하거나 이견을 제시하는 경우가 적으며, 공식적인 규칙이 더 많다. 조직은 소수의 고위층 인물(예: CEO나 소규모 리더십 팀)에게 권한과 통제권을 집중시키는 경향이 있다. 이러한 조직에서는 고위 관리자에게 특별한 지위나 보상(고액 연봉에서 전용 주차 공간에 이르기까지)이 주어질 수 있다. 경영 스타일은 시스템 1(권위주의적)에 가까우며 시스템 4(참여적)보다는 덜 흔하다.

반대로, 권력 거리가 낮은 국가에서는 조직 내 위계가 존재하더라도 그것이 근본적인 지위 가치보다 실용적 목적에서 비롯된 경우가 많다. 관리자 수가 적고 팀 및 팀 간 협업이 더 강조되며, 조직 구조는 더 수평적이고 관리자들이 구성원들과 협의하며, 구성원들은 참여를 기대한다. 상하 간의 급여 격차나 지위 차이도 적은 편이다.

표 15.1은 여러 국가가 권력 거리 척도상 어디에 위치하는지를 보여준다.

표 15.1 권력 거리 지수 예시

국가	권력 거리(숫자가 높을수록 권력 거리가 멀어지며, 범위는 11~104)
멕시코	81
중국	80
인도	77
홍콩	68
대한민국	60
이란	58
일본	54
남아프리카공화국	49
미국	40
영국	35
덴마크	18

출처: G. Hofstede, G. J. Hofstede, M. Minkov (2010), *Cultures and Organizations: Software of the Mind*, New York, NY: McGraw-Hill, pp. 192–194에서 수정·인용함.

| 불확실성 회피

불확실성 회피는 "한 문화의 구성원들이 모호하거나 알려지지 않은 상황에 대해 위협을 느끼는 정도"로 정의된다(Hofstede et al., 2010, p. 191). 불확실성 회피 성향이 강한 국가는 행동 기준을 규정하는 법, 정책, 규정 등을 중시하고 구성원의 권리를 엄격하게 통제하려는 경향이 있다.

이들은 다름을 위험 요소로 간주하며, 새로운 기술이나 제품을 쉽게 수용하지 않는다. 직장에서는 표준화된 절차와 지침을 사전에 제공받기를 기대하며, 업무에 착수하기 전 명확한 직무기술서를 요구하는 경우가 많다. 이러한 국가에서는 두 명의 상사에게 동시에 보고하는 모호한 매트릭스 구조의 조직이 드물며, 구성원들은 직업 안정성을 중시하고 이직 빈도가 낮다.

반대로, 불확실성 회피 성향이 약한 국가에서는 규칙, 정책, 절차는 필요할 때만 만들어지며, 다름을 인정하고 환영한다. 관리자들은 모든 해답을 가지고 있지 않다는 점을 인정하고, 구성원들이 독립적으로 판단해 일하기를 기대한다. 불확실성과 변화에 대해 더 유연하게 반응하며, 관리자와 구성원 모두 예측 불가능성이 일상적이며 유연성이 필요하다는 점을 이해한다.

표 15.2는 여러 국가가 불확실성 회피 척도상 어디에 위치하는지를 보여준다.

표 15.2 불확실성 회피 지수 예시

국가	불확실성 회피(수치가 높을수록 불확실성 회피 성향이 크다는 의미이며, 범위는 8~112)
러시아	95
일본	92
대한민국	85
멕시코	82
이란	59
남아프리카공화국	49
미국	46
인도	40
영국	35
중국	30
홍콩	29
덴마크	23
자메이카	13

출처: G. Hofstede, G. J. Hofstede, and M. Minkov (2010), *Cultures and Organizations: Software of the Mind*, New York, NY: McGraw-Hill, pp. 95–97에서 수정·인용함.

| 개인주의-집단주의

개인주의 사회는 "개인이 느슨한 유대 속에서 살아가며, 누구나 자기 자신과 자신의 직계 가족만 책임지는 것이 기대되는 사회"로 정의된다(Hofstede et al., 2010, p. 92). 개인주의 문화에서의 경영은 개인에 대한 경영으로, 성과가 높을 경우 개인의 가족 배경이나 소속 집단과 무관하게 그 사람의 기술과 능력이 보상받는다. 업무는 개인의 역량과 성과에 따라 부여되며, 성과 평가 결과에 따라 고용 관계가 종료될 수도 있다(이는 가족적 관계라기보다 경제적 관계 모델에 기반한다).

집단주의 사회는 "사람들이 태어날 때부터 강하고 응집력 있는 집단에 통합되어 있으며, 그 집단이 평생 무조건적인 충성을 대가로 보호해주는 사회"로 정의된다(Hofstede et al., 2010, p. 92). 집단주의 사회의 직장에서는 개인 간의 관계가 중요하다. 고용 관계 및 인사 결정(채용과 승진 등)은 구성원의 소속 집단에 따라 이루어지는 경향이 있으며(예: 친족 채용이나 동일한 집단의 구성원 채용), 구성원 평가도 상대적으로 덜 이루어지며 해고도 드물다. 그 대신 업무 배치는 바뀔 수 있어도 구성원은 유지되는 경향이 있다. 가족 구성원이 함께 일하거나 가족 구성원의 경로를 따르는 경우도 많다(예: 가족 기업).

표 15.3은 여러 국가가 개인주의-집단주의 척도상 어디에 위치하는지를 보여준다.

표 15.3 개인주의-집단주의 지수 예시

국가	개인주의-집단주의(수치가 높을수록 개인주의가 강하며, 범위는 6~91)
미국	91
영국	89
덴마크	74
남아프리카공화국	65
이스라엘	54
인도	48
일본	46
이란	41
멕시코	30
홍콩	25
중국	20
대한민국	18

출처: G. Hofstede, G. J. Hofstede, and M. Minkov (2010), *Cultures and Organizations: Software of the Mind*, New York, NY: McGraw-Hill, pp. 141-143에서 수정·인용함.

| 남성성-여성성

남성적인 사회는 "감정적인 성 역할이 명확히 구분되는" 문화를 말한다. 이러한 사회에서 남성은 단호하고, 강인하며, 물질적 성공에 집중해야 하고, 여성은 좀 더 겸손하고, 온화하며, 삶의 질을 중시해야 한다. 반면 여성적인 사회는 "감정적인 성 역할이 겹치는" 문화를 말하며, 남성과 여성 모두 겸손하고 온화하며, 삶의 질에 관심을 가져야 한다(Hofstede et al., 2010, p. 141).

그렇다면 남성적인 문화가 지배적인 직장은 어떤 모습일까? 남성성이 강한 직장에서 관리자는 단호하고 강경한 태도를 보인다.

경쟁적인 환경에서는 성과에 따라 보상과 보수가 주어진다. 성공, 도전, 야망, 승진이 중요한 가치로 여겨지며, 갈등은 자연스러운 것으로 여겨질 뿐만 아니라 장려되기도 한다. 조직은 갈등의 승자가 더 나은 결과를 낼 것으로 가정한다. 반대로 여성성이 강한 직장에서는 협업, 타협, 협상이 더욱 중시된다. 관리자는 결정을 독단적으로 내리기보다 구성원 간의 합의를 권장하며, 보수와 승진에서도 더욱 평등한 방식을 추구한다. 관계성과 직장 내 삶의 질이 중요하게 고려되며, "고용주는 협력적이고 친근한 분위기를 조성하려고 노력한다"(Yaeger, Head, & Sorensen, 2006, p. 51).

표 15.4는 여러 국가가 남성성-여성성 척도에서 어디에 위치하는지를 보여준다.

표 15.4 남성성-여성성 지수 예시

국가	남성성-여성성(수치가 높을수록 남성성이 강하며, 범위는 5~110)
일본	95
멕시코	69
중국	66
영국	66
남아프리카공화국	63
미국	62
홍콩	57
인도	56
이스라엘	47
이란	43
대한민국	39
덴마크	16

출처: G. Hofstede, G. J. Hofstede, and M. Minkov (2010), *Cultures and Organizations: Software of the Mind*, New York, NY: McGraw-Hill, pp. 256-258에서 수정·인용함.

| 단기–장기 지향성

단기 지향성과 장기 지향성은 위에서 정의된 네 가지 차원에 추가된 개념으로, 1980년대에 실시된 새로운 설문조사(중국 가치 조사)를 기반으로 도입되었다. 이 차원은 한 문화가 미래에 중점을 두는지 혹은 과거와 현재에 중점을 두는지를 설명한다. 장기 지향성은 "미래의 보상에 중점을 둔 덕목들(특히 인내와 절약)을 기르는 것"으로 정의되고, 단기 지향성은 "과거와 현재에 관련된 덕목들(특히 전통에 대한 존중, '체면' 유지, 사회적 의무 이행)을 기르는 것"으로 정의된다(Hofstede et al., 2010, p. 239).

단기 지향적 가치가 반영된 조직에서는 현재의 재정적 성공이 가장 중요하며(이번 분기, 이번 회계연도), 관리자는 즉각적인 성과를 내지 못할 경우 처벌을 받을 수도 있다(그 성과가 수년 전 결정의 결과일지라도).

비즈니스 환경이 변함에 따라 구성원들은 조직 간에 이동하거나 충성심을 바꾸기도 하며, 개인 간 관계 또한 변화할 수 있다. 관리자는 현재의 성과를 중시하고 능력에 따라 보상을 제공한다. 반면, 장기 지향 조직에서는 관리자가 "10년 후의 수익"에 미치는 영향을 고려하여 결정을 내릴 가능성이 더 크다(Hofstede et al., 2010, p. 245). 미래를 위한 학습과 적응력이 즉각적인 성과보다 더 중요하게 여겨지며, 장기간의 관계가 변화무쌍한 충성심보다 더 중요하게 평가된다.

표 15.5는 여러 국가가 단기 지향성과 장기 지향성 척도에서 어느 위치에 놓이는지를 보여준다.

표 15.5 단기–장기 지향성 지수 예시

국가	단기–장기 지향성(숫자가 높을수록 장기 지향성이 높음을 의미하며, 범위는 0~100)
대한민국	100
일본	88
중국	87
홍콩	61
영국	51
인도	51
덴마크	35
남아프리카공화국	34
미국	26
멕시코	24
이란	14

출처: G. Hofstede, G. J. Hofstede, and M. Minkov (2010), *Cultures and Organizations: Software of the Mind*, New York, NY: McGraw-Hill, pp. 282–285에서 수정·인용함.

| 쾌락 추구와 절제

쾌락 추구는 "삶을 즐기고 재미를 추구하는 기본적이고 자연스러운 인간 욕구의 비교적 자유로운 충족을 허용하는 경향"을 의미하며, 절제는 "이러한 욕구의 충족은 엄격한 사회적 규범에 의해 억제되고 조절되어야 한다는 신념"을 반영한다(Hofstede et al., 2010, p. 281). 관용적인 직장 문화에서는 구성원들이 더 자주 웃고(혹은 고객 응대 직무처럼 웃어야 하는 경우도 있음), 구성원들은 언론의 자유를 기대하며 일반적으로 낙관적인 태도를 보인다. 반면, 절제적인 문화에서는 도덕적 절제가 중요하며, 친구들과 보내는 시간이나 여가 활동의 중요성이 상대적으로 낮게 평가된다. 절제적인 문화에서는 질서가 더욱 중요하게 여겨지고, 인구 대비 경찰관 수가 더 많은 경향도 있다.

표 15.6은 여러 국가가 쾌락 추구-절제 척도에서 어디에 위치하는지를 보여준다. 그림 15.1은 호프스테드의 여섯 가지 문화 차원을 요약한 것이다. 이 여섯 가지 차원을 종합하면, OD 실무자들은 문화 간의 미묘한 유사점과 차이점을 비교하여 표면적으로는 드러나지 않는 요소들을 발견할 수 있게 된다. 예를 들어, 호프스테드 외(Hofstede et al., 2010)는 불확실성 회피와 권력 거리의 조합이 왜 각국의 학생들이 조직에 대해 서로 다른 암묵적 모델을 가지고 있는지 설명해줄 수 있다고 보고한다. 그들은 한 섬유회사에서 두 부서장(영업과 생산) 사이의 갈등을 보여주는데, 생산 부서장은 소량이면서 제조가 어려운 주문은 가능한 한 생산을 미루는 반면, 영업 부서장은 대량이든 소량이든 모든 주문을 수락하고 긴급 주문을 요청한다. 영업과 생산 두 부서는 지속적으로 갈등을 겪어왔다.

표 15.6 쾌락 추구-절제 지수 예시

국가	쾌락 추구-절제(수치가 높을수록 쾌락 추구가 강함을 의미하며, 범위는 0~100)
멕시코	97
덴마크	69
영국	68
미국	68
남아프리카공화국	63
일본	42
이란	40
대한민국	29
인도	26
중국	24
홍콩	17

출처: G. Hofstede, G. J. Hofstede, and M. Minkov (2010), *Cultures and Organizations: Software of the Mind*, New York, NY: McGraw-Hill, pp. 57-58에서 수정·인용함.

권력 거리: 기관 및 조직의 권력 분산 방식	
낮은 권력 거리	높은 권력 거리
변화에 대한 감정적 저항이 줄어들고, 더 높은 수준의 위험 감수 행동이 나타나며, 위계적 구조에 대한 강조는 약화될 것이다(Yaeger, Head, & Sorensen, 2006, p. 48).	구성원들은 요청받은 일만 수행하고, 위험을 감수하지 않으려 한다. 의사결정과 커뮤니케이션 흐름은 위계 구조에 의해 지배된다. 변화는 적절하고 필요한 시점에 상층부로부터 전달될 것이다.
불확실성 회피: 불확실하거나 모호한 상황에 대해 사회가 느끼는 방식	
약한 불확실성 회피	강력한 불확실성 회피
조직은 모호한 상황, 알려지지 않은 변수, 불분명한 정보 등을 수용할 것이다. 구성원들은 예측 불가능한 상황이 발생할 것을 예상하며, 그에 적응해야 하는 상황을 위협적으로 느끼지 않는다.	조직은 공식적인 규칙과 정책을 채택하고, 문제 발생 시에는 구체적인 위험 완화 계획을 요구할 것이다. 변화는 위협적으로 인식되며, 상당한 수준의 저항을 유발할 가능성이 크다.
개인주의 대 집단주의	
개인주의	집단주의
개인이 기본 단위다. 구성원들은 개인으로서 일하고, 관리받고, 보상받는 것을 선호한다. 집단의 이익을 위한 희생은 그다지 설득력 있게 받아들여지지 않는다.	그룹이 기본 단위다. 고용주는 구성원들을 가족처럼 대우할 수 있으며, 구성원들은 모두에게 이익이 된다면 자신의 이익에 반하는 선택을 할 수도 있다.
남성성 대 여성성	
남성성	여성성
조직은 성과와 행동이 핵심 목표가 되는 경쟁적인 환경이다. 보상, 지위, 성취가 매우 중요하게 여겨지며, 일은 이러한 문화의 중심에 자리 잡고 있다.	조직은 협력적이고 공동 작업 중심의 환경을 장려한다. 이 문화에서는 행동보다 사고와 계획을 더 가치 있게 여길 수 있다. 경제적 성취보다 정신적 성취가 더 중요하게 평가되며, 일은 삶의 중심이 아닌 덜 중요한 위치를 차지한다.
단기 지향성 대 장기 지향성	
단기 지향성	장기 지향성
초점은 즉각적인 이익, 단기적인 성과, 빠른 결과 달성에 맞추어져 있다. 저축보다 소비를 더 선호하는 경향이 크다. 사람들은 지위에 대해 높은 관심을 갖는다. 무엇이 '옳은가'는 상황과 무관하게 항상 동일하다.	초점은 장기적인 이익, 경쟁적 입지 확보, 지속가능한 성과에 맞추어져 있다. 지금 소비하기보다 미래를 위한 저축 경향이 더 크다. 사람들은 현재의 지위보다 사회적 불평등에 더 관심을 갖는다. 무엇이 '옳은가'는 상황에 따라 달라질 수 있으며, 보편적으로 적용되지 않는다.
쾌락 추구 대 절제	
쾌락 추구	절제
우정, 인맥, 여가, 삶을 즐기는 것에 높은 중요성이 부여된다. 도덕적 절제에 대한 강조는 덜하며, 사회 질서를 유지하는 것은 중요한 우선순위가 아니다.	우정, 인맥, 여가에 대한 중요성이 낮게 평가된다. 도덕적 절제에 더 큰 비중이 부여되며, 사회 질서를 유지하는 것이 매우 중요한 가치로 여겨진다.

세 나라의 학생들에게 이러한 갈등의 원인을 해석하고 이후 어떤 조치를 취해야 하는지 묻자, 프랑스 학생들(높은 권력 거리와 강한 불확실성 회피)은 "위계질서를 존중하며, 긴급 주문에 대한 결정은 상위 관리자에게 맡겨야 한다"고 응답했다. 독일 학생들(낮은 권력 거리와

중간 수준의 불확실성 회피)은 구조의 부재를 문제의 원인으로 보고, 규칙의 명확화를 추천했다. 영국 학생들(낮은 권력 거리와 약한 불확실성 회피)은 문제를 두 리더 간의 대인관계 이슈로 보고, 협상 기술 훈련을 권장했다.

조직을 어떻게 설계하고, 그 안에서 성공을 어떻게 정의하며, 어떤 변화를 필요로 하는지를 인식하고, 변화에 필요한 행동을 추천하는 방식은 어느 정도 우리가 속한 문화적 관점에 영향을 받는다. 이는 조직개발 실무자에게도 마찬가지로 적용되며, 다음 절에서 이와 관련된 논의가 이어진다.

OD의 가치, 개입, 그리고 문화

예이거(Jaeger, 1986)는 "비록 완벽한 번역은 아니지만, OD의 가치가 호프스테드의 문화 차원과 연관될 수 있다"고 주장했다. 예이거는 호프스테드 척도에서 OD가 받은 평가를 여러 국가와 비교함으로써 OD 개입과 국가 문화 간의 문화적 적합 정도를 더 잘 이해할 수 있다고 보았다. 표 15.7은 OD의 가치와 미국의 가치를 호프스테드의 문화 차원을 기준으로 비교한 것이다. (단, 단기 지향-장기 지향과 쾌락 추구-절제 차원은 예이거가 분석할 당시 호프스테드의 차원에 포함되지 않았기 때문에 여기에 포함하지 않았다. 미국의 가치에 대한 '높음', '중간', '낮음'이라는 표기는 예이거의 분류다.)

표 15.7　호프스테드 문화 차원에 대한 OD와 미국 값 비교

국가	OD 값	미국 가치
권력 거리	낮음	중간
불확실성 회피	낮음	낮음
개인주의-집단주의	중간	높음(개인주의)
남성성-여성성	낮음(여성성)	높음(남성성)

출처: "Organization Development and National Culture: Where's the Fit?," A. M. Jaeger, 1986, *Academy of Management Review*, 11, pp. 178-190.

예이거(1986)는 OD의 권력 거리가 낮다고 보았는데, 이는 많은 OD 개입이 "문제를 해결하기 위해 위계적 수준이 다른 사람들 간의 열린 상호작용"을 요구하기 때문이라고 설명한다(p. 182). 또한 OD는 불확실성 회피 수준이 낮은데, 이는 모든 개입이 명확한 결과를 예측할 수 있는 것은 아니며, 문제를 논의하고 해결하는 과정에서는 일정 수준의 모호함이 필요하기 때문이다. 개인주의-집단주의 차원에서 OD는 중간 정도의 수준으로 볼 수 있다. 이는

OD가 개인의 성장과 욕구를 존중하면서도 집단과 팀의 대화와 개발을 옹호하기 때문이다. 성역할(남성성-여성성) 차원에서 OD는 낮은 남성성 지수를 가진다고 할 수 있는데, 이는 경쟁을 강조하기보다 협력적인 관계를 개발하고 삶의 질을 향상시키는 데 중점을 두기 때문이다. 예이거는 불확실성 회피를 제외하면 OD 가치와 미국 가치 사이에는 중간 정도(권력 거리, 개인주의-집단주의)에서부터 상당한 차이(남성성-여성성)까지 있다고 보았다. 이러한 가치 차이는 OD가 미국 내에서 때때로 느린 수용 속도를 보인 이유 중 하나로 설명될 수 있다.

예이거는 이러한 비교를 더 발전시켜 3개 이상의 국가를 OD 가치(표 15.7)와 비교한 결과, 덴마크, 노르웨이, 스웨덴 등 여러 국가의 가치가 OD의 가치와 잘 부합하는 것으로 나타났다고 결론지었다. 에반스(Evans, 1989)는 "이들 국가의 문화는 북미보다 더 여성적이고 다소 더 집단주의적이며, 동시에 권력 평등과 불확실성에 대한 관용을 중시한다"(p. 9)고 설명한다. 소렌센과 헤드(Sorensen & Head, 1995)는 "덴마크에서는 서베이 피드백, 팀빌딩, 역할 분석, 대면 회의 등 OD 개입이 광범위하게 활용된다"고 보고했다. 이들은 "강한 민주주의와 평등주의 문화를 가진 사회에서는 이러한 태도적 패턴을 강화하는 OD 개입이 가장 인기 있는 것으로 보인다"(p. 51)고 결론짓는다.

독일, 영국, 미국의 문화적 가치들은 OD의 가치와 비교적 일관성이 있는 것으로 보인다.

> 미국과 영국은 개인주의와 남성성 지수가 높고, 권력 거리와 불확실성 회피 성향이 낮다. 그리고 집단 기반 활동은 쉽게 저항에 부딪힐 수 있다. ⋯ 독일은 권력 거리와 불확실성 회피는 중간 수준이고, 개인주의와 남성성은 높다. 이는 더욱 '민주적인' 기반의 과정 중 일부는 추가적인 노력을 요구할 수 있음을 의미한다(Yaeger et al., 2006, p. 67).

독일에서는 구조 중심의 접근 방식이 잘 작동하는 것으로 보이며, OD의 이론적 뿌리에 대한 비판도 많았다(Pieper, 1995).

한편, OD의 가치와 일치하지 않는 국가들도 있다. 예를 들어 이탈리아에서는 보스와 마리오노(Boss & Mariono, 1987)가 "이탈리아 문화는 집단 맥락에서 감정적으로 민감한 문제를 다루는 데 적합하지 않다"고 지적했다(p. 246). 이는 조직 거울 기법이나 직면 회의 같은 OD 개입 방식의 목적과 충돌할 수 있다. 그들은 관계보다 과업에 초점을 맞춘 팀빌딩 개입이 더 효과적이라고 보았다. 파겐슨-엘랜드, 엔셔, 버크(Fagenson-Eland, Ensher, Burke, 2004)의 연구에서는 대만에서의 360° 또는 다면 평가 피드백이 위협적으로 인식되었다는 결과도 보고되었다. 러시아의 강한 불확실성 회피 성향은 근로자의 권한 위임 활동 같은 개입을 특히 어렵게 만들었다(Fey & Shekshnia, 2011).

OD는 그 가치가 상당히 다른 라틴아메리카 국가들과 특히 비호환적인 것으로 여겨진다. 키스 존슨(Keith Johnson, 1995)은 베네수엘라에서 OD 개입을 수행하면서 겪은 여러 가지 어려움을 열거했는데, 이 나라는 호프스테드의 문화 차원에서 덴마크와 가장 다른 국가로 나타난다. 살리나스(Salinas, 1981)는 라틴아메리카 문화에서 일하는 퍼실리테이터는 T-그룹 같은 감정 중심 개입을 피해야 한다고 주장했으며, 예이거 외(Yaeger et al., 2006)는 OD 가치와 상충하는 국가들에서는 "과업 중심적이며, 상황에 대한 명확한 정의와 조직 내 위계 유지를 중시하는 구조화된 개입"이 더 성공적일 수 있다고 설명한다(p. 70).

일반적으로 예이거 외(2006)는 호프스테드의 문화 차원 이론을 활용하여 한 국가의 문화적 성향에 따라 OD의 상대적 적용 가능성을 분석할 수 있다고 주장한다. 이들은 다음과 같은 결론을 제시한다.

- 권력 거리가 낮은 문화는 조직개발과 더 잘 부합한다. 이러한 문화에서는 조직이 더 분권화되어 있고, 수평적이며, 협력적인 경향을 보인다.
- 불확실성 회피 성향이 낮은 문화도 조직개발과 더 부합한다. 이들 문화에서는 협업이 더 활발하고, X 이론에 대한 거부, 성평등의 수용 정도가 높다.
- 권력 거리가 높은 문화에서는 조직개발과의 적합성이 낮다. 이러한 문화의 조직은 더 중앙집중적이고, 위계적이며, 통제 지향적이다.
- 불확실성 회피 성향이 높은 문화도 조직개발과 덜 호환된다. 이들 문화에서는 조직이 더 구조화되어 있고, 관료적이며, 관리자들은 좀 더 과업 지향적이고 유연성이 부족하다.
- 남성성 지수가 높은 문화는 협업이 적고, Y 이론에 대한 수용도가 낮으며, 성평등도 부족하기 때문에 조직개발과 덜 부합한다.

개입을 선택할 때, 헤드와 소렌센(Head & Sorensen, 1993)은 "남성성이 강한 국가에서는 일반적으로 과업 중심의 개입을 사용하고, 여성성이 강한 문화에서는 과정 중심의 개입을 선호한다. 또한 모호성에 대한 수용력이 높은 문화에서는 과정 중심 개입이 선호되고, 불확실성 회피 성향이 높은 문화에서는 과업 중심 개입이 더 일반적이다"라고 지적한다(p. 7). 집단주의 문화는 특히 조직개발 개입에 더 잘 부합할 수 있다. 전통적인 조직개발 개입 중 많은 부분이 집단 문제해결과 팀 개발을 강조하기 때문이다.

다양한 개입 기법의 문화적 적합성에 대한 인식 때문인지, 국가마다 선호되는 개입 방식이 다르다는 증거도 있다. 파겐슨-엘랜드(Fagenson-Eland)와 동료 연구자들(2004)은 개인주의-집단주의, 권력 집중 또는 평등한 참여에 대한 문화적 선호 같은 국가 문화의 속성이 특정 개입에 대한 실무자들의 선호에 영향을 미친다고 보았다. 이들은 7개국의 개입 기법을 분석하면서, 남아프리카공화국의 조직개발 실무자들은 다른 국가보다 집단 과정 중심 개입을 더 자주 사용하는 반면, 미국 같은 남성성 지수가 높은 국가에서는 훈련 및 경력 개발 개입을 더 자주 사용하는 경향이 있다고 밝혔다. 헤드와 소렌센(Head & Sorensen, 1993) 역시 7개국을 대상으로 개입의 사용 빈도와 보고된 효과성을 조사했으며, 한 국가에서 자주 사용되는 개입은 일반적으로 그 국가에서 가장 효과적이라고 평가되기도 한다는 결론을 내렸다.

대부분 연구자들이 동의하는 바는 어떤 문화적 환경에서든 조직개발 개입의 성공은 해당 국가의 가치관과 개입 간의 '문화적 적합성'에 달려 있다는 점이다. 로버트, 프로스트, 마르토키오, 드라스고, 그리고 롤러(Robert, Probst, Martocchio, Drasgow, & Lawler, 2000)는 다음과 같이 설명한다.

> 경영 실무 및 실행 절차의 성공은 특정 경영 실무에 내재된 가정, 가치, 신념과 피관리자들이 가지고 있는 문화 기반의 가정, 가치, 신념 간의 적절한 정합성에 달려 있다(p. 643).

이는 곧, 해당 문화의 지배적 가정과 어긋나는 개입이 불가능하다는 뜻은 아니지만, 더 큰 조정이나 변화가 요구될 수 있다는 의미다. 라우, 맥마한, 우드맨(Lau, McMahan, Woodman, 1996)은 "어떤 조직개발 개입은 특정 문화에서 거의 수용되지 않을 수 있지만, 동일한 문화에서 다른 개입은 쉽게 수용될 수 있다"고 덧붙인다(p. 6).

이러한 점은 다음 절의 사례들을 통해 더 구체적으로 살펴볼 수 있다.

사례 및 연구 결과

이 절에서는 여러 국가에서 수행된 OD 개입 사례와 실천을 위한 권고 사항을 살펴본다. 각 사례나 분석이 처음 발표된 이후 해당 지역에서는 많은 변화가 있었을 수 있다. 여기에 소개된 내용은 전면적이고 포괄적인 검토는 아니며, 모든 국가, 지역, 문화, 혹은 조직개발 프로젝트가 포함된 것도 아니다. 그러나 이러한 예시들은 다양한 환경 속에서의 실무자 경험과 연구 결과를 보여주는 사례로 제시된다.

펑(Feng, 2019)은 중국에서의 조직개발 역사를 1980년대부터 추적하고 있으며, 이 시기에 미국 행동과학연구소(National Training Laboratory: NTL)의 OD 인증 프로그램이 도입되었다고 설명한다. 펑은 해당 프로그램의 첫 참여자들이 조직개발에 끌렸던 이유로 인간 중심의 가치와 참여적 관리에 대해 강조하고 있다.

라우(Lau, 1996)는 "중국의 조화, 체면, 순응, 질서 있는 관계라는 문화적 가치가 대규모 변화에는 위험이 따르고, 변화에 실패하면 체면을 잃는 결과로 이어진다"고 지적한다. 또한 변화는 경영진이 위에서 아래로 부과하는 것으로 인식되며, 관계 문제를 다루는 변화는 회피되는 경향이 있다고 설명한다. 이러한 문화적 맥락 속에서 헤드, 공, 마, 소렌센, 그리고 예이거(Head, Gong, Ma, Sorensen, & Yaeger, 2006)는 75명의 중국인 임원에게 16가지 조직개발 개입 유형의 설명을 제시했다. 각 개입 방식에 대해 임원들은 해당 개입을 사용할 의사가 있는지와 그것이 얼마나 효과적일 것이라 생각하는지를 평가했다. 그 결과, 개입을 사용할 의사가 있는 경우 해당 개입을 효과적이라고 판단하는 경향이 강하게 나타났다. 중국에서 가장 효과적이라고 평가된 개입 방식에는 목표관리(MBO, 즉 목표 설정 및 성과 평가), 팀빌딩, 근로 생활의 질(QWL, quality of work life), 탐색 회의, 서베이 피드백 등이 포함되었다. 반면, 역할 협상, 직면 회의, 3자 조정, 조직 거울 같은 개입은 중국 문화에서 받아들일 수 없는 것으로 간주되었고, 임원들은 이를 채택할 의사가 없다고 응답했다.

중국에서 20년 넘게 OD 실천을 해온 펑(2022)은 중국에서 OD 작업을 수행할 때 유념해야 할 다섯 가지 격언을 다음과 같이 제시한다.

1. **도를 따를 것**: 변화 접근 방식은 각 조직의 고유한 내부 관행, 세계관, 습관에 따라 결정되어야 한다.

2. **변화의 도를 기억할 것**: 변화는 연속적인 과정이므로 변화의 각 단계는 서로를 기반으로 설계되어야 한다.

3. **음양의 양면성을 모두 고려할 것**: 현재를 이해하기 위해서는 과거에 대한 이해와 미래에 대한 사고 또한 필요하다.

4. **음양의 표면과 이면을 모두 주의 깊게 볼 것**: 펑은 다국적 문화 환경에서 서구의 문화적 가치는 표면적으로 드러나는 반면, 중국의 문화적 가치는 이면에 숨겨져 있는 경향이 있다고 말한다. 양쪽 모두에 주의를 기울이는 것이 학습에 도움이 된다.

5. **조화를 유지할 것**: 공개적인 대면과 갈등은 관계를 매우 빠르게 무너뜨릴 수 있다.

오늘날 펑(2019)과 미나한(Minahan, 2019)은 최근 중국의 많은 대기업이 OD 실천을 도입하고 있으며, "팀빌딩, 기업 문화, 인재 관리와 관련된 OD 실천이 특히 인기를 끌고 있다"(Feng, 2019, p. 27)고 언급한다. 중국에서 OD 지식이 더 발전하지 못하는 한 가지 제한 요소는 중국의 대학이나 전문 협회에 정식 OD 프로그램이 거의 없거나 전무하다는 점이다. 미나한(2019)은 또한 중국에서 성장 중인 OD 영역으로 승계 계획, 교육, 리더십 개발, 코칭을 꼽는다. 그는 다음과 같이 결론짓는다. "중국에서 벌어지는 다른 모든 일과 마찬가지로, OD 분야도 폭발적인 성장을 눈앞에 두고 있는 것으로 보인다."(p. 20)

| 홍콩

라우 외(Lau et al., 1996)는 홍콩의 70개 기업과 미국의 110개 기업을 비교하여 이들이 다양한 유형의 OD 개입 방식을 어느 정도로 활용하는지를 조사했다. 이들은 특히 장기 지향성 같은 몇몇 OD 가치가 홍콩 조직의 가치와 부합하며, 구조와 시스템 중심의 개입이 가장 적절할 수 있다고 지적했다. 또한, 공개적인 갈등이나 비판에 대한 부정적인 태도로 인해 직면 회의나 부정적인 의견을 공개적으로 표명하는 방식의 다른 개입들은 수용되지 않을 것이라고 주장했다. 기존의 조직 구조를 위협하는 대규모 변화 역시 마찬가지로 받아들여지기 어렵다고 보았다. 그러나 이들은 팀빌딩 활동은 유익하다고 보았고, 처음에는 과업 중심의 활동으로 시작하여 시간이 지나면서 관계 형성 중심의 개입으로 옮겨가는 방식이 효과적일 것이라고 제안했다.

| 일본

카자르(Kjar, 2007)는 225년의 역사를 가진 일본의 다케다제약(Takeda Pharmaceuticals)이 북미에 자회사를 설립한 사례를 소개한다. 글로벌 조직을 구축하는 데 가장 큰 과제는 두 나라의 시스템과 관행을 개발하고 통합하는 일이었다. 그러나 미국과 일본 조직의 관점은 몇 가지 측면에서 상당히 달랐다. 일본 본사는 5년을 훨씬 넘는 장기 전략 계획을 수립하고, 구성원들은 오랜 기간 동안 충성스럽게 회사에 남는 경향이 있었다(다만 몇 년마다 직무는 바뀔 수 있다). 일본 본사의 인사 담당자들과 미국 자회사의 인사 담당자들은 두 조직을 더욱 잘 통합할 수 있는 방법을 논의하기 위해 4일간 회의를 했고, 승계 계획, 리더십 개발, 교차문화 교육, 글로벌 참여 설문조사 등의 프로그램을 포함한 글로벌 운영 원칙에 합의했다.

그러나 모든 상호작용이 순조롭게 진행된 것은 아니었다. 교차문화 업무 관행에 대한 설문조사가 미국에서는 긍정적으로 받아들여졌지만, 일본에서는 고위 임원에게 먼저 자문하지 않았다는 이유로 불쾌감을 유발했다. 시간이 지나면서 더 깊은 교차문화적 이해가 형성되었고, 이 팀은 관계 발전에 있어 문화적 이해만큼이나 중요한 것이 근본적인 신뢰 구축임을 깨달았다. 카자르(2007)는 "단일 개입 기법의 성공 여부보다 개입은 서로 다른 비즈니스 환경의 개인들을 연결하고 시너지를 창출하는 수단"이라고 강조한다(p. 14). 이를 위한 방법으로는 대면 회의, 작은 성공들의 축적, 진정성 있는 접근, 언어와 시차라는 현실적인 도전 과제에 대한 존중 등이 포함된다.

| 대만

대만에서 30여 년에 걸쳐 OD 실행이 증가해온 점에 주목하며, 정과 클링거(Chung & Klinger, 2010)는 1964년 이후 대만에서 발표된 OD 관련 연구를 분석했다. 그 결과, 문헌에서 가장 많이 다루어진 주제는 경력 계획 및 개발, 인수합병(M&A), 그리고 전사적 품질관리(TQM)였다. 특히 TQM이 가장 인기 있는 주제로 나타났다. 저자들은 TQM이 국제적으로도 널리 사용되는 접근법이며, 특히 대만이 전자제품 생산에 있어 품질 의존도가 높은 만큼 품질 개선 활동을 도입하려는 것이 놀랄 일은 아니라고 설명한다. 데이터 세트에 포함된 대부분 논문이 최근 3년 사이에 발표된 것이었으며, 이는 대만에서 OD 실천이 비교적 최근에 빠르게 성장하고 있음을 보여준다. 저자들은 이러한 분석을 바탕으로 대만의 OD는 앞으로도 발전 가능성이 크다고 결론짓는다.

| 인도

라오와 비자얄락시미(Rao & Vijayalakshmi, 2000)는 인도에서의 OD의 역사를 추적하며, 인도의 문화적 가치가 "조직의 쇄신과 변화에 대체로 우호적이기 때문에" OD가 잘 수용될 수 있어야 한다고 주장한다. 그러나 일반적으로 OD가 추구한다는 직면(confrontation)에 대한 의구심이 존재해왔으며, "비공식적이고 개방적인 태도를 지닌 변화관리자 스타일 또한 인도적 맥락에는 잘 맞지 않는다"(p. 52)고 지적한다. 이들은 "1980년대 OD가 인도에서 처음으로 부각되었을 당시에는 이를 실행하는 조직이 거의 없었지만, 이후 수십 년 동안 크게 성장하여 현재는 전체 조직 중 10%가 OD를 제도화했다"고 말한다. 인도에서 특히 널리 사용되는 여섯 가지 유형의 OD 개입 방식은 다음과 같다. 교육, 액션 리서치(참여적 데이터 수집, 문제해결, 변화 실행), 서베이 피드백, HRD 감사(성과 관리, 경력 계획, 코칭, 팀빌딩으로 설명됨), 역할 중심 개입(역할 협상 등), 개인 중심 개입(360° 피드백과 개인 평가 도구 등). 저자들은 인도에서의 OD에 대해 다음과 같은 몇 가지 결론을 제시한다.

1. 관계 중심 접근보다는 지시적이고 과업 중심적인 접근이 선호된다.

2. 개입의 목표와 목적을 명확히 하고, 자주 소통하며, 작은 성공을 이루고, 열정을 지속할 방법을 찾는 것이 중요하다.

3. 특히 공공 부문에서는 정부 규제의 역할을 이해하는 것이 중요하다.

4. 실무자는 장기적인 목표와 연계하여 교육 훈련을 해야 한다.

5. 구조적 변화는 관료주의를 줄이되, 책임성은 유지해야 한다.

6. 변화의 맥락에서 역사, 문화, 비즈니스 환경을 고려해야 한다.

7. OD에는 인내와 유연성이 요구된다.

또한 바트나가르, 부다르, 스리바스타바 그리고 사이니(Bhatnagar, Budhwar, Srivastava & Saini, 2010)는 인도에서의 조직변화 사례를 제시한다. 그들은 인도의 문화가 고맥락(high-context) 문화로, "업무 관계가 계약적이라기보다 개인화되어 있으며", 인도 문화는 "복종, 운명론, 권력 의식, 부하에 대한 소유욕, 독립적 의사결정에 대한 두려움, 변화에 대한 저항"의 특성을 지닌다고 말한다(p. 487). 인도의 한 공공서비스 회사에서 대규모 변화가 진행되는 과정에서 30명의 관리자와의 심층 인터뷰를 통해 인도 조직에서 변화가 성공하는 데 기여하는 요소들을 탐색한 결과 최고경영진의 지지가 중요했지만, 아마도 그보다 더 중요했던 것은 변화 과정에 있어 구성원들의 실질적인 참여, 변화의 논리와 필요성에 대한 빈번한 소통, 그리고 기대되는 성과를 성과 평가 체계에 제도화하는 일이었다고 저자들은 결론짓는다.

마지막으로 부드와르와 바르마(Budhwar & Varma, 2011)는 인도의 OD 실무자에게 영향을 줄 몇 가지 인사관리 동향을 언급한다. 특히 야망이 큰 젊은 세대 근로자들을 지속적으로 동기부여하기 위해 그들이 의미 있다고 느낄 수 있는 도전적인 직무를 창출할 필요성이 있다. 미국과 마찬가지로, 다세대 인력을 관리하는 것이 중요한 흐름이 될 것이라고 그들은 주장한다.

| 아프리카 및 중동

OD는 아프리카에서도 한동안 실행되어왔지만, 다양하고 이질적인 대륙이어서인지 OD가 아프리카 국가들에서 어떻게 활용되었는지에 대한 광범위한 문헌은 존재하지 않는다. 메릭 존스와 피터 블런트(Merrick Jones & Peter Blunt, 1993)는 OD가 "아프리카에 있는 조직의 관리자들이나 아프리카에서 조직 개혁을 실행하려는 국제 기관들에 큰 영향을 미치지 못한 것 같다"고 언급한다(p. 1744). 이들은 특히 공공 조직이 변화에 저항적이며, "아프리카

공공 조직에서는 일반적으로 성과보다는 통제에 중점을 둔다"고 지적한다(p. 1752). 즉, 아프리카에서의 변화 시도는 서구의 변화 개념을 아프리카 문화에 그대로 이식하려는 시도로는 성공하지 못한 것으로 보인다.

술라모요(Sulamoyo, 2010)는 OD 실무자들이 아프리카 문화 개념인 '우분투(Ubuntu)'를 이해함으로써 얻을 수 있는 이점에 대해 설명한다. "우분투는 아프리카 사람들이 공동체 내의 다른 사람들을 통해 자신의 존재를 인식하는 강력한 철학이자 문화적 접근 방식"이며(Sulamoyo, Yaeger & Sorensen, 2011에서 인용, p. 50), 이는 "Ubuntu ungamuntu mgabunye abantu(당신은 자신을 위해 사는 것이 아니라, 다른 사람들을 위해 사는 것이다)"라는 속담에서 잘 나타난다. 우분투는 집단주의적 가치로서 관계 속에서의 공감과 상호성을 장려한다. 술라모요(2010)는 아프리카가 "혁신, 개인주의, 개방성을 저해하는 문화이기 때문에 OD에 적합하지 않다"고 보는 연구자들의 주장에 반대하며, 이러한 결론은 OD 자체보다 OD가 실행된 방식에서 기인한 것일 수 있다고 주장한다. 또한 "많은 문화적 상징과 관행들이 변화의 중요한 지렛대가 될 수 있다"고 강조한다(p. 45). 그러나 아프리카에서 우분투가 집단주의적 가치로 작용하는 데는 복잡성이 존재한다. 이는 인종 갈등의 오랜 역사와 관련되어 있으며, 이 과정에서 집단이 인종을 기준으로 정의되어왔기 때문이다. 술라모요(2010)는 우분투의 다양한 의미를 설명하며, 집단 과정, 작업팀, 직무 설계, 팀빌딩 등의 OD 실천 방식이 아프리카에서 유리하게 작용할 수 있음을 제시한다.

학자들은 또한 속담 인용이 아프리카 문화를 들여다보는 창이자 OD 개입의 도구가 될 수 있다고 언급한다. 왜냐하면 "속담은 아프리카 문화의 필수적인 부분이며, 개인, 가족, 마을, 공동체의 행동을 안내하는 기준으로, 오랜 시간에 걸쳐 반복된 실제 경험과 관찰을 바탕으로 형성된 것"이기 때문이다(Malunga, Yaeger & Sorensen, 2011에서 인용, p. 51). 말룽가(Malunga)는 개입 과정에서 "아프리카 속담 인용은 일반적인 커뮤니케이션 장벽을 넘어서 조직의 원칙을 전달하고 토론하는 새로운 창의적 방식"이 될 수 있다고 말한다(p. 51). 예를 들어, 말룽가는 "코끼리가 싸울 때 고통받는 것은 풀이다"라는 속담은 집단 간 갈등의 파괴적 결과를 나타낼 수 있으며, "거미줄이 함께 엮이면 사자를 묶을 수 있다"는 속담은 협력의 이점을 상기시킬 수 있다고 설명한다.

| 가나

베티 나노르 아서(Betty Nanor Arthur)는 가나에서는 OD 실무자들이 "상담, 토론, 합의 형성, 연합 구축 등의 과정을 포함해야 한다"고 조언한다. 이러한 집단적 문제해결 과정은 가족, 지역사회, 조직에서 모두 실천되고 있다고 한다(Yaeger & Sorensen, 2011에서 인용,

p. 52). 그녀는 가나의 문화가 팀 기능에 우호적인 동시에 개인의 목표 달성에도 적합하므로 개인 및 집단 성과 지표 모두 아프리카에서 유용할 수 있다고 지적한다.

| 이집트

케네스 머렐과 발산(Kenneth Murrell & E. H. Valsan, 1985)은 이집트에서 진행된 '농업 부문 경영 개발 프로젝트(Agricultural Sector Management Development Project)'의 팀빌딩 워크숍 사례를 제시한다. 이 프로젝트의 목적은 다가오는 변화를 관리하기 위해 참여자들의 팀워크 역량을 향상시키는 것이었다. 컨설턴트들은 먼저 각 팀 구성원을 인터뷰하며 자료 수집 과정을 시작했고, 인터뷰를 통해 드러난 개선 기회를 요약하고 이를 피드백 형태로 제시했다. 피드백은 긍정적인 어조로 전달되었는데, 그 이유는 "특히 이집트에서는 부정적인 평가나 비판을 피하고 긍정적인 분위기에서 과정을 구축하는 것이 중요하다"고 판단했기 때문이다(p. 13). 컨설턴트들은 워크숍을 구성하면서 참여자들에게 OD에 대해 교육하는 동시에, 팀에 중요한 사안들(목표 및 목적 설정, 역할 명확화, 팀 내 관계, 갈등, 보상 및 인센티브 등)을 다루도록 설계했다. 저자들은 이러한 접근 방식이 "자국의 인적자원과 자원을 개발하려는 나라에서의 성공적인 사례 중 하나"라고 강조한다. 팀빌딩 접근은 자국민을 개발하여 그들이 자국 자원을 주도적으로 개발할 수 있도록 하는 데 중점을 둔다. "경영 개발은 세계 발전의 가장 필수적인 단계인 인적자원 개발의 첫 단계다"(p. 16).

| 남아프리카공화국

남아프리카공화국에서는 프레스턴, 듀투아, 반 질, 그리고 홀셔(Preston, DuToit, Van Zyl & Holscher, 1993)가 권위주의 문화를 해결하고 비폭력적인 문제해결 방법을 제공하기 위해 교육적 개입을 수행했다. 이러한 개입은 학교와 교육 행정 환경에서 이루어졌다. 학교에서의 개입은 팀빌딩을 통해 경쟁 관계에 있는 집단 간의 관계를 형성하고, 참여자들이 자신의 가치를 명확히 하며, 공통의 합의점을 찾고, 경청 및 토론 기술을 학습하도록 유도했다. 두 번째 개입은 교육 행정가들이 집단 문제해결, 팀빌딩, 대인 갈등 조정 기술을 습득하도록 돕는 데 목적이 있었다. 저자들은 남아프리카공화국에서 사회적 변화를 이루기 위한 수단으로 OD 기술과 실천의 활용을 강하게 주장했다. 이들은 또한 이러한 경험을 바탕으로 전환적 변화 및 변혁적 변화에 대한 이론을 확장하고 심화시켰다(Preston, DuToit, & Barber, 1996).

아프리카에서 OD 개념을 성공적으로 적용한 또 다른 사례로, 짐바브웨 대학교의 연구자들(Chirozva, Mukamuri, & Manjengwa, 2013)은 남아프리카 지역의 그레이트 림포포 보호 지역(GLTFCA, Great Limpopo Transfrontier Conservation Area)를 개발하기 위해 지역 이해관계자들을 참여시키는 시나리오 플래닝 과정을 활용했다. GLTFCA는 짐바브웨, 모잠비크, 남아프리카공화국을 관통하고 있어 지역사회가 공동 보존 전략을 설계하는 데 직접 참여하는 것이 필수였다. 이는 지역 주민의 생계를 개선하는 데도 연결되었다. 시나리오 플래닝 워크숍에서는 참여자들이 농업 시설 접근, 교육, 고용, 인프라 같은 중요 요인을 우선순위로 설정했고, 원하는 미래에 대한 내러티브와 그 미래를 실현하기 위한 구체적인 실행계획을 함께 수립했다. 퍼실리테이터들은 시나리오 플래닝이 "이 지역에서 생계와 관련된 과제를 논의하고 해결책을 도출하기 위한 창의적인 포럼을 촉진할 수 있다"고 언급하며, 이러한 접근이 "참여자들에게 실질적이고 이해 가능하며 의미 있게 받아들여지기 위해서는 지역적 적응이 중요하다"고 강조했다(p. 785).

| 라틴아메리카

마갈하에스(Magalhaes, 1984)는 "라틴아메리카에서는 OD의 고객을 확보하기 어렵다"고 지적하며, "기존의 많은 OD 기법들은 조직 내에서의 진실, 신뢰, 사랑, 협력이라는 조건을 기반으로 한다. 그러나 관료제 모델이 매우 강하게 지배적인 라틴 국가들에서는 이러한 조건들이 결코 존재하지 않는다"(p. 21)고 말한다. 그는 대부분의 라틴아메리카 조직에서 권력 거리와 관료적 구조가 OD 컨설턴트가 클라이언트 및 조직 구성원들과 성공적으로 파트너십 관계를 맺는 데 어려움을 줄 것이라고 지적한다. 마갈하에스는 "라틴 국가들에서 OD를 성공적으로 적용하기 위해서는 반드시 기존 구조를 변화시키거나 새로운 구조를 도입하는 데 강력한 초점을 맞추는 데서 시작되어야 한다"(p. 21)고 결론짓는다. 이는 혁명적 변화가 일반적이라는 점에서 비롯된 주장이다.

마갈하에스의 주장과 대조적으로, 콜 외(Cole et al., 2013)은 볼리비아의 한 병원에서 진행된 OD 작업의 사례를 제시하며, "조직개발 언어는 볼리비아 맥락에서도 보편적으로 적용 가능했다"(p. 42)고 밝힌다. 미국의 OD 대학원 프로그램에 참여한 학생들이 볼리비아 병원의 관리자들과 협력하여 병원의 규제 문제와 프로세스 및 역할상 비효율성을 해결하고자 하는 프로젝트를 수행했다. 관리자들은 또한 병원의 미래에 초점을 맞추고, 지역사회 내에서 모범적인 병원으로 거듭나고자 했다. 저자들은 "관리자들이 처음에는 OD 컨설턴트를 기존의 '전문가형' 경영 컨설턴트처럼 진단과 해결책을 제공해줄 것으로 기대했다"고 전하며, 프로젝트 초기에 OD 컨설턴트의 역할을 명확히 설명하는 것이 중요했다고 지적한다. 컨설턴트들은 볼리비아에서는 일반적으로 위계적 구조와 상명하달식 변화가 선호되지만, 이번 프로젝트에서는 병원 구성원들이 자신들의 업무에 동기를 부여하는 요소에 대해 관리자에게 직접 이야기할 기회를 마련하는 것이 가능하고 의미 있는 일이라고 판단했다. 개입은 월드 카페와 긍정 탐구 방식을 포함하여 병원 구성원 다수의 참여를 유도했다. 저자들은 이 프로젝트가 병원 구성원들에게는 이례적인 경험이었으며, "병원의 미래를 상향식(bottom-up) 방식으로 함께 만들어가는 과정은 전통적인 위계 구조의 시스템에서는 전례 없는 일이었다"(p. 41)고 설명한다. 궁극적으로, 컨설턴트들은 "창의력을 발휘하고 유연하게 시간을 조정하는 것이 볼리비아 문화에서 필수"(p. 41)라는 점을 배웠고, 관리자들은 구성원 참여를 독려하고 이전에는 들을 수 없었던 목소리를 수렴하는 방법을 익히게 되었다.

| 영국과 아일랜드

스윗맨과 구딩(Sweetman & Gooding, 2012)은 영국에서 OD를 수행하는 데 어려움이 있다는 스틸(Steele, 1977)의 결론에 일부 공감하면서도 "OD 컨설팅과 학습에 대한 수요는 견고하며, 실무자들은 증가하는 수요 속에서 새로운 과제를 긍정적으로 받아들이고 있다"(p. 74)고 언급한다. 이들은 영국에서 OD는 여전히 "정체성과 가시성이 상대적으로 약한 신흥 분야"(p. 72)로 인식되고 있다고 말한다. 독자는 OD의 사회기술 시스템 관점이 영국[특히 창립 기관인 타비스톡(Tavistock) 인간관계연구소]에서 시작되었다는 점을 기억할 수 있을 것이다. 따라서 OD는 "과업에 초점을 두고, 그 과업을 달성하기 위한 수단으로서 행동에 주목하는 경향이 있다"(p. 72).

스윗맨과 구딩은 영국에서 가장 자주 활용되는 일곱 가지 OD 개입으로 변화관리, 리더십 개발, 조직문화 변화, 코칭, 학습 및 개발, 구성원 몰입, 대규모 개입을 제시한다. 이러한 개입 시도와 보편성을 입증하기 위해 탠서와 리(Tanser & Lee, 2012), 왓슨과 코맥(Watson & Cormack, 2012)은 영국에서의 성공적인 대규모 리더십 개발 및 문화 변화 사례를 설명하고 있다. 헤드(Head, 1994)는 아일랜드에서 "참여나 관여는 유용한 개입으로 보인다"(p. 62)고 언급하며, 구조적 개입과 경영 개발 및 경력 개발 개입도 자주 사용된다고 말한다(1장에서 다룬 구성원 참여 사례를 떠올릴 수 있을 것이다).

노이만(Neumann, 2012)은 영국의 OD에 대해 성찰하며, "영국에서 OD를 한다는 것은 미시적이고 거시적인 것을 동시에 인식해야 한다는 뜻이었다. 영국인은 자신의 삶에서 더 큰 시스템이 자신에게 어떤 가능성과 제약을 주는지를 종종 언급한다"(p. 14)고 말한다. 또한, 영국에서는 OD가 다양한 관점과 접근 방식을 포괄하는 용어로 사용되고 있으며, 클라이언트들이 종종 자신이 어떤 국가에서 일했는지를 명시해달라고 요청한다고 덧붙인다. "그들은 '우리는 다르다'고 말하는 다양한 방식을 인정받고자 하기 때문이다."(p. 16)

| 단일 문화를 넘어서: 다문화 OD

지금까지는 하나의 문화에서 OD 프로그램이 어떻게 적용되거나 실행되었는지 그 사례와 연구 결과를 살펴보았다. 그러면 여러 국가의 문화가 함께 얽혀 있는 경우에는 어떤 일이 일어날까? 라즈(Raz, 2009)는 글로벌 환경에서 OD를 수행할 때 수반되는 문화적 작업을 뚜렷이 보여주는 사례를 공유한다. 이 프로젝트는 이스라엘의 글로벌 기업이 운영하는 한국 자회사에서 진행되었다. 호프스테드(Hofstede)의 관점에서 보면, 한국과 이스라엘은 집단주의라는 문화적 가치를 공유하지만(이스라엘의 개인주의 점수가 높은 것은 키부츠의 사회문화 속에서 개인의 정체성을 중시하기 때문), 권력 거리에서는 큰 차이를 보인다. 라즈는 국가 문화가 직장 내 행동을 결정짓는 요소라기보다 자회사가 국가 문화적 선호를 조절한 지역적 문화를 개발했으며, 이는 유연하고 때때로 상황에 따라 달라지는 접근 방식이었다고 서술한다. 이러한 OD 개입은 참여적 관리 방식을 개발하기 위한 일련의 변화를 요구하는 워크숍이었고, 이러한 워크숍은 다문화적 모호성이 해소되는 장이 되었다. 라즈는 "이러한 참여적 변화가 성공할 수 있었던 것은 문화적 양극화를 강화하기보다 문화 간 모순을 해결했기 때문"이라고 결론짓는다(p. 299).

글로벌 OD 실무자를 위한 조언

이 장의 서두에 제시된 사례연구에서 학생들은 조직개발(OD) 실천 방식을 중국의 비즈니스 환경에 성공적으로 적응시켰다. 저자들은 국가 문화와 좀 더 익숙한 개념인 조직문화를 함께 살펴보는 유사성에 근거해 다음과 같이 결론짓는다.

> 모든 조직개발은 문화 간 접근이다. 그렇다면 이렇게 물을 수 있다. "효과적인 문화 간 OD는 단지 좋은 OD일 뿐인가?" 우리의 대답은 "그렇다"이다. 하지만 문화 간 OD는 좋은 OD일 뿐 아니라 그 이상이다. 문화 간 OD는 일반 OD보다 훨씬 더 강력한 에너지가 필요하다는 점에서 차이가 있다. 문화적 차이와 언어 장벽은 OD 과정을 더욱 증폭시킨다(Nyberg & Jensen, 2009, p. 334).

이 책 전체에서 다루었던 OD의 과정과 개입 유형들은 글로벌 문화 간 환경에서 실행될 때 훨씬 더 복잡해진다는 점은 명확하다.

어떤 개입 방식이 전 세계적으로 보편적으로 적용될 수 있는지, 혹은 어떤 방식이 특정 국가에서는 항상 실패하는지에 대해 결론을 내리기는 어려울지도 모른다. 실제로 라우(Lau)와 동료 연구자들(1996)은 "OD 개입이 특정 문화에 적합한지 또는 부적합한지를 단정적으로 말하는 것은 너무 단순한 주장이다"(p. 17)라고 조언한다. 문화만을 기준으로 무엇이 성공하고 실패할지를 따지는 결과 중심적 시각보다는 글로벌 환경에서 OD 실무자가 어떻게 현명하게 접근해나가야 하는지를 고민하는 과정 중심적 시각이 더 유용할 수 있다. OD 실무자는 다양한 개입 방식이 문화별로 어떻게 조정될 수 있는지를 계속해서 인식하고 학습해 나갈 필요가 있다. 최소한 오늘날의 실무자는 "자신의 문화적 가치 지향, 조직개발의 가치 지향, 그리고 자신이 일하고 있는 문화의 가치 지향"을 인식해야 한다(Yaeger et al., 2006, pp. 77-78). 지금 필요한 것은 어떤 보편적 접근 방식이 아니라, "특정 상황에 적합한 변화관리의 지렛대와 과정을 판단할 수 있도록 해주는 맥락적 관점"(Evans, 1989, p. 11)일 수 있다. 글로벌 맥락에서는 조직 구성원들이 실무자와 변화 과정을 어떻게 인식할 가능성이 있는지에 영향을 미치는 문화적 차원이나 선호도 역시 고려해야 한다.

여러 연구자는 글로벌 OD 개입을 어떻게 진행해야 할지에 대해 유용한 조언을 제시하고 있다.

1. **클라이언트 환경에서 변화의 성격과 OD에 대한 인식을 포함한 '문화적 진단'을 수행하라**(Steele, 1977, p. 30). 다문화 또는 문화 간 환경에서는 조직 구성원과 실무자 간의 여섯 가지 문화 차원에서 유사성이나 모순이 발생할 수 있다는 점을 고려하고, "주어진 상황에서 문화 차원들의 순위를 평가"하라(Jaeger, 1986, p. 189). "조직개발이 해당 국가에서 어떻게 인식되는가? 현지 관리자들이 특정 모델이나 개입 방식에 대해 긍정적 혹은 부정적인 편견을 가지고 있는가? 나는 조직개발 컨설턴트로서 클라이언트에게 어떻게 인식될 것인가?"라는 질문을 던져야 한다(Yaeger et al., 2006, p. 40). 또한 "변화의 본질(및 관련 개입 방식)이 영향을 받는 집단의 기본 가치와 상충하는가, 아니면 보완적인가?"라는 질문도 중요하다(Lau, 1996, p. 76).

2. **문화적 가치의 안정성과 한 국가 내의 문화적 다양성, 그리고 조직문화의 차이를 고려하라.** "어떤 가치가 가장 깊이 뿌리 내려 있고 변화 가능성이 낮은지를 판단하라."(Jaeger, 1986, p. 189) 국가 내 하위문화나 지역 간 차이를 고려하라. 이는 다양한 문화에서의 OD에 대한 일반적인 결론은 어디까지나 넓은 경향성을 설명할 뿐이며, 미묘한 뉘앙스를 놓칠 수 있다는 점을 상기시킨다. 국가 문화보다 조직문화가 더 중요한 경우가 있는가? 로버트 외(Robert et al., 2000)는 국가 문화가 조직문화에 영향을 주기는 하지만, 조직문화는 "행동에 영향을 미치는 더 직접적이고 근접한 규범, 신념, 가치의 집합을 나타낼 수 있다"(p. 656)고 지적한다.

3. 해당 맥락에서 어떤 개입 방식이 관련 문제에 효과적일 수 있을지를 고려하고, "문화의 차원에 따라 문제에 적합한 개입 방식을 어떻게 평가할 것인지" 고민하라(Jaeger, 1986, p. 189). 다른 실무자들이 어떤 활동을 수행했고, 어디에서 성공을 거두었는지를 배우고, 가능하다면 자신의 판단을 클라이언트와 논의하라. "적절한 조직개발 과정은 무엇인가? 무엇을 수정해야 하는가?"라는 질문을 던져야 한다(Yaeger et al., 2006, p. 41). 필요하다면, 하나의 문화는 현지 문화를 대표하고 다른 하나는 외부 문화를 대표하는 두 명의 조직개발 실무자가 협력하여 개입을 수행하는 방식을 고려할 수 있다.

4. **문화와 개입 방식의 적합성도 고려하라.** "가장 강하게 고수되는 가치들과 가장 충돌하지 않을 개입 방식을 선택하라."(Jaeger, 1986, p. 189) 개입 방식의 적합성을 고려하되, "조직개발 적용은 항상 개입 방식과 문화 간의 적합성 문제를 다루어야 하지만, 가장 중요한 관심사는 조직이 속해 있는 사회나 국가 문화보다 특정 조직 또는 그 하위 부서의 하위문화에 있다"(Golembiewski, 1991, p. 51)는 점을 명심해야 한다.

5. **필요에 따라 조정하라.** "제안된 개입 방식에 문화적 상황에 맞는 프로세스상의 수정 사항을 통합하라."(Jaeger, 1986, p. 189) 조직개발 개입 방식을 조정하라는 많은 권고는 대첸커리(Thatchenkery, 2006)가 말하는 '분산적(diffused)' 사고방식에 해당한다. 이는 조직개발 실무자가 지역 맥락에 맞춘 개입을 개발하긴 하지만, 그 문화적 관점을 더욱 거시적인 글로벌 사고방식 속에 통합하지 못하는 경우다. 대첸커리는 이러한 직접적인 현지 문화 적용 방식 대신에 '동시적 조직개발(synchronous OD)' 실무자를 제시한다. 이러한 실무자는 "지역문화의 미묘한 특징을 정확하게 이해하고 판단함과 동시에 조직에 지속적인 변화를 일으키기 위해 전체적인 그림을 인식할 수 있는 사람"이다(p. 401). 어떤 개입 방식을 선택할 것인지에 대한 여러 가능성을 마주한 상황에서, 동시성 조직개발 실무자는 "클라이언트 시스템의 문화적 윤곽을 구분해내는 동시에, 그 구분에서 드러나는 다양한 관점을 통합하는 행동을 도출해낼 수 있는 사람"이다(p. 401). 글로벌 다문화 조직개발의 조정은 "국제적 수준과 지역적 수준을 동시에 고려한 사고방식을 요구하는 것처럼 보인다. 개입 전략은 통합과 구분이라는 두 가지 요소를 모두 반영해야 하는데, 이는 보통 시간, 지역, 과업, 국가, 문화라는 다중 경계를 넘나들며 발생한다. 변화관리자로서 현지인의 역할은 몇몇 아이디어만 전하고 며칠 만에 떠나버리는 외부 전문가들보다 더 중요할 수 있다"(Neumann et al., 2009, p. 184).

세계화가 심화되고 평평한 세계, 즉 글로벌 단일문화를 만들어가고 있다고 보는 사람들은 문화적 차이에 주의를 기울일 필요가 없다고 주장하기도 한다. 이에 대해 타라스 외(Taras et al., 2011)는 문화들이 실제로 변하고 서구적 관점을 받아들이고 있다는 일부 증거는 있으나, "세계가 평평해졌다는 주장이나 인터넷 기반의 초대형 문화에 관한 이야기에도 불구하고, 국가 간 문화적 차이가 여전히 존재한다는 충분한 증거가 지금은 많이 존재한다"고 반박한다(p. 196). 그들은 "문화에 대한 인식 없이 행동할 경우 그 결과는 매우 심각할 수 있다"고 말하며, "경영 시스템이 문화를 고려하지 않고 고안되거나 한 문화 환경에서 다른 문화 환경으로 무분별하게 일반화할 경우, 그 결과는 종종 갈등, 오해, 불만족, 사기 저하, 높은 이직률로 이어진다"고 지적한다(p. 196). 반면 일부는 "문헌 검토 결과를 보면 실패보다 성공할 가능성이 더 크다"고 주장하기도 한다. 소렌센과 예이거(Sorensen & Yaeger, 2014)는 다음과 같이 언급한다.

> 우리는 여기에 다음과 같은 점을 덧붙일 수 있다. 수년에 걸쳐 관련 증거가 계속 축적됨에 따라 OD와 국제적 가치 간의 관계에 대한 우리의 관점도 변화해왔다. 초기에는 예이거의 연구에 큰 영향을 받아 OD의 가치와 가장 잘 맞거나 맞지 않는 국가 문화적 가치들을 중심으로 우리의 연구를 조직했다. 그러나 오늘날 우리의 사고는 좀 더 낙관적으로 바뀌었다. 국가 문화의 경계를 넘어 OD를 적용할 여지와 가능성이 훨씬 더 크다는 것이다(p. 58).

요약

점점 더 글로벌하고 다문화적인 업무 환경 속에서 많은 OD 실무자는 여러 문화로 구성된 고객 및 팀과 협력하는 상황에 놓이고 있다. 이들은 지역적 맥락에 적합하지 않을 수 있는 개념과 이론을 활용하여 개입을 설계하고 고객과의 관계를 형성해야 하는 과제에 직면해 있다. 호프스테드가 제시한 문화 차원들(권력 거리, 불확실성 회피, 개인주의-집단주의, 남성성-여성성, 단기 지향-장기 지향, 쾌락 추구-절제)은 문화를 구분해볼 수 있는 일련의 렌즈를 제공하며, OD의 문화적 적합성을 이해할 수 있는 하나의 틀을 제시해준다. 이는 또한 다양한 국가에서 어떤 실천가들이 특정 개입 방식을 다른 방식보다 선호하는 이유를 설명해줄 수 있다. 다문화적인 OD 개입을 수행하기 위해 많은 학자는 여섯 가지 문화 차원에서 해당 문화의 위치를 분석하여 문화를 진단하고, 가장 적합해 보이는 개입을 선택한 뒤 필요에 따라 조정하며, 지역문화의 요구를 존중하고 여러 문화를 통합할 것을 조언한다. 문화적 변화와 다양성에 대해 의식하는 것은 OD 실무자로서 책임 있는 선택이라 할 수 있다.

1. 자신이 겪은 문화 간 경험이나 상호작용을 떠올려보라. 그 경험에서 어떤 어려움을 겪었는가? 그 상호작용이 더 원활하게 할 수 있었던 요소는 무엇인가?

2. 개인적인 삶이나 직장 내에서 글로벌화가 작용하는 방식을 어떤 식으로 보아왔는가?

3. 10장에서 13장까지 소개한 개입 중 하나를 선택하라. 우리가 논의한 문화 차원을 고려했을 때, 이러한 개입은 이 장에서 소개한 국가 중 하나에서 어떻게 활용되거나 조정될 수 있을까?

사례연구 15: GFAC 컨설팅의 글로벌 파트너십

아래 사례를 읽고 다음 질문에 대해 생각해보라.

1. 두 집단 사이의 갈등 원인은 무엇인가?

2. 이 갈등에서 국가 문화와 조직문화는 어떤 역할을 하는가?

3. 이 사례에서 어떤 개입 방식을 시도할 수 있을까?

Global Financial Advising Consultants(GFAC)는 뉴욕시에 본사를 두고 런던과 도쿄에 사무소를 둔 금융 서비스 컨설팅 회사다. GFAC는 다국적 기업에 외부 금융 서비스를 제공하며, 조세 전략이나 자회사 재무 구조 같은 분야에 대한 자문을 수행한다. 이 회사는 시니어 컨설턴트가 이끄는 글로벌 컨설팅 팀들로 구성되어 있으며, 각 팀은 한두 개의 고객사를 심층적으로 지원하면서 고객의 비즈니스 구조와 세부 재무 상황을 최대한 이해하려 노력한다. 시니어 컨설턴트는 고객 기업의 재무 상황을 분석하여 자문과 조언을 제공한다.

전 세계 GFAC 구성원은 모두 철저한 오리엔테이션 프로그램을 거치는데, 이 프로그램의 목적은 모든 구성원이 다음과 같은 회사의 핵심 가치를 이해하도록 돕는 데 있다.

① 고객 파트너십과 만족
② 민첩한 운영
③ 팀에 대한 헌신
④ 존중과 정직성
⑤ 지속가능한 장기적 성과

오리엔테이션 동안 구성원들은 회사 대표인 마크 로즈(Mark Rhoades)가 회사 설립 초기의 고객 관계에 대해 이야기하는 일종의 일화를 담은 영상을 시청한다. 이 일화는 위의 핵심 가치를 강화하기 위한 목적으로 사용된다. 영상에 따르면, 어느 컨설팅 팀이 중요한 대형 고객사를 위한 프레젠테이션을 준비하며 뉴욕 사무소에서 밤새 재무 보고서를 검토하고 있었다. 새벽 4시경, 한 분석가가 데이터에서 중대한 불일치를 발견했고, 조사를 통해 고객의 비윤리적인 재무 조작이 있었음을 밝혀냈다. 컨설팅 팀은 논의를 거쳐 다음 날 아침 발표에 들어가자마자 GFAC는 더 이상 해당 고객사의 비즈니스를 수용하지 않겠다고 통보했다. 로즈는 "때때로 존중, 정직성, 그리고 지속가능한 장기 성과는 주류의 흐름을 거스를 때만 얻을 수 있다"고 영상에서 말한다. "우리가 고객과 '하나의 팀'으로서 진정한 파트너가 되기 위해서는 반드시 정직성이 필요하다."

GFAC에서 수행하는 중요한 분석 작업의 일환으로, 수석 컨설턴트들은 고객의 재무 소프트웨어 시스템에서 생성되는 방대한 양의 보고서를 필요로 한다. 이에 따라 각 컨설팅 팀은 초기에는 현지 분석 담당 구성원들을 두어 이 보고서들을 관리하게 했다. 그러나 2년 전, 회사는 인도에 공유서비스센터를 열었고, 이제 글로벌 컨설팅 팀은 이곳의 재무 분석가 팀과 협력하여 필요한 보고서를 받아보고 있다. 대부분의 현지 분석 담당자들은 이러한 변화로 인해 인도 센터로 일자리를 넘기게 되었고, 기존 구성원들은 해고되었다. 이는 분석 프로세스를 간소화하고, 단일한 전문 보고 팀이 모든 컨설팅 팀에 동일한 보고서를 제공함으로써 글로벌 일관성을 확보하기 위함이었다. (이 모델은 아래 도표에 나와 있다.) GFAC는 인도 내 최고 경영대학 출신이며 공인회계사 자격을 보유한 고급 전문 인력을 채용했다.

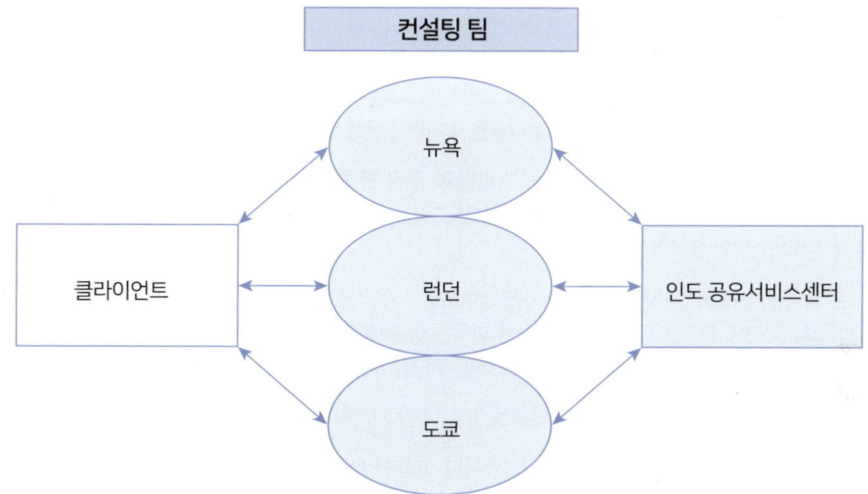

그러나 이러한 시도는 전 세계적으로 순조롭지 않았으며, 특히 뉴욕 팀에서는 이 새로운 프로세스를 좋게 받아들이지 않고 있다. 구체적으로, 뉴욕 팀은 인도 팀에서 받는 보고서가 합의된 기한을 훨씬 넘겨 도착하며, 오류가 많고, "비전문적인 형식"으로 제공된다고 지적한다. 인도 센터의 이직률은 35%에서 50%로 빠르게 높아졌으며, 현재는 대부분 공유서비스센터 구성원들이 GFAC에서 평균 6개월 정도 근무한 후 경쟁 업체로 이직하고 있다.

당신은 OD 실무자로서 뉴욕 팀과 인도 팀 간의 파트너십을 강화하기 위한 개입 방안을 설계해달라는 요청을 받았다. 다음은 각 팀과의 인터뷰에서 발췌한 내용이다. 각 인터뷰는 해당 문화권 출신의 인터뷰어가 진행했다.

뉴욕 팀

"그쪽에서 직접적인 답변을 받는 건 불가능해요. 우리는 매주 고객 미팅을 준비하기 위해 보고서를 제시간에 받아야 하는 매우 촉박한 일정에 시달리는데, 매주 새로운 문제가 생기는 것 같아요. 그냥 제시간에 못 끝낼 것 같으면 솔직히 말해줬으면 좋겠어요. 그래야 우리도 계획을 세울 수 있잖아요."

"팀에 이직이 너무 많아서 누가 뭘 하고 있는지 파악하기조차 어려워요."

"애초에 저는 이런 오프쇼어링 모델에 동의한 적 없고, 처음부터 이런 일이 생길 거라고 말했어요. 같은 건물 아래층에 팀이 있었을 때보다 지금처럼 수천 마일 떨어진 팀과 일하느라 훨씬 더 많은 시간과 에너지를 소모하고 있어요."

"인도 팀을 위한 좀 더 효과적인 교육 프로그램을 개발해야 해요. 그들은 고객 프레젠테이션에 쓸 수 있는 전문적인 보고서를 어떻게 작성해야 하는지 거의 모르고 있어요."

"제가 이메일에 그들의 상사를 참조로 넣어 상사가 직접 지시하지 않으면 아무 행동도 하지 않아요. 이 때문에 전체 프로세스가 늦어지고 있고, 왜 단순한 일을 처리하는 데 그렇게 많은 사람이 관여해야 하는지 도무지 이해가 안 돼요."

"금요일까지 보고서를 받을 수 있는지 다그쳐 물어보면 '예'라고 해요. 그런데 막상 금요일이 지나도 보고서는 오지 않고, 결국 주말이나 월요일쯤 와요. 하지만 저는 그걸 금요일에 필요로 했단 말이에요."

인도 팀

"전화 회담에서 그들의 말을 이해하기가 정말 어렵습니다. 말이 너무 빠르기 때문에 무슨 말을 하는지 종종 알아듣지 못하겠어요. 우리가 다시 말해달라고 요청하면 그들은 매우 성급해집니다. 때로는 다시 말해달라고 요청할 틈도 없이 대화가 계속 진행되고, 그 시점을 놓치면 질문을 할 수 없게 됩니다."

"그들은 우리의 수준을 잘 이해하지 못하는 것 같아요. 우리 팀 중 다수는 고급 학위를 가지고 있고, 그들이 요청하는 단순한 스프레드시트 작업보다 훨씬 더 많은 일을 할 수 있습니다. 우리가 더 많은 일을 해낼 수 있다는 걸 신뢰해줬으면 좋겠어요."

"그들은 종종 밤늦게 또는 이른 아침에 회의에 참여하도록 우리를 초대합니다. 예를 들어, 인도 현지 시간으로 새벽 3시 30분에 정기 회의가 있고, 또 다른 회의는 밤 9시에 있습니다. 그들이 정말 우리를 팀의 일원으로 생각한다면, 이러한 스케줄이 우리 가족에게 어떤 부담을 주는지 좀 더 고려해줬을 거라고 생각해요."

"제가 이렇게 말해도 되는지 모르겠지만, 때로는 일을 더 잘 처리할 수 있는 아이디어가 떠오르기도 합니다."

"최근 프로그램 팀이 방문했는데, 정말 감사했습니다. 회의는 매우 협력적인 분위기였고, 우리 의견에 귀를 기울였으며, 우리를 더 잘 이해하려 했다고 느꼈습니다. 아쉽게도 그들은 디왈리(Diwali) 축제 주간에 방문했고, 대부분 사람들이 사무실에 없었기 때문에 우리는 가족과 명절을 보내고 싶었음에도 출근해야 했습니다."

"그들의 요청을 거절하면 더 이상 우리를 참여시키지 않을까 걱정되지만, 그들이 요구하는 일이 때때로 불가능한 것일 때도 있어요."

16 조직개발의 미래

학습 목표

이 장에서는 다음과 같은 내용을 학습한다.

– 인력에 대한 기대치 파악
– 변화하는 일의 본질 관련 도전 과제
– 기술 활용과 지속가능한 조직, 다양성 · 형평성 · 포용성(DEI) 지원 등
– 오늘날 조직개발의 강점, 약점, 그리고 기회
– 조직개발의 미래 평가

이 책 전반에 걸쳐 개인, 팀, 그리고 전체 조직을 대상으로 한 조직개발(OD) 개입 사례들을 살펴보았으며, 조직이 변화의 도전에 어떻게 대응하는지를 보여주는 사례연구를 통해 이러한 새로운 기술을 실제로 적용해볼 기회를 가졌다. 오늘날 조직은 도전적인 환경 속에서 점점 더 많은 압력에 직면하고 있다. 이러한 환경은 앞선 장들에서 다룬 변화 달성을 위한 개입들이 더욱 중요해지는 배경이 된다. 실제로 조직이 시도하는 변화는 그 어느 때보다 복잡해지고 있다. 많은 학자들은 이러한 대규모 변화 실행이 대부분 원하는 결과를 달성하지 못한다고 지적하며, 이에 따라 조직이 더욱 경쟁력을 강화하기 위해 다음 혁신을 찾아야 한다는 경영진의 압박이 심화되고 있다고 말한다.

조직개발 관점에서 이는 매우 중요한 의미를 지닌다. 익숙한 업무 방식과 우리가 일반적으로 갖고 있던 '일'에 대한 가정이 급속히 사라지고 있기 때문이다. 조직의 경계가 허물어지고 있고, 이제 조직은 공급업체들이 조직의 전략, 기술, 독점적 지식재산, 작업 현장에 대해 전례 없는 접근과 통찰을 갖게 되는 느슨하게 연결된 시스템으로 이해하는 것이 더 적절하다. 네트워크형 조직, 합작 투자, 공공–민간 파트너십 등의 등장으로 조직의 경계 자체가 변화하고 있으며, 이는 조정 시스템이 요구되는 복잡한 구조를 만들어낸다. 이처럼 복잡성이 증대됨에 따라 일부 학자들은 '조직'이라는 개념의 정의 자체에 대한 기존의 가정을 재검토해야 한다고 주장한다.

이처럼 압도적이고 복잡한 변화와 높은 생산성이라는 기대 속에서 인적자원 및 조직개발 실무자의 역할은 그 어느 때보다 중요해지고 있다. 이와 같은 맥락에서 사람들이 받는 영향은 매우 크다. OD 컨설턴트는 변화의 인간 역동을 이해하고 있으며, 조직이 직면한 도전의 사

회적 비용과 이점에도 민감하게 반응하고 있다.

프로세스 개선이 필요하고 새로운 전략이 새로운 업무 방식을 의미할 때, 역량 있는 OD 컨설턴트는 매우 가치 있는 서비스를 제공한다. 이들은 업무 재설계 세션을 퍼실리테이션하고, 리더들이 적절한 소통과 변화관리 관행을 따르도록 독려한다.

2017년부터 2019년까지 3년 동안 OD 학자들과 실무자 그룹이 'OD 모임' 커뮤니티를 구성하여 조직개발의 미래에 대해 논의했다. 이 활동의 일환으로, 소그룹은 앞으로 조직개발 분야에 영향을 미칠 광범위한 추세들을 식별했다. 이들은 이러한 추세를 '메가트렌드'라 명명했으며, 메가트렌드는 "(1) 거의 되돌릴 수 없고, (2) 미래에 중대한 영향을 미치며, (3) 기업, 경제, 사회, 문화, 개인의 삶에 광범위한 영향을 끼치는 글로벌하고 지속적인 거시경제적 힘의 집합"이라고 정의했다(Matthews, Clancy, Ghadge, & Colon-Kolacko, 2021, p. 37).

이 그룹은 조직개발이 다음의 네 가지 광범위한 추세에 대응할 필요가 있다고 결론지었다.

1. **신기술**. 디지털 혁명의 지속, 풍력 및 태양광 에너지 등을 포함한 기술 발전

2. **권력 이동**. 경제, 인구통계, 사회 정의, 억압, 정치 및 다양성 포용, 불평등 구조 등에서의 근본적 변화

3. **조직·사회·자연 시스템의 지속가능성**. 기후변화 및 기타 전 지구적 환경 문제 중심의 생태학적 지속가능성을 포함할 뿐만 아니라, 불안정하고 탈중심화된 세상에서의 문화적 역량, 조직 및 사회적 지속가능성도 다룸

4. **개인 및 조직의 위험과 보안**. 테러, 스파이 행위, 사이버 데이터 보안과 프라이버시, 직장 및 사회에서의 폭력 등과 관련된 이슈에 대한 우려

이 장에서는 조직 내부와 외부에 존재하는 압력으로부터 비롯되는 몇 가지 도전 과제를 다루고, 이러한 도전에 대응하는 데 있어 OD 개념이 어떻게 관련되는지를 살펴볼 것이다. 이어지는 단락에서는 오늘날 조직이 직면한 주요 도전 과제를 검토하고, 그것이 일과 관련된 구성원들의 기대 변화이든, 일 자체의 변화이든, 그러한 추세에 대해 OD가 어떻게 관련성을 가지는지 논의할 것이다. 또한 OD 이론과 실천의 현재 상태를 살펴보고, 이 분야가 앞으로 직면하게 될 도전 과제와 그것에 대응하기 위해 무엇을 할 수 있을지도 검토할 것이다.

변화하는 구성원에 대한 기대치

오늘날 조직에 영향을 미치는 한 가지 트렌드는 구성원들의 기대치 변화, 특히 다양한 세대의 구성원들 사이에서 나타나는 기대치 변화와 관련이 있다. 인구통계학적 구성의 변화는 새로운 근무 관계와 관리 방식의 필요성을 수반한다. 일부 연구자들은 X세대(1965년부터 1979년 사이 출생)와 밀레니얼세대(1980년부터 1990년대 후반 또는 2000년대 초반 출생)가 이전 세대와 다른 일에 대한 태도를 가지고 있어 새로운 조직 정책과 관리 방식이 필요하다고 지적한다. 미국 노동통계국(Bureau of Labor Statistics)에 따르면 밀레니얼세대는 현재 미국 노동력의 가장 큰 비중을 차지하고 있다. 전통주의 세대(1946년 이전 출생)와 이제 막 경제활동 가능 연령에 도달하고 있는 Z세대(1997년 이후 출생)를 포함하면, 오늘날 노동인구는 연령 측면에서 매우 다양하다.

그러나 대부분의 조직 정책과 관리 관행은 이러한 새로운 세대의 요구, 기대, 욕구에 부합하지 않는 방식으로 고안되어왔다. 베이비붐 세대가 기록적인 속도로 은퇴하고 있는 상황에서 조직이 새로운 세대의 인재를 효과적으로 유치하고 유지하기 위해서는 인재 확보 경쟁에서 앞서나가기 위한 중대한 변화가 필요하다. X세대, 밀레니얼세대, Z세대의 일과 경영에 대한 기대와 관계를 살펴보면, 어떤 변화가 요구되는지에 대한 통찰을 얻을 수 있다.

X세대는 직장에서의 유연성을 매우 중시하며, 더 나은 기회가 주어지면 다른 일자리로 옮기는 경향이 있고, 한 회사에서 평생 근무할 것이라는 기대는 갖지 않는다. 따라서 이들은 자신을 자유로운 행위주체(free agent)로 간주하며, 자신의 기술을 가장 잘 활용할 수 있는 환경을 찾아 이동할 권리가 있다고 여긴다. 또한 가족과의 여가를 중요하게 여기며, 일과 삶의 균형을 이루기 위해 노력한다. 재정적인 이익도 중요하지만, X세대는 개인 시간을 확보하기 위해 수입이 줄어드는 것을 감수하기도 한다.

X세대와 밀레니얼세대는 많은 공통점을 공유하지만, 중요한 차이점도 존재한다. 예를 들어, 두 세대 모두 기술에 익숙한 환경에서 성장했지만, 밀레니얼세대는 기술에 대한 지식과 활용 면에서 훨씬 더 앞서 있으며, 하루 평균 6시간을 온라인에서 보내는 것으로 나타났다(Eisner, 2005). 이들은 이러한 기술 역량을 직장에서도 그대로 발휘하여 책상 앞이나 회의 중에도 멀티태스킹을 수행한다. 밀레니얼세대는 직위나 직함보다 능력과 기술 개발을 중시하며, 학습 기회를 적극적으로 찾는다. 업무 중에도 질문을 자주 하고 호기심과 학습 중심의 접근을 보이는데, 이는 관리자에게 도전적으로 보이거나 위협적으로 느껴질 수 있다(Kehrli & Sopp, 2006). 이들은 일일이 간섭하는 미세한 스타일의 관리를 싫어하지만, 즉각적인 피드백과 필요한 정보를 제공할 수 있는 관리자와의 접근 가능성은 중요하게 여긴다.

고용주들은 또한 노동시장에 새롭게 진입하고 있는 가장 젊은 세대인 Z세대에 대해서도 고려해야 한다. Z세대는 초연결 세상에서 자라났으며, 이러한 경험은 직장에서의 가치관과 기대치로 이어진다. Z세대 인구는 X세대를 능가하기 때문에 곧 미국 노동시장 내에서 지배적인 세대로 자리 잡을 것으로 예상된다(C. Morris, 2018).

스틸먼과 스틸먼(Stillman & Stillman, 2017)은 Z세대의 일곱 가지 특성을 다음과 같이 설명한다.

1. **피지털(Phigital)**: Z세대는 디지털과 물리적 세계가 공존하기를 기대한다. 소비자이자 구성원으로서 디지털 환경과 물리적 경험이 매끄럽게 연결되기를 원한다.

2. **초개인화(Hyper-Custom)**: Z세대는 모든 것을 개인화할 수 있는 환경에서 성장했으며, 경력 경로나 직무 설명 또한 자신에게 맞춤화하길 원한다.

3. **현실주의적(Realistic)**: Z세대는 직업 선택과 경력에 대해 실용적인 태도를 가진다. 퓨 리서치 센터(Pew Research Center) 조사에 따르면, 18세에서 23세 사이의 거의 절반이 코로나19 팬데믹 기간 동안 직장을 잃거나 급여가 삭감된 사람을 알고 있다고 답했다(K. Parker & Igielnik, 2020).

4. **기회상실우려(FOMO, Fear of Missing Out)**: Z세대는 트렌드에 민감하며, 한 번에 여러 기회를 놓치지 않기 위해 다양한 가능성을 열어두고자 한다. "Z세대의 75%는 한 직장에서 여러 역할을 수행할 기회에 관심이 있다"고 한다.

5. **위코노미스트(Weconomists)**: Z세대는 리프트(Lyft)나 주인휴가임대(VRBO, Vacation Rentals by Owner) 같은 공유경제에 익숙하며, 자신이 속한 조직과 함께 사회적·정치적 이슈에 입장을 표명하고자 한다.

6. **스스로 해내는 사람들(DIY)**: 독립적이고 자기주도적인 성향을 가진 Z세대는 거의 모든 것을 스스로 배울 수 있다고 믿는다.

7. **경쟁지향적(Driven)**: "Z세대의 72%는 자신과 같은 일을 하는 사람들에게 경쟁심을 느낀다"고 한다.

대부분의 Z세대 구성원이 조직과의 상호작용을 모바일 기술을 통해 하기를 기대하고 있는 만큼 조직은 이러한 기대가 업무 책임, 관리 방식, 채용, 유지, 경력 경로, 팀 커뮤니케이션, 직무 등에 어떤 변화를 가져올지 고려해야 한다.

인사 전문가와 OD 컨설턴트는 이러한 변화에 대응하는 프로그램을 개발할 수 있다. 그 예로 10장에서 다룬 멘토링이나 코칭 프로그램이 있다. 많은 조직이 시니어 구성원들과 다음 세대가 지식과 경험을 공유할 수 있도록 코칭 프로그램을 개발하고 있으며, 일부 조직은 '새로운 은퇴'라고 불리는 개념에 따라 파트타임 또는 컨설팅 형태의 근무를 제안하기도 한다. 또 다른 조직들은 대학과 긴밀히 협력하여 필요한 역량을 가진 졸업생을 채용하거나, 신입사원을 위한 직무 교육에 투자하고 있다.

글로벌 팀 구성의 복잡성을 이해하는 OD 실무자들(11장에서 다룬 팀 효과성 논의를 떠올려 보라)은 팀의 효과성을 극대화하기 위한 팀 개입을 설계하고, 팀이 역할과 업무 방식에 대한 가정을 명확히 할 수 있도록 돕고 있다. 고객과 조직 팀을 대상으로 활동하는 OD 컨설턴트는 관리자들이 "모든 구성원을 똑같은 방식으로 관리할 수 없다는 점, 특히 서로 다른 세대이거나 인생의 다른 단계에 있는 개인들은 각기 다른 필요, 목표, 동기부여 요인을 가지고 있다는 점"(Eversole, Venneberg, & Crowder, 2012, p. 618)을 인식하도록 도울 수 있다. 나이대가 다르거나 문화적 배경이 다른 개인 간의 도전이든, 조직 수준의 과제이든 OD 실무자는 팀과 조직이 효과적으로 소통하고 협업을 강화하도록 지원할 수 있다.

변화하는 일의 본질

또 하나의 주요 흐름은 변화하는 인구통계적 특성의 영향을 받는 일 자체의 변화다. 주당 40시간 근무하고, 하나의 조직에서 30년간 일한 뒤 은퇴할 때 금시계를 받는 삶은 이제 더 이상 일반적인 사례가 아니다. 10장에서 논의했듯이, 오늘날 대부분 사람들은 여러 개의 커리어를 거치며, 하나의 조직에 장기적으로 얽매일 필요도 없다. 이는 조직이 구성원들에게 보여주는 충성도를 반영하는 것이기도 하다. 이른바 '대퇴사(Great Resignation)' 현상은 2021~2022년 퇴사율이 급증한 현상을 말하는데, 이는 부분적으로 더 나은 보수를 찾기 위한 것이기도 했지만, 경력 발전의 기회 부족과 직장에서 존중받지 못한다는 느낌 때문이기도 했다(K. Parker & Horowitz, 2022).

자신의 일정과 가치에 부합하는 일터를 찾으려는 욕구 때문에 사람들은 새로운 선택을 하고 있으며, 이는 일과 경력 개념 자체를 재정의하는 방향으로 이어지고 있다. 다음은 그 몇 가지 사례다.

- 미국 경제에서 전체 근로자의 3분의 1 이상(36%)이 전업 또는 부업의 형태로 긱 이코노미(gig economy: 단기성, 유연성, 프로젝트성 기반의 일거리 중심 경제)에 참여하고 있으며, 이들 중 상당수는 리프트(Lyft), 우버(Uber), 태스크래빗(TaskRabbit), 엣시(Etsy) 같은 플랫폼을 통해 일하고 있다. 29%에 이르는 근로자는 프리랜서, 계약직 혹은 긱 일자리에서 주요 소득을 얻고 있다(McCue, 2018).

- 오늘날 많은 조직에서는 정규 구성원과 계약직을 구분하는 것이 점점 더 어려워지고 있다. 많은 노동자가 스스로를 고용하여 자신의 근무 시간을 정하고, 원하는 장소에서 일하는 방식을 선택하고 있다.

- 이러한 흐름의 결과, 위워크(WeWork) 같은 공유 오피스 공간이 폭발적으로 성장하고 있으며, 전통적인 사무실을 사용하는 사람들보다 공유 오피스를 사용하는 사람들이 더 높은 성과를 낸다는 연구 결과도 존재한다(Spreitzer, Bacevice, & Garrett, 2015).

- 일부 조직에서는 세부적인 업무 항목이 명확히 정해진 고정된 직무기술서가 더 이상 유효하지 않다. 이들 조직은 구성원 스스로 자신의 필요에 맞는 경력을 설계하도록 장려한다(Lawler, 2011, p. 305). 이러한 트렌드의 한 사례로 고어사(W. L. Gore)가 있다. 이 회사는 "구성원들이 프로젝트를 직접 만들고 작업 그룹을 조직함으로써 자신만의 일을 창출할 수 있도록 허용"하고 있다(Lawler, 2011, p. 304). 이러한 접근 방식은 개인의 차이, 역량, 흥미를 고려하며, 구성원들에게 자신의 경력 방향을 얼마나 자주, 어떻게 변화시킬 것인지, 자신의 역할이 재능과 어떻게 가장 잘 맞아떨어질 수 있는지를 스스로 선택할 수 있도록 상당한 자율성을 부여한다.

일과 경력의 정의가 변화하는 것 외에도 일이 수행되는 시간과 장소 역시 변화해왔다. 원격 근무는 이미 증가하는 추세였지만, 코로나19 팬데믹으로 인해 그 속도가 가속화되었다. 많은 직장은 빠르게 재택근무(또는 어디서든 근무) 체제로 전환했고, 그 결과 구성원들은 처음으로 이러한 유연성이 주는 혜택을 경험하게 되었다. 그러나 원격근무로 인한 유연성의 증가는 비용도 수반한다. 언제 어디서나 일할 수 있는 시나리오의 확산은 근무 시간을 더 늘릴 수 있으며, "구성원들이 재택근무를 할 수 있게 됨에 따라 고용주는 저녁이나 주말에도 일할 수 있다는 기대를 갖게 되는데, 이는 더 긴 근무일과 근무주를 야기할 수 있다"(Noonan & Glass, 2012, p. 45)고 한다. 팬데믹의 양상이 변하고 많은 사무실이 다시 문을 열면서, 구성원과 고용주는 완전한 원격근무 또는 전면 출근 같은 극단적인 시나리오가 드물어진 세상에 적응하기 시작했다. 팬데믹으로 인해 경력 초기의 대부분을 원격으로 일해온 Z세대 구성원들은 "대면을 통해 오랜 시간에 걸쳐 형성되는 깊은 전문적 관계를 맺을 기회가 부족했다"(Fernandez, Lee, & Landis, 2023). Z세대 중 상당수는 동료들과의 관계를 구축하기 위해 사무실로 복귀하길 원하지만, 동시에 또 다른 상당수는 계속해서 원격으로 일하길 원한다. 이에 따라 점점 더 많은 직장이 일정 부분은 원격으로, 일정 부분은 사무실에서 일하는 하이브리드 근무 형태를 채택하고 있다.

이러한 흐름이 근로 조건과 협업 방식에 미치는 영향을 고려해보자. 조직 구성원의 경계가 유동적이고 물리적 거리가 더 커짐에 따라 직장 내 사회적 고립도 증가하고 있다(Richardson, 2008). 유연성을 활용한 원격근무는 의도적인 연결과 협업을 위한 대면 활동과 공존할 필요가 있을 수 있다. 이동성이 증가하고, 팀과 관리자가 빈번히 바뀌며, 일에 대한 충성도와 몰입이 줄어드는 현실 속에서 조직들은 생존을 위해 OD의 핵심 가치를 학습하고 채택할 수밖에 없는 상황에 처해 있다. 파트타임 근무나 원격근무 정책을 수립하는 것으로는 시작에 불과하며, 더 근본적인 가치 변화가 요구된다. 조직이 생존하기 위해서는 기본적인 리더십과 관리 방식이 변화해야 한다. 이것이 바로 OD의 가치와 기존의 일반적인 경영 관행이 충돌하는 지점이다(3장의 OD 가치에 관한 논의를 상기하라). 위계적 명령과 통제 중심의 관리는 참여적 관리와 팀워크로 전환되어야 하며, 경쟁은 협업으로, 개인의 성장과 개발을 고려하는 방향으로 나아가야 한다. 많은 조직이 수직적인 위계 구조를 재고하며, 참여, 관여, 임파워먼트를 중심에 둔 조직 설계 방식을 새롭게 고민하고 있다.

OD 실무자들은 현재의 환경에서 다양한 방식으로 기여할 수 있다. 10장에서 논의한 바와 같이, 이들은 관리자와 리더를 코칭하여 새로운 환경에서의 관리 방식을 학습하도록 도울 수 있다. 개인의 역량을 개발하고, 업무에 몰입하게 하며, 조직에 대한 열정을 유도할 수 있도록 구성원 참여 프로그램을 개발할 수 있다. 새로운 구조를 설계하고, 효과적인 수평적 조정 메커니즘을 통해 그 구조를 강화할 수도 있다(13장 참조). 리더들에게 어려운 진실을 마주하게 하고, 시스템 수준의 갈등을 다루며 협업 문화를 조성할 수 있다(10장에서 다룬 피드백 메커니즘이나 13장에서 다룬 문화 변화 사례 참고).

사람들이 변화하고, 팀이 새로 구성되고 해체되는 가운데 팀워크의 역학과 변화하는 사회적 관계의 불확실성을 이해하는 OD 실무자는 전환 회의나 팀빌딩 활동을 통해 새로운 팀이 건강하게 출발할 수 있도록 돕는다(11장 참조). 만약 이 과정을 자연발생적인 시행착오에 맡긴다면, 새로운 팀은 자신의 작업 프로세스와 역할 및 관계를 이해하는 데 수개월이 걸릴 수도 있다. 그러나 OD 컨설턴트의 도움을 받는다면 이 시간을 크게 단축할 수 있으며, 구성원들은 팀에 대한 몰입과 만족도가 더 높은 경향을 보인다.

조직개발의 세 가지 시사점: 기술, 지속가능성, 그리고 다양성·형평성·포용성

| OD 개입은 기술을 활용해야 한다

기술이 세상을 점점 더 촘촘하게 연결하고 있다는 것은 분명한 사실이다. 점점 더 많은 조직이 기술을 활용해 전 세계에 흩어져 있는 구성원들을 연결하고 있는 상황에서 OD 실무자는 이러한 기술적 연결의 이점과 도전 과제에 익숙해져야 한다. 구성원들이 더 효과적으로 협업하고, 조정하고, 관계를 맺도록 돕는 데 일조하는 분야로서 OD는 기술을 활용하는 방법을 이해하고, 동시에 대면 관계를 구축하도록 돕는 데 매우 큰 기회를 제공하고 있다. 타운센드 외(Townsend et al., 2008)는 다음과 같이 말한다.

> "기업들은 대면 참여를 통해 이루어질 수 있는 풍부한 대화와 깊은 신뢰를 어떻게 개발해야 하는지를 아직 배우지 못했다. … OD 실무자로서 우리의 과제는 끊임없는 변화, 새로운 기술, 다양한 문화적 차이로 인한 도전 속에서도 사람들이 생산적인 대화를 나누고 감정을 활용하며, 연결된 세상에서 신뢰를 구축할 수 있도록 돕는 것이다."(p. 63)

기술 자체는 궁극적인 목적이 아니라, 사람들을 새로운 방식으로 협업하게 만드는 수단인 경우가 많다.

OD는 구성원 설문조사와 360° 피드백 등 데이터 수집, 훈련, 원격 코칭 및 멘토링 같은 구성원 개발, 그리고 가상 업무 및 원격 커뮤니케이션을 포함한 OD 활동 방법 자체 등 여러 영역에서 기술 발전의 영향을 받아왔다(Church, Gilbert, Oliver, Paquet, & Surface, 2002; Tippins, 2002). OD 실무자들은 전자 방식과 웹 기반 방식을 활용해 구성원을 대상으로 설문조사를 하는 것이 일반적이며, 360° 피드백과 개인 진단 도구에서도 인터넷 기반 평가 도구를 자주 사용한다. 온라인 코칭 및 원격 멘토링은 이제 흔한 일이 되었다.

조직이 기술 활용 방식을 변화시킴에 따라 OD 실무자들도 가상 팀이나 원격 상황에서 OD 개입을 수행하기 위한 기술 활용 방법을 지속적으로 발전시켜야 한다. 화이트보드나 플립차트 같은 익숙한 OD 도구들은 소셜 네트워킹과 원격 협업 도구를 통해 보완될 수 있으며, 점점 더 많은 고객은 OD 실무자가 비대면 팀의 필요에 유연하게 대응하기를 기대하게 될 것이다(Church et al., 2002). 이러한 노력의 성공 여부는 조직이 기술에 얼마나 익숙한가에 좌우될 가능성이 크다. 실무자는 조직 구성원이 기술을 어떻게 사용하는지, 기술을 활용한 개입을 언제, 왜 거부할 수 있는지, 그리고 온라인으로 개입을 진행하는 것과 대면으로 진행하는 것 사이의 트레이드오프가 무엇인지에 대해 충분히 이해하고 있어야 한다. 스피크(Speake, 2008)는 OD가 디지털 세계로 진입해 "사이버-OD 자격을 갖춘 전문가"(p. 60)를 양성해야 한다고 주장하며, 이들이 기술을 활용해 협업을 촉진할 수 있어야 한다고 말한다.

예를 들어, 기술은 워크숍, 회의, 콘퍼런스 같은 기존의 익숙한 OD 활동의 양상을 바꾸고 있다. 린드와 댄스킨(Lind & Danskin, 2008)이 소개한 『포춘』 100대 기업 중 하나의 전통적인 연례 워크숍을 생각해보자. 이 워크숍은 350명의 리더가 참석해 경영진이 과거 실적, 향후 목표, 그리고 기업의 전략적 방향에 대해 발표하는 것을 경청하는 형식이었으며, 참여자들이 상호작용할 기회는 거의 없었다. 그러나 이 회의는 이제 그룹웨어 시스템을 활용해 소그룹으로 나누어 즉각적인 피드백과 의견을 나눌 수 있는 상호작용적이고 활기찬 행사로 탈바꿈했다.

워크숍을 보완하거나 대체할 수 있는 온라인 도구로는 위키(wikis)나 비동기식 토론 포럼이 있다. 이러한 도구들은 참여자들이 아이디어를 공유하고, 문서를 수정하고, 실행계획을 논의할 수 있는 공간을 제공한다. 기술이 결합된 워크숍, 즉 '회의 2.0(Meetings 2.0)'은 물리적으로 참석한 사람들과 원격 참여자들이 동등하게 협업할 수 있는 새로운 환경을 만들어낸다. 이는 참여자들로부터 정보를 수집하고, 제안을 평가하며, 제안에 대한 설문을 하고, 아이디어를 구축하여 발전시키고, 후속 팀을 조직하는 새로운 방식을 통해 전통적인 워크숍 형식을 강화한다. 온라인 플랫폼은 이러한 모든 기록과 그 과정에서 생성된 파일의 저장소 역할을 한다. 이러한 형태의 회의는 참여를 높이고 소통을 확대함으로써 더 깊은 수준의 협업 가능성을 증대시킨다.

OD 개입에서 기술이 가진 또 다른 가능성을 보여주는 예로, 맥워터와 린햄(McWhorter & Lynham, 2014)은 시나리오 플래닝이 어떻게 가상 환경에서 이루어질 수 있는지를 설명한다. 이들은 시나리오 플래닝의 각 단계에서 인터뷰, 설문조사, 투표 기능, 소셜 네트워킹 플랫폼 등을 활용해 현재 상태 데이터를 수집하여 환경 분석을 수행할 수 있다고 지적한다. 시나리오 개발 워크숍은 화상회의나 웹 콘퍼런스 기술을 통해 실행할 수 있으며, 시나리오 자체는 가상세계나 동영상 형태로 표현될 수 있다. 전자 설문, 게시판, 위키 등을 활용해 시나리오에 대한 피드백을 수집할 수 있다. 저자들은 이러한 시나리오 플래닝 프로젝트가 훨씬 더 많은 장소와 사람들을 포함할 수 있어 참여자 집단의 다양성을 높이고, 더 폭넓은 아이디어 교환을 장려할 수 있다고 말한다.

스피크(2008)는 가상공간에서 열리는 개방형 사이버 회의에서는 전통적인 OD 실무자의 역할이 도전받을 수 있다고 지적한다. 모든 참여자가 물리적으로 한자리에 모여 있을 때, 실무자는 혼란, 의견 불일치, 좌절감, 조급함(혹은 에너지, 열정, 몰입감) 같은 대인관계의 신호를 읽을 수 있다. 그러나 참여자들이 온라인상에 있을 경우, 이러한 신호를 인지하기가 훨씬 어렵다. 온라인 투표나 기타 도구들이 일정 부분 해결책을 제공하기는 하지만, 다른 상황에서 실무자가 참여자들로부터 얻을 수 있는 피드백을 완전히 대체할 수는 없다. 또한, 이러한 형태의 커뮤니케이션에 익숙하지 않거나 훈련되지 않은 사람들은 활발하게 참여하지 않을 수 있다. 따라서 기술은 협업을 촉진할 가능성을 제공하긴 하지만, 그것이 협업을 보장해 주는 것은 아니다. 마지막으로, 소통의 양과 생성되는 콘텐츠의 양이 너무 많아지면, 가장 몰입도가 높은 참여자조차 금세 압도될 수 있다. OD 실무자는 기술이 변화하고 새로운 형태의 커뮤니케이션이 계속 발전함에 따라 사람들이 협업하고 연결되는 방식에 지속적으로 주의를 기울여야 하며, 개입 과정에서 선택하는 기술이 미치는 영향에 대해 민감하게 반응해야 한다.

| OD는 지속가능한 조직개발을 지원할 수 있다

최근 몇 년 사이, OD 실무자들이 지속가능한 조직과 공동체를 구축하는 흐름에서 중요한 역할을 할 수 있다는 데 대해 관심과 인식이 높아지고 있다. OD는 전통적으로 조직의 사회적 측면과 경제적 측면 모두에 영향을 주는 것을 목표로 해왔으며, 이제는 사회적·경제적·환경적 책임(즉, 사람, 이윤, 지구)을 포괄하는 '트리플 보텀 라인(triple bottom line)'[28]을 수용하자는 새로운 요구가 등장하고 있다. 조직은 지구에 미치는 영향을 어떻게 최소화할 수 있을까? 더 나아가 어떻게 하면 건강한 환경과 지역사회에 능동적으로 기여할 수 있을까? 이러한 질문에 응답하는 것은 쉽지 않은 도전인데, 이는 이 문제 자체에 대한 신념과 의견이 매우 다양하기 때문이다.

> 한쪽 극단에는 지구온난화가 실제로 발생하고 있다는 과학적 합의나 인간 활동이 이에 기여했다는 사실 자체를 부정하는 사람들이 있다. 이들은 기업이 이러한 상황이나 독성물질, 오염, 사회적 불의 등으로 인해 발생한 문제를 해결할 책임이 없다고 주장하는 경향이 있다. 반대쪽 극단에는 지속가능한 미래를 구축하는 데 근본적으로 헌신하며, 그것이 우리가 이 문제를 벗어나는 데 있어 올바른 비즈니스 모델이라고 믿는 기업들이 있다(Mohrman & Worley, 2010, p. 289).

라즐로와 라즐로(Laszlo & Laszlo, 2011)는 많은 조직이 지속가능성을 향한 노력을 시작할 때, 먼저 '일상적인 업무 관행'의 일환으로 의무화된 규제를 준수하는 것부터 시작한다고 설명한다. 예를 들어, 재활용을 하거나, 배출가스와 대기오염을 줄이거나, 제품 내의 환경적으로 유해하거나 위험한 물질을 제거하는 방식이다. 이처럼 조직이 야기하는 생태적 피해를 줄이기 위한 수동적 준수 방식은 건강한 생태계를 능동적으로 조성하려는 조직의 접근과는

---

28 존 엘킹턴(John Elkington)이 1994년에 처음 제안했다. 지속가능경영(sustainability)의 핵심 틀로서 이윤만이 아니라 사람과 지구도 함께 이롭게 하는 방식으로 경영하자는 취지로, 단기 수익에만 몰두하는 것이 아니라 장기적으로 사회와 환경의 지속가능성을 고려하는 책임 있는 조직 운영을 뜻한다. (역자주)

차별화된다. 라즐로와 라즐로는 이러한 방식을 '지속가능성 중심의 일상적 운영'이라 부르며, 지속가능한 관행이 조직의 체계적 일부로 자리 잡는 방식이라고 설명한다.

지속가능성 운동은 앞으로 노동시장에 진입할 젊은 세대에게 특히 중요해질 것이라는 근거도 있다. 이들은 사회적으로 책임 있는 실천을 하는 조직에 매력을 느낀다. 마이스터와 윌러드(Meister & Willyerd, 2010)는 다음과 같이 말한다.

> 환경에 미치는 영향을 고려하는 조직은 유치원 시절부터 환경 문제에 민감하게 반응해온 세대를 끌어들일 수 있다. ⋯ 자신이 관심 있는 세계의 이슈에 대해 주도적인 역할을 할 수 있는 직장에 들어가는 것은 매력적인 제안이 될 것이다(p. 80).

이미 시스템 간의 상호연결성에 민감하고 대규모 변화 실행 경험이 있는 OD 실무자들은 여러 OD 역량을 활용할 수 있는 이 중요한 과제에 자연스럽게 끌리고 있다.

> 우리의 시스템적 사고 능력은 앞으로 더 절실히 요구될 것이다. 우리의 계획, 갈등, 창의성, 대규모 집단 개입 및 그 밖의 여러 역량이 이미 다양한 영역에서 요구되고 있다. 자원 고갈과 경제적 한계로 인해 우리는 지역적 자립을 위해 노력해야 할 수도 있다. 해야 할 일이 많다(J. Adams, Royal, & Church, 2011, p. 1).

클라이언트 조직이 고립된 지속가능성 노력을 넘어 지속가능한 사고방식을 조직문화로 전환해나가기 시작하면서 OD 실무자들도 이에 기여할 역할이 있다. 구체적으로, OD 실무자들은 지속가능한 조직을 만들기 위한 움직임에서 다음과 같은 방식으로 도움을 줄 수 있다.

- 세상을 더 나은 곳으로 만들고자 하는 자신의 내적 동기를 바탕으로 지속가능한 조직을 옹호하고 지지하는 역할을 수행할 수 있다(Lawler, 2014).
- 조직 전반에 지속가능한 실천을 촉진할 수 있는 목표와 목적에 대해 조직 내 합의를 이끌고 이를 개발하는 데 도움을 줄 수 있다.
- 고객과 정부 규제 등의 외부 요구를 관리하고, 기존의 관행을 어떻게 변화시킬 것인지에 대해 의사결정을 도울 수 있다.
- 사회적으로 책임 있는 조직을 만들기 위해 구성원들의 내부 에너지를 이끌어내는 데 기여할 수 있다.
- 각각의 부서가 중요한 역할을 하기 때문에 엔지니어링, 마케팅 및 홍보, 운영, 재무 등 여러 부서와 기능 간의 정렬과 조정을 도울 수 있다. "조직은 복잡한 시스템

이며, 종종 사일로에 갇히거나 일상의 루틴에 매몰되어 시스템 수준에서 해결책을 고민하지 못하는 경우가 있다. 바로 여기에 지속가능한 OD의 기회가 존재한다."(Yeganeh & Glavas, 2014, p. 224)

- 공급업체, 고객, 그 외의 공식적 및 비공식적 네트워크와의 협력에서도 조직을 지원할 수 있다. 점점 더 많은 사람이 인식하듯, 고립된 조직은 이러한 거대한 과제에 효과적으로 대응할 수 있는 능력이나 역량이 부족할 수 있기 때문이다.

- 지속가능성 비전을 측정 지표, 보상 시스템, 그 외 내부 구조와 프로세스, 시스템 등에 통합할 수 있도록 도울 수 있다. 엡스타인과 부호박(Epstein & Buhovac, 2010)은 고려할 수 있는 다양한 측정 지표를 제시하는데, 여기에는 생성된 유해 폐기물의 양, 에너지 비용, 인권침해 사례, 벌금 및 환경 정화 비용, 환경적으로 지속가능한 실천으로 인한 평판 향상 등이 포함된다.

| OD는 다양성, 형평성, 포용성을 강화하는 모범이 된다

3장에서 살펴보았듯이, OD의 가치들은 다양하고 공정하며 포용적인 조직으로의 전환을 지지한다. 또한 실무자들에게 향후 이 분야의 중요한 가치가 무엇인지 물었을 때, 많은 이들이 다양성을 핵심 가치로 꼽았다. OD 실무자들이 다양성이라는 핵심 가치를 지지하는 데 기여할 수 있는 주요 행동은 다음 일곱 가지로 정리된다(Yoon et al., 2021).

- 자기 자신과 타인에 대한 수용을 실천하려고 노력한다.

- 다양한 사고, 관점, 의견, 접근 방식, 사람에 대해 존중하고 수용하는 태도를 보인다.

- 모든 개인은 고유하며 존중받을 자격이 있다는 점을 인식한다.

- 이해, 발달, 변화의 속도가 개인마다 다름을 이해한다.

- 문화 간 상호작용, 다양성, 형평성, 포용성을 인식하고 이를 증진하려 한다.

- 정체성을 포함한 다양성 역학에 주의를 기울이며, 다양한 목소리가 대화에 참여하도록 유도한다.

- 클라이언트가 다양성, 형평성, 포용성에 대한 대화를 주도하고 이에 참여할 수 있는 역량과 기술을 개발하도록 돕는다(p. 338).

이러한 행동들이 다양성과 포용성의 가치가 조직개발 활동 전반에 어떻게 스며들어 있는지를 잘 보여준다는 점에 주목해야 한다. 다양성과 포용성은 별도의 프로젝트나 부수적인 노력으로 간주되는 것이 아니라, 모든 OD 과업과 클라이언트 및 동료와의 상호작용에 본질적으로 통합되어 있다. 또한 이는 다양성·형평성·포용성(DE&I) 부서에만 맡겨지는 업무가 아니라, 모든 실무자의 책임이기도 하다.

캠벨(Campbell, 2022)은 DE&I 분야에서 나타나는 하나의 경향으로 '다양성 피로감'을 언급한다. 이는 "다양성을 기념하고, 형평을 달성하며, 포용을 장려하려는 노력에 따르는 불안과 피로감"을 의미한다(p. 199). DE&I 활동을 하나의 프로젝트나 완료해야 할 목표로 간주하는 조직 구성원들은 조직이 이미 목표를 달성했거나 "충분히 달성했다"고 느끼며 의문을 품기도 한다. 13장에서 다룬 문화 변화, 14장에서 다룬 변화의 지속과 관련된 지식을 숙지한 OD 실무자들은 이러한 내용을 DE&I 활동에 적용할 수 있다. 이는 마치 경쟁적인 운동선수가 자신의 기량을 유지하고 발전시키기 위해 노력하는 방식과도 유사하다.

- **스트레칭하기**: 새로운 주제를 시도하라. 다소 불편할 수 있지만, 새로운 주제는 더 높은 수준의 공동체를 이루는 데 도움이 된다.
- **페이스 조절하기**: '일단 전부 시도해보고 남는 게 있나 보자' 식으로 프로그램을 운영하지 말라. 구성원들이 정보를 얻되 과부하되지 않도록 조절하며 프로그램을 운영해야 한다.
- **리프레시하기**: 다양성 활동에 활력을 불어넣기 위해 다양한 방식을 시도하라. 동일한 프로그램만 계속하면 활동은 쉽게 지쳐버린다.
- **코스 유지하기**: 실수했다고 해서 전체가 실패한 것은 아니다. 실수하더라도 그것을 수정하고 다시 나아가야 한다.
- **마무리 잘하기**: 프로그램을 되돌아보고 평가하되, 비판하지는 말라. 그런 다음 다음 활동을 준비하라.

세계화는 더욱 가시적인 DE&I 활동으로 나아가려는 흐름을 복잡하게 만든다. '다양성'이라는 개념은 세계 각지의 문화나 국가마다 서로 다른 의미를 가질 수 있기 때문이다. OD 실무자들은 DE&I 가치를 지지하면서, 15장에서 살펴본 바와 같이 자신의 글로벌 리터러시(global literacy)를 지속적으로 발전시켜나갈 수 있다.

OD의 현재 상태: 강점, 약점, 그리고 기회

처치와 버크(Church & Burke, 2017)는 앞서 살펴본 조직의 변화 양상을 '일의 본질 변화'와 '인력 구성 자체의 변화'라는 두 가지 흐름으로 요약했다. 이 변화의 동인들에 기반하여 미래 조직을 위한 네 가지 주요 트렌드도 제시했다.

1. **제품보다 플랫폼**: 이베이(eBay), 우버(Uber), 에어비앤비(Airbnb) 같은 조직들은 전통적인 조직 모델이 아니라, 독립적인 공급자와 소비자 커뮤니티를 연결하는 플랫폼 위에서 운영된다. 이러한 모델에서 OD 실무자가 직면하는 도전과제는 시스템 전반에 걸친 다양한 유형의 조직 구성원들을 어떻게 효과적으로 참여시키는가다.

2. **기계적 접근보다 디지털 중심**: 앞서 살펴본 바와 같이, 디지털 기술의 트렌드는 조직에 속도와 민첩성이라는 도전과제를 안겨주고 있으며, 기존의 비즈니스 모델을 재고하게 만드는 도전을 던져주고 있다. 디지털 데이터는 선형적인 절차가 아닌 실시간으로 조직 전체에 공유될 수 있다. OD 실무자들은 이러한 기술 혁신을 실천에 도입하고 민첩하게 개입할 수 있어야 한다는 과제를 안고 있다.

3. **데이터보다 인사이트**: 분석과학은 방대한 양의 데이터를 독창적인 인사이트로 전환하여 경쟁 우위를 강화하는 데 기여한다. OD 실무자들은 데이터 분석으로 실행 가능한 인사이트를 도출하라는 압박을 점점 더 많이 받고 있다.

4. **직원보다 인재**: 조직들은 인재를 유치하고 개발하며 유지하는 데 초점을 맞추면서, 전략적으로 중요한 일부 집단에만 자원을 선별적으로 투자하는 경향이 있다. 이를 위해 리더십 평가나 360° 피드백 같은 도구를 활용한다. 이는 인적자원(HR) 관리 분야에서 핵심적인 관심사이지만, OD 실무자들 사이에서는 이런 차등적 접근이 배제적인 경향을 초래할 수 있다는 점에서 논란이 되기도 한다. OD의 기회는 이러한 전략들이 OD의 핵심 기반인 투명성의 가치를 유지하도록 하는 데 있다.

여러 저자들이 설명했듯이, 조직개발은 지금 '갈림길'에 서 있다(Beer, 2014; Worley & Feyerherm, 2003, p. 97). 한편으로는 월리와 파이어헴(Worley & Feyerherm, 2003)이 주장하듯, 변화 실행을 지원하는 OD의 핵심 목적은 그 어느 때보다 경영진에게 우선순위가 높은 과제가 되었다. 다른 한편으로, OD의 전통적인 업무와 가치들은 오늘날의 경영진이 요구하는 긴박함을 충분히 반영하지 못하는 듯 보인다. 오늘날의 환경이 요구하는 도전과제를 해결하는 데 있어 OD의 적합성에도 불구하고 OD 실천은 현대적 요구에 신속하게 대응하지 못하고 있다는 비판이 있다.

OD가 조직에 더 큰 가치를 제공할 수 있는 강점, 약점, 그리고 잠재적인 기회를 파악하기 위해 여러 연구가 수행되었다. 위르텐베르크 외(Wirtenberg, Abrams, & Ott, 2004; Wirtenberg, Lipsky, Abrams, Conway, & Slepian, 2007)는 OD 분야의 주요 전문 협회들이 후원한 '조직개발의 미래를 위한 글로벌 위원회(Global Committee on the Future of Organization Development)'의 연구 결과를 보고했다. 슐 외(Shull et al., 2013, 2014)는 다양한 전문 조직에 소속된 약 400명의 내부, 외부, 학계 OD 실무자들을 대상으로 한 설문조사 결과를 보고했다.

| 오늘날 OD 실천의 강점

실무자들이 언급한 OD의 강점은 다음과 같다.

- 실무자들이 지닌 시스템적 관점
- 변화관리에 도움을 주는 능력
- 사용하는 기술과 프로세스(팀워크 지원 및 리더십 개발)
- OD 실천의 근간이 되는 인간중심적 가치(Wirtenberg et al., 2007, p. 12)

또한 월리와 파이어헴(2003)이 수행한 심층 인터뷰 연구에서는 OD 실무자들이 자신의 성공을 폭넓은 교육과 훈련, 경험, 대인관계 기술, 그리고 명확한 자기인식 같은 여러 역량에 기인한다고 보았다. 오늘날의 실무자들은 조직과 사회를 개선하겠다는 동기를 지니고 있으며, 이 분야의 방향성에 대해 낙관적인 태도를 보이고 있다. 개방성, 임파워먼트, 참여 같은 전통적 가치에 대한 헌신 역시 이 분야에서 여전히 강하게 유지되고 있다(Shull et al., 2013).

| 오늘날 OD 실천의 약점

이러한 강점에도 불구하고 기업 리더들은 주요 변화를 실행해야 할 때 OD 실무자를 선택하지 않는 경우가 많다(Wirtenberg et al., 2007). 실무자와 경영진을 대상으로 한 연구들은 오늘날 OD가 실행되는 방식에서 여러 약점을 보고하고 있다.

- 실무자마다 OD를 정의하고 실천하는 방식이 다르다. 개입 유형은 일관되지 않으며, 조직행동, 경영, 심리학 등 다른 분야와 OD 사이의 경계는 유동적이다 (Worley & Feyerherm, 2003).
- OD 실무자들은 최신 개입 기법과 기술을 지나치게 빠르게 채택하는 경향이 있으며, 그 사용 방식이나 영향에 대해 충분히 고려하지 않을 수 있다. 일부 실무자는 "OD가 유행을 따르느라 정체성을 잃을 위험을 안고 있다"고 우려를 표했다 (Worley & Feyerherm, 2003, p. 112).

- OD의 가치들은 효율성, 수익성, 생산성 같은 비즈니스 중심의 가치들에 의해 도전을 받고 있으며, 이는 인본주의, 참여, 민주주의라는 OD의 역사적 가치들보다 우선시되고 있다. 그 결과, OD 실무자들은 이러한 가치들이 충돌할 때 이를 어떻게 조율할지에 대해 어려움을 겪고 있다.

- OD 실무자에게 요구되는 일관된 기술 및 역량 세트가 존재하지 않으며, 단일한 자격 인증 경로도 존재하지 않는다.

- OD 실무자들은 회의를 퍼실리테이션하고, 마이어스-브릭스(MBTI) 세션을 진행하며, 개인 코칭을 하거나 갈등을 해결하는 활동에 관여하지만, 이러한 활동은 체계적 변화 활동이 아니다(Burke & Bradford, 2005). 비어(Beer, 2014)는 "대인관계 향상과 집단 효과성을 목표로 하는 '소프트한' 개입이 OD 실무자들의 개입 레퍼토리에서 과도하게 드러나고 있다"고 주장한다. 성과 정렬을 목표로 하는 전략 개발 프로세스, 조직 설계, 작업 시스템 설계, 목표 설정·우선순위 결정·자원 배분을 위한 전략적 관리 프로세스의 설계 같은 '하드한' 개입은 과소하게 드러나고 있다(p. 61).

- OD는 HR과의 관계를 정리할 필요가 있다. 일부는 대부분의 조직개발 부서가 인사 부서 내에 숨겨져 있어 영향력이 줄어들었다고 본다(Burke & Bradford, 2005). 게다가 "전 세계 조직에서 HR 기능이 OD 기능을 전례 없이 독점하고 있으며, 이로 인해 OD의 영향력은 제한되고, 효과성은 약화되며, 역할은 훼손되고 있다"(Minahan, 2010, p. 18).

- OD 개입의 효과성을 평가하는 연구들은 고무적인 결과를 보여주고 있으나, 클라이언트들은 여전히 OD의 가치를 입증할 증거를 요구하고 있다. "OD의 신뢰성은 다양한 OD 기법이 실제로 효과가 있는지, 어디에서 효과적인지, 어떻게 작동하는지를 견고하게 입증할 수 있는 능력에 달려 있다"(Burnes & Cooke, 2012, p. 1415).

- 신진 실무자들은 전통적인 OD 가치가 약화되고 있다고 보고하며, 반면 경력이 오래된 실무자들은 신진 실무자들이 이론적 기반이 부족하다고 생각하는 경향이 있다(Shull et al., 2013).

버크(Burke, 2018)는 향후 OD 실무자들이 마주하게 될 몇 가지 역풍을 다음과 같이 지적한다.

1. 인간 심리, 변화, 저항에 대한 실무자와 클라이언트의 이해 부족

2. 컨설팅 기술, 시스템 사고, 이론적 지식의 적용에 대한 역량 부족

3. 리더십 효과성의 빈약함, 그리고 시스템 내 리더십보다 성격 평가나 심리학에 더 초점을 맞춘 리더십 개발 프로그램

4. 숨겨져 있는 조직 역학과 드러나 있지 않은 의제에 대한 이해와 관심의 부족

| 미래 OD의 기회

조직개발은 몇 가지 변화를 수용함으로써 계속해서 진화할 수 있으며, 현대 조직의 과제에 더 잘 적응할 수 있다. 여러 필자는 OD가 내용과 과정 모두에서 변화를 이루어야 한다고 지적하며, 몇몇 동향은 이미 이러한 변화가 여러 영역에서 진행 중임을 보여준다. 반면, 여전히 큰 변화가 없다는 지적도 있다.

버크(2011)는 조직개발(OD, 계획된 조직변화를 다루는 실천 분야)과 조직개발 및 변화 (ODC, 계획된 변화와 비계획적인 변화를 모두 다루는 더욱 학문 중심의 분야)를 구분하면서, 최근 몇 년간 OD 분야에서는 혁신이 거의 없었으나 ODC 커뮤니티의 영향력이 다음 네 가지 영역에서 혁신의 기회를 열고 있다고 설명한다.

1. 변화가 지속적이고, 발생적이며, 즉흥적이고 소규모로 일어나는 느슨한 연결 시스템에 대한 이해

2. 조직문화를 변화시키기 위한 새로운 기법과 도구의 개발. 이는 반드시 바람직한 공유 가치의 식별을 넘어서야 하며, 실무자들은 이러한 가치를 구체적인 행동으로 전환해야 한다. 따라서 "중요한 것은 가치나 바람직한 문화 자체보다 이러한 가치를 나타내는 핵심 행동들에 초점을 맞춰야 한다"(Burke, 2011, p. 152).

3. 8장에서 다룬 바와 같이, 저항을 변화관리자와 조직 구성원 간의 관계 밖에 존재하는 객관적 사실로 보기보다 관계 안에서 구성되는 개념으로 이해하는 새로운 시각

4. 리더십 개발에 대한 새로운 접근. 이는 기존의 교육 프로그램 중심이 아니라, 도전적인 과제를 통해 스스로 성찰하고 학습할 수 있는 리더가 되어가는 일련의 발달 단계를 중심으로 하는 접근

연구자들과 실무자들은 OD 실무자들이 자신의 실천을 향상시키고 더 큰 가치를 더할 수 있는 몇 가지 추가적인 방법을 제안해왔다. 리더십 향상은 지속적으로 요구될 과제가 될 것이며, 따라서 한 가지 주요 흐름은 "현재와 미래를 위한 리더십 역량 개발"이다(Wirtenberg et al., 2007, p. 15). 이러한 역량 개발의 일부는 글로벌 환경에서 변화관리를 수행해야 하는 리더

들이 복잡성을 다룰 수 있도록 돕는 것을 포함한다. 실무자들과 연구자들은 변화관리를 위한 모든 과정이나 OD 개입이 모든 문화에서 똑같이 효과적인 것은 아니라는 사실을 알고 있다. "글로벌 조직개발 실무자들은 문화 간 복잡성을 마주하고 극복하면서 성공적인 글로벌 조직 개발 작업을 수행할 수 있는 분별 있는 능력을 지닌다."(Yaeger et al., 2006, p. 134)

또한 미래의 OD 실무자 역할에 있어 비즈니스 스킬이 매우 중요할 것이라는 지적도 있다. 많은 OD 실무자들이 깊이 있는 비즈니스 교육을 받지 않았기 때문에 재무, 고객과 시장의 니즈, 경쟁적 기회와 위협 등에 대한 배경지식이 부족하다. 그 결과, 변화의 비즈니스 맥락을 충분히 이해하지 못한 채, 고객이나 잠재고객과의 대화에서 OD 결과를 비즈니스의 필요와 성과에 연결하며 신뢰 있게 이야기하지 못할 수 있다. 비즈니스 지식을 증진시키고 현대적인 비즈니스 이슈를 다루는 개입을 개발하는 것은 OD 실무자가 제공할 수 있는 가치를 높일 수 있으며, 예를 들어 "조직 재정렬, 산업 통합, 인수합병 과정에서 조직문화를 효과적으로 다루는 것"이 그 예시다(Wirtenberg et al., 2007, p. 15).

조직의 필요에 맞추어 OD를 적응시키려면 더 짧은 시간 안에 가치를 제공하고, 고전적인 기법과 새로운 개입 사이에서 균형을 잡는 법을 배워야 하며, "기법이나 최신 유행에 의존하는 태도를 크게 줄여야 한다"(Worley & Feyerherm, 2003, p. 104). 이는 실무자들이 인간 중심적 가치가 모든 상황에서 적절하다고 고집하기보다 OD의 가치를 현대의 요구에 맞게 조정하는 방법을 배우는 것을 포함할 수 있다. 문제는 이 분야가 현대 조직에 계속해서 관련성을 유지하면서도 실무자들이 공유하는 핵심 개념과 가치를 함께 유지할 수 있는가에 있다. OD가 강조하는 인간 중심적 가치(3장에서 살펴본 바와 같이)는 실무자들이 실행하도록 요청받는 일부 변화와 충돌할 수도 있다. 현장에서는 아웃소싱, 정리해고, 사업장 폐쇄 같은 어려운 비즈니스 결정을 내리는 고객을 지원해야 하는 실무자의 필요성과 조직 구성원이 자신에게 영향을 미치는 의사결정에 참여해야 한다는 OD의 전제 사이에서 어떻게 균형을 잡아야 하는지에 대한 고민을 해야 한다.

그리너, 모타메디, 그리고 제이미슨(Greiner, Motamedi, & Jamieson, 2011)은 컨설턴트의 역할이 변화함에 따라 미래의 컨설팅 관계도 달라질 것이라고 말한다. "내용은 프로세스와 통합되어 신속하게 실행 가능한 해결책을 찾고, 전적인 헌신과 함께 실행되어야 한다. 컨설턴트는 빠른 대응 모드로 작동하며, 집단적 지식을 통해 고객이 빠르고 합의된 결정을 내릴 수 있도록 해결책을 창출하도록 도울 것이다"(p. 167). 이들은 새로운 유형의 컨설턴트에 대해 설명한다. (1) '퍼실리테이터 컨설턴트(facilitator consultant)'로, 구성원들이 신속하고 개방적으로 논의하고 합의에 이르도록 돕는 동시에, 논의 주제를 선정하고 의제에 영향을 주는 방식으로 내용 전문성을 통합하는 역할을 한다. (2) '초조직(transorg) 컨설턴트'로, 여러 조직에 걸쳐 다양한 이해관계자 간의 협력적 관계를 구축하고 신속한 실행을 협상하는 데 특화된 컨설턴트다. 이들은 이러한 새로운 컨설팅 역할에 네트워킹, 구조화된 참여, 건설 적인 사회적 대화를 통해 조직 구성원들이 효과적인 대화를 나누고, 관계를 형성하며, 어려 움을 협상하고, 협업할 수 있도록 돕는 새로운 프로세스가 필요하다고 지적한다. 이들은 또 한 이러한 새로운 컨설팅 역할은 과거 OD가 전통적으로 강조했던 것보다 더 많은 내용 전문 성에 의존하게 될 것이라고 주장한다.

마지막으로, 미옌 청-저지(Mee-Yan Cheung-Judge, 2018)는 오늘날 조직에서 OD가 반 드시 필요한 기능이 되기 위해 무엇을 해야 하는지에 대해 다음의 11가지 권고사항을 제시 한다.

1. 외부 중심적이고 비즈니스 감각과 초점을 갖출 것

2. 전략적 영역에서 활동하는 것을 목표로 할 것

3. 전략 기능과의 강력한 관계 및 긴밀한 파트너십을 구축하기 위해 노력할 것

4. 이론에 기반한 효과적인 개입자가 될 것

5. 시스템적 관점을 유지하면서 문화와 행동 패턴을 전환할 기회를 절대 놓치지 말 것

6. 퍼실리테이션적이고 교육적인 접근 방식을 취할 것

7. 클라이언트가 자신의 팀과 역할 내에서 유능한 OD 실무자가 되도록 '그림자 작 업(shadow work)'을 수행할 것

8. 관계 구축을 최고의 업무로 삼을 것

9. 권력과 정치를 이해하고, 권력을 건설적으로 사용할 것

10. 자기 자신을 도구로 활용하는 능력을 정교하게 다듬을 것

11. 상호 책임, 슈퍼비전, 자기돌봄을 진지하게 실천할 것

결론: 조직개발의 미래

오늘날의 조직이 변화 속도의 가속화, 기술의 발전, 세계화와 인구통계학적으로 다양한 인 력 구성, 그리고 일하는 방식과 가치의 변화 같은 문제들에 대응하느라 고군분투하듯, OD 역시 이러한 새로운 운영 방식을 고객에게 보여주기 위해 스스로의 실천 방식을 변화시켜야 한다. 변화의 기회는 풍부하게 주어졌는데, 기존의 실천과 가치에 고집스럽게 집착하는 것 은 고객을 이끄는 것이 아니라 오히려 이 분야를 오늘날의 현실로부터 더 멀어지게 만들 것

이다. 동시에 OD의 실천, 기법, 그리고 가치들은 여전히 오늘날의 노동자가 가진 요구에 부합한다. 현재 OD가 직면한 과제는 핵심 원칙을 포기하지 않으면서도 그 실천을 어떻게 적절히 조정할 것인가다.

조직의 본질은 변화하고 있으며, 동시에 인력 구성과 일의 성격 자체도 변화하고 있다. 이 장에서 설명한 대로 얽혀 있는 여러 변화의 흐름은 조직이 미래의 지속가능한 방향을 찾기 위해 반드시 이해하고 대응해야 할 환경을 만들어내고 있다. 이러한 새로운 환경은 복잡한 사고, 창의성, 그리고 조직 내 인간 역동에 대한 세심한 주의를 요구한다. 따라서 현재는 인적자원 또는 조직개발 실무자의 역량이 특히 중요하고 필요한 시점이다. 이러한 역량은 단지 'OD 컨설턴트'라는 공식적인 직함을 가진 사람들만이 아니라 관리자, 프로젝트 매니저, 팀 구성원 모두에게 필요한 능력이기도 하다.

OD는 긍정적인 미래가 펼쳐질 것이며, 사회과학 이론을 조직 실천에 적절히 적용함으로써 변화가 효과적으로 이루어질 가능성에 의해 움직이는 낙관적인 분야다. 바로 이러한 낙관주의가 많은 OD 실무자들을 이 분야로 들어오게 하며, 개인, 집단, 그리고 조직 전체가 지속적으로 변화하고 성장할 수 있도록 돕는 그들의 실천을 이어가게 한다. 세상이 변화하고 발전함에 따라 새롭고 복잡하며 까다로운 문제들이 계속해서 등장할 것이며, OD 분야는 그러한 새로운 문제들을 해결할 새로운 방식을 찾아가기 위해 지속적으로 적응하고 성장할 것이다.

1. 이 장에서 다룬 업무 트렌드 중 어떤 것을 경험한 적 있는가? 그것이 어떻게 나타났는가?

2. 당신은 어떤 관리 방식을 선호하는가? 당신 세대의 구성원을 참여시키고 조직에 머물게 하려면 관리자가 해야 할 일은 무엇이라고 생각하는가? 일과 관리에 대한 기대치가 어떻게 달라졌는가?

3. 이 장에서는 지속가능성을 OD가 점점 더 중요하게 다루는 영역으로 소개했다. 이 책에서 배운 역량, 가치, 개념 등을 OD 실무자가 적용할 다른 기회로는 무엇이 있을까?

4. OD가 개입에서 기술(technology)을 활용할 다른 방법에는 어떤 것이 있을까?

5. OD 실무자가 일상적으로 다양성, 공정성, 포용성을 지원할 기회는 어떤 것이 있을까?

케이트 울하우스(Kate Woolhouse)

아래 사례를 읽고 다음 질문에 대해 생각해보라.

1. 컨설턴트로서, 리더십 팀에 다음 어떤 단계를 제안하겠는가?

2. 비대면 퍼실리테이션이 제시하는 도전과 기회는 무엇인가? 컨설턴트와 클라이언트에게 어떤 도전과 기회를 제시하는가? 비대면 커뮤니케이션과 대면 퍼실리테이션의 유사점과 차이점은 무엇인가? 포용을 실천하기 위해 OD 실무자가 모범이 되어야 할 행동에는 어떤 것들이 특히 중요할까?

3. 대화형 조직개발을 활용하여 가상 조직이 조직적 도전에 어떻게 대응할 수 있을까?

4. 이 사례연구는 가상 팀과 함께 일하는 컨설턴트에게 어떤 교훈을 주는가?

수년간 대형 국제 운송회사에서 근무한 후, 세 명의 오랜 친구는 독립하여 컨설팅 회사를 시작하기로 결심했다. 이들은 각자의 풍부한 직업 경력을 바탕으로 산업 전반에 걸친 폭넓고 깊이 있는 전문성을 제공할 수 있을 것이라고 자신했다. 여러 고객 계약을 성공적으로 마친 후, 이를 공식화하여 트랜싯사(Transit Inc.)라는 이름으로 법인을 설립했다.

트랜싯사는 가상 기업(virtual company) 형태를 취했다. 세 명의 창립자는 캐나다의 2개 주에 흩어져 있었고, 서로 다른 일정과 가용 시간에 근무했으며, 주로 이메일, 스카이프(Skype), 드롭박스(Dropbox)를 통해 정보를 공유하고 일상적인 업무를 연결했다. 시간이 지나면서, 다섯 명의 구성원을 추가로 팀에 합류시켰다. 이들은 프로젝트 단위로 협업하는 개별 '계약자'들이었으며, 각자의 업무 가능 시간과 기술적 역량에 따라 참여했다.

프로젝트가 진행되기 위해서는 다양한 역량이 요구되었고, 지속적인 소통, 시간 관리, 조직 관리가 매우 중요했다. 왜냐하면 대부분 고객이 빠르게 변화하는 경쟁 환경에서 운영되고 있었기 때문이다. 이러한 집중적이고 역동적인 워크플로 모델은 여러 단계에 걸쳐 협력을 요구하며, 각 개인의 수행이 다른 사람들의 수행에 영향을 주는 상호 의존적이고 상호 보완적인 과정이었다(Bell & Kozlowski, 2002). 프로젝트가 완료되면 트랜싯사는 수익의 50%를 가져가고, 나머지 50%는 프로젝트에 참여한 컨설턴트에게 분배되었다.

1년 반이 지난 후, 한때 열정적이고 협력적이던 팀은 더 이상 의욕을 보이지 않았고, 협력하려는 태도도 사라졌다. 몇몇 고객을 잃었고, 자원도 고갈되고 있었다. 게다가 공동 창립자 중 한 명인 브렌트(Brent)는 다른 회사들과 계약을 맺고 일하면서 트랜싯사에 집중할 시간이 줄어들었다. 이에 따라 나머지 공동 창립자들은 송장 발행, 사업 개발 활동 같은 관리 업무를 계약자들에게 점점 더 많이 의존하게 되었다. 새로운 조직 구조가 형성되고 있는 듯 보였으나 이러한 현실과 그로 인한 여파는 해결되지 않은 채 방치되었다. 문제를 함께 소통하고 해결하기보다 파괴적인 갈등과 개인 간 정치 싸움으로 한때 긍정적이던 팀 역동성은 무너져버렸다.

트랜싯사의 대표이자 공동 창립자인 매트(Matt)가 나에게 연락했고, 외부인의 객관적인 시각으로 자신들이 겪고 있는 문제의 근본 원인을 탐색하고 해결하는 데 도움을 줄 수 있는지 요청했다. 나는 회사의 모든 구성원(공동 창립자와 계약자들 모두)과 이야기를 나눈 후, 그들이 겪고 있는 상황을 더 깊이 살펴보는 일을 맡기로 했다. 초기 인터뷰는 인터넷 기반 애플리케이션을 사용한 음성통화 방식으로 진행되었다. 때때로 불안정한 인터넷 연결이 대화에 영향을 주었다. 이는 클라이언트–컨설턴트 관계에서 처음 겪은 원격 커뮤니케이션의 도전이었다. "지금 내 목소리 들리나요?"라는 상황을 반복하며 대화를 이어가다 보니, 점점 긴박함과 답답함이 커져갔다. 나는 인터넷에 의존하는 상황이 의미 있는 대화를 위한 안정적인 공간을 형성하는 데 어떤 영향을 줄지 걱정되었다. 또한, 그들이 주로 가상 환경에서 업무를 수행하고 있다는 점이 현재의 더 큰 시스템적 문제를 유발하거나 악화시키고 있는 것은 아닌지 의문이 들었다.

나는 다음 단계인 온라인 포커스 그룹 세션을 준비하면서 위의 질문들을 계속 마음에 두고 있었다. 총 2시간 분량의 포커스 그룹 세션을 세 번 기획했고, 대화 시간은 1시간 30분, 그리고 대화 전후에 전환을 위한 15분씩을 포함했다. 스토치(Storch)는 "사람들은 새로운 행동을 실천할 책임을 질 수 있는 사람들과 소속감을 느끼고 헌신과 충성심을 가질 때 행동 변화를 더 쉽게 수용한다"고 설명한다(Bushe & Marshak, 2015b, p. 213 인용). 그래서 나는 먼저 모든 사람이 자신의 이야기를 나눌 수 있도록 가상 공간을 열어 그룹의 다양성을 드러낼 수 있게 대화를 설계했다. 상충하는 이야기들이 나올 경우에는 서로 다른 의견이 모두 일정 부분 진실일 수 있다는 가능성을 성찰할 기회로 삼아 상황을 재구성했다. 그리고 이를 인정한 후에는 대화를 해결 중심의 방향으로 다시 초점을 맞출 수 있는 질문을 던졌다. 이와 같은 형식은 현재의 내러티브를 파악하는 데 도움이 되었을 뿐 아니라, 긴장과 방어적인 반응을 줄이고 대화의 흐름을 유지하는 데도 효과가 있었다. 그 결과, 그룹은 기존의 문제를 새로운 방식으로 바라보게 되었다.

나는 대화가 놀라울 정도로 원활하게 진행된 것에 놀랐다. 처음 15~20분 동안 마이크를 조정하고 '체크인(check in)'을 하는 단계를 지나자, 사람들은 집중하고 적극적으로 참여했다. 참여율은 100%였다. 대화 속에는 건설적인 에너지가 분명히 느껴졌고, 민감한 주제가 제기될 때는 정적이 흘렀으며, 긴장된 순간을 함께 극복했다는 안도감의 표시로 웃음이 터지기도 했다. 마치 회의실이나 사무실에서 성공적인 회의를 하는 것처럼, 우리가 함께한 시간에는 자연스러운 흐름이 있었다. 심지어는 우리가 물리적으로 수백 마일 떨어져 있다는 느낌조차 들지 않았다. 마치 한 테이블에 모두 함께 앉아 있는 듯한 느낌이었다. 모든 면에서, 이는 가상 공간 퍼실리테이션의 성공적인 사례였다.

나는 대화 내용을 검토하고, 도전과제들을 세 가지 주요 범주(구조적, 기술적, 대인관계적)로 주제화했다. 이제 각각의 범주를 간략히 살펴보자.

구조적 과제: 구조적 범주에서 반복적으로 나타난 주제 중 하나는 시간 관리였다. 이들은 고객의 요구를 해결하기 위해 2인조나 3인조로 작업하며, 프로젝트를 진행하기 위해서는 서로 간의 일정과 역량이 조화를 이루어야 했다. 하지만 일부 구성원은 여러 개의 파트타임 프로젝트를 병행하고 있었고, 이로 인해 프로젝트 생애주기의 특정 단계가 지연되었으며 다음 단계로의 진척도 함께 늦춰졌다. 게다가, 단계별로 구체적인 작업 내용과 소요 시간을 명시한 표준 운영 절차 매뉴얼을 아직 개발하지 못한 상태였다. 일정 불일치와 운영상의 명확성 부족은 조직의 수익성에 영향을 주고 있었다.

기술적 과제: 각 컨설턴트는 서로 다른 전문 배경을 가지고 있었고, 인터넷 기술에 대한 익숙함 정도도 제각각이었다. 예를 들어, 드롭박스의 폴더 구성은 한 사람이 설계했는데, 그는 모든 사람이 문서 구조를 쉽게 이해하고 활용할 수 있을 것이라 가정했다. 하지만 실제로는 그렇지 못했다. 프로젝트 개발과 관련된 중요 정보들이 모든 팀원이 손쉽게 접근할 수 있는 형태로 정리되어 있지 않았다. 게다가 사람들은 창피함이나 평가받을 것에 대한 두려움 때문에 이러한 문제를 제기하는 데 불편함을 느꼈다.

대인관계적 과제: 대화와 탐색 과정을 통해 많은 이들이 특정 리더 한 명에 대해 불편한 마음을 갖고 있다는 사실을 알게 되었다. 그는 사람들의 감정을 상하게 하는 발언을 했고, 연락이 잘 되지 않았으며, 때로는 짧고 공격적인 어조로 이메일에 답변하는 것으로 알려져 있었다. 몇 달 전 전체 팀 회의에도 특별한 설명 없이 불참했고, 그로 인해 사람들은 그가 여전히 회사의 성장에 관심이 있는지 의문을 가지게 되었다. 이는 회사의 전체 팀이 함께 모이려 시도한 첫 번째이자 유일한 회의였고, 사람들은 그를 "부재하는 리더"라고 표현했다. 그를 직접적으로 대면하여 문제를 제기하는 것이 필요하지도 않고 안전하지도 않다고 느꼈다.

나는 리더십 팀에 트랜싯사 팀 전원이 참여하는 1박 2일 또는 2일간의 대면 워크숍을 진행하자고 제안했다. 이틀에 걸쳐 회사의 사회기술적 시스템을 살펴보고, 어려운 이슈들을 대면 환경에서 탐색하며, 대인관계를 회복하고 강화할 시간을 가질 계획이었다. 사회기술적 분석은 업무 흐름의 입력과 출력뿐 아니라 각 단계 간에 연결된 시스템들을 함께 시각화·도식화하는 것을 포함한다. 이 과정에서 소통, 정보 공유, 역할과 책임에 관한 중요한 상호작용의 규칙들이 공동으로 만들어지기 때문에 공동 수행 책임과 성과 책임에 대한 인식이 높아진다. 또한 이는 팀에 체험 기반 학습 기회를 제공하며, 팀 응집력과 신뢰감을 증진시키는 데 기여할 수 있다. 마지막으로, 이러한 상호 의존적인 하위 시스템들이 서로 어떻게 지지하고 있는지를 이해할 수 있는 시스템 관점의 개요와 공동의 인식을 형성하는 데 도움이 된다.

워크숍을 설계하기 위해 리더십 팀과 마지막 회의를 준비하면서, 나는 브렌트가 참석할지 걱정되었고 그가 모습을 보일지 확신이 없었다. 그는 이메일에도 회피적인 태도를 보였고, 회의 초대에도 응답하지 않았다. 리더십 팀의 다른 구성원들과 나는 미리 정한 시간에 화상회의 애플리케이션에 접속해 회의를 시작했다. 우리는 자리에 앉아 가벼운 대화를 나누며, '가상 회의실' 문이 열리기를 기다렸다. 통화가 시작된 지 약 10분쯤 지나, 그의 아이콘과 이름이 화면에 나타났다. 이는 리더십 팀의 사기를 끌어올리는 중요한 전환점이었다. 우리는 생산적인 논의를 이어갔다. 인식과 경험의 차이를 탐색했고, 대부분 시간을 대인관계 측면에 집중했다. 브렌트는 자신이 구성원들에게서 점점 더 단절되고 멀어지고 있다는 느낌을 받고 있으며, 신뢰 부족이 업무 관계를 해치고 있다고 털어놓았다. 이 시점에서 오너들은 깊이 성찰하는 모습을 보이기 시작했고, 과거의 고통스럽고 불편했던 순간들을 드러내기 시작했다. 브렌트는 두 사람의 직업적 관계를 계속 유지하고 싶은지 확신이 서지 않았다고 인정했다. 이러한 솔직하고 진솔한 대화는 리더십 팀에 다음과 같은 세 가지를 가능하게 했다. ① 현재 상황의 심각성을 내면화하고, ② 브렌트가 더욱 연결감을 느끼려면 어떤 조건이 변화되어야 하는지를 탐색하기 위해 긍정 탐구를 활용하며, ③ 변화의 과정에 대해 집단적으로 헌신을 표현할 수 있었다. 무엇보다 가상 환경이 대화의 연결 능력을 전혀 방해하지 않았으며, 함께 어려운 문제를 다룰 수 있을 것이라고 느꼈다. 아직 워크숍 설계의 세부사항을 논의하지는 않았지만, 이 회의의 공유와 개방성은 퍼즐의 중요한 조각이었다. 우리는 워크숍 이전에 설계와 실행계획을 구체화하기 위해 한 번 더 회의를 하기로 했다.

그런데 갑작스럽게 브렌트는 자신이 워크숍에 참석할 수 없을 것이라고 밝혔다. 그는 현재 다른 프로젝트에 참여하고 있으며, 도저히 시간을 낼 수 없다고 설명했다. 우리 사이에는 길고 무거운 침묵이 흘렀다. 브렌트는 이미 전사 회의에서 모습을 보이지 않은 바 있었고, 이번에도 또다시 빠지려는 그의 태도는 매우 불안하게 느껴졌다.

나는 퍼실리테이터이자 훈련받은 실무자로서 머릿속에 경보가 울리는 것을 느꼈다. 우리는 이만큼이나 진전되었는데, 이제 와서 이 프로젝트의 성공이 위협받고 있다는 생각에 불안하고 좌절감이 들었다. 한편으로 브렌트가 워크숍에 불참하게 된다면 이는 회사의 사기에 부정적인 영향을 미치고, 더 큰 좌절과 단절을 야기할 것임을 알았다. 다른 한편으로는, 전체 시스템을 참여적인 과정으로 이끌기 전에 좀 더 근본적인 팀빌딩을 먼저 수행해야 한다는 신호일 수도 있다는 생각도 들었다. 하지만 나는 아주 예측 불가능한 사람으로 생각되는 그런 한 개인의 필요를 충족시키기 위해 회사 전체에 꼭 필요하고 이미 약속된 과정을 미루는 것에 대해 주저하게 되었다.

나는 내 감정을 이해하려 애썼고, 팀을 위해 차분하고 중심 잡힌 태도를 유지하려 했다. 화면은 계속 정지된 채 아무 반응이 없었고, 나는 점점 무언가를 말해야겠다는 강한 충동을 느꼈다. 말을 꺼낼 준비를 하며, 나는 나의 역할과 목적에 대해 곰곰이 되짚어보았다. 이 팽팽한 긴장감과 격한 감정의 무게가 실린 순간에 트랜싯 사를 좀 더 도움이 되는 방향으로 이끌기 위해 내가 제공할 수 있는 것은 무엇일까?

Adair, J. E. (1986). *Effective teambuilding*. Aldershot, UK: Gower.

Adams, J., Royal, C., & Church, A. (2011). OD and sustainability. *OD Practitioner, 43*(4), 1–2.

Adams, M. (1992). TQM: OD's role in implementing valuebased strategies. In C. N. Jackson & M. R. Manning (Eds.), *Organization development annual: Intervening in client organizations* (Vol. 4, pp. 168–181). Alexandria, VA: American Society for Training and Development.

Ahrne, G., & Brunsson, N. (2008). *Meta-organizations*. Cheltenham, UK: Edward Elgar.

Alderfer, C. P. (1977). Improving organizational communication through long-term group intervention. *Journal of Applied Behavioral Science, 13*, 193–210.

Alderfer, C. P., & Smith, K. K. (1982). Studying intergroup relations embedded in organizations. *Administrative Science Quarterly, 27*, 35–65.

Allen, D. G. (2006). Do organizational socialization tactics influence newcomer embeddedness and turnover? *Journal of Management, 32*, 237–256.

Alter, C., & Hage, J. (1993). *Organizations working together*. Newbury Park, CA: SAGE.

Anderson, D. L. (2004). The textualizing functions of writing for organizational change. *Journal of Business and Technical Communication, 18*, 141–164.

Anderson, D. L. (2005). "What you'll say is…": Represented voice in organizational change discourse. *Journal of Organizational Change Management, 18*(1), 63–77.

Anderson, D. L. (2012). Organization development interventions and four targets of post-acquisition integration. *OD Practitioner, 44*(3), 19–24.

Anderson, D. L. (2019). *Organization design: Creating strategic & agile organizations*. Thousand Oaks, CA: SAGE.

Antonioni, D. (1996). Designing an effective 360-degree appraisal feedback process. *Organizational Dynamics, 25*(2), 24–38.

Argyris, C. (1957). *Personality and organization*. New York, NY: Harper & Brothers.

Argyris, C. (1970). *Intervention theory and method: A behavioral science view*. Reading, MA: Addison-Wesley.

Argyris, C. (1991). Teaching smart people how to learn. *Harvard Business Review, 69*(3), 99–109.

Argyris, C. (2008). Learning in organizations. In T. G. Cummings (Ed.), *Handbook of organization development* (pp. 53–67). Thousand Oaks, CA: SAGE.

Argyris, C., & Schön, D. (1978). *Organizational learning*. London, UK: Addison-Wesley.

Argyris, C., & Schön, D. A. (1996). *Organizational learning II: Theory, method, and practice*. Reading, MA: Addison-Wesley.

Armenakis, A. A., Feild, H. S., & Holley, W. H. (1976). Guidelines for overcoming empirically identified evaluation problems of organizational development change agents. *Human Relations, 29*, 1147–1161.

Armenakis, A. A., Harris, S. G., & Feild, H. S. (1999). Making change permanent: A model of institutionalizing change interventions. *Research in Organizational Change and Development, 12*, 97–128.

Armenakis, A. A., Harris, S. G., & Mossholder, K. W. (1993). Creating readiness for organizational change. *Human Relations, 46*, 681–703.

Arnold, J. (2001). Careers and career management. In N, Anderson, D. S. Ones, H. K. Sinangil, & C. Viswesvaran (Eds.), *Handbook of industrial, work, and organizational psychology* (Vol. 2, pp. 115–132). London, UK: SAGE.

Arthur, M. B., & Rousseau, D. M. (Eds.). (1996). *The boundaryless career*. New York, NY: Oxford University Press.

Ashkenas, R., Ulrich, D., Jick, T., & Kerr, S. (2002). *The boundaryless organization: Breaking the chains of organizational structure* (Rev. ed.). San Francisco, CA: Jossey-Bass.

Augur-Domínguez, D. (2022). *Inclusion revolution: The essential guide to dismantling racial inequity in the workplace*. New York, NY: Seal Press.

Averbuch, T. (2015). Entering, readiness, and contracting for dialogic organization development. In G. R. Bushe & R. J. Marshak (Eds.), *Dialogic organization development: The theory and practice of transformational change* (pp. 219–244). Oakland, CA: Berrett-Koehler.

Axelrod, D. (1992). Getting everyone involved: How one organization involved its employees, supervisors, and managers in redesigning the organization. *Journal of Applied Behavioral Science, 28*, 499–509.

Babbie, E. (1992). *The practice of social research* (6th ed.). Belmont, CA: Wadsworth.

Bahrami, H. (1992). The emerging flexible organization: Perspectives from Silicon Valley. *California Management Review, 34*, 33–52.

Bailey, D., & Dupre, S. (1992). The future search conference as a vehicle for educational change: A shared vision for Will Rogers Middle School, Sacramento, California. *Journal of Applied Behavioral Science, 28*, 510–519.

Barkema, H. G., & Schijven, M. (2008). Toward unlocking the full potential of acquisitions: The role of organizational restructuring. *Academy of Management Journal, 51*(4), 696–722.

Barner, R. (2006). Managing complex team interventions. *Team Performance Management, 12*, 44–54.

Barrett, F. J., & Cooperrider, D. L. (1990). Generative metaphor intervention: A new approach for working with systems divided by conflict and caught in defensive perception. *Journal of Applied Behavioral Science, 26*, 219–239.

Barrett, F. J., Thomas, G. F., & Hocevar, S. P. (1995). The central role of discourse in large-scale change: A social construction perspective. *Journal of Applied Behavioral Science, 31*, 352–372.

Bartee, E. M., & Cheyunski, F. (1977). A methodology for process-oriented organizational diagnosis. *Journal of Applied Behavioral Science, 13*, 53–68.

Bartunek, J. M., & Louis, M. R. (1988). The interplay of organization development and organizational transformation. *Research in Organizational Change and Development, 2*, 97–134.

Bartunek, J. M., & Moch, M. K. (1987).

First-order, second- order, and third-order change and organization development interventions: A cognitive approach. *Journal of Applied Behavioral Science, 23*, 483–500.

Bass, M. J., Buck, C., Turner, L., Dickie, G., Pratt, G., & Robinson, H. C. (1986). The physician's actions and the outcome of illness in family practice. *Journal of Family Practice, 23*(1), 43–47.

Beard, M. J., & Zuniga, L. C. (2006). Achieving the right flavor: A study of designing a cultural integration process. *Psychologist-Manager Journal, 9*(1), 13–25.

Beckhard, R. (1967). The confrontation meeting. *Harvard Business Review, 45*(2), 149–155.

Beckhard, R. (1969). *Organization development: Strategies and models.* Reading, MA: Addison-Wesley.

Beckhard, R., & Harris, R. (1977). *Organizational transitions.* Reading, MA: Addison-Wesley.

Beckhard, R., & Harris, R. (1987). *Organizational transitions* (2nd ed.). Reading, MA: Addison-Wesley.

Beeby, M., & Simpson, P. (1998). Barriers, boundaries and leaks in an organization development intervention. *Leadership & Organization Development Journal, 19*, 353–361.

Beer, M. (1980). *Organization change and development: A systems view.* Santa Monica, CA: Goodyear.

Beer, M. (2014). OD at a crossroads. *OD Practitioner, 46*(4), 60–61.

Beer, M., & Eisenstat, R. A. (1996). Developing an organization capable of implementing strategy and learning. *Human Relations, 49*, 597–619.

Beer, M., & Eisenstat, R. A. (2000). The six silent killers of strategy implementation and learning. *MIT Sloan Management Review, 41*, 29–40.

Beer, M., Eisenstat, R. A., & Spector, B. (1990). Why change programs don't produce change. *Harvard Business Review, 68*(6), 158–166.

Bell, B. S., & Kozlowski, S. W. J. (2002). A typology of virtual teams: Implications for effective leadership. *Group & Organization Management, 27*(1), 14–49.

Benne, K. D. (1964). History of the T-group in the laboratory setting. In L.

P. Bradford, J. R. Gibb, & K. D. Benne (Eds.), *T-group theory and laboratory method* (pp. 80–135). New York, NY: Wiley.

Bennett, J., & Bush, M. W. (2009). Coaching in organizations: Current trends and future opportunities. *OD Practitioner, 41*(1), 2–7.

Benson, G. S., & Lawler, E. E. (2003). Employee involvement: Utilization, impacts, and future prospects. In D. Holman, T. D. Wall, C. W. Clegg, P. Sparrow, & A. Howard (Eds.), *The new workplace: A guide to the human impact of modern working practices* (pp. 155– 173). Chichester, UK: Wiley.

Benson, J. K. (1977). Organizations: A dialectical view. *Administrative Science Quarterly, 22*, 1–21.

Berger, P., & Luckmann, T. (1967). *The social construction of reality.* New York, NY: Anchor.

Bergquist, W. (1993). *The postmodern organization: Mastering the art of irreversible change.* San Francisco, CA: Jossey-Bass.

Bertlanffy, L. V . (1968). *General system theory: Foundations, development, applications.* New York, NY: George Braziller.

Bhatnagar, J., Budhwar, P., Srivastava, P., & Saini, D. S. (2010). Organizational change and development in India: A case of strategic organizational change and transformation. *Journal of Organizational Change Management, 23*, 485–499.

Bijlsma-Frankema, K. (2001). On managing cultural integration and cultural change processes in mergers and acquisitions. *Journal of European Industrial Training, 25*, 192–207.

Birnbaum, R. (1984). The effects of a neutral third party on academic bargaining relationships and campus climate. *Journal of Higher Education, 55*, 719–734.

Black, T. G., & Westwood, M. J. (2004). Evaluating the development of a multidisciplinary leadership team in a cancer-center. *Leadership & Organization Development Journal, 25*, 577–591.

Blake, R. R., & Mouton, J. S. (1964). *The managerial grid.* Houston, TX: Gulf.

Blake, R. R., & Mouton, J. S. (1968).

Corporate excellence through grid organization development. Houston, TX: Gulf.

Blake, R. R., & Mouton, J. S. (1978). *The new managerial grid.* Houston, TX: Gulf.

Blake, R. R., Mouton, J. S., & Sloma, R. L. (1965). The union–management intergroup laboratory: Strategy for resolving intergroup conflict. *Journal of Applied Behavioral Science, 1*, 25–57.

Blake, R. R., Shepard, H. A., & Mouton, J. S. (1964). *Managing intergroup conflict in industry.* Houston, TX: Gulf.

Block, P. (2001). Twelve questions to the most frequently asked answers. In P. Block (Ed.), *The flawless consulting fieldbook and companion* (pp. 393–403). San Francisco, CA: Jossey-Bass.

Block, P. (2008). *Community: The structure of belonging.* San Francisco, CA: Barrett-Koehler.

Block, P. (2011). *Flawless consulting: A guide to getting your expertise used* (3rd ed.). San Francisco, CA: Jossey-Bass.

Blue Sky Productions. (1996). *Discovering community* [Videocassette]. Philadelphia, PA: Author.

Blumberg, A., & Wiener, W. (1971). One from two: Facilitating an organizational merger. *Journal of Applied Behavioral Science, 7*, 87–102.

Boje, D. M. (1993). Editorial: Post-TQM. *Journal of Organizational Change Management, 6*, 4–8.

Boje, D. M., & Winsor, R. D. (1993). The resurrection of Taylorism: Total quality management's hidden agenda. *Journal of Organizational Change Management, 6*, 57–70.

Bordia, P., Restubog, S. L. D., Jimmieson, N. L., & Irmer, B. E. (2011). Haunted by the past: Effects of poor change management history on employee attitudes and turnover. *Group & Organization Management, 36*(2), 191–222.

Boss, R. W. (1983). Team building and the problem of regression: The personal management interview as an intervention. *Journal of Applied Behavioral Science, 19*, 67–83.

Boss, R. W. (2000). The psychological contract. In R. T. Golembiewski (Ed.), *Handbook of organizational consultation* (2nd ed., pp. 119–128). New York, NY: Marcel Dekker.

Boss, R. W., Dunford, B. B., Boss, A. D., & McConkie, M. L. (2010). Sustainable change in the public sector: The longitudinal benefits of organization development. *Journal of Applied Behavioral Science, 46*, 436–472.

Boss, R. W., & Mariono, M. V. (1987). Organization development in Italy. *Group & Organization Studies, 12*, 245–256.

Bowers, D. G. (1973). OD techniques and their results in 23 organizations: The Michigan ICL study. *Journal of Applied Behavioral Science, 9*, 21–43.

Bowers, D. G., Franklin, J. L., & Pecorella, P. A. (1975). Matching problems, precursors, and interventions in OD: A systemic approach. *Journal of Applied Behavioral Science, 11*, 391–409.

Bradford, D. L., & Burke, W. W. (2005). The future of OD? In D. L. Bradford & W. W. Burke (Eds.), *Reinventing organization development* (pp. 195–214). San Francisco, CA: Pfeiffer.

Bradford, L. P. (1974). *National Training Laboratories: Its history, 1947–1970.* Bethel, ME: National Training Laboratory.

Bradley, J., White, B. J., & Mennecke, B. E. (2003). Teams and tasks: A temporal framework for the effects of interpersonal interventions on team performance. *Small Group Research, 34*, 353–387.

Bridges, W. (1980). *Transitions.* Reading, MA: Addison-Wesley.

Brink, T. L. (1993). Metaphor as data in the study of organizations. *Journal of Management Inquiry, 2*, 366–371.

Brown, J. (2005). *The World Café: Shaping our futures through conversations that matter.* San Francisco, CA: Berrett-Koehler.

Brown, L. D. (1980). Planned change in underorganized systems. In T. G. Cummings (Ed.), *Systems theory for organization development* (pp. 181–203). Chichester, UK: Wiley.

Brutus, S., Fleenor, J. W., & London, M. (1998). Elements of effective 360-degree feedback. In W. W. Tornow, M. London, & CCL Associates (Eds.), *Maximizing the value of 360-degree feedback* (pp. 11–27). San Francisco, CA: Jossey-Bass.

Buchanan, D., Fitzgerald, L., Ketley, D., Gollop, R., Jones, J. L., Lamont, S. S., Neath, A., & Whitby, E. (2005). No going back: A review of the literature on sustaining organizational change. *International Journal of Management Reviews, 7*(3), 189–205.

Buckingham, M., & Clifton, D. O. (2001). *Now, discover your strengths.* New York, NY: Free Press.

Budhwar, P. S., & Varma, A. (2011). Emerging HR management trends in India and the way forward. *Organizational Dynamics, 40*, 317–325.

Bunker, B. B., & Alban, B. T. (1992). Conclusion: What makes large group interventions effective? *Journal of Applied Behavioral Science, 28*, 579–591.

Bunker, B. B., & Alban, B. T. (1997). *Large group interventions: Engaging the whole system for rapid change.* San Francisco, CA: Jossey-Bass.

Bunker, B. B., & Alban, B. T. (2006). Large group methods: Developments and trends. In B. B. Jones & M. Brazzel (Eds.), *The NTL handbook of organization development and change* (pp. 287–301). San Francisco, CA: Pfeiffer.

Bunker, B. B., Alban, B. T., & Lewicki, R. J. (2005). Ideas in currency and OD practice: Has the well gone dry? In D. L. Bradford & W. W. Burke (Eds.), *Reinventing organization development* (pp. 163–194). San Francisco, CA: Pfeiffer.

Buono, A. F. (2003). SEAMless post-merger integration strategies: A cause for concern. *Journal of Organizational Change Management, 16*(1), 90–98.

Burke, W. W. (1977). Changing trends in organization development. In W. W. Burke (Ed.), *Current issues and strategies in organization development* (pp. 22–52). New York, NY: Human Sciences Press.

Burke, W. W. (1992). Metaphors to consult by. *Group & Organization Management, 17*, 255–259.

Burke, W. W. (1993). *Organization development: A process of learning and changing* (2nd ed.). Reading, MA: Addison-Wesley.

Burke, W. W. (1994). Diagnostic models for organization development. In A.

Howard & associates (Eds.), *Diagnosis for organizational change: Methods and models* (pp. 53–84). New York, NY: Guilford.

Burke, W. W. (2002). *Organization change: Theory and practice.* Thousand Oaks, CA: SAGE.

Burke, W. W. (2004). Internal organization development practitioners: Where do they belong? *Journal of Applied Behavioral Science, 40*, 423–431.

Burke, W. W. (2008). A contemporary view of organization development. In T. G. Cummings (Ed.), *Handbook of organization development* (pp. 13–38). Thousand Oaks, CA: SAGE.

Burke, W. W. (2011). A perspective on the field of organization development and change: The Zeigarnik Effect. *Journal of Applied Behavioral Science, 47*(2), 143–167.

Burke, W. W. (2018). The rise and fall of the growth of organization development: What now? *Consulting Psychology Journal, 70*(3), 186–206.

Burke, W. W., & Bradford, D. L. (2005). The crisis in OD. In D. L. Bradford & W. W. Burke (Eds.), *Reinventing organization development* (pp. 7–14). San Francisco, CA: Pfeiffer.

Burke, W. W., & Litwin, G. H. (1992). A causal model of organizational performance and change. *Journal of Management, 18*, 532–545.

Burke, W. W., & O'Malley, M. (2022). *Profitably healthy companies: Principles of organizational growth and development.* New York, NY: Columbia University Press.

Burnes, B., & Cooke, B. (2012). The past, present and future of OD: Taking the long view. *Human Relations, 65*, 1395–1429.

Bushe, G. R. (2013). Dialogic OD: A theory of practice. *OD Practitioner, 45*(1), 11–17.

Bushe, G. R. (2019). Generative leadership. *Canadian Journal of Physician Leadership, 5*(3), 141–147.

Bushe, G. R. (2020). *The dynamics of generative change.* Vancouver, BC, Canada: BMI.

Bushe, G. R., & Kassam, A. F. (2005). When is appreciative inquiry transformational? A metacase analysis. *Journal of Applied Behavioral Science, 41*, 161–181.

Bushe, G. R., & Marshak, R. J. (2009). Revisioning organization development: Diagnostic and dialogic premises and patterns of practice. *Journal of Applied Behavioral Science, 45*, 348–368.

Bushe, G. R., & Marshak, R. J. (2014). Dialogic organization development. In B. Jones & M. Brazzel (Eds.), *The NTL handbook of organization development and change* (2nd ed., pp. 193–211). San Francisco, CA: Wiley.

Bushe, G. R., & Marshak, R. J. (2015a). Conclusion: The path ahead. In G. R. Bushe & R. J. Marshak (Eds.), *Dialogic organization development: The theory and practice of transformational change* (pp. 401–412). Oakland, CA: Berrett-Koehler.

Bushe, G. R., & Marshak, R. J. (2015b). *Dialogic organizational development: The theory of practice and transformational change*. Oakland, CA: Berrett-Koehler.

Bushe, G. R., & Storch, J. (2014). Generative image. In G. R. Bushe & R. J. Marshak (Eds.), *Dialogic organization development: The theory and practice of transformational change* (pp. 101–122). Oakland, CA: Berrett-Koehler.

Buzaglo, G., & Wheelan, S. A. (1999). Facilitating work team effectiveness: Case studies from Central America. *Small Group Research, 30*, 108–129.

Byrd, R. E. (2000). Team building and its risks. In R. T. Golembiewski (Ed.), *Handbook of organizational consultation* (2nd ed., pp. 157–161). New York, NY: Marcel Dekker.

Cahoon, A. R. (2000). Using the search conference technique for team socialization and strategic planning. In R. T. Golembiewski (Ed.), *Handbook of organizational consultation* (2nd ed., pp. 163–167). New York, NY: Marcel Dekker.

Cairns-Lee, H., Lawley, J., & Tosey, P. (2022). Enhancing researcher reflexivity about the influence of leading questions in interviews. *Journal of Applied Behavioral Science, 58*, 164–188.

Cameron, K. S. (2005). Organizational effectiveness: Its demise and reemergence through positive organizational scholarship. In K. G. Smith & M. A. Hitt (Eds.), *Great minds in management: The process of theory development* (pp. 304–330). Oxford, UK: Oxford University Press.

Cameron, K. S., Dutton, J. E., & Quinn, R. E. (2003). Foundations of positive organizational scholarship. In K. S. Cameron, J. E. Dutton, & R. E. Quinn (Eds.), *Positive organizational scholarship: Foundations of a new discipline* (pp. 3–13). San Francisco, CA: Berrett-Koehler.

Cameron, K. S., & Freeman, S. J. (1991). Cultural congruence, strength, and type: Relationships to effectiveness. *Research in Organizational Change and Development, 5*, 23–58.

Cameron, K., Mora, C., Leutscher, T., & Calarco, M. (2011). Effects of positive practices on organizational effectiveness. *Journal of Applied Behavioral Science, 47*, 266–308.

Cameron, K. S., & Quinn, R. E. (2006). *Diagnosing and changing organizational culture: Based on the competing values framework* (Rev. ed.). San Francisco, CA: Jossey-Bass.

Cameron, K. S., & Quinn, R. E. (2011). *Diagnosing and changing organizational culture: Based on the Competing Values Framework*. San Francisco, CA: Jossey-Bass.

Cameron, K. S., Quinn, R. E., DeGraff, J., & Thakor, A. V. (2006). *Competing values leadership: Creating values in organizations*. Cheltenham, UK: Edward Elgar.

Cameron, K. S., & Whetten, D. A. (1981). Perceptions of organizational effectiveness of organizational life cycles. *Administrative Science Quarterly, 26*, 525–544.

Campbell, J. (2022). Trends in diversity, equity, and inclusion. In W. J. Rothwell, P. L. Ely, & J. Campbell (Eds.), *Rethinking organizational diversity, equity, and inclusion* (pp. 193–206). New York, NY: Routledge.

Cappelli, P. (2008). *Talent on demand*. Boston, MA: Harvard Business School Press.

Carey, A., & Varney, G. H. (1983). Which skills spell success in OD? *Training and Development Journal, 37*(4), 38–40.

Cargile, A. C., Bradac, J. J., & Cole, T. (2006). Theories of intergroup conflict: A report of lay attributions. *Journal of Language and Social Psychology, 25*, 47–63.

Carlson, J. G. (1985). Recent assessments of the Myers-Briggs type indicator. *Journal of Personality Assessment, 49*, 356–365.

Carlson, J. G. (1989). Affirmative: In support of researching the Myers- Briggs type indicator. *Journal of Counseling and Development, 67*, 484–486.

Cartwright, S., & Cooper, C. L. (1993). The role of culture compatibility in successful organizational marriage. *Academy of Management Executive, 7*, 57–70.

Cash, W. B., & Minter, R. L. (1979). Consulting approaches: Two basic styles. *Training and Development Journal, 33*(9), 26–28.

Chapman, J. A. (2002). A framework for transformational change in organisations. *Leadership & Organization Development Journal, 23*, 16–25.

Chermack, T. J., & Lynham, S. A. (2002). Definitions and outcome variables of scenario planning. *Human Resource Development Review, 1*, 366–383.

Cheung-Judge, M. (2018). What more does OD need to do to become a "must have," a "desirable" function for organizations? *OD Practitioner, 50*(2), 28–32.

Cheyunski, F., & Millard, J. (1998). Accelerated business transformation and the role of the organization architect. *Journal of Applied Behavioral Science, 34*, 268–285.

Chin, R., & Benne, K. D. (1976). General strategies for effecting changes in human systems. In W. G. Bennis, K. D. Benne, R. Chin, & K. E. Corey (Eds.), *The planning of change* (3rd ed., pp. 22–45). New York, NY: Holt, Rinehart & Winston.

Chirozva, C., Mukamuri, B. B., & Manjengwa, J. (2013). Using scenario planning for stakeholder engagement in livelihood futures in the Great Limpopo Transfrontier Conservation Area. *Development Southern Africa, 30*, 771–788.

Chisholm, R. F. (2000). Using large system designs and action research to develop interorganizational networks. In R. T. Golembiewski (Ed.), *Handbook of organizational consultation* (2nd ed., pp. 197–211). New York, NY: Marcel Dekker.

Chisholm, R. F. (2008). Developing interorganizational networks. In T. G. Cummings (Ed.), *Handbook of organization development* (pp. 629–650). Thousand Oaks, CA: SAGE.

Chreim, S., & Tafaghod, M. (2012). Contradiction and sensemaking in acquisition integration. *Journal of Applied Behavioral Science, 48*, 5–32.

Chung, W., & Klinger, D. P. (2010). Organization development in Taiwan: A meta-analysis. *Organization Development Journal, 28*(4), 67–75.

Church, A. H., & Bracken, D. W. (1997). Advancing the state of the art of 360-degree feedback. *Group & Organization Management, 22*, 149–161.

Church, A. H., & Burke, W. W. (2017). Four trends shaping the future of organizations and organization development. *OD Practitioner, 49*(3), 14–22.

Church, A. H., Burke, W. W., & Van Eynde, D. F. (1994). Values, motives, and interventions of organization development practitioners. *Group & Organization Management, 19*, 5–50.

Church, A. H., Gilbert, M., Oliver, D. H., Paquet, K., & Surface, C. (2002). The role of technology in organization development and change. *Advances in Developing Human Resources, 4*, 493–511.

Church, A. H., Hurley, R. F., & Burke, W. W. (1992). Evolution or revolution in the values of organization development: Commentary on the state of the field. *Journal of Organizational Change Management, 5*, 6–23.

Clark, P. A. (1972). *Action research and organizational change*. London, UK: Harper & Row.

Clarke, N. (2005). Transorganization development for network building. *Journal of Applied Behavioral Science, 41*, 30–46.

Clifton, D. O., & Harter, J. K. (2003). Investing in strengths. In K. S. Cameron, J. E. Dutton, & R. E. Quinn (Eds.), *Positive organizational scholarship:*

Foundations of a new discipline (pp. 111–121). San Francisco, CA: Berrett-Koehler.

Clinebell, S., & Stecher, M. (2003). Teaching teams to be teams: An exercise using the Myers-Briggs type indicator and the five-factor personality traits. *Journal of Management Education, 27*, 362–383.

Coch, L., & French, J. R. P., Jr. (1948). Overcoming resistance to change. *Human Relations, 1*, 512–532.

Coe, C. K. (1992). The MBTI: Potential uses and misuses in personnel administration. *Public Personnel Management, 21*, 511–522.

Coghlan, D. (1994). Managing organization change through teams and groups. *Leadership & Organization Development Journal, 15*(2), 18–23.

Coghlan, D., & Brannick, T. (2001). *Doing action research in your own organization*. London, UK: SAGE.

Cole, A. R., Maddox, J., Reed, R., Sherman, D. C., Strausz, T., Swilley, L., & White, D. (2013). An OD engagement at a hospital in Bolivia. *OD Practitioner, 45*(3), 36–42.

Cole, R. E. (1999). *Managing quality fads: How American business learned to play the quality game*. New York, NY: Oxford University Press.

Colman, H. E., & Lunnan, R. (2011). Organizational identification and serendipitous value creation in post-acquisition integration. *Journal of Management, 37*, 839–860.

Connaughton, S. L., & Daly, J. A. (2004). Leading from afar: Strategies for effectively leading virtual teams. In S. H. Godar & S. P. Ferris (Eds.), *Virtual and collaborative teams: Process, technologies and practice* (pp. 49–75). Hershey, PA: Idea Group.

Cooperrider, D. L., & Whitney, D. (2001). A positive revolution in change. In D. L. Cooperrider, P. F. Sorensen, Jr., T. F. Yeager, & D. Whitney (Eds.), *Appreciative inquiry: An emerging direction for organization development* (pp. 9–29). Champaign, IL: Stipes.

Cooperrider, D. L., & Whitney, D. (2005). *Appreciative inquiry: A positive revolution in change*. San Francisco, CA: Barrett-Koehler.

Corporate culture. (1980, October 27). *BusinessWeek*, pp. 148–151, 154, 158, 160.

Cotton, J. L. (1993). *Employee involvement: Methods for improving performance and work attitudes*. Newbury Park, CA: SAGE.

Covin, T. J. (1992). Common intervention strategies for large-scale change. *Leadership & Organization Development Journal, 13*(4), 27–32.

Cummings, T. G. (1984). Transorganizational development. *Research in Organizational Behavior, 6*, 367–422.

Cummings, T. G., & Feyerherm, A. E. (1995). Interventions in large systems. In W. Rothwell, R. Sullivan, & G. N. McLean (Eds.), *Practicing organization development: A guide for consultants* (pp. 203–234). San Diego, CA: Pfeiffer.

Cummings, T. G., & Worley, C. G. (2001). *Essentials of organization development and change* (7th ed.). Cincinnati, OH: South-Western College.

Cunningham, J. B. (1993). *Action research and organizational development*. Westport, CT: Praeger.

Daly, J. P., Pouder, R. W., & Kabanoff, B. (2004). The effects of initial differences in firms' espoused values on their postmerger performance. *Journal of Applied Behavioral Science, 40*, 323–343.

Dannemiller, K. D., & Jacobs, R. W. (1992). Changing the way organizations change: A revolution of common sense. *Journal of Applied Behavioral Science, 28*, 480–498.

Davis, S. M., & Lawrence, P. R. (1977). *Matrix*. Reading, MA: Addison-Wesley.

Dayal, I., & Thomas, J. M. (1968). Operation KPE: Developing a new organization. *Journal of Applied Behavioral Science, 4*, 473–506.

Deetz, S. A., Tracy, S. J., & Simpson, J. L. (2000). *Leading organizations through transition: Communication and cultural change*. Thousand Oaks, CA: SAGE.

Denison, D. R., & Spreitzer, G. M. (1991). Organizational culture and organizational development: A competing values approach. *Research in Organizational Change and Development, 5*, 1–21.

Dent, E. B., & Goldberg, S. G. (1999). Challenging "resistance to change." *Journal of Applied Behavioral Science, 35*(1), 25–41.

Douglas, C. (1999). Organization redesign: The current state and projected trends. *Management Decision, 37*(8), 621–627.

Dovidio, J. F., Gaertner, S. L., & Kawakami, K. (2003). Intergroup contact: The past, present, and the future. *Group Processes & Intergroup Relations, 6,* 5–21.

Druskat, V. U., & Dahal, D. (2005). Leadership and self-managing teams: Leading a team that manages itself. In L. L. Neider & C. A. Schriesheim (Eds.), *Understanding teams* (pp. 197–233). Greenwich, CT: Information Age.

Dyer, W. G. (1981). Selecting an intervention for organization change. *Training and Development Journal, 36,* 62–68.

Dyer, W. G. (1994). *Team building: Current issues and new alternatives* (3rd ed.). Reading, MA: Addison-Wesley.

Dyer, W. G., Dyer, W. G., Jr., & Dyer, J. H. (2007). *Team building: Proven strategies for improving team performance* (4th ed.). San Francisco, CA: Jossey-Bass.

Eaton, J., & Brown, D. (2002). Coaching for a change at Vodaphone. *Career Development International, 7,* 284–287.

Egan, T. M. (2002). Organization development: An examination of definitions and dependent variables. *Organization Development Journal, 20*(2), 59–71.

Eisenberg, E. M., & Riley, P. (2001). Organizational culture. In F. M. Jablin & L. L. Putnam (Eds.), *The new handbook of organizational communication* (pp. 291–322). Thousand Oaks, CA: SAGE.

Eisner, S. P. (2005). Managing Generation Y. *SAM: Advanced Management Journal, 70*(4), 4–15.

Ellet, W. (2007). *The case study handbook: How to read, discuss, and write persuasively about cases.* Boston, MA: Harvard Business School Press.

Emery, F. E. (1959). *Characteristics of socio-technical systems.* London, UK: Tavistock Institute.

Emery, M., & Purser, R. E. (1996). *The search conference: A powerful method for planning organizational change and community action.* San Francisco, CA: Jossey-Bass.

Ennis, S., Goodman, R., Hodgetts, W., Hunt, J., Mansfield, R., Otto, J., & Stern, L. (2007). The competencies of the expert executive coach. In J. M. Hunt & J. R. Weinstraub (Eds.), *The coaching organization* (pp. 223–231). Thousand Oaks, CA: SAGE.

Epstein, M. J., & Buhovac, A. J. (2010). Solving the sustainability implementation challenge. *Organizational Dynamics, 39,* 306–315.

Erwin, D. G., & Garman, A. N. (2010). Resistance to organizational change: Linking research and practice. *Leadership & Organization Development Journal, 31*(1), 39–56.

Esper, J. L. (1990). Organizational change and development: Core practitioner competencies and future trends. *Advances in Organization Development, 1,* 277–314.

Eubanks, J. L., Marshall, J. B., & O'Driscoll, M. P. (1990). A competency model for OD practitioners. *Training and Development Journal, 44*(11), 85–90.

Eubanks, J., O'Driscoll, M., Hayward, G., Daniels, J., & Connor, S. (1990). Behavioral competency requirements for organization development practitioners. *Journal of Organizational Behavior Management, 11,* 77–97.

Evans, P. A. L. (1989). Organization development in the transnational enterprise. *Research in Organizational Change and Development, 3,* 1–38.

Eversole, B. A. W., Venneberg, D. L., & Crowder, C. L. (2012). Creating a flexible organizational culture to attract and retain talented workers across generations. *Advances in Developing Human Resources, 14,* 607–625.

Fagenson-Eland, E., Ensher, E. A., & Burke, W. W. (2004). Organization development and change interventions: A sevennation comparison. *Journal of Applied Behavioral Science, 40,* 432–464.

Falletta, S. V., & Combs, W. (2002). Surveys as a tool for organization development and change. In J. Waclawski & A. H. Church (Eds.), *Organization development: A data-driven approach to organizational change* (pp. 78–102). San Francisco, CA: Jossey-Bass.

Farquhar, K. (2005). Intervention phase. In B. B. Jones & M. Brazzel (Eds.), *The NTL handbook of organization development and change* (pp. 212–230). San Francisco, CA: Pfeiffer.

Feng, J. (2019). The introduction of OD to China: 1980–1990. *Organization Development Review, 51*(1), 22–27.

Feng, J. (2022). Five maxims for practicing OD in China. *Journal of Applied Behavioral Science, 58,* 346–349.

Ferdman, B. (2021). Inclusive leadership: The fulcrum of inclusion. In B. M. Ferdman, J. Prime, & R. E. Riggio (Eds.), *Inclusive leadership: Transforming diverse lives, workplaces, and societies* (pp. 3–24). New York, NY: Routledge.

Fernandez, J., Lee, J., & Landis, K. (2023, January 18). Helping Gen Z employees find their place at work. https://hbr.org/2023/01/hel ping-gen-z-employees-find -their-place-at-work

Fey, C. F., & Shekshnia, S. (2011). The key commandments for doing business in Russia. *Organizational Dynamics, 40,* 57–66.

Feyerherm, A. E., & Worley, C. G. (2008). Forward to the past: Reclaiming OD's influence in the world. *OD Practitioner, 40*(4), 2–8.

Fink, A. (2002). *The survey kit* (2nd ed.). Thousand Oaks, CA: SAGE.

Fink, A. (2005). *How to conduct surveys* (3rd ed.). Thousand Oaks, CA: SAGE.

Ford, J. D. (1999). Organizational change as shifting conversations. *Journal of Organizational Change Management, 12,* 480–500.

Ford, J. D., & Ford, L. W. (1995). The role of conversations in producing intentional change in organizations. *Academy of Management Review, 20,* 541–570.

Ford, J. D., & Ford, L. W. (2008). Conversational profiles: A tool for altering the conversational patterns of change managers. *Journal of Applied Behavioral Science, 44,* 445–467.

Ford, J. D., & Ford, L. W. (2010). Stop blaming resistance to change and start using it. *Organizational Dynamics, 39*(1), 24–36.

Ford, J. D., Ford, L. W., & D'Amelio, A. (2008). Resistance to change: The rest of the story. *Academy of Management Review, 33*, 362–377.

Ford, M. W., & Evans, J. R. (2001). Baldrige assessment and organizational learning: The need for change management. *Quality Management Journal, 8*(3), 9–25.

Franklin, J. (1995). Assessment and feedback. In W. Rothwell, R. Sullivan, & G. N. McLean (Eds.), *Practicing organization development: A guide for consultants* (pp. 139–169). San Diego, CA: Pfeiffer.

Fredrickson, B. L. (2003). Positive emotions and upward spirals in organizations. In K. S. Cameron, J. E. Dutton, & R. E. Quinn (Eds.), *Positive organizational scholarship: Foundations of a new discipline* (pp. 163–175). San Francisco, CA: Berrett-Koehler.

Freedman, A. M. (2006). Action research: Origins and applications for ODC practitioners. In B. B. Jones & M. Brazzel (Eds.), *The NTL handbook of organization development and change* (pp. 83–103). San Francisco, CA: Pfeiffer.

Freedman, A. M., & Zackrison, R. E. (2001). *Finding your way in the consulting jungle: A guidebook for organization development practitioners.* San Francisco, CA: Jossey-Bass/Pfeiffer.

Freeman, C. A. (1995). The seven deadly sins of OD consulting: Pitfalls to avoid in the consulting practice. *OD Practitioner, 27*(2–3), 26–30.

French, W. (1969). Organization development objectives, assumptions and strategies. *California Management Review, 12*(2), 23–34.

French, W. L., & Bell, C. H. (1999). *Organization development* (6th ed.). Englewood Cliffs, NJ: Prentice Hall.

Friedlander, F. (1976). OD reaches adolescence: An exploration of its underlying values. *Journal of Applied Behavioral Science, 12*, 7–21.

Friedman, T. L. (2007). *The world is flat.* New York, NY: Penguin.

Gade, P. J., & Perry, E. L. (2003). Changing the newsroom culture: A four-year case study of organizational development at the St. Louis Post-Dispatch. *Journalism and Mass Communication Quarterly, 80*, 327–347.

Galbraith, J. R. (1973). *Designing complex organizations.* Reading, MA: Addison-Wesley.

Galbraith, J. R. (1977). *Organization design.* Reading, MA: Addison-Wesley.

Galbraith, J. R. (1995). *Designing organizations: An executive briefing on strategy, structure, and process.* San Francisco, CA: Jossey-Bass.

Galbraith, J. R. (2002). *Designing organizations: An executive guide to strategy, structure, and process.* San Francisco, CA: Jossey-Bass.

Galbraith, J. R. (2009). *Designing matrix organizations that actually work.* San Francisco, CA: Jossey-Bass.

Galbraith, J. R., Downey, D., & Kates, A. (2002). *Designing dynamic organizations: A hands-on guide for leaders at all levels.* New York, NY: AMACOM.

Gallagher, C. A., Joseph, L. E., & Park, M. V. (2002). Implementing organizational change. In J. Waclawski & A. H. Church (Eds.), *Organization development: A data-driven approach to organizational change* (pp. 12–42). San Francisco, CA: Jossey-Bass.

Gallant, S. M., & Rios, D. (2006). Entry and contracting phase. In B. B. Jones & M. Brazzel (Eds.), *The NTL handbook of organization development and change* (pp. 177–191). San Francisco, CA: Pfeiffer.

Galpin, T., & Herndon, M. (2008). Merger repair: When M&As go wrong. *Journal of Business Strategy, 29*(1), 4–12.

Gauthier, R., & Giber, D. (2006). Coaching business leaders. In M. Goldsmith & L. Lyons (Eds.), *Coaching for leadership* (2nd ed., pp. 116–125). San Francisco, CA: Pfeiffer.

Geirland, J., & Maniker- Leiter, M. (1995). Five lessons for internal organization development consultants. *OD Practitioner, 27*(2–3), 44–48.

Gellermann, W., Frankel, M. S., & Ladenson, R. F. (1990). *Values and ethics in organization and human systems development: Responding to dilemmas in professional life.* San Francisco, CA: Jossey-Bass.

George, J. M., & Jones, G. R. (2001). Towards a process model of individual change in organizations. *Human Relations, 54*, 419–444.

Gilpin-Jackson, Y. (2013). Practicing in the grey area between dialogic and diagnostic organization development: Lessons from a healthcare case study. *OD Practitioner, 45*(1), 60–66.

Goffee, R., & Jones, G. (2005). Managing authenticity. *Harvard Business Review, 83*(12), 86–94.

Golembiewski, R. T. (1979a). *Approaches to planned change* (Part 1). New York, NY: Marcel Dekker.

Golembiewski, R. T. (1979b). *Approaches to planned change* (Part 2). New York, NY: Marcel Dekker.

Golembiewski, R. T. (1991). Organizational development in the third world: Values, closeness of fit and cultureboundedness. *International Journal of Human Resource Management, 2*, 39–53.

Golembiewski, R. T. (2000a). Features of energizing data. In R. T. Golembiewski (Ed.), *Handbook of organizational consultation* (2nd ed., pp. 409–411). New York, NY: Marcel Dekker.

Golembiewski, R. T. (2000b). The intervenor's world: Overall features and special traps. In R. T. Golembiewski (Ed.), *Handbook of organizational consultation* (2nd ed., pp. 549–554). New York, NY: Marcel Dekker.

Golembiewski, R. T. (2000c). Model this, model that: Consultants can't do without them. In R. T. Golembiewski (Ed.), *Handbook of organizational consultation* (2nd ed., pp. 453–456). New York, NY: Marcel Dekker.

Golembiewski, R. T. (2000d). Role analysis technique. In R. T. Golembiewski (Ed.), *Handbook of organizational consultation* (2nd ed., pp. 507–508). New York, NY: Marcel Dekker.

Golembiewski, R. T. (2000e). Role negotiation as a controlling design. In R. T. Golembiewski (Ed.), *Handbook of organizational consultation* (2nd ed., pp. 509–511). New York, NY: Marcel Dekker.

Gooding, A. D. (2003). Life coaching

is not psychotherapy: There is a difference. *Annals of the American Psychotherapy Association, 6*(3), 36–37.

Goold, M., & Campbell, A. (2002). Do you have a welldesigned organization? *Harvard Business Review, 80*(3), 117–124.

Goppelt, J. G., & Ray, K. W. (2015). Dialogic process consultation. In G. R. Bushe & R. J. Marshak (Eds.), *Dialogic organization development: The theory and practice of transformational change* (pp. 371–399). Oakland, CA: Berrett-Koehler.

Greenwood, D. J., & Levin, M. (1998). *Introduction to action research: Social research for social change.* Thousand Oaks, CA: SAGE.

Greiner, L., Motamedi, K., & Jamieson, D. (2011). New consultant roles and processes in a 24/7 world. *Organizational Dynamics, 40,* 165–173.

Grodzki, L., & Allen, W. (2005). *The business and practice of coaching.* New York, NY: Norton.

Gutteridge, T. G., Leibowitz, Z. B., & Shore, J. E. (1993). *Organizational career development.* San Francisco, CA: Jossey-Bass.

Hackman, J. R. (2006). [Review of the book The five dysfunctions of a team: A leadership fable, by P. Lencioni]. *Academy of Management Perspectives, 20*(1), 122–125.

Hackman, J. R., & Oldham, G. R. (1975). Development of the job diagnostic survey. *Journal of Applied Psychology, 60,* 159–170.

Hackman, J. R., & Oldham, G. R. (1980). *Work redesign.* Reading, MA: Addison-Wesley.

Hall, D. T. (1986). Breaking career routines: Midcareer choice and identity development. In D. T. Hall & associates (Eds.), *Career development in organizations* (pp. 120–159). San Francisco, CA: Jossey-Bass.

Hammer, M., & Champy, J. (1993). *Reengineering the corporation.* New York, NY: HarperCollins.

Hanson, P. G., & Lubin, B. (1995). *Answers to questions most frequently asked about organization development.* Thousand Oaks, CA: SAGE.

Harding, D., & Rouse, T. (2007). Human due diligence. *Harvard Business Review, 85*(4), 124–131.

Harrison, M. I. (1987). *Diagnosing organizations: Methods, models, and processes.* Newbury Park, CA: SAGE.

Harrison, M. I. (1994). *Diagnosing organizations: Methods, models, and processes* (2nd ed.). Newbury Park, CA: SAGE.

Harrison, M. I., & Shirom, A. (1999). *Organizational diagnosis and assessment: Bridging theory and practice.* Thousand Oaks, CA: SAGE.

Harrison, R. (1970). Choosing the depth of organizational intervention. *Journal of Applied Behavioral Science, 6,* 181–202.

Harrison, R. (1972). Role negotiation: A toughminded approach to team development. In W. W. Burke & H. A. Hornstein (Eds.), *The social technology of organization development* (pp. 84–96). Fairfax, VA: NTL Learning Resources.

Harry, M., & Schroeder, R. (2000). *Six Sigma: The breakthrough management strategy revolutionizing the world's top corporations.* New York, NY: Currency.

Harter, J. K., Schmidt, F. L., & Hayes, T. L. (2002). Business-unit-level relationship between employee satisfaction, employee engagement, and business outcomes: A meta-analysis. *Journal of Applied Psychology, 87,* 268–279.

Harvey, J. B. (1974). Organization development as a religious movement. *OD Practitioner, 3,* 4–5.

Head, T. C. (1994). Organization development in Ireland. *Organization Development Journal, 12*(2), 59–66.

Head, T., Armstrong, T., & Preston, J. (1996). The role of graduate education in becoming a competent organization development practitioner. *OD Practitioner, 28*(1&2), 52–60.

Head, T. C., Gong, C., Ma, C., Sorensen, P. F., Jr., & Yaeger, T. (2006). Chinese executives' assessment of organization development interventions. *Organization Development Journal, 24,* 28–40.

Head, T. C., & Sorensen, P. F., Jr. (1993). Cultural values and organizational development: A seven-country study. *Leadership & Organization Development Journal, 14*(2), 3–7.

Hedge, J. W., & Pulakos, E. D. (2002). Grappling with implementation: Some preliminary thoughts and relevant research. In J. W. Hedge & E. D. Pulakos (Eds.), *Implementing organizational interventions: Steps, processes, and best practices* (pp. 1–11). San Francisco, CA: Jossey-Bass.

Heilpern, J. D., & Nadler, D. A. (1992). Implementing Total Quality Management: A process of cultural change. In D. A. Nadler, M. S. Gerstein, R. B. Shaw, & associates (Eds.), *Organizational architecture* (pp. 137–154). San Francisco, CA: Jossey-Bass.

Heron, J., & Reason, P. (2001). The practice of cooperative inquiry: Research "with" rather than "on" people. In P. Reason & H. Bradbury (Eds.), *Handbook of action research: Participative inquiry and practice* (pp. 179–188). London, UK: SAGE.

Herzberg, F. (1993). Introduction to the Transaction edition. In F. Herzberg, B. Mausner, & B. B. Snyderman (Eds.), *The motivation to work* (pp. xi–xviii). New Brunswick, NJ: Transaction.

Herzberg, F., Mausner, B., & Snyderman, B. B. (1959). *The motivation to work.* New York, NY: Wiley.

Higgins, J. M. (2005). The eight "S"s of successful strategy execution. *Journal of Change Management, 5*(1), 3–13.

Hirsch, J. I. (1987). *The history of the National Training Laboratories, 1947–1986.* New York, NY: Peter Lang.

Hirschhorn, L., & Gilmore, T. (1992). The new boundaries of the "boundaryless" company. *Harvard Business Review, 70,* 104–115.

Hitchcock, D., & Willard, M. (1995). *Why teams fail and what you can do about it: Essential tools for anyone implementing self-directed work teams.* Chicago, IL: Irwin.

Hoffman, E. (2002). *Psychological testing at work.* New York, NY: McGraw-Hill.

Hoffman, R., Casnocha, B., & Yeh, C. (2013). Tours of duty: The new employer– employee contract. *Harvard Business Review, 91*(6), 49–56.

Hofstede, G. (2001). *Culture's consequences.* Thousand Oaks, CA: SAGE.

Hofstede, G. (2006). What did GLOBE really measure? Researchers' minds versus respondents' minds. *Journal of International Business Studies, 37*, 882–896.

Hofstede, G., Hofstede, G. J., & Minkov, M. (2010). *Cultures and organizations: Software of the mind.* New York, NY: McGraw-Hill.

Holbeche, L. (2006). *Understanding change.* Amsterdam, Netherlands: Elsevier.

Holbeche, L. (2015). *The agile organization.* London, UK: Kogan Page.

Holland, J. L. (1985). *The vocational preference inventory.* Odessa, FL: Psychological Assessment Resources.

Holland, J. L. (1996). Exploring careers with a typology: What we have learned and some new directions. *American Psychologist, 51*, 397–406.

Holland, J. L. (1997). *Making vocational choices* (3rd ed.). Odessa, FL: Psychological Assessment Resources.

Holt, D. T., Armenakis, A. A., Feild, H. S., & Harris, S. G. (2007). Readiness for organizational change: The systematic development of a scale. *Journal of Applied Behavioral Science, 43*, 232–255.

Holton, J. A. (2001). Building trust and collaboration in a virtual team. *Team Performance Management, 3/4*, 36–47.

Horney, N., Pasmore, B., & O'Shea, T. (2010). Leadership agility: A business imperative for a VUCA world. *People & Strategy, 33*(4), 32–38.

Horowitz, F. M., Anderssen, K., Bezuidenhout, A., Cohen, S., Kirsten, F., Mosoeunyane, K., Smith, N., Thole, K., & van Heerden, A. (2002). Due diligence neglected: Managing human resources and organizational culture in mergers and acquisitions. *South African Journal of Business Management, 33*, 1–10.

House, R. J., Hanges, P. J., Javidan, M., Dorfman, P. W., & Gupta, V. (Eds.). (2004). *Culture, leadership and organizations: The GLOBE study of 62 societies.* Thousand Oaks, CA: SAGE.

Hudson, F. M. (1999). *The handbook of coaching.* San Francisco, CA: Jossey-Bass.

Hultman, K. (2002). *Balancing individual and organizational values: Walking the tightrope to success.* San Francisco, CA: Jossey-Bass.

Hunt, J. M., & Weintraub, J. R. (2002). *The coaching manager: Developing top talent in business.* Thousand Oaks, CA: SAGE.

Hutton, C., & Liefooghe, A. (2011). Mind the gap: Revisioning organization development as pragmatic reconstruction. *Journal of Applied Behavioral Science, 47*(1), 76–97.

Isabella, L. A. (1992). Managing the challenges of trigger events: The mindsets governing adaptation to change. *Business Horizons, 35*(5), 59–66.

Jackson, C. N., & Manning, M. R. (1992). Anatomy of an OD intervention. In C. N. Jackson & M. R. Manning (Eds.), *Organization development annual, Vol. IV: Intervening in client organizations* (pp. 5–15). Alexandria, VA: American Society for Training and Development.

Jackson, J. C. (2006). *Organization development.* Lanham, MD: University Press.

Jacobs, C. D., & Heracleous, L. T. (2006). Constructing shared understanding: The role of embodied metaphors in organization development. *Journal of Applied Behavioral Science, 42*, 207–226.

Jacobs, R. W. (1994). *Real time strategic change.* San Francisco, CA: Berrett-Koehler.

Jaeger, A. M. (1986). Organization development and national culture: Where's the fit? *Academy of Management Review, 11*, 178–190.

Jasinski, T. J. (2010). How MetLife balances effective organization design with the need for speed in postacquisition integration. *Global Business and Organizational Excellence, 29*(3), 6–16.

Javidan, M., House, R. J., Dorfman, P. W., Hanges, P. J., & de Luque, M. S. (2006). Conceptualizing and measuring cultures and their consequences: A comparative review of GLOBE's and Hofstede's approaches. *Journal of International Business Studies, 37*, 897–914.

Jetten, J., & Hutchison, P. (2011). When groups have a lot to lose: Historical continuity enhances resistance to a merger. *European Journal of Social Psychology, 41*, 335–343.

Johns, G. (1993). Constraints on the adoption of psychology-based personnel practices: Lessons from organizational innovation. *Personnel Psychology, 46*, 569–592.

Johnson, D. W., & Lewicki, R. J. (1969). The initiation of superordinate goals. *Journal of Applied Behavioral Science, 5*, 9–24.

Johnson, K. R. (1995). Organizational development in Venezuela. In P. F. Sorensen, Jr., T. C. Head, N. J. Mathys, J. Preston, & D. Cooperrider (Eds.), *Global and international organization development* (pp. 259–264). Champaign, IL: Stipes.

Johnson, K. R., Head, T. C., & Sorensen, P. F., Jr. (1995). *Cross-cultural organization development: Suggestions for paradigm development.* In P. F. Sorensen, Jr., T. C. Head, N. J. Mathys, J. Preston, & D. Cooperrider (Eds.), *Global and international organization development* (pp. 307–318). Champaign, IL: Stipes.

Johnson, S. (2002). *Who moved my cheese?* New York, NY: Putnam.

Jones, M. L., & Blunt, P. (1993). Organizational development and change in Africa. *International Journal of Public Administration, 16*, 1735–1765.

Jones, M. O. (1996). *Studying organizational symbolism.* Thousand Oaks, CA: SAGE.

Kaarst-Brown, M. L. (1999). Five symbolic roles of the external consultant: Integrating change, power, and symbolism. *Journal of Organizational Change Management, 12*, 540–561.

Kahn, W. A. (2004). Facilitating and undermining organizational change: A case study. *Journal of Applied Behavioral Science, 40*, 7–30.

Kahnweiler, W. M. (2002). Process consultation: A cornerstone of organization development practice. In J. Waclawski & A. H. Church (Eds.), *Organization development: A data-driven approach to organizational change* (pp. 149–163). San Francisco, CA: Jossey-Bass.

Kanter, R. M., Stein, B. A., & Jick, T. D. (1992). *The challenge of organizational change.* New York, NY: Free Press.

Kaplan, R. E. (1978). Stages in developing a consulting relation: A case study of a long beginning. *Journal of Applied Behavioral Science, 14*, 43–60.

Kast, F. E., & Rosenzweig, J. E. (1972). General systems theory: Applications for organization and management. *Academy of Management Journal, 15*, 447–465.

Kates, A., & Galbraith, J. R. (2007). *Designing your organization: Using the star model to solve 5 critical design challenges.* San Francisco, CA: Jossey-Bass.

Katz, D., & Kahn, R. L. (1966). *The social psychology of organizations.* New York, NY: Wiley.

Katz, J. H., & Miller, F.A. (1995). Inclusion as a developmental process: The path from monocultural "club" to inclusive organization. In J. W. Pfeiffer (Ed.), *The 1995 Annual: Developing human resources*, Vol. 2: *Consulting* (pp. 267–281). San Diego, CA: Pfeiffer & Company.

Katzenbach, J. R., & Smith, D. K. (1993). *The wisdom of teams: Creating the highperformance organization.* Boston, MA: Harvard Business School Press.

Kegan, R., & Lahey, L. L. (2001). *How the way we talk can change the way we work.* San Francisco, CA: Jossey-Bass.

Kehrli, S., & Sopp, T. (2006, May). Managing Generation Y. *HR Magazine*, pp. 113–119.

Keirsey, D., & Bates, M. (1984). *Please understand me: Character and temperament types* (5th ed.). Del Mar, CA: Prometheus Nemesis.

Kesler, G., & Kates, A. (2011). *Leading organization design.* San Francisco, CA: Jossey-Bass.

Kesler, G., & Kates, A. (2016). *Bridging organization design and performance: 5 ways to activate a global operating model.* Hoboken, NJ: Wiley.

Kilburg, R. R. (1996). Toward a conceptual understanding and definition of executive coaching. *Consulting Psychology Journal, 48*, 134–144.

Kilmann, R. H., & Mitroff, I. I. (1979). Problem defining and the consulting/intervention process. *California Management Review, 21*(3), 26–33.

Kindler, H. S. (1979). Two planning strategies: Incremental change and transformational change. *Group and Organization Studies, 4*, 476–484.

Kjar, R. C. (2007). A time of transition: Lessons in global OD from a successful Japanese firm. *Organization Development Journal, 25*(3), 11–16.

Kleiner, A. (1996). *The age of heretics: Heroes, outlaws, and the forerunners of corporate change.* New York, NY: Doubleday.

Kotter, J. P. (1996). *Leading change.* Boston, MA: Harvard Business School Press.

Kotter, J. P., & Schlesinger, L. A. (2008). Choosing strategies for change. *Harvard Business Review, 86*(7–8), 130–139.

Krug, J. A. (2009). Brain drain: Why top management bolts after M&As. *Journal of Business Strategy, 30*(6), 4–14.

Kuhnert, K. W. (1993). Survey/feedback as art and science. In R. T. Golembiewski (Ed.), *Handbook of organizational consultation* (pp. 459–465). New York, NY: Marcel Dekker.

Laker, D. R., & Laker, R. (2007). The five-year résumé: A career planning exercise. *Journal of Management Education, 31*, 128–141.

Larson, C. E., & LaFasto, F. M. J. (1989). *TeamWork: What must go right/what can go wrong.* Newbury Park, CA: SAGE.

Larson, G. S., & Tompkins, P. K. (2005). Ambivalence and resistance: A study of management in a concertive control system. *Communication Monographs, 72*, 1–21.

Laszlo, A., & Laszlo, K. C. (2011). Systemic sustainability in OD practice: Bottom line and top line reasoning. *OD Practitioner, 43*(4), 10–16.

Lau, C. M. (1996). A culturebased perspective of organization development implementation. *Research in Organizational Change and Development, 9*, 49–79.

Lau, C. M., McMahan, G. C., & Woodman, R. W. (1996). An international comparison of organization development practices: The USA and Hong Kong. *Journal of Organizational Change Management, 9*(2), 4–19.

Lawler, E. E., III. (2011). Creating a new employment deal: Total rewards and the new workforce. *Organizational Dynamics, 40*, 302–309.

Lawler, E. E., III. (2014). Sustainable effectiveness and organization development: Beyond the triple bottom line. *OD Practitioner, 46*(4), 65–67.

Lawler, E. E., III, Nadler, D. A., & Cammann, C. (Eds.). (1980). *Organizational assessment: Perspectives on the measurement of organizational behavior and the quality of work life.* New York, NY: Wiley.

Lawler, E. E., III, & Worley, C. G. (2006). *Built to change.* San Francisco, CA: Jossey-Bass.

Ledford, G. E., Jr., Mohrman, S. A., Mohrman, A. M., Jr., & Lawler, E. E., III. (1989). The phenomenon of large-scale change. In A. M. Mohrman, Jr., S. A. Mohrman, G. E. Ledford, Jr., T. G. Cummings, E. E. Lawler, III, & associates (Eds.), *Large-scale organizational change* (pp. 1–31). San Francisco, CA: Jossey-Bass.

Lencioni, P. (2002). *The five dysfunctions of a team: A leadership fable.* San Francisco, CA: Jossey-Bass.

Lepsinger, R., & Lucia, A. D. (1997). *The art and science of 360° feedback.* San Francisco, CA: Pfeiffer.

Levi, D. (2001). *Group dynamics for teams* (2nd ed.). Thousand Oaks, CA: SAGE.

Levinson, H. (1994). The practitioner as diagnostic instrument. In A. Howard & associates (Eds.), *Diagnosis for organizational change: Methods and models* (pp. 27–52). New York, NY: Guilford.

Levinson, H. (1996). Executive coaching. *Consulting Psychology Journal, 48*, 115–123.

Lewin, K. (1951). *Field theory in social science.* New York, NY: Harper & Brothers.

Lewis, S. (2011). *Positive psychology at work.* West Sussex, UK: Wiley-Blackwell.

Likert, R. (1961). *New patterns of management.* New York, NY: McGraw-Hill.

Likert, R. (1967). *The human organization.* New York, NY: McGraw-Hill.

Lind, L., & Danskin, K. (2008). Technology trends that ODs must not ignore. *OD Practitioner, 40*(4), 57–59.

Lindgren, M., & Bandhold, H. (2003). *Scenario planning: The link between future and strategy*. Hampshire, UK: Palgrave Macmillan.

Lippitt, R. (1949). *Training in community relations: A research exploration toward new group skills*. New York, NY: Harper & Brothers.

Lippitt, R. (1959). Dimensions of the consultant's job. *Journal of Social Issues, 15*(2), 5–12.

Livingston, R. E. (2006). Evaluation and termination phase. In B. B. Jones & R. Brazzel (Eds.), *The NTL handbook of organization development and change: Principles, practices, and perspectives* (pp. 231–245). San Francisco, CA: Pfeiffer.

Lofland, J., & Lofland, L. H. (1995). *Analyzing social settings* (3rd ed.). Belmont, CA: Wadsworth.

London, M., Smither, J. W., & Adsit, D. J. (1997). Accountability: The Achilles' heel of multisource feedback. *Group & Organization Management, 22*, 162–184.

London, M., & Stumpf, S. A. (1986). Individual and organizational career development in changing times. In D. T. Hall & associates (Eds.), *Career development in organizations* (pp. 21–49). San Francisco, CA: Jossey-Bass.

Longenecker, C. O., & Rieman, M. L. (2007). Making organizational change stick: Leadership reality checks. *Development and Learning in Organizations, 21*, 7–10.

Ludema, J. D., Cooperrider, D. L., & Barrett, F. J. (2001). Appreciative inquiry: The power of the unconditional positive question. In P. Reason & H. Bradbury (Eds.), *Handbook of action research: Participative inquiry and practice* (pp. 189–199). London, UK: SAGE.

Lukensmeyer, C. J., & Brigham, S. (2005). Taking democracy to scale: Large scale interventions—for citizens. *Journal of Applied Behavioral Science, 41*, 47–60.

Luthans, F., & Peterson, S. J. (2001). Employee engagement and manager selfefficacy: Implications for managerial effectiveness and development. *Journal of Management Development, 21*, 376–387.

Lyons, L. S. (2006). The accomplished leader. In M. Goldsmith & L. S. Lyons (Eds.), *Coaching for leadership* (2nd ed., pp. 3–16). San Francisco, CA: Pfeiffer.

MacGregor, D. (1960). *The human side of enterprise*. New York, NY: McGraw-Hill.

MacLennan, N. (1995). *Coaching and mentoring*. Hampshire, UK: Gower.

Magalhaes, R. (1984). Organisation development in Latin countries: Fact or fiction? *Leadership & Organization Development Journal, 5*(5), 17–21.

Malhotra, A., Majchrzak, A., & Rosen, B. (2007). Leading virtual teams. *Academy of Management Perspectives, 21*, 60–70.

Manchus, G., III. (1983). Employer-employee based quality circles in Japan: Human resource policy implication for American firms. *Academy of Management Review, 8*, 255–261.

Mann, F. C. (1957). Studying and creating change: A means to understanding social organization. In C. M. Arensberg et al. (Eds.), *Research in industrial human relations* (pp. 146–167). New York, NY: Harper & Brothers.

Manning, M. R. (1994). Future search and the discovery of common ground: An interview with Marvin R. Weisbord. In C. N. Jackson & M. R. Manning (Eds.), *Organization development annual 5: Evaluating organization development interventions* (pp. 85–104). Alexandria, VA: American Society for Training and Development.

Manzini, A. O. (1988). *Organizational diagnosis: A practical approach to company problem solving and growth*. New York, NY: AMACOM.

March, J. G. (1994). *A primer on decision making: How decisions happen*. New York, NY: Free Press.

Margulies, N., & Raia, A. P. (1972). *Organizational development: Values, process, and technology*. New York, NY: McGraw-Hill.

Margulies, N., & Raia, A. (1990). The significance of core values on the theory and practice of organizational development. In F. Massarik (Ed.), *Advances in organization development* (Vol. 1, pp. 27–41). Norwood, NJ: Ablex.

Marks, M. L. (2002). Mergers and acquisitions. In J. Waclawski &

A. H. Church (Eds.), *Organization development: A data-driven approach to organizational change* (pp. 43–77). San Francisco, CA: Jossey-Bass.

Marks, M. L., & Mirvis, P. H. (1992). Rebuilding after the merger: Dealing with "survivor sickness." *Organizational Dynamics, 21*, 18–32.

Marks, M. L., & Mirvis, P. H. (2001). Making mergers and acquisitions work: Strategic and psychological preparation. *Academy of Management Executive, 15*, 80–92.

Marshak, R. J. (2006). Organization development as a profession and a field. In B. B. Jones & R. Brazzel (Eds.), *The NTL handbook of organization development and change: Principles, practices, and perspectives* (pp. 13–27). San Francisco, CA: Pfeiffer.

Marshak, R. J. (2013a). The controversy over diagnosis in contemporary organization development. *OD Practitioner, 45*(1), 54–59.

Marshak, R. J. (2013b). Leveraging language for change. *OD Practitioner, 45*(2), 49–55.

Marshak, R. J. (2020). *Dialogic process consulting: Generative meaning-making in action*. North Vancouver, BC, Canada: BMI.

Marshak, R. J., & Bushe, G. (2013). An introduction to advances in dialogic organization development. *OD Practitioner, 45*(1), 1–4.

Marshak, R. J., & Bushe, G. R. (2018). Planned and generative change in organization development. *OD Practitioner, 50*(4), 9–15.

Marshak, R. J., & Grant, D. (2008). Transforming talk: The interplay of discourse, power, and change. *Organization Development Journal, 26*(3), 33–40.

Marshak, R. J., & Grant, D. (2011). Creating change by changing the conversation. *OD Practitioner, 43*(3), 2–7.

Marshak, R. J., & Heracleous, L. (2005). A discursive approach to organization development. *Action Research, 3*(1), 69–88.

Marshall, C., & Rossman, G. B. (1989). *Designing qualitative research*. Newbury Park, CA: SAGE.

Martineau, J. W., & Preskill, H. (2002). Evaluating the impact of organization development interventions. In J. Waclawski & A. H. Church (Eds.), *Organization development: A data-driven approach to organizational change* (pp. 286–301). San Francisco, CA: Jossey-Bass.

Massarik, F., & Pei-Carpenter, M. (2002). *Organization development and consulting: Perspectives and foundations*. San Francisco, CA: Jossey-Bass.

Matthews, T. L., Clancy, A. L., Ghadge, N., & Colon- Kolacko, R. (2021). What capabilities are needed in the practice of OD in the future? *Organization Development Review, 53*(1), 35–38.

Mayhew, E. (2006). Organizational change processes. In B. B. Jones & M. Brazzel (Eds.), *The NTL handbook of organization development and change* (pp. 104–120). San Francisco, CA: Pfeiffer.

McCaulley, M. H. (2000). Myers-Briggs type indicator: A bridge between counseling and consulting. *Consulting Psychology Journal, 52*, 117–132.

McCue, T. (2018, August 31). 57 million US workers are part of the gig economy. htt ps://www.forbes.com/sites /tjmccue/2018/08/31/57-mi llion-u-s-workers-are-par t-of-the-gig-economy/#c65 5d7171186

McGee-Cooper, A. (2005). Tribalism: Culture wars at work. *Journal for Quality & Participation, 28*(1), 12–15.

McGrath, R. G. (2013). *The end of competitive advantage*. Boston, MA: Harvard Business School Press.

McLachlin, R. D. (1999). Factors for consulting engagement success. *Management Decision, 37*, 394–402.

McLean, G. N. (2006). *Organization development: Principles, processes, performance*. San Francisco, CA: Berrett-Koehler.

McLean, G. N., & Sullivan, R. L. (2000). Essential competencies for internal and external OD consultants. In R. T. Golembiewski (Ed.), *Handbook of organizational consultation* (2nd ed., pp. 749–753). New York, NY: Marcel Dekker.

McLean, G. N., Sullivan, R., & Rothwell, W. J. (1995). Evaluation. In W. Rothwell, R. Sullivan, & G. N. McLean (Eds.), *Practicing organization development: A guide for consultants* (pp. 311–368). San Diego, CA: Pfeiffer.

McWhorter, R. R., & Lynham, S. A. (2014). An initial conceptualization of virtual scenario planning. *Advances in Developing Human Resources, 16*(3), 335–355.

Megginson, D., & Clutterbuck, D. (2005). *Techniques for coaching and mentoring*. Amsterdam, Netherlands: Elsevier.

Meglino, B. M., & Mobley, W. H. (1977). Minimizing risk in organization development interventions. *Personnel, 54*(6), 23–31.

Meister, J. C., & Willyerd, K. (2010). *The 2020 workplace: How innovative companies attract, develop, and keep tomorrow's employees today*. New York, NY: HarperCollins.

Merrifield, T. (2006). Optimizing R&D staff integration. *Research Technology Management, 39*(4), 11–14.

Miles, R. E., & Snow, C. C. (1986). Organizations: New concepts for new forms. *California Management Review, 28*, 62–73.

Miles, R. E., & Snow, C. C. (1992). Causes of failure in network organizations. *California Management Review, 34*, 53–72.

Miles, R. E., Snow, C. C., Fjeldstad, Ø. D., Miles, G., & Lettl, C. (2010). Designing organizations to meet 21stcentury opportunities and challenges. *Organizational Dynamics, 39*, 93–103.

Miller, F. A., & Katz, J. H. (2002). *The inclusion breakthrough: Unleashing the real power of diversity*. San Francisco, CA: Berrett-Koehler.

Milstein, M. M., & Smith, D. (1979). The shifting nature of OD contracts: A case study. *Journal of Applied Behavioral Science, 15*, 179–191.

Minahan, M. (2010). OD and HR: Do we want the lady or the tiger? *OD Practitioner, 42*(4), 17–22.

Minahan, M. (2019). The exciting future of OD in China, 2019. *Organization Development Review, 51*(1), 17–21.

Mirvis, P. H. (1988). Organization development: Part I—An evolutionary perspective. *Research in Organizational Change and Development, 2*, 1–57.

Moates, K. N., Armenakis, A. A., Gregory, B. T., Albritton, M. D., & Feild, H. S. (2005). Achieving content representativeness in organizational diagnosis. *Action Research, 3*, 403–416.

Mohrman, S. A., Mohrman, A. M., Jr., & Ledford, G. E., Jr. (1989). Interventions that change organizations. In A. M. Mohrman, Jr., S. A. Mohrman, G. E. Ledford, Jr., T. G. Cummings, E. E. Lawler, III, & associates (Eds.), *Large-scale organizational change* (pp. 145–153). San Francisco, CA: Jossey-Bass.

Mohrman, S. A., & Worley, C. G. (2010). The organizational sustainability journey: Introduction to the special issue. *Organizational Dynamics, 39*, 289–294.

Moosbruker, J. B., & Loftin, R. D. (1998). Business process redesign and organization development: Enhancing success by removing the barriers. *Journal of Applied Behavioral Science, 34*, 286–304.

Morris, C. (2018). 61 million Gen Zers are about to enter the US workforce and radically change it forever. http s://www.cnbc.com/2018/05 /01/61-million-gen-zers-ab out-to-enter-us-workforce -and-change-it.html#:~:tex t=61%20million%20Gen%2 0Zers%20are,and%20radic ally%20change%20it%20fo rever&text=Gen%20Z%20a ccounts%20for%2061,%2D to%2Dday%20work%20exp eriences

Morris, D. (2009). The Adobe leadership experience. *T+D, 63*(5), 51–53.

Morrison, P. (1978). Evaluation in OD: A review and an assessment. *Group & Organization Studies, 3*, 42–70.

Murrell, K. L., & Valsan, E. H. (1985). A team-building workshop as an OD intervention in Egypt. *Leadership & Organization Development Journal, 6*(2), 11–16.

Nadler, D. (1977). *Feedback and organization development: Using data-based methods*. Reading, MA: Addison-Wesley.

Nadler, D. A. (1980). Role of models in organizational assessment. In E. E. Lawler, III, D. A. Nadler, & C. Cammann (Eds.), *Organizational assessment: Perspectives on the measurement of organizational behavior and the quality of work life* (pp. 119– 131). New York, NY: Wiley.

Nadler, D. (1981). Managing organizational change: An integrative perspective. *Journal of Applied Behavioral Science, 17*, 191–211.

Nadler, D. A., & Pecorella, P. A. (1975). Differential effects of multiple interventions in an organization. *Journal of Applied Behavioral Science, 11*, 348–366.

Nadler, D. A., & Tushman, M. L. (1983). A general diagnostic model for organizational behavior: Applying a congruence perspective. In J. R. Hackman, E. E. Lawler, III, & L. W. Porter (Eds.), *Perspectives on behavior in organizations* (2nd ed., pp. 112–124). New York, NY: McGraw-Hill.

Nadler, D. A., & Tushman, M. L. (1992). Designing organizations that have good fit: A framework for understanding new architectures. In D. A Nadler, M. S. Gerstein, R. B. Shaw, & associates (Eds.), *Organizational architecture: Designs for changing organizations* (pp. 39–56). San Francisco, CA: Jossey-Bass.

Nadler, D. A., & Tushman, M. L. (1997). *Competing by design.* New York, NY: Oxford University Press.

Nahavandi, A., & Malekzadeh, A. R. (1993). *Organizational culture in the management of mergers.* Westport, CT: Quorum Books.

Neumann, J. (1989). Why people don't participate in organizational change. In W. A. Pasmore & R. W. Woodman (Eds.), *Research in organization change and development, 3* (pp. 181–212). Greenwich, CT: JAI Press.

Neumann, J. E. (2012). Learning how to do OD in the UK. *OD Practitioner, 44*(4), 11–17.

Neumann, J. E., Lau, C. M., & Worley, C. G. (2009). Ready for consideration: International organization development and change as an emerging field of practice. *Journal of Applied Behavioral Science, 45*(2), 171–185.

Nicoll, D. (1998). Is OD meant to be relevant? Part III. *OD Practitioner, 30*(4), 3–8.

Niles, S. G. (2005). *Career development interventions in the 21st century.* Upper Saddle River, NJ: Pearson.

Noolan, J. A. C. (2006). Organization diagnosis phase. In B. B. Jones & M. Brazzel (Eds.), *The NTL handbook of organization development and change* (pp. 192–211). San Francisco, CA: Pfeiffer.

Noonan, M. C., & Glass, J. L. (2012, June). The hard truth about telecommuting. *Monthly Labor Review*, pp. 38–45.

Nyberg, R. S., & Jensen, T. C. (2009). Honoring the Kun Lun Way: Cross-cultural organization development consulting to a hospitality company in Datong, China. *Journal of Applied Behavioral Science, 45*, 305–337.

O'Brien, G. (2002). Participation as the key to successful change—A public sector case study. *Leadership & Organization Development Journal, 23*, 442–455.

O'Connell, J. (2001). Getting real. In P. Block (Ed.), *The flawless consulting fieldbook and companion: A guide to understanding your expertise* (pp. 273–285). San Francisco, CA: Jossey-Bass/ Pfeiffer.

O'Driscoll, M. P., & Eubanks, J. L. (1992). Consultant and client perceptions of consultant competencies: Implications for OD consulting. *Organization Development Journal, 10*(4), 53–59.

O'Driscoll, M. P., & Eubanks, J. L. (1993). Behavioral competencies, goal setting, and OD practitioner effectiveness. *Group & Organization Management, 18*, 308–327.

Ogilvy, J. A. (2002). *Creating better futures: Scenario planning as a tool for a better tomorrow.* New York, NY: Oxford University Press.

Olson, E. E., & Eoyang, G. H. (2001). *Facilitating organization change: Lessons from complexity science.* San Francisco, CA: Jossey-Bass/Pfeiffer.

Oreg, S., Vakola, M., & Armenakis, A. (2011). Change recipients' reactions to organizational change: A 60-year review of quantitative studies. *Journal of Applied Behavioral Science, 47*, 461–524.

O'Reilly, B., & Furth, J. (1994). 360 feedback can change your life. *Fortune, 130*(8), 93–100.

Orenstein, R. L. (2002). Executive coaching: It's not just about the executive. *Journal of Applied Behavioral Science, 38*, 355–374.

Orsburn, J. D., & Moran, L. (2000). *The new self-directed work teams: Mastering the challenge* (2nd ed.). New York, NY: McGraw-Hill.

Osatuke, K., Moore, S. C., Ward, C., Dyrenforth, S. R., & Belton, L. (2009). Civility, respect, engagement in the workforce (CREW): Nationwide organization development intervention at Veterans Health Administration. *Journal of Applied Behavioral Science, 45*, 384–410.

Oswick, C. (2009). Revisioning or re-versioning? A commentary on diagnostic and dialogic forms of organization development. *Journal of Applied Behavioral Science, 45*, 369–374.

O'Toole, J. (1995). *Leading change: Overcoming the ideology of comfort and the tyranny of custom.* San Francisco, CA: Jossey-Bass.

Ott, J. S. (1989). *The organizational culture perspective.* Pacific Grove, CA: Brooks/ Cole.

Ouchi, W. G. (1981). *Theory Z: How American business can meet the Japanese challenge.* Reading, MA: Addison-Wesley.

Owen, H. (1997). *Expanding our now: The story of Open Space Technology.* San Francisco, CA: Berrett-Koehler.

Owen, H. (2008). *Open Space Technology: A user's guide* (3rd ed.). San Francisco, CA: Berrett-Koehler.

Parker, G. M. (1994). Crossfunctional teams. San Francisco, CA: Jossey-Bass.

Parker, K., & Horowitz, J. M. (2022, March 9). Majority of workers who quit a job in 2021 cite low pay, no opportunities for advancement, feeling disrespected. https :// www.pewresearch.org/ fact-tank/2022/03/09/maj ority-of-workers-who-qui t-a-job-in-2021-cite-low-p ay-no-opportunities-for-a dvancement-feeling-disre spected/

Parker, K., & Igielnik, R. (2020, May 14). On the cusp of adulthood and facing an uncertain future: What we know about Gen Z so far. htt ps://www.pewresearch. or g/social-trends/2020/05/14 /on-the-cusp-of-adulthood -and-facing-an-uncertain-f uture-what-we-know-abou t-gen-z-so-far-2/

Pasmore, W. A., & Fagans, M. R. (1992). Participation, individual development, and organizational change: A review and synthesis. *Journal of Management, 18*, 375–397.

Pasmore, W., Francis, C., Haldeman, J., & Shani, A. (1982). Sociotechnical systems: A North American reflection on empirical studies of the seventies. *Human Relations, 35*, 1179–1204.

Pasmore, W. A., & Sherwood, J. J. (1978). Organizations as sociotechnical systems. In W. A. Pasmore & J. J. Sherwood (Eds.), *Sociotechnical systems: A sourcebook* (pp. 3–7). La Jolla, CA: University Associates.

Paul, C. F., & Gross, A. C. (1981). Increasing productivity and morale in a municipality: Effects of organization development. *Journal of Applied Behavioral Science, 17*, 59–78.

Pearce, W. B., & Pearce, K. E. (2000). Extending the theory of the coordinated management of meaning (CMM) through a community dialogue process. *Communication Theory, 10*(4), 405–423.

Peters, T. J., & Waterman, R. H., Jr. (1982). *In search of excellence: Lessons from America's best-run companies.* New York, NY: Harper & Row.

Pfeiffer, J. W., & Ballew, A. C. (1987). *Using instruments in human resource development.* San Diego, CA: University Associates.

Piderit, S. K. (2000). Rethinking resistance and recognizing ambivalence: A multidimensional view of attitudes toward organizational change. *Academy of Management Review, 25*, 783–794.

Pieper, R. (1995). Organization development in West Germany. In P. F. Sorensen, Jr., T. C. Head, N. J. Mathys, J. Preston, & D. Cooperrider (Eds.), *Global and international organization development* (pp. 115–132). Champaign, IL: Stipes.

Pittenger, D. J. (2005). Cautionary comments regarding the Myers-Briggs type indicator. *Consulting Psychology Journal, 57*, 210–221.

Porras, J. I., & Berg, P. O. (1978a). Evaluation methodology in organization development: An analysis and critique. *Journal of Applied Behavioral Science, 14*, 151–173.

Porras, J. I., & Berg, P. O. (1978b). The impact of organization development. *Academy of Management Review, 3*, 249–266.

Porter, M. (1996). What is strategy? *Harvard Business Review, 74*(6), 61–78.

Prasad, P., Pringle, P. K., & Konrad, A. M. (2006). Examining the contours of workplace diversity: Concepts, contexts and challenges. In A. M. Konrad, P. Prasad, & J. K. Pringle (Eds.), *Handbook of workplace diversity* (pp. 1–22). London, UK: SAGE.

Preston, J. C., DuToit, L., & Barber, I. (1996). A potential model of transformational change applied to South Africa. *Research in Organizational Change and Development, 9*, 175–199.

Preston, J. C., DuToit, L., Van Zyl, D. A., & Holscher, F. (1993). Endemic violence in South Africa: An OD solution applied to two educational settings. *International Journal of Public Administration, 16*, 1767–1791.

Proehl, R. A. (1996). Enhancing the effectiveness of cross-functional teams. *Leadership & Organization Development Journal, 17*, 3–10.

Putnam, L. L. (1983). The interpretive perspective: An alternative to functionalism. In L. L. Putnam & M. E. Pacanowsky (Eds.), *Communication and organizations: An interpretive approach* (pp. 31–53). Beverly Hills, CA: SAGE.

Ralston, B., & Wilson, I. (2006). *The scenario planning handbook.* Mason, OH: Texere.

Randolph, W. A., & Elloy, D. F. (1989). How can OD consultants and researchers assess gamma change? A comparison of two analytical approaches. *Journal of Management, 15*, 633–648.

Rao, T. V., & Vijayalakshmi, M. (2000). Organization development in India. *Organization Development Journal, 18*(1), 51–63.

Rath, T. (2007). *Strengths- Finder 2.0.* New York, NY: Gallup Press.

Ray, D., & Bronstein, H. (1995). *Teaming up: Making the transition to a self-directed, team-based organization.* New York, NY: McGraw-Hill.

Raz, A. E. (2009). Transplanting management: Participative change, organizational development, and the glocalization of corporate culture. *Journal of Applied Behavioral Science, 45*, 280–304.

Reason, P., & Bradbury, H. (2001). Introduction: Inquiry and participation in search of a world worthy of human aspiration. In P. Reason & H. Bradbury (Eds.), *Handbook of action research: Participative inquiry and practice* (pp. 1–14). London, UK: SAGE.

Reddy, W. B. (1994). *Intervention skills: Process consultation for small groups and teams.* San Francisco, CA: Jossey-Bass.

Rice, J., & Nash, M. (2011). Lessons learned from a global organization redesign. *People & Strategy, 34*(4), 56–68.

Richardson, C. (2008). Working alone: The erosion of solidarity in today's workplace. *New Labor Forum, 17*(3), 69–78.

Robert, C., Probst, T. M., Martocchio, J. J., Drasgow, F., & Lawler, J. J. (2000). Empowerment and continuous improvement in the United States, Mexico, Poland, and India: Predicting fit on the basis of the dimensions of power distance and individualism. *Journal of Applied Psychology, 85*, 643–658.

Robertson, B. J. (2015). *Holacracy: The new management system for a rapidly changing world.* New York, NY: Henry Holt.

Roethlisberger, F. J., & Dickson, W. J. (1939). *Management and the worker.* Cambridge, MA: Harvard University Press.

Rokeach, M. (1968). *Beliefs, attitudes and values: A theory of organization and change.* San Francisco, CA: Jossey-Bass.

Rokeach, M. (1973). *The nature of human values.* New York, NY: Free Press.

Roth, G., & Kleiner, A. (1998). Developing organizational memory through learning histories. *Organizational Dynamics, 27*(2), 43–60.

Rothwell, W. J. (2018). The future of evaluation in organization development. In M. C. Jones & W. J. Rothwell (Eds.), *Evaluating organization development* (pp. 183–191). Boca Raton, FL: CRC Press.

Rushmer, R. (1997). What happens

to the team during teambuilding? Examining the change process that helps to build a team. *Journal of Management Development, 16*, 316–327.

Sackmann, S. A., Eggenhofer- Rehart, P. M., & Friesl, M. (2009). Sustainable change: Long-term efforts toward developing a learning organization. *Journal of Applied Behavioral Science, 45*, 521–549.

Salas, E., Rozell, D., Mullen, B., & Driskell, J. E. (1999). The effect of team building on performance: An integration. *Small Group Research, 30*, 309–329.

Salinas, A. D. R. (1981). Some cultural differences that should be considered in OD interventions. *Group & Organization Studies, 6*, 265–274.

Sashkin, M., & Burke, W. W. (1987). Organization development in the 1980s. *Journal of Management, 13*, 393–417.

Schein, E. H. (1969). *Process consultation: Its role in organization development*. Reading, MA: Addison-Wesley.

Schein, E. H. (1978). *Career dynamics: Managing individual and organizational needs*. Reading, MA: Addison-Wesley.

Schein, E. H. (1987). *Process consultation* (Vol. 2). Reading, MA: Addison-Wesley.

Schein, E. H. (1990a). Back to the future: Recapturing the OD vision. In F. Massarik (Ed.), *Advances in organization development* (Vol. 1, pp. 13–26). Norwood, NJ: Ablex.

Schein, E. H. (1990b). Organizational culture. *American Psychologist, 45*, 109–119.

Schein, E. H. (1997). The concept of "client" from a process consulting perspective: A guide for change agents. *Journal of Organizational Change Management, 10*, 202–216.

Schein, E. H. (1999). *Process consultation revisited*. Reading, MA: Addison-Wesley.

Schein, E. H. (2004). *Organizational culture and leadership* (3rd ed.). San Francisco, CA: Jossey-Bass.

Schein, E. H. (2006a). Coaching and consultation revisited: Are they the same? In M. Goldsmith & L. Lyons (Eds.), *Coaching for leadership* (2nd ed., pp. 17–25). San Francisco, CA: Pfeiffer.

Schein, E. (2006b). Culture assessment as an OD intervention. In B. B. Jones & M. Brazzel (Eds.), *The NTL handbook of organization development and change* (pp. 456–465). San Francisco, CA: Pfeiffer.

Schein, E. H. (2017). *Organizational culture and leadership* (5th ed.). Hoboken, NJ: Wiley.

Schmuck, R. A., Runkel, P. J., & Langmeyer, D. (1969). Improving organizational problem solving in a school faculty. *Journal of Applied Behavioral Science, 5*, 455–482.

Schoemaker, P. J. H. (1995). Scenario planning: A tool for strategic thinking. *Sloan Management Review, 36*(2), 25–40.

Schweitz, R., & Martens, K. (Eds.). (2005). *Future search in school district change: Connection, community, and results*. Lanham, MD: Scarecrow Education.

Schwering, R. E. (2003). Focusing leadership through force field analysis: New variations on a venerable planning tool. *Leadership & Organization Development Journal, 24*(7), 361–370.

Scott, B. (2000). *Consulting on the inside: An internal consultant's guide to living and working inside organizations*. Alexandria, VA: American Society for Training and Development.

Seidman, I. (2006). *Interviewing as qualitative research* (3rd ed.). New York, NY: Teachers College.

Senge, P. M. (1990). *The fifth discipline*. New York, NY: Doubleday/Currency.

Senge, P., Kleiner, A., Roberts, C., Ross, R., Roth, G., & Smith, B. (1999). *The dance of change*. New York, NY: Doubleday.

Seo, M., & Hill, N. S. (2005). Understanding the human side of merger and acquisition: An integrative framework. *Journal of Applied Behavioral Science, 41*, 422–433.

Seo, M., Putnam, L. L., & Bartunek, J. M. (2004). Dualities and tensions of planned organizational change. In M. S. Poole & A. H. Van den_Ven (Eds.), *Handbook of organizational change and innovation* (pp. 73–107). New York, NY: Oxford University Press.

Shamir, B. (1999). Leadership in boundaryless organizations: Disposable or indispensable? *European Journal of Work and Organizational Psychology, 8*, 49–71.

Shaw, P. (1997). Intervening in the shadow systems of organizations: Consulting from a complexity perspective. *Journal of Organizational Change Management, 10*, 235–250.

Shearer, C. S., Hames, D. S., & Runge, J. B. (2001). How CEOs influence organizational culture following acquisitions. *Leadership & Organization Development Journal, 22*, 105–113.

Sherif, M. (1979). Superordinate goals in the reduction of intergroup conflict: An experimental evaluation. In W. G. Austin & S. Worchel (Eds.), *The social psychology of intergroup relations* (pp. 257–261). Belmont, CA: Wadsworth.

Sherif, M., & Sherif, C. W. (1979). Research on intergroup relations. In W. G. Austin & S. Worchel (Eds.), *The social psychology of intergroup relations* (pp. 7–18). Belmont, CA: Wadsworth.

Shull, A. C., Church, A. H., & Burke, W. W. (2013). Attitudes about the field of organization development 20 years later: The more things change, the more they stay the same. *Research in Organizational Change and Development, 21*, 1–28.

Shull, A. C., Church, A. H., & Burke, W. W. (2014). Something old, something new: Research findings on the practice and values of OD. *OD Practitioner, 46*(4), 23–30.

Shuman, J., & Twombly, J. (2010). Collaborative networks are the organization: An innovation in organization design and management. *Vikalpa, 35*(1), 1–13.

Silverman, S. B., Pogson, C. E., & Cober, A. B. (2005). When employees at work don't get it: A model for enhancing individual employee change in response to performance feedback. *Academy of Management Executive, 19*, 135–147.

Skelley, B. D. (1989). Workplace democracy and OD: Philosophical and practical connections. *Public Administration Quarterly, 13*, 176–195.

Smircich, L. (1985). Is the concept of culture a paradigm for understanding organizations and ourselves? In P.

J. Frost, L. F. Moore, M. R. Louis, C. C. Lundberg, & J. Martin (Eds.), *Organizational culture* (pp. 55–72). Beverly Hills, CA: SAGE.

Smith, F. J. (2003). *Organizational surveys: The diagnosis and betterment of organizations through their members.* Mahwah, NJ: Erlbaum.

Smithson, J. (2000). Using and analysing focus groups: Limitations and possibilities. *International Journal of Social Research Methodology, 3*, 103–119.

Sorensen, P. F., Jr., & Head, T. C. (1995). Organization development in Denmark. In P. F. Sorensen, Jr., T. C. Head, N. J. Mathys, J. Preston, & D. Cooperrider (Eds.), *Global and international organization development* (pp. 48–64). Champaign, IL: Stipes.

Sorensen, P. F., Jr., & Yaeger, T. F. (2014). The global world of OD. *OD Practitioner, 46*(4), 56–59.

Speake, S. (2008). Cyberspace and the OD profession: Challenges and opportunities. *OD Practitioner, 40*(4), 60–61.

Spector, B., & Beer, M. (1994). Beyond TQM programmes. *Journal of Organizational Change Management, 7*, 63–70.

Spradley, J. P. (1979). *The ethnographic interview.* New York, NY: Holt, Rinehart & Winston.

Spreitzer, G., Bacevice, P., & Garrett, L. (2015). Why people thrive in coworking spaces. https://hbr.org/201 5/05/why-people-thrive-in -coworking-spaces

Srivastva, S., Cooperrider, D. L., & associates (Eds.). (1990). *Appreciative management and leadership.* San Francisco, CA: Jossey-Bass.

Stager Jacques, L. (2012). Borrowing from professional theatre training to build essential skills in organization development consultants. *Journal of Applied Behavioral Science, 49*(2), 246–262.

Stanford, N. (2005). *Organization design: The collaborative approach.* Amsterdam, Netherlands: Elsevier.

Steele, F. (1977). Is the culture hostile to organization development? The U.K. example. In P. H. Mirvis & D. N. Berg (Eds.), *Failures in organization development and change: Cases and essays for learning* (pp. 23–31). New York, NY: Wiley.

Steil, G., Jr., & Gibbons- Carr, M. (2005). Large group scenario planning: Scenario planning with the whole system in the room. *Journal of Applied Behavioral Science, 41*, 15–29.

Stewart, M., Brown, J. B., Donner, A., McWhinney, I. R., Oates, J., Weston, W. W., & Jordan, J. (2000). The impact of patient-centered care on outcomes. *Journal of Family Practice, 49*, 796–804.

Stillman, D., & Stillman, J. (2017). *Gen Z at work: How the next generation is transforming the workplace.* New York: HarperCollins.

Stone, F. M. (2004). *The mentoring advantage.* Chicago, IL: Dearborn.

Stone, F. M. (2007). *Coaching, counseling, and mentoring* (2nd ed.). New York, NY: AMACOM.

Storch, J. (2015). Enabling change: The skills of dialogic OD. In G. R. Bushe & R. J. Marshak (Eds.), *Dialogic organization development: The theory and practice of transformational change* (pp. 197–218). Oakland, CA: Berrett-Koehler.

Storch, J., & Ziethen, M. (2013). Re-description: A source of generativity in dialogic organization development. *OD Practitioner, 45*(1), 25–29.

Stroh, L. K., & Johnson, H. H. (2006). *The basic principles of effective consulting.* Mahwah, NJ: Erlbaum.

Sulamoyo, D. S. (2010). "I am because we are": Ubuntu as a cultural strategy for OD and change in sub-Saharan Africa. *Organization Development Journal, 28*(4), 41–51.

Sullivan, R., & Sullivan, K. (1995). Essential competencies for internal and external OD consultants. In W. Rothwell, R. Sullivan, & G. N. McLean (Eds.), *Practicing organization development: A guide for consultants* (pp. 535–549). San Diego, CA: Pfeiffer.

Sullivan, S. E. (1999). The changing nature of careers: A review and research agenda. *Journal of Management, 25*, 457–484.

Swanson, R. A. (2007). *Analysis for improving performance* (2nd ed.). San Francisco, CA: Berrett-Koehler.

Swanson, R. A., & Zuber, J. A. (1996). A case study of a failed organization development intervention rooted in the employee survey process. *Performance Improvement Quarterly, 9*(2), 42–56.

Sweetman, E., & Gooding, M. (2012). The shape we're in: How the OD field is emerging in the UK and Europe. *OD Practitioner, 44*(4), 69–74.

Tajfel, H., & Turner, J. C. (1985). The social identity theory of intergroup behavior. In S. Worchel & W. G. Austin (Eds.), *Psychology of intergroup relations* (2nd ed., pp. 7–24). Chicago, IL: Nelson-Hall.

Tannenbaum, R., & Davis, S. A. (1969). Values, man, and organizations. *Industrial Management Review, 10*(2), 67–86.

Tanser, G., & Lee, P. (2012). Using change to stretch talent, achieve real time leadership development and culture change. *OD Practitioner, 44*(4), 42–46.

Taras, V., Steel, P., & Kirkman, B. L. (2011). Three decades of research on national culture in the workplace: Do the differences still make a difference? *Organizational Dynamics, 40*, 189–198.

Tetenbaum, T. J. (1999). Beating the odds of merger and acquisition failure: Seven key practices that improve the change for expected integration and synergies. *Organizational Dynamics, 28*, 22–35.

Thatchenkery, T. (2006). Organization development in Asia: Globalization, homogenization, and the end of culture-specific practices. In B. B. Jones & M. Brazzel (Eds.), *The NTL handbook of organization development and change* (pp. 387–404). San Francisco, CA: Pfeiffer.

Thompson, J. R. (2022). *Diversity and inclusion matters.* Hoboken, NJ: Wiley.

Thompson, P. C. (1982). *Quality circles: How to make them work in America.* New York, NY: AMACOM.

Thorne, K. (2004). *Coaching for change: Practical strategies for transforming performance.* London, UK: Kogan Page.

Tietze, S., Cohen, L., & Musson, G. (2003). *Understanding organizations through language.* London, UK: SAGE.

Tippins, N. T. (2002). Organization

development and IT: Practicing OD in the virtual world. In J. Waclawski & A. H. Church (Eds.), *Organization development: A data-driven approach to organizational change* (pp. 245–265). San Francisco, CA: Jossey-Bass.

Townsend, M., Christian, B., Hague, J., Peck, D., Ray, M., & Yeganeh, B. (2008). OD gets wired. *OD Practitioner, 40*(4), 62–65.

Trist, E. (1985). Intervention strategies for interorganizational domains. In R. Tannenbaum, N. Margulies, F. Massarik, & associates (Eds.), *Human systems development* (pp. 167–197). San Francisco, CA: Jossey-Bass.

Trist, E. L., & Bamforth, K. M. (1951). Some social and psychological consequences of the longwall method of coal-getting. *Human Relations, 4*, 3–38.

Trompenaars, F., & Prud'homme, P. (2004). *Managing change across corporate cultures.* Chichester, UK: Capstone.

Tuckman, B. (1965). Developmental sequences in small groups. *Psychological Bulletin, 63*, 384–399.

Tuckman, B., & Jensen, M. (1977). Stages of small group development revisited. *Group and Organization Studies, 2*, 419–427.

Tueke, P. (2005). The architecture of participation. In S. Schuman (Ed.), *The IAF handbook of group facilitation* (pp. 73–88). San Francisco, CA: Jossey-Bass.

Ulrich, D., Kerr, S., & Ashkenas, R. (2002). *The GE work-out.* New York, NY: McGraw-Hill.

Vaill, P. (2000). Strategic planning. In R. T. Golembiewski (Ed.), *Handbook of organizational consultation* (2nd ed., pp. 965–971). New York, NY: Marcel Dekker.

van Eijnatten, F. M., Shani, A. B., & Leary, M. M. (2008). Sociotechnical systems: Designing and managing sustainable organizations. In T. G. Cummings (Ed.), *Handbook of organization development* (pp. 277–309). Thousand Oaks, CA: SAGE.

Van Eron, A., & Burke, W. W. (1995). Separation. In W. Rothwell, R. Sullivan, & G. N. McLean (Eds.), *Practicing organization development: A guide for consultants* (pp. 395–418). San Diego, CA: Pfeiffer.

Vangen, S., & Huxham, C. (2003). Nurturing collaborative relations: Building trust in interorganizational collaboration. *Journal of Applied Behavioral Science, 39*, 5–31.

van Knippenberg, D. (2003). Intergroup relations in organizations. In M. A. West, D. Tjosvold, & K. G. Smith (Eds.), *International handbook of organizational teamwork and cooperative working* (pp. 381–399). West Sussex, UK: Wiley.

Varney, G. H. (1980). Developing OD competencies. *Training and Development Journal, 34*(4), 30–35.

Vicars, W. M., & Hartke, D. D. (1984). Evaluating OD evaluations: A status report. *Group & Organization Studies, 9*, 177–188.

Vogel, J., & Finkelstein, S. (2011). Attracting great mentors: Seven strategies to cultivate. *OD Practitioner, 43*(3), 18–24.

Wack, P. (1985a). Scenarios: Shooting the rapids. *Harvard Business Review, 63*(6), 139–150.

Wack, P. (1985b). Scenarios: Unchartered waters ahead. *Harvard Business Review, 63*(5), 73–89.

Waclawski, J., & Rogelberg, S. G. (2002). Interviews and focus groups: Quintessential organization development techniques. In J. Waclawski & A. H. Church (Eds.), *Organization development: A data-driven approach to organizational change* (pp. 103–126). San Francisco, CA: Jossey-Bass.

Wade, H. (2004). Managerial growth: A coaching case study. *Industrial and Commercial Training, 36*, 73–78.

Wageman, R., Hackman, J. R., & Lehman, E. (2005). Team diagnostic survey. *Journal of Applied Behavioral Science, 41*, 373–398.

Walter, G. A. (1985). Culture collisions in mergers and acquisitions. In P. J. Frost, L. F. Moore, M. R. Louis, C. C. Lundberg, & J. Martin (Eds.), *Organizational culture* (pp. 301–314). Beverly Hills, CA: SAGE.

Warrick, D. D., & Donovan, T. (1979). Surveying organization development skills. *Training and Development Journal, 33*(9), 22–25.

Waterman, R. H., Jr. (1982). The seven elements of strategic fit. *Journal of Business Strategy, 2*(3), 69–73.

Waterman, R. H., Jr., Peters, T. J., & Phillips, J. R. (1980). Structure is not organization. *Business Horizons, 23*(3), 14.

Watson, D., & Cormack, J. (2012). Executive development as an organization development intervention at Standard Chartered Bank. *OD Practitioner, 44*(4), 47–52.

Watzlawick, P., Weakland, J., & Fisch, R. (1974). *Change: Principles of problem formation and problem resolution.* New York, NY: Norton.

Webb, E. J., Campbell, D. T., Schwartz, R. D., & Sechrest, L. (1966). *Unobtrusive measures: Nonreactive research in the social sciences.* Chicago, IL: Rand McNally.

Webb, E., & Weick, K. E. (1979). Unobtrusive measures in organizational theory: A reminder. *Administrative Science Quarterly, 24*, 650–659.

Webber, S. S. (2002). Leadership and trust facilitating cross-functional team success. *Journal of Management Development, 21*, 201–214.

Weber, R. A., & Camerer, C. F. (2003). Cultural conflict and merger failure: An experimental approach. *Management Science, 29*, 400–415.

Weick, K. E. (1979). *The social psychology of organizing* (2nd ed.). New York, NY: McGraw-Hill.

Weick, K. E. (1995). *Sensemaking in organizations.* Thousand Oaks, CA: SAGE.

Weick, K. E. (2000). Emergent change as a universal in organizations. In M. Beer & N. Nohria (Eds.), *Breaking the code of change* (pp. 223–241). Boston, MA: Harvard University Press.

Weick, K. E., & Quinn, R. E. (1999). Organizational change and development. *Annual Review of Psychology, 50*, 361–386.

Weisbord, M. R. (1976). Organizational diagnosis: Six places to look for trouble with or without a theory. *Group & Organization Studies, 1*, 430–447.

Weisbord, M. R. (1992). *Discovering common ground.* San Francisco, CA: Berrett-Koehler.

Weisbord, M. R. (1994). The organization development contract. In W. L.

French, C. H. Bell, Jr., & R. A. Zawacki (Eds.), *Organization development and transformation: Managing effective change* (4th ed., pp. 406–412). Burr Ridge, IL: Irwin. (Reprinted from OD Practitioner, 5[2], 1973, 1–40)

Weisbord, M. R., & Janoff, S. (2000). *Future search: An action guide to finding common ground in organizations and communities* (2nd ed.). San Francisco, CA: Berrett-Koehler.

Weiss, A. (2016). Entry: Marketing and positioning organization development. In W. J. Rothwell, J. M. Stavros, & R. L. Sullivan (Eds.), *Practicing organization development: Leading transformation and change* (4th ed., pp. 137–153). Hoboken, NJ: Wiley.

West, M. A. (2004). *Effective teamwork: Practical lessons from organizational research* (2nd ed.). Malden, MA: Blackwell.

West, M. A., & Markiewicz, L. (2004). *Building teambased working: A practical guide to organizational transformation.* Malden, MA: BPS Blackwell.

What makes a small group tick. (1955, August 13). *BusinessWeek*, pp. 40–45.

Wheelan, S. A. (2013). *Creating effective teams: A guide for members and their leaders* (4th ed.). Thousand Oaks, CA: SAGE.

White, L. P., & Wooten, K. C. (1983). Ethical dilemmas in various stages of organizational development. *Academy of Management Review, 8*, 690–697.

White, L. P., & Wooten, K. C. (1985). *Professional ethics and practice in organizational development.* New York, NY: Praeger.

Whiting, V. R., & de Janasz, S. C. (2004). Mentoring in the 21st century: Using the Internet to build skills and networks. *Journal of Management Education, 28*, 275–293.

Whitney, D., & Trosten- Bloom, A. (2003). *The power of appreciative inquiry: A practical guide to positive change.* San Francisco, CA: Berrett-Koehler.

Wilhelm, W. E., Damodaran, P., & Li, J. (2003). Prescribing the content and timing of product upgrades. *IIE Transactions, 35*, 647–663.

Wirtenberg, J., Abrams, L., & Ott, C. (2004). Assessing the field of organization development. *Journal of Applied Behavioral Science, 40*, 465–479.

Wirtenberg, J., Lipsky, D., Abrams, L., Conway, M., & Slepian, J. (2007). The future of organization development: Enabling sustainable business performance through people. *Organization Development Journal, 25*(2), 11–22.

Witherspoon, R., & White, R. P. (1996). Executive coaching: A continuum of roles. *Consulting Psychology Journal, 48*, 124–133.

Wolf, W. B. (1958). Organizational constructs—An approach to understanding organizations. *Academy of Management Journal, 1*, 7–15.

Woodman, R. W., & Pasmore, W. A. (2002). The heart of it all: Group- and team-based interventions in organization development. In J. Waclawski & A. H. Church (Eds.), *Organization development: A data-driven approach to organizational change* (pp. 164–176). San Francisco, CA: Jossey-Bass.

Woolley, A. W. (1998). Effects of intervention content and timing on group task performance. *Journal of Applied Behavioral Science, 34*, 30–46.

Wooten, K. C., & White, L. P. (1999). Linking OD's philosophy with justice theory: Postmodern implications. *Journal of Organizational Change Management, 12*, 7–20.

World Economic Forum. (2018). *Future of jobs report.* https://www.weforum.org/r eports/the-future-of-jobs-r eport-2018

Worley, C. G., & Feyerherm, A. E. (2003). Reflections on the future of organization development. *Journal of Applied Behavioral Science, 39*, 97–115.

Worley, C. G., Hitchin, D. E., & Ross, W. L. (1996). *Integrated strategic change: How OD builds competitive advantage.* Reading, MA: Addison-Wesley.

Worley, C. G., & Lawler, E. E., III. (2010). Agility and organization design: A diagnostic framework. *Organizational Dynamics, 39*(2), 194–204.

Worley, C. G., Loftis, S., Scheepers, C., Nichols, H., & Parcells, C. (2022). Building trust through action learning in an uncertain transorganizational context. *The Journal of Applied Behavioral Science, 58*(4), 716–751. https://doi.org/10.1177/00218863221117592

Worley, C., & Varney, G. (1998, Winter). A search for a common body of knowledge for master's level organization development and change programs. *Academy of Management ODC Newsletter*, pp. 1–4.

Worley, C. G., Williams, T., & Lawler, E. E., III. (2014). *The agility factor.* San Francisco, CA: Jossey-Bass.

Yaeger, T. F., Head, T. C., & Sorensen, P. F., Jr. (2006). *Global organization development: Managing unprecedented change.* Greenwich, CT: Information Age.

Yaeger, T. F., & Sorensen, P. F., Jr. (2011). OD in Africa. *OD Practitioner, 43*(3), 50–54.

Yeatts, D. E., & Hyten, C. (1998). *High-performing self-managed work teams.* Thousand Oaks, CA: SAGE.

Yeganeh, B., & Glavas, A. (2014). Sustainable organization development. In B. Jones & M. Brazzel (Eds.), *The NTL handbook of organization development and change* (2nd ed., pp. 213–229). San Francisco, CA: Wiley.

Yoon, H. J., Farley, S. B., & Padilla, C. (2021). Organization development values from a future-oriented perspective: An international Delphi study. *Journal of Applied Behavioral Science, 57*, 323–349.

Zbaracki, M. J. (1998). The rhetoric and reality of total quality management. *Administrative Science Quarterly, 43*, 602–636.

Zhu, Y., May, S. K., & Rosenfeld, L. B. (2004). Information adequacy and job satisfaction during merger and acquisition. *Management Communication Quarterly, 18*, 241–270.